KB263325

TEPS 기출공식 고득점 6주 완성

By Joseph Kim

SISA영어훈련학교

TEPS 기출공식 고득점 6주 완성

초판인쇄 First Printing	2013년 1월 10일
초판발행 First Published	2013년 1월 20일
지은이 Author	조셉킴
회장 President	엄호열
펴낸이 Publisher	엄태상
펴낸곳 Publishing Company	시사영어훈련학교 SISA English Training School
영어편집장 Editor in Chief	이성
책임편집 Editor	김효정
표지디자인 Cover Design	서동화
내지디자인 Text Design	디자인마루
등록일자 Registration Day	2000년 8월 17일
등록번호 Registration Number	1-2718호
주소 Address	서울시 강남구 역삼동 826-28 범추빌딩 14층
전화 Call to Editorial Dept.	편집부 TEL 02)744-0509
Call to Marketing Dept.	도서주문 문의 02)3671-0582, FAX 02)3671-0500
이메일 E-mail	info@langpl.com
홈페이지 Homepage	http://www.langpl.com

ISBN 978-89-5518-933-9 18740

TEPS 기출공식

고득점 6주 완성

By Joseph Kim

머리말

6주로 여는 990점!

본 교재는 저 죠셉킴이 최근 시행되었던 TEPS 문제들의 유형들을 6회분으로 구성하고 최신출제경향과 난이도에 맞추어 실전연습을 원하는 학생들을 위해 만든 텝스 전 파트의 종합서입니다. 본 교재는 기출 유형에 맞춘 문제들과 강의 노하우 전수를 통해 중고급 학습자가 원하는 점수를 가장 빠른 시간 안에 얻는 훈련을 할 수 있도록 기획되었습니다. 단순히 문제를 푸는 것이 아니라 유형별로 왜 이 문제는 이렇게 풀어야 하는지, 왜 저 문제는 저렇게 접근해야 하는지에 대해 분석하면서 학습에 임할 수 있도록 하고, 학습자가 TEPS 고득점을 획득하기 위한 필요조건을 갖출 수 있도록 하였습니다.

실전감각을 최대화한 청해

청해 파트는 출제자들의 심리를 파악하여 다양한 발음 혼동, 선택지의 오답 배치 유형 등을 다양하게 섭렵할 수 있게 문제를 선별하였습니다. **또한 GVR(문법, 어휘, 독해)의 경우 역대 기출 문제 변형, 온라인과 오프라인 특강 자료 등 최고의 엄선된 자료로만 100% 구성하여 실전 감각을 최대화하였습니다.** 그리고 최대한 많은 문제를 유형별 · 토픽별로 접하며 실전 감각을 높이도록 하였습니다.

기출포인트로 핵심사항 다룬 문법 · 어휘

문법, 어휘 파트는 모두 유형별로 구성하여 가장 빠른 시간 안에 가장 효율적으로 고득점을 획득할 수 있도록 만들었습니다. **특히 문법은 실전형 문제 풀이를 통해 실전 감각을 높이는 것을 중점으로 하되, 먼저 기출 포인트로 핵심 사항을 다루고 있습니다.** 따라서 이론이 완벽하게 갖추어지지 않은 분일지라도 본 책을 통해 고난이도 문제를 공략하여 고득점을 획득할 수 있습니다. 어휘의 경우, 유형별로 정리된 다양한 실전 문제를 풀며 만점을 공략하도록 구성하였습니다.

까다로운 유형의 문제도 빨리푸는 독해 개념

독해 파트는 최신 TEPS 독해 문제를 Actual Test로 정리하고, **체계적으로 문제를 푸는 법과 까다로운 유형의 문제를 빨리 푸는 해법까지 심도 있게 연구 · 정리하여 실제 TEPS 독해에서 가장 빠른 시간 안에 가장 높은 점수를 얻을 수 있도록 구성하였습니다.** 아무쪼록 본 교재와 함께 원하시는 고득점의 꿈을 이루시길 기원합니다.

서초동에서 Joseph KIM

편집자의 글

TEPS와 데미안

헤르만 헤세의 〈데미안〉은 어른 되기와 그것의 어려움과 과정이 흥미롭게 그려져 있습니다. **"새는 알을 깨고 나온다. 알은 하나의 세계이다. 태어나려는 자는 하나의 세계를 깨뜨려야 한다"**는 표현으로 이를 잘 요약하고 있습니다. 영어 시험에 있어서 TEPS도 데미안의 그러한 과정이 필요합니다.

정교한 독해력과 비판적 논리력 필수

TEPS에서 좋은 점수를 받으려면 영어 학습 전반에 걸쳐 기본기에 충실해야 합니다. **TEPS에서 정답을 올바로 찾으려면 고급 어휘력, 독해력 특히 속독과 더불어 정교한 독해 능력 그리고 문장 분석력과 비판적 논리력이 요구되기 때문입니다.** 그러므로 TEPS는 제대로 된 유형 파악 및 문장 하나하나에 대한 분명한 이해를 하지 못하면 좋은 점수를 받기가 쉽지 않습니다.

TEPS 전문가 조셉킴의 최고의 작품

본 책은 이러한 학습자들의 요구를 충족시키기 위해 기획되었습니다. TEPS의 4개 영역의 출제 방향을 제대로 파악한 후 기출문제를 분석하여 어떻게 영역별 대비를 할 것인지 전략을 제시하였으며 오답의 함정을 피하는 방법도 제시하였습니다. **아울러 조셉킴의 강의 노트를 통해서 실제 강의 현장에서와 같은 자세하고도 치밀한 내용으로 TEPS 고득점에 대비할 수 있도록 하였습니다. 실제로 원고를 검토하면서 "정답 및 해설을 이렇게도 자세하게 한 책이 있구나"하는 정성이 느껴질 정도로 조셉킴 선생님은 문제 하나하나의 설명에 심혈을 기울였습니다.** 영어학습 전반에 걸쳐 기본기를 아주 튼튼하게 구축할 수 있도록 전후 논리적인 배경 지식, 영어 문법에 대한 해박한 설명, 영어권 문화에 대한 지식 등이 탄탄합니다.

TEPS를 통해 '알'에서 나와 자유로운 세계로

데미안에는 **"그건 늘 어려워요. 태어나는 것은, 아시죠? 새는 알에서 나오려고 애를 쓰지요"**라는 표현이 있습니다. **이 책과 함께 새가 알에서 나오려고 애를 쓰듯이 TEPS를 공부하다보면 고급 어휘력, 독해력, 문장 분석력과 비판적 논리력을 키우게 될 것입니다.** 그리하여 하늘을 나는 저 독수리처럼 자유로운 세계를 만끽하게 될 것입니다.

영어편집장(cosmosey@korea.ac.kr) 이 성

이 책의 구성

1. 문제집-빠른 시간에 4개 영역 동시 텝스 스타일 파악!

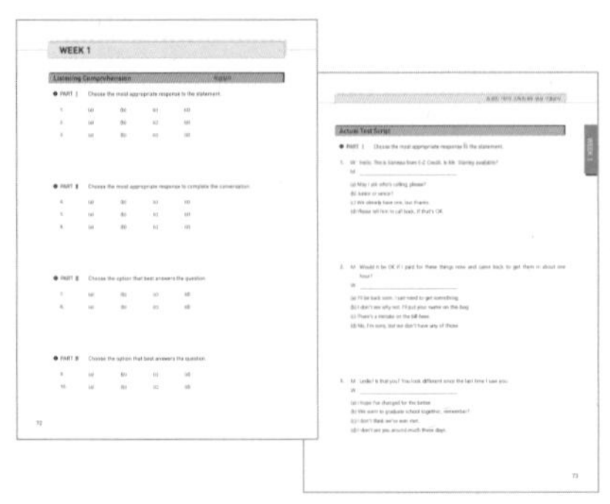

빠른 시일 내에 텝스 고득점에 대비하도록 실전과 유사하게 문제를 배치하였습니다. 리스닝, 리스닝 스크립트, 그래머, 보캐블러리, 리딩의 순서로 제시하였습니다. **특히 리스닝 스크립트를 리스닝 다음에 배치함으로 학습자의 편의를 도모하였습니다.** 이를 통해 텝스의 실전 문제의 유형과 분위기를 빠른 시간 내에 파악할 수 있도록 하였습니다.

2. 비법 전수- 답을 찾고 맥을 잡는 텝스 스터디!

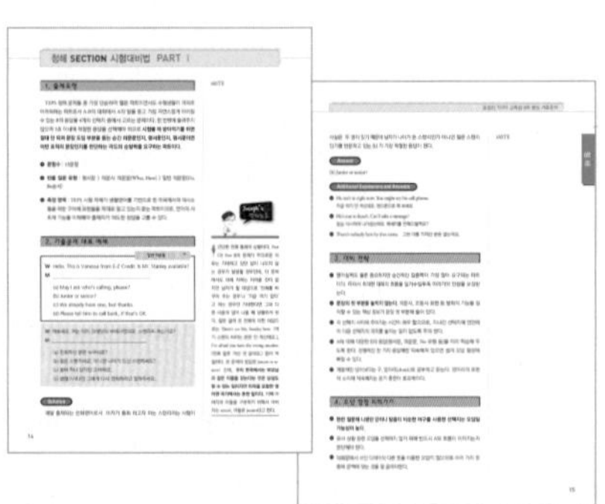

영역별로 텝스 문제를 쉽게 풀어갈 수 있는 비법을 제시하였습니다. 출제 유형을 설명하고 기출문제의 대표 예시를 제시하였으며, 대비전략도 제시하였으며 마지막으로 오답의 함정을 피하는 비법도 소개하여 고득점을 이룰 수 있도록 하였습니다.

3. 정답 및 해설- 문제 풀이를 넘어서 영어 실력을 향상시키는 텝스 스터디!

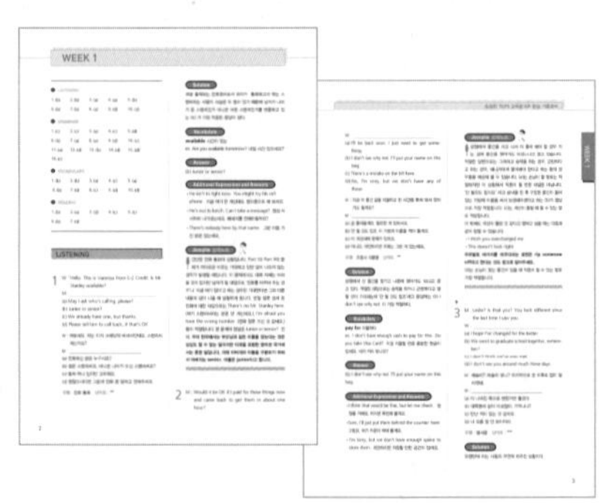

이 책의 가장 백미는 정답 및 해설 부분입니다. 해설 부분의 한마디 한마디가 텝스의 전문가로서의 조셉킴 선생님의 실력과 배려심을 느낄 수 있는 부분입니다. 문제의 풀이 방향을 제시한 후 관련된 어휘 설명과 부가적인 표현 등을 상세히 제시하였습니다. 특히 조셉킴의 강의 노트는 참으로 탁월합니다. 문제 지문에 대한 하나하나가 왜 답인지, 답이 아닌지에 대해 너무나 쉽고도 자세하게 설명하였습니다. 영어권 문화에 대한 탁월한 감각도 돋보입니다. 이를 통해 텝스를 넘어 진정한 영어 실력자로 업그레이드 될 것입니다.

이책의 특징

대한민국 대표 TEPS 강사가 집필한 실전형 종합서!

대한민국 대표 TEPS 강사 죠셉킴 선생님이 TEPS 관리위원회에서 출제한 10년간의 정기 시험을 철저히 분석, 최신 경향에 꼭 맞춘 문제만을 수록했습니다.

영역별 만점을 위한 고수들의 학습법 소개!

TEPS의 영역별 구성 및 최신 출제 경향은 물론, TEPS 990점을 목표로 하고 있는 중급 학습자를 위한 TEPS 고수들의 학습법을 수록하여 각 영역별로 만점을 얻기 위한 비법을 소개하였습니다.

문제 풀이 중심이라 스터디 및 학원 교재로 안성맞춤

각 영역별로 간단히 요점을 정리하고 문제 중심으로 TEPS 유형을 익힐 수 있도록 구성하였습니다. 실속형 교재로 스터디 및 학원 교재로 사용하기에 좋습니다.

990점 공략을 위해 실전 감각 최대화

TEPS 만점 공략을 위해 요점 및 기출 예제를 간단히 정리하고, 각 주마다 해당 영역의 모든 파트의 실전 문제(Actual Test)를 푸는 데에 집중함으로써 실전 감각을 최대한 키울 수 있도록 하였습니다.

시험당일 명심해야 할 조셉킴의 TEPS 핵심 8계명

1 **시험당일 한 시간정도 일찍 도착하세요.** 도착해서 마음을 진정시킨 후 평소 공부했던 교재와 정리노트로 그동안 공부해온 내용들을 차분하게 정리하세요. 청해 Part1, 2는 한번만 들려주고 발음혼동문제나 단어 하나를 가지고 오류를 묻는 문제가 많기 때문에 당일 컨디션이 의외로 시험에 큰 영향을 줍니다. 그리고 화장실은 꼭 휴식시간에 갔다 오세요.

2 청해의 경우 청해 Part1, 2를 들을 때 절대로 받아 적지 마세요. 들려주는 시간이 평균 5초 정도이기 때문에 그거 적다가 다음 문제를 놓칠 수 있습니다. **청해 Part1의 경우 '처음 나오는 의문사'와 '시제', '인칭'을 빠르게 포착해서 상황 판단을 해야 합니다.** 그러면서 상황에 맞는 가능한 답을 머리속에서 그려내야 합니다. 이것이 가능하기 위해서는 평소에 다양한 표현들을 딕테이션하는 훈련이 필요합니다.

3 Part3의 경우 아직까지 수험생들이 청해 파트에서 가장 쉽게 생각하는 파트입니다. 두 번 들려주고 대화 내용이 일상회화라서 쉬운 생활영어책들로 준비하면 대부분 쉽게 맞출 수 있습니다. Part3의 경우 처음 들을 때 중요한 정보(숫자, 사람이름, 약속시간, 전개되는 사실)를 시험지에 적어야 합니다. **만일, 대화의 토픽을 묻거나, 두 사람의 관계를 묻는 문제가 나온다면 두 번째 들을 때 도입 부분만 제대로 들으셔도 답을 고르시기가 편합니다.**

4 Part4는 주제문파악, 진위문제, 추론 문제 등이 등장하며, 보도문이 상당수를 차지합니다. 이 파트를 제대로 준비하려면 기초 CNN교재로 중요 토픽을 파악하는 훈련이 중요합니다. 이 파트는 처음 들을 때 지문이 보도문인지, 논문발표인지, 일기문인지, 편지인지 등을 파악하면서, 숫자 등 중요 정보가 나오면 시험지에 받아 적다가, 두 번째 들려줄 때 해당 질문에 맞춰서 들으면서 답에 접근해야 합니다. **평소에 한국 신문이나 영자 신문을 읽고 배경 지식에 대한 사전 지식을 알고 있어야 합니다.** 혹시라도 영어 소설은 공부하지 마세요. 소설은 TEPS에서 안 나옵니다.

5 Part3, 4문제에서 선택지를 들을 때에는 확신이 서지 않더라도 시간을 끌지 말고 결정하세요. 긴 대화나 지문은 두 번 들려주지만 선택지는 오로지 남자음성으로 한번만 들려주고 문제를 듣고 답을 표시하는 시간이 2, 3초밖에 없으므로, **지체하지 말고 답을 결정해야 합니다. 우물쭈물하는 사이에 다음 문제는 이미 시작합니다. 초보자들은 미련이 많고 고수들은 과감합니다.**

6 **어휘파트의 경우 청해에 나왔던 단어나 표현이 다시 나오는 경우가 많습니다.** TEPS 어휘 파트를 다른 시험 준비하듯이 단순한 단어 의미파악 위주로 준비하면 큰 코 다칩니다. 한 문장 안에서 그 어휘가 어떤 의미로 쓰였는가를 묻는 문제들이 주류를 이루기 때문에 평소에 공부할 때에도 단어 하나하나 보다는 문장 단위로 암기해야 합니다. 시험을 볼 때도 그냥 빈칸과 선택지 단어들만 보고 섣부르게 답을 유추하지 말고 문장 전체의 의미파악을 한 다음 선택지를 보기 바랍니다. **TEPS 어휘 파트에서는 쉬운 단어에 특히 주목할 필요가 있습니다.** 우리가 익숙하다고 주의를 기울이지 않지만, 실상을 정확한 쓰임을 몰라서 실수할 수 있는 단어들이 TEPS 어휘영역의 주요 출제대상이 됩니다. 그리고 철자가 비슷한 단어들이나 모양이 비슷한 단어들을 구별하는 문제들도 매회 거의 빠지지 않고 출제되고 있습니다. 흔히 동의어라고 생각되지만, 쓰임이 각각 다른 단어들이 많이 있으므로, 양적인 면에 너무 집착하지 말고 개별 단어의 정확한 쓰임을 의미 있는 문장을 통해 착실히 익혀 두는 습관이 필요합니다. 이때 가급적이면 예문이 풍부한 영영 사전을 이용하는 것이 좋습니다.

7 문법의 경우 항상 나오는 문법을 중점적으로 다루면 그것이 시험에 많이 나옵니다. 주로 출제되는 내용은 시제, 분사구문, 수동태, 문장의 형식(특히 5형식에서 목적보어 집어넣기), 조동사, 명사와 관사, 어순, 일치, 대명사입니다. 요즘은 접속사, 관계사 부분이 자주 출제됩니다. **항상 출제되는 시제, 조동사, 수동태, 준동사(특히 분사), 명사, 전치사 부분은 중점적으로 공부하세요.** Part4의 경우 그냥 독해하지 말고 각각 선택지의 주어, 동사를 파악하셔서 수의 일치(주어와 동사의 단수 복수 일치), 시제 일치(각 선택자들 간의 시제 흐름 일치) 태의 일치(능동태, 수동태)가 맞는지 만 확인해도 상당수 문제를 풀수 있습니다. 문법의 경우 시험 당일 오답노트를 갖고 와서 훑어보시면 많은 도움이 됩니다.

8 TEPS 독해 파트에서 고득점을 받으려면 많은 글을 일고 각 문단의 주제를 파악하면서 문단의 흐름을 정확하게 이해하려는 노력이 필요합니다. 비즈니스를 다루는 TOEIC과는 수준이 다른 다소 어려운 부분이 TEPS의 독해 파트입니다. 다독만큼 좋은 독해 학습은 없습니다. **주제문은 보통 문단 앞부분에 있습니다. 항상 명심할 것이 TEPS 독해 문제를 풀 때 가장 먼저 선택지를 읽어서 이 문제가 뭘 물어보는지를 파악한 다음 지문을 두 번 읽습니다.** 처음 읽을 땐 이 지문이 뭔지 빠르게 파악하고(공고인지, 편지인지, 비전문 설명문인지~~~) 동시에 지문 중 역접의 접속어(But, However, Nevertheless)가 있는지 파악해야 합니다. 만일 이런 게 있다면, 그 역접의 접속어 주변에 항상 답이 있기 때문입니다. **두 번째 읽을 때는 선택지와 처음 읽었을 때 얻은 정보를 근거로 답이 아닌 것을 머릿속에서 소거해가며 읽어나가서 답에 접근합니다.**

목차

먼저 알고 가는 청해 시험 대비법

영역	Part 별 내용	문항수	시간/배정
청해 Listening Comprehension	PART Ⅰ : 문장 하나를 듣고 이어질 대화 고르기	15	55분 / 400점
	PART Ⅱ : 3 문장의 대화를 듣고 이어질 대화 고르기	15	
	PART Ⅲ : 6~8 문장의 대화를 듣고 이어질 대화 고르기	15	
	PART Ⅳ : 담화문의 내용을 듣고 질문에 해당하는 답 고르기	15	

1. 출제유형

TEPS 청해 문제들 중 가장 단순하며 짧은 파트이면서도 수험생들이 의외로 어려워하는 파트로서 A-B의 대화에서 A의 말을 듣고 가장 자연스럽게 이어질 수 있는 B의 응답을 4개의 선택지 중에서 고르는 문제이다. 한 번밖에 들려주지 않으며 3초 이내에 적절한 응답을 선택해야 하므로 **시험볼 때 받아적기를 하면 절대 안 되며 문장 도입 부분을 듣는 순간 의문문인지, 평서문인지, 평서문이면 어떤 토픽의 문장인지를 판단하는 극도의 순발력을 요구하는 파트이다.**

- **문항수** : 15문항
- **빈출 질문 유형** : 평서문 〉 의문사 의문문(What, How) 〉 일반 의문문(Do, Be순서)
- **측정 영역** : TEPS 시험 자체가 생활영어를 기반으로 한 미국에서의 의사소통을 위한 구어체 표현들을 제대로 알고 있는지 묻는 파트이므로, 언어의 사회적 기능을 이해해야 출제자가 의도한 정답을 고를 수 있다.

2. 기출문제 대표 예제

유형: 일반 의문문 | 난이도: **

W: Hello. This is Vanessa from E-Z Credit. Is Mr. Stanley available?
M: ______________________________

(a) May I ask who's calling, please?
(b) Junior or senior?
(c) We already have one, but thanks.
(d) Please tell him to call back, if that's OK.

W: 여보세요. 저는 이지 크레딧의 바네사인데요. 스탠리씨 계신가요?
M: ______________________________

(a) 전화하신 분은 누구시죠?
(b) 젊은 스탠리씨요, 아니면 나이가 드신 스탠리씨요?
(c) 벌써 하나 있지만 고마워요.
(d) 괜찮으시다면 그에게 다시 전화하라고 말해주세요.

Solution

매달 출제되는 전화영어로서 여자가 통화 하고자 하는 스탠리라는 사람이

NOTE

간단한 전화 통화의 상황이다. Part I과 Part II의 문제가 까다로운 이유는 기대하고 있던 답이 나오지 않는 경우가 발생할 경우인데, 이 문제에서도 대화 자체는 어려울 것이 없지만 남자가 할 대답으로 '전화를 바꾸어 주는 경우'나 '지금 여기 없다'고 하는 경우만 기대한다면 그와 다른 내용의 답이 나올 때 당황하게 된다. 잘못 걸려 온 전화에 대한 대답으로는 There's no Mr. Stanley here. (여기 스탠리 씨라는 분은 안 계신데요.), I'm afraid you have the wrong number. (전화 잘못 거신 것 같네요.) 등이 적절하다. 본 문제의 정답은 Junior or senior? 인데, **우리 한국에서는 부모님과 같은 이름을 갖는다는 것은 상상도 할 수 없는 일이지만 미국을 포함한 영어권 국가에서는 흔한 일이다.** 이때 아버지와 아들을 구분하기 위해서 아버지는 senior, 아들은 junior라고 한다.

사실은 두 명이 있기 때문에 남자가 나이가 든 스탠리인가 아니면 젊은 스탠리인가를 반문하고 있는 (b) 가 가장 적절한 응답이 된다.

Answer

(b) Junior or senior?

Additional Expressions and Answers

- He isn't in right now. You might try his cell phone.
  지금 여기 안 계신데요. 핸드폰으로 해 보세요.
- He's out to lunch. Can I take a message?
  점심 식사하러 나가셨는데요. 메세지를 전해드릴까요?
- There's nobody here by that name. 그런 이름 가지신 분은 없는데요.

NOTE

3. 대비 전략

- 영어실력도 물론 중요하지만 순간적인 집중력이 가장 많이 요구되는 파트이다. 따라서 최대한 대화의 흐름을 일거수일투족 따라가야 만점을 보장받는다.
- **문장의 첫 부분을 놓치지 않는다.** 의문사, 조동사 표현 등 발화의 기능을 짐작할 수 있는 핵심 정보가 문장 첫 부분에 들어 있다.
- 각 선택지 사이에 주어지는 시간이 매우 짧으므로, 지나간 선택지에 연연하여 다음 선택지의 의미를 놓치는 일이 없도록 주의 한다.
- A에 대해 다양한 B의 응답(평서문, 의문문, No 유형 등)을 미리 학습해 두도록 한다. 전형적인 한 가지 응답에만 익숙해져 있으면 쉽게 오답 함정에 빠질 수 있다.
- 개별적인 단어보다는 구, 덩어리(chunk)로 공부하고 듣는다. 덩어리의 표현의 소리에 익숙해지는 듣기 훈련이 효과적이다.

4. 오답 함정 피해가기

- **한번 질문에 나왔던 단어나 발음이 비슷한 어구를 사용한 선택지는 오답일 가능성이 높다.**
- 유사 상황 관련 오답을 선택하지 않기 위해 반드시 A와 흐름이 이어지는지 판단해야 한다.
- 대화문에서 쓰인 다의어의 다른 뜻을 이용한 오답이 많으므로 여러 가지 뜻 중에 문맥에 맞는 것을 잘 골라야한다.

청해 SECTION 시험대비법 PART Ⅱ

1. 출제유형

A-B-A-B 대화에서 두 번째 A까지의 말만 듣고 4개의 선택지 중 가장 자연스럽게 이어지는 B의 응답을 고르는 문제이다. 한 번 밖에 들려주지 않으며 3초 내에 적절한 응답을 선택해야 한다.

- **문항수** : 15문항
- **빈출 질문 유형** : 평서문(부가의문문 포함) 〉 일반 의문사 〉 의문사 의문문
- **빈출 상황 유형** : 정보 문의 〉 요청 〉 정보 제공
- **측정 영역** : Part 1과 더불어 구어체 표현에 대한 이해도를 측정하지만, 전체적인 대화의 흐름을 따라갈 능력도 요구된다.

2. 기출문제 대표 예제

유형: 평서문 | 난이도: **

W: This map doesn't seem to be right. Am I close to the Egyptian exhibit?
M: Yeah. If you take the elevator over there and go to the 2nd floor, you should find it.
W: I was already on the 2nd floor. I thought that was the Persian textiles exhibit.
M: ______________________

(a) That's weird. I guess the elevator must be broken.
(b) Well, you can take the stairs, if you want.
(c) It's one of my favorite parts of the museum.
(d) It's actually tucked away behind the textiles exhibit.

W: 이 지도가 틀린 것 같아요. 제가 이집트 전시실 근처에 있나요?
M: 네. 저기서 엘레베이터를 타고 2층으로 올라가시면 찾을 수 있을 거예요.
W: 2층에 갔었는데요. 거기는 페르시아 직물전인 줄 알았는데요.
M: ______________________

(a) 이상하네요. 엘레베이터가 고장 났네요.
(b) 계단으로 올라 가셔도 되요.
(c) 이곳은 제가 박물관에서 가장 좋아하는 곳 중의 하나에요.
(d) 직물전 뒤에 가려져 있어요.

NOTE

길, 위치를 묻는 대화 상황이다. 여자는 박물관 내에서 이집트 전시관을 찾고 있다. 남자가 2층에 있다고 하자 여자는 자신이 2층에 갔었지만 찾지 못했다고 한다. 여기서는 두 가지 경우를 예상해 볼 수 있는데 첫 번째는 2층에 있는데 여자가 보지 못한 경우, 두 번째 경우는 남자가 잘못 말한 경우가 되겠다. (a)는 That's weird로 시작해서 정답인 것처럼 들릴 수도 있지만 엘레베이터가 고장난 것 같다고 했으므로 동문서답이 되며 (a)와 (b)는 2층이라는 사실을 이용하여 오답을 유도한 함정이다. (d)에 사용된 tuck away라는 표현은 '찾기 어려운 곳에 숨기다'라는 의미이다. 흔히 장소나 건물등과 함께 쓰고 '비상금 따위를 숨겨놓다'라는 표현으로 쓰이기도 한다.

Solution

박물관 내에서 특정 전시회 장소를 찾고 있다. 2층에 있다고 했지만 여자는 자신이 이미 2층에 갔었지만 보지 못했다고 한다. 따라서 의미상 (d)가 가장 적절한 응답이 된다.

Answer

(d) It's actually tucked away behind the textiles exhibit.

Additional Expressions and Answers

- When you get there, take your first left.
  거기에 가시면 왼쪽으로 돌아가셔야 돼요.
- If you walk past the Persian textiles, you'll see it.
  페르시아 직물전을 지나시면 보일 거예요.
- The Egyptian exhibit is on the same floor.
  이집트 전시관은 같은 층에 있어요.

3. 대비 전략

- **세 번째 대화를 주의 깊에 듣는 것이 정답을 찾는 관건이다.** 앞의 두 대화를 아무리 잘 들어도 세 번째 대화를 놓치면 답을 제대로 찾을 수 없다.
- 자주 출제되는 구어체 관용표현 암기는 아무리 강조해도 지나치지 않다.
- 대화를 듣고 전반적인 대화 상황을 판단할 줄 아는 능력을 기른다.

4. 오답 함정 피해가기

- Part 1 과 마찬가지로 본문에 나왔던 핵심어와 유사 어구를 사용한 선택지는 오답일 가능성이 높다. **역으로, 주제나 내용은 어울리는데 새로운 단어가 등장하면 정답일 가능성이 높아진다.**
- 두 남녀의 입장과 역할을 구분해서 이해하도록 한다. 마지막 화자의 말에 이어져 상대가 아닌 같은 화자가 할 만한 말이 오답으로 제시되는 경우가 많다.
- 선택지의 앞 부분은 그럴듯한데 엉뚱하게 끝나는 오답이 있으므로 끝까지 주의 깊게 들어야 한다.

NOTE

1. 출제유형

남녀가 3~4번 정도 주고받는 대화와 질문을 들은 후 네 개의 선택지 중 정답을 고르게 된다. 대화와 질문은 두 번 들려 주며 선택지는 한 번 들려 준다.

- **문항수** : 15문항
- **빈출 질문 유형** : 전체 대의 파악(6~7문항) 〉 세부 내용 파악(5~6문항)〉 추론(3문항)
- **빈출 상황 유형** : 개인적 일상(정보 문의, 의견 교환 등)〉 사회적 상황(업무, 예약 등
- **측정 영역** : 표현을 주로 묻는 Part 1 & 2에서 한 단계 더 심도 있게 대화 내용에 대한 전반적인 이해와 대화 중 등장한 세부 내용, 추론 능력을 평가한다.

2. 기출문제 대표 예제

유형: 추론 | 난이도: **

M: You don't seem like yourself. Remember that you can tell me anything.
W: I know. I just feel really silly, and I don't know what to do.
M: Well, why don't you get it off your chest? I'm sure it's not silly, and you'll probably feel better.
W: Well, OK...you know Benny? I told him that I'd like to be more than just friends, and now I feel awkward.
M: Why do you feel awkward? Benny's really nice. I can understand why you'd like him.
W: Yeah, he is. But I didn't get the reaction I was hoping for.
M: Think of it this way: if you never tell people how you feel, you'll always wonder what could have been.

Q. Which of the following can inferred from the dialogue?
(a) Benny doesn't have the same feelings as the woman.
(b) The man is older than the woman.
(c) Benny wants to break up with the woman.
(d) The man is jealous of Benny.

NOTE

Joseph's 강의노트

여자는 베니에게 자신의 감정을 고백했지만 자신이 원하던 반응을 얻지 못해서 거북한 상황이 되었다고 말한다. 남자는 감정을 고백하는 것이 하지 않은 채 반응이 어땠을까 궁금해하는 것보다 훨씬 낫다고 여자를 위로하고 있다. 베니가 여자가 원하던 방식으로 반응하지 않았다는 것은 그는 여자에 대해 친구 이상의 감정이 없다는 것을 의미하는데 get it off one's chest는 '마음 속에 담고 있는 말을 속 시원하게 털어 놓다'라는 뜻이다. 여자와 베니는 사귀던 사이가 아니므로 break up 할 수 없으므로 (c)는 정답이 아니며 (b)는 대화의 내용으로는 알 수 없는 사실이고 남자는 질투를 하고 있다기 보다는 베니가 괜찮은 사람이라고 왜 여자가 그를 좋아 하는지 알 수 있을 것 같다고 말한다.

사랑에 관한 표현들
She's the love of my life.
I'm madly in love.
I'm head over heels in love.
She's my one and only.

M: 오늘 너 답지 않네. 나한테 무슨 말이든 할 수 있다는 거 알지?
W: 알아. 바보 같은 생각이 들어서 어쩔 줄을 모르겠어.
M: 속 시원하게 말해 보는 게 어때? 바보 같은 일이 아닐 거야, 게다가 기분도 나아질 거야.
W: 알았어… 너 베니 알지? 걔한테 난 친구 이상이 되고 싶다고 말했는데 지금 너무 거북해.
M: 왜 거북한데? 베니는 좋은 애야. 네가 왜 그를 좋아하는지 이해가 돼.
W: 맞아, 걘 참 좋은 애야. 그런데 내가 바라던 반응이 아니었어.
M: 이런 식으로 생각해 봐. 네가 다른 사람에게 네 감정을 고백하지 않으면 만일 고백했더라면 어땠을까하고 항상 궁금해 했을 거라고.

Q. 대화의 내용에서 유추할 수 있는 것은?
(a) 베니는 여자와는 다른 감정을 갖고 있다.
(b) 남자는 여자보다 나이가 많다.
(c) 베니는 그 여자와 헤어지고 싶어한다.
(d) 남자는 베니를 질투하고 있다.

Solution

여자는 베니에게 고백을 했지만 베니의 반응이 자신이 바라던 바가 아니었다고 했으므로 베니는 여자를 친구 이상으로 여기지 않는다는 것을 유추할 수 있다.

Answer

(a) Benny doesn't have the same feelings as the woman.

3. 대비 전략

- 첫 번째 대화와 질문을 들은 후 두 번째를 집중해야 할 부분을 구분한다. 가령, 대의 파악 문제는 대화의 흐름 파악에 집중하고, 세부 정도 파악은 구체적인 단서들을 놓치지 않아야 정답을 고를 수 있다.
- **전체 대화 내용이 길어지므로 나만의 notetaking 기술을 개발하도록 한다. 못 알아듣는 단어는 발음 나는 대로 우리말로 적어도 괜찮다.**
- 남자의 대화 내용과 여자의 대화 내용을 구분해서 기억해야 오답 함정에 휘말리지 않는다.
- 선택지는 한 번만 들려주기 때문에 대화 내용 파악 후 특히 집중하고, 정답 가능성 여부를 ○△× 등으로 소거해 가며 듣는다.
- 대화 속 등장한 단어나 구를 그대로 말하지 않고, 바꿔 말한(Paraphrasing) 선택지 유형을 이해하자.

NOTE

청해

청해 SECTION 시험대비법 PART Ⅲ

4. 오답 함정 피해가기

- 대의 파악 문제의 경우 대화 내용을 너무 일반화시킨 선택지나 지엽적인 사실만을 나열한 선택지는 오답이다.
- **대화 속 단어나 구를 그대로 가져온 선택지는 오답일 확률이 놓고, 다른 표현으로 바꿔 말한 (Paraphrasing)선택지는 정답일 확률이 높다.**
- 특히 세부 내용 파악 문제에서는 남녀의 역할이 바뀐 오답 선택지가 많이 출제된다.

NOTE

청해 SECTION 시험대비법 PART Ⅳ

1. 출제유형

80단어 내외의 담화문(monologue)을 들은 후 질문과 선택지를 듣고 정답을 고른다. Part 3와 마찬가지로 담화문과 질문은 두 번, 선택지는 한번 들려준다. 다른 어떤 파트보다 많은 정보가 빠르게 제시되고, 전문적인 어휘들이 등장하기 때문에 수험생들이 가장 어렵게 느끼는 파트이다.

- **문항수** : 15문항
- **빈출 질문 유형** : 대의 파악(7문항) 〉 세부 내용 파악(5~6문항)〉 추론(3문항)
- **빈출 상황 유형** : 학술문(인문과학, 사회과학, 자연과학) ≒ 실용문(공지사항, 방송, 광고)
- **측정 영역** : Part 3가 대화문에 대한 이해도 측정이라면, Part 4는 긴 담화문의 이해도 측정이다. 담화문의 요지, 대상, 화자, 구체적인 세부 내용, 사실, 추론 등을 묻는다.

NOTE

청해

2. 기출문제 대표 예제

유형: 연설의 목적 | 난이도: **

When Sarah told me she was seeing a professional pool player and things were getting serious, I have to admit I wasn't exactly pleased. Like most mothers, I wanted my daughter to spend her life with someone who could offer her stability, someone who was a well-respected member of society. OK, so I wanted her to marry a doctor. Anyway, when I finally met Bradley, I knew immediately why Sarah had chosen him. I've never known a kinder, more intelligent man. I know my daughter will have a happy life with him.

Q. Where is this speech most likely being given?

(a) At an award ceremony
(b) At a funeral
(c) At an inauguration
(d) At a wedding reception

사라가 프로 당구 선수를 만나고 있으며 둘이 진지한 사이가 되어가고 있다고 말했을 때 저는 솔직히 그렇게 기쁘지 않았었습니다. 대부분의 엄마들처럼 저는 제 딸이 그녀에게 안정을 제공해 줄 수 있고 사회의 존경 받는 일원인 사람과 평생을 함께 하게 되길 바랬습니다. 맞습니다, 저는 제 딸이 의사와 결혼하기를 바랬지요. 어쨌든 제가 결국 브래들리를 만났을 때 저는 왜 사라가 그를 선택했는지를 즉각 알 수 있었습니다. 저는 그보다 더 착하고 똑똑한 남자를 본 적이 없었지요. 저는 제 딸이 그와 행복한 삶을 살게 될 것이라는 것을 압니다.

Q. 이 연설이 행해질 만한 장소는?

(a) 시상식　　(b) 장례식
(c) 취임식　　(d) 결혼 연회

Solution

엄마가 딸의 결혼식 연회에서 하는 연설이다.

Answer

(d) At a wedding reception

엄마가 딸이 결혼할 사람을 만나고 있다는 말을 듣고 자신이 원하던 근사한 직업을 가진 사윗감이 아니어서 속으로 실망했었다고 고백하고 있다. 하지만 직접 그를 만나본 후에 왜 딸이 그 사람을 선택했는가를 이해할 수 있게 되었다고 말하는데 I know my daughter will have a happy life with him. 이라고 말한 부분에서 딸과 브래들리가 결혼을 하게 되었다는 것을 알 수 있다. **영화에서 보신 적이 있겠지만 미국에서는 결혼식 연회에서 신랑 신부의 친구나 형제 자매 등이 두 사람의 결혼을 축하하면서 간단한 연설을 한다.** 주로 연설의 내용은 신랑이나 신부가 어렸을 때 있었던 에피소드나 여기서 처럼 처음 딸의 남자친구에 대한 얘기를 들었을 때의 엄마의 솔직한 심정 등이 주를 이루고 둘이 행복하게 잘 살기를 바라는 건배를 하며 마무리를 하는게 보통이다.

NOTE

3. 대비 전략

- **첫 번째 담화를 들을 때 전체 토픽을 파악하고, 질문을 들은 후 두 번째 들을 때는 질문 유형에 따라 집중해서 들어야 하는 부분에 유의한다.**
- 대의 파악 질문에서는 담화의 첫 두 문장을 중심으로 반복되는 개념을 이해하고, 세부 정보 질문 유형은 숫자정보 (시간, 금액) 및 key word를 메모해서 선택지를 들으며 정답을 소거해 나가도록 한다.
- 사회과학, 자연과학 등 자신이 취약한 전문 분야의 용어들은 따로 암기해 두어야 낯선 토픽이 출제돼도 당황하지 않고 들을 수 있다.
- 추론 문제 유형은 주로 전문적인 학술문에서 출제되므로 고난도 문제인 경우가 많다. 따라서 평소에 신문이나 저널들을 다독하는 훈련을 하는 것이 중요하다.

4. 오답 함정 피해가기

- Part 3 와 마찬가지로 너무 일반적인 진술이나 담화문의 소재와 비슷한 상식적인 선택지, 지엽적인 사실들을 열거한 선택지는 오답일 경우가 많다.
- **담화에 나오는 단어나 표현을 그대로 사용한 선택지는 오답일 확률이 높다.**
- 추론 문제의 경우 담화에 등장한 단순한 사실을 진술한 선택지는 오답이다.
- 담화문의 내용을 유기적으로 잘 결합해서 바꿔 말한(Paraphrasing) 선택지는 정답일 확률이 높다.

NOTE

청해공부법 1. 시험 보기 전에 읽고 가는 LC 준비요령

❶ LC 는 영어 귀 뚫는 공부이다

TEPS LC 시험을 잘 보려는 사람은 우선 LC 의 본질부터 알아야 한다. LC 는 다름 아닌 영어의 귀를 뚫는 공부이다. 물론 귀고리 달기 위해 귀 뚫는다는 말은 아니다. **음악가처럼 세심한 귀를 가져야 한다는 말이다. 영어를 듣고 이해한다는 것은 영어의 소리에 대한 분석의 과학이요, 표현을 의미 단위로 묶어내는 종합의 기술이다.** 내가 어떻게 하면 영어의 소리를 잘 들을 수 있을 것이며, 영어의 의미를 빨리 파악할 수 있을까를 고민해야 TEPS LC 의 달인(達人)이 될 수 있다.

❷ 청취를 잘 하려면 잡학에 밝아야 한다

우리는 아는 만큼 듣는다. 영미인의 일상 생활에 대해서, 명절과 축제 등 그들의 문화에 대해서, 의료, 자동차, 보험, 주식 등 다소 전문성이 요구되는 분야에 대한 상식에 이르기까지 영어 청취는 유식하고 박식해야 잘 할 수 있다. 그래서 잘 하기가 어려운 것이고 시간이 오래 걸리는 것이다. TEPS LC에 출제되는 문제들을 주제별 분야별로 나누어 보면 다음과 같다.

인사, 초대, 권유, 충고, 제안, 부탁, 허락, 칭찬, 격려, 축하, 위로, 감사, 사과, 변명, 항의, 불평, 전화, 질의응답, 연예, 오락, 공공안내, 여행, 비즈니스, 병원 치료, 미용, 컴퓨터, 하이테크, 취직 면접, 상품 광고, 세일 안내, 일기 예보, 뉴스, 개인 신상문제, 취미, 스포츠, 학술 강연, 물품 설명, 행동 지시 등 끝이 없을 정도이다.

TEPS 시험에서 고득점을 하기 위해서는 빨리 알아듣고 빨리 이해하는 능력, 즉 정보를 빨리 처리하는 능력이 절실히 요구된다. 영미인의 일상 언어 처리 속도는 대략 분당 150 단어를 상회한다고 한다. 이와 같은 원어민의 듣기 속도를 따라가는 영어 실력이 하루아침에 붙을 수는 없는 노릇이다. 영미인 자신들도 사실은 몇 년, 또는 몇 십 년씩 걸린 일이다. 우리의 영어 처리 속도를 늘리기 위해서는 많이 들어보고, 많이 읽어보고, 많이 말해보고, 많이 써보는 수 밖에 도리가 없다. **결국 영어 능력은 경험의 양에 비례한다는 말이 된다. 경험의 양을 증대시키기 위해서는 장기적인 계획을 가지고 꾸준하고도 체계적인 학습을 하는 것 외에는 길이 없다.**

❸ 실전 문제를 가능한 한 많이 풀어보자

TEPS 시험은 보안이 철저히 유지되고 잘 유출되지 않는다. 시험이 해를 거듭해 오면서 대략 방향과 성격이 정해졌다고는 볼 수 있지만 정확히 어떤 시험이 나오는지는 실제로 시험을 본 사람만이 알 수 있다. 그러므로 수

NOTE

험료가 좀 들더라도 한두 번쯤 실제 시험을 치러보는 것이 좋다. 하지만 여러 가지 사정상 이렇게 하는 것이 번거로운 일이 될 수 있을 것이다. 그래서 실제 출제경향에 잘 맞춘 적중률 높은 실전문제를 구하여 가능한 한 많이 풀어보는 것이 실질적으로 시간도 절약하고 심리적인 부담도 줄일 수 있는 최선의 방법이다.

실전문제를 풀어볼 때 가장 신경을 써야 할 부분은 실제 시험을 볼 때와 똑같은 긴장감을 가지고 시험이 요구하는 대로 일정시간 동안 집중하여 문제를 풀어야 한다는 점이다. 실제 시험의 120%정도 긴장하고, 120%정도 집중하여 문제를 풀라고 얘기하고 싶다. 그리고 시험을 보는 동안은 내가 어떤 방법으로 청취를 해야겠다는 생각조차 잡념이 된다는 사실을 명심해야 한다. 마음을 완전히 비우고 백지와 같은 상태에서 한 문제 한 문제에 대해 정확한 순간 판단을 하면서 최선을 다해 풀어가야 한다. 내가 어떻게 해야 잘 들을지 하는 문제는 문제를 다 풀고 나서 조용히 반성의 시간을 가지면서 사후에 생각해 보아야 할 문제이다.

❹ 대화 영어의 특징을 미리 파악해 두자

TEPS LC 시험은 대화 문제가 4분의 3을 차지한다. 특히 Part 1이나 Part 2의 비교적 짧은 대화 문제들은 영어 대화의 특징을 잘 이해하지 못하면 알면서도 틀릴 가능성이 높다. 영어의 대화가 어떻게 이루어지는지 하는 것을 잘 이해하면 이런 대화 청취 문제에서 보다 쉽고 명확하게 정답을 고를 수 있다.

아래 소개하는 영어대화 필수언어기능과 상투표현, 그리고 Yes 계통과 No 계통으로 나눠볼 수 있는 영어 대화 응답의 두 가지 방법, 그리고 강하게 또는 약하게 긍정하거나 부정하는 법에 대해 충분한 연구를 해두자. 대화의 구조를 이해하고 순간적인 응답을 도출해내는 데 도움이 될 수 있을 것이다.

Example 영어의 대화를 이해하는 필수 언어기능(functions)와 상투 표현

문제유형	주로 기출 되는 문제 스타일
Requesting permission 허가	**Do you mind if** I use your pen? **Would it be OK with you if** I came, too? **I wonder if I could** borrow your pencil.
Requesting information 정보요청	**Do you know where** the library is? **Can you tell me how to** get to Church Street? **Is there** a library around here?

NOTE

Requesting Someone to do something 요구, 요청	**Would you mind** opening the window? **Could you please** get me that book? **How about** sharing that dessert with me?
Requesting advice or an opinion 조언, 의견	**How does this** look to you? **Should I** ask for a raise? **What do you think** of this dress? **Do you think** Larry will come? **Would it be better** for me to call or write?
	Why not do your homework now? **Try** calling him in the afternoon.
Suggesting speaker and do something together 제안	**Why don't we** go to the concert tonight? **Let's** see that movie we were talking about. **What would you say to** a vacation? **How about** going to dinner on Tuesday? **How would you feel about** going to a concert?
Offering to do something 제공	**Shall I do that for you now?** **May I take your hat?** **Can I take your coat?** **Would you like another cup of tea?** **Would you like me to get you?**
Agreeing with suggestions, advice, etc. 동의	**Sure.** **I'll say.** **No problem.** **I'd love to.** **Sounds good to me.**
Disagreeing suggestions, advice, and opinions, etc. 반대	**No, thanks. I really shouldn't.** **Thanks anyway, but I can't.** **Sorry, but I don't really agree with you.** **I'd love to, but I really can't.**
Refusing offers and requests 거절	**That's out of the question.** **Not likely!** **You must be kidding.** **Yes, I do mind.**

Example 대화 응답에 있어서 두 가지 종류

Yes 계통의 대답들	**No 계통의 대답들**
1. Without a doubt. (여부 있나요)	1. I'll take no nonsense. (헛소리 하지마)

NOTE

2. No doubt about it.	2. Easier said than done. (말이 쉽지)
3. That's what I think / thought.	3. No chance. (말이 쉽지)
4. You have a point. (일 리가 있어)	4. Fat chance. (꿈 깨는 게 좋아)
5. You can say that again. (말 한번 잘했다)	5. Only in your wildest dreams. (꿈속에서나 가능한 얘기지)
6. I'll say. (그렇고 말고)	6. You wish! (잘 빌어 봐라!)
7. You said it. (두말하면 잔소리지)	7. When pigs fly! (개구리 수염 날 때)
8. Sure.	8. Not in a million years.
9. Certainly.	9. How about a rain check? (다음에 보자)
10. Definitely.	10. I wish I could. (그러면 오죽이나 좋겠니)
11. I think so.	11. No way, Jose! (안되지 안돼)
12. Probably so.	12. Don't even think about it.
13. Why not?	13. Forget it!
14. You bet. (물론이고 말고)	14. If I were you, I wouldn't.
15. Oh, yes.	15. Oh, no.
16. Absolutely.	16. Hardly ever!
17. You're right.	17. You're mistaken.
18. That's true.	18. That's not the case.
19. Well, I guess you're right.	19. Sorry, I have other plans.
20. Well, you've talked me into it.	20. No thanks. I'm really busy.
21. Since you put it that way.	21. That's all right, but thanks for the offer.
22. Well, you've twisted my arm.	22. I'd rather not, but thanks.
23. I guess I have no other choice.	23. Look, I told you no thanks.

NOTE

Example 강한 긍정과 약한 긍정 그리고 강한 부정과 약한 부정

Man	Do you think it's going to rain?	응답의 정도
Woman 1	There's no doubt about it.	(강한 긍정)
Woman 2	I wouldn't be surprised if it rains.	(약한 긍정)
Woman 3	I didn't think it'll rain.	(약한 긍정)
Woman 4	There's no chance.	(강한 긍정)
Woman 5	I have no idea.	(회피 또는 무관심)
Woman 6	Beats me.	(회피 또는 포기)

NOTE

청해공부법 2. 시험 당일 LC 유의사항

❶ TEPS LC 시험은 속도전(速度戰)이다

TEPS 시험은 제한시간 내에 많은 양의 문제를 풀어야 하는 속도전 시험이다. 문법, 어휘, 독해 등 어느 영역이나 여유를 부릴 수 없는 속전속결의 속도전 양상을 띠지만 지문도 주어지지 않고 음원에 녹음된 내용만을 듣고 문제를 풀어야 하는 청해시험은 더더욱 그렇다. 이에 잘 적응하기 위해서는 머리 회전이 빨라져야 하고, 과감한 순간 판단을 잘 해야만 속도에 밀리지 않게 된다. 문제에 집중하기 위해 긴장해야 하는 것이 당연하지만 너무 긴장해서 어깨에 힘이 들어가면 곤란하다. 긴장하되 고개를 흔들거나 끄덕이며 들려오는 소리에 장단을 맞출 수 있을 정도의 여유도 필요하다. 그러면서 동시에 들은 내용을 잠깐 잠깐 기억해 두려는 노력도 따라주어야 한다. 그러면서 망설임 없는 순간적인 판단에 의해 답안을 선택하고 이를 OMR 답안지에 컴퓨터용 수성 사인펜으로 정확하고 세련되게 기표해야 **한다. 한 마디로 얘기해서 TEPS 청해시험은 그 짧은 몇 분의 시간 동안 대여섯 가지 일을 동시에 정확하게 수행해야 하는 매우 복합적인 인간 능력을 측정하는 시험이다.**

❷ 발음을 정확히 듣고 주요 어휘를 연결시키면서 전체 주제를 파악해야 한다

나무를 보되 너무 자세히 들여다보지 말고 전체적으로 어떤 나무숲인지를 파악하기만 하면 된다. 때로는 미묘한 발음상의 차이나 동화 현상들, 숫

자, 날짜, 지명, 인물명 등 구체적인 정보를 알아들어야만 풀 수 있는 문제들이 있다. 하지만 대개의 경우는 전체적인 윤곽을 파악하는 능력이 무엇보다 중요하다. 개개 단어의 발음이나 구문 의미 따위에 지나치게 신경 쓰다 보면 나무는 보되 숲을 보지 못하는 우를 범할 수 있다. 우리가 숲의 종류를 알아낼 때는 모든 나무를 다 볼 필요 없이 몇 그루의 대표적인 나무만 보더라도 그 숲이 어떤 종류의 숲인지 알 수 있는 것과 마찬가지로 TEPS 청취는 Key word 중심으로 들으면서 그 key word에 따라붙는 좀 더 구체적인 정보들을 보강하는 방향으로 청취 전략을 세우는 것이 필요하다. **다시 말한다면, 전체적인 주제와 관련된 내용을 먼저 이해하도록 하고 그 다음으로 간단한 수치나 인명과 같은 구체적인 정보들은 잠시 기억을 해두는 방법으로 들어야겠다는 원칙 아래 청해 문제에 임하면 좋다.**

NOTE

❸ 앞 문제에 대한 미련을 버려야 한다

앞 문제를 내가 제대로 풀었을까? 혹시 정답이 B가 아니라 D가 아닐까? D로 고쳐야 할까 아니면 그냥 두어야 할까? 순간적이나마 조금이라도 이런 고민을 하게 되면 여러분의 두뇌는 그 고민을 하는 데 귀중한 resource를 할당하여 정작 들어야할 이번 문제의 내용을 부실하게 듣거나 처리가 늦어지게 한다. 결국 앞 문제는 앞 문제대로 이번 문제는 이번 문제대로 틀릴 확률이 높아진다. 그러나 과감하게 앞 문제에 대한 미련을 버리고 이번 문제에 최선을 다해 들으면서 문제를 풀다 보면 이번 문제도 맞고 앞 문제도 맞을 확률이 높다. 이런 당연한 상식을 무시하고 끊임없이 앞 문제와 이번 문제 사이를 오락가락하다가 청해시험을 망치는 일은 정말 없어야 하겠다.

❹ 두 번씩 들려주는 Part Ⅲ 와 Part Ⅳ의 경우 첫 번째부터 열심히 들어야 한다

두 번씩 들려준다고 하면 사람의 심리가 첫 번째는 대충 듣고 두 번째부터 열심히 들으려고 한다. 물론 첫 번째 들을 때는 전체적인 내용에 대해 초점을 맞추어 듣는 것이 옳고, 두 번째 들을 때는 질문의 내용에 맞추어 듣는 것이 옳다. 하지만 대개의 질문이 어느 한 부분만을 듣고 답을 고르는 문제가 아니라 전체적인 이해를 바탕으로 답을 골라야 하는 문제들이므로 사실은 첫 번째 들을 때부터 긴장하여 하나도 놓치지 않고 들어야겠다고 생각하고 듣는 것이 바람직하다.

물론 두 번째 들을 때는 질문의 내용에 초점을 맞추어 들어야 할 것이다. 그러나 첫 번째 들을 때 느슨하게 들어 놓으면 두 번째 들어도 처리해야 할 정보의 내용이 많아져 그만큼 청해의 질이 떨어지게 된다. 그러나 첫 번째 들을 때 이미 상당량의 정보를 파악하면서 들었다면 두 번째 들을 때는 그만큼 여유 있게 들으면서 청해의 질을 높일 수 있다. 그렇게 되면 어떤 질문이 되었든 정답을 고를 수 있는 준비가 되는 것이다.

다음으로 중요한 것은 질문 다음에 주어지는 네 개의 선택답안은 오직 한 번씩만 들려진다는 사실이다. 그러므로 두 번째 듣기가 종료되고 답안을 선택하는 시점에 도달하면 초긴장 상태에서 답안의 내용을 정확히, 충분히 듣고 신속하게 망설임 없이 정답 선택을 해야 한다.

NOTE

청해공부법 3. 시험이 끝난 후 학습요령

❶ 다시 한 번 도전하겠다는 의지를 불태우자

단 한 번의 도전으로 만족할 만한 결과를 얻어내는 사람은 그리 많지 않다. 대부분의 만족할 만한 성과는 여러 번의 도전을 통해 얻어내는 것이다. 영어엔 특히 기적이 일어나지 않는다. 정확하게 내가 노력한 만큼 성과가 나타나는 것이 영어 청해 공부이다. 따라서 더욱 잘해 보겠다는 마음가짐이 우선은 있어야 하고, 다음으로는 시간과 계획(time and p|arming)이 있어야 한다. 테크닉과 요령만으로는 한계가 있음을 명심하자.

자신의 영어실력을 확고히 다질 수 있는 충분한 시간을 할당해야 한다. 적어도 2개월 정도의 단기(short-term)계획, 8개월 정도의 중기(medium-term)계획, 그리고 2~3년 정도의 장기 (|ong-term) 계획이 필요하다. 꾸준히 영어는 매일 매일 조금씩 공부하는 것이 중요하다. 개개인의 사정에 따라 다르겠지만 적어도 1년 정도 하루에 두 시간 정도는 투자해야 뚜렷한 청해 능력 신장 효과를 볼 수 있을 것이다.

❷ 수시로 자신의 청해 능력을 점검해 보자

막연한 청해 학습은 곤란하다. 늘 지금 자신의 청해 실력이 어느 정도이며 어디에 와 있는지를 점검하면서 거기에 맞춰 대책을 세워야 한다. 영어 청해를 master 할 수 있는 비법은 외부에서 주어지는 것이 아니라 자신의 내부에서 발견하는 것이다. 들을 때마다 자신이 어느 정도를 이해하며 듣고 있는지를 잘 살펴 **70~80 퍼센트를 듣고 있다고 생각되면 좀 더 반복해서 들어야 할 것이고, 60~70 퍼센트밖엔 못 듣고 있다고 판단될 때는 구절을 하나씩 반복 청취하면서 내용을 적어보는 dictation 연습을 해보는 것이 바람직하다. 한편 99% 정도를 듣게 되었다면 더 이상 들을 필요가 없다. 다 알아듣는 내용을 반복해서 듣는다는 것은 의욕도 떨어지고 학습효과도 별로일 경우가 많다. 늘 새로운 청취 자료에 도전하는 자세가 필요하다.**

자신의 청해 능력을 테스트해보기 위해 쉽게 구할 수 있는 청해 자료는 주한미군 FM radio 방송의 뉴스 및 공지사항 안내 프로그램이다. 서울 지역의 경우 FM 102.7MHz, AM 549MHz 에서는 매시간 정각에서 5분 내지 10분

동안 AP, CBS, CNN, NPR 등의 뉴스를 실시간으로 방송해 준다. 또한 음악을 내보내는 중간 중간 금연 장려 캠페인, 빗길 운전 주의, 맞벌이 부부들을 위한 자녀 교육 프로그램 등 주한미군 가족들의 복지를 위한 여러 가지 생활정보들이 방송되고 있어 아주 질 높은 청해 학습 자료를 손쉽게 얻을 수 있다. 주한미군 TV방송인 AFN 의 뉴스나 talk show, sitcom 등의 프로그램을 video 로 녹화하여 반복 시청하는 것도 즐거운 청취 공부 가운데 하나이다. 그러나 학습하기에는 audio tape 보다는 여러 가지 면에서 불편하고 내용 역시 지나치게 오락적이거나 쓸모없는 정보일 경우가 많다.

한 가지 덧붙일 것은 모든 것을 다 알아들을 수도 없고 다 알아들을 필요도 없다는 것이다. 예를 들어 미국인의 인사말 How're you doing?을 들을 때 몇 번이고 반복해서 들었는데도 're 부분을 끝내 알아들을 수 없었다고 해도 지나치게 거기에 집착할 필요가 없다. 영어를 들을 때 하나도 빠뜨리지 않고 다 들어야겠다고 하는 것은 욕심이다. **원어민들도 대개의 경우엔 정확히 듣지 않고 대충 들은 것을 기대와 예측을 통해 듣고, 잘 듣지 못한 부분에 대해서는 어휘 지식이나 문법 지식을 동원, 유추나 추론을 통해 보충해서 이해를 한다. 이것이 우리말의 경우에도 일상적으로 일어나는 실제 청해 현상이다.**

❸ 속청속독 능력이 절실히 요구된다는 점을 명심하자

TEPS 시험에서 고득점을 하기 위해서는 빨리 알아듣고 빨리 읽어내는 능력이 중요하다는 것은 주지의 사실이다. 결국 native speaker에 준하는 청해 능력과 독해 능력을 갖춰야만 한다는 것인데 이런 영어 실력이 하루아침에 붙을 수는 없는 노릇이다. 따라서 이미 말한 바와 같이 많은 양의 연습을 통해 달성해야 하는데 **학습효과를 높일 수 있는 중요한 요령 가운데 하나는 늘 영어를 빠른 속도로 발음해보는 일이다.** 영어를 빠른 속도로 발음하는 것을 습관화하면 첫째, 영어이해의 단위가 단어나 구가 아닌 문장이나 절이 되어 그만큼 이해 속도가 빨리되고 둘째, 소리영어에서 중요한 약음, 연음, 강세 등의 억양 특징(intonation feature)들을 비교적 원어민과 비슷하게 익힐 수 있다. 이렇게 하다보면 자연스럽게 회화 능력도 신장되고 청해와 독해 능력이 발전하게 된다. 영어실력의 upgrade에 이보다 더 좋은 방법은 없다.

❹ 독해를 많이 해야 청해도 는다

한 달 정도 영자신문을 읽은 후 주한미군 라디오나 TV방송의 뉴스를 들어보라. 훨씬 더 잘 들릴 것이다. 그 이유는 배경지식이 많이 생겼을 것이기 때문이고 청해에 필요한 어휘지식 또한 좋아졌기 때문일 것이다. 우리는 아는 만큼 들을 수 있다. **청해란 귀로 들려오는 것과 내가 이미 머리로 알고 있는**

NOTE

것이 만나서 이루어지는 일이다. 내가 이미 알고 있는 것이 없으면 영어청해는 거의 불가능하다. 귀로 처음 들어서 그 말이 무슨 말인지 알아들을 재간이 우리에겐 없다. 영어는 언어학적으로 우리말과 너무도 다른 언어이기 때문이다. 모르는 단어는 발음조차 구별할 수 없다. 언어학적으로 비슷한 일본어나 중국어와는 전혀 성격이 다르다. 결국 소리영어에 능통하는 길은 풍부한 영어상식을 확보하는 길밖에 없다.

특히 TEPS 청해를 잘 하기 위해서는 TEPS source를 집중 공략해야 한다. TEPS source 란 TEPS LC 문제가 자주 출제되는 소재나 상황을 말한다. 특히 쇼핑, 자동차 운전, 병원 가기, 물건 사기, 해외여행, 경제동향, 사회 문제, 직장일, 친구와의 만남, 가족과의 식사, 일기예보, 상품광고 등 일상생활과 관련된 영어 문제가 많이 출제되는데 이런 경우에 흔히 사용 되는 관용구나 어휘 표현을 충분히 익혀둘 뿐만 아니라 구체적 대화 내용에 대해서도 충분한 예견력을 갖춰야 한다. **한마디로 영미 문화 지식, 시사 지식, 다소의 전문지식을 갖추어야 한다는 것이다.** 예를 들어 증권투자에 관한 대화를 나눌 때 portfolio란 말이 나오면 이는 증권투자 일람표를 가리키는 말이고 bear market은 약세시장, bull market은 강세시장 이란 정도는 알아야 무슨 말을 하는지 알아들을 수 있다는 뜻이다. 이런 지식을 갖추는 것은 끊임없이 TEPS source를 읽어줌으로써 이런 어휘 지식과 내용 지식을 갖추려고 노력함으로써 이루어질 수 있다.

NOTE

토픽별 청해 기출예상표현 암기하기

1. Greeting & Introducing

1. 처음 만났을 때

- I'm honored to meet you. (만나 뵙게 되어 영광입니다.)
- I've heard a lot/ so much about you. (말씀 많이 들었습니다.)
- I've been looking forward to meeting you for a while.
  (오랫동안 뵙고 싶었습니다.)
- You sure do look familiar. Haven't we met before?
  (어디서 많이 뵌 것 같군요, 전에 우리가 만났던가요?)
- I could swear I know you from somewhere.
  (분명히 어디선가 뵌 것 같군요)
- I think you've confused me with somebody else.
  (제 생각엔 다른 분과 혼동하신 것 같군요.)

2. 아는 사람을 만나 근황을 물을 때

- How's business over there? (하시는 일이 어떤가요?)
  = How's your business coming along?
  = How's the world treating you?
- Pretty good day, isn't it?
- What's the latest and greatest? (최근에 뭐 별일 없니?)
- I just wanted to pop in and say hello.
  (잠깐 들러서 인사나 하고 갈려고했어.)
- Alive and kicking. (이렇게 살고 있지.)
- Nothing particular / special.

3. 제 3자의 근황을 물을 때

- How's everything back at the ranch?
  (너희 집 식구들은 요즘 모두 어떠니?)
  Doing good. (잘 지내.)
- How's your family? (너희 식구들은 어떻게 지내니?)
  = How are your folks?
- How has your father's health been? (아버님 건강은 어떠시니?)

4. 오랜만에 만났을 때

- I haven't seen you for a long time, but you haven't changed a bit.
  (정말 오랜만인데 변한 게 하나도 없구나.)
- It's been quite a while, hasn't it? (오랜만이네!)
  = It's been such/ really a long time since.
  = Hi, long time no see.
  = Long time no talk.
- It's nice/ good to see you again. (다시 뵙게 되어 기뻐요.)
- Our paths don't cross much anymore, do they?
  (우리 요즘 통 못 만났지요?)
- I thought you'd dropped off the face of the earth.
  (난 네가 사라진 줄 알았어.)
- Nope. Still here! (이렇게 살아 있잖아.)

NOTE

5. 우연히 만났을 때

- Hello! Fancy meeting you here! (세상에, 여기서 당신을 만나다니!)
- What brings you this way? (무슨 일로 온 거예요?)
- What a surprise to see you here! (여기서 당신을 만나다니 놀랍군요!)
  = What a surprise running into you here!

6. 헤어질 때

- I guess it's time to bid you adieu. (이제 헤어져야겠네.)
- Catch you on the flip side. (나중에 보자.)
- Don't work too hard. (슬슬 하세요.)

7. 자리를 뜰 때

- I'm afraid I must go now. (이제 가봐야겠군요.)
  = I have to be on my road.
- Nice talking to you.(만나서 반가웠어요.)

2. Inviting & Visiting

1. 식사 초대

- Would you like to go out to dinner with me? (저녁식사 함께 하실래요?)
- Let me treat you to dinner. (내가 저녁 살께요.)
- I'll treat you to a drink. (내가 술 한잔 살께요.)

2. 초청

a. 초청할 때

- Wear whatever's comfortable. (편한 복장을 입으세요.)
- Dress casually. (평상복을 입으세요.)
- Come in formal dress. (정장을 입고 오세요.)
- Come with black tie. (검정 넥타이를 매고 오세요.)
- We're going to have a little get-together with friends tomorrow night.
  (친구들끼리 내일 밤 조촐하게 모임을 가지려고 하는데 와!)

NOTE

청해

b. 거절할 때

- I have an appointment. (약속이 있어.)
- I'm sorry. I have another appointment.
  (미안해요. 다른 약속이 있어요.)
- Oh, I'm sorry. I have a previous engagement.
  (미안해요. 선약이 있어요.)

3. 손님맞이

a. 손님을 맞이할 때

- It was so nice of you to come. (와주어서 기뻐요.)
- This way, please. (이리 오세요.)
- Did you have any trouble getting here?
  (오시는데 힘들지 않았어요?)
- Please make yourself comfortable/ at home. (자, 편히 하세요.)

b. 손님의 대답

- You're living in a nice house. (집이 멋지군요.)
- It's a really nice party. (굉장히 멋진 파티에요.)

4. 식사

a. 식사를 권할 때

- Please be my guest. (마음껏 드세요.)
- Would you like to have some more coffee? (커피 더 드실래요?)
- Care for some more meat? (고기 더 드실래요?)
- If you don't like it, just leave it. (좋아하시지 않으면 그냥 두세요.)
- How would like your coffee? (커피를 어떻게 드시나요?)

b. 손님의 대답

- Cheers! (=Cheers and Toasts!) (건배!)
- Bottoms up! / Drink up! (잔을 비우자!)

5. 배웅할 때

- I've enjoyed having you. (와주셔서 고맙습니다.)
- We enjoyed your company. (덕분에 즐거웠습니다.)
- Take care on the way home. (조심해서 가세요.)

NOTE

3. Apologizing

NOTE

1. 사과

a. 사과할 때

- I really didn't mean it. (난 정말 그러려던 게 아니예요.)
- Is there anything I can do to make it up to you?
  (당신께 용서를 구하려면 어떻게 해야 하죠?)
- I know I'm to blame. (제가 잘못했어요.)
- I really regret what I did. (제가 한 일을 정말 후회하고 있어요.)
- Please excuse my error. (제 실수를 용서해 주세요.)
- I'll do anything I can make amends.
  (무슨 수를 써서라도 변상하겠습니다.)
- I beg your pardon. (용서해주세요.)
- I'd like to ask your forgiveness. (용서를 구합니다.)
- It was really foolish on my part. (제가 너무 어리석었어요.)

b. 제3자의 사과를 전할 때

- She expressed regret for her action.
  (그녀는 진심으로 자기 행동을 뉘우치고 있어.)
- He was contrite / remorseful about his mistake.
  (그는 자기 실수를 뉘우치고 있어요.)

c. 사과를 받아 들일 때

- That's OK. (괜찮아)
- You're forgiven. (용서할게.)
- We all make mistake. (우리 모두 실수하잖아요.)
- It's forgotten. (벌써 잊어버린걸.)
- OK. But this is the last time. (좋아요. 하지만 이번이 마지막이예요.)
- Don't mention it. (무슨 말씀이세요.)
- It wasn't that big deal. (별일 아니었는 걸요.)

4. Emotion & Response

1. 기쁨 / 즐거움

- I made it! / I did it! (해냈다.)
- I had the time of my life. (내 생애 최고의 시간이었어.)

- I just had a ball. (정말 즐거웠어.)
- It was a blast! (정말 재미있었다!)
- It was just a riot! (정말 재미있었어요!)

2. 안심

- What a relief! (휴, 안심이다!)
- It's a relief to hear that. (그 소식 들으니 안심이 되는군요.)

3. 놀람

- Incredible! (믿을 수 없어!)
- Are you kidding? (농담하는 거야?)
- Are you serious? (정말이야?)
- That's news to me. (놀라운 걸.)
- Sounds great! (대단한 걸!)
- That's terrific! (참담하군!)
- Fantastic!
- How exciting!
- Good heavens! (큰일이군! 저런!)

4. 비난

- What a shame! (기가 막히는군요!)
- That's enough of that! (이제 그만해!)
- I'm getting tired of your nagging me all the time.
  (난 네가 항상 그렇게 비꼬는데 진절머리가 나.)
- She is critical of everything I do.
  (그녀는 내가 하는 일에는 전부 냉소적이다.)

5. 동정

- I'm sorry to hear that. (그것 참 안됐다.)
- It happens. Take it easy. (그럴 수도 있죠, 걱정 마세요.)
- You are on the right track. (잘 될 거예요.)
- I know how you feel. (네 기분 알아.)
- I'm on your side. (난 네 편이야.)
- Cheer up! Come on! (힘내!)
- Pull yourself together! (힘내세요!)

NOTE

6. 우울 / 실망

- I'm not in a good mood. (기분이 안 좋아.)
- I feel blue. (우울해.)
- He really lets me down. (그는 정말 나를 실망시키는군요.)
- My heart sank when I heard that.
  (그 소식을 듣는 순간 마음이 우울해졌어요.)

7. 분노

- I'm really fed up with you. (너한테 정말 질렸어.)
- Don't get ticked off. (그렇게 화내지 말아요.)
- He has a really bad temper. (그는 정말 짜증을 잘 내.)
- I'm rather vexed with him. (그는 사람 때문에 화가 좀 났어요.)
- I'm frustrated/ furious with you. (난 네게 화가 났어.)
- She hit the ceiling when she came home and saw what the dog had done.
  (그녀는 집에 돌아와서 개가 저질러 놓은 일을 보고 화가 머리끝까지 났다.)
- I've completely lost my patience with you.
  (정말이지, 당신을 참을 수가 없군요.)

8. 당황과 부끄러움.

- I was just dying of embarrassment.
  (난 당황스러워서 죽는 줄 알았어요.)
- How mortifying! (정말 창피하군요.)
- I feel so humiliated. (너무 창피하군요.)
- It was so embarrassing. (정말 당혹스럽군요.)
- I was embarrassed so I wanted to die.
  (너무나 당혹스러워서 죽고 싶을 정도였어요.)
- I've really got egg on my face. (정말이지, 얼굴이 화끈거리더라고요.)
- You'll really lose face. (정말로 체면이 말이 아니겠다.)

9. 칭찬

- You look great today. (오늘 정말 멋진데.)
- I love your hair. (머리 모양이 참 좋다.)
- I love what you've done to ~. (당신이 ~ 한 것이 마음에 쏙 드네요.)

NOTE

- I want to complement you on your choice of wine.
  (와인 고르는 솜씨가 좋군요.)

10. 부러움

- I'm just green with envy. (난 샘이 나서 죽겠어.)
- I'm so jealous. (너무 부럽다!)
- I hate you. (네가 미워 죽겠어!)
- I really envy you. (정말 부럽다.)

11. 흥분

- Isn't it thrilling? (짜릿하지 않니?)
- It was just overwhelming/ exhilarating! (정말 압권이었어!)
- The energy between us is just electrifying.
  (우리 사이에 전기가 통하는 것 같아요.)
- They are really in high spirits today. (그들은 오늘 정말 들떠 있군요.)
- They are just jumping up and down.
  (그들이 정말로 기뻐서 날뛰고 있어요.)

12. 두려움

- I'm still trembling! (아직도 떨려!)
- 주어 + frighten(s) me. ('주어'는 정말 두려워.)
- It scared the living daylights out of me when~.
  (~할 때 무서워서 죽을 뻔했어.)
- I broke out in a cold sweat when~. (~할 때 식은땀이 나더라구.)

13. 응답

- I don't blame you for your feelings. (네가 그러는 건 당연해.)
- Calm down. (진정해.)
- I agree. (동감이야.)
- Oh, you poor thing. (저런 안됐다.)
- I'm the same way. (나도 마찬가지야.)

14. 감사

a. 감사표현

- I really appreciate it. (정말로 감사합니다.)

NOTE

NOTE

- I can't thank you enough. (어떻게 감사해야 할지 모르겠어요.)
- I'm really grateful to you. (정말로 감사합니다.)
- How can I repay you? (어떻게 보답을 드려야 하죠?)
- You've been a big help. (정말 큰 도움을 주셨어요.)
- I owe you a real debt of gratitude for your help.
  (도와주셔서 정말 감사합니다.)
- I'd like to express my gratitude to~. (~에 대해 감사를 전하고 싶어요.)
- My gratitude is boundless. (무한히 감사합니다.)

b. 응답표현

- It's my pleasure. (천만예요.)
- Not at all. (그렇지 않아요.)
- Not in the least. (절대로 그렇지 않아요.)

5. Telephoning

1. –와 통화하고 싶습니다.

- Can you connect me with John? (존에게 연결해 주시겠어요?)
- Who's calling, please? (누구십니까?)
- Could you get a hold of John? (존 있습니까?)
- Is John available now? (지금 존 있나요?)
- Is John there? (존 있나요?)

2. 부재중

- He's not in at the moment. He's out.
  (그는 지금 없는데요, 나갔습니다.)
- He's not available right now. (지금 자리에 없습니다.)
- He has just stepped out. (그는 방금 나갔는데요.)
- He'll be gone until noon. (정오까지 자리에 안 계십니다.)

3. 메시지 요청

- Can you take a message? (말 좀 전해 주시겠어요?)
- I would like to leave a message. (메시지를 남기고 싶은데요.)

4. 교환

- Would you connect me with the trading department?
  (무역부에 연결해 주시겠습니까?)
- May I speak to someone in charge of trading?
  (무역부 책임자와 통화하고 싶습니다.)
- May I have Extension 325? (내선 325번 부탁합니다.)
- I'll connect you to the department concerned.
  (관련 부서로 연결해 드리겠습니다.)
- Who would you like to speak to? (누굴 바꿔 드릴까요?)

5. 기다려 주세요.

- Hold on, please. (잠시만 기다려 주세요.)

  = Hold the line. / Stay on the line.

6. 통화중일 때

- Could you call me again later? (나중에 다시 전화 걸어 주시겠습니까?)
- I'm on the line. / I'm on the phone. (지금 통화중입니다.)

7. 전화 왔어요.

- You are wanted on the phone. (전화왔어요.)
- Answer the phone. (전화 받으세요.)
- Who wants me on the phone? (누가 전화로 날 찾았어요?)

8. 기타

- The lines are crossed. (전화가 혼선되었어요.)
- You have the wrong number. (잘못 거셨습니다.)
- I'm sorry. I dialed the wrong number.
  (미안해요. 전화를 잘못 걸었군요.)
- I've got to hang up now. (이제 끊어야겠어요.)
- May I use your phone? (전화 좀 써도 될까요?)
- The line is busy. (전화가 통화중이예요.)
- Will you give me a call? (전화 좀 해줄래?)

NOTE

6. Guide

1. 길 묻기

- Where is the station? (지하철역이 어디 있습니까?)
- How can I get to the station? (어떻게 지하철역에 가면 됩니까?)
- Excuse me, where can I find~? (실례합니다. ~이 어디에 있죠?)
- Please point out where we are on this map.
  (우리가 지도상에서 어디에 있는지 가르쳐 주십시오.)
- Is this the right way to the station? (이 길이 역 가는 길이 맞아요?)

2. 지름길 묻기

- Could you tell me the shortest way to~? (~가는 지름길이 어디죠?)
- What's the shortcut to ~?
- Which is the best way to get to ~?

3. 도와줄 수 없을 때

- I'm sorry, but I'm not familiar with this area.
  (미안하지만, 제가 이 지역에 익숙지 않아요)
- Let me ask someone else. (혹시 모르니 다른 분께 물어볼게요.)

4. 도와줄 때

- You seem to be lost. (길을 잃으신 것 같군요.)
- I'll take you there. (제가 모셔다 드리죠.)
- It's very near here. (바로 이 근처에 있어요.)
- It's about a minute walk. (걸어서 약 1분 거리예요.)
- It's too far to walk. / It's a long walk. (걷기에는 너무 멀어요.)
- It should take about 15 minutes. (한 15분쯤 걸릴 거예요.)
- A taxi would be better. (택시 타는 게 더 낫죠.)
- Go straight. (곧장 가세요.)
- Follow this street. (이 길을 따라 가세요.)
- Keep going straight. (계속 직진하시면 돼요.)
- You can't miss it. (쉽게 찾을수 거예요.)
- You are going in the opposite direction.
  (지금 반대 방향으로 가고 계시네요.)

NOTE

NOTE

- How far is it to 63 building? (63빌딩까지 얼마나 멀죠?)
- It's about 5 more blocks straight ahead. (곧장 다섯 블록쯤 가세요.)
- Do you happen to know where the post office is?
  (혹시 우체국이 어디에 있는지 아세요?)
- Is there a Laundromat near here? (이 근처에 빨래방이 있나요?)
- You've already passed it. (벌써 지나쳤군요.)
- As the crow flies it's only about 5 miles, but it takes more than an hour to get there.
  (곧장 가면 5마일쯤 되지만 1시간도 더 걸려요.)
- It's just a hop and a skip from here.
  = It's just a stone's throw from here.
  (여기서 아주 가까운 거리에 있어요.)

7. Time & Weather

1. 시간

- It's a quarter after/ past 10 in the morning. (오전 10시 15분이예요.)
- It's 5 minutes to 7 in the evening. (저녁 7시 5분 전 이예요.)
- I guess it's around 5 : 30. (아마 5시 30분쯤일 거예요.)
- It's 8 o'clock sharp. (정확히 8시예요.)
  = It's exactly 8.

2. 시계의 빠름과 느림

- Is your watch right? (당신의 시계는 정확한가요?)
- I'm afraid my watch is three minutes or so slow.
  (제 시계가 3분쯤 느려요.)
- I'm afraid my watch is three minutes or so fast.
  (제 시계가 3분쯤 빨라요.)

3. 그밖에 시간과 관련된 표현

- The time of the meeting was advanced/ moved up from 7 p.m to 5 p.m .
  (회의 시간이 오후 7시에서 5시로 앞당겨졌어요.)
- Could you spare me a minute, please?
  (제게 시간 좀 내어 주시겠어요?)

- How much time could you spare me?
  (제게 얼마나 시간을 내어주실 수 있죠?)
- I've no time to lose. (시간이 없어요.)
- I've taken up a lot of time. (시간을 너무 많이 뺏은 것 같습니다.)
- The new project will require two month's start- up time.
  (새 프로젝트는 착수 기간이 두 달쯤 걸릴 것입니다.)
- What time shall we make it? (몇 시로 약속을 정할까요?)
- Can you make it at four o'clock? (4시 괜찮아요?)

NOTE

NOTE

먼저 알고 가는 문법 시험 대비법

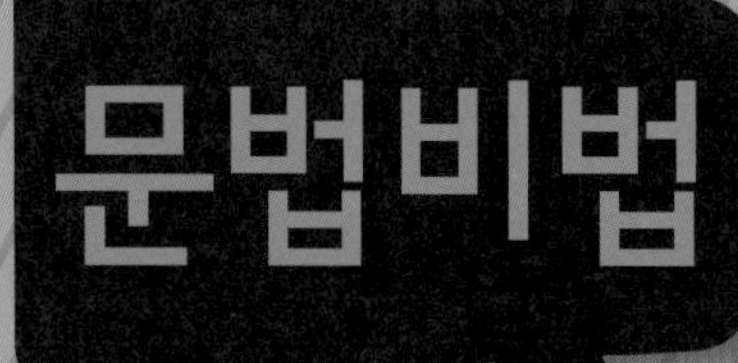

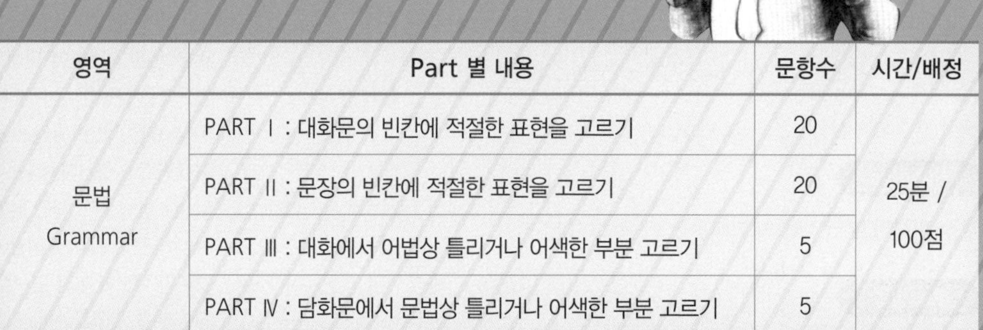

영역	Part 별 내용	문항수	시간/배정
문법 Grammar	PART Ⅰ : 대화문의 빈칸에 적절한 표현을 고르기	20	25분 / 100점
	PART Ⅱ : 문장의 빈칸에 적절한 표현을 고르기	20	
	PART Ⅲ : 대화에서 어법상 틀리거나 어색한 부분 고르기	5	
	PART Ⅳ : 담화문에서 문법상 틀리거나 어색한 부분 고르기	5	

먼저 읽고가는 문법 시험 대비법 PART Ⅰ

1. 출제유형

A-B 두 사람의 대화문을 읽고 빈칸에 알맞은 어법을 4개의 선택지 중에서 고르는 문제이다. 구어체 관용표현이 많이 출제되므로 청해 Part 1 과 중복되는 부분이 있다.

- **문항수** : 20문항
- **빈출 질문 유형** : 문장 구조(어순) 〉 시제 〉 동사
- **측정 영역** : 일상적인 대화 표현 중에 녹아 있는 구어체 문법 사항들을 테스트 한다.
- **빈출 토픽** : 구어체 문법 표현을 묻는 파트이므로 일상 생활, 학교, 사무실 관련 등 다양한 토픽이 출제된다.

2. 기출문제 대표 예제

유형: 부정 관사 | 난이도: *

A: I wonder how much money my professor makes ______ year.
B: Since she has tenure at the university, I'd say at least $70, 000.

(a) for (b) the
(c) a (d) of

A: 우리 교수님은 일 년에 얼마의 돈을 버는지 궁금해.
B: 종신 재직권을 갖고 계시니까 적어도 7만불은 될 거야.

Solution

부정 관사가 per (…당)의 의미로 쓰인 용법이다.

Answer

(c) a

3. 대비 전략

- 평소에 알고 있던 문법 지식들을 구어체 문장에서 적용해 보도록 한다.
- 문법 네 파트 중에서 비교적 난이도가 낮은 파트이므로, 최대한 빨리 문제를

NOTE

부정 관사 (a, an)의 용법을 묻는 문제이다. 일반적으로 부정 관사는 여러 개 중 특정하지 않은 어느 하나를 언급할 때 사용되지만 '…당/…마다'와 같이 per의 뜻으로도 사용된다. 예를 들어, three times a day (하루에 세 번), twice a year (일년에 두 번), 30 miles an hour (시간 당 30마일)과 같이 쓰인다. 여기서는 교수님이 일 년에 얼마나 많은 돈을 버는가에 대해 이야기하고 있으므로 $70,000 a year가 가장 적절하다. 또한 '어떤' (a certain)의 뜻으로 사용되기도 하는데 A Mr. Kim came to see you. 라고 하면 '김씨라는 어떤 사람'의 뜻이 된다. 우리말에는 없는 개념이기 때문에 부정 관사를 쓸 것인가 정관사 쓸 것인가 하는 문제는 영어를 오래 공부한 사람들에게도 매우 어려운 것이 사실이다. 영어가 모국어인 사람들도 그 차이를 설명하지 못하는 경우들이 많다. **이런 것들은 기본 규칙은 물론 예외인 경우들의 쓰임을 되도록 많이 접함으로써 감각을 익히는 것이 최선이다.**

풀고 나머지 문법 파트에 시간을 할애한다.

- **세부적인 문법 내용을 모두 공부하려 하지 말고 빈출 문법 영역(시제, 분사 구문, 수 일치, 태 등)에 집중하고 시험에 자주 출제되는 선택지 패턴을 우선 익혀 둔다.**
- 전체적인 대화 내용을 완벽하게 파악하지 못하더라도 선택지를 중심으로 구조만 파악해도 풀 수 있는 문제가 많다.

4. 오답 함정 피해가기

- 빈칸이 들어가 있지 않은 A나 B의 질문이나 대답을 점검한 후 정답을 골라야 한다.
- 한국인이 특히 취약한 문법 사항들(수 일치, 시제, 태)이 오답 선택지로 자주 등장한다.
- 문장 구조를 묻는 문제는 선택지를 먼저 훑어보고 빈 칸에 대입해서 소거해 나가는 방법이 효율적이다.

NOTE

먼저 읽고가는 문법 시험 대비법 PART Ⅱ

1. 출제유형

20단어 내외로 이루어진 한두 개의 문어체 문장을 일고 어법상 빈 칸에 가장 알맞은 표현을 4개의 선택지 중에서 고르는 문제이다.

- **문항수** : 20문항
- **빈출 질문 유형** : 문장 구조(어순) 〉 분사 〉 수 일치
- **측정 영역** : Part 1보다 심도 있게 문장 구조에 대한 이해력을 측정한다.
- **빈출 토픽** : Part 1 토픽과는 구별되게 시사, 뉴스, 학술문 등 전문 분야의 글이 다뤄진다.

문법

2. 기출문제 대표 예제

유형: 병렬관계 | 난이도: *

Many poets and artists at the beginning of the last century fled to Montmartre to learn, __________, and to live.

(a) to love (b) loving
(c) being loved (d) to be loved

지난 세기 초에 많은 시인과 예술가들이 배우고 사랑하고 살기 위해서 몽마르뜨르로 갔다.

Solution

빈 칸의 동사 love는 to learn, to live와 병렬관계를 이루어야 한다.

Answer

(a) to love

빈 칸에 알맞은 동사 love의 올바른 형태를 묻는 문제이다. 이 문장을 살펴보면 많은 시인과 예술가들이 배우고 사랑하고 살기 위해서 몽마르뜨르로 갔다는 것으로 빈 칸은 to learn와 to live에 함께 걸리는 부분으로 병렬관계가 되려면 love도 to love가 되어야 한다. **등위접속사에 의해 문장을 구성하는 요소가 나열될 때는 반드시 문법상 대등한 관계가 되어야 하는데 to 부정사는 to 부정사와, 형용사는 형용사와 같이 동일한 형태로 연결되어야 한다.**

NOTE

3. 대비 전략

- 문장의 구조와 관련된 문법 영역(부사절, 도치 및 생략, 관계대명사, 수 일치, 부사의 어순, 완료분사)의 개념을 이해한다.
- 문장의 기본 구조를 익히기 위해 기출 문제를 풀 때도 정답만 확인하지 말고, 문장을 분석대로 보도록 한다.
- 우리말과 근본적으로 다른 영어 문장 구조를 파악하자.

4. 오답 함정 피해가기

- **선택지와 더불어 문장의 주어와 동사를 가장 먼저 파악하도록 한다.**
- 선택지들의 형태(to부정사, 동명사 등)를 보고 테스트하는 문법 카테고리를 예측하며 빈칸 주위를 확인한다.
- 한 가지 문법 사항만 묻는 문제도 있지만 두 가지 이상 입체적으로 문법을 점검해야 하는 선택지들도 출제된다.

먼저 읽고가는 문법 시험 대비법 PART Ⅲ

1. 출제유형

A-B-A-B의 구어체 대화문을 읽고 어법상 틀리거나 어색한 표현이 들어가 있는 문장을 고르는 문제이다.

- **문항수** : 5문항
- **빈출 질문 유형** : 시제〉 어순 〉 품사
- **측정 영역** : Part 1 & 2가 단순하게 빈칸에 적절한 표현을 찾는 문제라면, Part 3는 여러 가지 문법 항목들이 포함된 대화문들 중 오류가 있는 문장을 찾아야 하므로 구어체 영어 표현에 대한 이해력을 심도있게 측정한다.
- **빈출 토픽** : 청해 Part 2에 나오는 표현들과 유사하게 일상 생활과 관련된 토픽들이 출제된다.

2. 기출문제 대표 예제

유형: **관사** | 난이도: **

(a) **A**: You really seem to know a lot about ancient Greek mythology.
(b) **B**: Well, I just finished the book about it not too long ago.
(c) **A**: You must really find the subject fascinating.
(d) **B**: I do. So many things we read in class make references to these old stories.

(a) A: 넌 그리스 신화에 대해서 정말 많은 것을 알고 있는 것처럼 보이는구나.
(b) B: 응, 그것에 관한 책을 얼마 전에 막 끝냈거든.
(c) A: 그것에 대해 관심이 많은 모양이구나.
(d) B: 맞아. 우리가 수업 시간에 배우는 많은 것들이 이 옛 이야기들을 언급하거든.

Solution

부정관사를 쓸 것인가 정관사를 쓸 것인가에 관한 문제이다.

NOTE

대화에서는 어떤 특정한 책이라기 보다는 그리스 신화에 관한 많은 책들 중의 하나를 의미하는 것이므로 정관사 대신에 부정 관사를 써야한다.

● 부정관사를 쓰는 경우
- **하나** (one): Do you have a pen?
- **동일한** (same): Birds of a feather flocks together.
- **어떤** (a certain): A Mr. Brown called you.
- **…당** (per): Most people eat three times a day.

● 부정관사 대신에 정관사를 쓰는 경우
- 앞에 나온 명사를 반복할 때
- 수식어구로 한정될 때
- 전후관계로 어떤 것을 지칭하는지 알 수 있을때: Please close the window.
- 시간, 수량의 단위를 나타낼 때: They sell meat by the pound.
- 유일무이한 것: the sun

먼저 읽고가는 문법 시험 대비법 PART Ⅲ

Answer

(b) finished the book → finished a book

NOTE

3. 대비 전략

- 빈칸이나 선택지 등 문제를 풀 수 있는 단서가 주어지지 않기 때문에 일일이 대화문을 읽으면서 정답을 찾으려고 하면 시간 안에 문제를 풀 수 없다. 따라서 자주 출제되는 문법 유형은 따로 정리해 두자.
- 자주 출제 되는 문법 오류 – 시제일치, 전치사, 관사, 명사 단 · 복수, 형용사 혹은 부사, 접속사 연관 구조, 간접의문문의 어순 등
- 대화문을 보고 출제자가 숨겨둔 문법 오류를 찾아내는 훈련이 필요하다.

4. 오답 함정 피해가기

- 한 단어씩 문법 용례를 살피다 보면 시간 안에 문제를 풀 수 없기 때문에 대화의 흐름이 자연스러운 선택지는 빨리 읽고 넘어가야 한다.
- **자주 출제 되는 문법 카테고리를 기억해 뒀다가 그 부분을 우선 점검한다.**
- 선택지마다 문법적 요소들이 포함돼 있으므로 문장 구조적인 측면을 먼저 파악하고, 개별 품사를 확인한다.

먼저 읽고가는 문법 시험 대비법 PART Ⅳ

1. 출제유형

한 문단을 주고 그 가운데 문법적으로 틀리거나 어색한 문장을 고르는 문제이다.

- **문항수** : 5문항
- **빈출 질문 유형** : 시제〉 어순 〉 품사
- **측정 영역** : 내용의 흐름을 전체적으로 정확히 이해하고 출제자의 의도를 파악하며 전체적으로 이해하면서 부분적인 정확성을 따져 보아야 한다.

2. 기출문제 대표 예제

유형: either 와 neither | 난이도: **

(a) There has always been a debate about white lies. (b) Is it OK to tell someone you care about something that isn't exactly true in order to spare his or her feelings? (c) Some people believe that lying is wrong in any context, even if you're doing it to be kind. (d) I think of it this way: I don't want my friends to lie to me, and I hope they don't want me to lie to them, neither.

(a) 선의의 거짓말에 대한 논란이 항상 있어왔다. (b) 당신이 아끼는 사람에게 그 사람의 감정을 보호하기 위해서 사실이 아닌 것을 이야기하는 것이 괜찮은 일인가? (c) 어떤 사람들은 다른 사람에게 잘 하기 위해 한 거짓말이라도 거짓말은 어떤 상황에서든 나쁘다고 믿는다. (d) 나는 이렇게 생각한다: 나는 내 친구가 내게 거짓말을 하길 바라지 않고 그들 또한 내가 그들에게 거짓말을 하지 않을 것을 원하기를 바란다.

Solution

neither은 이미 부정의 의미를 내포하고 있으므로 they don't want me to lie to them, either이라고 해야 한다.

Answer

(d) neither → either

3. 대비 전략

- Part 4는 수 일치, 시제 일치, 태를 중점적으로 살펴본다. Part 4의 경우 그냥 지문을 해석하면서 읽어내려가지 말고 각각 선택지의 주어, 동사를 파악해서 수의 일치(주어와 동사의 단 · 복수 일치), 시제 일치(각 선택지들 간의 시제 흐름 일치), 태(능동태, 수동태)가 맞는지만 살펴봐도 상당수 문제를 쉽게 해결할 수 있다.

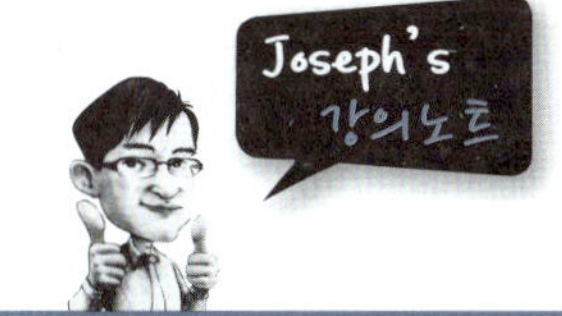

either를 쓰는 경우와 neither를 쓰는 경우를 구분하는 문제이다. 이는 회화에서도 자주 혼동이 되는 문제이기도 하다. 이미 앞 부분에서 they don't want me… 라고 부정의 의미를 표현했으므로 neither를 쓴다면 마치 not과 never를 함께 쓰는 것과 같다. '~도 역시'라고 할 때 긍정문에서는 too를 쓰고 부정문에서는 either를 쓴다고 알아 두어야 한다. neither은 not + either의 의미인데, 흔히 '나도 그래'라고 말할 때는 무조건 Me too라고 한다고 생각할지도 모르지만 상대방이 한 말에 따라 Me too를 써야 하는 경우도 있고 Me neither를 써야 하는 경우도 있다.

- **Me too 쓰는 경우**

A: I like going to the park when the weather is beautiful.

B: Me too. (= I also like going to the park when the weather is beautiful.)

- **Me neither를 쓰는 경우**

A: I wasn't so impressed with that new restaurant.

B: Me neither. (= I wasn't so impressed either.)

NOTE

먼저 알고 가는 어휘 시험 대비법

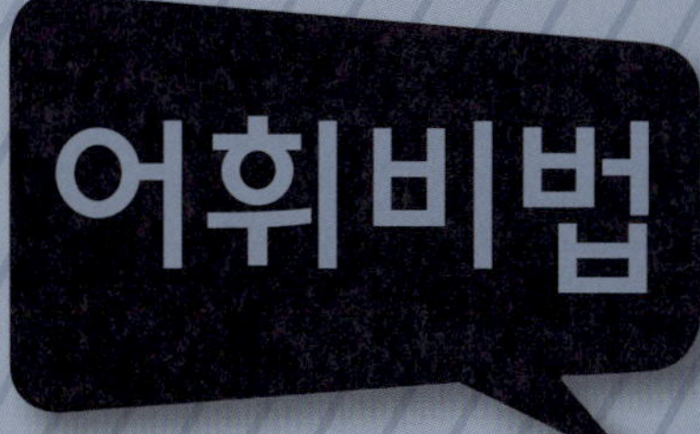

영역	Part 별 내용	문항수	시간/배정
어휘 Vocabulary	PART Ⅰ : 대화문의 빈칸에 적절한 단어 고르기	25	15분 / 100점
	PART Ⅱ : 문장의 빈칸에 적절한 단어 고르기	25	

먼저 알고 갑시다! 어휘 시험 대비법 PART Ⅰ

1. 출제유형

TEPS 어휘문제들의 경우 문맥 없이 단순한 동의어 및 반의어를 선택하는 시험 유형을 배제하고 의미 있는 문맥을 근거로 가장 적절한 어휘를 선택하는 유형을 문어체와 구어체로 나누어 측정한다. 어휘 Part 1은 25문제로서 구어체로 되어 있는 대화 중 빈칸에 가장 적절한 단어를 넣는 형식이다.

- **문항수** : 25문항
- **빈출 질문 유형** : 구어체 관용표현 〉 연어 〉 이어동사
- **측정 영역** : Part 1은 대화문에 어울리는 어휘를 고르는 문제들로 이루어져 있다. 구어체 관용표현들은 LC 빈출 표현으로도 학습할 수 있으므로 LC와 병행해서 학습하자. 그리고 시간 관리에 유념하자. Vocabulary에서 한 문제당 주어지는 시간은 15~18초 정도이다. 아는 문제부터 풀어나가고 모르는 문제는 나중에 풀도록 하자.
- **빈출 토픽** : 거의 100% 청해시험에 등장했던 표현들이 등장하며 단어의 단편적인 의미보다는 문맥에서 쓰인 상대적인 의미가 더 중요하다.

2. 기출문제 대표 예제

유형: 숙어 | 난이도: **

A: I'm going on a week-long hike through the mountains. You can come with me.

B: No, thanks. Being outdoors is not my cup of ________ , but I can understand why people like it.

(a) tea (b) fun

(c) coffee (d) gold

A: 일주일 동안 등산을 갈 계획이야. 너도 와도 돼.

B: 고맙지만 사양할래. 야외에서 활동하는 건 내 취향엔 맞지 않지만 왜 사람들이 좋아하는지는 이해가 돼.

Solution

어떤 것이 not my cup of tea라고 하면 '별로 좋아하는 일이 아니다', '내 취향에는 맞지 않는다'의 의미다. A가 일주일 동안 등산을 가자고 제안하지만 B는 자신은 야외에서 활동하는 걸 좋아하지 않는다며 거절하고 있다.

NOTE

'어떤 것이 내 취향에 맞다' 라고 할 때는 suit/ be to one's taste 라고 하며, 반대로 '내 취향이 아니다' 라고 할 때는 It's not my cup of tea 라고 하거나 It's not my style. / It isn't for me. / It's not my thing. 등의 표현을 사용한다. 또한 that's another cup of tea라고 하면 '그것은 별개의 문제다'라는 뜻이다. not for all the tea in China라는 표현도 종종 들을 수 있는데 이것은 '중국에 있는 차를 다 준다고 하더라도 (엄청나게 많은 양의 차가 되겠지요?) 절대 하지 않겠다'라는 의미이다. coffee와 관련된 표현 중에서 wake up and smell the coffee라고 하면 '잠에서 깨서 커피 냄새를 맡고 잠이 깨다'라는 말 그대로의 의미처럼 '현실을 직시하다'의 뜻이다. **TEPS 어휘를 잘하기 위해서는 이처럼 구어체 표현 자체를 포괄적으로 이해하고 있어야 한다.**

NOTE

Vocabulary

nature 자연
ex. I never get any time to enjoy nature anymore.
(나는 더 이상 자연을 즐길 시간을 갖지 못한다.)

relax 긴장을 풀다, 쉬다
ex. The man relaxed on the couch after a long day of work.
(남자는 긴 하루를 마치고 소파에서 휴식을 취했다.)

outdoors 야외에
ex. The wedding is going to be outdoors in a flower garden.
(결혼식은 꽃밭의 야외에서 있을 것이다.)

not my cup of tea 내 취향이 아니다
ex. Dancing isn't really my cup of tea. (나는 춤에 별로 관심이 없다.)

Answer

(a) tea

3. 대비 전략

- **어휘영역에서는 쉬운 단어에 특히 주목할 필요가 있다.** 우리가 익숙하다고 주의를 기울이지 않지만, 실상은 정확한 쓰임을 몰라서 실수할 수 있는 단어들이 TEPS 어휘영역의 주요 출제 대상이 된다. 그리고 철자가 비슷한 단어들이나 모양이 비슷한 단어들을 구별하는 문제들도 매회 거의 빠지지 않고 출제되고 있다. 흔히 동의어라고 생각되지만, 쓰임이 각각 다른 단어들이 많이 있으므로, 양적인 면에서 너무 집착하지 말고 개별단어의 정확한 쓰임을 의미 있는 문장을 통해 착실히 익혀두는 습관이 필요하다.
- 예문이 풍부한 영영사전을 이용하는 것이 좋고, 이러한 실용영어능력에 추가하여 SAT나 TOEFL수준의 어휘력으로 보강한다면 TEPS 어휘영역에서 큰 어려움은 없을 것이다.
- **개인적인 목적이 있다면 모르겠지만 몇 년이 가도 한 번 볼까 말까한 난해한 단어를 공부하는데 더 이상 시간을 낭비하지 않는 것이 좋다.** TEPS에서는 실제 영어에서 활용빈도가 낮은 표현이나 구문은 출제를 꺼리는 경향이 있다는 점을 명심해 두자.
- TEPS 어휘영역에서는 문제를 빠른 속도로 해석하지 못하면 정답을 맞출 수 없다. 개별적인 단어의 뜻을 아는 것만으로는 부족하다. 따라서 이 영역은 독해와 청해의 기초를 쌓는다는 마음으로 접근하기를 바란다.
- 표현력 측정에도 역점을 두는 문제가 많이 나오므로 뉴스나 방송 스크립트

먼저 읽고가는 어휘 시험 대비법 PART Ⅰ

를 많이 접하는 것도 좋다. 꾸준히 회화연습을 하면서 구문 속의 어휘 선택 감각을 기르는 것이 무엇보다 중요하다고 볼 수 있다.

NOTE

4. 오답 함정 피해가기

- 전체적인 문맥을 점검하지않고 단어 자체의 뜻으로만 선택지를 판단하면 오답함정에 빠지기쉽다
- **단어 자체의 의미는 쉬운데 다양한 의미가 정답으로 출제되는 경우가 많으므로 익숙한 단어의 쓰임새를 먼저 점검한다.**
- 한국인들에게 취약한 부분이나 혼동어휘들이 자주 나오므로 우리말과 일대일 번역이 되는 선택지는 오답일 가능성이 높다.

먼저 읽고가는 어휘 대비법 PART Ⅱ

1. 출제유형

하나 또는 두 개의 문장으로 구성된 글 속의 빈칸에 가장 적당한 단어를 골라 넣는다. 어휘를 공부할 때 한 개씩 단편적으로 암기하는 것보다는 하나의 표현으로, 즉 의미구로 학습하는 것이 15분이라는 제한된 시간 내에 어휘 시험을 정확히 푸는 데 도움이 될 것이다.

- **문항수** : 25문항
- **빈출 질문 유형** : 다의어 〉유의어 〉연어
- **측정 영역** : 독해 지문 수준의 문장들을 통해 기초 어휘로부터 고난도 어휘에 이르기까지 문맥을 통한 문장 이해력, 그리고 가장 적절한 어휘사용을 묻는다.
- **빈출 토픽** : 문어체의 경우 어느 한 분야에 국한되지 않고, 시사, 문화, 과학 등 다양한 분야의 어휘가 나오므로, 각 주제별 어휘를 골고루 학습할 필요가 있다. **특히, 건강, 법과 관련된 어휘는 항상 출제되므로 외운 만큼 효과를 볼 수 있다.**

2. 기출문제 대표 예제

유형: 연어 (collocation) | 난이도: *

The chairman of the finance committee stated that he had ______ hopes for growth this year despite the setbacks.

(a) forlorn (b) high
(c) lingering (d) full

재정 위원회 회장은 경기 후퇴에도 불구하고 올해 경제 성장에 대한 기대를 걸고 있다고 말했다.

Solution

높은 기대를 하고 있다고 할 때는 high hopes를 쓴다. 이때 hopes는 항상 복수형이다.

Vocabulary

setback 좌절, 곤란

ex. Despite a serious financial setback, they didn't give up their original plan.
(심각한 재정적 어려움에도 불구하고 그들은 원래 계획을 포기하지 않았다.)

Answer

(b) high

high는 형용사, 부사, 명사로도 쓰일 수 있다. high의 부사가 highly라고 착각하지 않도록 한다. highly는 부사이기는 하지만 '매우(= very)'의 의미로 highly desirable/effective/significant/successful (매우 바람직한/효과적인/의미있는/성공적인)과 같이 형용사를 수식하는 형태로 쓰인다. high가 명사로 쓰이는 경우는 Today's temperature will reach a record high. (오늘의 최고 기온은 기록적으로 높을 것이다) 혹은 The actor went through the highs and lows of his career. (그 배우는 경력의 흥망성쇠를 모두 겪었다)와 같이 쓰이는 경우이다. forlorn과 vain은 hope와 함께 자주 쓰이는 형용사들이다. forlorn hope는 실현 가능성이 없는 희망을, vain hope는 헛된 희망이라는 의미로 부정적인 의미를 갖는 반면에 문장에서는 despite the setbacks이라고 했으므로 긍정적인 의미의 희망이라는 의미가 되어야 한다. 그러므로 빈 칸에는 high가 가장 적절하며 참고로 search something high and low라고 하면 '구석구석을 다 뒤져서 찾다'라는 의미라는 것도 알아두자.

3. 대비 전략

- 단어 하나씩 공부하는 것은 고득점에 도움이 되지 않는다. 문장 속에서 단어를 익히고 앞뒤 문맥과 연결해서 단어를 외우자.
- 단어의 뉘앙스까지 학습하자. 어려운 단어일수록 뉘앙스 차이가 미묘해지므로 단어의 사전적 의미뿐만 아니라 뉘앙스까지 묶어서 공부하자.
- 일반어휘 42%, 혼동 어휘 32%, 연어 19%, 이디엄 5%, 이어동사 3% 순으로 출제 되므로 본인에게 취약한 부분을 잘 파악해서 준비하도록 한다.

NOTE

4. 오답 함정 피해가기

- 빈칸 주위를 잘 살펴보아야 하며 빈칸 다음에 전치사가 나올 경우 선택지와 전치사와의 어울림을 점검한다.
- 문맥을 통한 단어 선택이 핵심 미션이므로 다른 선택지들도 대입해 보고 오답을 지우면서 정답으로 접근하도록 한다.
- 영어 단어 용례로 정답을 찾아가야 한다. 우리말로 번역하면 자연스러운 것 같은 오답 선택지들이 자주 등장한다.

NOTE

먼저 알고 가는 독해 시험 대비법

영역	Part 별 내용	문항수	시간/배정
독해 Reading Comprehension	PART Ⅰ : 지문을 읽고 질문의 빈칸에 들어갈 내용 고르기	16	45분 / 400점
	PART Ⅱ : 지문을 읽고 질문에 가장 적절한 내용 고르기	21	
	PART Ⅲ : 지문을 읽고 문맥상 어색한 내용 고르기	3	

먼저 알고 갑시다! 독해 시험 대비법 PART I

1. 출제유형

Part I은 [지문을 읽고 지문의 빈칸에 들어갈 내용 고르기] 형식으로 1번에서 16번까지가 이 유형에 속한다. 이 유형은 일반적인 독해시험에서 가장 흔히 볼 수 있는 형태로 수능, 고시, 대학원, 편 · 입학시험 등에서도 자주 등장하는 형식이다. 빈칸에 들어갈 내용은 단어뿐만 아니라 구, 절, 연결어구(접속사나 부사) 등 다양한 내용이 포함된다.

길이로는 100단어 내외의 단일지문을 1분이내에 읽고 문맥의 흐름상 빈칸에 알맞은 적절한 선택지를 고르는 유형이다. 전체적으로 보면 빈칸에 들어갈 구나 절을 고르는 문제 (1-14번) 들과 연결사를 고르는 문제 (15-16번) 로 분류할수 있다.

- **문항수** : 16문항
- **빈출 질문 유형** : 마지막 문장 〉 처음문장 〉 중간문장
- **빈출지문 유형** : 인문과학 〉 사회과학 〉 실용문 (광고, 뉴스, 공지) 〉 자연과학
- **측정영역** : 이 Part의 point는 전체 내용의 대의파악 능력, 응집력 이해능력의 측정에 있다. 단어들의 정확한 의미와 그 용례를 이해하는 것도 중요하겠지만 무엇보다 문장 전체를 이해하는 능력이 최우선의 관건이 된다. 문장에서 빈칸을 완성하는 문제를 해결하는데 있어서 가장 중요한 것은 먼저 글의 대의를 파악하면서 빈칸이 있는 부분까지 빨리 읽고, 빈칸이 들어 있는 문장과 앞 · 뒤 문장을 정확히 읽어 전체의 의미 안에서 부분적인 내용을 이해하는 방법으로 접근해야 한다.

2. 기출문제 대표 예제

유형: 결론 찾기 | 난이도: *

You probably already use the Internet to send email and instant messages to friends and co-workers. But did you know you can also use it to make phone calls? With Spark, you can use your internet connection to make free phone calls to others with the service anywhere in the world. You can also use Spark to call landlines and cell phones affordably and, best of all, easily. All you need is a headset and Internet service and you're on your way! Spark software is easy to install. You'll be connected and ________ in minutes. Why not give it a try?

NOTE

광고하고 있는 Spark가 무엇인지를 파악하면 쉽게 답을 찾을 수 있는 문제이다. With Spark, you can use your internet connection to make free phone calls to others with the service anywhere in the world 부분에서 스파크가 인터넷을 이용하여 무료 전화 통화를 할 수 있는 서비스라는 것을 알 수 있다. 그러므로 여기서는 (b)가 정답으로 가장 적절하다. 인터넷을 일반적으로 이메일을 보내거나 메시지를 보내는데 이용한다고 소개한 것을 착각하여 (c)를 정답으로 고르지 않도록 한다.

(a) making travel arrangements
(b) calling friends and family
(c) sending important emails
(d) setting up your music service

여러분은 아마도 인터넷을 이용하여 친구들이나 동료들에게 이메일이나 인스턴트 메시지를 보내고 있을 것입니다. 하지만 컴퓨터를 이용하여 전화를 할 수도 있다는 것을 알고 계시나요? 스파크를 이용하여 여러분은 인터넷을 이용하여 스파크를 이용하는 다른 사람들과 무료로 전화 통화를 할 수 있습니다. 여러분은 또한 스파크를 이용하여 일반 전화와 핸드폰에도 값싸게 전화를 할 수 있으며 무엇보다도 이용이 매우 쉽습니다. 헤드셋과 인터넷만 있으면 여러분은 준비가 된 것입니다! 스파크 소프트웨어는 설치하기가 쉽습니다. 몇 분이면 여러분은 연결이 될 것이고 친구들과 가족들에게 전화를 할 수 있습니다. 한 번 시도해 보세요.

(a) 여행 계획을 하다
(b) 친구들과 가족들에게 전화를 하다
(c) 중요한 이메일을 보내다
(d) 음악 서비스를 설치하다

Answer

(b) calling friends and family

Solution

광고하고 있는 Spark는 인터넷을 이용한 전화 서비스 소프트웨어다.

Vocabulary

Affordably 저렴하게
ex. The old house needed to be remodeled and there was no way to do it affordably.
(그 오래된 집은 개조가 필요한데 그것을 저렴하게 할 방법은 없었다.)

on one's way …로 가는 길에
ex. James ran into a friend on his way to the dentist's office.
(제임스는 치과에 가는 길에 친구와 마주쳤다.)

install 설치하다
ex. As soon as the store installed a new security camera, the incidences of shoplifting decreased dramatically.
(상점이 새로운 감시 카메라를 설치하자마자 도난 발생이 크게 줄었다.)

NOTE

먼저 읽고가는 독해 시험 대비법 PART Ⅰ

give it a try 시도해보다
ex. Chris wasn't sure that he would enjoy the exotic food, but he decided to give it a try.
(크리스는 자기가 이국적인 음식을 좋아할지 확신이 없었지만 시도해 보기로 했다.)

NOTE

3. 대비 전략

- 지문을 읽을 때는 먼저 글의 대의를 파악하면서 빈칸이 있는 부분까지 빨리 읽고, 빈칸이 들어있는 문장과 앞뒤 문장을 정확히 읽어, 전체 대의 속에서 부분적 논리를 완성하는 방법으로 접근한다.
- 선택지가 짧을 경우 선택지 먼저 읽고 지문 읽는다. 만약에 선택지가 길다면 지문 먼저 읽는다.
- **독해영역에서 최대의 관건은 지문 전체를 얼마나 빨리 읽고 이해할 수 있는가의 문제이다.** 1지문 1문항 원칙을 고수하고 있고, 중문 이상의 긴 지문이 주어지기 때문에 속독속해가 절실히 요구되는 부분이다.

4. 오답 함정 피해가기

- 소거법을 이용하여, 답이 아닌 것부터 제외시켜 가면서 정답으로 좁혀가는 방법으로 문제를 푸는 것도 한 방법이다.
- **괄호 대원칙 – 괄호가 있으면 괄호를 포함한 문장이 중요하다. 괄호 안에서 더 설명해주기 때문에 그 문장에 답 힌트가 있을 가능성이 높다.**
- 처음 문장 읽고, 빈칸 읽고 답 선택한다. 그래도 아리송하면 마지막 문장 한 번 더 읽고 선택하며 지문 중간에 But, Whereas, Although, However, Yet S+V 있는지 확인한다.

먼저 읽고가는 독해 시험 대비법 PART Ⅱ

1. 출제유형

Part II는 [지문을 읽고 질문에 가장 적절한 내용 고르기] 형식으로, 17번에서 37번까지 21문항이 출제된다. 독해 전체 40문항 중에서 절반이 넘는 비중을 차지하고 있으므로 독해영역에서는 이 Part의 문제 유형에 특히 많은 관심을 가져야 한다. 주어진 지문의 내용을 완전히 이해해야만 문제의 내용에 답할 수 있기 때문에 문제를 먼저 읽어보고 지문을 보는 것도 문제 풀이의 한 방법이 된다.

- **문항수** : 21문항
- **빈출 질문 유형** : 세부사항(10문항 〉대의파악(6문항) 〉유추(5문항)
- **빈출지문 유형** : 사회과학 〉실용문 〉인문과학 〉기타
- **측정영역** : 단일지문에 대한 전체 및 세부내용 이해 및 유추능력을 요구한다.

2. 기출문제 대표 예제

유형: **내용 일치** | 난이도: *

The European Union, established in 1993, was built on the foundations of a pre-existing alliance called the European Economic Community. Like the EEC, the aim of the European Union is to ensure the economic health of all of its member nations, which now number 27, through a common trade policy. To this end, 15 member states have adopted a common currency, the euro. However, the EU is also a political coalition through which there is a guarantee of freedom of movement of goods, people, services, and capital. One result of this is the abolition of passport control between many member states.

Q: Which of the following is true of the EU?

(a) All countries in Europe are its members.
(b) It makes political as well as economic decisions.
(c) The euro is used in its 27 member nations.
(d) It is part of the European Economic Community.

1993년에 설립된 유럽 연합은 유럽 경제 공동체 (EEC)의 기존 협약을 토대로 하여 수립되었다. EEC처럼 유럽 연합의 목적은 모든 27개 회원국가들의 건전한 경제를 공통의 무역 정책을 통해서 보장하는 것이다. 이것을 위해서 이 중 15개 국가들은 공통 화폐 유로를 채택했다. 그러나 유럽 연합은 상품과 인력, 서비스 자본의 자유로운 이동을 보장하는 정치적인 제휴이기도 하다. 이것으로 인한 하나의 결과는 많은 회원국들 사이에 여권 검사를 철폐한 것이다.

유럽 연합에 관한 글을 읽고 사실인 내용을 고르는 문제이다. 유럽의 모든 국가가 회원은 아니므로 (a)는 오답이고 유럽 연합은 이전에 존재하던 유럽 경제 공동체의 제휴를 근거로 하여 정치적인 제휴이기도 하므로 (b)가 정답이다. 27개국 회원국 중에서 단일 화폐 유로를 채택한 국가들은 15개국이고 유럽 공동체는 1993년 유럽 연합이 설립된 이후에는 EC (European Community)라는 이름으로 유럽 연합의 일부로 흡수되었다. 그러므로 유럽 연합이 유럽 경제 공동체의 일부라는 것을 것은 사실이 아니다. 유럽을 여행해 보신 분들이라면 경험해보셨겠지만 유럽의 주요 국가들간을 여행할 때 국경에서 여권 검사를 하는 경우는 없다. 이것은 회원 국가들 사이의 물자와 인력 자원의 이동을 원활히 하기 위한 조치들 중 하나이다.

유럽 연합에 관한 내용으로 알맞은 것은?
(a) 유럽의 모든 국가들이 유럽 연합의 회원국이다.
(b) 정치적인 결정은 물론 경제적인 결정도 내린다.
(c) 모든 회원국들이 유로를 사용하도록 요구한다.
(d) 유럽 경제 공동체의 일부이다.

NOTE

Answer

(b) The EU makes political as well as economic decisions.

Solution

유럽 연합에 대한 사전 지식이 없더라도 주어진 내용을 바르게 이해하면 쉽게 해결할 수 있는 문제이다.

Vocabulary

establish 설립하다
ex. The wealthy family established a very well-known art school.
(부유한 가족은 매우 잘 알려진 예술 학교를 설립했다.)

foundation 기초, 토대
ex. This country is built on the foundation of freedom.
(이 나라는 자유를 토대로 하여 세워졌다.)

alliance 동맹
ex. The countries formed a powerful political alliance.
(국가들은 강력한 정치적 동맹을 형성했다.)

ensure 보장하다
ex. Setting a budget will ensure that you don't spend too much money.
(예산을 세우는 것이 네가 너무 많은 돈을 낭비하지 않도록 보장한다.)

adopt 채택하다, 입양하다
ex. Eric and Leslie are going to adopt a child.
(에릭과 레슬리는 아이를 입양할 것이다.)

coalition 제휴
ex. The armies formed a coalition to end enemy attacks.
(군대들은 적군의 공격을 종식시키기 위해서 제휴를 형성했다.)

abolition 폐지
ex. During the 1800s, many people worked for the abolition of slavery.
(1800년대 동안 많은 사람들이 노예제도의 폐지를 위해 노력했다.)

3. 대비 전략

- 지문을 읽고 질문에 대한 가장 적절한 답변의 선택지를 고르는 유형으로, 21문항이 출제된다. 질문의 종류에 따른 출제 유형을 살펴보면, 세부 내용 파악 문제가 가장 많고, 그 다음 대의 파악 문제가 5~8문제, 그리고 추론 문제가 3~5문제 정도 출제되고 있다. 최근에는 지문의 길이가 점점 짧아지고 난이도가 상대적으로 쉬워지는 경향이 있다.
- 질문이 원하는 바를 파악하고, 질문에 대한 해답이 될 수 있는 지문의 부분을 찾아서 읽고 질문과 상관 없는 지문의 군더더기는 과감히 skip 하고 답변이 될 수 있는 선택지 한두개 가운데서 정답을 찾아야 한다는 것을 알아야 한다.
- **which, what를 제외한 who, where, why, how를 포함한 Question은 지문에 주제 나오기 때문에 절대로 틀리면 안 된다. 그리고 광고는 미괄식이므로 뒤쪽을 자세히 보고 특히 광고 끝에 괄호 있으면 그 괄호 안이 답일 확률 높다.**
- 지문에 all, every, only, never 나오면 답일 확률이 높고, 단, 선택지에 나오면 오답일 확률이 높다. 세부내용 문제에 년도가 있으면 잘 보아야 한다.
- 추론 문제에서 지문에 결론이 없으면 선택지에서 결론을 찾아주면 되고, 지문에 결론이 나와 있으면 선택지에서 결론보다 좀 upgrade된 문장을 찾는다.

4. 오답 함정 피해가기

- 괄호 대원칙 - 괄호가 있으면 괄호를 포함한 문장은 중요하다 .
  괄호 안에서 더 설명해주기 때문에 그 문장에 답의 힌트가 있을 가능성이 높다.
- 처음문장 읽고, 빈칸 읽고 답 선택한다. 그래도 아리송하면 마지막 문장 한번 더 읽고 답 선택한다. 그리고 지문 중간에 But, Whereas, Although, However, Yet S+V 있는지 확인한다.
- 소거법을 이용하여, 답이 아닌 것부터 제외시켜 가면서 정답으로 좁혀가는 방법으로 문제를 푸는 것도 한 방법이다.

NOTE

먼저 읽고가는 독해 시험 대비법 PART Ⅲ

1. 출제유형

독해영역의 마지막 부분인 Part Ⅲ는 [지문을 읽고 문맥상 어색한 내용 고르기] 형식으로 38번에서 40번까지 총 3문제가 출제된다. 문제의 형태는 문법영역의 Part Ⅳ와 비슷하다고 보면 된다. 이어지는 문장 중에서 전체적인 대의에서 내용상 벗어나는 것을 고르는 문제이다.

- **문항수** : 3문항
- **빈출 질문 유형** : 인문과학 〉 사회과학 〉 자연과학
- **측정영역** : 지문을 읽고 문맥상 어색한 내용을 고르는 유형으로, 3문항이 출제된다. 글의 일관성을 파악하는 논리적 추론 능력이 주된 측정 포인트이다. Part Ⅰ이나 Ⅱ에서 적절한 시간 안배를 해두지 않아서, Part Ⅲ에서 그냥 찍고 말아야 하는 안타까운 경우가 종종 있다. 이 Part는 오랜 시간동안 긴장 상태로 문제를 풀다가, 집중력이 흐트러지는 마지막 부분에 등장한다는 점에서, 평소에 글의 흐름이나 문맥을 따라잡는 독해 훈련을 게을리 했을 경우, 매우 힘들게 느껴질 수 있는 부분이다.

2. 기출문제 대표 예제

유형: 글의 흐름 | 난이도: *

Do you want to save money this semester and get out of the student dorms? (a) I have a beautiful, clean and sunny townhouse close to campus, and I'd like to find a responsible female roommate to share expenses. (b) I'm currently working towards a Master's degree in biology at the university and hope to graduate next semester. (c) The rent is $400 plus utilities for one large bedroom and a private bathroom with a full bath. (d) If you are a responsible, serious student and this sounds like a good situation for you, please call Karen at 555-5555 and leave a message.

이번 학기에 돈을 절약하여 학생 기숙사에서 벗어나고 싶으세요? (a) 저는 캠퍼스 근처에 멋지고 깨끗하고 해가 잘 드는 타운 하우스를 소유하고 있는데 비용을 나눠 부담할 수 있는 책임감 있는 여성 룸메이트를 찾고 있습니다. (b) 저는 현재 대학에서 석사 학위를 따기 위해 공부를 하고 있으며 다음 학기에 졸업하기를 희망하고 있습니다. (c) 큰 침실과 시설이 모두 갖춰진 개인 욕실이 있으며 월세는 400 달러에 각종 공과금은 별도입니다. (d) 여러분이 만일 책임감 있고 진지한 학생이고 이것이 당신에게 알맞은 조건이라고 생각하시면 555-5555로 카렌에게 전화해서 메시지를 남겨 주세요.

NOTE

룸메이트를 구하는 광고문이다. 세를 놓고 있는 집에 관한 정보를 제공하지 않는 문장이 정답이 된다. (a)에서는 집 주인이 여성 룸메이트를 구하고 있다는 사실은 알 수 있으며 (c)에서는 집의 구조와 집세가 얼마인지를 알 수 있으며 (d)는 연락처를 밝히고 있다. 그러므로 광고문에 있어 꼭 필요한 내용들이라고 할 수 있는데 (b)에서는 자신이 현재 생물학 석사 학위를 따려고 준비 중이며 내년에 졸업하고 싶다는 개인 신상에 대한 내용을 밝히고 있으므로 글의 흐름에서 벗어나는 내용이라고 할 수 있다.

Answer

(b) I'm currently working towards a Master's degree in biology at the university and hope to graduate next semester.

Solution

룸메이트를 구하는 광고이므로 집에 관한 설명이 아닌 것이 정답이 된다.

Vocabulary

expenses 비용, 지출
ex. Ben's monthly expenses so high that he never had enough money to cover them.
(벤의 월별 지출은 매우 많아서 그는 그것을 다 지불할 만큼 돈이 있는 경우가 없다.)

currently 현재
ex. I currently work at a bank.
(나는 현재 은행에서 일하고 있다.)

utilities 공과금
ex. Because our new house was bigger, the utilities, such as gas, water and electric, cost more than before.
(우리 새집이 더 크기 때문에 가스, 수도, 전기 등의 공과금이 예전보다 더 든다.)

3. 대비 전략

- 전체 독해영역에서 차지하는 문항수 자체는 적지만, 독해문제 하나에 대한 배점이 높다는 점을 생각하면 결코 간과해서는 안 될 부분이다.
- **글의 응집, 즉 일관성(coherence)을 파악하는 논리적 추론 능력이 주된 측정 point라고 할 수 있다.** 따라서 주어진 글에 대해 집중력을 가지고 문맥 사이의 연결 고리를 생각하면서 접근하는 방법이 좋다.
- 전체 지문의 내용과 반대되는 문장을 찾는 단순한 문제만 출제되는 것이 아니라 전체적으로 세부사항을 이야기하고 있는 지문일 경우의 경우, 같은 내용이라도 포괄적인 내용을 이야기하다가 세부적인 내용이 나오면 흐름이 어색해지는 부분이 있는데 그 부분이 답인 경우도 등장한다.
- 독해영역의 문제를 앞에서부터 순서대로 풀다보면 시간이 모자라 Part III는 제대로 읽어보지도 못하고 놓치는 경우가 종종있다. 좋은 점수를 얻기 위해서는 각 Part별로 문제를 골고루 푸는 것이 중요하지만 어차피 시간이 부족하다면 쉬운 문제와, 쉽게 풀 수 있지만 배점이 높은 문제는 놓치지 말고 풀어야 하므로 가능하다면 Part III → Part I → Part II의 순서대로 문제

NOTE

를 풀어나가도록 하고, 스스로 생각해도 너무 어려운 문제는 과감하게 포기하는 것도 전략이다.

- 전체 40문제를 45분 안에 풀어야 한다. 답안지에 표시하는 시간을 빼고 계산해보면 1문항별 60초라는 시간이 주어진다. 따라서 시험 종료 10분전이라는 안내방송이 나오더라도 10문제를 풀 수 있다는 계산이 나온다. 마지막 10분을 잘 이용해서 당황하지 말고 침착하게 대응하여 실수하는 일이 없도록 하자.

4. 오답 함정 피해가기

- **두괄식이므로 첫 문장을 정독한다.**
- 문제가 점점 쉬워지고 있다. 글의 전체적인 어조를 파악하라. 또한 주어, 시제, 어감이 갑자기 바뀌는 부분에 유의하라. 끝까지 읽고 답을 고르자.
- 평소 독해 공부를 할 때 구문 분석이나 문법적 이해보다는, 글의 논리전개와 대의 파악 쪽으로 많은 연습을 해두자.

NOTE

독해지문에 등장하는 의미상 연결어 정리

의미	접속사	부사(구)	전치사	접속부사
이유·결과	등위 접속사 • for/so 종속 접속사 • because • since • as • now that • in that • seeing that	• therefore • as a result • in consequence • thus • accordingly • consequently • in short • what with	• because of • due to • thanks to • owing to • on account of • as a result of • in consequence of	
추가·포함	등위 접속사 • and • both A and B • not only A but also B	• also • too • as well • either	• in addition to • besides • along with • together with	• in addition • besides • what's more • furthermore • moreover
대조·반대 예상치 못한 결과	등위 접속사 • but/ yet/ and yet 종속 접속사 • though • even though • although • while	• even	• instead of • in place of • in spite of • despite • for all • with all • after all	• in contrast • instead • on the other • hand • however • nevertheless • notwithstanding • even so
구체적인 예				• for example • for instance

NOTE

NOTE

조셉킴 TEPS
기출공식 고득점 6주 완성

WEEK 1

WEEK 2

WEEK 3

WEEK 4

WEEK 5

WEEK 6

WEEK 1

Listing Comprehension

학습일자 :

- **PART Ⅰ** Choose the most appropriate response to the statement.

1.	(a)	(b)	(c)	(d)
2.	(a)	(b)	(c)	(d)
3.	(a)	(b)	(c)	(d)

- **PART Ⅱ** Choose the most appropriate response to complete the conversation.

4.	(a)	(b)	(c)	(d)
5.	(a)	(b)	(c)	(d)
6.	(a)	(b)	(c)	(d)

- **PART Ⅲ** Choose the option that best answers the question.

7.	(a)	(b)	(c)	(d)
8.	(a)	(b)	(c)	(d)

- **PART Ⅳ** Choose the option that best answers the question.

9.	(a)	(b)	(c)	(d)
10.	(a)	(b)	(c)	(d)

Actual Test Script

PART I Choose the most appropriate response to the statement.

1. W : Hello. This is Vanessa from E-Z Credit. Is Mr. Stanley available?
   M : ______________________________

   (a) May I ask who's calling, please?
   (b) Junior or senior?
   (c) We already have one, but thanks.
   (d) Please tell him to call back, if that's OK.

2. M : Would it be OK if I paid for these things now and came back to get them in about one hour?
   W : ______________________________

   (a) I'll be back soon. I just need to get something.
   (b) I don't see why not. I'll put your name on this bag.
   (c) There's a mistake on the bill here.
   (d) No, I'm sorry, but we don't have any of those.

3. M : Leslie? Is that you? You look different since the last time I saw you.
   W : ______________________________

   (a) I hope I've changed for the better.
   (b) We went to graduate school together, remember?
   (c) I don't think we've ever met.
   (d) I don't see you around much these days.

● PART Ⅱ Choose the most appropriate response to complete the conversation.

4. M : A few of us are going to get together and have dinner after work. Want to join us?
W : I don't think I can. I have so much to do before that presentation in the morning. Sorry.
M : Oh, come on. You don't have to stay for long. Just come for an hour or so.
W : ______________________________

(a) I'll think about it, but don't wait for me.
(b) Yes, I know how to get there.
(c) It's just a little get-together, really.
(d) Maybe we can meet for dinner sometime.

5. M : I know you're busy, but do you think you could help me with something?
W : What do you need?
M : I can't get past this level of "Doom Temple". It's really driving me crazy.
W : ______________________________

(a) I think it's somewhere in the closet.
(b) Is that what you interrupted me for?
(c) It doesn't look like you're doing anything.
(d) OK, I'll have the software installed in a flash.

6. W : Do you know what you'd like to order, or do you still need a few more minutes?
M : I think I'm ready. Is it possible to substitute the soup of the day for a salad?
W : Absolutely. It'll cost an additional $1.50, though.
M : ______________________________

(a) I still need to look at the menu.
(b) That's all right. I'll take the lunch special.
(c) No, I'll be dining alone today.
(d) Do you think I could sit by the window?

● PART Ⅲ Choose the option that best answers the question.

7. M : I really didn't understand the lecture yesterday. I don't know how I'm going to pass the test.
W : Me neither. I felt like the professor was speaking in a foreign language.
M : Say, I have an idea. We should get a study group together.
W : Yeah! We can make an announcement in class, and whoever wants to come can meet at the coffee shop at 5 p.m.
M : Why not in the Student Union building? That's a lot closer.
W : Even better. Let's get the word out soon. The test is next week!

Q. Which is correct according to the dialogue?

(a) The man didn't do well on the test.
(b) The study group is open to anyone in the class.
(c) The professor spoke in a foreign language.
(d) The students will meet in the coffee shop.

8. W : Are there any good Ethiopian restaurants around here? I haven't been able to find one.
M : Ethiopian restaurants? I'm not really sure. I've never really looked for one.
W : You've never had Ethiopian food? Back home, it's pretty popular.
M : No, but it sounds interesting. I guess I don't try new cuisines as often as I should.
W : I bet you would like it. There's something for everyone.
M : Well, maybe we can look into it. This is a big city. I'm sure there's one somewhere.

Q. Which of the following can be inferred from this dialogue?

(a) The woman is from a different city.
(b) The man doesn't like to try new things.
(c) The man wants to take the woman to dinner.
(d) Ethiopian food is the woman's favorite.

● PART Ⅳ Choose the option that best answers the question.

9. Going to an animal shelter and seeing all of the pets that are available for adoption always elicit an emotional response. You may feel like grabbing the first puppy that looks at you with big, adorable eyes. Yet it's important to take a step back from your emotions and really consider what kind of dog will actually be best for you. After all, you're choosing a friend for life and even the cutest puppy in the shelter may not be a good match.

Q. What does the speaker suggest people do before adopting a pet?

(a) Ask other pet owners for their advice.
(b) Visit several animal shelters.
(c) Do some research about different breeds.
(d) Try to make a logical decision.

10. Attention, shoppers. May I have your attention, please? Today from two to five is the annual Fall Festival here at Bailey's. In addition to this month's deals on produce and other items, there will be plenty of family-friendly activities throughout the day including face painting, crafts and music for kids. While you're enjoying the festivities, don't forget to sign up for our drawing. There's a chance you could win up to $500 in free groceries!

Q. Which of the following is NOT correct, according to the talk?

(a) Bailey's is giving away $500 in groceries.
(b) Children can have their faces painted.
(c) The Fall Festival will last for three hours.
(d) All of the crafts in the store are discounted.

Grammar

학습일자 :

● PART I Choose the best answer for the blank.

1. A : It's weird that we can't get a cocktail in any of these places.
   B : In this part of the plaza, _______ liquor without ordering a meal is not permitted.

   (a) purchase
   (b) purchased
   (c) purchasing
   (d) having purchased

2. A : I wonder how much money my professor makes ________ year.
   B : Since she has tenure at the university, I'd say at least $70, 000.

   (a) for
   (b) the
   (c) a
   (d) of

3. A : Did you get a chance to take the package to the post office yesterday?
   B : No, but I have some time off tomorrow. ____________ it then, if that's all right with you.

   (a) I'm going to send
   (b) I'll have sent
   (c) I will have sent
   (d) I had sent

4. A : It looks like you guys had a fun time playing soccer. Too bad you had finished by the time I arrived.

   B : If I had known you wanted to play, I definitely would have kept it_____ a while longer.

   (a) go
   (b) to go
   (c) going
   (d) to be going

5. A : I'm really sorry I can't go to the movie with you. I hate to bail out on you on such short notice.

   B : That's OK. I might just __________if no one else wants to go tonight.

   (a) else to do something find
   (b) to do something else find
   (c) something else find to do
   (d) find something else to do

● PART Ⅱ Choose the best answer for the blank.

6. The Jersey Street Boys ________________________ appear in store on the 25th for their CD signing session between 10 a.m. and 12 noon.

   (a) schedule
   (b) are scheduled to
   (c) are scheduling
   (d) are scheduled

7. Many poets and artists at the beginning of the last century fled to Montmartre to learn, ____________, and to live.

(a) to love
(b) loving
(c) being loved
(d) to be loved

8. Soon students everywhere ____________ several languages from an early age so that they can compete on a global scale.

(a) will be taught
(b) will teach
(c) would teach
(d) will have been taught

9. Women ____________ their days toiling in the home, but now most have taken on professional jobs in addition to their domestic duties.

(a) is used to spend
(b) used to spending
(c) is used to spending
(d) used to spend

10. The day was so beautiful and sunny that, ______________ any sudden misfortune, it was the perfect time to set off for an adventure.

(a) bar
(b) barred
(c) barring
(d) to bar

11. The accounting department submitted an approximation of this year's total expenses ____________ on the company's total expenses from last year.

(a) based
(b) basing
(c) to base
(d) base

12. Everyone was looking forward to hearing the guest professor's lecture _______ his travels to several remote islands.

(a) to
(b) in
(c) of
(d) on

● PART Ⅲ Identify option that contains an awkward expression or an error in grammar.

13. (a) A : I can't believe that your grandfather is still fit enough to run the marathon.
(b) B : Well, he's always been an actively person. I can't imagine him slowing down.
(c) A : I hope I still feel as healthy as he does when I'm his age.
(d) B : If you take care of yourself now, I'm sure you'll feel great later in life.

14. (a) A : I'm so bored. I hate to just sit around doing nothing when the weather is so nice.
(b) B : Actually, I think it's nice not to have anything planned for a change.
(c) A : I know, but I think we should at least enjoy the warm weather for a little while.
(d) B : Well, what did you want to do, then?

● PART Ⅳ Identify option that contains an awkward expression or an error in grammar.

15. (a) Coincidences seem to happen so often some people think there's a grander plan to the world in which we live than the reality we take for granted. (b) Just this morning I was on the subway to work and saw a friend I hadn't met for years get off at the same stop as I do every day. (c) I doubt there's much more to it than pure chance though. (d) I mean, when you think about it you bound to run into people you know from wherever they've been all the time.

16. (a) The old farmhouse stood on a windswept hill, far from the crowded city below. (b) And the rickety windmill, which had turned too many turns over the years, had developed a definite lean. (c) The barn was in danger of being collapsed and the rain used to pouring off the corrugated iron roof. (d) The roof wasn't safe at all for any livestock inside, and someday we would have to get around to its changing.

WEEK 1

Vocabulary

학습일자 :

PART Ⅰ Choose the best answer for the blank.

1. A : I asked you to take out the garbage before you left for school.
B : Sorry. I forgot, but I'll do it _____ away.

(a) all
(b) right
(c) such
(d) soon

2. A : What do you think of the report that Hayley wrote?
B : It's not bad, but I still think it needs___________.

(a) duty
(b) work
(c) task
(d) labor

3. A : I can't remember what ________ Tommy wears, can you?
B : No, I just remember his feet were huge for a 12-year-old.

(a) size
(b) dimension
(c) length
(d) measurement

4. A : I never knew taking an art class would be so expensive!
B : I think it costs a lot because it requires so many _________.

(a) resources
(b) components
(c) materials
(d) ingredients

5. A : Hello. I'm calling to inform you about an incredible money-saving offer.
B : Please _________ this number from your list. I'm not interested.

(a) remove
(b) report
(c) call
(d) add

● PART Ⅱ Choose the best answer for the blank.

6. The chairman of the finance committee stated that he had _________ hopes for growth this year despite the setbacks.

(a) forlorn
(b) high
(c) lingering
(d) full

7. Although industrialization raises living ________ for many, it will never solve the problem of abject poverty.

(a) proofs
(b) positions
(c) levels
(d) standards

8. Coffee lovers who stop by Java Junction on Fourth Street are in for a ___________ today as the manager there is unveiling her new choco-moca surprise.

(a) taste
(b) delicacy
(c) treat
(d) sale

9. After a soldier is _________ from the military, it is important for her to find meaningful work as a civilian.

(a) disarmed (b) disciplined
(c) disclosed (d) discharged

10. Doctors in the emergency room must _________their composure, even when those around them seem panicked and out of control.

(a) imply (b) release
(c) expose (d) maintain

Reading Comprehension

학습일자 :

PART I Read the passage. Then choose the option that best completes the passage.

1. After nearly 30 years as the host of the television show "Million Dollar Mix Up," Dave Nilsson, who will turn 76 this month, made the announcement during a press conference held on Tuesday. The show, which is one of the longest-running game shows in television history, has always been a popular favorite. As the first and only host of "Million Dollar Mix Up," the Swedish immigrant has taped thousands of episodes and has made millionaires of many excited contestants in front of an audience composed of the old and young alike. Nilsson, who got his start in television as a newscaster, says that he hopes his ____________ will allow him to spend more time traveling and doing volunteer work for charitable causes.

(a) promotion
(b) retirement
(c) inauguration
(d) contribution

2. A health study released by two leading universities confirmed what many city planners have already suggested: ________________. It seems that even a small park located in the center of a busy area can have profound health effects on residents. Besides making an area more aesthetically pleasing, the findings show that parks lead to an increase in exercise and a general reduction in stress among city dwellers. In addition, researchers involved in this study pointed out that increasing the number of green spaces in low-income neighborhoods may help to address health inequalities that exist between the rich and the poor. It seems that wealthier individuals who live in areas where greenery is prevalent are less at risk for certain diseases than poorer residents who tend to live in more densely populated areas with few green spaces.

(a) green spaces boost health
(b) city dwellers are often ill
(c) fewer parks are being built
(d) parks increase property value

3. When traditional medicine fails, or only provides a limited amount of relief, many patients look to alternative medicine for hope. However, medical experts warn patients to be wary of untested remedies that usually fail to live up to their promises. Often advertised on the Internet with few laws to stop them, alternative medicine companies make incredible claims that patients desperate for relief may be eager to try. These websites often promote cures for diseases doctors have deemed incurable, with personal testimonies replacing hard scientific facts and reliable clinical trials. Some alternative remedies, while ineffective, may only set the patient back a few dollars, while others may cost thousands of dollars and may actually worsen a condition. It is no wonder many experts are ______________.

(a) willing to test these new cures
(b) discovering why these cures are popular
(c) suggesting alternative medicine to patients
(d) pushing for tighter regulations

● PART Ⅱ Read the passage and the question. Then choose the option that best answers the question.

4. Although dreams have been viewed as significant since ancient times, it was not until Sigmund Freud's work was published in 1899 that dream analysis was seen as a legitimate part of psychology. Freud's Analysis of Dreams, discussed the role dreams play in understanding the mind. He believed that dreams are the mind's way of resolving past conflicts. The strangeness of dreams is related to memories that are too traumatic to pass unchanged into the conscious mind and are often transformed into unconscious, ambiguous symbols and unrecognizable representations.

Q: What is the best title for the passage?

(a) The Problem with Analysis of Dreams
(b) The Power of the Unconscious Mind
(c) The Psychology of Dreams
(d) Dreams Through the Ages

5. The Internet has made it possible for anyone to become a star. There are many success stories of how creative videos have captured the public's attention and given a large number of people their fifteen minutes of fame. The majority of the videos are not particularly well-produced and many of the stars would not be considered Hollywood material. However, user-friendly video sharing websites have democratized the world of entertainment to include anyone with a good idea and minimal equipment.

Q: What is the best title for the passage?

(a) The Changing Internet
(b) Hollywood's Big Mistake
(c) Famous on the Web
(d) Great Movie Ideas

6. It's important to try things that you wouldn't ordinarily be interested in pursuing. Of course, there are certain situations that make you feel uneasy because they are dangerous or could get you into trouble. Obviously, these situations should be avoided. However, there are other situations that make you feel edgy because they are new and unfamiliar. For example, some people feel nervous spending time with people they don't know, or even doing something as simple as dining at a new restaurant. These types of situations are the ones you should actively seek out because they'll make you stronger and more experienced.

Q: What is the main idea of the passage?

(a) It's possible to gain useful experience through others.
(b) Uncomfortable situations can be enriching.
(c) It can be challenging to relate to new people.
(d) Always be aware of potentially dangerous situations.

● PART Ⅲ   Read the passage. Then identify the option that does NOT belong.

7. In many ways, the children of Baby Boomers, or the generation born between 1946-1964, have a much different relationship with their parents than previous generations. (a) Many Baby Boomers, who are credited with bringing about many social changes that took place in the mid-20th century, have strived to have a closer, more open relationship with their children than their parents had with them. (b) As a result, the children of Baby Boomers report getting along well with their parents and in many cases considering them friends. (c) Boomers are also known for their protectiveness, as they tend to be more involved in the lives of their children. (d) The 1960s and 1970s were decades that changed the way the world looked at youth culture.

죠셉킴 TEPS
기출공식 고득점 6주 완성

WEEK 1

WEEK 2

WEEK 3

WEEK 4

WEEK 5

WEEK 6

WEEK 2

Listening Comprehension

학습일자 :

PART Ⅰ Choose the most appropriate response to the statement.

1.	(a)	(b)	(c)	(d)
2.	(a)	(b)	(c)	(d)
3.	(a)	(b)	(c)	(d)

PART Ⅱ Choose the most appropriate response to complete the conversation.

4.	(a)	(b)	(c)	(d)
5.	(a)	(b)	(c)	(d)
6.	(a)	(b)	(c)	(d)

PART Ⅲ Choose the option that best answers the question.

7.	(a)	(b)	(c)	(d)
8.	(a)	(b)	(c)	(d)

PART Ⅳ Choose the option that best answers the question.

9.	(a)	(b)	(c)	(d)
10.	(a)	(b)	(c)	(d)

Actual Test Script

PART I Choose the most appropriate response to the statement.

1. W : I didn't know the band would be playing heavy metal music. This place is too noisy.
M : ______________________

(a) Sure, we can stay as long as you'd like.
(b) I used to play in a band myself. How about you?
(c) Sorry. I'll turn down the volume.
(d) Let's get out of here. I'm ready whenever you are.

2. M : Excuse me, but I think you're in the wrong seat. My boarding pass says I'm supposed to be in 12A.
W : ______________________

(a) Have your passport and boarding pass ready.
(b) No, I don't mind. Sit wherever you'd like.
(c) Why don't you ask the flight attendant to help?
(d) I'm sorry. I guess I wasn't paying close attention.

3. M : I never would have guessed you had a green thumb. Thanks for your help. The garden looks fabulous.
W : ______________________

(a) You think so? It looks blue to me.
(b) I think the roses will look best by the gate.
(c) I don't have time to do it anytime soon.
(d) No problem. I love working outdoors.

● PART Ⅱ Choose the most appropriate response to complete the conversation.

4. M : What time do you want me to drop you off at the airport?

W : I don't know. I don't think the security check takes more than 30 minutes, does it?

M : I doubt it, but I'm not entirely sure.

W : ____________________

(a) Here's a list of the items that are banned.

(b) I think I'll be OK if we leave at 8:30.

(c) I'd rather take a plane, but that costs too much.

(d) I need to buy a ticket as soon as possible.

5. M : I don't think my class presentation went very well today.

W : What? I thought you did great, and I could tell the professor was very impressed.

M : Thanks, but I could tell a lot of people in class were getting bored.

W : ____________________

(a) I didn't want to work with a partner this time.

(b) I'm glad you came. It was nice to see you again.

(c) Who cares what they think? They're not grading you.

(d) She's been known to nod off from time to time.

6. W : Do you really want to go to the company picnic? It's always so dull.

W : Yeah, I do actually. I like the idea of eating lots of free food.

M : That's a good way to look at it. I guess we don't have to stay for long.

M : ____________________

(a) Do you think there'll be any food there?

(b) Yes, it takes place twice a year.

(c) Exactly. We can just have a burger or two and leave.

(d) I think the company is doing very well.

● PART Ⅲ Choose the option that best answers the question.

7. W : I heard you just started a new business. How's everything going so far?
M : Really well, actually. I never imagined I'd get so many customers this quickly. I'm always busy.
W : That's great. After working for so long for someone else, it must be nice to be your own boss.
M : Definitely. I'm actually thinking about hiring a few people, so I can expand the business.
W : Good idea. I've been thinking about trying something new, but I'm not sure I can afford to quit my job right now.
M : Well, I'd really like your help if you want to make some extra money.

Q. Which of the following can be inferred from the dialogue?

(a) The man has just opened a store.
(b) The man wants to hire someone to run his business.
(c) The woman already has a job.
(d) The woman is having money problems.

8. W : Just the person I wanted to see. What's going on, Hannah?
W : I'm so stressed out. I feel like I have a million things to do and no time to do them.
M : I'm sorry. This time of year is always hard for everyone. Everything is due right before winter break.
W : Yeah. I have several papers to write, not to mention major studying to do for my chemistry test.
M : That sounds awful. I was going to see if you wanted to get some coffee tomorrow, but you seem pretty booked.
W : I'd like that, but, yeah, this week is bad. But I can make it this Saturday afternoon, for sure.
M : That sounds fine. Why don't you give me a call later, and we can work out the details?
W : I'll do that.

Q. Which of the following can be inferred from the dialogue?

(a) The woman is going away for winter break.
(b) The man is taking classes with the woman.
(c) They will meet for coffee this weekend.
(d) The woman is doing badly in chemistry.

● PART Ⅳ Choose the option that best answers the question.

9. It's hard to believe that I'm standing before you all tonight making a speech about my journey when many of you seated before me were so important in helping me make it. This award isn't really about me. Without the countless hours that teachers and colleagues dedicated to helping me succeed, there's no way I'd be standing here tonight. I would not have become a teacher, and I definitely would not have become a good one if I hadn't been surrounded by so many excellent educators who taught me everything I know about this field.

Q. Which is correct according to the speech?

(a) The speaker knows some of the people in the audience.
(b) The speaker is considering becoming a teacher.
(c) The speaker is receiving an award for academic excellence.
(d) The speaker has given many speeches to teachers.

10. Do you want to learn how to relax, gain flexibility and lose weight? If so, a yoga class at the Wellness Center might be just what you've been looking for. Little or no yoga experience? That's great! We love beginners and offer several classes that target those with less than a year's experience on the yoga mat. More challenging advanced classes are open to students who demonstrate knowledge beyond the basics. Registration for new students will be closing soon and class sizes are limited to 10 students only.

Q. Who can register for advanced classes at the Wellness Center?

(a) Students who can show they know more than the essentials.
(b) Students who are interested in losing weight.
(c) Students who have taken yoga classes in the past.
(d) Students who have been practicing yoga for more than ten years.

Grammar 학습일자 :

PART I Choose the best answer for the blank.

1. A : I've heard Jamie play music with the jazz band, but I didn't know that she was an artist.
   B : Actually, she is a respected painter ___________.

   (a) as well as a great pianist
   (b) as a pianist well great as
   (c) well as a great pianist
   (d) great pianist as well as

2. A : I wonder what John is thinking when he goes up on stage every night and tries to be funny.
   B : I think he just wants the audience ___________ and have a good time. That's his job.

   (a) laughs
   (b) to laugh
   (c) laughing
   (d) to laughing

3. A : Do you know when the Hiking Club starts meeting again? I can't wait to get back to the mountains.
   B : I'm pretty sure we'll start getting together ___________.

   (a) after school is out soon
   (b) soon after school is out
   (c) is out school soon after
   (d) school after is out soon

4. A : So are you ready to go on a vacation? Did you pack everything you need?
B : Yes, but I still need to find someone _________ can take care of my cat while I'm gone.

(a) whom
(b) who
(c) which
(d) whose

5. A : Hey Lindsay! I haven't seen you since school started. Do you have a minute?
B : I'm a little busy right now, but I'd love to _________ up over coffee sometime, if you want.

(a) catch
(b) be caught
(c) will catch
(d) catching

● PART Ⅱ Choose the best answer for the blank.

6. The connection between facial expressions and human survival ______________ by a team of anthropologists.

(a) have been discovered recently
(b) discovered recently has been
(c) has recently been discovered
(d) recently discovered has been

7. There's nothing wrong with demanding fair treatment and looking out for your interests, but it is always important to think of ___________.

(a) ones
(b) the others
(c) another
(d) others

8. The committee could never come to a consensus on the issue as __________members voted to tear the wall down and others voted to keep it in place.

(a) all
(b) each
(c) some
(d) any

9. Although his lawyer urged him to keep quiet, the man _________to the crime out of guilt and hoped the judge would pity him.

(a) admitted
(b) had admitted
(c) admitting
(d) is admitted

WEEK 2

10. People were sitting in front of the radio to hear __________ the President was about to say in his unplanned speech to the nation.

(a) that
(b) who
(c) what
(d) whom

11. ______________ class president, Georgina immediately began thinking about how she could achieve many of her campaign promises.

(a) Elected
(b) Been elected
(c) To elect
(d) Electing

12. If she had forgotten her part of the project for the science fair, her partner ____________her.

(a) didn't forgive
(b) hadn't forgiven
(c) weren't to forgive
(d) wouldn't have forgiven

● PART Ⅲ Identify option that contains an awkward expression or an error in grammar.

13. (a) A : You really seem to know a lot about ancient Greek mythology.
(b) B : Well, I just finished the book about it not too long ago.
(c) A : You must really find the subject fascinating.
(d) B : I do. So many things we read in class make references to these old stories.

14. (a) A : I'm really bored. How about going out and seeing a movie or something?
(b) B : I don't know about that. Why do we always have to go out lately at night?
(c) A : Oh, come on. It's only 10:30 and the night is still young.
(d) B : Well, I guess it is Saturday and I feel kind of restless myself.

● PART Ⅳ Identify option that contains an awkward expression or an error in grammar.

15. (a) If you think you could use a confidence boost, a makeover might be just the thing. (b)You don't need to spend hundreds of dollars to give yourself a new look. (c) You could ask your hair stylist to change the color of your hairs, or maybe you could visit the makeup counter at a department store and try a new palette. (d) Sometimes just changing one part of your look can put a spring in your step.

16. (a) There are many people who refuse to celebrate holidays because they are fed up with the commercialism that seem to drive them. (b) These people are disgusted that right after one holiday has ended, another is just around the corner, enticing people to buy. (c) But holidays don't have to inspire such cynical feelings. (d) Celebrate each holiday according to one's personal beliefs, is more fulfilling than dismissing them altogether.

WEEK 2

Vocabulary

학습일자 :

● PART Ⅰ Choose the best answer for the blank.

1. A : We want to present you with this prize in ________ of your efforts.
   B : I'm so honored. I never expected this. Thank you very much.

   (a) awareness
   (b) realization
   (c) acceptance
   (d) appreciation

2. A : Excuse me. Where are all of the baking supplies? I need to find a spatula.
   B : Items like that are all going to be in the next________.

   (a) aisle
   (b) column
   (c) row
   (d) line

3. A : Did Brad finally decide to settle his case out of court?
   B : No, he's so stubborn that he refuses to _______ even though he's going to lose.

   (a) hold up
   (b) close off
   (c) take in
   (d) back down

4. A : Your grandfather seems like a very hard man to get along with.
   B : He's actually very kind, but he has a difficult time _____________ his emotions.

   (a) displaying
   (b) posing
   (c) applying
   (d) linking

5. A : When a tragedy like this ____________, it's comforting to know that I have so many friends.
B : Yes, it's always important to have a strong support system.

(a) strikes
(b) aims
(c) pounds
(d) crashes

PART Ⅱ Choose the best answer for the blank.

6. After visiting an impoverished nation, the inconveniences of the developed world often seem __________in comparison.

(a) austere
(b) palpable
(c) trivial
(d) implicit

7. Not wanting to pass up a very good deal, Jacob accepted the salesman's counteroffer and purchased the vehicle without ______________.

(a) reservation
(b) resolve
(c) retribution
(d) reconciliation

8. Hiring managers are always impressed by job seekers who _________ a calm confidence when they walk into the office.

(a) issue
(b) resolve
(c) exude
(d) proclaim

9. The __________ of last night's City Bazaar will directly benefit a number of local charities and non-profit organizations.

(a) monies
(b) expenditures
(c) proceeds
(d) remunerations

10. In most states, anyone under the age of 18 needs a parent's _______ in order to get a body piercing or a tattoo.

(a) esteem
(b) consent
(c) rationale
(d) purpose

Reading Comprehension

학습일자 :

● PART Ⅰ Read the passage: Then choose the option that best completes the passage.

1. There is a reason why many movies that were originally panned by critics and neglected by moviegoers during their run in theaters have ________________. Some films become what are known as "guilty pleasures". Although many movies have moments that may inspire unintentional laughter, guilty pleasures are movies so poorly made and so terribly acted, there is something endearingly humorous about them. The best of the worst often gain a cult following as movie lovers watch them, usually in the comfort of their own homes, with a gleeful sense of irony.

(a) become popular rentals as the years go by
(b) made many directors wary of new scripts
(c) led to an increase in the number of theatergoers
(d) caused some actors to lose their jobs

2. For the vast majority of people, the fact that the Earth is round is undisputable. However, to a small but vocal group, the Earth looks more like a sheet of paper than a ball. Flat Earthers, as the name suggests, believe the idea that the Earth is a globe is a government conspiracy and that the planet is actually a disc covered with geological phenomena like mountains and valleys. Those who believe in this idea dismiss scientific evidence for a round Earth as ________________. Unsurprisingly, Flat Earth theory has failed to gain any serious attention in the scientific community, though its adherents are hardly discouraged.

(a) facts that cannot be proven wrong
(b) a theory that requires further study
(c) a way to understand Earth's surface
(d) an elaborate plot by space agencies

● PART Ⅱ Read the passage and the question. Then choose the option that best answers the question.

3. Many researchers believe that differences in social class are not only reflected in what kinds of work parents do and where they live, but also in how they interact with their children. Studies have shown that middle class parents tend to spend significantly more time talking to their children than working class parents or parents on welfare. In fact, middle class parents make two times as many statements to their children than working class parents and four times as many as parents on welfare. Middle class parents also tend to use more diverse and encouraging language than less well-off parents do. These differences are mainly related to how much time parents have available to spend with their children. They may also account for a class-related achievement gap when children enter school.

Q: Which of the following is correct according to the passage?

(a) Poor parents talk to their children differently than middle class parents.
(b) The children of middle class families start school earlier.
(c) Welfare has helped to narrow the achievement gap.
(d) Middle class parents are less likely to encourage their kids.

4. The Helping Hands homeless shelter is currently looking to fill the position of art therapist/studio assistant at our east-side location. This is a part-time position. You will be responsible for leading the family art program and offering instruction in a community art studio. This position is open to applicants with a Master's degree in Art Therapy and significant experience working with children, families, and underserved communities. Weekend and evening availability is required. Please apply online at HHS.org.

Q: Which of the following is correct according to the passage?

(a) Job seekers should apply at the homeless shelter.
(b) A degree as well as job experience is required.
(c) The job's hours mainly take place during the day.
(d) The job will be teaching children's art classes.

5. Dear Customer:

I am sorry to announce that this year we will not be receiving our usual supply of pet costumes at Julie's Costume Emporium. However, high-quality period costumes for children and adults will still be available both online and at our store downtown. As you know, these tough economic times have had a detrimental effect on small businesses, and we've made the decision to downsize our stock in order to keep our doors open. Now through November 15th, we'll be offering the last of our dog and cat costumes for up to 75% off online. Order early, since these items are sure to go fast. Thank you all for your continued support and passion for authentic, hand-made costumes.

Sincerely,
Julie Rhodes
Owner, Julie's Costume Emporium

Q: What does the letter suggest customers do?

(a) Put in costume requests early.
(b) Buy pet costumes at the downtown location.
(c) Order the last pet costumes online.
(d) Wait until next year's supply arrives.

● PART Ⅲ Read the passage. Then identify the option that does NOT belong.

6. "Microwaveland" is a movie that may not get many laughs, but will put an amused smile on everyone's face. (a) The movie takes place in a future much like the present, where technology has made life move faster and communication easier, but no one seems to be any more connected. (b) This world is a background for three short, interconnected vignettes about romance. (c) Unfortunately, the whole thing plays out like a surreal sitcom, with conventions that everyone in the audience will recognize, for better or worse. (d)The director has been at the helm of several recent horror favorites as well as several popular romantic comedies.

NOTE

죠셉킴 TEPS
기출공식 고득점 6주 완성

WEEK 1

WEEK 2

WEEK 3

WEEK 4

WEEK 5

WEEK 6

WEEK 3

Listening Comprehension

학습일자 :

PART Ⅰ Choose the most appropriate response to the statement.

1. (a) (b) (c) (d)
2. (a) (b) (c) (d)
3. (a) (b) (c) (d)

PART Ⅱ Choose the most appropriate response to complete the conversation.

4. (a) (b) (c) (d)
5. (a) (b) (c) (d)
6. (a) (b) (c) (d)

PART Ⅲ Choose the option that best answers the question.

7. (a) (b) (c) (d)
8. (a) (b) (c) (d)

PART Ⅳ Choose the option that best answers the question.

9. (a) (b) (c) (d)
10. (a) (b) (c) (d)

Actual Test Script

PART I Choose the most appropriate response to the statement.

1. W : I can't afford anything in this store. We'd better go and look somewhere else.
   M : ____________________

   (a) I know what I want. How about you?
   (b) I don't know either. Maybe we should ask.
   (c) You can pay with cash or credit card.
   (d) You're right, but they do have a great selection.

2. M : So, how soon after the interview will I know if I get the job?
   W : ____________________

   (a) Just fill out an application and leave it on the desk.
   (b) You're highly qualified for the position.
   (c) You'll be in charge of communicating with branches overseas.
   (d) That could take anywhere from 1 to 3 weeks.

3. M : I hope you'll come and visit me again soon. I had a really great time.
   W : ____________________

   (a) Whatever you want to do is fine with me.
   (b) Sorry, but I don't remember where you live.
   (c) I'll definitely be back. Just let me know when you're free.
   (d) I don't get many visitors these days.

● PART Ⅱ Choose the most appropriate response to complete the conversation.

4. W : Does this dress come in any other colors? I just love the cut.

M : Isn't it gorgeous? Unfortunately, that particular style only comes in red.

W : I really like it. I just don't know when I'll ever have an occasion to wear such a fancy dress.

M : ______________________

(a) We're having a sale this weekend.

(b) There aren't any more in the back.

(c) I don't think it suits you at all.

(d) Why not save it for a special evening out?

5. M : If I never see that horrible restaurant again, it'll be too soon.

W : It was pretty bad. I wonder why so many people recommended it to us.

M : I don't know. Maybe we just went on a bad night.

W : ______________________

(a) I'm so full, I couldn't eat another thing.

(b) Whatever the reason, that's my first and last visit.

(c) I heard about it in the restaurant review section.

(d) I don't think I want to go with them again.

6. W : Hi, is Anthony there? This is his mother.

M : I'm sorry, but he left, and I'm not sure when he'll be back this evening.

W : Oh, I see. Can you tell him to call me as soon as he gets in? It's extremely important.

M : ______________________

(a) You're more than welcome to wait.

(b) Hold on. I'll see if I can find him.

(c) Of course. Hopefully, he won't be out for long.

(d) It's not like him to forget to take messages.

● PART Ⅲ Choose the option that best answers the question.

7. M : You don't seem like yourself. Remember that you can tell me anything.
W : I know. I just feel really silly, and I don't know what to do.
M : Well, why don't you get it off your chest? I'm sure it's not silly, and you'll probably feel better.
W : Well, OK...you know Benny? I told him that I'd like to be more than just friends, and now I feel awkward.
M : Why do you feel awkward? Benny's really nice. I can understand why you'd like him.
W : Yeah, he is. But I didn't get the reaction I was hoping for.
M : Think of it this way: if you never tell people how you feel, you'll always wonder what could have been.

Q. Which of the following can inferred from the dialogue?

(a) Benny doesn't have the same feelings as the woman.
(b) The man is older than the woman.
(c) Benny wants to break up with the woman.
(d) The man is jealous of Benny.

8. M : Now that you're almost done with school, what's next for you?
W : That's just the problem. I have no idea what to do now that I'll no longer be a student.
M : I think the first thing you should do is think about what you're good at and what you love to do.
W : Well, a lot of the things I like to do won't help me make any money in the real world.
M : If you're talking about your art then I think you're wrong. There are plenty of things you can do.
W: I hope you're right. Becoming a starving artist isn't very appealing.
M: That's another thing. You need to have a more positive attitude.

Q. What are they talking about?

(a) Possible career paths for the woman.
(b) The woman's low self-esteem problem.
(c) What the woman should study in school.
(d) Why artists don't make much money.

● PART Ⅳ Choose the option that best answers the question.

9. When Jane Foxman sent her first story to a publisher in 1913, it was the beginning of a long period of rejection. Letter after letter came back suggesting that Jane write pieces that appealed more to her "feminine peers" instead of tackling themes that were seen as too harsh and complicated for a woman to discuss with any success. Still, Jane was not the type to compromise. Although it took her over 12 years to find a publisher for "Modern Romances and Other Brief Tales of Woe," the collection is now recognized as a classic work, not by a woman writer, but by a truly great writer.

Q. Where are you most likely to find this passage?

(a) In a book about how to write a novel
(b) In the introduction of a short story collection
(c) In a history about famous publishing houses
(d) On a website discussing Victorian values

10. More parents than ever are finding that "empty nest syndrome" may be a thing of the past. That's because many young adults are finding it difficult to start an independent life away from Mom and Dad, even after obtaining a college degree. There are many reasons why this is happening, including the fact that the workplace is not the same as it was 50 or even 25 years ago. While the members of previous generations were able to find good jobs right out of college that allowed them to support a household, many young people are finding that jobs now offer only part-time hours and few benefits.

Q. What is the main point of the speaker?

(a) Many parents are getting frustrated with their dependent children.
(b) Getting a college degree is not as valuable as it once was.
(c) Young people do not think it is important to own a home.
(d) Many young people are having a hard time starting out.

Grammar

학습일자 :

PART I Choose the best answer for the blank.

1. A : I heard you went to Peru this summer to see Machu Picchu. I'll bet it was unbelievable.
   B : The whole time I couldn't believe I was actually visiting _______ an amazing place. It was wonderful.

   (a) so
   (b) well
   (c) such
   (d) very

2. A : I just wanted to make sure everything is in place for the business meeting in two weeks.
   B : Absolutely. Everything ___________ as we planned. You have nothing to worry about.

   (a) will be arranged
   (b) arranged
   (c) was arranged
   (d) is being arranged

3. A : Grandma, I can't believe you and Grandpa are going to celebrate another anniversary together.
   B : Me neither. This Friday ______________ for sixty-five years.

   (a) we were married
   (b) we had been married
   (c) we'll be married
   (d) we'll have been married

4. A : Barney is really stubborn. I asked if he could help in the garden today and he told me no.
B : Yeah, he's always been like that. He doesn't do anything that he doesn't __________.

(a) want
(b) want to
(c) want it to
(d) want it

5. A : You certainly seem to be busy with your new job these days.
B : I'm definitely busy, but that's __________.

(a) just the way I like it
(b) just the way I like
(c) the way I like just
(d) the way I just like it

6. A : It sounds like Ernie is in a lot of trouble. He should have done more research about his rights.
B : Yeah. Now he has to compensate anyone ___________ photographs he used without permission.

(a) what
(b) whose
(c) that
(d) which

7. A : You don't really like to throw big parties at your house, do you?
B : Not really, but __________ I'll have a few people over to listen to music and dance a little.

(a) a while once every in
(b) once in a while every
(c) in a while every once
(d) every once in a while

● PART Ⅱ Choose the best answer for the blank.

8. __________ more officials decided to make supporting locally grown food a priority, it would send a clear message to consumers.

(a) Since
(b) However
(c) Yet
(d) If

9. Children who are not given any boundaries or are unusually interested in risk-taking behaviors are often_______________.

(a) accidents to serious prone
(b) to serious prone accidents
(c) serious accidents prone to
(d) prone to serious accidents

10. Leading economists suggest that the government ___________ the tax burden on businesses to improve the country's overall competitive edge.

(a) lower
(b) lowers
(c) can lower
(d) could lower

11. It's important not to become discouraged with your writing career, as any professional will tell you that success ______________.

(a) expected takes longer may
(b) longer than expected may take
(c) takes than expected longer may
(d) may take longer than expected

12. _____________everything behind with no explanation, Darla headed for a new town and settled there.

(a) To leave
(b) She left
(c) Had left
(d) Having left

13. The comedian decided to try out a few jokes he had recently come up with ________ no one appeared to be listening anyway.

(a) after
(b) where
(c) since
(d) that

Vocabulary

학습일자 :

PART Ⅰ Choose the best answer for the blank.

1. A : It looks like I won't have enough time to finish the project before Monday afternoon.
   B : I ____________ you so. But you weren't interested in listening to other opinions.

   (a) told (b) argued
   (c) claimed (d) said

2. A : Don't you think Mrs. Keller is overreacting?
   B : Well, where her son is ____________, she tends to go over the top.

   (a) maintained (b) concerned
   (c) interested (d) occupied

3. A : So I hear the tightrope walker is performing here tonight.
   B : Yeah, his name is "Amazing Sam" and he's going to walk between two ten-____________ buildings.

   (a) story (b) degree
   (c) level (d) layer

4. A : I'm glad you did so well on your exams. There was no reason to worry, after all.
   B : I'm proud of the scores I received, but there's always room for ____________.

   (a) advancement (b) improvement
   (c) development (d) enlargement

5. A : I'm going to apply for the manager position at the department store.
B : Well, I think it's a good move. You've always been a _______________.

(a) go-getter
(b) pushover
(c) sore loser
(d) tough cookie

● PART Ⅱ Choose the best answer for the blank.

6. Though Mr. Kim did not at first like the modern art work displayed in the company's lobby, it actually _____________ him over time.

(a) came round
(b) showed off
(c) added up
(d) grew on

7. The doctor gave the patient's father every _______ that his son would make a full recovery after the surgery.

(a) authority
(b) influence
(c) agreement
(d) assurance

8. The odor from the classroom was so intense that several students fell ill and everyone had to be ____________.

(a) exasperated
(b) evacuated
(c) expelled
(d) evicted

9. Many of the students' parents___________the teacher for mistreating their children in class.

(a) denounced (b) resolved
(c) shed (d) misplaced

10. An excellent way to ____________ home one's point during a business meeting is to use relevant and visually interesting charts and graphs.

(a) show (b) lead
(c) take (d) drive

11. Because Mr. Johnson wasn't sure of his availability, he only _____________ the meeting for next Monday, but promised to confirm it as soon as possible.

(a) penciled in (b) wrote off
(c) drew up (d) spoke out

WEEK 3

Reading Comprehension

학습일자 :

● PART Ⅰ Read the passage: Then choose the option that best completes the passage.

1. For those who call one of the world's population centers their home, city life can ______________. While tourists may find a teeming metropolis an exciting place to shop, dine, and experience cultural events, residents often find city life unpleasant. Residents of small towns often report that they feel a strong sense of community, but city dwellers may feel insignificant and lonely alongside so many millions of others. The pace of the city can also be stressful, as activity never seems to slow down, and residents are caught up in the rush of hurried crowds.

   (a) take a significant toll
   (b) be monotonous and repetitious
   (c) build a sense of independence
   (d) be an energizing experience

2. While compact disc sales are steadily declining, it seems music technology from a generation ago is making a surprising comeback. Young people are not only buying classic recordings on vinyl, but they're also purchasing new music in this format. Record players, long considered ______________, are also being sold in larger numbers. Many people may ask themselves why, in a time where thousands of songs can be stored on a device smaller than a credit card, some buyers would opt for the much bulkier vinyl record. However, for vinyl enthusiasts, the answer is simple: records sound better.

   (a) competition for compact disks
   (b) relics from a bygone era
   (c) the highest quality music players
   (d) an expensive impulse buy

3. Education offers a way out of the cycle of poverty that many young people in South Africa experience. But __________________ is making it extremely difficult for some students to get the instruction that they need. In an increasing number of classrooms, it is not unusual for 50 students to be crammed together for lessons. One region in the country needs to fill 5,000 posts in the coming year. Many of the problems stem from discriminatory hiring practices that reflect a reluctance to hire foreigners. There is also the issue of pay, which forces many qualified educators to seek better salaries in the private sector.

(a) the religious conflict with neighboring countries
(b) the lack of high school teachers in the country
(c) the discrimination against female students
(d) the increasing cost of college education

● PART Ⅱ Read the passage and the question. Then choose the option that best answers the question.

4. Everyone knows that hand washing is one of the most important things people can do to stay healthy. But what people might not know is that if it isn't done properly and often enough, its effectiveness against illness can be diminished. Still, there are just a few things to remember: although the benefits of antibacterial soap are often touted in commercials, simple soap and warm water work just as well. It is important to rub all surfaces of the hands for 15-20 seconds in order to remove any dirt or bacteria. After rinsing, use a paper towel to turn off the faucet and open the bathroom door.

Q: Which of the following is correct according to the passage?

(a) Using antibacterial soap is the best way to get hands clean.
(b) You shouldn't touch the door handle when leaving the bathroom.
(c) Hand washing only removes dirt from the hands.
(d) Cold water can be as effective as warm water to clean hands.

5. The recent case in England of a terminally-ill thirteen-year-old girl who won the right to refuse a heart transplant has led many to consider yet another complexity in the right to die issue. During an interview by a child protection officer, Hannah Jones maintained that she wanted to live out the rest of her days with her family and die with dignity. Her parents, who support her choice, claim that they were not involved in making it. After the meeting, the hospital that put in a bid with the High Court to force the teen to have surgery withdrew the case. Many health experts have praised the outcome, arguing that a patient at Hannah's age is perfectly capable of making decisions about treatment. This case is an important one as it explores the tension between patients' rights and the responsibility of doctors common in all right-to-die cases with the added complication of age.

Q: Which of the following is true according to the newspaper article?

(a) The right to die has been legalized in England.
(b) Hannah's case was decided in the High Court.
(c) The court ruled that parents must make medical decisions.
(d) Hannah decided to forgo surgery despite her doctor's advice.

6. For most criminals, prison is a punishment that stifles successful integration into society as a responsible citizen. Rather than redeeming criminals, the prison system often makes them worse, especially in the case of non-violent offenders. After an inmate is released from a world where violence rules and every day is strictly regimented, he is asked to build a productive life. This task is impossible without some intervention during incarceration that examines and offers ways to counter criminal behavior. The vast majority of people believe that rehabilitation programs should have a place within the prison system. Many rehabilitation programs give inmates the emotional, professional, and sometimes, spiritual tools they need to enter society again and avoid another sentence.

Q: Which of the following is true according to the report?

(a) Rehabilitation is only effective for non-violent criminals.
(b) Rehabilitation programs take place during imprisonment.
(c) Many people believe rehabilitation should replace incarceration.
(d) Criminals are often given harsher sentences than necessary.

● PART Ⅲ　Read the passage. Then identify the option that does NOT belong.

7. It's hard to think of a car that has been the subject of more ridicule than the Ford Pinto. (a) Introduced to the market in 1970, the Pinto was referred to as the "barbecue for four" due to the propensity for the back end of the car to blow up and the doors to jam in the event of a collision. (b) Despite the danger to consumers, the Ford company refused to redesign the car, reasoning that it would be cheaper in the long run to settle any lawsuits. (c) The design was based on another Ford product that had done well in both American and foreign markets. (d) However, eventually, the company was forced to recall many of the vehicles and send "safety kits" to dealerships to repair many others.

NOTE

조셉킴 TEPS
기출공식 고득점 6주 완성

WEEK 1

WEEK 2

WEEK 3

WEEK 4

WEEK 5

WEEK 6

WEEK 4

Listing Comprehension  학습일자 :

PART Ⅰ Choose the most appropriate response to the statement.

1.	(a)	(b)	(c)	(d)
2.	(a)	(b)	(c)	(d)
3.	(a)	(b)	(c)	(d)

PART Ⅱ Choose the most appropriate response to complete the conversation.

4.	(a)	(b)	(c)	(d)
5.	(a)	(b)	(c)	(d)
6.	(a)	(b)	(c)	(d)

PART Ⅲ Choose the option that best answers the question.

7.	(a)	(b)	(c)	(d)
8.	(a)	(b)	(c)	(d)

PART Ⅳ Choose the option that best answers the question.

9.	(a)	(b)	(c)	(d)
10.	(a)	(b)	(c)	(d)

Actual Test Script

● PART Ⅰ Choose the most appropriate response to the statement.

1. M : There must be some mistake. I sent in my payment two weeks ago.
   W : ______________________

   (a) You can arrange to have it withdrawn automatically.
   (b) It's not going to cost more than $100.
   (c) Well, it says here that we still haven't received it yet.
   (d) I don't want to send it by mail. Is there another way?

2. W : I think I'm going to call in sick today. I really need a day to myself.
   M : ______________________

   (a) Maybe you should go to the hospital.
   (b) You should ask for more time to finish.
   (c) I gave you the number last night, remember?
   (d) I thought you used up all of your sick leave.

3. M : Are you still going to have time to pick up the materials for our project later this afternoon?
   W : ______________________

   (a) I don't see why not.
   (b) This material is too thin.
   (c) Thanks, but I can't accept this.
   (d) Yes, it's almost three o'clock.

WEEK 4

● PART Ⅱ Choose the most appropriate response to complete the conversation.

4. M : How do you like your new roommate? Is she driving you crazy yet?
   W : We're getting along pretty well, actually. She seems like a really considerate person.
   M : Give it a couple of months. Then you'll see what she's actually like.
   W : ______________________________

   (a) You're right. It takes a while to get to know people.
   (b) I don't think it's big enough for two people.
   (c) I haven't found one yet. I'm still looking.
   (d) I placed an ad in Sunday's newspaper.

5. W : This map doesn't seem to be right. Am I close to the Egyptian exhibit?
   M : Yeah. If you take the elevator over there and go to the 2nd floor, you should find it.
   W : I was already on the 2nd floor. I thought that was the Persian textiles exhibit.
   M : ______________________________

   (a) That's weird. I guess the elevator must be broken.
   (b) Well, you can take the stairs, if you want.
   (c) It's one of my favorite parts of the museum.
   (d) It's actually tucked away behind the textiles exhibit.

6. M : Do you think Annabelle would go on a date with me if I asked?
   W : I don't see why not, although I think she might have a boyfriend already.
   M : That wouldn't surprise me. She's such a gorgeous lady.
   W : ______________________________

   (a) You should go to that new restaurant downtown.
   (b) You are telling me. She's really one in a million.
   (c) I'm sure she was just having a bad day.
   (d) I've known her for about 5 years now.

● PART Ⅲ Choose the option that best answers the question.

7. W : I'd like two tickets for the late showing of "Charlie Monster Goes to Nowhere Land," please.

M : No problem. That'll be $20, and I'll also need to see your ID.

W : OK. It's around here somewhere. Oh, here it is.

M : I'm sorry, but I can't sell you tickets to that film.

W : What's wrong? Is it sold out or something? Couldn't I just get tickets for another time?

M : No, it's not that. You have to be 18 to see "Charlie Monster." It's rated R.

W : Oh, come on. You can't let me in just this once?

Q. Why can't the woman get in to the movie?

(a) Because she isn't old enough.
(b) Because she can't find her ID.
(c) Because she missed the last showing.
(d) Because the tickets were sold out.

8. W : Are you still with the Ministry of Finance, Tim?

M : Yes, I am. For nearly ten years now, as a matter of fact.

W : Really? Has it been that long? As I recall, you were working for Mr. Mathers last.

M : Yeah, about eight years ago! Now, I run my own section.

W : That's great! What do you do?

M : I head up the foreign investment department. I really love it!

W : Sounds great. Do you ever get to travel abroad?

M : Actually, that's the best part. In fact, I'm heading to Paris next Tuesday.

Q. Which of the following is correct according to the dialogue?

(a) The man's trip to Paris was canceled.
(b) The man is now a section leader at the Ministry.
(c) The woman wants to work at the man's office.
(d) The woman was Mr. Mather's former employer.

● PART Ⅳ　Choose the option that best answers the question.

9. Visiting a farm is more than looking at cute farm animals and spending a few hours outdoors. It can be a valuable experience that helps city-dwellers get a real idea of where food comes from and how it is produced. All too often people forget about all of the work that goes into bringing fresh vegetables to the table or the processes that must be undertaken to make a glass of apple juice. These realizations might change the way you think about food and the land that supports it.

Q. According to the talk, why should city-dwellers visit farms?

(a) To interact with farm animals up close
(b) To protest the destruction of natural resources
(c) To better understand where food comes from
(d) To help farmers produce the food they eat

10. Is your child struggling to keep up in math or reading? Maybe you just don't want all of the progress your child has made during the school year to be forgotten over a long summer vacation? Tutor Change can help. We offer both small classes and one-on-one instruction in elementary and middle school math and reading. Tutor Change assesses your child's academic strengths and weaknesses, so he or she will always get the individualized lesson plans that will ensure success. All Tutor Change tutors are teachers too, so you can rest assured that your child is getting help from a true professional. Why not give us a call so we can get started?

Q. Which of the following is correct according to the advertisement?

(a) Tutor Change is cheaper than other tutoring centers.
(b) Tutor Change provides personalized instruction.
(c) Tutor Change offers classes in math and science.
(d) Tutor Change tutors are all top students.

Grammar

학습일자 :

● PART I   Choose the best answer for the blank.

1. A : Traffic seems to be getting worse and worse in the downtown area.
   B : Yes, the number of cars on the road __________ twice what it was just five years ago.

   (a) were
   (b) was
   (c) are
   (d) is

2. A : I wonder if Matilda is going to get a raise at her new job.
   B : That depends on __________ the potential she has to benefit the company.

   (a) her boss to see whether
   (b) sees her boss whether or not
   (c) whether not her boss
   (d) whether or not her boss sees

3. A : I know it's difficult, but do you remember anything about the accident?
   B : Well, I heard the truck __________ long before I realized how close it was.

   (a) to come
   (b) comes
   (c) came
   (d) coming

4. A : Why are there so many people hanging around in the teacher's lounge?
B : An emergency meeting ___________ to discuss possible solutions for the recent problems.

(a) has called
(b) calls
(c) has been called
(d) called

5. A : Why didn't you call and let me know that that you weren't going to be able to make it to the party?
B : I did. I ___________ a message with your brother, but I guess he never told you.

(a) was leaving
(b) will leave
(c) leave
(d) left

6. A : I've never met anyone who had something bad to say about Mr. Benson.
B : He's ___________ that it would be very difficult to dislike him.

(a) very kind man
(b) so a kind man
(c) such a kind man
(d) a kind man

7. A : I'm really sorry that your dog ran away. I hope you find her soon.
B : I ___________ made sure the gate was locked before I left, but I was so busy that morning.

(a) have to
(b) might
(c) should have
(d) must have

● PART II Choose the best answer for the blank.

8. The student asked his teacher for ___________ on how to improve his French grammar.

(a) the advices
(b) advice
(c) an advice
(d) advices

9. Perhaps if adults are not punished for using foul language, _____________.

(a) either children should
(b) so should children
(c) neither should children
(d) so shouldn't children

10. ____________ performed some of the most popular songs in the history of music, the Beatles are still one of the most celebrated bands in the world.

(a) As
(b) Have
(c) Had
(d) Having

11. If the Prime Minister had not stormed out of the studio, the talk show host ____________ for her embarrassing mistake.

(a) would apologize
(b) should apologize
(c) had apologized
(d) would have apologized

12. The children ate their meal in complete silence, ____________ some sign that they could leave the table and watch TV.

(a) waiting
(b) waiting for
(c) waited for
(d) waited

13. Although it may sound strange to some, coulrophobes find it impossible ____________ calm when a clown is in the room.

(a) remain
(b) to remain
(c) have remained
(d) remaining

● PART Ⅲ Identify option that contains an awkward expression or an error in grammar.

14. (a) A : I'm going to head down to the blood donation drive at the school. Want to come?
(b) B : Actually, I'm pretty sure the last day to give blood was yesterday.
(c) A : Oh. That's too bad. I really wanted to do my part.
(d) B : Well, I heard that it was a success. A lot of people are participating.

15. (a) A : Did you hear that over a thousand dollars was stolen from the fundraiser last night?
(b) B : It's outrage that anyone could ever be so selfish.
(c) A : I know. I just hope they find whoever did it right away.
(d) B : Me, too. More importantly, I hope they find the money so it can be used for its original purpose.

WEEK 4

● PART Ⅳ Identify option that contains an awkward expression or an error in grammar.

16. (a) There has always been a debate about white lies. (b) Is it OK to tell someone you care about something that isn't exactly true in order to spare his or her feelings? (c) Some people believe that lying is wrong in any context, even if you're doing it to be kind. (d) I think of it this way: I don't want my friends to lie to me, and I hope they don't want me to lie to them, neither.

Vocabulary　　　　학습일자 :

● PART I　Choose the best answer for the blank.

1. A : I asked Anna to go to the dance with me.
   B : Don't ____________ your breath. She only has eyes for one guy.

   (a) keep　　(b) hold
   (c) carry　　(d) wait

2. A : I can't believe Jackie decided not to meet my parents.
   B : Did it ever ______________ to you that she was nervous about meeting your family?

   (a) happen　　(b) occur
   (c) arise　　(d) open

3. A : I wonder what Mr. Sanders was saying to Bonnie at the meeting the other day.
   B : Don't be so __________. Obviously he wanted to keep the conversation private.

   (a) risky　　(b) nosy
   (c) fussy　　(d) tricky

4. A : This is probably the most important episode of the entire season.
   B : I know. Timothy's finally going to reveal his ____________ after all this time.

   (a) variety　　(b) manner
   (c) identity　　(d) nature

5. A : I really think you should go ahead and buy that dress. It looks fabulous on you.

B : Well, it's not on sale, but I guess one purchase won't __________the bank.

(a) cut
(b) split
(c) crack
(d) break

6. A : You're still pretty upset about what happened on Thursday, aren't you?

B : I just can't ___________ thinking that there was something more I could have done.

(a) prevent
(b) allow
(c) continue
(d) help

7. A : If you keep ___________ on this report, you're never going to finish it in time.

B : I know, but it's so boring I can't keep my mind on it.

(a) limping
(b) throwing
(c) slacking
(d) flopping

8. A : I'm sorry if I said anything back there that I made you feel uneasy.

B : That's all right. I know you get ______________ sometimes when you're having a good time.

(a) shut down
(b) used up
(c) backed up
(d) carried away

9. A : I'm going to go to the hospital again today and see how Peter is feeling.
B : If you need anything, just __________ the word. I'd love to help.

(a) speak
(b) say
(c) talk
(d) tell

10. A : Why are these jade plants so expensive?
B : Well, these are the best of the __________and they are priced accordingly.

(a) pack
(b) cluster
(c) bundle
(d) bunch

● PART Ⅱ Choose the best answer for the blank.

11. After serving time in jail for ten years for a crime he did not commit, the defendant was finally ________ through DNA testing.

(a) pleaded
(b) arraigned
(c) exonerated
(d) accused

12. The archaeologist discovered a strange dwelling _______ from the rock of the mountainside with simple tools.

(a) inflated
(b) hewn
(c) assimilated
(d) integrated

13. The city was unable to _________ the case since it lacked the solid evidence it needed to sway the jury in its favor.

(a) demand (b) petition
(c) prosecute (d) abolish

14. After retiring, Ms. Lee became a(n) ____________ reader, finishing as many as two books a week.

(a) voracious (b) assertive
(c) tumultuous (d) idiomatic

15. Although its introduction to the market seemed like a saving grace to environmentalists and consumers, ethanol has actually had a(n) _______effect on the planet.

(a) lingering (b) grueling
(c) hostile (d) adverse

16. The reasons for the President's fall from favor remain ________ to many who watched him rise from a small town mayor to a political superstar.

(a) scathing (b) nebulous
(c) palliative (d) sycophantic

17. The children of the rich and famous have sometimes been ____________ in order to collect large ransoms.

(a) abducted
(b) confiscated
(c) comforted
(d) neglected

18. Unfortunately, it is often the case that the outrageous behavior of celebrities attracts more ____________ than they deserve.

(a) honesty
(b) publicity
(c) investment
(d) proceeds

19. Although many people complain about __________ journalism, it is often the sensational stories that sell newspapers, rather than the unbiased ones.

(a) pink
(b) yellow
(c) gray
(d) blue

20. A janitorial business can be very ________ for those who know how to manage time and build a faithful clientele.

(a) acclaimed
(b) extravagant
(c) dubious
(d) lucrative

WEEK 4

Reading Comprehension

학습일자 :

PART I Read the passage: Then choose the option that best completes the passage.

1. Dear Ms. Wickham,

I was so pleased to learn of the recent opening of your one-woman show at the 8th Street Gallery. Although, regretfully, I was not able to attend, I have heard from several colleagues that everyone in attendance was captivated and challenged by your astounding work. Of course, I was hardly surprised to learn that your big night was such a triumph. I witnessed firsthand how dedicated you were to realizing your unique artistic vision and I know this is only the beginning of a long and successful career. Again, I would like to ___________________.

Sincerely,
Frances Mell

(a) present a token of my appreciation
(b) welcome you to the company
(c) extend an invitation to attend
(d) offer my warmest congratulations

2. Apologizing can be one of the most excruciating experiences anyone has to endure. It is often embarrassing to take back something said in the heat of the moment or to admit that an action was wrong. Yet, asking for forgiveness can be a healing experience for everyone involved. However, one question that always arises is if one should apologize_______________. Some argue that it is more important to calm a conflict than it is to actually feel regret. Others maintain that giving an insincere apology is betraying oneself by admitting fault where there may only be a difference in opinion. In the end, though, when and how to apologize probably depends on the situation.

(a) when a mistake has been made
(b) while both parties are still angry
(c) without being asked
(d) when he or she is not truly sorry

3. While you may think that dogs and cats would be best at the job, pet food tasting is a task for human employees. Although it may seem like a strange concept, the flavors of dog and cat food must be tested just like foods prepared for human consumption. Effective pet food tasters have adapted their palates to animal preferences. While dogs are less discriminating, cats can be quite choosy about what they'll eat for dinner and tasters adjust accordingly. Pet food tasters take into account all of the qualities one inspects in a human meal, such as aroma, texture, and the quality of ingredients, when reviewing a product for the market. They also consider ______________. For example, most consumers detest the smell of tripe in cat food and won't buy products that contain it.

(a) the kinds of aromas animals find appetizing
(b) which ingredients will keep pets healthy
(c) ways to make pet food more affordable
(d) what pet owners are comfortable serving

● PART Ⅱ Read the passage and the question. Then choose the option that best answers the question.

4. Just because you're busy doesn't mean you and your family have to settle for fast food night after night. There are plenty of healthy alternatives all around the city. Jimmy's Health Stop is a great place for freshly prepared meals that are ready to go when you are. Just give them an hour, and they'll prepare a carryout meal that tastes like one prepared in your kitchen. Jimmy's Health Stop uses only the finest organic and local ingredients, so you don't have to worry about harmful additives or antibiotics. Jimmy's is the most popular quick meal stop for the health-conscious, but there are plenty of other places that are cheaper and just as healthy.

Q: What is most likely to follow this passage?

(a) Ways to prepare healthy food quickly
(b) Tips on nutritious foods that families like
(c) Examples of other health food restaurants
(d) Reasons why additives aren't healthy

5. Although I am grateful for the renewed interest of lawmakers in protecting animal rights, I don't feel that enough has been done in the area. It seems like every week there is a report of appalling animal cruelty that breaks the hearts of decent people everywhere. It is true that several laws have been passed to expand the language of what constitutes animal cruelty, but when these laws are broken, the punishment is often nothing more than a meaningless slap on the wrist. If we can agree that abusing and neglecting animals is wrong, surely we can agree that the punishment should be serious enough to deter these actions.

Q: What can be inferred from the passage?

(a) The writer works for the local government.
(b) The writer wants harsher penalties for animal abusers.
(c) There have not been any new animal cruelty laws passed.
(d) Animal cruelty is not a widespread problem.

6. To Whom it May Concern,

This is my letter of personal recommendation for Greg Stone. I have worked with Greg for four years, and I have always found him to be hard-working and pleasant. He is constantly coming up with creative solutions to many of the challenges that arise within the company. He has exceeded expectations for every task I've given him. In addition, he is unafraid to take an active leadership role in meetings and often leads group discussions. Greg works in advertising, but it is clear he is interested in all facets of the company. It has always been a pleasure to work with Greg, and I highly recommend him for employment.

Sincerely,
Chauncey Freeman, Manager, JustAdverts

Q: What can be inferred about the letter?

(a) Mr. Freeman has been offered a new position.
(b) Mr. Freeman was Mr. Stone's boss.
(c) Mr. Stone worked in several departments.
(d) Mr. Stone isn't sure if he'll leave his current position.

● PART Ⅲ Read the passage. Then identify the option that does NOT belong.

7. Want to save money this semester and get out of the student dorms? (a) I have a beautiful, clean and sunny townhouse close to campus, and I'd like to find a responsible female roommate to share expenses. (b) I'm currently working towards a Master's degree in biology at the university and hope to graduate next semester. (c) The rent is $400 plus utilities for one large bedroom and a private bathroom with a full bath. (d) If you are a responsible, serious student and this sounds like a good situation for you, please call Karen at 555-5555 and leave a message.

NOTE

죠셉킴 TEPS
기출공식 고득점 6주 완성

WEEK 1

WEEK 2

WEEK 3

WEEK 4

WEEK 5

WEEK 6

WEEK 5

Listening Comprehension

학습일자 :

PART I Choose the most appropriate response to the statement.

1. (a) (b) (c) (d)

2. (a) (b) (c) (d)

3. (a) (b) (c) (d)

PART II Choose the most appropriate response to complete the conversation.

4. (a) (b) (c) (d)

5. (a) (b) (c) (d)

6. (a) (b) (c) (d)

PART III Choose the option that best answers the question.

7. (a) (b) (c) (d)

8. (a) (b) (c) (d)

PART IV Choose the option that best answers the question.

9. (a) (b) (c) (d)

10. (a) (b) (c) (d)

Actual Test Script

PART I Choose the most appropriate response to the statement.

1. M : You should've given me notice in advance if you were going to be absent.
   W : ____________________

   (a) I didn't even notice that it was missing.
   (b) I could be wrong, but I don't think that was the case.
   (c) I know, but I had a bit of an emergency.
   (d) Sorry to hear that. I hope you get better soon.

2. M : I'm sure everyone appreciates what you've done for the organization.
   W : ____________________

   (a) Excuse me, but I don't think we've been introduced.
   (b) It's no problem. I really enjoy the work.
   (c) I'll probably start on Wednesday to get everything done.
   (d) Really? That would be a big help to me.

3. M : Do you think you could turn down the volume on the television?
   W : ____________________

   (a) I certainly didn't mean anything by it.
   (b) I can't believe that you turned down the offer.
   (c) I didn't realize it was disturbing you.
   (d) No, I don't think he'll mind at all.

WEEK 5

● PART Ⅱ Choose the most appropriate response to complete the conversation.

4. W : Thanks for inviting me to your dinner party. I really had a wonderful time tonight.
   M : Of course. Thanks for coming. Everyone really liked you.
   W : I'm so glad. I always get nervous when I meet new people.
   M : ______________________________

   (a) I can't imagine why. You're charming.
   (b) I wish you would have asked me earlier.
   (c) Next time, I'll be sure to start dinner earlier.
   (d) Sorry, but I'm not really hungry anymore.

5. W : Is there anything I can help you with, or are you just browsing?
   M : I'm actually looking for a gift for my sister and I have no idea what to buy.
   W : Well, what kinds of things does your sister enjoy?
   M : ______________________________

   (a) That's just it. I'm not sure what she's really into.
   (b) Thanks, but I think I'll be OK on my own.
   (c) Well, I really enjoy reading books whenever I have time.
   (d) I don't think she would like that very much.

6. W : I don't think it was such a good idea to have a picnic lunch out here after all.
   M : Me, neither. I thought the sun would come out and warm things up a little.
   W : I think we should just head back and try another day.
   M : ______________________________

   (a) Why don't you just put on another sweater or something?
   (b) A park is usually a pleasant place to enjoy a picnic.
   (c) I'll bring the sandwiches if you bring the paper plates and drinks.
   (d) I hate to say it, but you're probably right.

● PART Ⅲ Choose the option that best answers the question.

7. M : Excuse me. Do you know if there is a good place to buy shoes around here?
W : Hmm…let's see. Well, there's a place called Florman's just up the block.
M : I've been there already, actually. Everything there was so formal.
W : OK, then what are you looking for?
M : Actually, I'm looking for some athletic shoes. Just something to use for jogging, and not too pricy.
W : In that case, any of the big box stores would probably have what you need.
M : You know, that'd probably do the trick.
W : Well, then just take a right at the next intersection and you'll run right into Smith's Value World.

Q. What is the conversation about?

(a) Why it's best to shop around for the best prices.
(b) Directions for getting to the woman's place of business.
(c) The best place nearby for purchasing cheap sports shoes.
(d) Ways to find quality products while on a fixed income.

8. W : What are you doing over here all alone? This is a party!
M : I know. I just wanted to get some fresh air. It's so crowded and loud in there.
W : Yeah. Everyone's having a great time. Don't you like the band? They're the best in town.
M : Sure. They're pretty good. I just wanted to come outside and take a break, that's all.
W : Wait a minute—don't I know you? Haven't I seen you at the copy center?
M : Yeah, maybe you have. I work there on the weekends.
W : Oh. How do you like it there? It seems like that would be a pretty good job.
M : It's OK. It's pretty flexible, so I still have time to go to school full-time.

Q. Which of the following can you infer from the dialogue?

(a) The woman isn't having fun at the party.
(b) The man doesn't know the woman.
(c) The man wants to dance with the woman.
(d) The man was offended by the woman's comments.

● PART Ⅳ Choose the option that best answers the question.

9. I hate to use class time to give you all a lecture since I know that everyone here is an adult and that this is college, not elementary school. However, I feel I don't have a choice. After grading the midterms you took this week, I was very disappointed. The majority of the grades were much lower than I would have ever expected, especially since I offered a study session. The highest grades were on tests that gave suspiciously similar answers on the short essay portion. I don't want to accuse anyone of cheating just yet, but I cannot rule out the possibility.

Q. What is the purpose of the speech?

(a) To inform
(b) To congratulate
(c) To criticize
(d) To apologize

10. When Sarah told me she was seeing a professional pool player and things were getting serious, I have to admit I wasn't exactly pleased. Like most mothers, I wanted my daughter to spend her life with someone who could offer her stability, someone who was a well-respected member of society. OK, so I wanted her to marry a doctor. Anyway, when I finally met Bradley, I knew immediately why Sarah had chosen him. I've never known a kinder, more intelligent man. I know my daughter will have a happy life with him.

Q. Where is this speech most likely being given?

(a) At an award ceremony
(b) At a funeral
(c) At an inauguration
(d) At a wedding reception

Grammar

학습일자 :

● PART Ⅰ Choose the best answer for the blank.

1. A : It looks like you're really doing well in this class.
   B : Well, luckily it's____________ , which is a huge relief.

   (a) as I expected not as difficult
   (b) not so difficult what I expected
   (c) not as difficult as I expected
   (d) so difficult as I expected not

2. A : Clara looked really upset when she came home from the office today.
   B : Well, she proposed that the company ____________ less on newspaper ads, but no one listened.

   (a) will spend
   (b) spends
   (c) has spent
   (d) spend

3. A : What kind of list are you making now?
   B : The space ____________, it's time to start thinking about what kind of trees to plant.

   (a) is cleared
   (b) cleared
   (c) was cleared
   (d) clearing

4. A : __________. This place is so huge that I thought we would never find them.
B : You can always spot them in a crowd, though, since they always wear such colorful clothing.

(a) There they are
(b) They are there
(c) Are they there
(d) They there are

5. A : I didn't realize it was so late. I guess there's no point in trying to make curfew now.
B : Still, you'd better __________ your parents and tell them where you are so they won't worry.

(a) called
(b) to call
(c) calling
(d) call

● PART Ⅱ Choose the best answer for the blank.

6. Doctors who practiced in medieval times would be surprised to learn that the brain, not humors, __________ responsible for influencing one's personality.

(a) be
(b) is
(c) were
(d) had been

7. With the fire spreading quickly through the building, there was ______________ time to form a plan to evacuate the theatergoers.

(a) little
(b) few
(c) any
(d) less

8. They heard many students ______________ that the school's policies on acceptable dress were based on the reactions of an older generation.

(a) to complain about
(b) complaining
(c) complained about
(d) having complained

9. The memories of the elderly are much more prone to lapses than ____________ of the young.

(a) that
(b) those
(c) this
(d) these

10. She rushed to her seat and quickly flung open her math textbook as if she ___________ present in class the entire period.

(a) was being
(b) were
(c) has been
(d) had been

11. I try not to complain about my situation too often, but I truly hate ___________ into decisions I may regret later.

(a) rushed
(b) being rushed
(c) rush
(d) to be rushing

12. It is necessary that the teacher ___________ all of you of the new policies that will affect your day-to-day lives here on campus.

(a) informs
(b) inform
(c) will inform
(d) shall inform

PART Ⅲ Identify option that contains an awkward expression or an error in grammar.

13. (a) A : You seem busy these days. I hardly ever see you at all.
(b) B : Well, I have two businesses that need to take care of, you know.
(c) A : How are they going by the way? I hear it's pretty tough out there.
(d) B : Like you'd never believe, but I'd never give it up.

14. (a) A : How come you were so late today?
(b) B : A bunch of buses pass by without stopping.
(c) A : Why didn't they stop?
(d) B : I guess they were all full.

PART Ⅳ Identify option that contains an awkward expression or an error in grammar.

15. (a) Many people feel powerless when they think about all of the problems in the world. (b) They can't see how any effort they make could possibly be enough to cause a real change. (c) This is a shame because help one person can really make a difference. (d) It may sound naive, or even corny, but if you do something nice for someone, he or she will do something nice for someone else, too.

WEEK 5

Vocabulary 학습일자 :

● PART Ⅰ Choose the best answer for the blank.

1. A : I'm going on a week-long hike through the mountains. You can come with me. Spending some time in nature will help you to relax.

   B: No, thanks. Being outdoors is not my cup of ___________, but I can understand why people like it.

   (a) tea (b) fun
   (c) coffee (d) gold

2. A : I can never get in touch with Sharon. She never answers her phone or her emails.

   B : I think that's because she's always on the ____________.

   (a) go (b) prowl
   (c) run (d) jump

3. A : I wonder if it will take me a long time to lose weight.

   B : That just ______________ how dedicated you are to eating right and exercising often.

   (a) amounts to (b) results in
   (c) falls on (d) depends on

4. A : Do you want to come with me to Jake's house this Saturday?
B : I usually __________ away from big parties where I won't see any familiar faces.

(a) shy
(b) hide
(c) bury
(d) run

5. A : I told you to move these skates from the staircase. You'd better do it before someone __________ and falls.
B : Sorry, I completely forgot. I'll move them right now.

(a) trips
(b) dives
(c) drops
(d) tumbles

6. A : James, is it true that our company is going to pull some products off the shelves?
B : Where did you hear that? It was supposed to be secret until tomorrow. I guess news __________ out.

(a) burned
(b) leaked
(c) crawled
(d) flowed

7. A : What's wrong, Barry? You seem like you've been having a hard time staying focused today.
B : I just couldn't get to sleep last night. Even at 4 a.m., I was still __________ awake.

(a) broad
(b) open
(c) full
(d) wide

8. A : I still can't believe Herbert said those terrible things to me in front of everyone.
B : He can be very annoying. Don't let him ____________ to you, Diane.

(a) get
(b) hold
(c) catch
(d) stick

● PART Ⅱ Choose the best answer for the blank.

9. For nineteen seconds, the race was ______________ until Black Diamond pulled ahead of Duke on the track and won first place.

(a) tooth and nail
(b) neck and neck
(c) skin and bones
(d) shoulder to shoulder

10. Although bats account for more than 25% of the world's mammals, they only ____________ once a year.

(a) reproduce
(b) reproach
(c) replicate
(d) replenish

11. As people get older and enter the professional world, they may trade stylish fashions in for more ____________ ones.

(a) sensible
(b) sensitive
(c) sensual
(d) sensational

12. After stealing money from the company over the past five years, the accountant was arrested on a charge of ___________, and if convicted, he could face serious jail time.

(a) deception
(b) embezzlement
(c) entrapment
(d) transmission

13. Many business people will tell you that one of the reasons they are so successful is that they were willing to take a _______________when it mattered most.

(a) stake
(b) threat
(c) risk
(d) drop

14. Some people find it difficult to prepare a meal without the aid of frozen foods or a microwave oven because they're not ____________to cooking dinner from scratch.

(a) costumed
(b) integrated
(c) experienced
(d) accustomed

15. It is difficult to convince people to give their time to a charitable cause because the rewards for doing so are often ________________.

(a) unfailing
(b) uninviting
(c) insincere
(d) intangible

16. During tough economic times, many retail businesses try to stay afloat by offering __________ discounts to customers in a bid to keep sales steady.

(a) superficial
(b) substantial
(c) subsidiary
(d) superstitious

17. The majority of teenagers are very keen on following the __________ even though they realize that they never last for long.

(a) trends
(b) habits
(c) notions
(d) flukes

Reading Comprehension

학습일자 :

● PART Ⅰ Read the passage: Then choose the option that best completes the passage.

1. Consumers feeling the weight of high food prices might be pleased to learn that the European Union has officially abandoned ____________________. Now, knobby carrots, along with 25 other types of less-than-perfect produce, will be sold alongside their shapelier counterparts. This flawed produce, which poses no health risks, will now appear in shops, most likely at a reduced price. The rejection of the produce rules was the result of an outcry against unnecessary bureaucracy within the governing body. Limiting the sale of certain fruits and vegetables strictly because of looks was also deemed ludicrous by some in light of the world food crisis.

(a) rules that prevented ugly vegetables from being sold
(b) suggestions that flawed fruit leads to illness
(c) a policy for inspecting imported produce
(d) the idea that shops should regulate produce

2. In the 1800s, a woman named Amelia Bloomer started spreading a radical idea: __________. Instead of wearing the awkward long layered skirts that were popular at the time, Bloomer appeared in public wearing full, cuffed pants. The pants would eventually take her name, "bloomers." Paired with a shorter dress and a vest believed to be popular in middle-eastern countries, bloomers were meant to give women more freedom of movement than contemporary fashions without sacrificing modesty. Although the call for sensible women's clothing eventually gained momentum, at the time, pants for women were not readily accepted and bloomers became the subject of ridicule.

(a) clothing for women should be comfortable
(b) pants should not be acceptable for women
(c) women's fashions should be more modest
(d) fashion should be inspired from non?Western dress

● PART Ⅱ Read the passage and the question. Then choose the option that best answers the question.

3. Scientists have discovered a second incidence of a female shark reproducing without a male. DNA testing on a deceased shark pup at a Virginia aquarium revealed that it had no genetic material from a male. This discovery led scientists to believe that what was thought of as an unexplainable fluke the first time it was observed in a different species can no longer be considered an accident. Now, asexual reproduction is being looked at as one of the shark's survival mechanisms during a time when the shark population is in sharp decline.

Q: Why don't scientists believe the pup's birth was an oddity?

(a) The shark's asexual reproduction was recorded in the past.
(b) The shark population is being threatened.
(c) Little is known about the life cycle of sharks.
(d) Animals in captivity behave strangely.

4. Every pet owner wants to make sure his or her furry friend is healthy and safe. Yet too often the burden of paying for a pet's medical expenses out of pocket can mean making hard choices about the kind of care the animal receives. With PetCare, you won't have to worry about the cost of getting Fido the medical attention he needs. An affordable monthly fee will cover your pet for hundreds of eligible treatments including those for poisoning, skin ailments, and cancer. PetCare also covers surgery, lab fees, and medication. No wonder veterinarians all over the country recommend us to their customers. Why not call us today for your free quote or visit us online to learn more?

Q: Which product is being sold in this advertisement?

(a) Pet health insurance
(b) Pet sitting services
(c) A low-cost animal hospital
(d) A medical help hotline

5. According to a new scientific definition, the smallest planet in the solar system may not be a planet after all. Pluto, the farthest planet from the sun, has been the center of a heated debate in the astronomy community about which objects in space are planets and which are not. Much of the debate has stemmed from recent advances in telescope technology that have allowed scientists to see more objects in our solar system than ever before. If the definition of a planet has to do with size, these telescopes have discovered objects that are not only bigger than Pluto, but also have more gravitational pull-another crucial criterion.

Q: Which of the following is correct about Pluto?

(a) It is smaller than many objects in the solar system.
(b) It is now considered a star rather than a planet.
(c) It was one of the first planets discovered.
(d) It does not have gravitational pull.

6. Are you dreading the shopping mall crowds this holiday season? Sick of giving the same old gifts? Well, there's no need to worry. The 20th annual Christmas Fair is here to fill all of your holiday needs. Come and browse the stalls of hundreds of vendors from all around the world. Get the best prices on jewelry, clothing, and many other unique handmade gifts that are sure to please anyone on your list. There will also be live entertainment and delicious food, so bring the entire family for a day of fun. The Christmas Fair is only open this weekend, Saturday from 8 AM to 9 PM and Sunday from 9 AM to 7 PM in Ballroom F of Westside Hotel. Admission is free and parking is available in the lot on 12th and Hogar. So come and enjoy the season and avoid the ordinary hassles.

Q: Which of the following is NOT true according to the advertisement?

(a) The annual Christmas Fair is a free event.
(b) The last day of the Christmas Fair is Sunday.
(c) Vendors will be selling food from around the world.
(d) Handmade gift items can be purchased at discounted prices.

NOTE

조셉킴 TEPS
기출공식 고득점 6주 완성

WEEK 1

WEEK 2

WEEK 3

WEEK 4

WEEK 5

WEEK 6

WEEK 6

Listening Comprehension

학습일자 :

PART Ⅰ Choose the most appropriate response to the statement.

1.	(a)	(b)	(c)	(d)
2.	(a)	(b)	(c)	(d)
3.	(a)	(b)	(c)	(d)

PART Ⅱ Choose the most appropriate response to complete the conversation.

4.	(a)	(b)	(c)	(d)
5.	(a)	(b)	(c)	(d)
6.	(a)	(b)	(c)	(d)

PART Ⅲ Choose the option that best answers the question.

7.	(a)	(b)	(c)	(d)
8.	(a)	(b)	(c)	(d)

PART Ⅳ Choose the option that best answers the question.

9.	(a)	(b)	(c)	(d)
10.	(a)	(b)	(c)	(d)

Actual Test Script

PART I Choose the most appropriate response to the statement.

1. M : I think I'd better hit the road before it gets too late.
W : ________________________________

(a) I don't think that's the right attitude.
(b) But you just got here.
(c) You should have started without me.
(d) There's one just up the road.

2. M : I'm just worried that no one will like me.
W : ________________________________

(a) You're right. It can be very difficult sometimes.
(b) Don't be silly. You always make friends easily.
(c) I don't think that's a very good idea after all.
(d) I understand. Why don't you give it another shot?

3. M : Have you heard? Jason got a scholarship.
W : ________________________________

(a) Good for you!
(b) Thanks. I'm glad you noticed.
(c) Sure. I'm very proud of him.
(d) I'll keep my fingers crossed.

WEEK 6

● PART Ⅱ Choose the most appropriate response to complete the conversation.

4. W : Hello, I have an appointment with Dr. Summers.
   M : OK. You must be Kate. I need you to fill out this form on your medical history.
   W : All right. Here you go.
   M : ____________________

   (a) Have you ever had these symptoms before?
   (b) I keep sneezing and my nose is runny all day.
   (c) Stay warm and drink plenty of water.
   (d) Please have a seat and the nurse will call your name soon.

5. W : Hey, Milton. Why haven't you ordered breakfast already? We always get the same things here.
   M : I know, but when I got here, they told me they were out of bagels and sausage.
   W : That's no good. I was looking forward to ordering my usual meal. What should we do?
   M : ____________________

   (a) I've never been here before. What do you recommend?
   (b) Can I have a bagel with sausage, please?
   (c) Would you like to join me for breakfast?
   (d) I guess we'll both have to switch things up today.

6. M : All right. Your total is $125.
   W : I thought there was a special on these items. I have a coupon here that says if I buy one, I get the second one free.
   M : I'm sorry, but that promotion was over two days ago.
   W : ____________________

   (a) I got this coupon from the Tuesday's newspaper.
   (b) I've looked everywhere, but I can't find any.
   (c) Yes, you can save by buying in bulk.
   (d) So you're saying I'll have to pay full price for both of these?

● PART Ⅲ Choose the option that best answers the question.

7. M : What a horrible play. I can't believe these actors are getting paid for this.
W : It's not that bad. It's actually kind of funny, isn't it? The lead character had a few memorable lines.
M : If you say so. Maybe everyone could have used a few more rehearsals before opening night.
W : Well, you know what they say. They first night is always the worst.
M : I hope they're right because this is an absolute mess.
W : Not so loud! I'm sure everyone in the theater heard you.
M : I bet they're bored to death. How long is this play?
W : You're impossible. I'm never going to invite you to any cultural events again.

Q. What is true of the play?

(a) It's opening night.
(b) The woman has seen it before.
(c) The man thinks it is interesting.
(d) It has a cast of amateurs.

8. W : Hi, there. What can I do for you today?
M : I have terrible allergies. Which one of these medications do you recommend?
W : That depends on what kind of symptoms you're experiencing.
M : Well, I can't stop sneezing, my eyes have been watering all day, and my throat itches.
W : It definitely sounds like you have classic seasonal allergies. Try this.
M : This will make all of those symptoms go away?
W : It should, although it might make you a little drowsy.

Q. Where is the conversation taking place?

(a) At a hotel
(b) At a school
(c) At a hospital
(d) At a drugstore

● PART Ⅳ Choose the option that best answers the question.

9. Standing in front of the ancient hotel tired and hungry, I felt my heart sink, and I could tell my travel companion wasn't very thrilled, either. Everything looked old, like it hadn't seen a paintbrush in years. And for just a moment, I even entertained the notion that the place might be haunted, given the exterior's general state of decay. Still, we looked at each other, shrugged our shoulders and stepped through the doors. The woman at the front desk was very pleasant, though, which lightened our mood a little. Nevertheless, we braced ourselves for an uncomfortable stay. When we finally got to our room, however, I almost gasped. Just outside of the window was a gorgeous view of the mountains and the river below, so close you could hear the rush of the water and almost feel its cool spray on your face.

Q. Why was the speaker disappointed by the hotel at first?

(a) It didn't have any modern conveniences.
(b) It lacked the view that she wanted.
(c) It was more expensive than expected.
(d) It looked ugly from the outside.

10. Many people think that eating nutritious, fresh organic fruits and vegetables is a luxury that they can't afford. But this is not the case at all. While it is true that organic produce often costs an arm and a leg in many upscale grocery stores, farmers' markets are also a great place to buy good food. These markets are springing up in communities nationwide and the produce for sale there is locally grown and competitively priced. Since they usually take place in parks and other public places, they can be a great place to connect with your neighbors.

Q. Which of the following best summarizes what the speaker is talking about?

(a) Locally grown food is cheaper than imported food.
(b) Public spaces for gathering are slowly disappearing.
(c) Neighborhoods aren't as friendly as they used to be.
(d) Farmers' markets offer organic produce at cheaper prices.

Grammar

학습일자 :

● PART I Choose the best answer for the blank.

1. A : This party is hardly as exciting as everyone claimed it was going to be.
   B : I ____________ at home like I had originally planned and watched a movie.

   (a) must have stayed
   (b) had stayed
   (c) had to stay
   (d) should have stayed

2. A : How was Felicia when you went to visit her yesterday?
   B : I could tell she ____________ although she tried to pretend that everything was OK.

   (a) have cried
   (b) had been crying
   (c) was crying
   (d) would be crying

3. A : I saw you rolling your eyes during Carlton's speech this evening.
   B : I couldn't help it. I find him ____________ and arrogant.

   (a) irritate
   (b) irritated
   (c) being irritated
   (d) irritating

4. A : Why did you take the bus to work instead of driving your car?
   B : I haven't ____________ in a few months, so I took it to the mechanic just to make sure everything's all right.

   (a) had checked it
   (b) got checked it
   (c) had it checked
   (d) been checked it

5. A : This cookie is delicious. Do you mind if I help myself to____________?
   B : I'm sorry, but I just ate the last one.

   (a) another
   (b) some
   (c) one
   (d) others

6. A : This has been a wonderful night. I'm glad we could all be here.
   B : I know. I've been running around with my camera trying to get a picture ____________ everyone.

   (a) to
   (b) by
   (c) on
   (d) of

7. A : The rumor has it that Joseph joined the Marines.
   B : I know, he _________ in Pueto Rico three weeks ago.

   (a) was stationed
   (b) has been stationed
   (c) stationed
   (d) was stationing

8. A : It's roulette, you just have to decide ____________________________ go for and place your chips on it.
   B : Ok, so if I want to bet on seven I just put there, right?

   (a) should which number you
   (b) number should which you
   (c) which number should you
   (d) which number you should

9. A : It's been a long time Jill. How have you been?
   B : Great. I've been working in a bank since I ______________ from college.

   (a) graduate
   (b) graduated
   (c) was graduating
   (d) have been graduating

WEEK 6

● PART Ⅱ Choose the best answer for the blank.

10. Mr. Shaw is more distinguished than ________________.

(a) any other professor at the university
(b) each professor at the university
(c) all professors at the university
(d) of all the professors at the university

11. __________ all of you have failed to read the safety handbook, I'm forced to spend the next two hours reading from it verbatim.

(a) When
(b) Though
(c) Since
(d) As soon as

12. Ms. Farsch is such an integral part of our company, "amazing" is far ____________ to describe her and all she does to make this place a success.

(a) too small a word
(b) too a small word
(c) so small a word
(d) is a small word

13. When the rescue team got there, he _________ stuck in his overturned car for over 14 hours.

(a) is
(b) was
(c) has been
(d) had been

14. The movie ____________ by the time Nelson got back with some more popcorn for his girlfriend.

(a) has already begun
(b) would already begin
(c) had already begun
(d) already began

15. ________________________, Pittsburgh Steelers won the game 80-75.

(a) Scoring a touchdown in the last seconds
(b) being scored a touchdown in the last seconds
(c) To score a touchdown in the last seconds
(d) Score a touchdown in the last seconds

16. ________________his shoes, Joseph entered the sauna to have some private talk with Mr. Wilkinson.

(a) Being taken off
(b) Taking off
(c) Take off
(d) Having taken off

17. My problem is, I really don't have ______________speaking in front of many people.

(a) much confidences
(b) much confidence
(c) many confidence
(d) a lot of confidences

18. There's a contest going on at LA international airport duty free shop. if you enter, you can win________________for one person.

(a) a five-week's tour
(b) five-week tour
(c) five-week's tour
(d) a five-week tour

● PART Ⅲ Identify option that contains an awkward expression or an error in grammar.

19. (a) A : Whitney, I think that we should see other people.
(b) B : Why? What's wrong with our relationship?
(c) A : I think that we are just heading in different directions.
(d) B : Oh, I realize that you were felt that way.

20. (a) A : What about we go to Hawaii again this year for a week?
(b) B : Hawaii again! No thanks. I'd prefer to not take such a long flight.
(c) A : I thought you said you'd had a good time last time.
(d) B : Well, not exactly. I've had an ok time last time.

21. (a) A : I haven't heard from Jack recently. Have you?
(b) B : No, me neither. He is still in contact with Marie though.
(c) A : Is she by any chance going out with him?
(d) B : Didn't you know? They are together for almost a year now.

● PART Ⅳ Identify the option that contains an awkward expression or an error in grammar.

22. (a) Think about what your life was like when you were a kid. (b) Chances are, the problems you had then were very minor compared to the ones you have now that you're older. (c) As an adult, you have bills to pay, bosses to please, and decisions to be made. (d) Still, you should remember that being an adult also gives you freedom you never had before.

WEEK 6

Vocabulary 학습일자 :

PART Ⅰ Choose the best answer for the blank.

1. A : I can't believe Jamie was caught red-handed trying to steal from the department store.
B : I know. I don't think the punishment will be very severe, though, since she's a _____.

(a) novice (b) junior
(c) minor (d) culprit

2. A : Dan always seems to sense when something isn't quite right.
B : I noticed that, too. He's a very ________ person.

(a) observant (b) inquisitive
(c) frivolous (d) condescending

3. A : I was very sorry to hear that Ms. Gray passed away not too long ago.
B : Yes, she went into a coma and never ________ consciousness.

(a) retrieved (b) released
(c) regained (d) redeemed

4. A : Helen blew a fuse when she found out her bike was missing.
B : I guess she doesn't think practical ___________ are very funny.

(a) lessons (b) jokes
(c) pranks (d) mistakes

5. A : We might have to burn the midnight oil this week in order to meet the deadline.
B : I'm willing to do whatever it _________ to get this thing finished.

(a) does (b) takes
(c) goes (d) happens

6. A : I don't know what I want to major in. I'm debating between psychology and English.
B : Take your time. You don't want to make a ____________ decision.

(a) prompt (b) hasty
(c) unanimous (d) finicky

7. A : What happened to all of the trees out there?
B : The weather was pretty crazy last night. I bet a __________ of wind blew them over.

(a) draft (b) gust
(c) breath (d) load

8. A : Do you think you'll get into that advanced English course?
B : It would be a miracle. I'm rather _________ at English.

(a) slight (b) frail
(c) weak (d) slim

9. A : It's getting late. We can't wait any longer for Mr. Anderson to return.
B : You're right. Let's start again without him. Please let everyone know that the meeting ___________ in 5 minutes.

(a) confers
(b) resumes
(c) postpones
(d) adjourns

10. A : You've been really grouchy these past few days. What's up?
B : I'm trying to quit smoking. I want to ___________, but it's really difficult.

(a) cry wolf
(b) go cold turkey
(c) hold my horse
(d) smell a rat

11. A : I wonder what's wrong with Sarah. She looked really angry when I saw her.
B : It's nothing. We had a disagreement and she walked off in a _________.

(a) gasp
(b) huff
(c) affront
(d) humor

12. A : Given the low quality of their products and service, I'm surprised ACI Computer Co. is still in business.

B : They won't be for long. I read that their ultimate failure is now a _______ conclusion.

(a) deliberate
(b) foregone
(c) punitive
(d) consensual

● PART Ⅱ Choose the best answer for the blank.

13. Hopefully, transportation that depends solely on fossil fuels will become _______ as cleaner technologies become widely available.

(a) deft
(b) trivial
(c) invalid
(d) obsolete

14. With all of the tragedies that have befallen people who let their guard down, it is no wonder so many are wary of _______ a helping hand to strangers.

(a) lending
(b) applying
(c) bringing
(d) employing

15. Anyone can become a street vendor, but the sale of food in most cities is ____________ and vendors are required to obtain a license to sell snacks.

(a) specialized
(b) appraised
(c) entangled
(d) regulated

16. It is important to make sure all of the fluids in your car are at the appropriate level, even if the task is as simple as adding more windshield wiper ____________ to the tank.

(a) mixture
(b) solution
(c) brew
(d) potion

17. Anyone interested in starting a business must be able to withstand the ____________ competition that comes with trying to capture a steady customer base.

(a) cutthroat
(b) bleak
(c) adamant
(d) wicked

18. Many nonprofit organizations depend solely on the generosity of private donors to provide the funding they need to _____________the suffering in developing nations.

(a) overpower
(b) surpass
(c) alleviate
(d) magnify

19. Due to the success of their line of products geared towards young adults, the company has decided to _____________another line made specifically for teenagers.

(a) overgrow
(b) launch
(c) emit
(d) impose

20. Hundreds of angry protesters were taken into _____________ after midnight, though the vast majority of them were released on bail hours later.

(a) security
(b) apprehension
(c) arrest
(d) custody

21. Although the company poured millions of dollars into advertising in order to attract younger customers, in general, the commercials were poorly ______________.

(a) admitted
(b) declared
(c) received
(d) stated

22. Although the couple was in the midst of signing divorce papers after 12 years of marriage, both parties insisted that the split was ________________.

(a) meticulous
(b) precarious
(c) accessible
(d) amicable

23. Governments in many countries pay farmers _____________ in order to supplement their income and influence the market price of certain commodities.

(a) subsidies
(b) bonds
(c) deposits
(d) winnings

Reading Comprehension 학습일자 :

● PART Ⅰ Read the passage: Then choose the option that best completes the passage.

1. A recent study suggests that hyperactive behavior in children may be caused by food additives. Scientists discovered that some kids are allergic to the food dyes and preservatives present in processed foods. These allergic reactions, researchers say, may be linked to behavioral problems such as ADHD. Limiting a child's intake of these additives can lead to ___________. However, this may be challenging as dyes and preservatives are present in everything from cereal and chips to the lunches that kids eat at school. Even seemingly healthy snacks like fruit juice can be chockfull of artificial coloring.

(a) the improvement of memory
(b) better absorption of nutrients
(c) severe allergic reactions in some kids
(d) significant improvements in behavior

2. You probably already use the Internet to send email and instant messages to friends and co-workers. But did you know you can also use it to make phone calls? With Spark, you can use your internet connection to make free phone calls to others with the service anywhere in the world. You can also use Spark to call landlines and cell phones affordably and, best of all, easily. All you need is a headset and Internet service and you're on your way! Spark software is easy to install. You'll be connected and ___________ in minutes. Why not give it a try?

(a) making travel arrangements
(b) calling friends and family
(c) sending important emails
(d) setting up your music service

3. Many people argue that if any creature would be able to survive the end of the world, it would be the lowly cockroach. Such speculation certainly has science behind it. Many kinds of roaches can ______________. They can even live on glue from the backs of postage stamps for a long time. If food isn't available, they can live for up to a month on a small supply of stored energy. Most roaches can live for 45 minutes without air and can slow down their heart rate at will. Perhaps most impressive, though, is the fact that they can live for up to a month without a head.

(a) live on an extremely limited food supply
(b) hide in small spaces without being detected
(c) reproduce even in extremely cold conditions
(d) cover great distances relatively quickly

4. One of the most dangerous circus sideshow attractions has always been sword swallowing. The performer of this amazing act must understand ____________. The sword must go down the esophagus and towards, sometimes into, the stomach. In order to achieve this, the performer must first suppress his gag reflex and relax his throat. Unlike the swords used, the path leading from the mouth to the stomach is curvy, so perfecting this act without injury or death is quite a feat.

(a) how to safely move a foreign object through the body
(b) what type of sword is best for the performance
(c) ways to please the audience without frightening them
(d) why people enjoy seeing dangerous performances

● PART Ⅱ Read the passage and the question. Then choose the option that best answers the question.

5. A new report suggests that surfing the web may actually be good for your brain. For those Internet users over the age of 50, looking for information using online search engines may keep the mind active. This plays a key role in maintaining healthy brain function as people age and cell activity tends to slow down. Scientists think that the complicated task of engaging in online searches keeps the brain far more active than simply reading as it involves decision making and complex reasoning.

Q: Which of the following is correct according to the passage?

(a) Web surfing causes new brain cells to grow.
(b) Many older people are intimidated by technology.
(c) Reading is the most effective way to support brain health.
(d) Surfing the web benefits older people.

6. Dear Fellow Art Lovers,

As many of you already know, there has been talk of closing down the "Humans" exhibit at the Faraway Gallery. Several public officials, including the mayor, have made public statements calling for the show to be shut down due to the "offensive nature" of many of the paintings, sculptures, and photographs the gallery chose to include. These pieces are the work of several talented, world-renowned artists, and closing the show would be an insult, not only to their right to self-expression, but to our right to meaningful and challenging art. Please let your local officials know through letters, emails, and phone calls that you find censorship, not art, offensive.

Q: What does the writer of this letter ask the reader to do?

(a) To ask the gallery to move the show somewhere else
(b) To go to the gallery and see the exhibits
(c) To tell local leaders to keep the show open
(d) To let others know what the mayor is trying to do

7. For many people, the race for the biggest house, the fanciest car, and the most things is the cause of unhappiness. At least that's what those who are involved in the simple living movement believe. Those who live according to this philosophy think that being chained to a desk in order to make enough money to buy meaningless consumer goods leaves many people unfulfilled. Instead, the simple life movement advocates a tradeoff: by agreeing to buy as little as possible and focusing only on what one needs, fewer hours of work are needed to support one's lifestyle. Simple life advocates make, grow, and trade for the things they need and use the time they would have spent in the office doing activities that make life richer and more meaningful.

Q: What can be inferred from the passage?

(a) The simple life philosophy is now popular.
(b) Working in an office makes many people unhappy.
(c) Many simple life advocates produce their own food.
(d) Many simple life advocates do not have jobs.

8. The European Union, established in 1993, was built on the foundations of a pre-existing alliance called the European Economic Community. Like the EEC, the aim of the European Union is to ensure the economic health of all of its member nations, which now number 27, through a common trade policy. To this end, 15 member states have adopted a common currency, the euro. However, the EU is also a political coalition through which there is a guarantee of freedom of movement of goods, people, services, and capital. One result of this is the abolition of passport control between many member states.

Q: Which of the following is true of the EU?

(a) All countries in Europe are its members.
(b) It makes political as well as economic decisions.
(c) The euro is used in its 27 member nations.
(d) It is part of the European Economic Community.

9. Every year, the wealthiest and most powerful countries in the world gather for the G8 summit and make long-winded promises about sending monetary aid to the poorest and most vulnerable countries. Year after year, these commitments largely go unfulfilled and people continue to suffer. Yet, the problem in many developing nations is not necessarily that an inadequate amount of money is being promised or delivered, but rather that they lack economic flexibility that would make such an investment truly beneficial. Too often a poor nation's budget is barely enough to meet the immediate needs of its people. There is little left to funnel into ideas that will sustain the region for the long-term.

Q: Which of the following is true according to the newspaper article?

(a) Monetary aid is often used inappropriately.
(b) The poorest nations should have a role in the G8 summit.
(c) The members of the G8 are unconcerned with world poverty.
(d) Poor nations have little capital to invest in the future.

NOTE

NOTE

TEPS
기출 공식
고득점 6주 완성

죠셉킴 TEPS
기출공식 고득점 6주 완성

WEEK 1

● LISTENING

1. (b) 2. (b) 3. (a) 4. (a) 5. (b)
6. (b) 7. (b) 8. (a) 9. (d) 10. (d)

● GRAMMAR

1. (c) 2. (c) 3. (a) 4. (c) 5. (d)
6. (b) 7. (a) 8. (a) 9. (d) 10. (c)
11. (a) 12. (d) 13. (b) 14. (d) 15. (d)
16. (c)

● VOCABULARY

1. (b) 2. (b) 3. (a) 4. (c) 5. (a)
6. (b) 7. (d) 8. (c) 9. (d) 10. (d)

● READING

1. (b) 2. (a) 3. (d) 4. (c) 5. (c)
6. (b) 7. (d)

LISTENING

1 W : Hello. This is Vanessa from E-Z Credit. Is Mr. Stanley available?

M : ______________________

(a) May I ask who's calling, please?
(b) Junior or senior?
(c) We already have one, but thanks.
(d) Please tell him to call back, if that's OK.

W : 여보세요. 저는 이지 크레딧의 바네사인데요. 스탠리씨 계신가요?

M : ______________________

(a) 전화하신 분은 누구시죠?
(b) 젊은 스탠리씨요, 아니면 나이가 드신 스탠리씨요?
(c) 벌써 하나 있지만 고마워요.
(d) 괜찮으시다면 그분께 전화 좀 달라고 전해주세요.

유형 : 전화 통화 난이도 : **

Solution

매달 출제되는 전화영어로서 여자가 통화하고자 하는 스탠리라는 사람이 사실은 두 명이 있기 때문에 남자가 나이가 든 스탠리인가 아니면 어린 스탠리인가를 반문하고 있는 (b) 가 가장 적절한 응답이 된다.

Vocabulary

available 시간이 있는
ex. Are you available tomorrow? 내일 시간 있으세요?

Answer

(b) Junior or senior?

Additional Expressions and Answers

- He isn't in right now. You might try his cell phone. 지금 여기 안 계신데요. 핸드폰으로 해 보세요.
- He's out to lunch. Can I take a message? 점심 식사하러 나가셨는데요. 메세지를 전해드릴까요?
- There's nobody here by that name. 그런 이름 가진 분은 없는데요.

Joseph's 강의노트 

간단한 전화 통화의 상황입니다. Part I과 Part II의 문제가 까다로운 이유는 기대하고 있던 답이 나오지 않는 경우가 발생할 때입니다. 이 문제에서도 대화 자체는 어려울 것이 없지만 남자가 할 대답으로 '전화를 바꾸어 주는 경우'나 '지금 여기 없다'고 하는 경우만 기대한다면 그와 다른 내용의 답이 나올 때 당황하게 됩니다. 만일 잘못 걸려 온 전화에 대한 대답으로는 There's no Mr. Stanley here. (여기 스탠리씨라는 분은 안 계신데요.), I'm afraid you have the wrong number. (전화 잘못 거신 것 같네요.) 등이 적절합니다. 본 문제의 정답은 Junior or senior? 인데, **우리 한국에서는 부모님과 같은 이름을 갖는다는 것은 상상도 할 수 없는 일이지만 미국을 포함한 영어권 국가에서는 흔한 일입니다. 이때 아버지와 아들을 구분하기 위해서 아버지는 senior, 아들은 junior라고 합니다.**

2 M : Would it be OK if I paid for these things now and came back to get them in about one hour?

W : ______________________________

(a) I'll be back soon. I just need to get something.

(b) I don't see why not. I'll put your name on this bag.

(c) There's a mistake on the bill here.

(d) No, I'm sorry, but we don't have any of those.

W : 지금 이 물건 값을 지불하고 한 시간쯤 후에 와서 찾아가도 될까요?

M : ______________________________

(a) 곧 돌아올게요. 필요한 게 있어서요.

(b) 안 될 것도 없죠. 이 가방에 이름을 적어 둘게요.

(c) 이 계산서에 문제가 있어요.

(d) 아니오, 미안하지만 저희는 그런 게 없는데요.

유형 : 조동사 의문문 난이도 : **

Solution

상점에서 산 물건을 맡기고 나중에 찾아가도 되냐고 묻고 있다. 적절한 대답으로는 승락을 하거나 곤란하다고 말할 것이 기대되는데 '안 될 것도 없죠'라고 응답하는 (b) I don't see why not. 이 가장 적절하다.

Vocabulary

pay for 지불하다

ex. I don't have enough cash to pay for this. Do you take Visa Card? 이걸 지불할 만큼 충분한 현금이 없네요. 비자 카드 받나요?

Answer

(b) I don't see why not. I'll put your name on this bag.

Additional Expressions and Answers

- I think that would be fine, but let me check. 괜찮을 거예요, 하지만 확인해 볼게요.
- Sure, I'll just put them behind the counter here. 그럼요. 여기 카운터 뒤에 둘게요.
- I'm sorry, but we don't have enough space to store them. 미안하지만 저장할 만한 공간이 없어요.

Joseph's 강의노트 

상점에서 물건을 사고 나서 더 둘러 봐야 할 경우 가는 길에 물건을 찾아가도 되겠느냐고 묻고 있습니다. 적절한 답변으로는 그러라고 승락을 하는 경우, 곤란하다고 하는 경우, 매니저에게 물어봐야 한다고 하는 등의 경우들을 예상해 볼 수 있습니다. (a)는 손님이 할 말로는 적절하지만 이 상황에서 직원이 할 만한 대답은 아닙니다. '안 될것도 없지요' 라고 승낙을 한 후 구입한 물건이 들어있는 가방에 이름을 써서 보관해두겠다고 하는 (b)가 정답으로 가장 적절합니다. (c)는 계산이 틀릴 때 할 수 있는 말로 적당합니다.

이 밖에도 계산이 틀린 것 같다고 말하고 싶을 때는 다음과 같이 말할 수 있습니다.

- I think you overcharged me.
- This doesn't look right.

우리말로 바가지를 씌우다라는 표현은 rip someone off라고 한다는 것도 참고로 알아두세요.

(d)는 손님이 찾는 물건이 없을 때 직원이 할 수 있는 말로 가장 적절합니다.

3 M : Leslie? Is that you? You look different since the last time I saw you.

W : ______________________________

(a) I hope I've changed for the better.

(b) We went to graduate school together, remember?

(c) I don't think we've ever met.

(d) I don't see you around much these days.

M : 레슬리? 레슬리 맞니? 마지막으로 본 이후로 많이 달라졌네.

W : ______________________________

(a) 더 나아진 쪽으로 변한거면 좋겠다

(b) 대학원에 같이 다녔잖아. 기억나니?

(c) 만난 적이 없는 것 같아요.

(d) 너 요즘 잘 안 보이더라.

유형 : 평서문 난이도 : ***

Solution

오랜만에 아는 사람과 우연히 마주친 상황이다.

Answer

(a) I hope I've changed for the better.

Additional Expressions and Answers

그외 가능한 답변

- I know. I just had a baby. 나도 알아. 얼마 전에 애기를 낳았어.
- Really? I hope I've changed for the better. 정말? 더 나아졌으면 좋겠어.
- Well, I started eating better and lost a few pounds. 음식을 조절했더니 몇 파운드가 줄었어.
- You haven't changed a bit. You look exactly the same. 넌 하나도 안 변했구나. 똑같아 보인다.

오랜 만에 만났을 때

- How long has it been? 이게 얼마만이냐?
- It's been five years already? Time flies. 벌써 오 년이나 됐나? 시간이 참 빠르네.
- I haven't seen you in ages. 너 본 지가 한참됐어.
- I never thought I'd see you here. 여기서 보게 될 거라고는 생각 못했어.

Joseph's 강의노트

평서문의 경우 의문문처럼 직접적인 질문이 아니기 때문에 응답이 꼭 정해진 것이 아니고 다양할 수 있습니다. **그러므로 청취하시는 순간, 순간적으로 상황을 파악하여 대답을 예상할 수 있는 능력이 필요합니다.** 이 문제의 경우 오랜만에 아는 사람과 우연히 마주친 상황인데요, 남자가 여자에게 그동안 많이 변했다고 했으므로 적절한 대답으로는 (a)와 같이 '자신이 더 나아진 쪽으로 변한 거면 좋겠다'고 하거나 최근에 많이 달라 보이게 된 이유를 말하는 것이 적절합니다. 또한 상대방에게 '넌 하나도 안 변했다' 혹은 '너도 많이 변했다' 등의 답변도 예상할 수 있습니다. (b)는 상대방이 나를 기억하지 못하는 것처럼 보일 때 할 수 있는 말이므로 남자가 할 수 있는 말로 적절합니다. (c)는 주로 처음 만난 사람에게 자신을 소개하고자 할 때 하는 말입니다. 일반적으로 I don't think we've ever met이라고 하고 나서 보통 자신의 이름을 말합니다. (d)는 자주 보는 사람이 한동안 보이지 않았을 때 할 수 있는 말이지만 여기서의 두 사람은 오랜 만에 만난 것이므로 정답으로 적절하지 않습니다.

4

M : A few of us are going to get together and have dinner after work. Want to join us?

W : I don't think I can. I have so much to do before that presentation in the morning. Sorry.

M : Oh, come on. You don't have to stay for long. Just come for an hour or so.

M : ______________________

(a) I'll think about it, but don't wait for me.
(b) Yes, I know how to get there.
(c) It's just a little get-together, really.
(d) Maybe we can meet for dinner sometime.

M : 우리들 중 몇 명끼리 퇴근 후에 모여서 저녁 먹으려고 해요. 오실래요?

W : 못 갈 것 같아요. 내일 아침 프레젠테이션 전에 해야 할 일이 많아서요. 미안해요.

M : 그러지 말고 와요. 오래 안 계셔도 돼요. 한 시간 정도만 있다 가세요.

W : ______________________

(a) 생각해 볼게요, 하지만 절 기다리지는 마세요.
(b) 네, 거기 어떻게 가는지 알아요.
(c) 그냥 작은 모임일 뿐 이예요.
(d) 우리 언제 저녁 먹으러 만나요.

유형 : 제안에 대한 답변 난이도 : **

Solution

저녁 먹으러 가는데 오라고 하자 일이 많아서 안 된다고 했지만 남자가 계속해서 설득을 하고 있으므로 답변으로는 정말 못 간다고 거절을 하거나 승락을 하는 두 경우를 예상해 볼 수 있다.

Vocabulary

get together 모이다
ex. Do you want to get together sometime this week to study for the history exam? 이번 주 언제 함께 모여서 역사 시험 공부할래?

Answer

(a) I'll think about it, but don't wait for me.

Additional Expressions and Answers

- I'm sorry, but tonight just won't work. 미안한데 오늘 밤은 안 될 것 같아요.

• Maybe another time, OK? 다음에 해요, 그래도 되지요?

• All right. But seriously, I can only stay an hour. 좋아요. 하지만 정말 한 시간 밖에 있을 수 없어요.

Joseph's 강의노트

남자는 퇴근 후에 몇 명이 같이 저녁 먹으러 가는데 여자에게 오라고 초대하고 있습니다. 여자가 일이 많아서 안 된다고 했지만 한 시간만이라도 있다 가라고 계속 조르고 있습니다. 대답으로는 '미안하지만 정말 안 된다, 다음에 하도록 하자' 혹은 '잠깐 들르도록 하겠다' 등이 올 수 있습니다. (c)와 (d)는 여자의 답변이라기보다는 이 상황에서는 남자가 할 수 있는 말로 더 적절합니다. (b)는 get together을 get there로 혼동한 경우에 잘못 고를 수 있는 답입니다. (a)에서처럼 생각해 보겠지만 기다리지 말라고 하는 것이 상황에서 가장 적절한 답변이라고 할 수 있습니다. **제안을 거절할 때는 일반적으로 거절해야만 하는 이유를 설명하는 것이 보통입니다.** 여기서는 내일 아침 회의 준비로 할 일이 많다고 설명하고 있습니다.

5 M : I know you're busy, but do you think you could help me with something?

W : What do you need?

M : I can't get past this level of "Doom Temple". It's really driving me crazy.

W : ________________________

(a) I think it's somewhere in the closet.

(b) Is that what you interrupted me for?

(c) It doesn't look like you're doing anything.

(d) OK, I'll have the software installed in a flash.

M : 네가 바쁜 건 알겠는데 나 좀 도와줄래?

W : 뭐가 필요한데?

M : "둠 템플" 이 레벨 이상을 넘어 갈 수가 없어. 정말 짜증나.

W : ________________________

(a) 옷장 어디에 있는 것 같은데.

(b) 너 이것 때문에 날 방해한거야?

(c) 너 아무 할 일이 없는 것 같은데.

(d) 알았어. 곧 소프트웨어를 장치할게.

유형 : 대화의 흐름 파악　난이도 : **

Solution

여자가 아주 바쁜 상태에서 남자가 도움을 청하는데 결국에는 남자가 컴퓨터 게임 때문에 자신을 방해한 걸 알고는 어처구니 없어하는 (b)가 정답으로 가장 적절하다.

Vocabulary

get past 통과하다
ex. I can't get past this level. I die every time I enter the castle. 나는 이 레벨을 통과할 수가 없어. 매번 성에 들어 갈 때마다 죽게 돼.

drive someone crazy …을 짜증나게 하다
ex. It really drives me crazy how you never clean your dishes. 네가 설거지를 안 하는 것은 나를 정말 짜증나게 한다.

interrupt 중단하다
ex. We interrupt this program for a special breaking news report. 저희는 긴급 뉴스를 전해 드리기 위해 이 프로그램은 중단합니다.

install 설치하다
ex. Your computer will run much better once this software is installed. 네 컴퓨터는 이 소프트웨어를 설치하고 나면 더 잘 작동할 것이다.

Answer

(b) Is that what you interrupted me for?

Additional Expressions and Answers

• OK, I'll come help you in a minute. 알았어, 잠시 후에 가서 도와 줄게.

• I thought you said you were great at this game! 네가 이 게임 아주 잘하는 줄 알았는데.

Joseph's 강의노트

여자가 매우 바쁜 상황에서 남자가 도움을 청하는 상황입니다. 남자가 도움이 필요한 이유는 다름이 아니라 컴퓨터 게임에서 다른 레벨로 넘어가질 못해서라는 것을 알게 됩니다. 여자의 기분 상태에 따라 답이 다를 수도 있겠지만 구체적으로 어떻게 해야 할지 조언을 해 주거나 바쁜데 이것 때문에 나를 방해했냐는 (b)가 정답으로 적절하다고 할 수 있습니다. **긍정적인 답변을 기대했다면 (b)를 정답이라고 생각하지 않을 수도 있습니다. LC에서 정답이 예상에서 벗어나는 경우 당황하게 되는 경우가 많습니다. 그러므로 정답이 될 수 있는 여러 다른 상황들을 순간적으로**

예상하여 적절하지 않은 오답들을 가려 내는 능력을 키워야 합니다.

6 W : Do you know what you'd like to order, or do you still need a few more minutes?

M : I think I'm ready. Is it possible to substitute the soup of the day for a salad?

W : Absolutely. It'll cost an additional $1.50, though.

M : ______________________

(a) I still need to look at the menu.

(b) That's all right. I'll take the lunch special.

(c) No, I'll be dining alone today.

(d) Do you think I could sit by the window?

W : 뭐 주문할지 결정 하셨나요, 아니면 좀 더 시간이 필요하신가요?

M : 준비 됐어요. 오늘의 수프를 샐러드로 대체하는 게 가능한가요?

W : 물론이죠. 하지만 1달러 50센트가 추가됩니다.

M : ______________________

(a) 메뉴를 좀 더 볼게요.

(b) 괜찮아요. 런치 스페셜로 할게요.

(c) 아니오, 오늘은 혼자예요.

(d) 창가에 앉을 수 있을까요?

유형 : 식당–주문하기 난이도 : *

Solution

식당에서 음식을 주문하고 있다. 수프를 샐러드로 바꾸면 돈을 더 지불해야 한다고 했으므로 그에 대한 답변을 찾으면 된다.

Vocabulary

substitute 대체하다, 대용품

ex. There was a substitute teacher in our class today because our biology teacher was sick. 우리 생물 선생님께서 아프셨기 때문에 오늘 우리 교실에는 대리 선생님이 오셨다.

additional 추가의

ex. Any additional homework assignments will be given one week in advance. 추가 숙제는 일주일 전에 미리 주어질 것이다.

Answer

(b) That's all right. I'll take the lunch special.

Additional Expressions and Answers

- Oh. I didn't know the salad would cost extra. 오, 샐러드 값이 추가인 줄은 몰랐네요.
- Never mind. I guess I'll just go with the soup. 그러면 됐어요. 그냥 수프로 할게요.
- That's fine. I'm really not crazy about chicken noodle soup. 괜찮아요. 닭고기 누들 수프는 별로 안 좋아하거든요.

Joseph's 강의노트

식당에서 벌어지는 대화를 듣고 가장 알맞은 답변을 찾는 문제입니다. 메뉴로 나오는 것 중 일부를 다른 것으로 교체해 줄 수 있는지를 물을 때는 여기에서처럼 substitute 를 사용합니다. 대부분의 식당에서는 손님이 원하는 대로 교체를 해 주지만 때로는 약간의 돈이 더 드는 경우도 있습니다. 여기서는 수프를 샐러드로 바꾸는 데 1달러 50센트가 추가된다고 했으므로 답변으로는 '그래도 상관없으니 바꾸어 달라' 혹은 '그냥 수프로 하겠다' 등의 답이 예상됩니다. 무슨 말을 하려고 하다가 혹은 하고 나서 '없었던 걸로 하자', '됐다' 라고 말하고 싶을 때는 Never mind라고 하면 됩니다. 우리 말로 해석하면 '아무 것도 아냐' 정도가 되겠지요. (a)는 주문할 준비가 되었다고 말했으므로 정답이 될 수 없습니다. (c)와 (d)는 식당에 처음 들어서서 자리를 안내 받을 때 사용될 수 있는 표현입니다. **또한 식당에서 자리를 안내해 줄때 Booth or table? 이라는 질문을 받게 될 때가 있는데 booth는 칸막이가 된 자리를 말한다는 것도 알아두세요.**

7 M : I really didn't understand the lecture yesterday. I don't know how I'm going to pass the test.

W : Me neither. I felt like the professor was speaking in a foreign language.

M : Say, I have an idea. We should get a study group together.

W : Yeah! We can make an announcement in class, and whoever wants to come can meet at the coffee shop at 5 p.m.

M : Why not in the Student Union building? That's a lot closer.

W : Even better. Let's get the word out soon. The test is next week!

Q. Which is correct according to the dialogue?

(a) The man didn't do well on the test.
(b) The study group is open to anyone in the class.
(c) The professor spoke in a foreign language.
(d) The students will meet in the coffee shop.

M : 어제 수업이 전혀 이해가 안 돼. 시험을 어떻게 통과할 지 모르겠어.

W : 나도. 마치 교수님이 외국어를 말하는 것처럼 느껴져.

M : 좋은 생각이 있어. 스터디 그룹을 만드는 게 어떨까.

W : 그래. 수업 시간에 알려서 관심이 있는 사람은 오후 5시에 커피숍에서 만나는 거야.

M : 학생회관 건물은 어때? 훨씬 가깝잖아.

W : 그게 더 낫겠다. 빨리 공지를 하자. 시험이 다음 주야.

대화의 내용과 일치하는 것은?

(a) 남자는 시험을 잘 못 봤다.
(b) 스터디 그룹은 수업을 듣는 모든 사람을 대상으로 한다.
(c) 교수님은 외국어로 강의를 한다.
(d) 학생들은 커피 숍에서 만날 것이다.

Solution

두 사람은 수업이 어려워서 같이 공부할 수 있는 스터디 그룹을 만드는 것에 대해 이야기하고 있다.

Vocabulary

announcement 발표
ex. Good evening, everyone. I have just a few announcements to make before we get started here tonight. 안녕하십니까, 여러분. 오늘 시작하기 전에 몇 가지 발표할 것이 있습니다.

get the word out 알리다
ex. Did you get the word out about the party next week? 다음 주에 있을 파티에 대해 알렸니?

Answer

(b) The study group is open to anyone in the class.

Joseph's 강의노트 

두 사람은 강의가 너무 어려워서 이해가 안 된다고 이야기를 하면서 시험을 어떻게 통과할지를 염려하고 있습니다. 같은 수업을 듣는 학생들과 함께 스터디 그룹을 만들자고 하면서 학생회관 건물에서 만나자고 합니다. 시험은 다음 주에 있다고 했으므로 (a)는 정답이 아닙니다. whoever wants to come can meet라고 했으므로 수업을 듣는 사람들 중에서 관심이 있는 사람은 누구나 참여할 수 있다는 것을 알 수 있습니다. **교수님이 하는 말이 어려워서 마치 외국어로 말하는 것 같다고 비유를 하고 있을 뿐 실제로 외국어로 강의를 한다는 것은 아닙니다.** 처음에는 커피숍에서 만나자고 했다가 학생 회관 건물이 더 가깝다고 장소를 바꿉니다.

8

W : Are there any good Ethiopian restaurants around here? I haven't been able to find one.

M : Ethiopian restaurants? I'm not really sure. I've never really looked for one.

W : You've never had Ethiopian food? Back home, it's pretty popular.

M : No, but it sounds interesting. I guess I don't try new cuisines as often as I should.

W : I bet you would like it. There's something for everyone.

M : Well, maybe we can look into it. This is a big city. I'm sure there's one somewhere.

Q. Which of the following can be inferred from this dialogue?

(a) The woman is from a different city.
(b) The man doesn't like to try new things.
(c) The man wants to take the woman to dinner.
(d) Ethiopian food is the woman's favorite.

W : 이 부근에 좋은 이디오피아 식당이 있나요? 찾을 수가 없네요.

M : 이디오피아 식당이요? 잘 모르겠네요. 찾아 본 적이 없어서요.

W : 이디오피아 음식 안 드셔 보셨어요? 제 고향에서는 아주 인기인데.

M : 아니오, 하지만 흥미롭게 들리네요. 전 새로운 음식을 자주 시도해보는 편이 아니라서요.

W : 좋아하실 거예요. 누구든지 좋아할 만한 게 다 있거든요.
M : 한 번 찾아봐야겠네요. 여기는 큰 도시니까 어딘가에 있을게 분명해요.

이 대화의 내용에서 유추할 수 있는 것은?
(a) 여자는 다른 도시에서 왔다.
(b) 남자는 새로운 걸 시도하는 걸 좋아하지 않는다.
(c) 남자는 여자를 저녁 식사에 데리고 가고 싶어 한다.
(d) 이디오피아 음식은 여자가 가장 좋아하는 음식이다.

Solution

back home이라고 한 것으로 보아 여자는 다른 도시 출신이라는 것을 알 수 있다.

Vocabulary

cuisine 요리
ex. The restaurant serves traditional Indian cuisine. 그 식당은 전통 인도 요리를 판다.

Answer

(a) The woman is from a different city.

Joseph's 강의노트 

여자는 이디오피아 식당을 찾고 있습니다. 남자가 이디오피아 음식을 먹어 본 적이 전혀 없다는 것을 알고 You've never had Ethiopian food? Back home, it's pretty popular.라고 말합니다. **Back home은 자신이 원래 출신이 아닌 곳에서 고향이나 자신이 살던 곳을 가리킬 때 쓰는 표현입니다.** 그러므로 여자가 이곳 출신이 아니라는 것을 유추할 수 있습니다. 남자는 새로운 것을 찾아 다니며 먹는 편은 아니지만 싫어한다고는 하지 않았으므로 (b)는 정답이 될 수 없습니다. 두 사람이 같이 저녁을 먹으러 갈 것이라거나 여자가 제일 좋아하는 음식이 이디오피아 음식이라는 내용은 없으므로 (c)나 (d)는 정답이 될 수 없습니다.

9 Going to an animal shelter and seeing all of the pets that are available for adoption always elicit an emotional response. You may feel like grabbing the first puppy that looks at you with big, adorable eyes. Yet it's important to take a step back from your emotions and really consider what kind of dog will actually be best for you. After all, you're choosing a friend for life and even the cutest puppy in the shelter may not be a good match.

Q. What does the speaker suggest people do before adopting a pet?
(a) Ask other pet owners for their advice.
(b) Visit several animal shelters.
(c) Do some research about different breeds.
(d) Try to make a logical decision.

동물 보호소에 가서 입양 가능한 애완 동물들을 보는 것은 항상 감정적인 반응을 불러 일으킵니다. 당신은 크고 사랑스러운 눈으로 당신을 바라보는 첫 번째 강아지를 집에 데리고 가고 싶은 충동을 느낄지도 모릅니다. 하지만 감정에서 한 걸음 물러서서 어떤 종류의 개가 당신에게 가장 알맞은지를 심사 숙고해 보는 것이 중요합니다. 결국에 당신은 평생의 친구를 고르는 것이고 동물 보호소에서 가장 귀여운 강아지라고 해도 당신과는 맞지 않을 수도 있습니다.

화자가 애완 동물을 입양하기 전에 하라고 제안하는 것은?
(a) 다른 애완동물 주인들에게 조언을 구해라.
(b) 여러 동물 보호소를 방문해라.
(c) 개의 품종에 대한 조사를 해라.
(d) 논리적인 결정을 내리도록 노력해라.

유형 : 화자의 의도 파악　난이도 : **

Solution

화자는 동물 보호소에서 감정에 휩쓸려 자신에게 맞지 않는 동물을 입양하게 되는 것을 피하라고 조언하고 있다.

Vocabulary

adoption 입양
ex. We had to put our dog up for adoption because we couldn't take her with us when we moved. 우리가 이사갈 때 개를 데리고 갈 수 없었기 때문에 우리는 개를 입양시키도록 해야했다.
elicit 이끌어내다
ex. The movie elicited a negative reaction from many viewers. 영화는 많은 관객들로부터 부정적인 반응을 이끌어 냈다.
emotional 감정적인
ex. Many parents get emotional when their children leave for college. 많은 부모들이 아이들이 대학으로 떠날 때 감정적이 된다.

grab 움켜잡다
ex. I need a title that will really grab my readers' attention. 나는 독자들의 주의를 끌 만한 제목이 필요하다.
adorable 사랑스러운
ex. He's the most adorable baby I've ever seen. 그는 내가 본 중에 가장 사랑스러운 아기다.
match 짝, 적수
ex. Don't Kevin and Dani make a great match? 케빈과 데니는 서로 잘 맞지 않니?

Answer

(d) Try to make a logical decision.

Joseph's 강의노트

화자의 의도를 파악하는 문제입니다. 화자는 많은 사람들이 동물 보호소에 가서 집 없는 귀여운 개들을 보고 감정에 휩쓸려 입양을 결정하는 경우가 있다고 설명하고 있습니다. 하지만 중요한 것은 어떤 성격과 종류의 개가 자신에게 가장 잘 맞는가를 신중하게 생각해 보는 것이 중요하다고 조언합니다. 아무리 귀여운 강아지라도 자신의 생활 방식과는 잘 맞지 않을 수도 있으므로 논리적인 결정을 내리는 것이 중요하다고 말하고 있습니다. 예를 들어, 아파트에 사는 사람이 운동량이 많이 필요하고 넓은 마당이 있어야 하는 큰 개를 귀엽다는 이유만으로 입양을 한다면 곧 새로운 식구가 부담이 된다는 것을 인식하게 될 것이고 결국에는 애완 동물에게 적절한 환경과 보살핌을 제공해 줄 수가 없기 때문입니다.

10 Attention, shoppers. May I have your attention, please? Today from two to five is the annual Fall Festival here at Bailey's. In addition to this month's deals on produce and other items, there will be plenty of family-friendly activities throughout the day including face painting, crafts and music for kids. While you're enjoying the festivities, don't forget to sign up for our drawing. There's a chance you could win up to $500 in free groceries!

Q. Which of the following is NOT correct, according to the talk?
(a) Bailey's is giving away $500 in groceries.
(b) Children can have their faces painted.
(c) The Fall Festival will last for three hours.
(d) All of the crafts in the store are discounted.

손님 여러분들께 알려 드립니다. 잠시 주목해 주세요. 오늘 2시부터 5시까지는 베일리스 상점에서는 연간 가을 축제가 열립니다. 이 달의 농산물과 다른 제품들을 저렴한 가격에 판매할 뿐만 아니라 어린이들을 위한 페이스 페인팅, 공예, 음악 등의 많은 가족 활동이 있을 예정입니다. 여러분이 축제를 즐기시는 동안 경품 당첨에 꼭 응모하세요. 최고 500달러에 달하는 무료 식료품을 얻을 기회가 있을 수도 있습니다.

안내 방송의 내용과 일치하는 않는 것은?
(a) 베일리스는 500달러 어치의 식료품을 준다.
(b) 어린이들은 얼굴에 그림을 그릴 수 있다.
(c) 가을 축제는 3시간 동안 계속된다.
(d) 모든 공예품들을 할인 판매된다.

유형 : 내용 일치 난이도 : *

Solution

베일리스 식료품 점에서는 오늘 연간 가을 축제가 열린다는 안내 방송이다.

Vocabulary

annual 연간
ex. The 5th annual film festival starts this Saturday. 제 5회 연간 영화 축제가 이번 토요일에 시작한다.
produce 농산품
ex. You'll find the bananas in the produce section. 바나나는 농산물 코너에서 찾아 볼 수 있어요.
drawing 추첨, 제비뽑기
ex. Enter the drawing and you could win $1000! 경품 추첨에 응모하면 1000불을 딸 수 있어요!

Answer

(d) All of the crafts in the store are discounted.

Joseph's 강의노트

식료품점에서 연간 가을 축제 행사가 열리는 것을 알리는 안내 방송입니다. 경품에 당첨이 되면 500달러어치의 식료품을 받을 수 있다고 했으므로 (a)는 사실이고, 어린이들을 위한 face painting이 있을 예정이라고 했으므로 (b)도 사실입니다. 축제가 오늘 2시부터 5시까지라고 했으므로 3시간 동안 열리는 것입니다. 좋은 가격의 식료품과 다른 제품들이 있다고는 했지만 crafts가 할인 판매된다는 내용은 없으며 crafts는 아이들을 위한 활동 중의 하나로 페이스 페인팅, 음악 등과 함께 언급되었을 뿐입니다.

GRAMMAR

1 A : 이곳들 중 어느 곳에서도 칵테일을 살 수 없다는게 이상해.

B : 광장의 이 지역에서는 식사를 주문하지 않고 주류를 구입하는 게 허용되지 않아.

유형 : 주어 역할을 하는 동명사 난이도 : **

Solution

동명사가 문장의 주어로 쓰인 경우이다.

Vocabulary

weird 이상한

ex. Are you OK? You're acting weird today.

너 괜찮니? 너 오늘 이상하게 행동한다.

plaza 광장

ex. The restaurant is in the plaza downtown.

식당은 시내 광장에 있다.

liquor 주류

ex. It is illegal to sell liquor to anyone under the age of 21. 21세 이하에게 주류를 판매하는 것은 불법이다.

Answer

(c) purchasing

Joseph's 강의노트 

빈 칸에 알맞은 동사의 형태를 고르는 문제입니다. 주어진 문장에서 빈칸 부분은 주어의 역할을 하므로 동사 purchase의 주어가 될 수 있는 형태를 골라야 합니다. 동사가 주어로 쓰이려면 동명사의 형태나 to부정사의 형태가 되어야 합니다. 문법상으로는 to부정사도 문장의 주어가 될 수 있지만 동명사를 주어로 쓰는 경우가 훨씬 더 많습니다. 동명사는 동사의 성질을 가지면서도 문장에서 명사 역할을 하기 때문에 동명사라고 불립니다. 동명사는 문장의 주어뿐만 아니라 보어와 목적어로도 쓰일 수 있습니다. 보기에서 동명사의 형태는 (c)와 (d)이지만 완료 동명사(having + 과거분사)를 쓸 필요가 없으므로 단순형 purchasing이 정답입니다. 추가적으로 동명사가 주어일 때는 단수 동사와 함께 쓰인다 (**Purchasing** liquor without ordering a meal **is** not permitted)는 사실도 문제로 자주 출제되므로 이 기회에 다시 한 번 기억해 두세요.

2 A : 우리 교수님은 일 년에 얼마의 돈을 버는지 궁금해.
B : 종신 재직권을 갖고 계시니까 적어도 7만불은 될 거야.

유형 : 부정 관사 난이도 : *

Solution

부정 관사가 per (…당)의 의미로 쓰인 용법이다.

Vocabulary

tenure 종신 재직권
ex. Brian just received tenure as a full-time professor at the university. 브라이언은 대학의 전임 교수로 종신 재직권을 얻었다.

Answer

(c) a

Joseph's 강의노트

부정 관사 a, an의 용법을 묻는 문제입니다. 일반적으로 부정 관사는 여러 개 중 특정하지 않은 어느 하나를 언급할 때 사용되지만 '…당/…마다'와 같이 per의 뜻으로도 사용됩니다. 예를 들어 three times a day (하루에 세 번), twice a year (일년에 두 번), 30 miles an hour (시간당 30마일)과 같이 쓰입니다. 여기서는 교수님이 일 년에 얼마나 많은 돈을 버는가에 대해 이야기 하고 있으므로 $70,000 a year가 가장 적절합니다. 또한 '어떤' (a certain)의 뜻으로 사용되기도 하는데 A Mr. Kim came to see you. 라고 하면 '김씨라는 어떤 사람'의 뜻이 됩니다. **우리 말에는 없는 개념이기 때문에 부정 관사를 쓸 것인가 정관사 쓸 것인가 하는 문제는 영어를 오래 공부한 사람들에게도 매우 어려운 것이 사실입니다. 영어가 모국어인 사람들도 그 차이를 설명하지 못하는 경우들이 많습니다. 이런 것들은 기본 규칙은 물론 예외인 경우들의 쓰임을 되도록 많이 접함으로써 감각을 익히는 것이 최선입니다.**

3 A : 어제 소포를 우체국에 가져갈 시간이 있었니?
B : 아니, 하지만 내일 시간이 있어. 네가 괜찮다면 내일 보낼게.

유형 : 시제 난이도 : *

Solution

어제는 시간이 없어서 소포를 부치지 못했지만 내일 시간이 난다고 했으므로 미래 시제가 필요하다.

Vocabulary

get a chance to …할 기회가 있다
ex. Did you get a chance to do the laundry yet? 빨래 할 기회가 있었니?

Answer

(a) I'm going to send

Joseph's 강의노트

대화의 내용을 제대로 이해하면 쉽게 정답을 찾을 수 있는 단순한 시제 문제입니다. 어제는 시간이 없어서 소포를 부치러 갈 시간이 없었다고 했지만 내일 시간이 난다고 한 것으로 보아 미래시제가 필요하다는 것을 알 수 있습니다. **미래를 나타낼 때는 will과 be going to를 구분하지 않고 쓰는 경우가 많이 있지만 일상 회화에서는 be going to가 더 흔히 쓰입니다. will과 be going to 이외에도 동사의 현재형이나 현재진행형으로 미래의 의미를 표현할 수도 있습니다.** 특히 왕래 발착 동사들 (leave, arrive 등)의 경우가 그렇습니다. 예를 들어, My train leaves at 6:30 tomorrow morning이라고 하면 의미상 leaves가 will leave가 되어야 할 것 같지만 현재형으로도 미래의 의미를 표현하는데 아무런 문제가 없습니다. 또한 Where are you going tomorrow? 라고 현재 진행형으로도 미래의 의미를 나타낼 수 있습니다.

4 A : 너희들 축구하면서 재미있었던 모양이구나. 내가 도착했을땐 이미 끝난 상태라서 유감이었어.
B : 네가 축구하고 싶었다는 걸 알았더라면 좀 더 길게 할 수도 있었을 텐데.

유형 : keep의 쓰임 난이도 : ***

Solution

keep something doing 은 '계속해서 …하다'의 의미다.

Vocabulary

definitely 확실히

ex. This is definitely the best sandwich I've ever eaten. 이건 확실히 내가 먹어 본 중에 최고의 샌드위치야.

Answer

(c) going

Joseph's 강의노트 

문장의 구조가 복잡하긴 하지만 차근차근 해석하면 '계속해서 …하다'의 의미라는 것을 알 수 있습니다. 자기가 도착했을 때 축구 경기가 이미 끝난 건이 유감이었다고 했으므로 '그걸 알았더라면 좀 더 오래 경기를 할 수도 있었을 텐데'라고 말하고 있습니다. **keep somebody doing 의 형태로 Sorry to keep you waiting. (기다리게 만들어서 미안해)로 자주 쓰이는 것을 볼 수 있습니다. keep은 continue 혹은 repeat의 의미가 있습니다.**

5 A : 정말 미안한데 너랑 영화를 보러 갈 수가 없어. 갑자기 빠지게 되서 미안해.

B : 괜찮아. 오늘밤 아무도 가고 싶어하지 않으면 그냥 다른 할 일을 찾지 뭐.

유형 : to 부정사의 형용사적 용법과 어순 난이도 : **

Solution

to 부정사가 앞에 있는 명사를 꾸며주는 형용사의 역할을 한다.

Vocabulary

bail out 저버리다

ex. I don't want to bail out on you, but I just have too much homework to do tonight. 너와의 약속을 저버리고 싶지 않지만 오늘 숙제가 너무 많아.

on such short notice 갑자기, 예고 없이

ex. Even though this assignment is being given on such short notice, there's no reason why you can finish it by tomorrow. 업무가 예고 없이 주어지긴 했지만 네가 내일까지 끝내지 못할 이유는 없다.

Answer

(d) find something else to do

Joseph's 강의노트 

to부정사는 형용사처럼 명사를 꾸며주거나 주어를 서술해주는 형용사적 용법으로 쓰일 수 있습니다. 여기서 to do는 something else를 꾸며주는 형용사로 쓰였습니다. 명사를 꾸며주는 to부정사는 '…하는' 이라고 해석됩니다. 이 문제에서는 어순도 함께 묻고 있는데 '다른 할 일을 찾다'의 뜻이 되어야 하므로 find something else to do가 가장 적절합니다. **원래 bail out은 '보석 신청을 하다'의 의미이지만 흔히 bail out on somebody 라고 하면 '계획한 일에서 갑자기 빠지게 되서 …을 저버린다'는 의미입니다.**

6 그룹 Jersey Street Boys가 25일 오전 10시에서 정오사이에 그들 음반 사인회를 위해 가게에 나타날 예정이다.

Solution

동사 schedule은 주로 수동형으로 쓰여서 '~할 예정이다' 는 의미로 미래대용어구로 사용된다. 보통 be scheduled to + 동사/ be scheduled for + 명사 형태를 취한다.

Vocabulary

are scheduled to ~할 예정이다

signing session 음반 사인회

Answer

(b) are scheduled to

Joseph's 강의노트 

수동태 관련문제들은 단순하게 수동태 하나만을 묻기 보다는 시제, 수의 일치 등과 혼합되어 출제되는 경우가 많은데요, **특히 시제와 수동태의 관계를 묻는 문제들이 많이 출제되므로 철저히 대비합시다.**

7 지난 세기 초에 많은 시인과 예술가들이 배우고 사랑하고 살기 위해서 몽마르뜨르로 달아났다.

유형 : 병렬관계 난이도 : *

Solution

빈 칸의 동사 love는 to learn, to live와 병렬관계를 이루어야 한다.

Vocabulary

poet 시인
ex. Pablo Neruda is my favorite poet. 파블로 네루다는 내가 가장 좋아하는 시인이다.
artist 예술가
ex. The rich man bought a painting by the artist Pablo Picasso. 그 부자는 예술가 파블로 피카소의 그림을 샀다.
century 세기
ex. The book was written in the 17th century.
그 책은 17세기에 쓰여졌다.
flee 달아나다
ex. Many people tried to flee during the war.
전쟁 중에 많은 사람들이 달아나려고 노력했다.

Answer

(a) to love

Joseph's 강의노트 

빈 칸에 알맞은 동사 love의 올바른 형태를 묻는 문제입니다. 이 문장을 살펴보면 많은 시인과 예술가들이 배우고 사랑하고 살기 위해서 몽마르뜨르로 달아났다는 것으로 빈 칸은 to learn와 to live에 함께 걸리는 부분으로 병렬관계가 되려면 love도 to love가 되어야 합니다. **등위접속사에 의해 문장을 구성하는 요소가 나열될 때는 반드시 문법상 대등한 관계가 되어야 합니다.** 즉, to 부정사는 to 부정사와, 형용사는 형용사와 같이 동일한 형태로 연결되어야 합니다. 이를 병렬 관계 혹은 병렬 구조, 평행 구조 등이라고 부릅니다. 등위접속사 (and, but, or 등)으로 연결되는 경우 이외에도 등위상관접속사(not only, but also/ either A or B/ neither A nor B/ both A and B 등)로 연결될 때도 병렬관계가 적용됩니다.

8 곧 각지의 학생들은 전 세계적인 규모로 경쟁을 할 수 있도록 어린 나이부터 여러 언어들을 배우게 될 것이다.

유형 : 시제와 태 난이도 : **

Solution

학생들이 여러 언어를 배우게 될 것이라는 의미가 되어야 하므로 미래 시제와 수동태가 쓰여야 한다.

Vocabulary

several 여럿의, 몇몇의
ex. I borrowed several books from the library.
나는 도서관에서 책을 여러 권 빌렸다.
compete 경쟁하다
ex. The two men will compete for a prize.
두 남자는 상을 두고 경쟁을 할 것이다.
global 전 세계의
ex. The owners want the company to be global in ten years. 회사 소유주들은 회사가 10년 후에 세계적인 회사가 되길 원한다.
scale 규모
ex. The statue was carved on a very large scale.
조각상은 매우 큰 규모로 조각되었다.

Answer

(a) will be taught

Joseph's 강의노트 

빈 칸에 알맞은 시제와 태를 고르는 문제입니다. 우선 시제를 살펴 보면 Soon이라고 했으므로 미래의 의미를 나타내는 시제가 필요하다는 것을 알 수 있습니다. 수동태를 쓸 것인가 능동태를 쓸 것인가를 결정하기 위해서는 주어인 students와 빈칸에 주어진 동사 teach의 관계를 살펴봐야합니다. 학생들의 입장에서는 여러 언어들을 누군가가 그들에게 가르쳐주는 것이므로 주어와 동사의 관계는 수동태가 되어야 합니다. 그러므로 (a) will be taught가 정답이 됩니다. **또한 수여동사 (send, offer, teach, ask, give 등)가 간접목적어 + 직접목적어가 따라오는 4형식 문장으로 쓰일 때 두 가지의 수동형이 가능하다는 것도 기억해 두세요.**

9 여자들은 집 안에서 힘든 일을 하며 하루를 보내곤 했었지만 현재 대부분의 여성들은 가정의 의무에다가 직업까지 갖고 있다.

유형 : used to vs. be used to 난이도 : **

Solution

used to (do something)은 '과거에 …하곤 했지만 이제는 더이상 하지 않는다'의 의미이다.

Vocabulary

toil 일하다
ex. The woman toils in her garden all day long.
그 여자는 하루 종일 정원에서 힘들게 일한다.
professional 전문적인, 직업적인
ex. My goal is to be a professional athlete.
내 목표는 직업 운동선수가 되는 것이다.
domestic 가정의
ex. The man took care of domestic chores, while his wife went to work. 그 남자는 아내가 직장에 간 동안에 집안 일을 돌봤다.
duty 의무, 임무
ex. It's my duty to wash the dishes every night after dinner. 매일 저녁 식사 후에 설거지를 하는 것은 나의 임무다.

Answer

(d) used to spend

Joseph's 강의노트 

used to (do something)과 be used to (doing something)을 구별할 수 있는가를 묻는 문제입니다. **used to (do something)은 과거에 규칙적으로 하곤 했던 일이지만 더 이상 하지 않는다는 것을 강조하는 의미로 사용됩니다.** 이 때는 to부정사가 쓰인다는 것을 기억하세요. used to의 의문문과 부정문은 보통 Did you use to (do something)? 와 I didn't used to (do something)과 같이 사용하는 것이 일반적입니다. **반면에 be used to (doing something)은 get used to (doing something)로 쓰기도 하며 be familiar with의 의미로 '…을 하는데 익숙하다'의 뜻입니다.** 또한 be used to (do something)이라고 쓰이면 '…을 하는데 이용되다' 라는 수동태의 형태입니다. 그러므로 문장의 의미에 따라 어떤 형태를 쓸 것인가를 구분할 줄 아는 능력이 필요합니다. 문제에서는 과거의 여성들은 하루 종일 집안일을 했지만 현재의 여성들은 집안일 이외에 직장 생활도 병행하고 있다는 의미가 되어야 하므로 빈 칸에는 used to spend가 가장 적절합니다.

10 날씨는 매우 아름답고 햇볕이 (햇빛이) 화창해서 갑작스런 불행이 일어나지 않는 한 모험을 시작하기에 완벽한 때였다.

유형 : 전치사 난이도 : ***

Solution

barring은 except for, unless something exists의 뜻을 가진 전치사이다.

Vocabulary

barring …이 없으면
ex. We'll get there tomorrow the morning, barring any further delays. 더 이상의 지체가 없다면 우리는 그곳에 내일 아침에 도착하게 될 것이다.
sudden 갑작스런
ex. Do not make any sudden movements.
갑자기 움직이지 말아라.
misfortune 불행
ex. I had the misfortune of running into a bear on my camping trip. 나는 캠핑 여행에서 곰과 마주치는 불운을 겪었다.
set off 출발하다, 시작하다
ex. They set off for Europe. 그들을 유럽을 향해 떠났다.
adventure 모험
ex. Living in a new country was an adventure.
낯선 나라에 사는 것은 모험이었다.

Answer

(c) barring

Joseph's 강의노트 

barring은 '바로 뒤에 언급되는 내용이 발생하지 않는다면'의 의미를 가진 전치사입니다. 그러므로 unless ... happen의 뜻이라고 할 수 있습니다. 예를 들어 barring accidents라고 하면 '사고가 발생하지 않는다면'의 뜻이 됩니다. 문제에 쓰인 barring any sudden misfortune은 '만일 갑작스러운 불행이 닥치지 않는다면'의 뜻입니다. barring이 전치사로 쓰인다는 것을 알지 못하면 문장이 동사 bar를 이용한 분사구문이 아닐까 생각하게 될 수도 있습니다.

11 회계부서는 작년 회사의 총 소요 비용에 근거한 올해의 총 예상 비용을 제출했다.

유형 : 분사 난이도 : **

Solution

'…에 근거하여'는 based on이다.

Vocabulary

submit 제출하다

ex. Please submit the application no later than December 1. 12월 1일 전에 신청서를 제출하세요.

Answer

(a) based

Joseph's 강의노트 

base on는 '…에 근거하다'의 의미인데 주로 수동형으로 쓰입니다. 여기서는 The accounting department submitted an approximation of this year's total expenses. + (The approximation of this year's total expenses) was based on the company's total expenses from last year.의 두 문장이 합쳐진 것이라고 생각하면 이해가 빨리 될 것입니다. 그러므로 빈 칸에 알맞은 base의 형태는 based가 적절합니다. **또한 base on은 broadly, mainly, primarily 등의 부사와 자주 함께 쓰인다는 것도 알아 두세요.**

12 모든 사람들이 초대 교수의 외딴 섬으로의 여행에 대한 강의를 듣기를 고대하고 있었다.

유형 : 전치사 난이도 : **

Solution

빈 칸에는 '…에 관한', '…에 대한'이라는 의미의 전치사가 필요하다.

Vocabulary

look forward to 고대하다

ex. I'm really looking forward to seeing you next week. 나는 다음 주에 너를 보기를 고대한다.

remote 먼

ex. Danny lives in a remote area of the country. 데니는 멀리 떨어진 곳에 산다.

Answer

(d) on

Joseph's 강의노트 

'…에 관한'의 의미를 가진 전치사는 about을 제일 먼저 떠올리게 되지만 전치사 on도 그런 의미가 있습니다. 전치사 **on**의 가장 보편적인 쓰임을 정리해보면 다음과 같습니다.

- **…위에** : Please write your name **on** the paper. 종이 위에 이름을 쓰세요.
- **…때에** : We don't work **on** Sundays. 가게는 일요일에 문을 닫는다.
- **…에 관한** : Jim wrote a report **on** the animals living in the desert. 짐은 사막에 사는 동물들에 대해 보고서를 썼다.
- **…하자마자** : **On** seeing a thief entering the neighbor's house, Mrs. Jones called the police. 도둑이 이웃집으로 들어가는 것을 보자마자 존스 부인은 경찰을 불렀다.
- **(수단)…으로** : We can just talk **on** the phone if you're too busy to meet me. 네가 너무 바쁘면 전화로 얘기해도 돼.

13 (a) A : 너희 할아버지가 마라톤을 뛸 수 있을 정도로 건강하시다는데 믿어지지 않아.

(b) B : 할아버지는 항상 활동적인 분이였어. 할아버지가 기력이 쇠약해 질거라는 건 상상도 안 돼.

(c) A : 내가 할아버지 나이가 됐을 때 그만큼 건강하면 좋겠어.

(d) B : 네가 지금부터 몸 관리를 하면 나중에 아주 건강할 거라고 확신해.

유형 : 형용사 난이도 : **

Solution

명사 person을 꾸며주는 것은 형용사가 되어야 하므로 actively는 active가 되어야 한다.

Vocabulary

fit 건강한

ex. He's trying to stay fit by jogging every day.

그는 매일 조깅을 함으로써 건강을 유지하려고 한다.

Answer

(b) actively → active

Joseph's 강의노트 

명사를 꾸며주는 것은 형용사이므로 부사형으로 쓰인 actively를 active로 바꿔야 합니다. 한편 형용사와 부사의 형태가 같은 단어들로는 hard, late, early, pretty, long 등이 있습니다.

- This cookie is so hard(딱딱한) that I'm afraid I'll break my teeth.
- They work very hard(열심히), but they were still poor.
- I'm not hungry because I had a late(늦은) lunch.
- She came late(늦게) because she got lost on the way.

또한 일부 형용사들은 한정 용법으로만 사용되고 일부 형용사들은 서술 용법으로만 사용됩니다.

● 한정 용법으로만 사용되는 형용사들 : live, mere, next, drunken…
- The drunken man was walking down the street.
- The man was drunk. (○) / The man was drunken. (×)

● 서술 용법으로만 사용되는 형용사들: afraid, alive, alike, asleep…
- The boy fell asleep.
- The sleeping boy (○) / The asleep boy (×)

14 (a) A : 지루해. 날씨가 이렇게 좋을 때 아무 것도 안하고 빈둥거리는 건 싫어.

(b) B : 색다르게 아무 계획도 없는 것도 좋다고 생각해.

(c) A : 맞아, 하지만 최소한 이 따뜻한 날씨를 잠시나마 즐겨야 한다고 생각해.

(d) B : 그럼 뭐할래?

유형 : 시제 난이도 : *

Solution

그러면 뭘 하고 싶냐고 묻고 있으므로 What do you want to do가 되어야 한다.

Vocabulary

sit around 빈둥거리다

ex. I've been sitting around and waiting for you for two hours now! 나는 여기 빈둥거리고 앉아서 너를 두 시간 동안 기다리고 있었어!

for a change 색다르게

ex. It's nice to having a relaxing weekend for a change. 평소와 달리 편안한 주말을 보내는 것은 좋다.

Answer

(d) What did you want to do?

Joseph's 강의노트 

날씨가 좋은데 집 안에서 아무 것도 안 하고 있는게 지루하다고 하자 그러면 뭐가 하고 싶냐고 묻고 있으므로 What do you want to do?라고 현재형으로 써야 한다.

15 (a) 우연이 너무나 자주 발생해서 일부 사람들은 우리가 당연시 여기는 현실보다 우리가 살고 있는 세계에는 더 큰 계획이 숨어 있다고 생각한다. (b) 바로 오늘 아침 지하철을 타고 회사로 출근하던 중 몇 년 동안 만나지 못했던 친구 한 명이 내가 매일 내리는 역과 같은 역에서 내리는 걸 보았다. 하지만, 나는 단순한 우연일 뿐이라고 생각한다. (d) 다시 말해, 거기에 대해 곰곰이 생각해 본다면, 당신은 항상 당신이 아는 사람들을 어디에서건 반드시 만날 수밖에 없다는 뜻이다.

Solution

문장 (d)의 you bound to run into people 부분에서 bound to 앞에 be 동사가 빠져있다. 원래 능동문장에서 [bind +사람 +to 부정사] 형태로 '~에게 ~하도록 속박, 강제하다' 라는 의미로 쓰인다. 따라서 위 문맥에서 주어 you는 속박되는 것이므로 수동이 알맞다. '반드시 ~하다' 라는 의미로 be bound to 형태를 조동사처럼 암기할 필요가 있다.

Vocabulary

grander plan 더 큰 계획,
ex. It's all part of a grander plan that is coming true. 이 모든 것은 다가올 더 큰 계획의 일부이다.
by pure chance 단순한 우연, 순전히 운명에 달린
ex. We ran into each other by pure chance.
우리는 아주 우연히 마주쳤다.
bound to~ ~하기 마련이다, ~하는 경향이 있다
ex. You are bound to meet him soon.
너는 곧 그를 만나게 돼 있어.

Answer

(d) you bound to → you are bound to

Joseph's 강의노트 

be bound to 는 '반드시 ~~하다' 라는 의미인 반면 be bound for 는 '~를 향하다'는 의미로 쓰입니다.
Authorities says asylum seekers may be bound for Australia. 망명신청자들은 호주로 향하게 될 것이라고 정부는 말했다.

16 (a) 그 낡은 농가는 바람 부는 언덕 위에 있었으며, 그 아래 붐비는 도시로부터 멀리 떨어져 있었다. (b) 그리고 수년에 걸쳐서 너무 많은 회전을 한 낡아 빠진 풍차는 많이 기울어져 있었다. (c) 창고는 붕괴할 위험에 놓여 있었으며, 비가 골이 진 철제지붕으로부터 마구 흘러내렸다. (d) 지붕은 안에 있는 모든 가축들에게 전혀 안전하지 않았으므로, 언젠가 우리가 수리를 해야 했었다.

Solution

(c)의 used to pouring에서 used to는 문맥의 흐름상 조동사 used to의 의미로 사용되었다. 따라서 뒤에는 동사원형이 와야 하므로 pouring을 pour로 고쳐야 한다. 참고로 be used to +~ing 는 '~에 익숙하다'는 뜻이고 be used to + 동사원형은 '~하는데 사용되다'는 뜻으로 사용된다.

Vocabulary

windswept 바람에 휘몰린, 바람에 노출된
ex. The bus passes a stretch of windswept farmland. 그 버스는 바람이 휩쓸고 간 농지 주변을 지난다.
rickety (가구 등이) 망그러질 듯한; (생각 등이) 믿음성 없는
ex. That table wasn't as rickety as I thought it would be. 그 테이블은 내가 생각했던 것만큼 그렇게 낡진 않았다.
corrugated 주름져 있다, 물결 모양으로 만들어지다
ex. Do you know where you put the corrugated box? 골판지 상자를 어디에 두었는지 아니?

Answer

(c) used to pouring → used to pour

Joseph's 강의노트 

이렇게 정리 하세요.
- used to + (동사원형) 예전에 ~했었다, ~였었다. (조동사의 역할)
- be used to + (명사 또는 동명사) ~에 익숙해져 있다.
- use A (목적어) to B (동사원형) ~A를 B하는 데에 이용하다, B하는 데에 A를 이용하다.

VOCABULARY

1 A : 학교 가기 전에 쓰레기 갔다 버리라고 했지.
B : 죄송해요, 깜빡 잊었어요. 지금 당장 할게요.

유형 : 숙어 난이도 : *

Solution

right away는 '당장 (=immediately)'이라는 의미다.

Vocabulary

garbage 쓰레기
ex. The trash can is full of garbage. 쓰레기통은 쓰레기로 가득 찼다.
take out
ex. He took out a ten-dollar bill from his wallet and gave it to the boy. 그는 지갑에서 10달러짜리 지폐를 꺼내서 소년에게 주었다.

Answer

(b) right

Joseph's 강의노트 

right는 매우 흔하게 사용되면서도 용법이 다양한 단어입니다. 문제에서는 away와 함께 '당장'이라는 의미가 가장 적절합니다. right는 명사로는 '권리', 형용사로는 '옳은', '오른쪽의', 부사로는 '곧', '바로'의 의미입니다. right가 명사로 쓰여 '…할 권리가 있다'라고 할 때는 the right to (something/ do something)와 같이 사용한다는 것도 기억해 두세요.

● right를 이용한 다양한 표현들
- right now 지금 당장
- right behind/ in front of (something) 바로 뒤에/ 앞에
- Mr. Right 결혼 상대로 이상적인 남자
- serve someone right 인과응보
- right off the bat 즉시, 주저하지 않고
- hang a right 우회전하다
- right and wrong 옳고 그름
- do the right thing 옳은 일을 하다
- no one in their right mind would do (something) 정신이 올바른 사람이라면 …하지 않을 것이다

2 A : 헤일리가 쓴 보고서에 대해서 어떻게 생각해?
B : 나쁘지는 않은데 아직도 손을 볼 필요가 있다고 생각해.

유형 : 의미를 혼동하기 쉬운 어휘 난이도 : *

Solution

'좀 더 손을 볼 필요가 있다', '더 작업을 해야 한다'라는 의미가 되려면 work이 가장 적절하다.

Vocabulary

task 업무
ex. This is a very challenging task for me, but I'm willing to try. 이것은 내게 매우 어려운 업무이지만 기꺼이 노력을 다할 것이다.

Answer

(b) work

Joseph's 강의노트 

'보고서가 나쁘지는 않지만 완벽하다고는 할 수 없다', '더 손을 볼 필요가 있다'라고 할 때는 need work라고 합니다. Work은 '일', '노동', 혹은 '직장'이라는 의미로도 쓰일 수 있습니다. 이 경우에 work은 셀 수 없는 명사로 부정 관사나 복수형으로 쓰지 않습니다. 하지만 작가나 화가, 음악가 등에 의해 만들어진 예술작품 (works of art)이라는 의미일 때는 복수형으로 쓸 수 있습니다. **task나 labor도 우리말로는 '일', '작업' 등의 의미로 해석되지만 task는 일반적으로 하기 어려운 일이나 임무라는 뉘앙스를 갖고 있으며, labor는 주로 육체적인 노동을 의미합니다.**

● work을 이용한 표현들
- **have one's work cut out for one** 할 일이 많다
ex. Jane has to train new employees who don't have any experience in sales. She has her work cut out for her. 제인은 영업 경험이 전혀 없는 신입직원들을 훈련시켜야 한다. 그녀는 할 일이 많다.
- **out of work** 실업 상태인
ex. Jim has been out of work for years. It's time for him to get a job. 짐은 몇 년째 실업자다. 이제 직장을 구할 때가 됐다.

3 A : 타미의 사이즈가 기억이 안나. 넌 기억나니?
B : 아니, 12살짜리 치고는 발이 아주 컸던 것만 기억나.

유형 : 의미를 혼동하기 쉬운 어휘 난이도 : *

Solution

B가 한 말로 미루어 보아 신발 사이즈에 대해 이야기하고 있다는 것을 알 수 있다.

Vocabulary

measurement 치수
ex. The tailor took measurements to make a suit for a customer. 재단사는 손님의 양복을 만들기 위해 치수를 쟀다.

Answer

(a) size

Joseph's 강의노트

size와 measurement는 유사한 의미이지만 measurement는 '치수를 측정하다' (take measurements)와 같은 용법으로 쓰입니다. dimension에도 '크기', '치수'의 의미가 있지만 '부피', '규모', '면적'의 의미로 쓰입니다. length는 길이의 의미로 knee-length dress (무릎 길이의 드레스), shoulder-length hair (어깨 길이의 머리) 등과 같이 쓰입니다. 신발이나 옷의 경우 size를 씁니다. What size do you wear? (어떤 사이즈를 입으세요?) Do you have a larger size? (더 큰 사이즈가 있나요?) Can I try a size 7? (사이즈 7을 입어봐도 될까요?) 등과 같이 쓸 수 있습니다. 문제에서는 신발 크기에 대해 이야기하고 있으므로 size가 정답이 됩니다. **참고로 measures가 복수형으로 쓰이면 '수단', '조치', '대책' 등의 의미로 쓰인다는 것도 알아 두세요.**

4 A : 미술 수업을 듣는 게 그렇게 비싸다는 걸 몰랐어.
B : 재료가 많이 필요해서 비싼 것 같아.

유형 : 의미를 혼동하기 쉬운 어휘 난이도 : *

Solution

미술 수업에서 사용하는 재료들은 materials라고 합니다. ingredients은 요리를 할 때 재료들을 가리킵니다.

Vocabulary

component 구성요소, 부품
ex. He knows the names of all the car components. 그는 자동차 부품의 이름들을 모두 알고 있다.
ingredient 음식재료
ex. The restaurant is known for only using organic ingredients. 그 식당은 유기농 음식 재료들을 사용하는 것으로 유명하다.

Answer

(c) materials

Joseph's 강의노트

미술 시간에 사용하는 재료들을 가리키고 있으므로 materials가 가장 적절합니다. 보기로 제시된 단어들은 모두 '재료'라고 해석될 수 있지만 resources는 natural resources (천연자원), human resources (인적자원) 등과 같이 쓰이고, component는 기계 등의 부품, ingredients은 요리를 할 때 사용하는 재료들을 가리킵니다. 또한 material은 teaching materials (교재), building materials (건축자재) 등과 같이 쓰이거나 '천', 직물'들을 가리키기도 합니다. (ex. This material is too thin to make a dress. 이 천은 드레스를 만들기에는 너무 얇다.) 또한 사람을 가리켜 '…할 만한 인재다'라고 할 때에도 쓸 수 있습니다. (ex. He's not teacher material. 그는 교사가 될 인재가 못된다.) 또한 material은 형용사로 '물질적인', '중요한'의 의미로도 쓰인다는 걸 기억해 두세요.

5 A : 여보세요. 놀라운 절약 기회에 대해 알려드리려고 전화를 했습니다.
B : 이 번호로 전화를 하지 말아 주세요. 저희는 관심 없어요.

유형 : 문맥에 알맞은 어휘 난이도 : *

Solution

텔레마케터의 전화를 거절하는 대화이다. 더 이상 전화를 하지 말아달라고 할 때는 Remove this number from your list라고 할 수 있다.

Vocabulary

incredible 믿을 수 없는

ex. He told an incredible story about his trip. 그는 자신의 여행에 대해 믿을 수 없는 이야기를 했다.

remove 제거하다

ex. Do you think you can remove this stain from my shirt? 내 셔츠의 얼룩을 제거할 수 있을 거라고 생각하나요?

Answer

(a) remove

Joseph's 강의노트 

텔레마케터가 전화를 한 상황입니다. 원하지 않는 광고나 세일즈관련 전화를 받았을 때 전화를 끊는 가장 좋은 답변은 관심이 없으니 전화하지 말아달라고 말하는 것입니다. 이럴 때는 Remove my number from your list. 혹은 Take my number off of your list. 라고 하면 됩니다. 이런 전화로 인한 불만들을 해결하기 위해서 미국에서는 자신의 전화번호를 Do Not Call List에 무료로 등록할 수 있습니다. 일단 등록이 되면 저녁 식사시간에 걸려 오는 텔레마케터들의 전화를 피할 수가 있습니다. 이러한 사전 지식이 없다고 하더라도 A가 무언가를 선전하기 위해 전화를 했다는 것과 B가 I'm not interested라고 관심이 없음을 나타내고 있으므로 remove가 가장 적절하다는 것을 짐작할 수 있습니다. **여기서 list는 전화 번호가 기재되어 있는 리스트를 의미하지만 top/bottom of the list라고 하면 가장 중요한/가장 덜 중요한의 의미가 됩니다.**

6 재정 위원회 회장은 경기 후퇴에도 불구하고 올해 경제 성장에 대한 높은 기대를 걸고 있다고 말했다.

유형 : 연어 (collocation) 난이도 : *

Solution

높은 기대를 하고 있다고 할 때는 high hopes를 쓴다. 이때 hopes는 항상 복수형이다.

Vocabulary

setback 좌절, 곤란

ex. Despite a serious financial setback, they didn't give up their original plan. 심각한 재정적 어려움에도 불구하고 그들은 원래 계획을 포기하지 않았다.

Answer

(b) high

Joseph's 강의노트 

high는 형용사, 부사, 명사로도 쓰일 수 있습니다. high의 부사가 highly라고 착각하지 않도록 합니다. highly는 부사이기는 하지만 '매우(= very)'의 의미로 highly desirable/ effective/ significant/ successful (매우 바람직한/ 효과적인/ 의미있는/ 성공적인)과 같이 형용사를 수식하는 형태로 쓰입니다. high가 명사로 쓰이는 경우는 Today's temperature will reach a record high. (오늘의 최고 기온은 기록적으로 높을 것이다.) 혹은 The actor went through the highs and lows of his career. (그 배우는 경력의 흥망성쇠를 모두 겪었다.) 와 같이 쓰이는 경우입니다. forlorn과 vain은 hope와 함께 자주 쓰이는 형용사들입니다. forlorn hope는 실현 가능성이 없는 희망을, vain hope는 헛된 희망이라는 의미로 부정적인 의미를 갖는 반면에 문장에서는 despite the setbacks이라고 했으므로 긍정적인 의미의 희망이라는 의미가 되어야 합니다. 그러므로 빈 칸에는 high가 가장 적절합니다. 참고로 search something high and low라고 하면 '구석구석을 다 뒤져서 찾다'라는 의미라는 것도 알아두세요.

7 산업화가 많은 사람들의 생활 수준을 높여주긴 하지만 극빈의 문제를 해결해 주지는 못할 것이다.

유형 : 연어 (collocation) 난이도 : **

Solution

생활 수준이라고 할 때는 living standards를 쓴다.

Vocabulary

abject poverty 극빈

ex. One out of five people in the world are still living in abject poverty. 전 세계에서 5명 중의 한 명은 여전히 극도의 가난한 생활을 하고 있다.

Answer

(d) standards

Joseph's 강의노트 

흔히 우리가 말하는 생활 수준은 living standards 라고 합니다. level이나 position도 standard와 유사한 의미를 갖고 있지만 여기서는 living과 함께 쓰이면서 문장의 의미를 완성해 줄 수 있는 명사를 찾아야 합니다. living이나 standard를 이용한 다양한 표현들은 다음과 같습니다.

- be living proof of something …의 좋은 본보기다
- make a living 생계를 유지하다
- scrape out a living 근근히 생계를 이어가다
- living legend 전설적인 인물
- be someone's standards …의 관점에서 보면
- set (somebody) a standard …의 본보기가 되다
- moral standards 도덕적 수준

8 오늘 4번가에 있는 자바 정션에 들리는 커피를 좋아하는 사람들은 매니저가 손님들에게 새로운 초코 모카 커피를 소개함에 따라 좋은 대접을 받게 된다.

유형 : 숙어 난이도 : ***

Solution

be in for a treat 은 누군가에게 좋아하는 일이 생길 것이라는 것을 알 때 쓰는 표현이다.

Vocabulary

unveil 밝히다, 드러내다
ex. The company finally unveiled their new models. 회사는 마침내 새로운 모델의 드러냈다.

Answer

(c) treat

Joseph's 강의노트 

be in for a treat 이라고 하면 어떤 사람이 좋아하는 일이 생길 것이라는 의미로 쓰입니다. 이 문장에서처럼 커피를 좋아하는 사람들은 새로운 커피가 나오는 것을 즐기게 될 것이므로 빈 칸에는 treat이 가장 적절합니다. **이처럼 treat이 명사로 쓰일 때는 즐거움, 기쁨 등의 의미가 됩니다.** 예를 들어, It was a real treat to see my favorite singer performing. (내가 가장 좋아하는 가수가 공연하는 것을 보게 된 것은 정말 기쁜 일이었다.) 또한 우리말로 한 턱 내다의 의미로 쓰여서 It's my treat. (내가 낼께요.), Let me treat you. (내가 대접할께요.), It's my turn to treat. (이번에는 내가 한턱 낼 차례다.) 처럼 쓰입니다. 또한 할로윈에 아이들이 사탕을 받으러 와서 하는 말은 Trick or treat(과자를 주지 않으면 장난을 칠테야)입니다.

9 군인은 군대에서 제대한 후 일반인으로서 의미있는 일을 찾는 것이 중요하다.

유형 : 형태를 혼동하기 쉬운 어휘 난이도 : **

Solution

discharge에는 '제대하다'의 의미가 있다.

Vocabulary

meaningful 의미있는
ex. The award was very meaningful to the people who had participated in the project. 그 상은 그 프로젝트에 참가한 사람들에게 매우 의미심장한 것이었다.

civilian 평민, 민간인
ex. One soldier and two civilians were killed during the military operation. 군사 작전 중에 한 명의 군인과 두 명의 민간인이 사망했다.

Answer

(d) discharged

Joseph's 강의노트 

dis-로 시작하는 형태가 유사한 단어들의 의미를 구분하고 빈 칸에 가장 알맞은 단어를 고르는 문제입니다. **discharge는 '군대에서 제대하다', '병원에서 퇴원하다'의 의미로 쓰입니다. 또한 '무기 등을 발사하다'의 의미로 쓰이기도 합니다. 어떤 사람이 군대로부터 dishonorably discharged됐다고 하면 '불명예 제대를 당했다'는 뜻이 됩니다.** disarm은 '무장해제하다', discipline 은 '훈련하다', disclose '드러내다', '폭로하다'의 의미이므로 빈 칸에 가장 적절한 답은 (d)가 됩니다. dis-를 추가하여 disagree, **dislike와 같이 반대의 의미가 되도록 하는 경우가 많이 있지만 discard (버리다), discern (분간하다), dismay (낙심시키다), discriminate (차별하다)와 같이 그렇지 않은 경**

우들도 많이 있습니다.

10 응급실의 의사들은 주변의 사람들이 겁에 질리고 통제가 불능인 상황에서도 침착함을 유지해야 한다.

유형 : 연어 (collocation) 난이도 : **

Solution

'침착함을 유지하다'라는 의미가 되려면 동사 keep이나 maintain을 써야 한다.

Vocabulary

composure 침착
ex. He was trying to keep his composure, but I could see his hands were shaking. 그는 침착을 유지하려고 애썼지만 나는 그의 손이 떨리는 것을 볼 수 있었다.
panic 당황하게 하다
ex. It is important not to panic when you get lost. 길을 잃었을 때 당황하지 않는 것이 중요하다.

Answer

(d) maintain

Joseph's 강의노트

'침착함을 유지하다'고 할 때는 keep이나 maintain을 사용하고 반대로 '침착함을 잃다'라고 할 때는 lose를 쓰면 됩니다. '침착함을 되찾다'라고 할 때는 recover나 regain도 사용할 수 있습니다. composure의 의미를 모른다고 하더라도 even when those around them seem panicked and out of control (주변의 사람들이 겁에 질리고 통제가 불능인 상황에서도)로 미루어 볼 때 앞 문장은 그와 반대되는 태도를 취해야 한다는 의미라는 것을 짐작할 수 있습니다. **maintain은 '유지하다'의 의미로 maintain stability/ continuity/ the status quo (안정성/지속성/현 상태를 유지하다)로 자주 사용되며, '주장하다'의 의미로 maintain one's innocence (무죄를 주장하다) 와 같이 쓰일 수 있습니다.**

READING

1 텔레비전 쇼 "백만 달러 믹스업" 의 진행자로 거의 30년을 보내고 이번 달에 76세가 될 데이브 닐슨씨는 화요일에 열린 기자 회견을 가졌다. 텔레비전 역사상 가장 오랫동안 진행된 게임쇼인 이 쇼는 항상 인기가 많았다. "백만 달러 믹스업" 의 최초이자 유일한 진행자로서 이 스웨덴 이민자는 수 천 편의 에피소드를 녹화했으며 장년층과 젊은이들로 이루어진 관객들 앞에서 많은 흥분한 참여자들을 백만장자로 만들어왔다. 뉴스 진행자로 텔레비전에 데뷔를 했던 닐슨은 그의 은퇴로 더 많은 시간을 여행을 하고 자선 활동을 위한 자원 봉사를 하는데 보낼 수 있기를 바란다고 말한다.

(a) 승진

(b) 은퇴

(c) 취임

(d) 졸업

유형 : 글의 요점 파악 난이도 : *

Solution

30년 동안 게임 쇼 진행자였던 닐슨 씨가 기자 회견을 했다는 내용이다. 그의 지금까지의 경력과 직업 이외 분야에서의 앞으로의 계획을 언급하고 있으므로 그가 은퇴를 발표했다는 것을 짐작할 수 있다.

Vocabulary

host (n) 진행자
ex. The local TV station is looking for a new host for the game show. 지역 텔레비전 방송국에서는 게임쇼의 새로운 진행자를 구하고 있다.
turn (age) (나이가) 되다
ex. I can't believe my daughter will turn 18 this year. 나는 내 딸이 올해 18세가 된다는 것을 믿을 수가 없다.
immigrant 이민자
ex. Many German immigrants settled into this area. 많은 독일 이민자들이 이 지역에 정착했다.
millionaire 백만장자
ex. The millionaire left all his money to his dog. 백만장자는 그의 전 재산을 그의 개에게 남겼다.
contestant 경쟁자, 참가자
ex. The contestant won a brand new car. 참가자는

새 차를 얻었다.

compose of 구성하다

ex. The band is composed of a drummer, a guitarist, and a singer. 밴드는 드럼 연주자, 기타연주자와 가수로 구성되어 있다.

newscaster 뉴스진행자

ex. The newscaster reported an increase in crime in the area. 뉴스 진행자는 그 지역의 범죄 증가를 보고했다.

charitable 자선의

ex. The woman donates money to many charitable organizations. 여자는 많은 자선 기관들에 돈을 기부했다.

Answer

(b) retirement

Joseph's 강의노트

글을 읽고 내용에 알맞도록 빈칸에 알맞은 단어를 찾는 유형의 문제입니다. 글의 초반부에 게임 쇼 진행자인 데이브 닐슨씨가 이번 달이 76세가 되는데 기자 회견 중에 발표를 했다는 내용이 언급되었습니다. 그가 30년 동안 진행해 온 쇼에 대한 간략한 소개와 더불어 닐슨씨가 스웨덴 이민자 출신이고 뉴스 진행자로 텔레비전에 데뷔를 했다는 점 등을 소개하며 그가 더 많은 시간을 여행을 하고 자원봉사를 하는데 보낼 수 있기를 바란다고 한 점으로 미루어 볼 때 그가 은퇴를 하게 되었다는 것을 알 수 있습니다. (a)는 승진, (b)는 은퇴, (c)는 취임, (d)는 기부의 뜻이므로 (b)가 정답으로 가장 적절합니다. 닐슨씨가 자원 봉사 활동을 하는데 더 많은 시간을 보내게 될 것이라는 내용으로 착각하여 (d)를 정답으로 고르지 않도록 주의하세요.

2 두 일류 대학에 의해 발표된 한 건강 연구가 많은 도시 계획자들이 이미 제안한 녹지대가 건강을 증진시킨다는 내용을 확인시켜주었다. 복잡한 지역 중심가에 자리한 비록 작은 공원이라도 주민들에게 더 큰 건강상의 영향을 준 것으로 보인다. 지역을 좀 더 미적으로 만족스럽게 해주는 것 이외에도 공원이 도시 거주자들 사이에서 운동을 증가시키고 스트레스의 전반적 감소를 초래한다는 것을 연구 결과는 보여준다. 또한 이 연구에 관련된 연구자들은 저소득 지역에서 녹지대의 수를 늘리는 것이 부유한 주민들과 가난한 주민들 사이에 존재하는 건강상의 불평등을 해결하는 것을 도와줄 수 있다고 지적했다. 초록의 나무들이 많은 지역에 사는 부유한 사람들은 녹지대가 거의 없는 매우 인구 밀도가 높은 지역에 사는 경향이 있는 더 가난한 사람들에 비해 일정한 질병에 대한 위험도가 (특정한 질병에 걸릴 위험이 더) 낮은 것으로 보인다.

(a) 녹지대가 건강을 증진시킨다

(b) 도시 거주자들은 종종 아프다

(c) 더 적은 수의 공원들이 건설되고 있다

(d) 공원은 부동산 가격을 증가(상승)시킨다

유형 : 글의 주제 찾기 난이도 : **

Solution

글의 전체 내용을 대표할 수 있는 핵심 내용을 찾는 문제이다. 여기서는 도시 계획자들이 주장해 온 것이 무엇이었는가를 빈 칸 뒤에 나오는 내용들을 통해 파악할 수 있어야 한다.

Vocabulary

leading 일류의, 선두의

ex. A company in the United Kingdom produces the leading brand of cereal. 영국의 한 회사는 시리얼의 주요 브랜드를 생산한다.

profound 심오한, 깊은

ex. This book had a profound impact on the way I see the world. 이 책은 내가 세상을 보는 방식에 깊은 영향을 끼쳤다.

aesthetically 미적으로

ex. The architecture of the house was aesthetically pleasing. 그 집의 건축은 미적으로 보기 좋았다.

point out 지적하다, 가리키다

ex. The tour guide pointed out an important landmark. 여행 가이드는 중요한 지형물을 가리켰다.

prevalent 만연한

ex. Theft is the prevalent crime in the city. 절도는 도시에서 만연한 범죄이다.

at risk 위험에 처한

ex. A poor diet may put you at risk for many diseases. 부실한 식생활은 네가 많은 질병에 걸릴 위험에 처하게 할 수 있다.

densely populated 인구밀도가 높은

ex. There was a housing shortage in the densely populated city. 인구 밀도가 높은 지역에서는 주택 부족이 있었다.

Answer

(a) green spaces boost health

Joseph's 강의노트 

글의 핵심 주제를 파악하는 문제입니다. 빈 칸의 내용은 글의 나머지 부분을 대표할 수 있는 내용이 되어야 하므로 글의 전체 내용을 제대로 파악해야 해결할 수 있는 문제입니다. 건강에 관련된 한 연구가 도시 계획자들이 주장해 온 바를 확인시켜 주었다고 했으므로 그들의 주장이 무엇이었는가를 알아내는 것이 문제해결의 열쇠가 됩니다. 빈 칸 바로 뒤에 나오는 문장을 살펴보면 도시에 있는 공원은 그 규모가 작더라도 주민들의 건강에 큰 영향을 끼친다고 했으므로 도시 계획과 건강에 관련된 내용이라는 것을 알 수 있습니다. 보기를 살펴보면 건강에 관련된 내용인 (a)와 (b)로 정답의 범위를 좁힐 수 있습니다. 도시의 녹지대가 미적으로 효과가 있을 뿐만 아니라 주민들이 더 많이 운동을 하도록 만들고 스트레스를 감소시켜준다고 했으므로 (a)가 정답으로 가장 적절하다고 할 수 있습니다. 글의 후반부에서 녹지대가 더 많은 지역에 사는 경향이 있는 부유한 주민들이 특정 질병에 걸릴 위험이 적다는 내용이 언급되긴 했지만 공원이 부동산의 가격을 증가(상승) 시킨다는 점은 언급되지 않았으므로 (d)는 정답이 될 수 없습니다.

3 전통적인 의학이 실패하거나 제한적인 정도의 효과만을 제공할 때 많은 환자들은 대체 의학에 희망을 건다. 그러나 의학 전문가들은 일반적으로 그들이 선전하는 효과에 미치지 못하는 검증되지 않은 치료법을 주의할 것을 환자들에게 경고한다. 대체의학품 회사들은 그들을 막을 법이 거의 존재하지 않는 인터넷 상에서 주로 광고되는데 약효를 간절하게 바라는 환자들이 기꺼이 시도해 볼 만한 믿기 힘든 주장을 한다. 이러한 웹사이트들은 종종 의사들이 치유불능이라고 생각해 온 질병들에 대한 치료법을 구체적인 과학적 사실이나 믿을만한 임상실험이 아닌 개인 성공 사례들과 더불어 광고를 한다. 일부 대체 치료법들은 효과가 없더라도 환자에게 몇 달러가 들 뿐이지만 어떤 치료법들은 수 천 달러가 드는데다 실제로 증상을 악화시킬 수도 있다. 많은 전문가들이 좀 더 강력한 규제를 요구하는 것은 놀랄 일이 아니다.

(a) 이 새로운 치료법을 실험해보고자 한다.

(b) 이러한 치료법들이 인기 있는 이유를 발견한다.

(c) 대체 의약품을 환자들에게 권한다.

(d) 좀 더 강력한 규제를 요구한다.

유형 : 인과 관계　난이도 : ***

Solution

대체 치료법들이 규제가 별로 없는 인터넷 상에서 광고를 하는데다가 경우에 따라서는 환자들의 증세를 악화시킬 수도 있다고 했으므로 전문가들이 좀 더 강력한 규제를 요구한다는 것이 정답으로 가장 적절하다.

Vocabulary

alternative 대체의
ex. If the preferred method fails, we will use an alternative method. 선호하는 방식이 실패를 한다면 우리는 대체의 방법을 사용할 것이다.

remedy 치료법
ex. My mother's chicken soup is the best remedy for a cold. 우리 엄마가 만든 치킨 수프는 감기에 가장 좋은 치료법이다.

live up to (기대에) 부응하다
ex. As much as he tried, Tim could never live up to his father's expectations. 그가 많이 노력을 했음에도 불구하고 팀은 그의 아버지의 기대에 절대 부응할 수가 없었다.

incredible 믿을 수 없는, 놀라운
ex. The fireworks were an incredible sight. 불꽃놀이는 놀라운 광경이었다.

desperate for …을 간절히 원하는
ex. The child was desperate for attention from his parents. 아이는 부모의 관심을 간절히 원했다.

be eager to 간절히 …하고 싶어하는
ex. I am eager to begin my new job. 나는 내 새 직장을 빨리 시작하고 싶다.

deem 여기다, 간주하다
ex. This book is deemed an important piece of literature. 이 책은 중요한 문학 작품으로 간주된다.

incurable 불치의
ex. The doctors said the disease is incurable. 의사들은 그 병이 불치의 병이라고 말했다.

ineffective 효과가 없는
ex. The effort to stop robberies in the neighborhood has been ineffective. 동네에서 강도를 멈추려는 노력은 효과가 없었다.

push for …을 요구하다
ex. The politician will push for better health care for everyone. 그 정치인은 모든 사람들을 위한 의료 혜택을 요구했다.

Answer

(d) pushing for tighter regulations

Joseph's 강의노트

인터넷을 통해 주로 광고를 하는 대체 의약품에 대한 글입니다. 이러한 약품들이 주로 관련 규제 법률이 존재하지 않는 인터넷 상에서 과장 광고를 함으로써 일반 의학의 힘으로 치유될 수 없거나 효과를 보지 못한 환자들의 심리를 이용하고 있다고 합니다. 이러한 광고들은 아무런 과학적 실험의 근거 없이 개인적인 성공 사례들을 들어 광고를 하는 것이 특징입니다. 문제는 이러한 약품들이 효과가 없으면 그래도 다행이지만 때로는 금전적인 손실과 더불어 오히려 환자의 상태를 악화시킬 수도 있다 (Some alternative remedies, while ineffective, may only set the patient back a few dollars, while others may cost thousands of dollars and may actually worsen a condition.) 는 내용이 문제를 해결하는 것을 도와주는 결정적인 단서입니다. 그러므로 이러한 이유들로 인해 많은 전문가들이 좀 더 강력한 규제를 요구하는 것이 당연하다는 내용이 빈 칸에 가장 적절합니다. (a), (b), (c) 모두 글의 내용을 제대로 파악하지 못하면 정답처럼 보일 수 있는 함정들입니다.

4 고대부터 꿈이 의미가 있는 것으로 여겨지기는 했지만 1899년 지그문드 프로이드의 작품이 출판되고 나서야 꿈의 분석은 심리학의 정당한 분야로 여겨지게 되었다. 프로이드의 〈꿈의 해석〉은 정신 세계를 이해하는데 있어서 꿈이 하는 역할에 대해 논의했다. 그는 꿈이 정신 세계가 과거의 갈등을 해결하는 방식이라고 믿었다. 꿈의 특이성은 의식의 세계로 변환 없이 전달되기에는 너무 충격적인 기억들이 종종 무의식적이고 모호한 상징과 알아볼 수 없는 표상으로 변화되기 때문이다.

위 글의 제목으로 가장 적절한 것은?
(a) 꿈의 해석의 문제점
(b) 무의식의 힘
(c) 꿈의 심리학
(d) 시대에 따른 꿈

유형 : 제목 찾기　난이도 : **

Solution

프로이드 이전에는 꿈의 분석이 심리학의 한 분야로 인정되지 않았다. 프로이드에 의하면 꿈은 정신 세계를 상태를 표상하므로 (c) The Psychology of Dreams가 제목으로 가장 적절하다.

Vocabulary

analysis 분석
ex. The scientists conducted an in-depth analysis of his subject. 과학자들은 그의 주제에 대한 심도 깊은 분석을 했다.
legitimate 정당한
ex. Damien had a legitimate excuse for being late. 데미언은 늦은 것에 대한 정당한 이유가 있었다.
conflict 갈등
ex. The conflict between the two former friends was very severe. 두 이전 친구들간의 갈등은 매우 심했다.
traumatic 충격적인
ex. The plane crash was so traumatic for Jane that she never traveled on an airplane again. 비행기 사고는 제인에게 매우 충격적이어서 그녀는 다시는 비행기를 타고 여행하지 않았다.
ambiguous 모호한
ex. The politician gave an ambiguous answer to the difficult question. 그 정치인은 어려운 질문에 대해 모호한 답을 했다.
unrecognizable 알아볼 수 없는
ex. The change in Amber's appearance was so drastic that she was unrecognizable to most of her friends. 앰버의 외모의 변화는 너무 극적으로 변해서 대부분의 친구들은 그녀를 알아보지 못할 정도였다.

Answer

(c) The Psychology of Dreams

Joseph's 강의노트

꿈은 고대 시대부터 의미를 지닌 것으로 여겨졌지만 심리학의 한 분야로 여겨지게 된 것은 프로이드가 〈꿈의 해석〉을 출판하고 난 후의 일이었습니다. 그는 꿈이 정신세계 상태의 단면을 나타내는 상징이며 스스로 갈등을 해결

하기 위한 방법이라고 했습니다. 또한 꿈은 개인의 과거 경험이 비추어진 것으로 그 내용이 비현실적으로 보이는 이유는 의식 세계에서 표현되기에는 너무 충격적이어서 변형된 모습으로 나타나기 때문이라고 합니다. **글의 전반적인 내용은 꿈과 꿈을 꾸는 사람간의 심리에 대한 내용이므로 (c) The Psychology of Dreams가 가장 적절합니다.** 무의식이 언급되긴 했지만 무의식의 영향력에 대한 내용은 자세히 언급되지 않았으므로 (b)는 오답입니다.

5 인터넷은 누구나 스타가 되는 것을 가능하게 만들었다. 창의력 있는 비디오가 사람들의 주의를 끌고 많은 사람들에게 잠시나마 유명세를 타도록 해 준 경우들이 많이 있다. 이 비디오들의 대부분은 특히 잘 만들어진 것도 아니고 그 주인공들도 할리우드에서 성공할 만한 인재라고 할 수는 없다. 하지만 사용하기 편리한 비디오 공유 웹사이트들은 참신한 아이디어와 최소한의 장비만 가진 사람도 참가할 수 있도록 연예계를 대중화시켰다.

위 글의 제목으로 가장 적절한 것은?
(a) 변화하는 인터넷
(b) 할리우드의 큰 실수
(c) 인터넷 상에서의 유명세
(d) 좋은 영화가 될 만한 아이디어들

유형 : 제목 찾기 난이도 : **

Solution

비디오 공유 웹사이트 덕에 누구나 유명세를 탈 수 있게 된 현상에 대해 이야기하고 있다.

Vocabulary

capture 포착하다
ex. He captured the beautiful mountain scenery on his camera. 그는 카메라로 아름다운 산의 풍경을 포착했다.
fame 유명세
ex. His old friends thought that fame had changed him. 그의 옛 친구들은 유명세가 그를 변화시켰다고 생각했다.
user-friendly 사용하기 쉬운
ex. The computer program wasn't user-friendly. 이 컴퓨터 프로 그램은 사용하기가 쉽지 않다.
democratize 대중화시키다, 민주화시키다
ex. The company democratized its decision-making processes by allowing all employees to give their opinions. 회사는 모든 직원들이 의견을 내도록 허락함으로써 의견 결정 과정을 민주화시켰다.
minimal 최소의
ex. The two cars collided, but the damage was minimal. 두 차가 충돌했지만 그 피해는 최소였다.

Answer

(c) Famous on the Web

Joseph's 강의노트

인터넷 비디오 공유 사이트로 인해 할리우드 배우감이 아니더라도 참신한 아이디어와 최소한의 장비만 갖추면 누구나 유명세를 탈 수 있게 된 현상에 대한 글입니다. 맨 첫 문장 The Internet has made it possible for anyone to become a star. 가 글의 요점이라고 할 수 있습니다. fifteen minutes of fame (15분간의 유명세)란 표현은 특히 연예계에서 한창 유명세를 타던 스타가 사람들의 기억 속에서 금방 잊혀지게 되는 것을 빗대어 말하는 것으로 1960년대 유명한 팝 아티스트 엔디 워홀이 In the future, everyone will be world-famous for 15 minutes. 라고 말한 것에서 유래되었다고 합니다. **오늘날 fifteen minutes of fame이라고 하면 꼭 연예계에서의 인기만이 아니라 어리석은 것으로나마 잠시 사람들의 입에 오르내리게 되는 것을 가리킵니다.** 비디오 공유 사이트가 인터넷의 새로운 기능으로 인한 현상이긴 하지만 (a)가 글의 전체 내용을 포괄하는 제목이라고 하기에는 범위가 너무 넓습니다. 할리우드와 아이디어만 있으면 유명세를 탈 수 있다는 사실이 언급되긴 했지만 (b)와 (d)는 정답이 될 수 없습니다.

6 당신이 일반적으로 관심이 없는 일들을 해보는 것은 중요하다. 물론 어떤 상황들은 위험하거나 당신을 곤경에 빠뜨릴 수 있기 때문에 당신을 불편하게 만든다. 당연히 이런 상황들은 피해야만 한다. 하지만 상황이 새롭고 낯설어서 당신을 긴장하게 만드는 경우들도 있다. 예를 들어, 어떤 사람들은 잘 모르는 사람들과 시간을 보내는 것이나 새로운 식당에서 식사를 하는 것과 같은 단순한 일을 하는 것도 불편해 한다. 이러한 종류의 상황들은 당신이 적극적으로 모색

할 필요가 있는데 이러한 상황들은 당신을 더 강하고 노련하게 만들어 주기 때문이다.

위 글의 요점으로 알맞은 것은?
(a) 타인들을 통해 유용한 경험을 얻을 수 있다.
(b) 불편한 상황들도 가치가 있을 수 있다.
(c) 새로운 사람들과 공감하는 것은 어려울 수 있다.
(d) 잠재적으로 위험한 상황은 항상 조심해라.

유형 : 글의 요점 난이도 : **

Solution

글의 요점을 새롭고 낯선 상황을 일부러 찾아 경험해보는 것이 중요한데 그러한 경험이 개인을 좀더 강하고 노련하게 만들어 주기 때문이라고 한다.

Vocabulary

pursue 추구하다
ex. Devin loved art so much that he decided to pursue a career in it. 데번은 예술을 너무 좋아해서 직업으로 삼기로 결정하였다.
edgy 안절부절 못하는
ex. The lack of caffeine left her feeling edgy and irritable. 카페인 부족이 그녀를 신경질적으로 만들었다.
seek out 구하다, 찾다
ex. Jay decided he would seek out a solution to the problem. 제이는 문제에 대한 해결책을 찾기로 결정했다.
enriching 풍요롭게 하는
ex. Exposure to art and music can be enriching to young minds. 미술과 음악을 접하는 것은 젊은이들의 정신을 풍요롭게 해 줄 수 있다.

Answer

(b) Uncomfortable situations can be enriching.

Joseph's 강의노트

글의 요점을 파악하는 문제입니다. 본문에서는 평소에 잘 하지 않는 일들을 해 보는 것이 중요하다고 말하고 있습니다. 이러한 상황이란 무모하고 위험한 상황들을 의미하는 것이 아니라 새롭고 익숙하지 않은 상황들을 의미하는데 그 예로 잘 모르는 사람들과 시간을 보내거나 한 번도 가 본적 없는 식당에서 식사를 하는 것과 같은 것들을 포함합니다. 많은 사람들이 익숙하지 않은 상황을 불편해하는 경우들이 있는데 그런 상황을 일부러 찾아 경험함으로써 배울 수 있는 점이 많이 있다고 주장하고 있습니다. 잘 모르는 사람들과 교류하는 것이 언급되긴 했지만 new and unfamiliar한 상황의 예로 소개되었을 뿐 이것이 글의 요점이라고 할 수는 없으므로 (a)나 (c)는 정답이 될 수 없습니다. 글의 맨 마지막 문장에서 알 수 있듯이 '그러므로 불편한 상황일지라도 더욱 강하고 노련해 질 수 있도록 도와준다'고 했으므로 (make you stronger and more experienced) (c)가 글의 요점으로 가장 적절합니다.

7 베이비 부머, 즉 1946년과 1964년 사이에 태어난 세대들의 자녀들은 많은 면에서 이전 세대와는 매우 다른 부모와의 관계를 갖고 있다. (a) 많은 베이비 부머들은 20세기 중반에 많은 사회적 변화를 불러 일으킨 것으로 평가받고 있는데 이들은 자신들이 부모들과 가졌던 관계보다 훨씬 가깝고 열린 관계를 가지려고 노력한다. (b)결과적으로 베이비 부머의 아이들은 부모들과 사이가 좋고 많은 경우에 있어 부모를 친구로 여긴다고 말한다. (c) 베이비 부머들은 또한 자식들의 삶에 더욱 관여하는 경향이 있어서 자식에 대한 보호심이 높은 것으로도 알려져 있다. (d) 1960년대와 1970년대는 전 세계가 청년문화를 보는 시각을 바꾼 시대였다.

유형 : 글의 흐름 난이도 : **

Solution

베이비 붐 세대들이 자식들과의 관계면에서 그들의 부모 세대와 어떻게 다른가를 설명하고 있다.

Vocabulary

generation 세대
ex. This generation of women has more opportunities than the previous one. 현 세대의 여성들은 이전 세대보다 더 많은 기회를 누린다.
relationship 관계
ex. The relationship between father and son is a close one. 아버지와 아들의 관계는 가깝다.
credit …에게 ~한 것에 대한 공을 돌리다
ex. Jane credits her mother with teaching her how to paint. 제인은 자신에게 그림 그리는 것을 가르쳐 준 것에 대해 어머니에게 공을 돌린다.
strive 힘쓰다, 노력하다
ex. Ben strives to make his family proud. 벤은 가족

이 자랑스러워하도록 노력한다.

protective 보호하는

ex. The actor is very protective of her privacy. 배우는 자신의 사생활을 보호하고자 한다.

Answer

(d) The 1960s and 1970s were decades that changed the way the world looked at youth culture.

Joseph's 강의노트 

2차 세계대전이 끝난 시기인 1946년 부터 1964년 사이에 태어난 세대를 베이비붐 세대라고 합니다. 이들은 자신들이 이전 세대의 부모와 유지했던 관계와는 매우 다른 형태의 부모-자식간의 관계를 보이고 있습니다. 베이비 붐 세대들은 자식들과 좀 더 가깝고 친구처럼 허물없이 지내는 것으로 알려져 있으며 자식들의 삶에 깊이 관여하는 경향을 보입니다. **글의 전체 내용은 베이비 붐 세대가 부모가 되었을 때 이전 세대와는 어떻게 다른 부모의 모습을 보이고 있는가에 관한 내용이므로 (d)는 흐름에 맞지 않습니다.**

NOTE

WEEK 2

● LISTENING

1. (d) 2. (d) 3. (d) 4. (b) 5. (c)
6. (c) 7. (c) 8. (c) 9. (a) 10. (a)

● GRAMMAR

1. (a) 2. (b) 3. (b) 4. (b) 5. (a)
6. (c) 7. (d) 8. (c) 9. (a) 10. (c)
11. (a) 12. (d) 13. (b) 14. (b) 15. (c)
16. (d)

● VOCABULARY

1. (d) 2. (a) 3. (d) 4. (a) 5. (a)
6. (c) 7. (a) 8. (c) 9. (c) 10. (b)

● READING

1. (a) 2. (d) 3. (a) 4. (b) 5. (c)
6. (d)

LISTENING

1 A : I didn't know the band would be playing heavy metal music. This place is too noisy.

B : ____________________

(a) Sure, we can stay as long as you'd like.
(b) I used to play in a band myself. How about you?
(c) Sorry. I'll turn down the volume.
(d) Let's get out of here. I'm ready whenever you are.

A : 밴드가 헤비메탈 음악을 연주할거라는 걸 몰랐어. 여기 너무 시끄럽다.

B : ____________________

(a) 물론이지. 네가 원하면 얼마든지 오래 있어도 돼.
(b) 나도 밴드에서 연주를 했지. 넌 어때?
(c) 미안해. 소리를 낮출게.
(d) 나가자. 너만 준비되면 나도 나갈 준비됐어.

유형 : 평서문 난이도 : **

Solution

밴드가 헤비 메탈 음악을 연주할거라는 걸 모르고 와서 너무 시끄럽다고 불평을 하고 있으므로 좀 더 조용한 곳으로 가자고 하는 답변을 기대할 수 있다.

Vocabulary

noisy 시끄러운
ex. My neighbors had a party last night. It was so noisy that people called the police. 내 이웃이 어젯밤에 파티를 했다. 너무 사끄러워서 사람들이 경찰을 불렀다.

Answer

(d) Let's get out of here. I'm ready whenever you are.

Additional Expressions and Answers

- And they're not that great either. 게다가 별로 잘 하지도 못해.
- I only came because one of my friends is in the band. 내 친구가 밴드에 있어서 온 것 뿐야.
- Just give them a chance. They're actually pretty good. 기회를 줘 봐. 그렇게 실력이 나쁘지 않아.

Joseph's 강의노트 

밴드가 헤비메탈 음악 밴드라는 것을 알지 못하고 연주장에 왔다가 너무 시끄럽다고 불평을 하고 있으므로 나가자고 하는 (d)가 답변으로 가장 적절합니다. **I'm ready when you are라는 표현은 말 그대로 네가 준비됐으면 나도 준비됐다는 뜻으로 일상 생활에서 흔히 유용하게 사용할 수 있는 표현입니다.** 또한 주변이 너무 시끄럽다는 표현으로 I can't hear myself think가 있고 반대로 주변이 쥐죽은 듯이 조용하다는 표현으로는 I can hear a pin drop이라고 합니다. 여자가 헤비 메탈 음악 듣기를 좋아하지 않는 것이 확실한 상황에서 (a)는 답변으로 적절하지 않습니다. (b)는 자신이 밴드에서 연주를 한 적이 있다고 말하며 여자에게 그런 경험이 있냐고 묻고 있지만 여자가 한 말에 대한 답을 전혀 제공하고 있지 않으므로 정답이 될 수 없습니다. 두 사람이 밴드가 연주하는 곳에 와 있는 대화의 상황을 파악하지 못하면 This place is noisy만 듣고 (c)를 정답으로 고를 수도 있습니다. 하지만 (c)는 남자가 음악을 연주하고 있는 사람이 아니므로 볼륨을 낮추겠다는 것은 정답이 될 수 없습니다.

2 A : Excuse me, but I think you're in the wrong seat. My boarding pass says I'm supposed to be in 12A.

B : ______________________

(a) Have your passport and boarding pass ready.
(b) No, I don't mind. Sit wherever you'd like.
(c) Why don't you ask the flight attendant to help?
(d) I'm sorry. I guess I wasn't paying close attention.

A : 실례합니다만 제 자리에 앉아 계신 것 같네요. 제 탑승권에 제자리가 12A라고 적혀있는데요.

B : ______________________

(a) 여권과 탑승권을 준비해 주세요.
(b) 아니오, 괜찮아요. 아무데나 앉으세요.
(c) 승무원에게 도움을 요청해 보세요.
(d) 죄송해요. 제가 주의를 기울이지 않았어요.

유형 : 평서문 난이도 : **

Solution

자신의 자리에 앉아 있는 사람을 발견하고 비켜달라고 부탁하는 것이므로 (d)가 가장 적절하다.

Vocabulary

flight attendant 승무원
ex. I asked a flight attendant to help me find my seat. 나는 승무원에게 좌석 찾는 것을 도와 달라고 했다.

Answer

(d) I'm sorry. I guess I wasn't paying close attention.

Additional Expressions and Answers

- Oh, excuse me. I must have the aisle seat. 오, 죄송해요. 제 자리는 복도 쪽 자리인가 보군요.
- Sorry. I must have read my ticket wrong. 미안해요. 제가 표를 잘못봤나 봐요.
- OK. If you just give me a minute, I'll move. 알겠어요. 잠시 시간을 주시면 제가 자리를 옮길게요.

Joseph's 강의노트 

비행기 안에서 벌어질 수 있는 대화입니다. 남자는 자신의 좌석에 여자가 앉아 있는 것을 발견하고 자신의 자리라고 비켜 달라고 부탁을 하고 있습니다. 극장이나 기차, 좌석이 정해진 곳이라면 어디서든 발생할 수 있는 상황이지만 여기서는 boarding pass라고 했으므로 기내라는 것을 알 수 있습니다. (a)는 여권과 탑승권을 검사할 수 있도록 준비해 달라는 뜻입니다. B가 남의 자리에 앉아 있는 상황이므로 아무데나 원하는곳에 앉으라는 (b)와 승무원에게 도와달라고 부탁하라고 하는 (c)는 적절하지 않습니다. (d)에서는 자신이 주의를 기울이지 않아서 실수를 했다고 사과하고 있습니다. **기내에서 일행과 떨어져 앉게 되거나 해서 옆 사람에게 자리를 바꿔 줄 수 있겠냐고 할 때는 Excuse me, would you mind changing seats with me? 라고 물을 수 있습니다. 물론 질문을 받는 사람이 항상 기꺼이 자리를 바꿔 줄거라고 기대할 순 없겠지요.**

3 A : I never would have guessed you had a green thumb. Thanks for your help. The garden looks fabulous.

B : ______________________

(a) You think so? It looks blue to me.
(b) I think the roses will look best by the gate.
(c) I don't have time to do it anytime soon.
(d) No problem. I love working outdoors.

A : 네가 원예에 소질이 있는지 전혀 짐작을 못했어. 도와줘서 고마워. 정원이 아주 멋져 보여.

B : ______________________

(a) 그렇게 생각해? 내 눈에 파란색으로 보여.
(b) 내 생각엔 장미는 문 옆에 두는게 멋질 것 같아.
(c) 당분간 그걸 할 시간이 없어.
(d) 별것 아냐. 난 밖에서 일하는 걸 좋아해.

유형 : 감사에 대한 답변 난이도 : *

Solution

정원일 하는 것을 도와줘서 고맙다고 했으므로 그에 알맞은 답변을 찾아야 한다.

Vocabulary

fabulous 아주 멋진

WEEK 2

ex. Jimmy's housewarming party was fabulous.
지미의 집들이 파티는 아주 멋졌다.

Answer

(d) No problem. I love working outdoors.

Additional Expressions and Answers

- Oh, it was nothing. It was the least I could do. 별 거 아니예요. 제가 할 수 있는 최소한의 일이죠.
- You're welcome. I just hope the fruit tree lives. 천만에요. 저 과일 나무가 꼭 살았으면 좋겠어요.
- It was my pleasure. Call me anytime. I love gardening. 별 말씀을요. 언제든지 전화하세요. 전 정원가꾸기를 좋아해요.

Joseph's 강의노트

여자가 정원일을 도와준 것에 대해 남자가 고맙다고 말하고 있습니다. have a green thumb은 원예에 소질이 있다는 의미입니다. I never would have guessed you had a green thumb을 제대로 이해하지 못했다고 하더라도 Thanks for your help라고 했으므로 감사에 대한 답변의 말이 필요하다는 것을 짐작할 수 있습니다. (a)는 green thumb의 의미를 알지 못할 경우 색상이 언급되었기 때문에 정답이라고 착각하도록 한 함정입니다. (b)는 정원에 있을법한 장미가 문 가까이에서 두는 것이 좋겠다고 말하고 있지만 감사에 대해 전혀 답을 하지 않고 있으므로 적절하지 못합니다. 그러므로 정원에서 일하기를 좋아한다고 별일 아니라고 답한 (d)가 정답이 됩니다. green은 경험이 없고 성숙하지 못한 사람을 묘사할 때도 쓰입니다. **또한 green with envy라고 하면 매우 질투를 하는 모습을 묘사하는 것이고 green-eyed monster라고 하면 질투심을 가리킵니다. give somebody the green light는 '허락하다'의 뜻으로 흔히 쓰인다는 것도 알아 두세요.**

4 M : What time do you want me to drop you off at the airport?

W : I don't know. I don't think the security check takes more than 30 minutes, does it?

M : I doubt it, but I'm not entirely sure.

W : ______________________

(a) Here's a list of the items that are banned.
(b) I think I'll be OK if we leave at 8:30.
(c) I'd rather take a plane, but that costs too much.
(d) I need to buy a ticket as soon as possible.

M : 공항에 몇 시에 데려다 줄까?

W : 모르겠어. 보안 검사가 30분 이상 걸리진 않을 것 같은데. 그렇지?

M : 그걸 거야. 하지만 확실히는 모르겠어.

W : ______________________

(a) 여기 금지된 물품 목록이 있어.
(b) 우리가 8시 30분에 떠나면 괜찮을 거야.
(c) 비행기를 타고 가고 싶은데 너무 비싸.
(d) 가능한 한 빨리 표를 사야 돼.

유형 : 시간 난이도 : *

Solution

공항에 언제 가야할 지에 대해 이야기하고 있다.

Vocabulary

drop off (차로) 데려다 주다
ex. You can just drop me off here. Thanks for giving me a ride to school. 날 여기서 내려줘도 돼. 학교에 태워다 줘서 고마워.

security check 보안 검사
ex. It took over an hour to go through the security check at the airport. 공항에서 보안 검색을 통과하는데 한 시간이 넘게 걸렸다.

Answer

(b) I think I'll be OK if we leave at 8:30.

Additional Expressions and Answers

- Let me just get there early. I don't want to be late. 일찍 도착하게 해 줘. 늦기 싫거든.
- Why not leave the house at 2? That way, I'll have enough time. 2시에 떠나는게 어때? 그러면 시간이 충분할 거야.
- I'd rather be too early than too late. 너무 늦는 것 보다는 오히려 너무 일찍 가는 게 낫지.

5 W : I don't think my class presentation went very well today.

M : What? I thought you did great, and I could tell the professor was very impressed.

W : Thanks, but I could tell a lot of people in class were getting bored.

M : ______________________

(a) I didn't want to work with a partner this time.

(b) I'm glad you came. It was nice to see you again.

(c) Who cares what they think? They're not grading you.

(d) She's been known to nod off from time to time.

W : 오늘 수업 시간 발표를 잘 한 것 같지 않아.

M : 뭐라고? 난 네가 잘했다고 생각했고 교수님도 아주 인상 깊어 하신 것 같았는데.

W : 고마워. 하지만 강의실에 있던 다른 사람들이 지겨워 하는게 역력했어.

M : ______________________

(a) 이번에는 파트너와 함께 작업하기 싫었어.

(b) 네가 와서 다행이야. 다시 보게 되서 기뻐.

(c) 무슨 상관이야? 그 사람들이 채점 하는게 아니잖아.

(d) 그녀는 가끔 조는 걸로 알려져 왔어.

유형 : 학교 생활 난이도 : **

Solution

발표를 하고 나서 동료 학생들이 지겨워했던 것 같아서 발표를 잘하지 못한 것 같다고 염려를 하는 사람에게 할 수 있는 적절한 표현을 찾아야 한다.

Vocabulary

impress 좋은 인상을 주다
ex. I wasn't impressed with the restaurant's dessert. 나는 그 식당의 디저트에 별로 좋은 인상을 받지 못했다.

grade 성적을 매기다
ex. How do you think the professor will grade on this exam? 교수님이 이번 시험에 어떻게 성적을 매길거라고 생각하니?

nod off 졸다
ex. I nod off in almost every class. 나는 거의 모든 수업 시간에 존다.

Answer

(c) Who cares what they think? They're not grading you.

Additional Expressions and Answers

- I'm sure what you were saying went over their heads. 네가 말하는 게 그들이 이해하기는 너무 어려웠던 게 분명해.
- I wouldn't worry too much about that. 나라면 그렇게 걱정하지 않을거야.
- What's important is whether or not you did your best. 중요한 건 네가 최선을 다했는지 여부야.

Joseph's 강의노트 

여자는 강의 시간에 발표를 하고 나서 잘하지 못한 것 같다고 걱정을 하고 있다. 남자는 자신이 보기에는 교수님도 인상깊어 하는 것 같았는데 무슨 소리냐고 되묻고 있습니다. 여자는 다른 학생들이 지겨워하는 것이 분명해 보였다고 말을 합니다. 이에 대한 남자의 답변으로는 걱정하지 말라고 하는 위로의 말이 적절할 것입니다. (d) Who cares what they think? They're not grading you. 라고 한 것은 채점을 하는 사람은 교수이므로 다른 학생들의 반응에 대해서는 염려하지 말라는 의미입니다. **nod off는 '졸다'의 의미로 학생들이 get bored했다는 것을 듣고 정답으로 착각하도록 한 함정입니다.**

6 M : Do you really want to go to the company picnic? It's always so dull.

W : Yeah, I do actually. I like the idea of eating lots of free food.

M : That's a good way to look at it. I guess we don't have to stay for long.

W : ______________________

(a) Do you think there'll be any food there?

(b) Yes, it takes place twice a year.

(c) Exactly. We can just have a burger or two and leave.

(d) I think the company is doing very well.

WEEK 2

W : 회사 피크닉에 정말 가고 싶어? 보통 상당히 재미 없어.
W : 응, 난 가고 싶어. 공짜 음식을 먹는다는 게 좋거든.
M : 그렇게 생각하면 나쁘지도 않지. 오래 안 있어도 될 거야.
M : ____________________

(a) 거기 음식이 있을거라고 생각하니?
(b) 맞아. 일년에 두 번 벌어져.
(c) 맞아. 햄버거 한 두 개 먹고 오면 되지.
(d) 회사가 잘 되는 것 같아.

유형 : 계획 묻기 난이도 : *

Solution

남자가 회사 피크닉에 가고 싶어하지 않지만 여자가 공짜 음식이 있어서 자기는 가고 싶다고 말한다.

Vocabulary

dull 무딘, 지루한
ex. I fell asleep ten minutes into the movie because it was so dull. 나는 영화가 너무 지루해서 시작한 지 십 분 만에 잠이 들었다.

Answer

(c) Exactly. We can just have a burger or two and leave.

Additional Expressions and Answers

- I think it'll be fun to talk with my co-workers. 동료들과 얘기를 하는 게 재미있을 거야.
- It ends at 5 p.m., anyway. You'll survive. 오후 다섯 시면 끝나. 견딜 수 있을 거야.
- Come on. It can't be that bad. 괜찮아요. 그렇게 나쁠 리는 없어.

Joseph's 강의노트 

두 사람은 회사 피크닉에 대해 이야기를 하고 있습니다. 남자는 보통 재미가 없기 때문에 가고 싶지 않다고 말하지만 여자는 공짜 음식이 있어서 가고 싶다고 말하고 있습니다. **남자가 말한 That's a good way to look at it.는 긍정적인 면에 초점을 맞추어 상황을 판단할 때 쓸 수 있는 표현입니다.** 결국에 약간 마음이 변한 남자는 그렇게 오래 있지 않아도 될테니까 가는 것도 괜찮겠다는 쪽으로 기울게 됩니다. 여자는 처음부터 피크닉에 대해 긍정적인 반응을 보였으므로 이에 대한 여자의 긍정적인 답변이 예상됩니다. I like the idea of something이라고 하면 '…라는 점이 좋다'라는 의미입니다. **참고로 get the idea라고 하면 understand의 의미이고 get ideas라고 하면 '공상/망상을 품다'라는 의미로 주로 헛된 생각을 하지 말라는 표현입니다. Don't get any ideas about…라고 하면 우리말로 '…는 꿈도 꾸지마' 정도의 의미가 됩니다.**

7

W : I heard you just started a new business. How's everything going so far?
M : Really well, actually. I never imagined I'd get so many customers this quickly. I'm always busy.
W : That's great. After working for so long for someone else, it must be nice to be your own boss.
M : Definitely. I'm actually thinking about hiring a few people, so I can expand the business.
W : Good idea. I've been thinking about trying something new, but I'm not sure I can afford to quit my job right now.
M : Well, I'd really like your help if you want to make some extra money.

Q. Which of the following can be inferred from the dialogue?

(a) The man has just opened a store.
(b) The man wants to hire someone to run his business.
(c) The woman already has a job.
(d) The woman is having money problems.

W : 네가 새 사업을 시작했다고 들었어. 지금까지 일이 어떻게 잘 되고 있어?
M : 사실은 아주 잘되고 있어. 이렇게 빨리 새로운 고객들이 생길 거라고는 상상도 하지 못했어. 항상 바빠.
W : 잘 됐네. 다른 사람 밑에서 그렇게 오랫동안 일을 하고 난 후에 자기 사업을 하니 좋겠다.
M : 물론이지. 사업을 확장할 수 있도록 몇 사람을 더 고용할 생각이야.
W : 좋은 생각이야. 나도 뭔가 새로운 걸 해 보려고 생각 중인데 지금은 직장을 그만 둘 처지가 못 돼.
M : 추가로 돈을 벌고 싶은 생각이 있으면 네가 나를 도와주면 좋겠어.

대화의 내용에서 유추할 수 있는 것은?
(a) 남자는 막 가게를 개업했다.
(b) 남자는 그의 사업을 경영할 사람을 고용하고 싶어 한다.
(c) 여자는 이미 직장이 있다.
(d) 여자는 금전 문제를 겪고 있다.

유형 : 추론 난이도 : **

Solution

여자가 자신도 사업을 해보고 싶은 생각은 있지만 I'm not sure I can afford to quit my job right now라고 했으므로 이미 직장이 있다고 짐작할 수 있다.

Vocabulary

be your own boss 자기 사업을 하다
ex. The advantage to running a business is that you can be your own boss. 사업을 경영하는 것의 이점은 남을 위해 일하지 않고 자신을 위해 일한다는 점이다.
hire 고용하다
ex. The company is looking to hire employees with five years of previous experience in sales. 회사는 판매직에서 5년 경험이 있는 직원들을 고용하려고 한다.
expand 확장하다
ex. The city is expanding its public transportation system. 시는 대중 교통 체계를 확장하고 있다.

Answer

(c) The woman already has a job.

Joseph's 강의노트

여자는 남자가 최근에 시작한 사업이 잘 되고 있는지를 묻고 있습니다. 남자는 사업이 예상 외로 너무 잘 되서 직원들을 더 고용할 생각이라고 합니다. 여자는 자신도 사업을 해 보고 싶은 생각이 있지만 현재로서는 직장을 그만 둘 형편이 안 된다고 말합니다. 그러므로 정답은 (c)가 됩니다. **남자가 사업을 시작하긴 했지만 그것이 어떤 종류의 사업인지, store인지 여부는 대화의 내용만으로는 알 수 없으므로 (a) 는 정답이 아닙니다.** 남자가 직원을 고용하는 것은 사업확장(expand the business)때문이라고 했지 그를 대신해서 경영을 할 사람이 필요하기 때문은 아닙니다. 여자가 현재 직장을 그만둘 형편이 못 된다(I'm not sure I can afford to quit my job right now.)고는 했지만 금전적인 문제가 있다고 추측하는 것은 무리입니다.

8

M : Just the person I wanted to see. What's going on, Hannah?
W : I'm so stressed out. I feel like I have a million things to do and no time to do them.
M : I'm sorry. This time of year is always hard for everyone. Everything is due right before winter break.
W : Yeah. I have several papers to write, not to mention major studying to do for my chemistry test.
M : That sounds awful. I was going to see if you wanted to get some coffee tomorrow, but you seem pretty booked.
W : I'd like that, but, yeah, this week is bad. But I can make it this Saturday afternoon, for sure.
M : That sounds fine. Why don't you give me a call later, and we can work out the details?
W : I'll do that.

Q. Which of the following can be inferred from the dialogue?
(a) The woman is going away for winter break.
(b) The man is taking classes with the woman.
(c) They will meet for coffee this weekend.
(d) The woman is doing badly in chemistry.

M : 내가 찾던 사람이 바로 여기 있군. 무슨 일 있니, 해나?
W : 너무 스트레스 받아. 할 일은 수 백 가지인데 할 시간은 없는 느낌이야.
M : 안 됐구나. 일년 중 이맘때가 모두에게 힘든 것 같아. 모든 게 겨울 방학 전에 마감이잖아.
W : 맞아. 써야 되는 보고서도 몇 개 되는데다가 화학 시험 대비로 할 공부도 엄청 많은 건 말할 것도 없고.
M : 안 됐다. 내일 커피나 마시러 갈까 물어 보려고 했는데 너무 바쁜 것 같구나.
W : 그러고 싶은데 이번 주는 정말 안 좋아. 하지만 이번 토요일 오후에는 확실히 괜찮아.
M : 그거 좋지. 나중에 전화해서 자세한 사항은 정하도록 하자.
W : 그럴게.

위 대화의 내용에서 유추할 수 있는 것은?
(a) 여자는 겨울 방학동안 여행을 갈 것이다.
(b) 남자는 여자와 같은 수업을 듣는다.
(c) 두 사람은 이번 주말에 커피를 마시러 만날 것이다.
(d) 여자는 화학을 못 한다.

WEEK 2

유형 : 약속 정하기 난이도 : *

Solution

내일은 시간이 없지만 이번 토요일에는 시간이 날 것이라고 했으므로 (c)가 정답이다.

Vocabulary

not to mention …는 말할 필요도 없이
ex. I have to buy groceries and cook dinner, not to mention have the house clean by the time everyone comes over. 나는 장을 보고 저녁을 해야 할 것은 말할 것도 없고 모두들 오기 전에 집안 청소도 해야 한다.
booked 예약이 꽉찬, 바쁜
ex. This flight is booked. 비행기는 예약이 꽉 찼다.

Answer

(c) They will meet for coffee this weekend.

Joseph's 강의노트 

남자는 여자에게 내일 커피 마시러 가자고 제안하려고 했지만 (I was going to see if you wanted to get some coffee tomorrow, but you seem pretty booked.) 여자는 이번 주는 너무 바쁘지만 이번 토요일에는 시간이 날 것이라고 전화를 하겠다고 했습니다. (I'd like that, but, yeah, this week is bad. But I can make it this Saturday afternoon, for sure.) 그러므로 두 사람이 이번 주말에 만나게 될 것이라는 사실을 유추할 수 있습니다.
winter break가 언급되긴 했지만 그 이전에 끝내야 할 일이 많다는 내용으로 언급되었을 뿐 방학 여행 계획에 대해 이야기하고 있지는 않으므로 (a)는 정답이 될 수 없습니다. **남자의 마지막 말 work out the details란 여기서는 몇 시에, 어디에서 만날까 등의 내용을 정하는 것을 의미합니다.**

9 It's hard to believe that I'm standing before you all tonight making a speech about my journey when many of you seated before me were so important in helping me make it. This award isn't really about me. Without the countless hours that teachers and colleagues dedicated to helping me succeed, there's no way I'd be standing here tonight. I would not have become a teacher, and I definitely would not have become a good one if I hadn't been surrounded by so many excellent educators who taught me everything I know about this field.

Q. Which is correct according to the speech?
(a) The speaker knows some of the people in the audience.
(b) The speaker is considering becoming a teacher.
(c) The speaker is receiving an award for academic excellence.
(d) The speaker has given many speeches to teachers

제 앞에 앉아 계신 여러분들 중 많은 분들이 너무나 소중한 도움을 주셔서 제가 성공할 수 있었을 따름인데 제가 오늘 밤 여러분들 앞에 서서 연설을 하게 된 것이 믿어지지가 않습니다. 이 상은 저를 위한 것만이 아닙니다. 교사들과 동료들이 제가 성공하도록 돕기 위해 헌신해 주신 수많은 시간들이 없었더라면 저는 오늘 밤 여기에 서지 못했을 것입니다. 제가 지금 이 분야에 대해 아는 모든 것을 가르쳐 주신 훌륭한 교육자들이 제 곁에 없으셨더라면 저는 교사가 되지도 훌륭한 교사가 되지도 못했을 것입니다.

연설의 내용과 일치하는 것은?
(a) 연설자는 관객의 일부를 알고 있다.
(b) 연설자는 교사가 될 것을 고려하고 있다.
(c) 연설자는 뛰어난 학업 성적으로 상을 받고 있다.
(d) 연설자는 교사들에게 많은 연설을 해 왔다.

유형 : 내용 일치 난이도 : **

Solution

객석에 앉아 있는 사람들의 도움에 감사하고 있으므로 (a)가 정답이다.

Vocabulary

colleague 동료
ex. My colleagues and I are working on a new project. 내 동료들과 나는 새로운 프로젝트에 전념하고 있다.
dedicate 헌신하다, 바치다
ex. I'd like to dedicate this song to my mom, who's always supported me with everything I've done. 나는 이 노래를 내가 하는 모든 것을 항상 지지해 준 엄마에게 바치고 싶습니다.

succeed 성공하다
ex. If you want to succeed, you need to work hard. 네가 성공하고 싶다면 열심히 일을 해야 한다.
surround 둘러싸다
ex. She was surrounded by her friends and family at the party. 그녀는 파티에서 친구들과 가족들에 둘러 싸였다.

Answer

(a) The speaker knows some of the people in the audience.

Joseph's 강의노트 

상을 받고 감사 연설을 하고 있습니다. 맨 처음 문장에서 자신을 도와준 사람들이 앞에 앉아 있는데 자신이 상을 받게 된 것을 믿을 수가 없다고 말하고 있으므로 객석에 앉아 있는 사람들을 알고 있다는 것을 알 수 있습니다. 연설의 내용으로 보아 훌륭한 교사상을 받는 것으로 판단되므로 말하는 사람은 교사라고 볼 수 있습니다. 따라서 교사가 될 것을 생각 중이라는 (b)와 뛰어난 성적으로 상을 받고 있다는 (c)는 정답이 될 수 없습니다. 상을 받은 것에 대한 감사 연설이므로 이전에 교사들에게 연설을 많이 한 적이 있는지의 여부는 이 연설의 내용만으로는 알 수 없습니다.

10 Do you want to learn how to relax, gain flexibility and lose weight? If so, a yoga class at the Wellness Center might be just what you've been looking for. Little or no yoga experience? That's great! We love beginners and offer several classes that target those with less than a year's experience on the yoga mat. More challenging advanced classes are open to students who demonstrate knowledge beyond the basics. Registration for new students will be closing soon and class sizes are limited to 10 students only.

Q. Who can register for advanced classes at the Wellness Center?

(a) Students who can show they know more than the essentials.
(b) Students who are interested in losing weight.
(c) Students who have taken yoga classes in the past.
(d) Students who have been practicing yoga for more than ten years.

긴장을 풀고 유연성을 기르면서 체중을 줄 일수 있는 법을 배우길 원하시나요? 그렇다면 웰니스 센터의 요가 수업이 바로 여러분이 찾고 있던 것입니다. 요가 경험이 거의 없으시다고요? 괜찮습니다! 저희는 초보자를 환영하고 요가 매트 위에서의 경험이 일 년 이하인 분들을 대상으로 하는 여러 수업을 제공합니다. 좀 더 어려운 상급반은 기본 이상의 지식을 선보인 학생들을 대상으로 합니다. 신입생 등록은 곧 마감이 되고 수업 정원은 10명입니다.

웰니스 센터의 상급반에 등록할 수 있는 사람은 누구인가?
(a) 기본 이상을 알고 있다는 것을 증명한 학생들
(b) 체중을 줄이는 데 관심이 있는 학생들
(c) 과거에 요가 수업을 받은 적이 있는 학생들
(d) 10년이상 요가를 해 온 학생들

유형 : 광고문-세부사항 난이도 : **

Solution

상급반은 기본 지식 이상을 선 보인 사람에게 해당되고 이전에 요가를 해 본 사람이라도 경험이 일 년 이하인 경우에는 초보자 반에 해당된다.

Vocabulary

flexibility 유연성
ex. His flexibility increased after doing yoga. 그의 유연성은 요가를 한 후에 증가했다.
target 목표로 하다
ex. This posture targets your leg and stomach muscles. 이 자세는 다리와 배의 근육을 목표로 합니다.
challenging 어려운
ex. This is the most challenging math class I've ever taken. 이것은 내가 들은 수업 중에서 가장 어려운 수업이다.
demonstrate 증명하다, 시범을 보이다
ex. Before you begin, I want to demonstrate how to perform the experiment first. 여러분이 시작하기 전에 실험을 시행하는 법을 제가 먼저 시범 보이겠어요.
registration 등록
ex. Registration for the fall semester closes on August 1. 가을 학기의 등록은 8월 1일에 끝난다.

WEEK 2

Answer

(a) Students who can show they know more than the essentials.

Joseph's 강의노트

요가 수업을 광고하고 있습니다. 웰니스 센터의 요가 수업은 초보자들도 참여할 수 있는 수업을 제공하는데 이전의 전혀 요가 경험이 없더라고 걱정할 필요가 없다고 합니다. 경험이 일 년 이하인 학생들을 대상으로 하는 초보자 반과 기본 지식을 이미 습득한 사람들을 위한 상급자 반도 있습니다. 상급자 반에 등록할 수 있는 사람은 More challenging advanced classes are open to students who demonstrate knowledge beyond the basics. 라고 했으므로 이미 기본 이상의 요가 지식을 가진 사람들이 그 대상이라고 할 수 있습니다.

GRAMMAR

1 A : 제이미가 재즈 밴드에서 연주하는 건 들었지만 그녀가 예술가인 줄 몰랐어.

B : 사실 그녀는 존경받는 화가일 뿐만 아니라 위대한 피아니스트이기도 하지.

유형 : 어순 난이도 : *

Solution

A as well as B 가 쓰인 문장에서 올바른 어순을 구별하는 문제이다.

Vocabulary

respected 존경받는

ex. He is one of the most respected doctors in the country. 그는 전국에서 가장 존경받는 의사이다.

Answer

(a) as well as a great pianist

Joseph's 강의노트

A as well as B는 'A뿐만 아니라 B도'의 의미입니다. 여기서는 제이미가 화가이자 피아니스트라고 하고 있습니다. a respected painter가 A부분에 해당되고 a great pianist가 B부분에 해당된다고 할 수 있겠지요. 각각의 명사와 함께 형용사 respected와 great가 쓰여서 어순이 복잡해 보일 수도 있지만 A as well as B의 구조를 알고 있으면 쉽게 해결할 수 있는 문제입니다. **만일 A as well as B가 주어로 쓰이는 경우에는 동사를 A에 일치시킨다는 것도 기억해 두세요.** 예를 들어, The teacher as well as the parents is coming to the meeting.이라고 할 때 동사 is는 A에 해당하는 the teacher에 일치시켜야 합니다.

2 A : 존이 매일 밤 무대에 올라가서 사람들을 웃기려고 할 때 무슨 생각을 할까 궁금해.

B : 그는 그저 관객들이 웃고 즐거운 시간을 보내길 바란다고 생각해. 그게 그의 직업이잖아.

유형 : to 부정사의 용법 난이도 : **

Solution

명사처럼 쓰인 to부정사의 용법으로 ask, expect, need, want 등은 to부정사의 행위자를 목적격으로 쓸 수 있다.

Vocabulary

stage 무대
ex. Jenny's favorite thing is to be on stage. 제니가 가장 좋아하는 것은 무대에 서는 것이다.
audience 관객
ex. The audience laughed at all of his jokes. 관객들은 그의 농담에 웃었다.

Answer

(b) to laugh

Joseph's 강의노트 

to 부정사가 동사의 목적어로 쓰인 용법입니다. He just wants the audience to laugh. 에서 laugh의 주체는 audience입니다. **ask, expect, need, want 등은 to부정사의 행위자를 목적격으로 쓸 수 있는데** 예를 들어 He wants to leave.라고 하면 그가 떠나고 싶어하는 것이지만 He wants us to leave.라고 하면 '그는 우리가 떠나기를 바란다'는 의미가 됩니다.

3 A : 등산 클럽 모임이 언제 다시 시작하는지 알아? 산에 정말 가고 싶은데.
B : 학기가 끝나면 모이기 시작할 게 분명해.

유형 : 어순　난이도 : **

Solution

soon after는 after a short amount of time의 의미다.

Vocabulary

get together 모이다
ex. Do you want to get together to study tonight? 오늘 밤에 모여서 공부할래?

Answer

(b) soon after school is out

Joseph's 강의노트 

어순을 묻는 문제입니다. soon after 는 '곧'의 뜻입니다. soon after 뒤에는 명사가 따라 오거나 주어와 동사가 따라오는 경우가 많습니다. 그러므로 soon after school is out이 정답으로 적절합니다. I can't wait to라고 하면 '기대가 되서 기다릴 수가 없을 정도'라는 의미입니다. get together는 '모이다'의 의미입니다.

4 A : 휴가 갈 준비가 다 됐니? 필요한 건 다 챙겼어?
B : 응, 그런데 내가 없는 동안 내 고양이를 봐줄 사람을 구해야 돼.

유형 : 관계 대명사　난이도 : *

Solution

관계대명사의 who를 묻는 문제이다.

Vocabulary

pack (짐을) 싸다
ex. Make sure to pack your swimsuit too. 수영복도 꼭 챙겨.
take care of 보살피다
ex. Can you take care of my dog while I'm out of town? 내가 없는 동안 우리 개 좀 봐줄 수 있어?

Answer

(b) who

Joseph's 강의노트 

빈칸에 알맞은 관계대명사를 고르는 문제입니다. 명사 뒤에서 앞에 있는 명사(선행사)를 꾸며주는 절을 형용사절이라고 하고 이 형용사절을 이끄는 것이 관계대명사입니다. 관계대명사 who, whom, whose는 선행사가 사람일 때 쓰이는데 선행사가 형용사절 안에서 주어 역할을 하면 who, 목적어 역할을 하면 whom, 소유격으로 쓰이면 whose를 씁니다. 여기서 선행사는 someone 으로 절에서 can take care of의 주어이므로 주격 관계대명사 who를 써야 합니다.

5 A : 안녕 린지! 개강한 이래로 너를 못 봤어. 시간 있니?
B : 지금은 조금 바쁘지만 네가 원하면 언제 커피 마시면서 그동안 못한 얘기 좀 하고 싶어.

유형 : 동사의 형태　난이도 : *

Solution

catch up은 한동안 보지 못한 사람과 그동안 무엇을 하고 지냈는지 이야기를 하는 것이다. would love to 뒤에는 동사원형이 따라와야 하므로 catch가 정답이다.

Vocabulary

catch up 서로의 그동안 있었던 일에 대해 이야기를 나누다
ex. I'm really glad we got to spend some time catching up. 서로 이야기를 나눌 시간을 보내서 정말 기뻐.

Answer

(a) catch

Joseph's 강의노트

catch up은 한동안 보지 못한 사람과 그동안 무엇을 하고 지냈는지 이야기를 나누는 것을 의미합니다. A가 한 말 I haven't seen you since school started.에서 두 사람이 한동안 서로 얼굴을 보지 못했다는 것을 알 수 있습니다. 여기서는 would love to 뒤에 오는 catch의 알맞은 형태를 고르는 문제입니다. would love to 뒤에는 동사원형이 와야 하므로 (a) catch가 정답입니다. be caught up in은 '사건, 흥분 따위에 휘말리다', '…에 열중/몰두하다'의 의미로 쓰입니다. (ex. They got caught in traffic.) catch somebody at a bad moment/ time이라고 하면 바쁜 상황이거나 준비가 안 된 상황에 처했을 때 상대방이 찾아오거나 무언가를 원할 때 쓸 수 있는 표현입니다. 예를 들어, You caught me at a bad time. Could you come back later? 라고 말하면 지금 바쁜 일이 있으니 나중에 다시 오면 안 될까라는 의미입니다. 또한 회화에서 catch you later라고 하면 '나중에 보자'의 뜻입니다.

6 얼굴 표정과 인간 생존간의 관계는 집단의 인류학자들에 의해 최근 발견되었다.

유형 : 어순　난이도 : *

Solution

현재완료형와 부사가 쓰인 문장의 적절한 어순을 고르는 문제다.

Vocabulary

connection 관계
ex. There's no connection between the robbery and the fire at the local gas station. 지역 주유소의 강도 사건과 화재는 관련이 없다.
survival 생존
ex. Many animals in the rainforest are fighting for survival. 열대 우림의 많은 동물들이 생존을 위해 싸우고 있다.
anthropologist 인류학자
ex. The anthropologist was conducting research on the wedding ceremonies in Nepal. 인류학자는 네팔의 결혼 의식에 대한 연구를 하고 있었다.

Answer

(c) has recently been discovered

Joseph's 강의노트

부사의 위치는 비교적 자유로운 편이지만 빈도나 정도를 나타내는 부사는 일반 동사 앞에, be동사나 조동사의 뒤에 놓이는 것이 보통입니다. 그러므로 현재완료형 have p.p. 형태에서는 조동사 have와 p.p.사이에 놓는 것이 일반적입니다.
또한 타동사와 부사가 결합된 경우 명사가 목적어일 때 목적어는 부사 뒤에 올 수도 있고 부사 앞에 올 수도 있지만 대명사가 목적어일 때는 〈타동사+대명사+부사〉의 어순이 됩니다. 참고로 다음사항도 알아두세요.

- It's cold outside. Put on your jacket. (○) (목적어는 명사 your jacket)
- Put your jacket on. (○)
- You can drop me off at the bus station. (○) (목적어는 대명사 me)
- You can drop off me at the bus station. (×)

7 공평한 대우를 요구하고 당신의 이익을 챙기는 것에는 아무 잘못이 없지만 항상 타인을 고려하는 것이 중요하다.

유형 : 부정 대명사 난이도 : **

Solution

특정한 사람들이 아니라 일반적인 다른 사람들이라는 의미로는 others를 쓴다.

Vocabulary

demand 요구하다
ex. She demanded that he tell her the truth. 그녀는 그가 진실을 말할 것을 요구했다.
look out for 돌보다
ex. He was looking out for his mom's car. 그는 엄마의 차를 돌보고 있었다.
interest 이익
ex. It was in his best interest to stay home from school because he was sick with the flu. 그는 독감으로 아팠기 때문에 학교에 가지 않고 집에 있는 것이 그에게 가장 좋은 일이었다.

Answer

(d) others

Joseph's 강의노트

부정대명사 one, other, another를 구분하는 문제입니다. others를 쓰는 경우들을 우선 살펴보자면 Some..., others... (어떤 사람들은…하고, 또 다른 사람들은 …하다) 처럼 other people을 의미하는 용법이 있습니다. 전체가 둘 중에서 하나, 그리고 나머지 하나를 의미할 때는 one, the other을 쓰고 the others라고 복수형을 쓰면 나머지 전체를 뜻합니다. 여기서는 일반적인 다른 사람들을 의미하는 것이므로 others가 정답입니다. 부정 대명사 one은 일반인을 의미하거나 앞에 언급된 명사를 지칭할 때 쓰입니다. 하지만 불가산 명사를 가리키는 데는 쓸 수 없고 수사 (two, three 등) 뒤에서도 쓸 수 없다는 것을 기억해 두세요. Another은 an 과 other이 결합된 것으로 추가의 의미를 나타내거나 셋 이상일 때 one, another, the other(s) 와 같은 형태로 쓰입니다.

8 위원회는 일부 회원들은 벽을 허물어야 한다는데 찬성했고 또 다른 회원들은 그대로 두어야 한다는 것에 찬성을 했기 때문에 그 문제에 대해 의견의 일치를 보지 못했다.

유형 : 형용사 some 난이도 : *

Solution

some이 형용사로 쓰인 용법이다.

Vocabulary

consensus 의견 일치
ex. The general consensus was that the party went very well. 대다수의 의견은 파티가 아주 잘 진행됐다는 것이었다.
issue 문제
ex. Carrie and Brad are trying to work out some of their issues. 캐리와 브래드는 자신들의 문제를 해결하려고 노력 중이다.
tear down 허물다
ex. The city is planning on tearing down the old bank and rebuilding it in another location. 시는 오래된 은행을 허물고 그것을 다른 곳에 다시 짓는 것을 계획하고 있다.

Answer

(c) some

Joseph's 강의노트

some은 복수 명사나 불가산 명사와 함께 쓰여 '약간의'의 뜻으로 쓰입니다. Any는 부정문, 의문문, 조건문에서 쓰이는 반면에 some은 긍정문과 긍정의 대답이 기대되는 의문문에서 씁니다. 또한 단수 명사와 함께 쓰여 알 수 없는 어떤 것을 가리킬 때도 사용할 수 있습니다. (ex. He was angry for some reason. 그는 무슨 이유에선가 화가 나 있었다.) 또한 others와 함께 쓰여서 '어떤 …', 또 '어떤 …의' 구조로도 사용됩니다. 문제의 문장에서는 '일부 회원들은 …했고 또 다른 회원들은 …했다'라는 some... others로 쓰였습니다.

9 그의 변호사가 아무 말도 하지 말라고 간청했지만 남자는 죄책감으로 범죄를 자백하고 판사가 그를 불쌍히 여기기를

바랬다.

유형 : 시제 난이도 : *

Solution

빈칸에 적절한 시제를 고르는 문제이다.

Vocabulary

urge 요구하다
ex. I urge everyone to come to the company picnic this afternoon. 나는 오늘 오후에 모두들 회사 파티에 오라고 요구한다.
admit 인정하다
ex. She admitted to cheating on the final exam. 그녀는 기말 고사에서 컨닝한 것을 인정했다.
guilt 죄의식
ex. He was overcome by guilt after his dog died. 그는 그의 개가 죽은 후 죄의식에 사로 잡혔다.
pity 동정하다
ex. She pitied him after he told her how lonely he was. 그녀는 그가 자신이 얼마나 외로운가를 말했을 때 그를 불쌍히 여겼다

Answer

(a) admitted

Joseph's 강의노트 

시제 문제를 쉽게 해결하는 방법을 문장 앞뒷절의 시제를 우선 살펴보는 것입니다. Although가 이끄는 절의 동사 (urged)는 단순 과거형이고 빈칸 뒤에 and로 이어지는 문장의 동사 (hoped)가 과거형인 것으로 보아 빈칸에도 과거형이 필요하다는 것을 알 수 있습니다. (b)가 정답이 될 수 없는 이유는 남자가 범죄를 인정한 것이 변호사가 아무 말도 하지 말라고 한 시점보다 빠를 수는 없기 때문입니다. admit to**는 (범죄 등을) 고백하다, confess와 같은 의미이므로 (d)와 같은 수동형이 될 이유가 없습니다.**

10 사람들은 대통령이 예정에 없던 대국민 연설에서 말하려고 하는 것을 듣기 위해 라디오 앞에 앉아 있었다.

유형 : 관계대명사 what 난이도 : **

Solution

관계 대명사 what은 관계대명사와 선행사가 결합된 것이다.

Vocabulary

unplanned 계획하지 않은
ex. Even though the pregnancy was unplanned, the couple was very happy. 임신이 계획한 것은 아니었지만 부부는 매우 행복했다.

Answer

(c) what

Joseph's 강의노트 

관계대명사 what은 관계대명사와 선행사가 합쳐진 것으로 '…하는 것'이라고 해석됩니다. 관계대명사는 문장에서 주어, 목적어, 보어의 역할을 할 수 있는데 주어진 문장에서는 hear의 목적어 역할을 하고 있습니다.

- What he said didn't make any sense to me. (주어) 그가 말한 것이 나는 이해가 가지 않았다.
- I don't know what they want. (목적어) 나는 그들이 원하는 것을 모르겠다.
- She's not what she used to be. (보어) 그녀는 예전의 그녀가 아니다.

관계대명사 what을 사용한 관용적 표현

- What we/ you/ they call 소위
- A is to B what C is D. A가 B에 대한 관계는 C가 D에 대한 관계와 같다.
- What is better/ worse 더 좋은 것은/ 나쁜 것은

11 반장으로 선출되었기 때문에 조지나는 즉시 어떻게 하면 그녀의 공약들을 성취할 수 있을까에 대해 생각하기 시작했다.

유형 : 분사구문 난이도 : **

Solution

수동형 분사구문 Having been p.p.의 올바른 형태를 묻는 문제입니다.

Vocabulary

elect 선출하다

ex. Who do you want to be elected for president? 누가 대통령에 선출됐으면 좋겠니?

achieve 이루다, 달성하다

ex. In order to achieve your goals, you must work hard at them. 너의 목표를 이루기 위해서는 너는 그를 위해 열심히 일해야 한다.

Answer

(a) Elected

Joseph's 강의노트

분사구문은 〈접속사+주어+동사〉의 부사절을 현재분사가 이끄는 부사구로 간단하게 쓰는 구조를 말합니다. 여기서는 반장으로 선출된 것이 어떻게 공약을 지킬가에 대해 생각하기 이전의 일이므로 문장은 의미상 After she had been elected class president, Georgina immediately began thinking about how she could achieve many of her campaign promises. 입니다. 이 문장을 분사구문으로 바꿀때는 우선 접속사 +주어 (After she)를 생략합니다. **주절의 동사 began 보다 반장에 선출된 것이 먼저 일어난 일으므로 having p.p.의 형태가 되고 선출된 것은 수동의 의미이므로 having been elected가 적절합니다. 하지만 수동형 분사구문에서 문두의 Being이나 Having been 은 주로 생략되므로 Elected가 정답이 됩니다.**

12 만일 그녀가 과학 박람회를 위한 프로젝트의 그녀가 담당한 부분을 잊었더라면 그녀의 파트너는 그녀를 용서하지 않았을 것이다.

유형 : 가정법 과거 완료 난이도 : **

Solution

가정법 과거 완료에서 주절에 알맞은 동사형태를 고는 문제이다. 가정법 과거 완료는 〈If 주어 had p.p., 주어 would have p.p.〉의 형태로 쓴다.

Vocabulary

forgive

ex. I'm really sorry. Will you forgive me? 정말 미안해. 날 용서해 줄래?

Answer

(d) wouldn't have forgiven

Joseph's 강의노트

가정법 과거완료는 과거 사실과 다른 일이나 과거에 실현하지 못한 일을 가정해서 말할 때 사용합니다. if절의 동사는 'had p.p.'의 형태입니다. 해석은 '…했다면 …했을 텐데'로 해석합니다. if절에 과거 완료가 쓰였다고 해서 주절의 시제보다 한 시제 앞선 것으로 해석해서는 안됩니다. 여기서는 실제로는 그녀가 과학 박람회를 위해 자신이 해야 일을 잊지 않았다는 뜻입니다. **많은 분들이 흔히 저지르는 가정법 관련 실수는 가정법 과거와 가정법 과거 완료의 시제를 혼합하게 되는 경우입니다.** 가정법 과거와 가정법 과거 완료는 매번 시험에 출제되는 유형이므로 이번 기회에 공식을 확실히 기억해 두세요.

- 가정법 과거: If + 주어 + 동사의 과거형, 주어+ would/could/might + 동사원형
- 가정법 과거완료: If +주어+had p,p., 주어+would/could/might+ have p.p.

13 (a) A : 넌 그리스 신화에 대해서 정말 많은 것을 알고 있는 것처럼 보이는구나.

(b) B : 응, 그것에 관한 책을 얼마 전에 막 끝냈거든.

(c) A : 그것에 대해 관심이 많은 모양이구나.

(d) B : 맞아. 우리가 수업 시간에 배우는 많은 것들이 이 옛 이야기들을 언급하거든.

유형 : 관사 난이도 : **

Solution

부정관사를 쓸 것인가 정관사를 쓸 것인가에 관한 문제입니다.

Vocabulary

ancient 고대의

ex. The piece of pottery is from ancient times. 그 도자기 한 조각은 고대 시대로부터 기원한 것이다.

mythology 신화

ex. Most cultures have their own set of mythol-

WEEK 2

ogy. 대부분의 문화는 나름대로의 신화를 가지고 있다.

subject 주제

ex. The subject of the book is dinosaurs. 책의 주제는 공룡이었다.

fascinating 재미있는

ex. This show about life in the middle ages is fascinating. 중년의 삶에 대한 이 쇼는 재미있다.

make reference to 언급하다

ex. He made reference to the newspaper article in his speech. 그는 연설에서 신문 기사를 언급했다.

Answer

(b) finished the book → finished a book

Joseph's 강의노트

대화에서는 어떤 특정한 책이라기 보다는 그리스 신화에 관한 많은 책들 중의 하나를 의미하는 것이므로 정관사 대신에 부정 관사를 써야합니다.

부정관사를 쓰는 경우

- 하나 (one): Do you have a pen?
- 동일한 (same): Birds of a feather flocks together.
- 어떤 (a certain): A Mr. Brown called you.
- …당 (per): Most people eat three times a day.

부정관사 대신에 정관사를 쓰는 경우는 크게 다음과 같이 나누어 볼 수 있습니다.

- 앞에 나온 명사를 반복할 때
- 수식어구로 한정될 때
- 전후관계로 어떤 것을 지칭하는지 알 수 있을때: Please close the window.
- 시간, 수량의 단위를 나타낼 때: They sell meat by the pound.
- 유일무이한 것: the sun
- 관용구: play the piano

관사가 생략되는 경우

- 가족관계, 호격이나 칭호
- 식사, 스포츠, 교통 수단
- 보어로 쓰인 지위, 직무
- go to school, go to bed 등

14 (a) A : 정말 지루해. 나가서 영화를 보든지 뭘 하는게 어때?

(b) B : 좋은 생각이 아닌 것 같아. 왜 꼭 밤 늦게 외출을 해야 하는데?

(c) A : 그러지 말고 가자. 이제 겨우 10시 30분이고 아직 이른 걸.

(d) B : 하긴 토요일이고 나도 잠이 안 오니까 괜찮겠지.

유형 : 부사의 형태　난이도 : ***

Solution

late와 lately는 둘 다 부사이지만 의미가 다르므로 경우에 따라 바르게 골라 써야 한다.

Vocabulary

bored 지루한

ex. The child was bored with the adult conversations. 아이는 어른들의 대화에 지루해했다.

restless 안절부절 못하는

ex. Jane had been inside all day and was now very restless. 제인은 하루 종일 실내에 있었기 때문에 매우 나가고 싶어했다.

Answer

(b) lately → late

Joseph's 강의노트

late와 lately는 둘 다 부사이지만 late는 '늦게'의 뜻이고, lately는 '최근에'의 뜻입니다. 대화에서는 왜 꼭 밤 늦게 외출을 하고 싶어하냐고 반문을 하고 있으므로 lately 대신에 late를 써야 합니다. 이와 같이 혼동하기 쉬운 두 가지 형태의 부사들로는 다음과 같은 것들이 있습니다.

- high 구체적으로 잴 수 있는 '높이'
  The birds were flying **high**.
- highly 추상적인 정도의 '높이'
  He spoke **highly** of you.
- deep 구체적으로 잴 수 있는 '깊이'
  They dive **deep** to find the treasure.
- deeply 추상적인 정도의 '깊이'
  Everyone was **deeply** impressed by his speech.
- hard 열심히
  She studied **hard**.
- hardly 거의 …이 아닌
  They **hardly** know me.

• late 늦게
He comes home **late**.
• lately 최근에
He's been acting strange **lately**.

15 (a) 만일 당신이 자신감의 향상이 필요하다면 변신이 필요한 것일지도 모른다. (b) 당신은 새로운 모습을 갖기 위해 수백 달러를 쓸 필요는 없다. (c) 당신의 헤어 스타일리스트에게 머리 색깔을 바꿔달라고 부탁하거나 혹은 백화점의 화장품 코너에 들러 새로운 색상들을 시험해 볼 수도 있다. (d) 때때로 당신의 모습의 한 부분을 바꾸는 것만으로도 당신의 발걸음을 더욱 가볍게 해 줄 수 있다.

유형 : 셀 수 있는 명사와 셀 수 없는 명사   난이도 : **

Solution

일반적으로 머리카락은 hair라고 셀 수 없는 명사로 취급하지만 음식에 머리카락이 들었다라고 할 때는 셀 수 있는 명사로 취급하여 부정관사와 함께 쓰거나 복수형으로 사용할 수 있다.

Vocabulary

confidence 자신감
ex. You can tell she has a lot of confidence when she talks in front of the rest of the class. 나는 그녀가 다른 학생들 앞에서 이야기를 할 때 자신감이 많은 사람이라는 것을 알 수 있었다.
boost 상승, 증가하다
ex. He makes fun of others just to boost his own ego. 그는 자신의 자존심을 높이기 위해 다른 사람들을 놀린다.

Answer

(c) hairs → hair

Joseph's 강의노트

물질 명사나 추상명사는 셀 수 없는 명사이므로 복수형과 부정관사를 붙여서 사용할 수 없습니다. 하지만 보통 명사의 의미로 쓰이면 복수형을 쓰거나 부정관사를 붙일 수도 있습니다. 예를 들어 여기에서처럼 **모발 전체를 나타낼 때는 물질명사로 셀 수 없지만 한 개의 머리카락의 의미로 쓰이면 셀 수 있는 보통 명사가 됩니다.** 또한 paper는 종이로 물질 명사 취급하지만 신문이나 보고서 등의 의미로 쓰이면 보통 명사가 됩니다. Time이 시간의 의미일 때는 물질 명사이지만 한동안의 기간으로 have a good time과 같이 쓰일 때는 셀 수 있는 보통 명사 취급합니다.

16 (a) 휴일을 축하하기를 거부하는 많은 사람들이 있는데 그들은 자신들을 몰아 세우는 상업주의에 질렸기 때문이다. (b) 이들은 한 휴일이 끝나자마자 사람들이 물건을 사도록 부추기는 또 다른 휴일이 다가오는 것에 혐오감을 느낀다. (c) 하지만 휴일들이 이러한 냉소적인 감정들을 불러 일으킬 필요는 없다. (d) 각각의 휴일을 자신의 신념에 따라 축하하는 것이 휴일 전체를 모두 거부하는 것보다 훨씬 충족감을 준다.

유형 : 주어 역할의 동명사   난이도 : **

Solution

동사가 주어로 쓰일 때는 동명사형으로 써야 한다.

Vocabulary

refuse 거부하다
ex. I refuse to wake up before eight in the morning. 나는 아침 여덟시 이전에 일어나기를 거부한다.
celebrate 축하하다
ex. To celebrate my birthday, I will throw a party. 내 생일을 축하하기 위해서 나는 파티를 열 것이다.
fed up 싫증이 난, 질린
ex. I'm fed up with your bad attitude. 난 네 나쁜 태도에 질렸어.
commercialism 상업주의
ex. In this culture, commercialism is the most important business value. 이 문화에서 상업주의는 가장 중요한 사업적 가치이다.
disgust 구역질 나게 하다, 혐오감을 주다
ex. That smell disgusts me. 그 냄새는 나를 구역질나게 한다.
entice 유혹하다, 꼬드기다
ex. The salesperson tried to entice me with extra features for free. 판매사원은 무료 추가 기능들로 나를 꼬드겼다.
inspire 영감을 주다
ex. I was inspired to be a pianist after I heard

WEEK 2

Beethoven. 나는 베토벤을 들은 후에 피아니스트가 되기로 영감을 얻었다.
cynical 냉소적인
ex. After he lost his job, the man became very cynical. 그는 일자리를 잃은 후에 매우 냉소적이 되었다.

fulfilling 만족감을 주는
ex. Helping other people is very fulfilling. 다른 사람들을 돕는 것은 매우 충족감이 드는 일이다.
dismiss 거부하다
ex. He dismissed the idea with a wave of his hand. 그는 손을 저어 그 생각을 거부했다.

Answer

(d) Celebrate → Celebrating

Joseph's 강의노트 

동명사는 동사이면서 명사의 역할을 하는 것을 가리키는데 명사의 속성과 동사의 특성을 모두 갖추고 있습니다. 동명사는 주어와 보어의 역할을 할 수 있으며 동명사가 주어로 쓰일 때는 단수 동사를 사용합니다. (d)에서 각 휴일을 자신의 개인적 신념에 따라 축하하는 것의 의미로 Celebrate each holiday according to one's personal beliefs, is more fulfilling than dismissing them altogether. 에서 Celebrate는 문장의 주어이고 is의 주체이므로 동명사의 형태로 Celebrating이라고 써야 합니다.

VOCABULARY

1 A : 저희는 귀하의 노고에 대한 감사의 표시로 이 상을 수여하고자 합니다.
B : 정말 영광입니다. 기대를 전혀 못 했네요. 대단히 감사합니다.

유형 : 문맥에 알맞은 어휘 난이도 : *

Solution

'…에 감사하여'라는 의미의 표현은 in appreciation of 입니다.

Vocabulary

effort 노력
ex. Tom made an effort to get along with Cindy. 탐은 신디와 잘 지내보려고 노력했다.
honored 명예로운, 영광인
ex. I'm so honored to be invited to his retirement party. 나는 그의 퇴임파티에 초대를 받게 되어서 매우 영광이다.

Answer

(d) appreciation

Joseph's 강의노트 

문장의 의미를 올바르게 파악하면 쉽게 정답을 찾을 수 있는 문제입니다. 단어 appreciate은 의미가 다양합니다. 타동사일 때는 '평가하다', '가치를 인정하다', '고맙게 생각하다'의 의미로 쓰일 수 있으며, 자동사 일 때는 '시세/ 가격이 오르다'의 의미가 됩니다.

- I feel my coworkers don't really appreciate me. (내 동료들은 나의 능력을 인정하지 않는 것 같다.)
- I really appreciate your help. (당신의 도움에 진정으로 감사합니다.)
- The house has been constantly appreciating for the last ten years. (집값은 지난 10년 동안 지속적으로 시세가 올랐다.)

회화에서는 흔히 I would appreciate it if…의 형태로 공손하게 부탁하는 표현으로 많이 씁니다.
(ex. I'd appreciate it if you didn't park your car in front of my house. 우리집 앞에 차를 세우지 않으셨으면 감사하겠어요.)

2 A : 실례합니다. 빵 만드는데 필요한 재료들은 어디 있나요? 주걱이 필요해요.
B : 그런 종류의 물건들은 옆 줄에 있을 거예요.

유형 : 의미를 혼동하기 쉬운 어휘 난이도 : *

Solution

슈퍼마켓에서 상품이 진열되어 있는 통로는 aisle이라고 한다.

Vocabulary

spatula 주걱
ex. The baker used a spatula to spread the cream over the cake. 제빵사는 주걱을 이용하여 케익 위에 크림을 펴발랐다.

Answer

(a) aisle

Joseph's 강의노트 

대화의 내용으로 미루어 볼 때 상점 안에서 물건의 위치를 묻고 있는 상황입니다. **슈퍼마켓 등에서 상품이 진열되어 있는 통로들은 aisle이라고 합니다.** 또한 비행기나 극장 등에서 복도 옆에 있는 좌석을 aisle seat이라고도 합니다. 하지만 극장 등에서 줄, 열 등을 나타낼 때는 row를 사용합니다. (ex. a front row, a back row 뒷줄, 앞줄) 숙어로는 walk down the aisle이라고 하면 '결혼하다'의 의미입니다. 이 표현은 결혼식에서 양쪽으로 사람들이 앉아 있는 사이로 신랑 신부가 걸어 들어오는 장면을 연상하면 이해가 되시겠지요?

3 A : 브래드가 결국 소송을 법정에 가지 않고 해결하기로 결정했어?
B : 아니, 그는 너무 고집이 세서 질 것이 뻔한데도 물러서기를 거부하고 있어.

유형 : 이어 동사 난이도 : **

Solution

'물러서다'의 의미를 가진 이어동사는 back down이다.

Vocabulary

out of court 법정 밖에서, 당사자들끼리 해결하여
ex. They thought it would be best for both of them to settle out of court. 그들은 법정까지 가지 않고 당사자들끼리 해결하는 것이 서로에게 최상이라고 생각했다.
stubborn 고집이 센
ex. He was too stubborn to apologize. 그는 사과를 하기에는 너무 고집이 셌다.

Answer

(d) back down

Joseph's 강의노트 

브래드는 너무 고집이 세서 재판에서 질 것이 뻔한데도 물러서지 않고 있다고 말하고 있습니다. back down은 원래 '주장이 좋은 생각이 아니라고 판단되어 주장을 철회하다, 포기하다'의 의미입니다. 여기서는 브래드가 back down하지 않고 문제를 법정까지 끌고 갈 것이라고 말하고 있습니다. back을 사용한 이어동사들 중에서 흔하게 쓰이는 표현들을 살펴봅시다. Back out은 back down과 유사한 의미로 쓰이지만 back down이 주장이나 고집을 꺽는 의미로 쓰이는 반면, back out은 주로 거래 등을 취소, 철회하는 경우를 가리킵니다. (ex. You already signed the contact. It's too late to back out. 너는 이미 계약서에 서명을 했어. 취소하기에는 너무 늦었어.) **back off는 물러서다의 의미가 있으며 회화에서는 흔히 참견을 하는 사람에게 '넌 빠져'라고 말할 때 많이 쓰입니다.** back up은 다양한 의미들이 있습니다. '누구를 지지하다', '차를 후진하다', 혹은 '(주문, 자동차 등이) 밀리다'의 의미로 쓰입니다.

4 A : 너희 할아버지는 사이좋게 지내기에는 매우 어려운 분인 것 같아.
B : 사실은 아주 친절하신데 감정을 표현하시는 걸 어려워 하시지.

유형 : 연어 (collocation) 난이도 : **

Solution

'감정을 보이다', '표현하다'라고 할 때는 동사 display를 쓴

다. display는 또한 명사로 '전시', '진열', '표현' 등의 의미로도 쓰일 수 있다. 여기서는 할아버지가 감정을 잘 표현하지 않으시는 분이시다라는 의미가 되어야 한다.

Vocabulary

get along 사이좋게 지내다
ex. My brother and I don't get along very well. 내 남동생과 나는 사이가 별로 좋지 않다.
have a difficult time (doing something) …하는데 어려움을 겪다
ex. I'm having a difficult time thinking of a topic for my research paper. 나는 내 연구 보고서의 주제를 생각해내는데 어려움을 겪고 있다.
emotion 감정
ex. He didn't have any emotion when he read his speech. 그는 연설문을 읽을 때 어떤 감정도 없었다.

Answer

(a) displaying

Joseph's 강의노트 

대화의 상황에 맞도록 emotion과 함께 쓸 수 있는 동사를 고르는 문제입니다. '감정을 표현하다'라고 할 때는 동사 display 를 사용하는데 이 때 display는 show 혹은 express의 의미를 나타낸다고 할 수 있습니다. display는 또한 명사로 '표현', '과시'의 의미로도 쓰이는데 예를 들어 a public display of affection 이라고 하면 다른 사람들 앞에서 손을 잡거나 포옹을 하는 등 공공연히 애정을 표현하는 것을 의미합니다. 이 밖에도 emotion과 함께 쓸 수 있는 동사들로는 control (조정하다), hide (숨기다), suppress (억압하다), handle (다루다), arouse (불러 일으키다) 등이 있으며 a rush (쇄도)/wave (물결) of emotion 과 같이 쓰이기도 합니다. 문제에서는 할아버지가 실제로는 아주 친절한 분이시지만 감정을 잘 나타내지 않으신다는 의미가 되어야 하므로 display가 가장 적절합니다.

display
1. 진열하다, 보여주다 (= show, exhibit, demonstrate)
   ex. Many different types of dresses are displayed in the windows. 여러 종류의 드레스들이 창문에 전시되어 있다.
2. (감정, 성질 등을) 드러내다 (= reveal, disclose, manifest)
   ex. She's only displaying her ignorance by arguing with her colleague. 그녀는 동료와 말싸움을 함으로써 자신의 무식함을 드러낼 뿐이다.

5 A : 이와 같은 참사가 발생할 때는 내가 이렇게 많은 친구들이 있다는 사실이 위안이 돼.
B : 맞아. 든든한 지지자들이 있는 건 항상 중요한 것 같아.

유형 : 연어 (collocation) 난이도 : **

Solution

strike는 치다 (hit)의 의미이외에도 '재난, 참사 등이 발생하다'의 의미로도 쓰인다.

Vocabulary

tragedy 비극, 참사
ex. The death of the little girl was an absolute tragedy to her family and friends. 소녀의 죽음은 그녀의 가족과 친구들에게 완전한 비극이었다.
comforting 위안이 되는
ex. It's comforting to know that everyone is safe. 모두들 안전하다는 것을 알게 되서 위안이 된다.

Answer

(a) strikes

Joseph's 강의노트 

빈 칸의 주어는 a tragedy이므로 '비극, 참사 등이 일어나다'라는 의미가 될 수 있는 동사를 찾아야 합니다.
동사 **strike** 의 다양한 의미
1. 치다 (hit)
   ex. The baseball struck her in the head. 야구 공이 그녀의 머리를 때렸다.
2. 공격하다
   ex. The police believe that the bank robber will strike again. 경찰은 은행 강도가 다시 나타날 것이라고 믿는다.
3. (재난 등이) 발생하다
   ex. Tragedy struck her family again. 그녀의 가족에게 또 재난이 발생했다.

4. (생각 등이) 떠오르다
   ex. A great idea struck me when I was walking down the street. 내가 길을 걷고 있을 때 좋은 생각이 떠올랐다.

그외 strike를 사용한 표현들
- strike gold 갑자기 부자가 되다
- Strike while the iron is hot. 기회를 최대한 활용해라.
- within striking distance 매우 가까운
- strike back 보복하다
- Lightning does not strike twice. 나쁜 일이 똑같은 사람에게 두 번 일어나지 않는다.

6

가난한 국가를 방문한 후에 선진국에서의 불편함은 종종 비교적으로 사소하게 보인다.

유형 : 문맥에 알맞은 어휘　난이도 : **

Solution

사소한의 의미로는 trivial이 가장 작절하다.

Vocabulary

impoverished (= very poor) 매우 빈곤한
ex. These young doctors chose to help people in the most impoverished countries in the world. 이 젊은 의사들은 전 세계에서 가장 빈곤한 국가에서 사람들을 돕기로 했다.

Answer

(c) trivial

Joseph's 강의노트

보기로 주어진 형용사들의 의미를 파악하여 빈 칸에 가장 알맞은 단어를 고르는 문제입니다. 주어진 문제에서는 문장의 해석만 제대로 해도 정답이 보이는 문제입니다. 매우 빈곤한 국가를 방문한 후에 선진국의 불편함은 상대적으로 별 것 아닌 것으로 보인다는 것이 의미상 가장 적절합니다. 보기로 주어진 단어들의 의미를 전부 모른다고 하더라도 당황하지 말고 아는 것부터 차근차근 확인해 보도록합니다. austere는 '엄격한'의 의미로 일반적으로 수도승들의 생활을 묘사할 때 자주 쓰이는 형용사입니다. 분위기나 감정들이 palpable이라고 묘사하는 경우는 손으로 만질 수 있을 정도로 아주 강력하다는 의미입니다. 또한 '명백한'이라는 의미로도 쓰일 수 있습니다. implicit은 '함축적인' 이라는 뜻입니다.

7

좋은 거래를 놓치고 싶지 않았기 때문에 제이콥은 판매원의 제안을 받아 들여 망설이지 않고 자동차를 구입했다.

유형 : 의미를 혼동하기 쉬운 단어　난이도 : **

Solution

without reservation은 '망설임 없이', '거리낌 없이'의 의미입니다.

Vocabulary

counteroffer 수정 제안 (가격 흥정시 한 사람이 제안한 가격을 조정하여 다시 제안한 새 가격)
ex. He came back with a counteroffer, but it wasn't good enough for me. 그는 새로운 가격을 제시했지만 내게는 충분하지 않았다.

Answer

(a) reservation

Joseph's 강의노트

reservation은 예약이라는 뜻으로 make a reservation과 같은 형태로 쓰이지만 여기서는 doubt 혹은 hesitation (망설임)이라는 의미로 쓰였습니다. 또한 미국에서 reservation은 원주민들이 사는 인디언 보호 구역을 의미하기도 합니다. resolve는 명사로 '결심'이라는 의미로 strengthen/ weaken somebody's resolve (결심을 강하게하다/ 약하게 하다)와 같은 형태로 쓸 수 있습니다. retribution은 '처벌', '응징'의 뜻으로 여기서는 의미상 정답이 될 수 없다는 것을 알 수 있습니다. reconciliation은 '조정', '화해'의 뜻입니다. 좋은 거래를 놓치고 싶지 않아서 판매원이 다시 제안한 새 가격을 망설이지 않고 받아 들였다는 뜻이 되어야 하므로 빈 칸에는 reservation이 가장 적절합니다.

8

고용 담당자들은 항상 사무실에 걸어들어 왔을 때 차분한 자신감에 넘치는 구직자에게 강한 인상을 받는다.

유형 : 의미를 혼동하기 쉬운 어휘　난이도 : ***

Solution

exude 는 태도나 어떤 성격을 나타낸다는 의미다.

Vocabulary

job seeker 구직자
ex. The website has separate sections for job seekers and employers. 웹사이트는 구직자들과 고용주들을 위한 별도의 부분을 가지고 있다.

Answer

(c) exude

Joseph's 강의노트

exude가 성격이나 태도를 나타내는 단어와 함께 쓰이면 그러한 점이 풍부하게 넘쳐난다는 것을 다른 사람들이 알아본다는 의미입니다. 또한 냄새나 액체 등이 exude한다고 하면 '풍기다, 스며 나오다'의 뜻이 됩니다. 그러므로 여기서 차분한 자신감이 넘쳐나는 구직자들에게 깊은 인상을 받는다고 하는 의미가 되려면 exude가 빈칸에 가장 적절합니다. issue에도 '나오다', '발행하다'의 의미가 있지만 문제에 주어진 문장에서처럼 태도나 성격을 나타내는 단어와 함께 쓰이지는 않습니다. resolve는 '문제 등을 해결하다', '결심하다'의 뜻입니다. proclaim은 '선언하다', '공표하다'의 뜻입니다.

9 어젯밤 시의 바자회에서 수익금은 많은 지역 자선 단체와 비영리 기관에 직접적으로 혜택을 주게 될 것이다.

유형 : 의미를 혼동하기 쉬운 어휘　난이도 : ***

Solution

proceeds는 항상 복수형으로 쓰여서 '수익', '수입'의 뜻으로 일반적으로 행사나 판매로 인한 수익금을 가리킨다.

Vocabulary

benefit 혜택을 주다
ex. You will benefit more from this class if you take notes and study hard. 네가 필기를 하고 열심히 공부한다면 이 수업에서 더 많이 혜택을 받게 될 것이다.

charity 자선 기관
ex. The local charity provides food and shelter to women and children. 지역 자선기관은 여성들과 어린이들에게 음식과 쉴 곳을 제공한다.

Answer

(c) proceeds

Joseph's 강의노트

보기로 주어진 단어들이 모두 돈과 관련된 단어들이지만 spending은 '지출', expenditure은 '경비', '지출', remuneration은 '보수'의 뜻입니다. 문제의 문장 빈 칸에 알맞은 단어는 시의 바자회에서 얻어진 '수익금'이라는 의미로 쓰일 수 있어야 하므로 (c) proceeds가 정답입니다. **proceeds가 단수형의 형태로 proceed로 쓰일 때는 동사로 '나아가다', '진행하다'의 의미입니다. 또한 이와 형태가 유사한 또 하나의 단어인 proceedings는 '법률 소송의 절차'를 의미합니다.** procedure는 명사로써 '절차'의 의미이고 process 또한 '과정', '절차'의 의미로 쓰입니다. bazaar는 원래 여러 가지 물건을 파는 중동의 시장을 의미하는 페르시아 어에서 유래했지만 현재는 학교나 공공 단체에서 물품을 팔아 자선 사업이나 기금 모금등을 하는 의미로 사용되게 되었습니다.

10 대부분의 주에서 18세 이하의 청소년은 바디 피어싱이나 문신을 하기 위해서는 부모의 동의가 필요하다.

유형 : 문맥에 알맞은 어휘　난이도 : **

Solution

consent는 승락의 의미다.

Vocabulary

pierce 뚫다
ex. My little sister wants to have her ears pierced. 내 여동생은 귀를 뚫고 싶어한다.
tattoo 문신
ex. The man's arms are covered with tattoos. 남자의 팔은 문신으로 뒤덮여있다.

Answer

(b) consent

Joseph's 강의노트 

consent는 승락, 허락 (permission)의 의미를 가집니다. with/without somebody's consent 라고 하면 '…의 허락을 얻어/허락 없이'의 뜻이고 by general consent는 '거의 만장 일치로', by mutual consent 는 '합의에 의하여'라는 의미입니다. 또한 수술 등에 앞서 의사가 환자에게 설명을 해주고 나서 받는 환자의 동의는 informed consent 라고 합니다. rationale은 '계획이나 신념들의 근본적 이유', '이론적 근거'를 의미합니다. 보통 'the rationale behind this…'와 같은 형태로 많이 쓰입니다. 여기서는 18세 이하의 청소년이 바디 피어싱이나 문신을 하고자 할 때는 부모의 승락을 얻어야 한다는 의미가 되어야 하므로 consent가 가장 적절합니다.

READING

1 처음 나왔을 때 비평가들에 의해 심한 비평을 받고 영화관에서 상영되는 동안 관객들에 의해 무시된 많은 영화들이 수 년이 지난 후에 인기 있는 대여 비디오가 되는 데는 이유가 있다. 일부 영화들은 "길티 플레져"로 알려지게 되었다. 많은 영화들이 의도하지 않은 웃음을 일으키는 순간들이 있지만 길티 플레져 영화들은 너무 형편없이 제작되고 연기도 너무 형편없어서 귀여울 정도로 유머스러운데가 있다. 최고 최악의 영화는 영화광들이 보통 편하게 집에 앉아 즐거운 아이러니를 느끼며 영화를 보는 것을 즐기게 됨에 따라 종종 열광적인 팬 집단을 형성한다.

(a) 수 년이 지난 후에 인기 대여 비디오가 된다.
(b) 많은 감독들이 새로운 극본을 꺼리도록 만들었다.
(c) 영화 관객의 수를 증가시켰다.
(d) 일부 배우들이 일자리를 잃도록 만들었다

유형 : 글의 주제 찾기 난이도 : **

Solution

개봉 당시에는 인기가 없었던 영화가 수 년이 지난 후 비디오 대여점에서 인기를 얻게 되는 현상을 설명하고 있다.

Vocabulary

pan 비난하다
ex. Reviewers panned the book, but readers loved it. 평가자들은 그 책을 비난했지만 독자들은 매우 좋아했다.

critic 비평가
ex. The critic thought the movie was terrible. 비평가는 영화가 형편없다고 생각했다.

neglect 무시하다, 돌보지 않다
ex. Alice works long hours, but she doesn't neglect her family. 엘리스는 오랜 시간 일을 했지만 가족을 돌보는 걸 게을리하지 않았다

inspire 영감을 주다
ex. The caring teacher inspired many of her students to work harder. 다정한 교사는 그녀의 학생들 중 다수가 열심히 공부하도록 영감을 주었다.

endearingly 사랑스럽게
ex. Tom's silly jokes are endearingly funny. 탐의 어리석은 농담들은 귀엽게 웃긴다.

cult 숭배자 집단
ex. Once a cult favorite, the band has gained worldwide popularity. 한때는 일부 숭배자 집단의 선

WEEK 2

호를 받았을 뿐이지만 밴드는 세계적인 인기를 얻었다.

gleeful 즐거운

ex. James loved hearing the gleeful screams of his children as they opened the presents. 제임스는 아이들이 선물을 열때의 즐거운 비명 소리를 듣는 것을 좋아했다.

Answer

(a) become popular rentals as the years go by

Joseph's 강의노트

영화관에서 개봉되었을 때 비평가들로부터 심한 평(혹평)을 받고 관객들에게도 무시를 당한 많은 영화들에 대한 글입니다. 이러한 영화들은 guilty pleasure라는 이름을 얻게 되었다고 합니다. guilty pleasure는 흔히 자신에게 좋지 않다는 것을 알지만 하기를 여전히 즐기는 (여전히 즐겨 하는)일이나, 자신은 좋아하지만 다른 사람들이 이상하게 여기는 경향이 있기 때문에 좋아한다는 사실을 숨기게 되는 행동들을 가리킵니다. 여기서는 많은 사람들이 형편없다고 생각하지만 자신은 어떤 이유에서든 재미있다고 생각하는 영화를 가리키는 말로 사용되었습니다. 많은 영화팬들이 집에서 자신이 좋아하는 영화를 자신이 원하는 시간에 보는 경향이 높아짐에 따라 개봉 당시에는 평이 나쁘고 인기가 없었던 영화들이 수 년이 지난 후 비디오로 출시되었을 때 오히려 인기가 높아지게 되었습니다. 즉, 인기 없고 형편 없는 영화를 보러 가는 것에 대해 다른 사람들의 시선을 의식할 필요가 없게 됨에 따라 오히려 비디오 대여점에서는 인기 영화가 된 현상을 설명하고 있습니다.

2 대부분의 사람들에게 지구가 둥글다는 사실은 논쟁의 여지가 없다. 하지만 작긴 해도 주장이 강한 한 집단에게 지구는 공보다는 종잇장처럼 보인다. 그 이름에서 알 수 있듯이 평면 지구론자들은 지구가 구형이라는 생각이 정부의 음모이고 지구는 실제로 산이나 골짜기와 같은 지질학상의 현상들로 뒤덮인 납작한 원반이라고 믿는다. 이러한 믿음을 가진 사람들은 지구가 둥글다는 과학적 증거들을 우주 담당 기관들에 의한 정교한 음모라고 여긴다. 당연히 평면 지구론은 과학계에서 진지한 주목을 받는데 실패해왔지만 그 옹호자들은 전혀 단념하지 않고 있다.

(a) 잘못된 것으로 증명될 수 없는 사실
(b) 좀 더 연구가 필요한 이론
(c) 지구의 표면을 이해하기 위한 방법
(d) 우주기관들에 의한 정교한 음모

유형 : 인과관계 난이도 : *

Solution

평면 지구론자들은 지구가 둥글다는 것이 정부의 음모라고 생각한다고 했으므로 (d)가 가장 적절하다.

Vocabulary

vast 광대한

ex. A vast number of articles can be found on the topic. 그 주제에 대해서는 방대한 수의 기사들을 찾아 볼 수 있다.

undisputable 논란의 여지가 없는, 명백한

ex. For many people, the existence of god is undisputable. 많은 사람들에게 신의 존재는 논란의 여지가 없다.

vocal 주장이 강한

ex. Ben is a very vocal critic of the company's new policies. 벤은 회사의 새로운 정책에 대한 매우 주장이 강한 비평가이다.

conspiracy 음모

ex. Several people were involved in a conspiracy to take over the government. 여러 사람들이 정부를 전복시키기 위한 음모에 관련되어 있었다.

dismiss 거부하다, 기각하다

ex. I dismissed Amy's silly idea. 나는 에이미의 어리석은 생각을 거부했다.

adherent 옹호자

ex. There are many adherents to the ancient religion. 고대 종교를 옹호하는 사람들이 많이 있다.

elaborate 정교한, 치밀한

ex. Michael made an elaborate plan to celebrate his birthday. 마이클은 그의 생일을 축하하기 위한 치밀한 계획을 세웠다.

Answer

(d) an elaborate plot by space agencies

Joseph's 강의노트

지구가 둥글다는 것은 대부분의 사람들이 당연한 것으로 여기는 사실이지만 평면 지구론자들은 지구가 납작한 원반형에 가깝다고 믿는 소규모의 집단이라고 합니다.

이들에게 지구 구형설은 정부의 음모이고 실제로 지구는 산과 골짜기가 있는 원반형 (Flat Earthers, as the name suggests, believe the idea that the Earth is a globe is a government conspiracy and that the planet is actually a disc covered with geological phenomena like mountains and valleys.)이라는 것이 그들의 믿음입니다. **그러므로 평면 지구론자들은 지구가 둥글다는 과학적 증거들은 정부의 우주 담당 기관들에 의한 정교한 비밀 책략이라고 여긴다는 것이 가장 적절합니다.** (a)는 지구가 둥글다고 믿는 일반 사람들의 생각이라고 할 수 있고, 이들은 지구 구형설 자체를 전면 부인하고 있으므로 그 가능성을 인정하는 (b)는 정답이 될 수 없습니다.

3 많은 연구자들이 사회 계층간의 차이는 부모가 어떤 종류의 일을 하는가와 어디에 사는가 이외에도 그들이 아이들과 어떻게 서로 대화하는가에도 나타난다고 믿는다. 연구에 의하면 중산층 부모들은 노동자 계층의 부모들이나 생활보호 대상자인 부모들 보다 훨씬 더 많은 시간을 자녀들과 대화를 하는데 보낸다고 한다. 실제로 중산층 부모들은 노동 계층의 부모들보다 두 배나 더 많이, 생활보호 대상자인 부모들보다는 네 배나 많이 아이들과 대화를 한다. 중산층 부모들은 또한 덜 부유한 부모들보다 좀 더 다양하고 격려가 되는 언어를 사용하는 경향이 있다. 이러한 차이들은 주로 부모가 아이들과 보낼 수 있는 시간이 얼마나 되는가에 달려 있다. 또한 이러한 차이점들은 아이들이 학교에 입학할 당시 발생하는 계층 간의 성취도 차이도 설명해 줄 수 있다.

위 글의 내용과 일치하는 것은?

(a) 가난한 부모들은 중산층 부모들과는 다른 방식으로 아이들과 대화한다.
(b) 중산층 가정의 아이들은 학교에 일찍 들어간다.
(c) 복지 혜택이 성취도 차이를 좁히는데 도움을 주었다.
(d) 중산층 부모들은 아이들을 덜 격려하는 경향이 있다.

유형 : 내용 일치 난이도 : *

Solution

부모의 직업과 거주지뿐만 아니라 자녀들간의 관계에도 계층 간의 차이가 나타난다.

Vocabulary

interact 대화하다
ex. Ellen loved interacting with young children.
엘렌은 어린아이들과 대화하기를 좋아한다.

welfare 복지
ex. The welfare system benefits those who do not make enough money to support themselves and their family. 복지 체계는 자기 자신과 가족들을 부양하기에 충분한 돈을 벌지 못하는 사람들에게 혜택을 준다.

diverse 다양한
ex. People from diverse cultures live in this city.
다양한 문화에서 온 사람들이 이 도시에 산다.

well-off 부유한
ex. The woman became very well-off when she received a large inheritance from her uncle.
여자는 삼촌으로부터 큰 상속을 받고 부자가 되었다.

account for 설명하다
ex. The bank could not account for millions of dollars that went missing. 은행은 사라진 수 백만 달러를 설명할 수 없었다.

Answer

(a) Poor parents talk to their children differently than rich parents.

Joseph's 강의노트

부모와 자녀 간의 관계가 계층 간에 따라 다르다고 소개하고 그 구체적인 예들을 들고 있습니다. 중산층 부모들은 노동자 계층의 부모들보다 아이들과 대화를 하는데 더 많은 시간을 보내고 (Studies have shown that middle class parents tend to spend significantly more time talking to their children than working class parents or parents on welfare) 생활보호 대상자인 가난한 부모들에 비해서는 4배나 많은 대화를 하며 대화의 내용도 더욱 다양하고 격려를 하는 내용 (Middle class parents also tend to use more diverse and encouraging language than less well-off parents)이라고 설명하고 있습니다. 그러므로 (a) Poor parents talk to their children differently than rich parents가 정답으로 가장 적절합니다.

4 도움의 손길 노숙자의 집에서는 현재 동부 지역 사무소에서 일할 치료사 겸 미술실 조수를 고용하고 있습니다. 이것은 파트 타임 직입니다. 고용될 경우 가족 미술 프로그램을 이끌고 지역 사회 미술실에서 교육 과정을 제공하는 것을 책임지게 될 것입니다. 이 직책은 미술 치료에 석사 학위를 가지고 있는 사람으로서 어린이들과 가족들과 혜택 받지 못한 지역 사회와 일한 경험이 있는 사람이 지원할 수 있습니다. 주말과 오후 늦게 일할 수 있어야 합니다. HHS.org 웹사이트에서 지원해 주세요.

위 글의 내용과 일치하는 것은?
(a) 지원자들은 노숙자에 집에서 지원해야 한다.
(b) 경험은 물론 학위가 요구된다.
(c) 근무 시간은 주로 낮이다.
(d) 직책은 어린이들에게 미술을 가르치는 것이다

유형 : 내용 일치　난이도 : **

Solution

광고문을 읽고 일치하는 내용을 고르는 문제이다. applicants with a Master's degree in Art Therapy and significant experience working with …부분으로 미루어 보아 학위와 경험이 요구된다는 것을 알 수 있다.

Vocabulary

currently 현재
ex. After publishing a successful first novel, the writer is currently working on his second. 성공적인 첫 소설을 출판한 후에 작가는 현재 그의 두 번째 소설을 작업하고 있다.
therapist 치료사
ex. Jake sought treatment from a therapist. 제이크는 치료사로부터 치료를 구했다.
applicant 지원자
ex. In her interview, the applicant proved that she was able to do the job well. 그녀의 면접에서 지원자는 그녀가 그 일을 잘할 수 있다고 증명했다.

Answer

(b) A degree as well as job experience is required.

Joseph's 강의노트

노숙자의 집에서 치료사 겸 미술실 조수를 고용하고 있다는 광고문을 읽고 내용에 일치하는 것을 고르는 문제입니다. This position is open to applicants with a Master's degree in Art Therapy and significant experience working with children, families, and underserved communities. 라는 부분에서 지원자는 석사 학위가 필요하고 이전에 아이들이나 가족을 상대로 일해 본 경험이 있는 사람을 원한다는 것을 알 수 있습니다. Please apply online이라고 했으므로 (a) 노숙자의 집에서 지원해야 한다는 것은 정답이 될 수 없습니다. Weekend and evening availability is required. 라고 했으므로 일반적인 낮 동안의 근무가 아닌 주말과 늦은 오후의 근무할 수 있는 사람을 필요로 한다고 했으므로 (c)는 정답이 아닙니다. You will be responsible for leading the family art program and offering instruction in a community open art studio. 부분에서 업무내용을 밝히고 있는데 아이들에게 미술을 가르치게 될 것이라는 내용은 없으므로 (d)는 정답이 될 수 없습니다.

5 고객 여러분께

올해 저희 줄리의 의상 백화점에서는 애완동물 의상 물품 공급을 평소처럼 받지 못하게 될 것이라는 것을 알려 드리게 된 것을 유감으로 생각합니다. 그러나 어린이용과 성인용 고급 퀄리티의 시대 의상들은 온라인과 시내 상점에서 여전히 구입 가능합니다. 여러분도 아시다시피 현재의 힘든 경제적 상황은 소규모 사업체들에 큰 타격을 주었으며 저희는 상점을 유지하기 위해서 재고 물품의 양을 줄이기로 결정했습니다. 지금부터 11월 15일까지 저희는 개와 고양이 의상 재고를 온라인에서 75%까지 할인된 가격으로 제공할 것입니다. 이 물품들은 빨리 매진이 되므로 일찍 주문하세요. 여러분의 지속적인 성원과 진품 수제 의상에 대한 관심에 감사 드립니다.
진심 어린 마음으로
줄리 로데스
줄리의 의상 백화점 사장

이 편지가 고객들에게 제안하고 있는 것은 무엇인가?
(a) 의상 요청을 일찍 할 것
(b) 시내 지점을 방문할 것

(c) 재고 애완동물 의상을 온라인 구매할 것
(d) 다음 해 물품이 도착할 때까지 기다려 줄 것

유형 : 편지의 목적　난이도 : **

Solution

재고 감소를 위해 새로운 애완 동물 의상이 들어오지 않을 것이라는 것과 남은 재고품을 온라인상에서 대폭 할인 판매를 하고 있다고 구매를 촉구하고 있다.

Vocabulary

announce 발표하다
ex. The famous football player announced that he would retire after this season. 유명한 축구 선수는 그가 이번 시즌 후에 은퇴할 것이라고 발표했다.
detrimental 해로운
ex. Spending too much time in the sun without sunscreen can be detrimental to one's health. 선크림을 바르지 않고 햇볕에서 너무 많은 시간을 보내는 것은 건강에 해로울 수 있다.
downsize (인력, 규모를) 줄이다
ex. The company was forced to downsize and over 1,000 employees were laid off. 회사는 규모를 줄여야만 했고 천 명 이상의 직원들이 해고 당했다.
authentic 진짜의, 진품의
ex. I bought an authentic 18th century chair at the antique store. 나는 진품 18세기 의자를 골동품 가게에서 샀다.

Answer

(c) Order the last pet costumes online.

Joseph's 강의노트

편지를 읽고 편지를 쓴 사람이 받는 사람에게 제안하는 바가 무엇인지를 파악하는 문제입니다. 우선 이 편지는 의상 백화점에서 고객들에게 보내는 편지입니다. 편지의 주요 내용은 경제적 상황의 악화로 상점을 유지하기 위해 재고를 정리하기 위해 남아 있는 애완동물 의상을 온라인에서 75%까지 할인하고 있으니 서둘러 주문하라는 것입니다. 물건이 빨리 판매되므로 서둘러 주문하라는 것 (Order early, since these items are sure to go fast.)이 편지를 쓴 주요 목적이라고 할 수 있습니다. 애완동물 의상 이외의 어린이용과 성인용 의상들은 다른 때와 마찬가지로 온라인과 시내 상점에서 구입이 가능하다고 한 것으로 인해 (b)가 정답이라고 착각하지 않도록 합니다. 올해는 재고 정리로 인해 새로운 물품이 들어 오지 않을 것이라고 했지만 내년까지 기다려달라는 내용은 아니므로 (d)는 정답이 될 수 없습니다.

6 "마이크로웨이브 랜드"는 많은 웃음을 불러 일으키는 영화는 아니지만 모든 사람의 얼굴에 재미있어하는 미소를 짓게 할 만한 영화이다. (a) 영화는 현재와 유사한 미래가 그 배경인데 그곳에서는 기술이 삶을 좀 더 빠르게 움직이게 하고 통신을 좀 더 손쉽게 만들었지만 어느 누구도 더 이상 연결이 되어 있지 않는 것처럼 보인다. (b) 이 세상은 세 편의 짧고 서로 연결된 로맨스 삽화들의 배경이 된다. (c) 불행히도 좋은 것인지 나쁜 것인지 모르겠지만 모든 것은 관객들 모두가 알아 볼 수 있는 일반적인 상황들로 초현실적인 시트콤처럼 펼쳐진다. (d) 감독은 몇몇 최근의 인기 공포영화들뿐만 아니라 많은 로맨틱 코미디들로 주도적인 위치를 유지해 왔다.

유형 : 글의 흐름 파악　난이도 : **

Solution

영화의 전반적인 내용에 대한 글이다. (d)는 영화 자체가 아닌 감독에 대한 내용이므로 글의 흐름에 맞지 않는다.

Vocabulary

amuse 즐겁게하다
ex. I was amused by the story, but I didn't think it was as funny as my friends did. 나는 그 이야기가 재미있다고 생각했지만 내 친구들처럼 그렇게 재미있다고 생각하지는 않았다.
background 배경, 경력
ex. John has a background in sales. 존은 영업에 경험이 있다.
vignette 짧은 이야기
ex. The collection of vignettes was about growing up in a large family. 짧은 이야기들의 모음은 대가족에서 성장하는 것에 관한 것이다.
surreal 초현실적인
ex. The actor said that winning the award was the most surreal experience of his life. 배우는 상을 받게 된 것이 자신의 생에서 가장 초현실적인 경험이었다고 말했다.

convention 관례
ex. The author Jane Austen went against the conventions of her time and never married. 작가 제인 오스틴은 당시의 관례에 대항하여 결혼을 하지 않았다.
helm 주도권, 실권
ex. With a renowned businessman like Frank at the helm, this company is sure to succeed. 주도권을 잡고 있는 유명한 사업가 프랭크가 있어서 이 회사는 성공할 것이 분명하다.

Answer

(d) The director has been at the helm of several recent horror favorites as well as several popular romantic comedies.

Joseph's 강의노트

글이 영화의 전반적인 배경과 내용에 관한 글입니다. (a)는 영화가 벌어지는 배경, (b)는 영화가 남녀간의 사랑에 대한 세 편의 짧지만, 서로 얽혀있는 스토리로 구성되어 있다는 것을 설명해 주고 (c)는 영화에 대한 전반적 감상을 나타내고 있습니다. (d)는 영화를 만든 감독에 관한 내용으로 다른 내용들과는 관련이 없으므로 정답으로 적절합니다. 참고로 **영화를 묘사할 때 vignettes (비넷) 라고 하면 여러 편의 짧은 영화들 속의 등장하는 인물들이 일정한 방식으로 연결되어 있지만 다른 시선으로 각각 다른 이야기를 소개하는 형식을 의미합니다.**

NOTE

● LISTENING

1. (d) 2. (d) 3. (c) 4. (d) 5. (b)
6. (c) 7. (a) 8. (a) 9. (b) 10. (d)

● GRAMMAR

1. (c) 2. (a) 3. (d) 4. (b) 5. (a)
6. (b) 7. (d) 8. (d) 9. (d) 10. (a)
11. (d) 12. (d) 13. (c)

● VOCABULARY

1. (a) 2. (b) 3. (a) 4. (b) 5. (a)
6. (d) 7. (d) 8. (b) 9. (a) 10. (d)
11. (a)

● READING

1. (a) 2. (b) 3. (b) 4. (b) 5. (d)
6. (b) 7. (c)

LISTENING

1 M : I can't afford anything in this store. We'd better go and look somewhere else.

M : ____________________

(a) I know what I want. How about you?
(b) I don't know either. Maybe we should ask.
(c) You can pay with cash or credit card.
(d) You're right, but they do have a great selection.

A : 이 가게에 있는 물건들 중에서 내가 살 형편이 되는 건 없어. 딴 데 가는게 좋겠어.

B : ____________________

(a) 난 내가 뭘 원하는지 알아. 너는 어때?
(b) 나도 몰라. 물어 봐야 할 것 같아.
(c) 현금이나 신용카드로 지불할 수 있어.
(d) 네 말이 맞지만 선택의 폭은 정말 넓다.

유형 : 평서문 난이도 : **

Solution

상점에 있는 물건이 너무 비싸서 딴 데로 가자고 하고 있으므로 그래도 물건의 종류는 정말 많다고 한 (d)가 정답으로 가장 적절하다.

Vocabulary

afford …할 형편이 되다
ex. I don't know how Jim can afford such a luxurious car. 어떻게 짐이 그렇게 고급 차를 살 형편이 되는지 모르겠어.

Answer

(d) You're right, but they do have a great selection.

Additional Expressions and Answers

- There's a great little store not far from here.
  여기서 멀지 않은 곳에 아주 좋은 상점이 있어.
- Maybe we could ask if they're having any sales.
  세일하는 게 있는지 물어 보자.
- I know. I wish I could buy anything I want.
  맞아. 원하는 걸 모든지 살 수 있으면 얼마나 좋을까.

Joseph's 강의노트

상점에 있는 물건들이 너무 비싸서 자신의 가격대의 물건이 하나도 없다고 딴 데로 가자고 제안하고 있습니다. 답변으로는 자신이 알고 있는 더 나은 상점으로 가자고 하거나 그래도 물건을 좋다고 하거나 가격이 그렇게 비싼 것 같지 않다거나 등의 내용이 올 수 있습니다. 물건이 아주 싸다고 할 때 dirt cheap이라는 표현을 자주 들을 수 있습니다. 반대로 아주 많은 돈을 주고 물건을 산 경우에 pay through the nose 혹은 cost an arm and a leg 라는 표현을 쓸 수 있습니다. 또한 돈이 아주 많은 사람을 loaded라고 표현하거나 have money to burn이라고 하며 아주 검소하여 돈을 잘 안 쓰려고 하는 사람을 penny pincher라고도 합니다.

2 M : So, how soon after the interview will I know if I get the job?

W : ____________________

(a) Just fill out an application and leave it on the desk.
(b) You're highly qualified for the position.
(c) You'll be in charge of communicating with branches overseas.
(d) That could take anywhere from 1 to 3 weeks.

A : 그러면 면접을 보고 얼마 후에 합격했는지 여부를 알 수 있나요?
B : ______________________
(a) 지원서를 작성해서 책상 위에 놓아 주세요.
(b) 당신은 직책을 맡을 자격을 충분히 갖추고 있습니다.
(c) 당신은 해외 지사와 연락하는 것을 담당하게 될 거예요.
(d) 일주일에서 3주까지 걸릴 수 있어요.

유형 : 의문사 how 난이도 : **

Solution

면접을 본 후 합격 여부를 아는데 얼마나 걸리냐고 묻고 있으므로 구체적인 시간이 답변으로 가장 적절하다.

Vocabulary

application 지원서, 지원서
ex. You can download the application form from the company website. 지원서 양식은 회사 웹사이트에서 다운로드 받을 수 있습니다.
qualified 자격을 갖춘
ex. It was hard to make a decision because there were so many qualified applicants. 자격을 갖춘 지원자들이 너무 많아서 결정을 내리기가 힘들었다.

Answer

(d) That could take anywhere from 1 to 3 weeks.

Additional Expressions and Answers

- It's hard to say, but it usually takes two weeks. 말하기는 힘들지만 보통 2주가 걸려요.
- Why don't you give us a call in about a week? 일주일 내에 저희에게 전화를 하세요.
- There were a lot of applicants, so it might take a while. 지원자가 많았기 때문에 한참 걸릴 거예요.

Joseph's 강의노트 

면접을 한 후에 얼마나 빨리 (how soon) 결과를 알 수 있는지를 묻고 있습니다. 답변으로는 대강의 예상 기간을 알려 주거나 확실히 잘 모른다는 답을 기대할 수 있습니다. 참고로, 대략 ~에서 ~까지의 수량의 범주를 나타낼 때 anywhere라는 표현을 사용합니다. (a)는 지원서를 작성해서 책상 위에 놓으라고 했으므로 질문에 답변을 하고 있지 않습니다. (c)는 채용되면 어떤 업무를 맡게 될것인가를 묻는 질문에 대한 답변으로 적절합니다.

직장을 구하려고 하는 상황에서 흔히 사용되는 표현들
- Do you have any openings at the moment? 지금 비어 있는 일자리가 있나요?
- Could you come in for an interview sometime next week? 다음 주쯤에 면접 보러 오시겠어요?
- We're sorry, but the position has been filled. 죄송합니다만, 그 자리는 이미 채워졌습니다.
- Why are you interested in this position 왜 이 직책에 관심이 있으신가요?

3 M : I hope you'll come and visit me again soon. I had a really great time.
W : ______________________
(a) Whatever you want to do is fine with me.
(b) Sorry, but I don't remember where you live.
(c) I'll definitely be back. Just let me know when you're free.
(d) I don't get many visitors these days.

A : 네가 곧 다시 놀러 왔으면 좋겠어. 아주 재미있는 시간을 보냈어.
B : ______________________
(a) 네가 하고 싶은 건 뭐든지 좋아.
(b) 미안하지만 네가 어디 사는지 기억이 안 나.
(c) 꼭 다시 올게. 시간 날 때 알려 줘.
(d) 요즘에 찾아오는 사람들이 별로 없어.

유형 : 평서문 난이도 : ***

Solution

즐거운 시간을 보낸 후 친구를 배웅하면서 꼭 다시 오라고 말하고 있으므로 친구 입장에서는 반드시 다시 오겠다고 화답하는 (c)가 정답이다.

WEEK 3

Vocabulary

keep in touch 연락을 유지하다
ex. I haven't kept in touch with my cousins since my uncle died. 나는 삼촌께서 돌아가신 후 사촌들과 연락을 하지 않고 지냈다.

Answer

(c) I'll definitely be back. Just let me know when you're free.

Additional Expressions and Answers

- I'd love too. Please keep in touch. 나도 그러고 싶어. 계속 연락해.
- Maybe next time we can meet at my place. 다음 번엔 우리 집에서 만나자.
- Of course I will. I had fun, too. 물론 다시 올 거야. 나도 재밌었어.

Joseph's 강의노트 

자신의 집에서 친구와 즐거운 시간을 보낸 후 헤어지면서 친구에게 즐거운 시간을 보냈다고 또 다시 놀러 오라고 했으므로 친구 쪽에서 꼭 다시 오겠다고 약속하는 (c)가 정답으로 가장 적절합니다. 연락을 하고 지내다라고 할 때는 keep in touch 혹은 stay in touch라고 합니다. Touch는 연락의 의미로 자주 쓰입니다. **예를 들어 be in touch with someone이라고 하면 연락을 하고 지내다의 뜻이고 get in touch with someone이라고 하면 연락을 취하다의 뜻입니다. 반대로 연락을 하지 않고 지낸다고 할 때는 be out of touch with somebody라고 합니다.** (a)는 무엇을 하고 싶냐고 한 질문에 대한 답변으로 적절합니다. (d)는 남자가 한 말에 visit이 사용된 것을 이용한 함정으로 놀러 오는 사람들이 별로 없으니 자주 놀러 오라는 의미로 오히려 남자가 할 말로 적절합니다.

4 W : Does this dress come in any other colors? I just love the cut.
M : Isn't it gorgeous? Unfortunately, that particular style only comes in red.
W : I really like it. I just don't know when I'll ever have an occasion to wear such a fancy dress.
M : ____________________

(a) We're having a sale this weekend.
(b) There aren't any more in the back.
(c) I don't think it suits you at all.
(d) Why not save it for a special evening out?

W : 이 드레스 다른 색상으로도 나오나요. 모양이 마음에 들어요.
M : 정말 예쁘지 않아요? 안 됐지만 그 특정한 스타일은 빨간색으로만 나와요.
W : 아주 마음에 들어요. 그렇게 화려한 드레스를 입을 일이 있을지 모르겠어요.
M : ____________________

(a) 이번 주에 세일을 하고 있어요.
(b) 더 이상 재고가 없어요.
(c) 당신한테 잘 어울리는 것 같지 않아요.
(d) 특별한 외출을 위해 아껴 두세요.

유형 : 옷 사기 난이도 : **

Solution

드레스가 맘에 들긴 하지만 너무 화려해서 입을 기회가 있을지 모르겠다고 했으므로 특별한 외출을 할 때 입으라는 (d)가 가장 적절하다.

Vocabulary

come in (색상/사이즈)로 나오다
ex. This jacket only comes in black.
이 자켓을 검은색으로만 나와요.
gorgeous 멋진
ex. Where did you buy those gorgeous flowers?
어디서 그렇게 멋진 꽃을 샀나요?
occasion 때, 경우
ex. They only go out to dinner for special occasions. 그들은 특별한 경우에만 저녁에 외식을 한다.
fancy 화려한
ex. This restaurant is really fancy. I don't think I can afford to eat here. 이 식당은 정말 화려해. 나는 여기서 식사할 형편이 못 돼.

Answer

(d) Why not save it for a special evening out?

Additional Expressions and Answers

- You never know when you'll need something nice. 좋은 옷이 언제 필요할지는 모르는 일이죠.
- With the right shoes, you could dress it down a little. 신발을 잘 맞춰 신으면 가볍게 입을 수 있어요.
- Well, we do have a wide selection of casual-wear. 저희는 캐주얼 한 옷들도 많이 있어요.

Joseph's 강의노트

상점에서 벌어지는 손님과 판매원 간의 대화를 듣고 상황에 알맞은 표현을 고르는 문제입니다. **come in (색상/사이즈)는 '…색깔로/…사이즈로 나오다'의 뜻입니다. 여기서 여자는 드레스가 마음에 든다고 하면서 다른 색상으로도 나오냐고 묻고 있습니다.** 상점 직원이 드레스는 빨간 색으로만 나온다고 하자 여자는 너무 화려해서 입을 일이 있을지 모르겠다고 망설입니다. 여러분이 유능한 판매원이라면 드레스를 팔기 위해 할 만한 표현들을 생각해 보세요. 손님이 너무 화려하다고 걱정을 하고 있으니 좋은 옷을 한 벌 가지고 있는 것도 나쁘지 않다 혹은 다른 좀 더 캐주얼 한 다른 옷들도 많이 있다 등이라고 말하겠죠? **dress up이 정장을 잘 차려입는 것을 의미하는 반면에 dress down이라고 하면 캐주얼한 복장을 하는 것을 말합니다.**

5 M : If I never see that horrible restaurant again, it'll be too soon.

W : It was pretty bad. I wonder why so many people recommended it to us.

M : I don't know. Maybe we just went on a bad night.

W : ______________________

(a) I'm so full, I couldn't eat another thing.
(b) Whatever the reason, that's my first and last visit.
(c) I heard about it in the restaurant review section.
(d) I don't think I want to go with them again.

M : 저 끔찍한 식당에 다시 발을 들여 놓는 일은 절대 없을 거야.

W : 정말 형편없었어. 왜 그렇게 많은 사람들이 그 식당을 추천하는 걸까?

M : 모르겠어. 아마도 우리가 어쩌다 안 좋은 날 간 걸지도 몰라.

W : ______________________

(a) 너무 배가 불러서 더 이상 먹을 수가 없어.
(b) 이유가 뭐든지 간에 이번이 첫 번째이자 마지막이야.
(c) 식당 방문기에서 그 식당에 대해 들었어.
(d) 그들이랑 다시 가고 싶지 않아.

유형 : 불평하기 난이도 : **

Solution

두 사람은 형편없는 식당에 막 다녀 온 후에 자신들의 나쁜 경험에 대해 이야기하고 있다.

Vocabulary

horrible 끔찍한
ex. I had a horrible day at work today.
오늘은 직장에서 끔찍한 날이었다.

recommend 추천하다
ex. I'm so glad she recommended this movie to me. 나는 그녀가 이 영화를 내게 추천해줘서 기뻐.

Answer

(b) Whatever the reason, that's my first and last visit.

Additional Expressions and Answers

- Maybe? but I'm still not ever going back. 그럴지도 모르지. 하지만 난 여전히 다시는 안 갈거야.
- You're always willing to give people the benefit of the doubt. 넌 항상 좋은 쪽으로 생각을 할려고 하더라.

Joseph's 강의노트

남자가 맨 처음에 한 말 If I never see that horrible restaurant again, it'll be too soon이 뭔가 잘못된 문장이 아닐까 생각할 수도 있지만 If I never see ..., it'll be too soon이란 '어떤 것이 너무 싫어서 그것을 다시 보게 되지 않는다해도 너무 이른 일이 될 것이다', 즉 '한 번 본 것만으로도 족하다'라는 뜻입니다. 다른 사람들이 많이 추천을 한 식당이었기 때문에 남자는 자신들이 간 날이 평소와 달리 나쁜 날이었을지도 모른다고 말합니다. **give the benefit of the doubts은 확실하지 않**

WEEK 3

은 경우 좋은 쪽으로 생각하려고 하는 것을 의미합니다. 대답으로는 이유야 어쨌든 한 번의 나쁜 경험으로 족하므로 다시는 가지 않겠다고 한 (b)가 정답입니다.

6 W : Hi, is Anthony there? This is his mother.

M : I'm sorry, but he left, and I'm not sure when he'll be back this evening.

W : Oh, I see. Can you tell him to call me as soon as he gets in? It's extremely important.

M : ____________________

(a) You're more than welcome to wait.

(b) Hold on. I'll see if I can find him.

(c) Of course. Hopefully, he won't be out for long.

(d) It's not like him to forget to take messages.

W : 여보세요. 안소니가 거기 있나요? 안소니 엄마인데요.

M : 죄송한데 안소니는 나갔는데요. 오늘 오후에 언제 돌아올지는 모르겠어요.

W : 알겠어요. 안소니가 돌아오면 저한테 전화 좀 해달라고 말해 줄래요? 아주 중요한 일이에요.

M : ____________________

(a) 얼마든지 기다리셔도 되요.

(b) 잠깐만요. 한 번 찾아 볼게요.

(c) 그럼요. 금방 돌아왔으면 좋겠네요.

(d) 메세지를 받는 걸 잊다니 그답지 않네요.

유형 : 전화 통화   난이도 : **

Solution

안소니가 돌아오자마자 전화를 해달라고 부탁했으므로 그러겠다고 한 (c)가 가장 적절하다.

Vocabulary

extremely 극단적으로

ex. Take a coat and a hat. It's extremely cold outside today. 코트랑 모자를 가지고 가. 오늘 밖이 매우 추워.

more than welcome to 얼마든지 …해도 좋은

ex. She's not home yet, but you're more than welcome to sit down and wait for her. 그녀는 집에 없지만 얼마든지 앉아서 기다려도 되요.

Answer

(c) Of course. Hopefully, he won't be out for long.

Joseph's 강의노트 

전화 메세지를 받는 통화에 대한 내용이다. a번의 You are more than welcome to wait.에서 You are more than welcome to~는 '당신이 to 이하 하는 것은 대환영이다'라는 의미로 You are welcome to~보다 좀 더 강조가 들어간 느낌이라고 보면 된다. 이때, welcome은 welcomed라고 하지 않도록 주의한다.

Additional Expressions and Answers

- No problem. He probably just ran to the store.
  그렇게요. 아마 그저 가게에 갔을 거예요.
- In that case, you might try his cell phone.
  그러면 핸드폰으로 전화해 보세요.
- Would you like to leave a message for him?
  메세지를 남기실래요?

7 M : You don't seem like yourself. Remember that you can tell me anything.

W : I know. I just feel really silly, and I don't know what to do.

M : Well, why don't you get it off your chest? I'm sure it's not silly, and you'll probably feel better.

W : Well, OK...you know Benny? I told him that I'd like to be more than just friends, and now I feel awkward.

M : Why do you feel awkward? Benny's really nice. I can understand why you'd like him.

W : Yeah, he is. But I didn't get the reaction I was hoping for.

M : Think of it this way: if you never tell people how you feel, you'll always wonder what could have been.

Q. Which of the following can inferred from the dialogue?

(a) Benny doesn't have the same feelings as the

woman.
(b) The man is older than the woman.
(c) Benny wants to break up with the woman.
(d) The man is jealous of Benny.

M : 오늘 너 답지 않네, 나한테 무슨 말이든 할 수 있다는 거 알지?
W : 알아. 바보 같은 생각이 들어서 어쩔 줄을 모르겠어.
M : 속 시원하게 말해 보는 게 어때? 바보 같은 일이 아닐 거야, 게다가 기분도 나아질거야.
W : 알았어… 너 베니 알지? 걔한테 난 친구 이상이 되고 싶다고 말했는데 지금 너무 거북해.
M : 왜 거북한데? 베니는 좋은 애야. 네가 왜 그를 좋아하는지 이해가 돼.
W : 맞아, 걘 참 좋은 애야. 그런데 내가 바라던 반응이 아니었어.
M : 이런 식으로 생각해 봐. 네가 다른 사람에게 네 감정을 고백하지 않으면 만일 고백했더라면 어땠을까 하고 항상 궁금해 했을 거라고.

대화의 내용에서 유추할 수 있는 것은?
(a) 베니는 여자와는 다른 감정을 갖고 있다.
(b) 남자는 여자보다 나이가 많다.
(c) 여자는 데이트를 해 본적이 없다.
(d) 남자는 베니를 질투하고 있다.

유형 : 유추 난이도 : **

Solution

여자는 베니에게 고백을 했지만 베니의 반응이 자신이 바라던 바가 아니었다고 했으므로 베니는 여자를 친구 이상으로 여기지 않는다는 것을 유추할 수 있다.

Vocabulary

get it off one's chest 마음에 담고 있는 말을 하다
ex. Don't you feel better now that you got all of that off your chest? 속에 담고 있던 말을 다하고 나니까 속이 시원하지 않니?
awkward 어색한
ex. She felt awkward after telling him that she doesn't have feelings for him. 그녀는 그 남자에게 아무런 감정을 느끼지 않는다고 말한 후에 어색함을 느꼈다.
reaction 반응
ex. I was hoping you'd have a more positive reaction to the news. 나는 그 소식에 대해 네가 좀 더 긍정적인 반응을 보이기를 기대했어.

Answer

(a) Benny doesn't have the same feelings as the woman.

Joseph's 강의노트 

여자는 베니에게 자신의 감정을 고백했지만 자신이 원하던 반응을 얻지 못해서 거북한 상황이 되었다고 말합니다. 남자는 감정을 고백하는 것이 하지 않은 채 반응이 어땠을까 궁금해하는 것보다 훨씬 낫다고 여자를 위로하고 있습니다. 베니가 여자가 원하던 방식으로 반응하지 않았다는 것은 그는 여자에 대해 친구 이상의 감정이 없다는 것을 의미합니다. get it off one's chest는 '마음 속에 담고 있는 말을 속시원하게 털어 놓다'라는 뜻입니다. 여자와 베니는 사귀던 사이가 아니므로 break up 할 수 없으므로 (c)는 정답이 아닙니다. (b)는 대화의 내용으로는 알 수 없는 사실이고 남자는 질투를 하고 있다기 보다는 베니가 괜찮은 사람이라고 왜 여자가 그를 좋아하는지 알 수 있을 것 같다고 말합니다.

사랑에 관한 표현들
- She's the love of my life.
- I'm madly in love.
- I'm head over heels in love.
- She's my one and only.

8 M : Now that you're almost done with school, what's next for you?
W : That's just the problem. I have no idea what to do now that I'll no longer be a student.
M : I think the first thing you should do is think about what you're good at and what you love to do.
W : Well, a lot of the things I like to do won't help me make any money in the real world.
M : If you're talking about your art then I think you're wrong. There are plenty of things you can do.
W : I hope you're right. Becoming a starving artist isn't very appealing.
M : That's another thing. You need to have a more positive attitude.

WEEK 3

Q. What are they talking about?

(a) Possible career paths for the woman.
(b) The woman's low self-esteem problem.
(c) What the woman should study in school.
(d) Why artists don't make much money.

M : 학교를 거의 다 마쳤는데 그 다음엔 뭘 할거니?
W : 그게 문제야. 더 이상 학생 신분이 아니면 뭘 해야 할지 모르겠어.
M : 네 생각엔 제일 먼저 내가 잘 하는 것과 하기 좋아하는 일을 생각해 봐야 할 거야.
W : 내가 좋아하는 것들은 실생활에서 돈을 버는 데 도움이 되는 게 없는 걸.
M : 네가 미술 이야기 하는 거라면 네 생각이 틀린 거야. 네가 할 수 있는 일이 많이 있어.
W : 네 말이 맞았으면 좋겠어. 가난한 예술가가 되는 건 그다지 마음에 들지 않아.
M : 그게 또 하나의 관건이야. 넌 좀 더 긍정적인 태도를 가져야 돼.

두 사람은 무엇에 대해 이야기하고 있는가?
(a) 여자의 잠재적인 진로
(b) 여자의 낮은 자신감
(c) 여자가 학교에서 공부해야 하는 것
(d) 예술가들이 돈을 못 버는 이유

유형 : 대화의 주제 난이도 : *

Solution

여자가 졸업 후 무엇을 할지에 대해 이야기하고 있다.

Vocabulary

starving artist 가난한 예술가
ex. She finally found a different job after being a starving artist for three years. 그녀는 3년 동안 가난한 예술가로 지낸 후에 마침내 다른 직장을 구했다.

appealing 매력적인
ex. Waiting tables for a living doesn't sound very appealing to me. 생계를 위해 웨이터 생활을 하는 것은 내겐 그다지 매력적이지 않게 들린다.

attitude 태도
ex. He has an attitude problem. He's always has a negative outlook on everything. 그는 태도 문제가 있다. 그는 항상 모든 것에 대해 부정적인 시각을 갖고 있다.

Answer

(a) Possible career paths for the woman.

Joseph's 강의노트

남자가 여자에게 졸업을 하고 무엇을 할 것인지를 묻고 있습니다. 여자가 확신이 없어하자 남자는 자신이 잘하는 것과 하기 좋아하는 일들을 생각해 보라고 합니다. 여자는 자신이 좋아하는 일, 미술은 돈이 되는 일이 못 된다고 하자 남자는 그렇지 않다고 긍정적인 태도를 가지라고 말합니다. 대화의 전반적인 내용은 여자의 졸업 후 진로에 관한 내용입니다. 여자의 태도는 자신감이 없다(low self-esteem)이라기 보다는 부정적인 태도 (negative attitude)라고 할 수 있으므로 (b)는 정답이 될 수 없습니다. 이미 졸업을 앞두고 있는 상황이므로 (c)는 정답이 될 수 없고 예술가들이 돈을 별로 벌지 못한다는 것은 여자의 편견일 뿐 남자는 여자가 좋아하는 미술을 하면서도 할 수 있는 많은 일들이 있다(If you're talking about your art then I think you're wrong. There are plenty of things you can do.)라고 말하고 있으므로 (d)는 정답이 아닙니다.

9 When Jane Foxman sent her first story to a publisher in 1913, it was the beginning of a long period of rejection. Letter after letter came back suggesting that Jane write pieces that appealed more to her "feminine peers" instead of tackling themes that were seen as too harsh and complicated for a woman to discuss with any success. Still, Jane was not the type to compromise. Although it took her over 12 years to find a publisher for "Modern Romances and Other Brief Tales of Woe," the collection is now recognized as a classic work, not by a woman writer, but by a truly great writer.

Q. Where are you most likely to find this passage?

(a) In a book about how to write a novel
(b) In the introduction of a short story collection
(c) In a history about famous publishing houses
(d) On a website discussing Victorian values

제인 폭스만이 1913년 그녀의 첫번째 이야기를 출판사에 보냈을 때 그것은 긴 거부 기간의 시작이었다. 그녀의 글이 여성들이 성공적으로 논의하기에는 너무 험하고 복잡한 주제들을 다루기 보다는 여성 독자들에게 호응을 얻을 수 있는 글이나 쓰는 것이 좋겠다고 제안하는 내용의 거절 편지가 계속해서 돌아왔다. 그러나 제인은 타협을 하는 성격이 아니었다. 그녀가 자신의 작품 "현대 로맨스와 고뇌에 대한 짧은 이야기들"의 출판사를 찾는 데는 12년이 걸렸지만 이 작품은 한 여성 작가가 아닌 진정으로 위대한 작가에 의한 고전 작품으로 이제야 인정받는다.

이 글이 실릴만한 곳은?
(a) 소설 쓰는 법에 관한 책
(b) 단편 소설 소개란
(c) 유명 출판사의 역사
(d) 빅토리안 시대의 가치를 논의하는 웹사이트

유형 : 추론　난이도 : **

Solution

제인 폭스만이라는 작가와 그녀의 단편 소설이 출판되기까지의 어려운 과정을 소개하고 있다.

Vocabulary

rejection 거부, 거절
ex. Many people don't take rejection very well. 많은 사람들이 거절을 잘 받아들이지 않는다.
tackle (문제 등을) 해결하다
ex. What do you think would be the best way to tackle the problem? 문제를 해결하는 최선의 방법이 뭐라고 생각하니?
harsh 가혹한, 거친
ex. School was canceled due to harsh weather conditions. 악천후로 수업이 취소되었다.
compromise 타협하다
ex. In order to make this relationship work, we both need to compromise. 이 관계가 작용하도록 하려면 우리 둘은 타협할 필요가 있다.
woe 고뇌, 비탄
ex. Because of his financial woes, Steven made an effort to not eat out as much. 경제적인 어려움 때문에, 스티븐은 외식을 전처럼 많이 하지 않기로 노력했다.
recognize 인정하다, 알아보다
ex. Even though I hadn't seen her in ten years, I recognized her immediately. 나는 그녀를 10년 동안 보지 못했지만 나는 그녀를 즉시 알아 보았다.

Answer

(b) In the introduction of a short story collection

Joseph's 강의노트

제인 폭스만이라는 여성 작가가 그녀의 단편 소설들을 출판하기까지의 어려운 과정을 설명하고 있습니다. 처음에는 심각한 문제를 다루기 보다는 여성들이 관심을 가질만한 주제에 대한 글을 쓰라는 제안을 받고 단지 여성이라는 이유로 오랫동안 출판을 거부당했지만 현재는 여성 작가의 작품이라기 보다는 훌륭한 작가의 작품으로 평가받고 있다고 소개하고 있습니다. 작가와 책의 배경을 소개하고 있으므로 (b)가 가장 적절합니다.

10 More parents than ever are finding that "empty nest syndrome" may be a thing of the past. That's because many young adults are finding it difficult to start an independent life away from Mom and Dad, even after obtaining a college degree. There are many reasons why this is happening, including the fact that the workplace is not the same as it was 50 or even 25 years ago. While the members of previous generations were able to find good jobs right out of college that allowed them to support a household, many young people are finding that jobs now offer only part-time hours and few benefits.

Q. What is the main point of the speaker?
(a) Many parents are getting frustrated with their dependent children.
(b) Getting a college degree is not as valuable as it once was.
(c) Young people do not think it is important to own a home.
(d) Many young people are having a hard time starting out.

점점 더 많은 부모들이 "빈집 증후군"이 과거의 일이라는 것을 발견하고 있다. 이것은 많은 젊은이들이 대학을 졸업하고 나서도 부모를 떠나 독립적인 삶을 시작하는데 어려움을 겪고 있기 때문이다. 이러한 현상이 발생하는 데는 많은 이유들이 있는데 그 중 하나는 직장이 50년 전 혹은 25년전과 같지 않다는 점이다. 이전 세대의 사람들이 한 가정을 꾸릴 수 있도록 해 준 좋은 직장을 대학 졸업 직후 찾을 수 있었는데 반하여, 많은 젊은이들이 현대의 직장들이 단지 파트 타임과 적은 혜택을 제공한다는 것을 발견한다.

화자가 말하고자 하는 요점은?
(a) 많은 부모들이 비독립적인 자식들로 골치를 앓고 있다.
(b) 대학 학위를 가진 것이 이전처럼 가치가 있지 않다.
(c) 젊은이들은 집을 장만하는 것이 중요하다고 생각하지 않는다.
(d) 많은 젊은이들이 독립하는 데 어려움을 겪고 있다.

유형 : 글의 요점 파악　난이도 : **

Solution

젊은이들이 대학을 졸업 한 후에도 부모와 함께 사는 현상에 대한 내용이다.

Vocabulary

obtain 얻다
ex. It's important to obtain a college degree if you want a well-paying job. 보수가 좋은 직장을 구하려거든 대학 학위를 따야 한다.
workplace 직장
ex. Many people can't get along with others in the workplace. 많은 사람들이 직장에서 다른 사람들과 잘 어울리지 못한다.
previous 이전의
ex. If you go back to the previous page, you'll find the article. 이전 페이지로 되돌아가면 그 기사를 찾을 수 있을 것이다.
household 집안, 가족
ex. In my household there are no TVs. 우리집에는 텔레비전이 없다.

Answer

(d) Many young people are having a hard time starting out.

Joseph's 강의노트

빈 집 증후군 (empty nest syndrome)이라고 하면 자식들이 다 성장하여 집을 떠났을 때 부모들이 느끼는 상대적인 상실감과 고독감을 가리킵니다. 하지만 점점 많은 젊은이들이 대학 졸업 후에도 독립을 하기 보다는 부모와 계속해서 함께 사는 현상이 증가하고 있다고 합니다. 화자에 의하면 젊은이들이 이전 세대에 비해 재정적인 독립을 보장해 줄 수 있는 직장을 찾는데 어려움을 겪고 있기 때문이라고 합니다. 우리 나라에서는 결혼 전까지 부모와 함께 사는 것이 당연한 것으로 여겨지지만 미국에서는 교육을 다 마친 성인이 부모와 함께 사는 것을 비정상으로 여기는 경향이 있어 왔습니다만 요즘에 들어서 많은 젊은 세대들이 재정적인 이유로 부모로 부터 독립을 늦게하는 경우가 증가하고 있습니다.

GRAMMAR

1 A : 마추피추를 보기 위해서 올 여름에 페루에 갔었다는 얘기를 들었어. 믿을 수가 없을 정도로 멋있었겠지.
B : 여행 하는 내내 내가 실제로 그렇게 멋진 곳을 방문하고 있다는 사실을 믿을 수가 없었어. 훌륭했어.

유형 : 관사와 형용사 난이도 : **

Solution

such + 부정관사 + 형용사 + 명사의 형태를 묻는 문제이다.

Vocabulary

unbelievable 믿을 수 없는
ex. It's unbelievable that our professor expects us to read this entire novel in just three days! 우리 교수님이 우리가 3일 안에 이 책을 다 읽길 바란다니 믿을 수가 없어!
amazing 놀라운
ex. It was amazing to see my favorite band playing. 내가 가장 좋아하는 밴드가 연주하는 걸 보게 된 건 놀라웠어.

Answer

(c) such

Joseph's 강의노트

관사가 형용사와 함께 쓰일 때는 관사 + 형용사 + 명사의 순서로 씁니다. such나 quite는 부정관사 앞에 쓰여서 such/quite + 부정 관사 + 형용사 + 명사의 형태가 되어야 합니다. such와 복수 명사나 셀 수 없는 명사와 함께 쓰일 때는 부정 관사 없이 such + 형용사 + 명사의 형태로 쓸 수 있습니다. so는 부정관사 없이 so + 형용사 + that의 형태로 쓰이며 항상 이러한 유형의 문제로 주어집니다.
such as …와 같은
ex. Flour is used to make basic foods such as bread and pasta.
밀가루는 빵이나 파스타와 같은 기본적인 음식을 만드는데 사용된다.
such … that 너무 …하여
ex. It was such a great story that everyone was impressed.
그것은 너무 훌륭한 이야기여서 모든 사람들이 감명을 받았다.

2 A : 2주 후에 있을 회의을 위해 모든 게 준비가 잘 되어있는지 확인하고 싶어요.
B : 물론 이지요. 모든 게 우리가 계획한대로 준비될 거예요. 걱정 안 하셔도 됩니다.

유형 : 태 + 시제 난이도 : **

Solution

모든 것이 준비가 될 것이라고 했으므로 수동태가 되어야 한다.

Vocabulary

in place 제자리에, 준비가 된
ex. Is everything in place for the party? 파티 준비가 다 됐어?

Answer

(a) will be arranged

Joseph's 강의노트

태와 시제를 함께 묻는 문제입니다. 행동을 하는 주체가 누구인지 별로 중요하지 않은 경우나 주체가 일반인인 경우 수동태라고 하더라도 by + 행위자의 형태를 항상 사용하지 않습니다. 여기서는 모든 것이 준비가 될 것이라고 했으며 A가 그 주후에 있을 회의라고 했으므로 미래형 수동태 will be p.p.가 정답으로 가장 적절합니다. (c)와 (d)도 수동태의 형태이긴 하지만 (c)는 과거형이므로 정답이 될 수 없고 (d)는 진행형이므로 역시 적절하지 않습니다. 수동태의 기본 형태는 be + p.p.라고 알고 있지만 be동사 대신 get을 쓰는 수동태도 많이 있다는 것을 염두해 두세요.

3 A : 할머니, 할머니랑 할아버지가 또 한 번의 결혼 기념일을 함께 축하하게 됐다는게 믿어지지가 않아요.
B : 나도 그렇단다. 이번 금요일이면 우리가 결혼한 지 65년이 된단다.

유형 : 미래 완료 난이도 : ***

Solution

미래완료 (will have p.p.)의 형태와 수동태를 함께 묻고 있는 문제이다.

Vocabulary

anniversary 기념일
ex. Let's throw a party for their 50th wedding anniversary. 그들의 결혼 50주년 파티를 열자.

Answer

(d) we'll have been married

Joseph's 강의노트 

미래의 어느 시점 (여기서는 This Friday)까지 또는 그 이전에 끝날 일을 나타낼 때 미래 완료 (will have p.p.)를 씁니다. 여기서는 결혼을 하다 be married의 수동태와 함께 쓰였으므로 we'll have been married가 가장 적절합니다. 미래완료는 by, until, before와 같은 말과 함께 자주 쓰입니다.

- The party will have been over by then. 그때쯤이면 파티가 다 끝날거야.
- She will have lived in Seoul for 3 years next year. 내년이면 그녀가 서울에 산 지 3년이 될 것이다.

4 A : 바니는 정말 고집이 세. 내가 오늘 정원에서 일하는 걸 도와줄 수 있냐고 물었더니 싫다는 거야.
B : 맞아, 걔는 항상 그래왔어. 걔는 하기 싫은 일은 절대 안 해.

유형 : 생략 난이도 : **

Solution

He doesn't do anything that he doesn't want to (do).라는 의미입니다.

Vocabulary

stubborn 고집이 센
ex. Jacob is so stubborn. He always thinks he's right! 제이콥은 정말 고집이 세다. 그는 항상 자신이 옳다고 생각한다.

Answer

(b) want to

Joseph's 강의노트 

바니는 고집이 세서 자기가 원하지 않는 것은 전혀 하려고 들지 않는다는 의미입니다. 빈 칸에 알맞은 것은 want to인데 뒤에 do가 생략된 것입니다. 여기에서처럼 앞뒤가 분명할 때는 to만이 남아서 부정사는 생략될 수 있습니다. 특히 회화체의 문장에서 그런 경우가 많습니다.

5 A : 요즘에 너 직장 때문에 바쁜 것처럼 보인다.
B : 바쁘지만 그게 바로 내가 좋아하는 방식이야.

유형 : 어순 난이도 : **

Solution

That's just the way I like it. 은 그것이 바로 내가 좋아하는 방식이라는 의미다.

Vocabulary

these days 요즘
ex. The number of students in each class is much bigger these days. 요즘 학급당 학생 수는 훨씬 많다.

Answer

(a) just the way I like it

Joseph's 강의노트 

올바른 어순을 고르는 문제입니다. 바쁜 것처럼 보인다고 하자 그렇기는 하지만 그게 자신이 원하는 방식이라고 대답합니다. the way + 주어 + 동사는 '…한 방식'이라고 해석됩니다. 예를 들어, exactly the way it is 라고 하면 '있는 그대로'라는 의미가 됩니다. exactly나 just와 같은 부사는 the way앞에 놓이게 됩니다. 그러므로 올바른 어순은 (a)가 됩니다.

6 A : 어니는 어려움을 겪고 있는 것 같아. 그는 자기 권리에 대해 좀 더 알아봤어야 했어.
B : 맞아. 지금 그는 그가 허가 없이 사용한 사진의 주인에

게 보상을 해줘야 하게 됐어.

유형 : 관계 대명사의 소유격 난이도 : **

Solution

선행사 anyone과 photographs 의 관계는 소유격이므로 빈 칸에는 소유격 관계 대명사 whose가 적절합니다.

Vocabulary

be in a lot of trouble 곤란에 처하다
ex. You could be in a lot of trouble if the professor caught you cheating like that. 만일 교수님이 네가 부정행위하는 걸 보면 넌 큰 곤란에 처할거야.
compensate 보상하다
ex. The employer compensated his workers for working overtime. 고용주는 직원들이 시간 외 근무한 것에 대해 보상했다.
permission 허가
ex. Dana was given permission to go to the bathroom during class. 데이나는 수업 시간 중에 화장실에 가도록 허락을 받았다.

Answer

(b) whose

Joseph's 강의노트 

관계대명사 who의 소유격은 whose입니다. whose는 선행사가 사람일 때와 사물일 때 모두 사용할 수 있습니다. 선행사가 사물일 때는 whose 또는 of which를 씁니다. of which가 문법적으로는 틀리지 않지만 회화체에서 of which를 쓰는 경우는 거의 없으며 어색한 표현입니다. 그가 허가 없이 사용한 사진의 주인에게 보상을 해줘야 하게 되었다라는 의미이고 anyone과 photographs의 관계는 소유격이므로 whose가 적절합니다.

7 A : 너희 집에서 파티를 여는 것을 좋아하지 않는구나, 그렇지?
B : 별로 좋아하지 않지만 어쩌다 한 번씩 몇몇 사람들을 초대해서 음악도 듣고 춤고 추곤 해.

유형 : 어순 난이도 : **

Solution

every once in a while은 '어쩌다 한 번', '때때로'의 뜻이다.

Vocabulary

every once in a while 가끔
ex. I only go out to dinner every once in a while because I prefer to save my money. 나는 돈 절약하는 것을 선호하기 때문에 가끔만 저녁 외식을 한다.

Answer

(d) every once in a while

Joseph's 강의노트 

every once in a while 혹은 once in a while 은 '때때로', '가끔'이라는 뜻입니다. 그 밖에도 after a while이라고 하면 '잠시 후에', quite a while은 '꽤 오랫동안', for a while은 '잠시 동안', all the while이라고 하면 '…하는 내내'라는 뜻입니다. 또한 a while ago라고 하면 '조금 전에', a long while 은 '오랫동안'의 뜻입니다. 여기서 while은 명사로 쓰였지만 while은 또한 접속사로도 쓰입니다. 이 때는 '…하는 사이', '…하는 한편'의 뜻으로 가장 흔히 쓰입니다.

- John fell asleep while he was watching a movie. (…하다가)
- While I was cleaning the house, Kim was taking a nap. (…하는 동안)
- While he likes dogs, his wife prefers cats. (…하는 반면에)

8 만일 좀 더 많은 관리들이 지역에서 재배된 식품을 지지하는 것을 우선시하기로 결정한다면 그것은 소비자들에게 분명한 메세지를 보내게 될 것이다.

유형 : 접속사 난이도 : *

Solution

가정법에 쓰이는 접속사는 if이다.

Vocabulary

support 지지하다

WEEK 3

ex. Jaime went to support her soccer team even though she wasn't playing that day. 제이미는 그 날 축구를 하지 않았지만 자신의 팀을 응원하러 갔다.

priority 우선권

ex. Taking care of the family is John's number one priority. 가족을 돌보는 것은 존에게 최우선 순위다.

consumer 소비자

ex. Consumers rated the car as being very reliable. 소비자들은 자동차가 매우 신뢰할 만하다고 등급을 매겼다.

Answer

(d) If

Joseph's 강의노트

가정법 문장에는 주로 if가 쓰이지만 꼭 if가 있어야 하는 것은 아닙니다. if의 대용어들로는 unless (=if… not), in case, supposed/supposing that, granted that (= even if), provided/providing that (= if, only if), so/as long as, on condition that 등이 있습니다.

If 이외의 조건을 나타내는 형식

- But for (Without)
  - Without your help, I wouldn't have been successful.
    = If it had not been for your help, ~
- 부정사와 분사
  - To see her dancing, you would think she is a professional dancer.
    = If you saw her dancing, ~
  - Left alone, he would get lost.
    = If he were left alone, ~
- 주어, 형용사
  - A real gentleman wouldn't do such a thing.
    = If he were a real gentleman, he wouldn't do such a thing.
- 부사어
  - They left early; otherwise they would have missed the train.
    = They left early; if they hadn't left early, they would have missed the train.

9 행동의 제지를 받지 않거나 이상할 정도로 위험한 행동에 관심이 있는 아이들은 종종 심각한 사고를 당하기 일쑤다.

유형 : 어순 난이도 : **

Solution

be prone to은 '…하는 경향이 있다', '…하기 일쑤다'의 뜻이다.

Vocabulary

boundaries 제한

ex. It is important to set boundaries for your children so they will learn what it means to have good behavior. 아이들의 행동을 제지하는 것은 중요한데 아이들은 행실이 바른 것이 무엇인가를 배우게 될 것이다.

risk-taking 위험을 무릅쓰는

ex. His risk-taking driving got him into a serious car accident. 그의 위험천만한 운전은 그가 심각한 차 사고를 당하도록 만들었다.

behavior 행동

ex. Please be on your best behavior for our guest speaker today. 우리의 초빙 강사를 위해 여러분의 최고의 태도를 보여 주세요.

be prone to …하는 경향이 있는

ex. The elderly and young children are prone to getting sick more often. 노인들과 어린이들은 좀 더 자주 아픈 경향이 있다.

Answer

(d) prone to serious accidents

Joseph's 강의노트

아이들에게 boundaries를 정해준다는 것은 해서는 안 될 일을 정한다는 것입니다. 부모에 의해서 이런 사항들을 지시받은 적이 없는 아이들이나 비정상적으로 위험한 행동에 관심이 많은 아이는 심각한 사고를 당하기 일쑤라는 내용입니다. be prone to something/ do something은 '…하기 쉬운', '…하는 경향이 있는'의 뜻입니다. be동사는 이미 빈 칸 밖에 제시되었으므로 빈 칸에 알맞은 어순은 prone to serious accidents가 적절합니다.

10 일류 경제학자들은 국가의 전반적인 경쟁력을 개선하기 위해 정부가 기업에 대한 세금 부담을 줄여야 한다고 제안한다.

유형 : that절안의 동사원형 난이도 : **

Solution

suggest 뒤에 오는 that절에의 알맞은 동사의 형태를 고르는 문제다. should lower에서 should가 생략된 것으로 봐야 하므로 정답은 lower가 된다.

Vocabulary

leading 주도하는
ex. The leading brand of cereal is three times as expensive as the generic brand. 유명 브랜드의 시리얼은 일반 브랜드들보다 3배는 더 비싸다.
burden 부담
ex. She was feeling burdened. 그녀는 부담을 느꼈다.
overall 전반적으로
ex. Overall, the grades for the exam were very high. 전반적으로 시험 성적은 매우 높았다.
competitive edge 경쟁 우위
ex. The company lost its competitive edge after its last product failed 회사는 지난번 상품이 실패한 이후로 경쟁 우위를 잃었다.

Answer

(a) lower

Joseph's 강의노트

insist, suggest, propose, demand, order, desire, wish, request 등의 동사 다음에 나오는 that 절내에는 should가 관용적으로 쓰입니다. 하지만 미국식 영어에서는 should를 생략하고 동사 원형을 쓰는 경우가 더 많습니다. 그러므로 여기에서 원래 문장이 Leading economists suggest that the government (should) lower the tax burden on businesses to improve the country's overall competitive edge. 였는데 should가 생략된 문장이라고 볼 수 있습니다. **suggest가 that 절을 이끌지 않을 때는 동명사의 형태를 쓰고 '누구에게 제안하다'라고 할 때는 전치사 to를 쓴다는 것도 기억해 두세요.**

- Some people suggest building another train station in the south part of the town. 어떤 사람들은 도시의 남쪽 지역에 또 하나의 기차역을 지을 것을 제안한다.
- What would you suggest to her in this situation? 이 상황에서 그녀에게 무엇을 제안하겠어요?

11 어느 전문 작가라도 네게 성공을 기대한 것보다 시간이 오래 걸릴 수도 있다고 말할 것이므로 작가로서의 직업에 실망하지 않는 것이 중요하다.

유형 : 어순 난이도 : **

Solution

take longer than expected 기대한 것보다 더 시간이 오래 걸리다의 의미이다.

Vocabulary

discouraged 낙담한
ex. Don't be discouraged if you receive a rejection letter from a publishing company. 출판사로부터 거부 편지를 받더라도 낙담하지 마.
professional 전문적인
ex. He wants to become a professional painter. 그는 전문 화가가 되고 싶어한다.

Answer

(d) may take longer than expected

Joseph's 강의노트

올바른 어순을 고르는 문제입니다. take longer than expected는 '기대한 것보다 오래 걸리다'의 의미입니다. 요즘 영어를 배우는 과정에서 덩어리로 익히기(chunking)가 많이 언급됩니다. 이것은 단어를 하나 하나 따로 익히기 보다는 함께 같이 쓰이는 덩어리를 함께 익히는 것을 의미합니다. TEPS의 어휘 문제에서 함께 쓰이는 동사+명사 혹은 형용사+명사의 짝들을 함께 익히는 collocation이 그 좋은 예라고 할 수 있습니다. 또한 이러한 학습 방법은 문법의 어순 문제에도 큰 도움이 됩니다. 예를 들어, 주어진 문장도 important, discouraged 이런 식으로 단어를 골라내어 암기하기 보다는 It's important to... / become discouraged .../ take longer than expected와 같은 식으로 익혀 두면 나중에 다른 단어가 사용되더라도 똑같은 구조를 사용하면 되므로 기억에 오래 남게 됩니다.

12 아무런 설명도 없이 모든 것을 뒤로 한 채 떠난 후 달라는 새로운 마을을 향했고 그곳에 정착했다.

유형 : 분사구문 난이도 : **

Solution

떠난 시점이 먼저이고 새로운 마을을 향해 가서 그곳에 정착한 일이 나중 일이므로 완료형 분사구문이 필요하다.

Vocabulary

leave behind 남기다
ex. Don't leave any valuables behind as they may get stolen. 도난 당할 수도 있는 귀중품은 두고 가지 마세요.
explanation 설명
ex. He tried to give an explanation for why he was so late to dinner, but she wouldn't listen. 그는 왜 저녁 식사에 늦었는지 설명을 하려고 했지만 그녀는 듣지 않았다.
settle 정착하다
ex. Harriet realized that she's ready to settle down and start a family. 헤리엇은 그녀가 정착하여 가정을 꾸릴 준비가 됐다는 것을 깨달았다.

Answer

(d) Having left

Joseph's 강의노트 

원래 After she had left everything behind with no explanation, Darla headed for a new town and settled there.이었던 문장을 분사구문으로 바꾼 문장입니다. 접속사 after를 제외하고 부사절과 주절에 반복된 주어 (she)를 부사절에서 빼고 부사절의 남은 동사 (had)를 ~ing형으로 바꾸면 분사구문이 완성됩니다. **부사절의 시제 (had left)가 주절의 시제 (headed/settle)보다 앞서므로 완료형 분사구문 (having p.p.)가 적절합니다.**

13 아무도 듣지 않는 것처럼 보였기 때문에 코미디언은 그가 최근에 생각해 낸 농담들을 시도해보기로 결정했다.

유형 : 접속사 난이도 : **

Solution

빈 칸에는 이유를 나타내는 접속사가 필요하다.

Vocabulary

come up with 생각해내다
ex. I came up with the idea for the story while sitting in a coffee shop. 나는 커피숍에 앉아 있는 동안 아이디어를 생각해 냈다.
appear 나타나다, …처럼 보이다
ex. She appeared to be worn out and tired after coming home from work. 그녀는 퇴근하여 집에 온 후 지치고 피곤한 것처럼 보였다.

Answer

(c) since

Joseph's 강의노트 

빈 칸에는 종속절과 주절을 연결 시켜주는 종속접속사가 필요합니다. 종속접속사에는 명사절을 이끄는 종속접속사 (that, if, whether)와 부사절을 이끄는 종속접속사가 있습니다. 부사절의 종속접속사는 시간을 나타내는 접속사 (when, while, as, until 등)와 이유를 나타내는 접속사 (because, as, since), 조건을 나타내는 접속사 (if, unless, as long as, in case 등), 양보를 나타내는 접속사 (though) 등이 있습니다. 이 문장에 알맞은 접속사를 찾으려면 우선 올바르게 해석을 해야 합니다. 아무도 듣는 것 같지 않았기 때문에라고 해석이 되므로 빈 칸에는 이유를 나타내는 접속사가 필요합니다. 보기 중에서 이유를 나타낼 수 있는 접속사는 since입니다. since는 시간을 나타내는 접속사로 '…이래로'의 의미로 쓰입니다.

VOCABULARY

1 A : 월요일 오후 전에 이 프로젝트를 끝낼 시간이 없을 것 같아.
B : 내가 뭐라고 했니. 하지만 넌 다른 사람의 의견을 듣는 데는 관심이 없지.

유형 : 숙어　난이도 : **

Solution

I told you so. 는 자신이 이전에 한 경고를 듣지 않은 상대방에게 염려했던 일이 일어난 경우 '내가 뭐라고 했니' 혹은 '내 말을 들었어야지' 의 의미로 할 수 있는 말이다.

Vocabulary

look like …처럼 보이다
ex. What does that cloud look like to you? 저 구름이 뭐처럼 보이니?
be interested in (doing something) …하는데 관심이 있다
ex. Would you be interested in trying a yoga class with me? 나랑 같이 요가 수업 듣는데 관심이 있니?
opinion 의견
ex. My personal opinion is that you should save your money until you find a coat that you really like. 내 개인적인 의견은 네가 정말로 좋아하는 코트를 찾을 때까지 네가 돈을 절약해야 한다는 거야.

Answer

(a) told

Joseph's 강의노트 

I told you so는 자신의 경고를 무시한 사람에게 '내 말 안 듣더니 이거 봐라.' 정도의 의미로 해석될 수 있습니다. 문제에서는 you weren't interested in listening to other opinions이라고 한 것으로 보아 A가 B의 경고를 듣지 않았다는 사실을 알 수 있습니다. say와 달리 tell은 뒤에 사람이 따라 오는 경우가 많습니다. 우리말로 생각할 때 '…에게 말하다'라고 하면 to가 따라와야 할 것 같지만 tell 뒤에는 to를 쓰지 않습니다. 또한 tell은 tell a joke (농담을 하다), tell a lie (거짓말을 하다), tell the truth(진실을 말하다)와 같은 경우에도 쓰인다는 것을 기억해두세요. tell은 '말하다', '이야기하다' 의미 이외에도 조동사 can과 함께 쓰여서 '알다', '납득하다', '분간하다', '식별하다'의 의미로도 쓰입니다.
ex. I couldn't tell whether he liked the gift or not. 그가 선물을 마음에 들어한 건지 알수가 없었어.
Kelly and Kim are twins. It's almost impossible to tell them apart. 켈리와 킴은 쌍둥이다. 그들을 구별하는 건 거의 불가능하다.

tell을 이용한 표현들

- (I'll) tell you what 이렇게 하면 어떨까 (제안할 때)
  ex. I'll tell you what? Why don't we meet here after school? 이렇게 하면 어떨까? 학교 끝나고 여기서 만나는거야.
- I'm telling you. 글쎄 그렇다니까 (자신의 말이 사실임을 강조할 때)
  ex. I'm telling you. He is hiding something from you. 글쎄 그렇다니까. 그가 네게 무언가를 숨기고 있다니까.
- Tell me about it. 그러게 말이야 (맞장구를 칠때)
  ex. A : That movie was so boring. 그 영화 너무 재미 없었어.
  B : Tell me about it. 그러게 말이야.

2 A : 켈러 부인이 지나친 반응을 보인다고 생각하지 않니?
B : 자신의 아들에 관한 일이라면 그녀가 정도를 넘는 경향이 있지.

유형 : 숙어　난이도 : ***

Solution

where somebody/something is concerned는 '…에 관한 일이라면'으로 as far as somebody/something is concerned와 같은 의미다.

Vocabulary

overreact 과민한 반응을 보이다
ex. He overreacted with rage when she told him that she didn't want to date anymore. 그는 그녀가 더 이상 데이트를 하고 싶지 않다고 말하자 화를 내며 과민반응를 보였다.
go over the top 도가 지나치다
ex. You're going a little over the top with the frosting on those cupcakes, don't you think? 그 컵케이크들의 프로스팅은 좀 지나치다고 생각하지 않니?

WEEK 3

Answer

(b) concerned

Joseph's 강의노트 

concerned은 형용사로 worried 혹은 involved의 뜻으로 쓰입니다. Involved의 의미로 쓰일 때는 명사를 뒤에서 수식해 준다는 것을 기억해 두세요. 예를 들어, 관련인이라고 할 때는 the person concerned라고 해야 합니다. 흔한 표현으로 as(so) far as I'm concerned는 '내 의견으로는' 의 뜻이고 여기서처럼 where something/ somebody is concerned라고 할 때는 '…에 관해서는'의 의미로 as far as something/ somebody is concerned와 같은 의미입니다. 또한 to whom it may concern이라고 하면 편지에서 받는 사람을 정확하게 모를 경우, '관련 담당자에게'의 의미가 됩니다. concerning은 '…에 관한'이라는 뜻의 전치사로 an article concerning the problems과 같은 형태로 쓸 수 있습니다. 문제에 사용된 go over the top은 '(정도가) 지나치다'의 뜻으로 여기서는 '아들에 관한 일이라면 그녀는 정도를 지나치는 경향이 있다'라는 의미가 됩니다.

- as far as I'm concerned 내 생각엔
  ex. You can do whatever you want as far as I'm concerned. 나로서는 네가 하고 싶은 데로 해도 괜찮다.
- be concerned about = be worried about 염려하다
  ex. He was concerned about passing the final exam. 그는 기말 고사를 통과하는 것을 염려한다.

3 A : 줄타기 꾼이 오늘 여기서 공연을 한다며?
B : 맞아. 그 사람의 이름은 "놀라운 샘"인데 두 개의 10층 건물 사이를 걸을 거야.

유형 : 혼동하기 쉬운 단어 난이도 : *

Solution

10층짜리 건물이라고 할 때는 ten-story building이라고 한다.

Vocabulary

tightrope 팽팽한 줄
ex. The performer walked on a tightrope between two trees. 곡예사는 두 나무 사이의 팽팽한 줄 위를 걸었다.

perform 공연하다
ex. The dance team is performing at the community center tonight. 무용단은 오늘밤 지역회관에서 공연을 한다.

Answer

(a) story

Joseph's 강의노트 

story, floor, level, grade, class, degree, layer 등의 단어들은 우리말로 모두 '층'이라고 해석될 수 있습니다. 우선 floor는 second floor (2층) 등과 같이 쓰이는데 반해서 story는 몇 층짜리 건물이라고 할 때 ten-story building 과 같은 형태로 쓰입니다. level은 basement level과 같이 쓰입니다. 여기서는 줄타기 꾼이 두 개의 십 층짜리 건물 사이에서 줄타기를 할 예정이라고 했으므로 (a)가 정답입니다. 이때 10층이라고 해서 ten-stories라고 쓰지 않도록 주의하세요. **미국 영어에서는 보통 1층을 first floor라고 하고 영국 영어에서는 ground floor라고 합니다.**

floor를 사용한 표현들

- **take the floor** (= start dancing) 춤을 추기 시작하다
  ex. They took the floor for their first dance as a married couple. 그들은 부부로서 첫 춤을 추기 시작했다.
- **have the floor** (= speak in discussion) 발언을 하다
  ex. Let Jimmy have the floor for a minute. 잠시 지미가 발언을 하도록 합시다.
- **from the floor** (= from the audience at a discussion) 청중석에서
  ex. Does anyone from the floor have any questions so far? 청중석에서 질문 있으신 분이 있나요?
- **(prices) go through the floor (= fall)** 가격이 내리다
  ex. Don't worry. Gas prices will go through the floor as time goes on. 걱정마. 시간이 지나면 기름값이 내릴거야.

level을 이용한 표현들

1. 정도

ex. The river reached its highest level. 강은 최고 수위에 달했다.

2. 수준

ex. This book is for advanced level students only. 이 책은 상급 수준 학생들만을 위한 것이다.

3. 층

ex. There is extra parking space at the basement level. 지하층에 추가 주차 공간이 있다.

4

A : 네가 시험을 아주 잘 봤다니 다행이야. 걱정할 필요가 전혀 없었네.

B : 내 성적이 자랑스럽긴 하지만 언제나 개선의 여지가 있지.

유형 : 숙어 난이도 : ***

Solution

There's room for improvement라고 하면 '개선의 여지가 있다'라는 뜻이다.

Vocabulary

no reason to (do something) …할 이유가 없다
ex. There's no reason to be so angry. 그렇게 화를 낼 필요가 없다.

be proud of 자랑스러워하다
ex. He was proud of how well his daughter did in the swimming competition. 그는 딸이 수영대회에서 잘한 것을 자랑스러워했다.

improvement 개선
ex. There was a great deal of improvement on the students' test scores from last time. 학생들의 지난번 시험 성적은 상당한 개선(향상)이 있었다.

Answer

(b) improvement

Joseph's 강의노트

room은 셀 수 있는 명사로 쓰일 때는 '방'의 의미이지만 여기서처럼 셀 수 없는 명사로 쓰일 때는 '공간'이라는 의미가 됩니다. 이때는 복수형으로 쓰거나 부정관사와 함께 쓸 수 없습니다. Take up room이라고 하면 '공간을 차지하다'의 의미로 This sofa takes too much room. 이라고 하면 '이 소파는 공간을 너무 많이 차지한다'라는 뜻입니다. There is room for improvement라고 하면 '개선의 여지가 있다'는 말로 보통은 그다지 좋지 않다는 것을 돌려 말할 때 많이 사용됩니다. 또한 elbow room이라고 하면 '움직일 수 있는 여유 공간'을 뜻합니다. room을 사용한 재미있는 표현으로는 not enough room to swing a cat이라는 표현이 있는데 이것은 '장소가 매우 좁다'는 의미입니다. 또한 형용사로 roomy라고 하면 '넓은(spacious)'의 의미라는 것도 기억해 두십시오.

• **leave room for something** …의 여지, 공간을 남겨두다
ex. Could you leave some room for me to sit down on the couch too? 소파에 나도 앉을 수 있는 공간을 남겨 줄래?

• **room temperature** 상온
ex. Let the cake cool at room temperature for 45 minutes before frosting it. 케이크에 설탕을 입히기 전에 45분동안 상온에서 케이크를 식혀라.

• **standing room only** 입석
ex. Standing-room-only tickets are cheaper, but it can be very uncomfortable to stand through the concert. 입석표는 더 싸지만 콘서트 내내 서 있는 것은 매우 불편할 수 있다.

• **legroom** 다리를 뻗을 수 있는 공간
ex. There isn't enough legroom in the backseat of this car. 이 차의 뒷 자석에는 다리를 뻗을 수 있는 공간이 충분하지 않다.

5

A : 백화점 매니저 자리에 지원할거야.

B : 좋은 생각이야. 넌 항상 목표한 바를 이루지.

유형 : 숙어 난이도 : **

Solution

go-getter 는 목표를 세우고 그것을 이루기 위해 노력하는 사람을 의미한다.

Vocabulary

apply for 지원하다, 신청하다

ex. I need to start applying for scholarships for college. 나는 대학 장학금을 신청할 필요가 있다.

position 직책

ex. There are three accounting positions open at the company right now. 현재 회사에는 경리부 직책이 세 자리 비어 있다.

move 움직임, (체스, 장기 등의) 수

ex. I never like to make the first move in chess. 나는 체스에서 첫 수를 두는 것을 좋아하지 않는다.

Answer

(a) go-getter

Joseph's 강의노트

go-getter는 말 그대로 가만히 앉아서 무언가가 실현되기를 기다리기 보다는 직접 그것을 이루려고 노력을 하는 사람을 의미합니다. 보기로 주어진 다른 단어들을 살펴보면 pushover는 '남의 말을 잘 들어서 쉬운 상대, 잘 넘어가는 사람'을 가리키고 sore loser는 '자신이 진 것을 인정하지 못하는 사람', touch (tough) cookie는 '성격이 강인하여 어려움을 잘 견뎌내는 사람'을 가리킵니다.

- **pushover** 쉬운 상대
  ex. I don't mean to be such a pushover, but it's hard for me to be more assertive. 나는 그렇게 만만한 상대가 되고 싶진 않지만 좀더 강한 주장을 하는 것이 내게는 어렵다.
- **sore loser** 패배를 인정하지 않는 사람
  ex. Don't be such a sore loser. It's just a game. 정정당당한 패자가 되라. 그건 그저 게임일 뿐이야.
- **tough cookie** 강인한 사람
  ex. She's a real tough cookie handling twenty unruly children in one classroom all by herself. 그녀는 한 학급에 스무 명의 제멋대로인 아이들을 혼자 힘으로 다루다니 참 강한 사람이다.

성격을 묘사하는 숙어들

- bigmouth 말이 많은 사람
- busybody 참견하기 좋아하는 사람
- clock watcher 게으른 직장인
- eager beaver 열성적인 사람

6

김씨는 회사의 로비에 전시되어 있는 현대 미술 작품을 처음에는 좋아하지 않았지만 시간이 지남에 따라 차차 그것을 좋아하게 되었다.

유형 : 이어 동사 난이도 : ***

Solution

grow on은 '처음에는 좋아하지 않았지만 점차 좋아하게 되었다'는 뜻이다.

Vocabulary

modern 현대의

ex. Modern medicine has helped doctors to find cures for many life-threatening diseases. 현대 의학은 의사들이 많은 치명적인 질병들에 대한 치료법을 찾도록 도와주었다.

display 전시하다

ex. The museum displayed numerous pieces of art by the famous painter. 박물관은 유명 화가들에 의한 수 많은 예술 작품들을 전시했다.

Answer

(d) grew on

Joseph's 강의노트

빈 칸에 알맞은 phrasal verb를 고르는 문제입니다. 첫 번째 문장이 though로 시작된 것으로 볼 때 뒷 문장은 앞 문장과 반대가 되는 내용일 것이라고 짐작할 수 있습니다. Mr. Kim은 처음에는 회사 로비에 있는 미술품을 좋아하게 되지 않았지만 시간이 지남에 따라 (over time) 좋아하게 되었다는 내용이 가장 적절합니다. come around는 처음에는 반대하다가 생각을 바꿔 동의하게 된 상황에서 사용할 수 있습니다. show off는 '과시하다', '자랑하다'의 의미입니다.

grow를 이용한 이어 동사들

- **grow apart** 관계가 멀어지다
  ex. Jenny and I were close friends, but we grew apart after she moved away. 우리는 친한 친구였지만 제니가 이사를 간 이후로 관계가 멀어졌다.
- **grow into/out of** 몸이 자라서 큰 옷이 맞게 되다/옷이 작아지다
  ex. The sweater was too big for Jack last year, but this year he grew into it. 스웨터는 작년에 잭에

게는 너무 컸지만 잭은 자라서 옷이 맞게 되었다.

7 의사는 환자의 아버지에게 그의 아들이 수술 후에 완전히 회복할 것이라고 보장을 했다.

유형 : 의미를 혼동하기 쉬운 어휘 난이도 : *

Solution

의사가 환자의 아버지에게 환자가 회복될 것이라고 보장했다고 하는 것이므로 assurance가 정답이다.

Vocabulary

recovery 회복

ex. Doctors believed that her recovery was a miracle. 의사들은 그녀의 회복이 기적이라고 믿었다.

surgery 수술

ex. She had a minor surgery yesterday morning. 그녀는 어제 아침에 작은 수술을 받았다.

Answer

(d) assurance

Joseph's 강의노트

assurance는 자신감있는 행동이나 태도, 어떤 일이 사실이거나 발생할 것이라는 것을 확신하는 것을 가리킵니다. 흔히 that절과 함께 쓰여 give somebody every assurance that~의 형태로 '...에게 …을 보증하다'의 의미로 해석됩니다.

assurance를 이용한 몇 가지 표현들은 다음과 같습니다.

- have full assurance of/that …라고 전적으로 확신하다
- in the assurance of …을 확신하여
- with assurance 확신을 가지고
- authority는 권위, 권한, influence는 영향의 뜻입니다. 참고로 authority가 복수형태로 authorities로 쓰이면 관계 당국, 해당 관청의 의미입니다.

8 교실에서 나오는 냄새가 너무 심해서 몇몇 학생들이 병이 났고 모두 대피를 해야했다.

유형 : 형태를 혼동하기 쉬운 어휘 난이도 : ***

Solution

evacuate는 안전상의 문제로 건물을 떠나는 것을 의미한다.

Vocabulary

odor 냄새

ex. Where is this odor coming from? 이 냄새가 어디서 나오는거야?

intense 강한

ex. The pain was so intense that the patient screamed. 고통은 너무 강력해서 환자는 소리를 질렀다.

Answer

(b) evacuated

Joseph's 강의노트

형태가 유사한 단어들의 의미를 구분하여 문장의 의미를 가장 잘 완성하는 단어를 고르는 문제입니다. 보기로 주어진 단어들의 의미를 알지 못하면 정답을 찾기가 어려울 수도 있습니다. 냄새가 너무 강해서 학생들이 병이 날 지경이었고 그래서 학교 건물을 떠나야 했다는 내용이 가장 적절하므로 evacuate가 가장 적절합니다. 일반적으로 odor는 좋은 향기라기 보다는 불쾌한 냄새를 가리킵니다. exasperate는 '화나게 하다'의 의미이므로 이 문장에서는 적절하지 않습니다. expel은 '퇴학당하다'라는 의미로 학교와는 연관이 있지만 여기서는 정답이 될 수 없습니다. evict는 '세들어 사는 사람을 쫓아내다'란 뜻입니다.

odor와 함께 쓰이는 형용사

- foul 오염된
- obnoxious 불쾌한
- offensive 불쾌한
- pungent 자극성의
- emit 내뿜다
- give off 발산하다

9 학생들의 부모들 중 다수가 자신의 아이들을 교실에서 학대한 것에 대해 교사를 비난했다.

유형 : 문맥에 알맞은 어휘 난이도 : **

Solution

denounce는 criticize, accuse의 의미를 갖는다.

Vocabulary

mistreat 학대하다

ex. They saved a dog mistreated by its owner. 그들은 주인에게 학대받은 개를 구했다.

Answer

(a) denounce

Joseph's 강의노트

보기로 주어진 단어들 중에서 문장의 의미를 가장 잘 완성하는 단어를 고르는 문제입니다. denounce는 '비난하다', '고발하다'의 의미를 갖습니다. resolve는 '문제 등을 해결하다', '결정하다'의 뜻이고 shed는 '피, 눈물등을 흘리다'의 뜻입니다. 또한 shed weight/pound라고 하고 '체중을 감소하다'의 의미입니다. misplace는 '물건등을 잘못 놓아 찾을 수가 없는 것'을 말합니다. 이 문장에서는 부모들이 아이들을 학대한 것에 대해 교사를 비난했다는 내용입니다. 그러므로 빈 칸에 가장 적절한 단어는 denounce입니다.

10 업무 회의 중 자신의 요점을 납득시키는 좋은 방법의 하나는 적절하고 시각적으로 흥미있는 차트와 그래프를 이용하는 것이다.

유형 : 숙어 (idiom) 난이도 : ***

Solution

drive home one's point는 '요점을 납득시키다'의 뜻이다.

Vocabulary

relevant 적절한

ex. None of the points she made were relevant to the discussion. 그녀가 지적한 점들은 토론과는 무관했다.

visually 시각적으로

ex. The painting is visually pleasing to the eye. 그 그림은 시각적으로 보기에 좋았다.

Answer

(d) drive

Joseph's 강의노트

drive home one's point 혹은 drive home이라고 하면 '일의 핵심을 지적하다', '요점을 납득시키다'의 숙어입니다. drive는 물론 운전하다의 의미가 있지만 명사나 숙어의 일부로도 자주 쓰입니다. 예를 들어, drive somebody crazy라고 할 때의 drive는 make의 의미로 '짜증나게 하다'의 뜻입니다. drive는 명사로도 쓰일 수 있는데 '모금 운동', '추진력'의 의미가 됩니다. (ex. fund-raising drive 모금 운동, competitive drive 경쟁심) 또한 what somebody is driving at이라고 하면 what somebody is trying to say의 뜻입니다. drive somebody to do something이라고 하면 '…을 하도록 만들다'가 됩니다.

11 존슨씨는 자신이 시간이 날 지 확신이 없었기 때문에 회의를 일단 다음 월요일로 잡아두었지만 되도록 빨리 확인을 해 주겠다고 약속했다.

유형 : 이어 동사 난이도 : **

Solution

pencil in은 '나중에 변동될 수도 있지만 일단 약속을 잡다'의 의미다.

Vocabulary

availability 시간이 남

ex. What's your availability for next week? 다음 주에 시간이 어떻게 되나요?

Answer

(a) penciled in

Joseph's 강의노트

빈 칸에 알맞은 phrasal verb를 고르는 문제입니다. pencil in은 나중에 바뀔 수도 있지만 일단을 일정을 잡는 것을 의미합니다. 연필로 쓰면 나중에 변동이 있을 때 쉽게 지울 수 있다고 기억하시면 됩니다. 여기서는 Because Mr. Johnson wasn't sure of his availability 나 문장의 의도 이해에 핵심이라고 할 수 있습니다. 자신이 시간이 날 지 확실하지 않았기 때문에 일단 다음 월요일로 회의를 잡아 두고 되는대로 빨리 확인을 해주겠다고 하고 있습니다.

READING

1 전 세계에서 가장 인구가 밀집한 지역들 중 한 곳에 살고 있는 사람들에게 도시 생활은 심각한 피해를 줄 수 있다. 사람들로 붐비는 대도시는 관광객들에게는 쇼핑을 하고 식사를 하고 문화 행사들을 경험할 수 있는 신나는 장소로 여겨지는데 반해서 그곳에 거주하는 사람들은 종종 도시 생활이 불쾌하다고 생각한다. 작은 마을에 사는 사람들은 자신들이 지역 사회의 일원으로 강한 소속감을 느낀다고 자주 말하지만 도시 거주자들은 수 백만 명의 사람들 곁에서 자신이 무의미하고 외롭다고 느낄 수도 있다. 도시에서의 활동이 전혀 속도를 늦추지 않는 것처럼 보이고 주민들이 서둘러 움직이는 군중의 무리에 휩싸이게 됨에 따라 도시 생활의 속도는 또한 스트레스를 줄 수도 있다.

(a) 심각한 피해를 줄 수 있다.
(b) 단조롭고 반복적이다.
(c) 독립심을 길러준다.
(d) 활력을 주는 경험일 수 있다.

유형 : 글의 주제 찾기　난이도 : **

Solution

관광객들에게 대도시는 번화하고 활기찬 곳으로 보이지만 그곳에 거주하는 사람들은 많은 사람들 사이에서 상대적인 고립감을 느끼게 된다고 한다. 그러므로 도시 거주민들에게 도시 생활은 심각한 피해를 줄 수도 있다는 (a)가 글의 흐름상 가장 적절하다.

Vocabulary

teeming 많은, 붐비는
ex. The teeming streets of the city were never empty. 도시의 붐비는 거리들은 절대로 빈 적이 없다.

metropolis 대도시
ex. Life in a metropolis must be very exciting.
대도시에서의 생활은 매우 흥미진진할 것이 틀림없다.

insignificant 하찮은
ex. My role in the play was brief and insignificant.
연극에서의 내 역할은 짧고 하찮은 것이었다.

pace 속도
ex. I like the slow pace of living in the countryside.
나는 시골의 느긋한 속도의 생활이 좋다.

rush 돌진
ex. The children made a rush to the ice cream truck. 아이들은 아이스크림 트럭으로 몰려갔다.

WEEK 3

crowd 군중
ex. I couldn't see you through the large crowd. 나는 큰 군중 사이로 너를 볼 수가 없었다.
take a toll 피해를 주다
ex. The disease took a toll on Al's health, but not on his positive attitude. 질병은 알의 건강에 해를 끼쳤지만 그의 긍정적인 태도에는 해를 끼치지 못했다.

Answer

(a) take a significant toll

Joseph's 강의노트 

어쩌다 대도시를 방문하는 관광객들과는 달리 그곳에 거주하는 사람들에게 도시 생활은 매우 다른 의미를 갖습니다. 빈 칸 바로 뒤에 오는 문장이 While 로 시작되고 있는 것으로 보아 방문객들이 생각하는 도시 생활과 도시 거주민들이 생각하는 도시 생활을 대조시키고 있다는 것을 알 수 있습니다. 그 다음 문장에서는 작은 마을에 사는 사람들이 강한 소속감을 느끼는데 반해서 도시 거주민들은 많은 사람들 사이에서 오히려 고독감을 느낀다고 대조시키고 있습니다. 또한 unpleasant, feel insignificant and lonely, stressful 등과 같은 표현들로 도시 생활을 묘사하고 있는 것으로 볼 때 도시 생활의 부정적인 면이 빈 칸에 알맞은 내용이라는 것을 알 수 있습니다. (c)와 (d)는 일반적으로 대도시 생활의 긍정적인 면이라고 할 수 있으므로 정답에서 제외됩니다. (b)는 사실일 수도 있지만 글의 내용으로는 알 수 없는 내용입니다. 그러므로 도시 생활이 도시 거주민들에게는 심각한 피해를 줄 수도 있다는 (a)가 정답이 됩니다.

2 CD의 판매가 지속적으로 감소하고 있는 반면에 한 세대 이전의 음악 기술이 다시 놀라운 인기를 얻고 있는 것처럼 보인다. 젊은이들은 레코드 판 형태의 옛 음악을 구입하고 있을 뿐만 아니라 새로운 음악 또한 이러한 형태로 구매하고 있다. 지난 시대의 유적으로 오랫동안 여겨져 온 레코드 플레이어 또한 많이 팔리고 있다. 많은 사람들이 수 천곡의 노래가 신용카드보다 작은 기기에 저장될 수 있는 시대에 왜 일부 소비자들이 훨씬 부피가 큰 레코드 판을 선택하는지에 대해 자문할지도 모른다. 그러나 레코드 판 애호자들에게 답은 간단하다. 레코드 판의 소리가 더 좋다는 것이다.
(a) CD의 경쟁상대
(b) 지나간 시대의 유적
(c) 최고 품질 음악 플레이어
(d) 값비싼 충동 구매

유형 : 세부 사항　난이도 : **

Solution

CD나 MP3에 밀려 레코드 판을 듣는 사람들이 없었으므로 레코드 플레이어는 과거의 유적으로나 여겨졌다는 것이 가장 적절하다.

Vocabulary

decline 감소하다
ex. The number of newspapers has declined in recent years. 신문의 수는 최근에 감소했다.
generation 세대
ex. The book is about the generation that grew up during World War II. 책은 2차 세계 대전 중에 성장한 세대에 관한 것이다.
make a comeback 다시 인기를 얻다, 복귀하다
ex. The once popular singer wants to make a comeback this year. 한때 인기 있었던 가수가 올해 복귀하고자 한다.
format 형태
ex. The book comes in an electronic as well as a paper format. 이 책은 전자 형태는 물론 종이 형태로도 나온다.
device 기기
ex. You can download all of your favorite music onto this tiny device. 너는 작은 기기에 네가 좋아하는 음악을 모두 다운로드 받을 수 있다.
opt for 선택하다
ex. My friend wants apple pie, but I will opt for cherry pie. 내 친구는 사과 파이를 원하지만 나는 체리 파이를 선택할 것이다.
bulky 부피가 큰
ex. The bulky box was hard to carry up the stairs. 부피가 큰 상자는 계단으로 갖고 오르기가 힘들다.
enthusiast 애호가, 광
ex. Jay is a computer enthusiast. 제이는 컴퓨터 광이다.
relic 유적, 유물
ex. The antique store had many relics from the 1800s. 골동품 상점은 1800년대 유물들을 많이 갖고 있

었다.

bygone 과거의

ex. The paintings at the museum are from bygone times. 박물관의 그림들은 과거 시대의 것들이다.

Answer

(b) relics from a bygone era

Joseph's 강의노트 

CD의 판매는 감소되고 있는데 반해서 이전 세대의 음악 형태로 여겨졌던 레코드 판의 판매가 다시 증가하고 있는 경향을 설명하고 있습니다. 그에 따라 과거의 유물로 여겨졌던 레코드 플레이어의 판매도 함께 증가하고 있다는 것이 논리적으로 가장 적절합니다. 젊은이들은 레코드 판으로 나온 오래된 음악만을 구입하는 것이 아니라 새로 나온 음악도 레코드 판의 형태로 찾고 있습니다. MP3 세대로 수천 곡의 노래를 작은 기기에 담아 가지고 다닐 수 있는 시대에 왜 부피가 큰 레코드 판을 구입하는가에 대한 질문에 대해서 그들은 음질이 더 좋기 때문이라고 간단하게 대답합니다. 여기서는 레코드 플레이어가 오랫동안 어떤 것으로 여겨졌는가를 찾는 것이 문제입니다. CD의 판매가 감소되었다는 내용이 언급되긴 했지만 레코드 판의 인기가 CD 판매 감소의 직접적인 영향을 (은) 아니므로 (a)는 정답이 될 수 없습니다. 뛰어난 음질 때문에 레코드 판의 인기가 높다고 한 것 때문에 (c)를 정답으로 착각하지 않도록 주의하세요. 많은 젊은이들이 레코드 플레이어를 구입하고 있지만 그것이 충동 구매로 여겨진다고 할 수는 없으므로 (d)도 오답입니다.

---

3 교육은 남아프리카의 많은 젊은이들이 경험하는 빈곤의 악순환에서 벗어날 수 있는 길을 제공해 준다. 하지만 남아프리카 공화국에서 고등학교 교사의 부족은 학생들이 필요로 하는 교육을 받는 것을 매우 힘들게 만든다. 많은 교실에서 50명의 학생들이 수업을 위해 빽빽하게 앉아 있는 것은 드문 일이 아니다. 남아프리카 공화국의 한 지역에서는 내년에 오천 명의 교사 자리를 채워야만 한다. 대부분의 문제들은 외국인을 고용하기를 꺼리는 차별적인 고용 관례에서 유래한다. 또한 보수도 문제인데 이것은 많은 자격을 갖춘 교육자들이 더 나은 봉급을 찾아 사기업 부문으로 눈을 돌리도록 만든다.

유형 : 인과 관계 난이도 : **

Solution

남아프리카 공화국에서 많은 젊은이들이 가난에서 벗어나기 위한 교육을 받는 것을 어렵게 하는 원인이 무엇인가를 고르는 문제이다.

Vocabulary

instruction 교육, 지도

ex. Under Mr. Brown's instruction, I was able to complete my degree. 브라운씨의 지도 하에 나는 내 학위를 마칠 수 있었다.

cram 억지로 밀어 넣다

ex. I had to cram all of my clothes into a small suitcase. 나는 작은 가방에 내 옷들을 모두 억지로 쑤셔 넣어야 했다.

stem from …에서 유래하다

ex. The child's bad behavior stems from a lack of attention at home. 아이의 나쁜 행동은 가정에서의 관심 부족에서 나온다.

discriminatory 차별적인

ex. Many places have laws against discriminatory actions. 많은 장소들이 차별적인 행동에 대항하는 법들을 가지고 있다.

reluctance 꺼림

ex. My reluctance to buy the car is mainly based on its cost. 내가 차를 사는 것을 꺼리는 이유는 주로 그 가격 때문이다.

force 강요하다

ex. My parents forced me to take piano lessons for years. 우리 부모님들은 내가 수 년 동안 억지로 피아노 레슨을 받도록 강요했다.

private sector 사기업 분야

ex. After years of government jobs, Tom wanted to join the private sector. 정부직에서 수 년동안 일한 후 탐은 사기업 분야에 종사하고 싶어했다.

Answer

(b) the lack of high school teachers in the country

Joseph's 강의노트 

남아프리카 공화국에서 많은 젊은이들이 빈곤의 순환에서 벗어나기 위해 필요한 교육을 받는 것을 막는 것이 무엇인가를 찾는 문제입니다. 교실에 많은 수의 학생들

WEEK 3

이 있다는 점과 5000명의 교사직이 비어있다는 점이 언급된 것으로 보아 교사의 수가 부족한 것이 문제라는 것을 알 수 있습니다. 또한 외국인을 고용하기를 꺼리는 고용 관습이 교사 부족의 주 원인이고 자격을 갖춘 교사들이 있더라도 그들이 보수가 더 높은 사기업 분야로 눈을 돌리는 경향이 있어 문제가 더욱 심각해지고 있다고 합니다. 차별적인 고용 관례 (discriminatory hiring practices)가 언급된 것을 여학생에 대한 차별이라고 착각하여 (c)를 정답으로 고르거나 poverty가 언급되었다고 해서 (d)를 정답이라고 착각하지 않도록 주의하세요. 여기서는 교사의 수 부족 문제가 학생들이 필요로 하는 교육을 받지 못하게 만드는 주요 원인으로 소개하고 있습니다.

4 모든 사람들이 손을 씻는 것이 건강을 유지하기 위해 할 수 있는 가장 중요한 일 중의 하나라는 것을 알고 있다. 하지만 사람들이 아마도 잘 모르는 것은 제대로 자주 손을 씻지 않는다면 질병에 대한 손 씻기의 효과가 감소될 수도 있다는 점이다. 하지만 몇 가지 기억할 점들이 있는데 항균 비누의 혜택이 종종 광고에서 적극 선전되고 있긴 하지만 보통 비누와 따뜻한 물도 효과가 거의 같다. 먼지나 박테리아를 제거하기 위해서는 15초에서 20초 동안 손의 구석 구석을 문지르는 것이 중요하다. 손을 헹군 후에는 수도 꼭지를 잠그고 화장실 문을 여는데 종이 타월을 이용하도록 한다.

위 글의 내용과 일치하는 것은?

(a) 항균 비누를 사용하는 것이 손을 깨끗이 씻는 최선의 방법이다.

(b) 화장실을 나갈때는 문을 만지지 말아야 한다.

(c) 손 씻기는 손의 먼지를 제거해줄 뿐이다.

(d) 손을 씻는 데는 찬물도 더운 물만큼 효과가 있다.

유형 : 내용 일치 난이도 : **

Solution

손을 씻는 것이 건강을 유지하는데 중요하지만 제대로 씻지 않으면 효과가 없다는 내용이다.

Vocabulary

properly 적절하게
ex The vending machine isn't working properly. 자동 판매기가 제대로 작동하지 않는다.

effectiveness 효과, 효율성
ex. The effectiveness of the treatment was still in the experimental stages. 치료의 효과는 아직 실험적인 단계이다.

diminish 감소하다
ex. Jane's excitement was diminished when she found she had to wait in line to get into the museum. 제인은 박물관에 들어 가기 위해 줄을 서 기다려야 한다는 것을 알고 흥분이 감소했다.

tout 적극 칭찬하다, 선전하다
ex. The doctor touted the effectiveness of the new drug. 의사는 새로운 약의 효과를 적극 칭찬했다.

commercial 광고
ex. Tom hated to watch television because the commercials were much too long. 탐은 광고가 너무 길어서 텔레비전 보는 것을 싫어했다.

faucet 수도 꼭지
ex. Anne listened to the leaky faucet drip water all night long. 앤은 물이 새는 수도 꼭지에서 물이 떨어지는 것을 밤새도록 들었다.

Answer

(b) You shouldn't touch the door handle when leaving the bathroom.

Joseph's 강의노트 

글의 내용과 일치하는 것을 고르는 문제입니다. 손 씻기와 건강에 관련성에 대한 글로 무조건 손을 씻기만 한다고 되는 것이 아니라 효과가 있도록 손을 씻는 방법에 대해 설명하고 있습니다. 항균 비누의 효능이 크게 광고되고는 있지만 일반 비누와 따뜻한 물도 그만큼 효과가 있으며 손을 씻을 때는 적어도 15초에서 20초 동안 손을 문질러야 한다고 합니다. 또한 많은 사람들이 저지르는 실수는 손을 씻고 난 후에 깨끗한 손으로 다시 수도 꼭지나 문의 손잡이를 만짐으로써 손에 병균을 다시 묻히는 것이라고 하면서 After rinsing, use a paper towel to turn off the faucet and open the bathroom door. 라고 조언하고 있습니다. 그러므로 정답은 (b)가 됩니다.

5 최근 영국에서 심장 이식 수술을 거부할 권리를 얻어낸 불치병을 앓고 있는 13살 소녀의 이야기는 많은 사람들로 하여금 죽을 권리에 있어서 또 하나의 복잡한 문제를 생각해

보도록 만든다. 어린이 보호 관찰사와의 대화 중에 해나 존스는 자신의 남은 날들을 가족들과 보내고 존엄하게 죽고 싶다고 말했다. 그녀의 부모는 딸의 선택을 지지하고 있으며 그들은 그 결정 과정에 관여하지 않았다고 주장한다. 만남을 마친 후 고등 법원에 강제 수술 명령 집행을 신청했던 병원 측은 법원 결정 신청을 철회했다. 많은 전문가들은 이 결과를 높이 평가하며 해나 나이의 환자는 치료에 대해 결정을 내릴 능력이 있다고 주장했다. 이 사건이 중요한 것은 모든 죽을 권리에 관한 경우들에 있어서 흔한 문제인 환자의 권리와 의사의 책임 간의 갈등에다가 환자의 나이까지 얽혀있기 때문이다.

위 기사의 내용과 일치하는 것은?
(a) 영국에서 죽을 권리가 합법화 되었다.
(b) 해나의 경우는 고등 법원에서 결정되었다.
(c) 법원은 부모가 결정을 내려야 한다고 판결했다.
(d) 해나는 의사의 충고에도 불구하고 수술을 받지 않기로 결정했다.

유형 : 내용 일치 난이도 : **

Solution

영국의 시한부 인생 소녀의 이야기가 뉴스에 오르게 된 것은 그녀가 존엄하게 죽을 권리를 주장하며 수술을 거부했으며 병원이 법원 결정 신청을 철회했기 때문이다.

Vocabulary

terminally-ill 시한부 인생의
ex. The hospital specializes in taking care of terminally-ill children. 그 병원은 시한부 인생인 아이들을 돌보는 것을 전문으로 한다.
heart transplant 심장 이식 수술
ex. Eric needs a heart transplant to survive. 에릭은 살기 위해서는 심장 이식 수술이 필요하다.
complexity 복잡성
ex. The complexity of the book makes it difficult to understand. 책의 복잡성은 그것을 이해하는 걸 어렵게 만든다.
with dignity 존엄하게
ex. Despite her embarrassment, Gina walked away with dignity. 창피함에도 불구하고 지나는 존엄하게 걸어나갔다.
outcome 결과
ex. The outcome of the election was surprising. 선거의 결과는 놀라웠다.
tension 긴장관계
ex. There was a lot of tension between the two men. 두 남자 사이에는 큰 긴장이 있었다.

Answer

(d) Hannah decided to forego surgery despite her doctor's advice.

Joseph's 강의노트 

글의 내용과 일치하는 것을 고르는 문제입니다. 최근 영국에서 존엄하게 죽을 권리를 주장하며 수술을 거부한 13세 소녀의 이야기에 관한 기사입니다. 병원 측은 소녀가 수술을 받도록 법원에 강제 명령을 신청했지만 결국에 법원 결정 신청을 철회했다는 내용이므로 영국에서 죽을 권리가 합법화되었다는 (a)와 법원에서 결정이 내려질 것이라고 한 (b)는 사실이 아니므로 정답이 될 수 없습니다. 소녀의 부모는 딸의 결정을 지지하며 딸이 결정을 내리는데 아무런 영향력을 행사하지 않았다는 내용이 언급되었지만 법원이 부모가 결정을 하도록 판결했다는 (c)는 사실이 아닙니다. 해나가 심장 이식 수술을 거부할 권리를 획득했으며 (won the right to refuse a heart transplant) 남은 인생을 가족과 함께 보내고 존엄하게 죽고 싶다 (wanted to live out the rest of her days with her family and die with dignity)고 했으므로 수술을 받지 않기로 결정했다는 (d)가 정답으로 가장 적절합니다.

6 대부분의 범죄자들에게 수감은 책임감 있는 시민으로서 사회로의 성공적인 통합을 막는 형벌이다. 감옥 체계는 범죄자들을 회복시키기보다는 그들은 더 악화시키는데 비폭력 전과자들의 경우는 특히 그러하다. 폭력이 지배하고 하루하루가 철저하게 조직화된 세상에서 석방된 후 수감자는 생산적인 인생을 설계하도록 요구된다. 이것은 투옥기간 동안에 범죄 행위를 막는 방법들을 연구하고 제공하는 일종의 중재가 (교육이) 없이는 불가능하다. 대다수의 사람들은 갱생 프로그램이 교도소 체제 내에 존재해야 한다고 믿는다. 많은 갱생 프로그램들이 수감자들이 다시 사회로 돌아가고 또 다른 처벌을 피하는 데 필요한 감정적, 직업적 때로는 영적인 도구들을 제공한다.

위 글의 내용과 일치하는 것은?
(a) 갱생 훈련은 비폭력 전과자에게만 효과가 있다.
(b) 갱생 훈련은 투옥 기간 동안 행해진다.

WEEK 3

(c) 많은 사람들이 갱생 훈련으로 수감을 대체해야 한다고 믿는다.
(d) 범죄자들은 종종 필요한 것 이상으로 가혹한 형을 받는다.

유형 : 내용 일치 난이도 : **

Solution

감옥이 단순 처벌 체계보다는 투옥 기간 동안 범죄자들이 형을 마치고 난 후 사회로 다시 복귀하는 것을 도와주는 과정이 필요하다는 내용이다.

Vocabulary

rehabilitation 갱생, 사회 복귀
ex. Robert needs rehabilitation for his drug problem. 로버트는 약물 중독으로부터의 갱생이 필요하다.
stifle 억제하다
ex. Rules stifle my creativity. 규칙들은 나의 창의성을 억제한다.
integration 통합
ex. The integration of new technology made the company more efficient. 새로운 기술의 통합은 회사를 더욱 효율적으로 만들었다.
redeem 회복하다, 구원하다
ex. Tim redeemed himself by apologizing for his mistake. 팀은 자신의 실수에 대해 사과함으로써 자기 자신을 구원했다.
inmate 수감자
ex. Several inmates tried to escape from the prison. 몇몇 수감자들이 감옥에서 탈출하려고 했다.
regiment 조직화하다
ex. My day is regimented by a strict schedule. 나의 하루는 엄격한 일정으로 조직화된다.
intervention 중재, 관여
ex. Without intervention, the situation will only get worse. 중재가 없이 상황은 단지 악화될 뿐이다.
incarceration 투옥
ex. During his incarceration, the man started to regret what he did. 투옥되어 있는 동안 남자는 자신이 한 짓을 후회했다.

spiritual 영적인
ex. Most cultures have a spiritual ceremony for newborns. 대부분의 문화들이 새로 태어난 아기들을 위한 영적인 의식을 가지고 있다.
sentence 형, 선고
ex. The judge gave the man a thirty-year sentence. 판사는 남자에게 30년 형을 내렸다.

Answer

(b) Rehabilitation programs take place during imprisonment.

Joseph's 강의노트

글의 내용과 일치하는 것을 고르는 문제입니다. 감옥은 범죄자들이 사회에서 분리되어 시민으로서의 역할을 하지 못하도록 하는 처벌 체계입니다. 이러한 방식의 문제점은 범죄자들이 형을 살고 난 후 일반 사회에 적응하는 것을 더욱 어렵게 만들고 비폭력 전과자들이 더 심각한 범죄로 빠져 들게 만듭니다. 그러므로 많은 사람들이 갱생 프로그램이 투옥 기간 동안 이루어져야 한다고 믿고 있습니다. 이러한 갱생 프로그램들을 통해서 범죄자들이 투옥 기간 동안 사회의 일원으로 다시 복귀할 수 있는 도구를 제공하고 그들이 범죄를 다시 저지르지 않도록 하는 것이 감옥 체계의 목적이 되어야 한다는 것이 글쓴이의 주장입니다. 그러므로 (b)가 정답으로 가장 적절합니다. 감옥 체계는 비폭력 전과자들이 오히려 더 질이 나쁜 범죄에 빠져 들도록 하는 경우가 있다(Rather than redeeming criminals, the prison system often makes them worse, especially in the case of non-violent offenders.)고 했지만 갱생 훈련이 이들에게만 효과가 있다는 (a)는 사실이 아닙니다. (c)와 (d)의 내용은 전혀 언급되지 않았으므로 정답이 될 수 없습니다.

7 포드사의 핀토보다 더 조롱의 대상이 되었던 자동차를 생각해내기는 힘들다. (a) 1970 시장에 소개된 핀토는 차의 뒷부분이 폭발하는 경향과 충돌 사고가 발생할 경우 문이 열리지 않는다는 점 때문에 "4인용 바비큐"라고 불렸다. (b) 소비자에 대한 위험에도 불구하고 포드 사는 장기적인 측면으로 볼 때 소송을 처리하는 것이 더 저렴하다고 생각하여 이 차량을 다시 설계하기를 거부했다. (c) 그 디자인은 미국과 외국 시장에서 좋은 성과를 이룬 또 다른 포드 제품을 기본으로 한 것이었다. (d) 그러나 궁극적으로 회사는 이 차량들의 많은 수를 리콜 처리하고 수리를 위해 판매상들에게 "안전 장치 도구"를 보낼 수 밖에 없었다.

유형 : 글의 흐름 난이도 : ***

Solution

70년대 나온 포드사의 핀토는 차체의 결함으로 위험한데다가 조롱의 대상이 되었다는 내용이다.

Vocabulary

subject 대상
ex. The subject of the interview became visibly nervous. 인터뷰의 대상은 겉으로 보기에 긴장해 보였다.
refer 가리키다, 지칭하다
ex. The plan was referred to as "Mission Impossible". 그 계획은 "불가능한 임무"라고 지칭되었다.
propensity 경향
ex. The boy showed a propensity for violence. 소년은 폭력적인 경향을 보였다.
collision 충돌
ex. The collision between the huge truck and the small car caused a major traffic jam. 대형 트럭과 작은 자동차의 충돌은 큰 교통 체증을 일으켰다.
lawsuit 소송
ex. The cigarette company had several lawsuits for over a decade. 담배 회사는 십 년에 걸쳐 여러 소송에 휘말렸다.
dealership 자동차 판매상
ex. As soon as you drive a new car off the dealership lot, it loses a significant portion of its value. 새 차를 자동차 판매장에서 몰고 나오자 마자 그것은 값어치가 하락한다.

Answer

(c) The design was based on another Ford product that had done well in both American and foreign markets.

Joseph's 강의노트

핀토의 디자인에 대한 내용이라기 보다는 차체의 결함으로 인해 불이 나는 경우가 있어서 4인용 바베큐라는 별명이 붙기도 했고 사고가 날 경우 문이 열리지 않아 승객들이 갇히곤 했다는 내용입니다. 포드 자동차사는 이러한 위험에도 불구하고 다시 설계하기를 거부하다가 결국에는 리콜을 실행할 수 밖에 없었다고 합니다. 그러므로 디자인에 대해 설명하는 (c)의 흐름에 관계가 없습니다.

WEEK 3

WEEK 4

LISTENING

1. (c)	**2.** (d)	**3.** (a)	**4.** (a)	**5.** (d)
6. (b)	**7.** (a)	**8.** (b)	**9.** (c)	**10.** (b)

GRAMMAR

1. (d)	**2.** (d)	**3.** (d)	**4.** (c)	**5.** (d)
6. (c)	**7.** (c)	**8.** (b)	**9.** (c)	**10.** (d)
11. (d)	**12.** (b)	**13.** (b)	**14.** (d)	**15.** (b)
16. (d)				

VOCABULARY

1. (b)	**2.** (b)	**3.** (b)	**4.** (c)	**5.** (d)
6. (d)	**7.** (c)	**8.** (d)	**9.** (b)	**10.** (d)
11. (c)	**12.** (b)	**13.** (c)	**14.** (a)	**15.** (d)
16. (b)	**17.** (a)	**18.** (b)	**19.** (b)	**20.** (d)

READING

1. (d)	**2.** (d)	**3.** (d)	**4.** (c)	**5.** (b)
6. (b)	**7.** (b)			

LISTENING

1 M : There must be some mistake. I sent in my payment two weeks ago.

W : ______________________

(a) You can arrange to have it withdrawn automatically.

(b) It's not going to cost more than $100.

(c) Well, it says here that we still haven't received it yet.

(d) I don't want to send it by mail. Is there another way?

A : 실수가 있는게 분명해요. 2주 전에 납부금을 보냈어요.

B : ______________________

(a) 자동 이체되도록 지정을 할 수 있어요.

(b) 100달러 이상을 들지 않을 거예요.

(c) 여기에는 아직 안 받을 걸로 나오네요.

(d) 우편으로 보내고 싶지 않는데 다른 방법이 있나요?

유형 : 평서문　난이도 : **

Solution

2주전에 돈을 보냈는데 실수가 있는 것 같다고 했으므로 (c)가 가장 적절하다.

Vocabulary

payment 지불
ex. I made a payment for my new car. 나는 내 새 차 값을 지불했다.
automatically 자동적으로
ex. My English professor will automatically take points off papers that don't have a title on them. 우리 영어 교수님은 제목이 없는 보고서에서 점수를 자동으로 깎을 것이다.

Answer

(c) Well, it says here that we still haven't received it yet.

Additional Expressions and Answers

- Can you show me any proof of payment? 지불 영수증을 보여 주시겠어요?
- I apologize. Maybe the check hasn't cleared yet. 죄송합니다. 수표가 아직 결제되지 않았나 봐요.
- Let me see if anything's come in recently. 최근에 들어 온 게 있는지 확인해 볼게요.

Joseph's 강의노트 

'돈을 2주 전에 보냈는데 뭔가 실수가 있는 것 같다'고 말하고 있습니다. 답변으로는 '실수다' 혹은 '아니다' 정도가 나올 것으로 기대됩니다. 추가의 답변으로 제시된 것처럼 '지불을 했다는 증거 (proof of payment)를 보여달라'고 하거나 확인해 보겠다고 하거나 (c)처럼 '자신의 기록에 의하면 받지 않은 걸로 되어있다'고 할 수 있겠습니다. **미국에서는 개인 수표의 사용이 보편적이기 때문에 우편으로 각종 요금이나 신용카드 값을 보내는 경우가 대부분입니다. 수표로 지불하고 그 금액이 은행 계좌에서 빠져나가는 것을 clear된다고 표현합니다.** 우편으로 수표를 보낼 때는 도착하는 시간이 며칠 걸릴 수 있으므로 지불 여부가 확인되는데 시간이 약간 걸리기도 합니다. (a)의 have it withdrawn automatically 한다는 것은 자동 이체를 시킨다는 뜻입니다.

2 W : I think I'm going to call in sick today. I really need a day to myself.

M : ______________________

(a) Maybe you should go to the hospital.

(b) You should ask for more time to finish.

(c) I gave you the number last night, remember?

(d) I thought you used up all of your sick leave.

A : 오늘 병가를 낼거야. 나 자신을 위한 하루가 필요해.

B : ______________________

(a) 병원에 가보는데 좋을 것 같아.

(b) 끝낼 시간을 좀 더 달라고 부탁하는게 좋겠어.

(c) 내가 어젯밤에 번호를 줬잖아. 기억나?

(d) 네가 병가를 모두 사용한 줄 알았는데.

유형 : 평서문 난이도 : **

Solution

아프다고 직장에 전화를 하고 결근을 할 계획이라고 말에 대한 답변으로 가장 적절한 것을 고르는 문제이다.

Vocabulary

call in sick 전화로 결근을 알리다

ex. I called in sick today because I have the flu. 나는 독감에 걸렸기 때문에 오늘 전화로 결근을 알렸다.

sick leave 병가

ex. I can't miss any more work. I don't have any sick leave left. 나는 더 이상 결근을 할 수 없다. 병가가 남아 있지 않다.

Answer

(d) I thought you used up all of your sick leave.

Additional Expressions and Answers

- I don't think that's a very good idea. 좋은 생각인 것 같지 않아.
- Well, you'd better do it soon. It's almost 8. 서두르는게 좋을거야. 벌써 8시야.
- You have been working a lot lately. 네가 요즘에 일을 많이 하긴했지.

Joseph's 강의노트

call in sick은 전화로 결근을 알리는 것을 뜻합니다. 여기서는 I really need a day to myself로 미루어볼 때 실제로는 아프지 않다는 것을 알 수 있습니다. 그러므로 답변으로는 거짓말을 하는 것이니 좋지 않다거나 그러라고 부추기는 상황을 예상해 볼 수 있는데 본 문제의 경우 상대방이 이미 병가를 모두 사용한 줄 알고있었는데 또 쉴 수 있는거냐고 반문하는 (d) 가 가장 적절합니다.

(a)의 경우 여자가 실제로는 아픈 것은 아니므로 정답이 될 수 없습니다. (c)는 call in sick의 call과 the number를 연관짓도록 한 함정입니다. sick leave는 병가를 의미하고 maternity leave는 출산 휴가를 뜻합니다.

call in sick을 할 때 사용할 수 있는 다른 표현으로는 I don't think I can make it in today. I'm not feeling well. 이라고 하면 됩니다.

3 M : Are you still going to have time to pick up the materials for our project later this afternoon?

W : ______________________

(a) I don't see why not.

(b) This material is too thin.

(c) Thanks, but I can't accept this.

(d) Yes, it's almost three o'clock.

M : 오늘 오후에 우리 프로젝트에 필요한 재료들을 사러 갈 시간이 여전히 있을 것 같니?

W : ______________________

(a) 없을 이유가 없지.

(b) 이 천은 너무 얇아.

(c) 고맙지만 이건 받아들일 수 없어.

(d) 응, 거의 세 시야.

유형 : be동사 질문 난이도 : **

Solution

오늘 오후에 재료를 사러 갈 시간이 있을지를 묻고 있으므로 '시간이 없을 이유가 없지'라는 의미의 I don't see why not 이 정답이다.

Vocabulary

pick up (= buy)

ex. Could you pick up some groceries on your way

home from work today? 오늘 퇴근해서 집에 오는 길에 장 좀 봐올 수 있겠어요?

Answer

(a) I don't see why not.

Additional Expressions and Answers

• Oh no. I forgot about that. 이런, 그걸 깜박했네.
• Thanks for reminding me. 상기시켜줘서 고마워.
• Sure. I plan to leave at three. 물론이지. 3시에 떠날 계획이야.

Why not…의 쓰임

1. 상대방이 한 말에 대해 반론을 제기하여 '왜 안되는데?/왜 안하는데?'
   M : I'm not going to the party tonight. 오늘밤 파티에 안 갈래.
   W : Why not? Come on, it won't be fun without you. 왜 안가는데? 가자, 너 없으면 재미없단 말야.
2. 제안할 때 (동사원형과 함께)
   Why not give him a call? 그에게 전화를 해보는 게 어때?
3. 제안에 동의하여 '좋아./ 그러자.'
   W : Do you want to go shopping with me? 나랑 쇼핑 갈래?
   M : Why not? Let's go. 좋아. 가자.

Joseph's 강의노트

Are you going to have time…라고 시작한 질문이라고 해서 어디에 가는지 여부를 묻거나 시간을 묻는 질문이라고 착각하지 않도록 주의하세요. 계획한 대로 여전히 오늘 오후에 재료를 사러 갈 시간이 있냐고 묻고 있으므로 '시간이 있다', '없다' 혹은 '깜박 잊었다' 등의 답변을 기대해 볼 수 있습니다. 보기로 주어진 표현들 중에서 yes/no로 대답한 문장은 (d)뿐입니다. 하지만 (d)는 시간이 몇 시인 줄 아느냐 (Do you have the time?/Do you know what time it is?) 에 대한 답변으로 적절합니다. (b)는 질문에서 쓰인 단어 material을 사용하고 있지만 질문은 시간이 있는지 여부를 묻고 있는 것이므로 적절한 답변이 아닙니다. I don't see why not. 은 '안 될 이유가 없지'라고 간접적으로 시간이 있다고 답하고 있습니다.

4

M : How do you like your new roommate? Is she driving you crazy yet?
W : We're getting along pretty well, actually. She seems like a really considerate person.
M : Give it a couple of months. Then you'll see what she's actually like.
W : ________________

(a) You're right. It takes a while to get to know people.
(b) I don't think it's big enough for two people.
(c) I haven't found one yet. I'm still looking.
(d) I placed an ad in Sunday's newspaper.

M : 새 룸메이트는 어떠니? 아직 널 짜증나게 하진 않니?
W : 사실 우린 사이가 좋아. 아주 사려 깊은 사람처럼 보여.
M : 몇 달 만 더 기다려 봐. 그러면 그녀가 진짜로 어떤 사람인지 알게 될 거야.

W : ________________
(a) 맞아. 사람의 진면목을 알려면 시간이 걸리지.
(b) 두 사람에게는 충분히 크지 않을 걸.
(c) 아직 못 구했어. 여전히 찾고 있는 중이야.
(d) 일요일 신문에 광고를 냈어.

유형 : 룸메이트에 대한 대화　난이도 : **

Solution

남자는 여자의 룸메이트가 어떤지 묻고 있다. 여자가 룸메이트와 잘 지낸다고 하자 조금 더 있어봐야 진면목을 알 수 있다고 말한다.

Vocabulary

get along 사이좋게 지내다
ex. My brother and I have never gotten along very well. 오빠와 나는 그다지 사이 좋게 지낸 적이 없다.
considerate 사려깊은
ex. That was so considerate of you to make him soup when he was sick. 그가 아플 때 그에게 수프를 만들어 주다니 넌 참 사려 깊었어.

Answer

(a) You're right. It takes a while to get to know people.

Additional Expressions and Answers

- Maybe, but I think she'll work out fine. 네 말이 맞을지도 모르지만 괜찮을 것 같아.
- I think I have a pretty good idea of her personality. 그녀 성격을 꽤 잘 파악하고 있다고 생각해.
- I know she's not perfect, but I'm sure she won't surprise me too much. 그녀가 완벽한 건 아니지만 별로 놀랄 일이 있을 것 같진 않아.

Joseph's 강의노트 

남자는 여자의 새로운 룸메이트가 어떠냐고 묻고 있습니다. 여자는 잘 지내고 있다고 룸메이트가 사려 깊은 것 같다고 말하자 남자는 좀 더 시간을 두고 보면 지금과 다를지도 모른다고 말합니다. **다른 사람과 get along 한다고 하면 사이 좋게 지낸다는 의미입니다. 두 사람이 죽이 잘 맞는다고 할 때는 hit it off라고도 합니다.** (c)와 (d)는 아직 룸메이트를 구하고 있는 상황에서 쓸 수 있는 표현들이므로 정답이 될 수 없습니다.

사람의 성격에 대한 표현들

- He acts very mature for his age. 그는 나이에 비해 성숙하게 행동해요.
- He's spoiled/ talkative/ very moody. 그는 버릇이 없어요/수다스러워요/변덕스러워요.
- He likes to talk big. 그는 과장하길 좋아해요.
- He has poor social skills. 그는 사교성이 없어요.
- He's oblivious to other people. 그는 다른 사람에게는 신경을 안 써요.
- He's a down-to-earth kind of guy. 그는 현실적인 사람이에요.

5

W : This map doesn't seem to be right. Am I close to the Egyptian exhibit?

M : Yeah. If you take the elevator over there and go to the 2nd floor, you should find it.

W : I was already on the 2nd floor. I thought that was the Persian textiles exhibit.

M : ______________________

(a) That's weird. I guess the elevator must be broken.

(b) Well, you can take the stairs, if you want.

(c) It's one of my favorite parts of the museum.

(d) It's actually tucked away behind the textiles exhibit.

W : 이 지도가 틀린 것 같아요. 제가 이집트 전시실 근처에 있나요?

M : 네. 저기서 엘레베이터를 타고 2층으로 올라가시면 찾을 수 있을 거예요.

W : 2층에 갔었는데요. 거기는 페르시아 직물전인 줄 알았는데요.

M : ______________________

(a) 이상하네요. 엘레베이터가 고장 났네요.

(b) 계단으로 올라 가셔도 되요.

(c) 이곳은 제가 박물관에서 가장 좋아하는 곳 중의 하나에요.

(d) 직물전 뒤에 가려져 있어요.

유형 : 위치/길 묻기 난이도 : **

Solution

박물관 내에서 특정 전시회 장소를 찾고 있다. 2층에 있다고 했지만 여자는 자신이 이미 2층에 갔었지만 보지 못했다고 한다.

Vocabulary

exhibit 전시
ex. Come see the Natural History Museum's newest exhibit, Polly the dinosaur. 자연사 박물관의 최신 전시, 공룡 폴리를 보러 오세요.

textile 직물
ex. Paul's father owns a textile factory. 폴의 아버지는 직물 공장을 한다.

tuck away 숨기다
ex. You can't see the chocolate shop from the street because it's tucked away in the shopping center. 그 초코렛 가게는 길에서는 보이지 않는데 쇼핑 센터 안에 가려져 있기 때문이다.

Answer

(d) It's actually tucked away behind the textiles exhibit.

WEEK 4

Additional Expressions and Answers

- When you get there, take your first left. 거기에 가시면 왼쪽으로 돌아가셔야 돼요.
- If you walk past the Persian textiles, you'll see it. 페르시아 직물전을 지나시면 보일 거예요.
- The Egyptian exhibit is on the same floor. 이집트 전시관은 같은 층에 있어요.

Joseph's 강의노트 

길, 위치를 묻는 대화 상황입니다. 여자는 박물관 내에서 이집트 전시관을 찾고 있습니다. 남자가 2층에 있다고 하자 여자는 자신이 2층에 갔었지만 찾지 못했다고 합니다. 여기서는 두 가지 경우를 예상해 볼 수 있습니다. 첫 번째는 2층에 있는데 여자가 보지 못한 경우, 두 번째 경우는 남자가 잘못 말한 경우가 되겠지요. (a)는 That's weird로 시작해서 정답인 것처럼 들릴 수도 있지만 엘레베이터가 고장난 것 같다고 했으므로 동문서답이 됩니다. (a)와 (b)는 2층이라는 사실을 이용하여 오답을 유도한 함정입니다. (d)에 사용된 tuck away라는 표현은 '찾기 어려운 곳에 숨기다'라는 의미입니다. 흔히 장소나 건물등과 함께 쓰고 '비상금 따위를 숨겨놓다'라는 표현으로 쓰이기도 합니다.

6 M : Do you think Annabelle would go on a date with me if I asked?

W : I don't see why not, although I think she might have a boyfriend already.

M : That wouldn't surprise me. She's such a gorgeous lady.

W : ______________________

(a) You should go to that new restaurant downtown.

(b) You are telling me. She's really one in a million.

(c) I'm sure she was just having a bad day.

(d) I've known her for about 5 years now.

M : 내가 아나벨에게 데이트 신청을 하면 그녀가 받아 줄까?

W : 안 받아 줄 이유도 없지만 그녀에게 이미 남자 친구가 있을지도 몰라.

M : 놀랄 일도 아니지. 그녀는 정말로 사랑스러운 여성이야.

W : ______________________

(a) 시내에 새로 생긴 식당에 가 봐.

(b) 전적으로 동감이야. 그녀 같은 사람은 찾기 힘들지.

(c) 그녀에게 기분 나쁜 하루였던 게 분명해.

(d) 그녀를 알고 지낸지 5년 됐어.

유형 : 데이트 신청하기 난이도 : **

Solution

남자가 아나벨에게 관심이 있다는 걸 알고 여자가 할 만한 말로 가장 적절한 것을 찾아야 한다.

Vocabulary

go on a date with … 와 데이트를 하러 가다

ex. When are you going on a date with that cute boy in our economics class? 경제학 수업의 그 귀여운 남자애랑 언제 데이트 하러 가니?

surprise 놀라게 하다

ex. I'm surprised you didn't know that I was moving away. 내가 이사간다는 걸 네가 몰랐다니 놀랐어.

Answer

(b) You are telling me. She's really one in a million.

Additional Expressions and Answers

- You really like her a lot, don't you? 너 정말 그녀를 좋아하는 구나, 그렇지?
- Do you think so? Honestly, I was shocked that you were actually interested in her. 그렇게 생각해? 솔직히 말하면 난 네가 그녀한테 관심이 있다는 데 놀랐어.
- You should definitely ask her out. There's nothing to lose. 데이트 신청을 해 봐. 손해 볼 거 없잖아.

Joseph's 강의노트 

남자는 아나벨에게 데이트 신청을 하면 그녀가 받아 줄지에 대한 여자의 의견을 묻고 있습니다. 여자가 아나벨이 이미 남자친구가 있을지도 모른다고 하자 남자는 그녀처럼 재미있는 사람이 이미 남자친구가 있다는 게 놀랄 일도 아니라고 합니다. 이에 대한 여자의 대답으로는 남자의 아나벨에 대한 생각 (she's such an interesting person)

에 이의를 제기하거나 맞장구를 치거나 혹은 한 번 데이트 신청을 해보라고 부추기는 경우들을 생각해 볼 수 있고요, 또는 아직도 포기를 못하고 아쉬움을 가진 남자에게 '넌 정말 걔 좋아하는구나' 하고 약간 놀리는 응답도 적절합니다. 본 문제에서는 아나벨이 정말 사랑스러운 여성이라고 말하는것에 대해서 맞장구를 치며 그녀같은 사람은 찾기 힘들다고 응답하는 (b)가 가장 적절합니다.
참고로 (a)는 남자가 '데이트 상대를 어디에 데리고 갈까'라고 물었을 때의 대답으로 적절합니다.
데이트를 신청할 때 등장하는 표현들을 좀더 보기로 하지요.

- Are you free (날짜)?
- What are you up to this weekend?
- Would you like to go out to dinner with me?
- I was wondering if you'd like to see a movie.
- If you're not doing anything, would you like to go out with me?
- If you don't have other plans, would you like to go to a party with me?

7 W : I'd like two tickets for the late showing of "Charlie Monster Goes to Nowhere Land," please.
M : No problem. That'll be $20, and I'll also need to see your ID.
W : OK. It's around here somewhere. Oh, here it is.
M : I'm sorry, but I can't sell you tickets to that film.
W : What's wrong? Is it sold out or something? Couldn't I just get tickets for another time?
M : No, it's not that. You have to be 18 to see "Charlie Monster." It's rated R.
W : Oh, come on. You can't let me in just this once?

Q. Why can't the woman get in to the movie?
(a) Because she isn't old enough.
(b) Because she can't find her ID.
(c) Because she missed the last showing.
(d) Because the tickets were sold out.

W : "찰리 몬스터 미지의 장소에 가다" 늦은 상영 시간으로 표 두 장 주세요.
M : 물론이죠. 20달러되겠고요. 신분증을 보여 주세요.
W : 알겠어요. 여기 어딘가에 있을텐데. 아. 여기 있어요.
M : 죄송하지만 그 영화 표는 팔 수가 없겠네요.
W : 뭐가 문젠가요? 매진 됐나요? 다른 시간 상영 티켓도 살 수 없나요?
M : 그게 문제가 아니구요. "찰리 몬스처"를 보려면 18세 이상이 되야 합니다. 18세 이상 관람가예요.
W : 그러지 말고 이번 한번만 들여 보내 주면 안 될까요?

왜 여자는 영화관에 들어 갈 수 없는가?
(a) 나이가 어려서
(b) 신분증이 없어서
(c) 마지막 상영이 끝나서
(d) 표가 매진 되서

유형 : 세부사항 난이도 : **

Solution

신분증을 확인하고나서 You have to be 18 to see "Charlie Monster." It's rated R.라고 했으므로 여자가 18세 미만이라는 것을 알 수 있다.

Vocabulary

be sold out 매진되다
ex. We should buy tickets for the concert now because they're going to be sold out soon. 콘서트 표가 곧 매진될 것이기 때문에 우리는 표를 지금 사야 한다.
rate 등급을 매기다, 등급
ex. Her parents wouldn't allow her to watch R-rated movies. 그녀의 부모님들은 그녀가 18세 이상 관람가를 보도록 허락하지 않을 것이다.

Answer

(a) Because she isn't old enough.

Joseph's 강의노트 

여자가 매표소에서 영화표를 사는 중입니다. 판매원은 신분증을 확인하고 나서 영화가 R등급이기 때문에 표를 판매할 수 없다고 거부합니다. 그러므로 (a)여자의 나이가 어려서가 정답이 됩니다. **영화의 등급은 rating이라고 하는데 G (General audience)는 전체 관람가, PG (Parental guidance suggested) 는 부모의 지도가 요망되는 준 일반 관람가, PG-13은 (Parental strongly**

WEEK 4

cautioned)로 부모의 강력한 주의가 요망되는 13세 이상 관람가, R은 (Restricted)로 18세 미만은 부모의 동반이 요망되는 18세 이상 관람가를 의미합니다.

8 W : Are you still with the Ministry of Finance, Tim?

M : Yes, I am. For nearly ten years now, as a matter of fact.

W : Really? Has it been that long? As I recall, you were working for Mr. Mathers last.

M : Yeah, about eight years ago! Now, I run my own section.

W : That's great! What do you do?

M : I head up the foreign investment department. I really love it!

W : Sounds great. Do you ever get to travel abroad?

M : Actually, that's the best part. In fact, I'm heading to Paris next Tuesday.

Q. Which of the following is correct according to the dialogue?

(a) The man's trip to Paris was canceled.

(b) The man is now a section leader at the Ministry.

(c) The woman wants to work at the man's office.

(d) The woman was Mr. Mather's former employer.

W : 아직도 재정부에서 일하나요, 팀?

M : 네, 그래요. 거의 10년이 됐지요.

W : 정말이요? 그렇게 오래 됐나요? 내가 기억하기로는 매터스씨 밑에서 일을 했던 걸로 아는데.

M : 네, 한 8년 전의 일이죠. 지금은 제 담당 부서가 있어요.

W : 잘 됐네요. 무슨 일을 하는데요?

M : 외국 투자부서를 담당하고 있어요. 아주 좋아요!

W : 근사하네요. 해외 여행도 하게 되나요?

M : 사실은 그게 제일 좋은 점이죠. 다음 화요일에는 파리에 가요.

대화의 내용과 일치하는 것은?

(a) 남자의 파리 여행은 취소되었다.

(b) 남자는 현재 재정부의 부서 담당자이다.

(c) 여자는 남자의 사무실에서 일하고 싶어한다.

(d) 여자는 전에 매터스 씨의 직원이었다.

Solution

Now, I run my own section.라고 했으므로 현재는 한 부서를 담당하고 있는 책임자라는 것을 알 수 있다.

Vocabulary

section 부분

ex. Which section of the theater would you like to sit in? 극장의 어느 부분에 앉고 싶니?

foreign 외국의

ex. Frank is the head of the foreign language department at the university. 프랭크는 대학의 외국어 학부의 책임자다.

investment 투자

ex. The man lost all of his investment. 남자는 그의 투자금을 모두 잃었다.

Answer

(b) The man is now a section leader at the Ministry.

Joseph's 강의노트

대화와 일치하는 내용을 찾는 문제입니다. 대화의 내용을 정리해 보면 팀은 여전히 재정부에서 일하고 있으며 8년 전 쯤에 매터스 씨 밑에서 일을 했지만 현재는 외국 투자 부서를 담당하고 있으며 출장을 자주 다니는데 다음 화요일에 파리에 가기로 되어 있다는 내용입니다. 그러므로 (b)가 정답입니다. 남자가 한 말 중에서 Now, I run my own section. 과 I head up the foreign investment department. 부분으로 미루어 볼 때 지금 남자는 한 부서를 이끌고 있는 책임자라는 것을 알 수 있습니다. (c)의 내용을 대화 내용으로는 알 수 없는 사실이고 (d)는 남자에게 해당되는 내용입니다.

9 Visiting a farm is more than looking at cute farm animals and spending a few hours outdoors. It can be a valuable experience that helps city-dwellers get a real idea of where food comes from and

how it is produced. All too often people forget about all of the work that goes into bringing fresh vegetables to the table or the processes that must be undertaken to make a glass of apple juice. These realizations might change the way you think about food and the land that supports it.

Q. According to the talk, why should city-dwellers visit farms?
(a) To interact with farm animals up close
(b) To protest the destruction of natural resources
(c) To better understand where food comes from
(d) To help farmers produce the food they eat

농장을 방문하는 것은 단순히 귀여운 농장 동물을 보는 것이나 야외에서 몇 시간을 보내는 것 이상이다. 이것은 도시 거주자들이 음식물이 어디에서 오는지, 어떻게 생산되는지를 배울 수 있는 귀중한 경험이 될 수 있다. 사람들은 신선한 야채가 식탁에 올라오게 되기까지 많은 노력이 필요하다는 것과 한 잔의 사과 쥬스를 만들기 위해 거쳐야 하는 과정이 있다는 사실을 너무나도 자주 잊곤 한다. 이러한 점들을 깨닫게 되는 것은 음식과 그것을 생산하는 토지에 대한 당신의 사고 방식을 변화시킬 수도 있다.

도시 거주자들이 농장을 방문하는 이유는?
(a) 농장 동물과 좀 더 가까이 있기 위해서
(b) 자연 자원의 파괴에 항의하기 위해서
(c) 식량이 어디에서 나오는지를 좀 더 잘 이해하기 위해서
(d) 농부들이 그들의 식량을 생산하는 것을 돕기 위해서

유형 : 세부 사항 난이도 : *

Solution

도시 거주자들이 농장을 방문함으로써 음식이 식탁에 이르기까지의 과정을 좀 더 잘 이해하게 된다.

Vocabulary

valuable 귀중한
ex. All of this jewelry is too valuable to get rid of. 이 보석들은 없애기에는 너무 귀중하다.
city-dweller 도시 거주자
ex. Many city-dwellers rely on public transportation to travel within the city. 많은 도시 거주자들은 도시 안에서 이동하는데 대중 교통 수단에 의존한다.
undertake 떠맡다, 착수하다
ex. I'm willing to undertake the duties of the club's president if no one else will. 어느 누구도 나서지 않는다면 나는 클럽의 회장의 책임을 맡을 의사가 있다.

Answer

(c) To better understand where food comes from

Joseph's 강의노트

농장을 방문하는 것은 단순히 농장 동물들을 보고 야외에서 시간을 보내는 것뿐만이 아니라 도시에 사는 사람들이 음식이 어떻게 그들의 식탁에 오르게 되는지의 과정을 좀 더 잘 이해할 수 있도록 도와줍니다. 도시 거주자들은 자신들이 소비하는 음식이 얼마나 많은 노력으로 만들어지는가를 쉽게 잊곤하지만 농장을 방문함으로써 이전에는 당연시 여기던 음식과 식량을 생산하는 토지에 대한 새로운 시각을 갖게 됩니다. 그러므로 정답은 (c)가 됩니다. (a)를 정답이라고 착각할 수도 있지만 Visiting a farm is more than looking at cute farm animals이라고 했으므로 농장 동물들과 시간을 보내는 것 이상이라는 것을 알 수 있습니다.

10 Is your child struggling to keep up in math or reading? Maybe you just don't want all of the progress your child has made during the school year to be forgotten over a long summer vacation? Tutor Change can help. We offer both small classes and one-on-one instruction in elementary and middle school math and reading. Tutor Change assesses your child's academic strengths and weaknesses, so he or she will always get the individualized lesson plans that will ensure success. All Tutor Change tutors are teachers too, so you can rest assured that your child is getting help from a true professional. Why not give us a call so we can get started?

Q. Which of the following is correct according to the advertisement?
(a) Tutor Change is cheaper than other tutoring centers.
(b) Tutor Change provides personalized instruction.
(c) Tutor Change offers classes in math and science.

(d) Tutor Change tutors are all top students.

당신의 자녀가 수학이나 읽기를 따라가는 데 어려움을 겪고 있나요? 아니면 자녀가 지난 학기 동안 이룬 성취가 긴 여름 방학 동안 잊혀질까 걱정이신가요? 튜터 체인지가 여러분을 도울 수 있습니다. 저희는 초등학교 중학교 수학과 읽기에 대해 소규모 수업과 일대일 지도를 제공합니다. 튜터 체인지는 당신의 자녀의 학습 장점과 단점들을 평가하기 때문에 여러분의 자녀는 언제나 성공을 보장하는 개별화 된 수업을 받게 될 것입니다. 모든 튜터 체인지 개인 교사들은 현직 교사들이므로 여러분은 자녀가 진정한 전문가로부터 도움을 받고 있다고 안심할 수 있습니다. 지금 전화를 주셔서 시작해 보는게 어떠세요?

광고의 내용과 일치하는 것은?
(a) 튜터 체인지는 다른 과외 학원들보다 저렴하다.
(b) 튜터 체인지는 개별화된 수업을 제공한다.
(c) 튜터 체인지는 수학과 과학 수업을 제공한다.
(d) 튜터 제인지 개인 교사들은 모두 우등생들이다.

유형 : 내용 일치　난이도 : **

Solution

We offer both small classes and one-on-one instruction in elementary and middle school math and reading.이 라고 했으므로 초등 중등 과정의 수학과 읽기 프로그램을 제공한다는 것을 알 수 있다.

Vocabulary

struggle 고심하다, 어려움을 겪다
ex. She's always struggled in her math classes. 그녀는 항상 수업 시간에 어려움을 겪어왔다.
assess 평가하다
ex. This standardized exam will assess your child's reading and writing abilities. 이 표준화된 시험은 당신의 자녀의 읽기와 쓰기 능력을 평가할 것이다.
ensure 보장하다
ex. We ensure that each child will receive personal attention in the classroom. 우리는 모든 아이들이 수업 시간에 개별적인 주목을 받을 것이라는 것을 보장합니다.
tutor 개인 교사
ex. If you're having so much trouble with your chemistry homework, maybe you should get a tutor. 네가 화학 숙제 때문에 어려움을 겪고 있다면 개인 교사를 구해야 한다.
rest assured 안심하다
ex. Rest assured that the event will run smoothly this weekend. 행사가 이번주에 원활히 진행될 것이라고 안심해라.

Answer

(b) Tutor Change has instruction at elementary and middle school levels.

Joseph's 강의노트

광고하고 있는 튜터 체인지는 초등 학교 학생들과 중학교 학생들을 대상으로 수학과 읽기 수업을 제공하는 과외 프로그램입니다. 튜터 체인지가 자신들의 특징으로 광고하고 있는 점들은 작은 수업 규모, 일대일 지도, 장단점 평가를 통한 개별 교육과정 제공, 현직 교사들로 이루어진 지도 교사들이라는 점입니다. 아이의 장단점을 평가한 후에 그에 맞춰서 개별화된 수업을 제공한다 (Tutor Change assesses your child's academic strengths and weaknesses, so he or she will always get the individualized lesson plans that will ensure success.)고 했으므로 (b)가 정답이 됩니다.

GRAMMAR

1 A : 시내의 교통 체증이 점점 심각해지는 것 같아.
B : 맞아. 도로의 자동차 수가 5년 전에 비해서 두 배야.

Solution

빈칸의 be동사는 the number에 일치시켜야 한다.

Vocabulary

twice 두 번
ex. I play soccer twice a week. 나는 일주일에 두 번 축구를 한다.

Answer

(d) is

Joseph's 강의노트

빈 칸에 알맞은 be 동사의 형태를 고르려면 동사를 일치시킬 문장의 주어를 찾아야 합니다. 여기서는 the number가 주어이므로 be동사는 3인칭 단수형이 되어야 합니다. 그렇다면 정답은 (b)나 (d) 둘 중의 하나가 됩니다. 적절한 시제는 오 년전과 비교한 지금의 상태를 말하고 있는 것이므로 현재형이 되어야 합니다. the number of는 '…의 수'라는 의미인데 반하여 a number of는 many의 의미이므로 항상 복수형 동사와 함께 써야 합니다. 수의 일치에 대해 다시 한 번 정리해 봅시다.

- both A and B: 복수형 동사
  ex. Both my brother and I like animals.
- either A and B, neither A nor B, not only A but also B: B에 일치
  ex. Not only I but also my boyfriend wants to join the club.
- A as well as B: A에 일치
  ex. The child as well as his parents is sick.
- all/ most/ half/ the rest of the 명사: 명사의 수에 일치
  ex. Most of the students are absent today.

2 A : 마틸다가 새로운 직장에서 봉급 인상을 받게 될지 궁금해.
B : 그건 그녀가 회사에 혜택을 줄 잠재성을 그녀의 상사가 알아보느냐 여부에 달려있지.

유형 : whether or not/어순 난이도 : **

Solution

'…인지 아닌지'라고 할 때는 whether or not 을 쓴다.
I wonder if/whether은 다른 사람에게 부탁을 하거나 의견등을 공손히 물을 때 사용되는 표현이기도 하다. 이때 I wonder는 실제로 무엇이 궁금하다기 보다는 어떤 것을 해 줄 수 있는지를 묻는 의미가 된다. 그러므로 이 때 if 다음에 오는 주어는 주로 you가 된다.

- I wonder if you could lend me some money.
  혹시 돈 좀 빌려 줄 수 있나요?

Vocabulary

raise 봉급 인상
ex. My boss gave me a raise. 내 상사는 내게 봉급 인상을 주었다.
potential 잠재성, 잠재력
ex. She has the potential to be a great piano player. 그녀는 위대한 피아노 연주가가 될 잠재력을 가지고 있다.
benefit 혜택을 주다
ex. Studying hard will benefit your grades. 공부를 열심히 하는 것은 네 성적에 혜택을 줄 것이다.

Answer

(d) whether or not her boss sees

Joseph's 강의노트

어순과 함께 문장의 의미를 바르게 해석해야 해결할 수 있는 문제입니다. 여기서는 마틸다의 상사가 그녀의 잠재성을 알아보느냐 여부에 달려 있다고 해야 의미가 가장 적절하므로 〈whether or not 주어 + 동사〉로 쓰인(d)가 정답으로 가장 적절합니다. 또한 whether는 접속사 문제로 많이 출제가 됩니다. 접속사 whether는 명사절의 종속 접속사로 주어, 목적어, 보어로 쓰이는 명사절을 이끌 수 있습니다. if 와 whether는 둘 다 의문사가 없는 간접의문문을 이끌 수도 있습니다. 많은 경우에 있어 if와 whether는 서로 바꾸어 쓸 수 있지만 항상 if 대신 whether를 써야 하는 경우들이 있습니다. 첫번째는 to부정사 앞인 경우로 I don't know whether to stay or go. (나는 머물러야 할지 가야할 지 모르겠다)라고 할 때, 두번째는 전치사 뒤에 쓰이는 경우이고, 세 번째는 or not과 함께 쓰이는 경우들입니다. (세번째는 or not 바로 앞에 쓰는 경우입니다.)

WEEK 4

3 A : 어려운 걸 알지만 사고에 대해 기억나는 게 있나요?
B : 글쎄요, 내가 그게 얼마나 가까이 있는지를 깨닫기 전에 트럭이 오는 소리를 들었어요.

유형 : 목적격 보어의 형태 난이도 : *

Solution

hear + 목적어 + 목적보어의 구조에서 목적보어의 형태로 알맞은 것을 고르는 문제이다.

Vocabulary

difficult 어려운
ex. It is extremely difficult for me to solve the math problem. 내게 그 수학 문제를 푸는 것은 굉장히 어렵다.
accident 사고
ex. Jane wasn't hurt in the car accident. 제인은 자동차 사고에서 안 다쳤다.
realize 깨닫다
ex. I didn't realize that the meeting was today until it was too late. 나는 회의가 오늘이라는 사실을 너무 늦을 때까지 깨닫지 못했다.

Answer

(d) coming

Joseph's 강의노트 

주어+지각동사 (see, watch, hear, listen to 등) + 목적어 + 목적격 보어의 문장에서 보어의 알맞은 형태를 고르는 문제입니다. 목적어와 목적격 보어의 관계에 따라 목적격 보어의 형태가 달라집니다. 목적어와 목적격 보어의 관계가 능동이면 동사원형이나 현재분사, 수동이면 과거분사를 쓸 수 있습니다. 동사원형 대신 현재분사(~ing)형을 쓰면 진행의 의미를 강조하는 의미가 됩니다. 여기서는 트럭이 오는 것을 들었다고 했으므로 트럭과 come의 관계가 능동으로 빈 칸에는 come을 원형으로 쓰거나 coming이라고 현재분사형으로 써야 합니다.

4 A : 교무실에 왜 그렇게 많은 사람들이 모여 있는 거야?
B : 최근의 문제들에 대한 가능한 해결책들을 논의하기 위해서 긴급회의가 소집됐어.

유형 : 태 난이도 : **

Solution

회의는 누군가에 의해 소집되는 것이므로 빈 칸에는 수동의 형태가 적절하다.

Vocabulary

lounge 휴게실
ex. There's coffee and doughnuts in the lounge. 휴게실에는 커피와 도넛이 있다.
emergency 비상 사태
ex. If there is an emergency, call the police. 비상 사태일 때는 경찰을 부르시오.
discuss 논의하다
ex. We will discuss this topic at the meeting. 우리는 회의에서 이 주제를 논의할 것이다.
solution 해결책
ex. There is no easy solution to the problem. 문제에 대한 쉬운 해결책이란 없다.

Answer

(c) has been called

Joseph's 강의노트 

빈 칸에 알맞은 동사의 태를 묻는 문제입니다. 긴급 회의가 누군가에 의해 소집된 것이므로 빈 칸의 동사는 수동형이 되어야 합니다. 주어진 문장에서 사람들이 교무실 근처에 모여있는 이유는 회의가 소집되었기 때문이라고 해야 하므로 (c)가 정답이 됩니다. (c)의 has been called는 현재완료형 수동태입니다. **'회의를 소집하다'라고 할 때는 동사 call을 사용한다는 것도 함께 알아 두세요.** 동사를 능동으로 써야 하는지 수동으로 써야하는지는 주어와 동사의 관계에 의해 결정됩니다. 주어가 동사의 동작 주체이면 능동, 동작의 대상이면 수동을 씁니다.

5 A : 왜 전화를 해서 네가 파티에 오지 못할 거라고 내게 알려 주지 않았니?
B : 전화했어. 네 남동생에게 메세지를 남겼는데 전해주지 않은 모양이구나.

유형 : 시제 난이도 : *

Solution

과거의 어느 시점에 일어난 행위나 상태를 나타낼 때는 동사의 단순 과거형을 쓴다.

Vocabulary

message 메세지

ex. I didn't get the message until it was too late. 나는 너무 늦어서야 메세지를 받았다.

guess 추측하다

ex. I guess Jane won't be coming to the party. 제인은 파티에 오지 않을 모양이구나.

Answer

(d) left

Joseph's 강의노트

빈 칸에 알맞은 동사의 시제를 고르는 문제입니다. 왜 전화를 해서 못 온다고 알려주지 않았냐고 과거의 사건에 대해 이야기하고 있으므로 단순 과거 시제가 가장 적절합니다. 일반적으로 과거 시제는 명확하게 과거를 표시하는 부사구가 있는 문장에서 사용되는 경우가 많지만 여기서는 문맥상 전화를 해서 메세지를 남긴 것은 과거의 일이라는 것을 알 수 있습니다.

6 A : 벤슨 씨에 대해서 나쁜 말을 하는 사람은 전혀 만난 적이 없어.

B : 그는 매우 친절한 분이어서 그를 좋아하지 않는다는 게 힘들지.

유형 : 관사와 어순　난이도 : **

Solution

so는 부사로 형용사 앞에 써야 하므로 관사가 끼어있는 (b)는 정답이 될 수 없다.

Vocabulary

kind 친절한

ex. Tom is very helpful and kind to everyone. 탐은 모든 사람에게 도움을 주고 친절하다.

dislike 싫어하다

ex. I dislike foods that are very spicy. 나는 아주 매운 음식을 싫어한다.

Answer

(c) such a kind man

Joseph's 강의노트

부사 so는 감정이나 품질, 정도를 강조하여 '매우'의 의미로 보통 형용사 앞에서 강조의 의미로 쓰입니다. such는 부정관사 앞에서 쓰이거나 명사 앞에서 형용사로 쓰입니다. so는 부사이므로 형용사나 또 다른 부사를 수식할 수 있습니다. such와 so는 어순문제나, 결과를 나타내는 부사절 [so~ that / such~ that] 구문에서 such와 so의 구분 문제로 자주 출제됩니다. **'so+형용사/부사+that 주어+동사'는 '매우 …해서 ~하다'라고 해석되며 so와 that사이에는 형용사나 부사가 옵니다. 'such+(a/an)+(형용사)+명사+that 주어+동사'도 '매우 …해서 ~하다'고 해석되지만 such와 that 사이에는 명사가 옵니다.**

7 A : 네 개가 달아나서 정말 안 됐어. 곧 찾기를 바래.

B : 내가 나가기 전에 문이 잠겨있는지를 확인했어어야 했는데 그 날 아침에 너무 바빴어.

유형 : 조동사 + have + p.p.　난이도 : **

Solution

과거 사실에 정반대되는 것을 표현할 때는 가정법 과거완료 시제를 쓴다.

과거에 하지 않은 일에 대한 유감이나 아쉬움을 표현할 때는 should have p.p. 를 쓴다.

Vocabulary

run away 달아나다

ex. The boy ran away from home and never came back. 소년은 가출을 했고 다시는 돌아오지 않았다.

gate 문

ex. Close the gate behind you. 나갈 때 문을 닫아라.

lock 잠그다

ex. I will lock the door when I leave. 나는 떠날 때 문을 잠글 것이다.

Answer

(c) should have

WEEK 4

Joseph's 강의노트

빈 칸에 알맞은 시제를 고르는 문제입니다. 문장의 의미를 제대로 해석한다면 쉽게 해결할 수 있는 문제입니다. 여기서는 문을 잠갔어야 했는데 너무 바빠서 그러지 못했다고 말하고 있으므로, 문을 잠갔더라면 개가 도망가지 않았을 것이라는 가정법의 의미가 됩니다. If절이 쓰이지는 않았지만 문이 잠긴 것을 확인하지 않은 과거 사실의 반대를 가정하고 있습니다. '조동사의 과거(would, could, should)+have p.p.'의 형태는 if절의 의미를 추측할 수 있는 경우에 if절 없이도 자주 쓰입니다. 예를 들어, 여기서 I should have made sure the gate was locked before I left는 if절이 없는 가정법 과거완료의 형태로 과거 사실의 반대(문이 잠겼는지 확인하지 않은 것)를 의미합니다.

조동사 + have+ p.p. 의 용법

- may/might have p.p.: …이었을지도 모른다
- must have p.p.: …이었음에 틀림없다
- cannot have p.p.: …이었을 리가 없다
- should have p.p.: …했어야 했는데 (과거의 유감, 후회를 나타냄)
- would rather have p.p.: …하는 것이 나았을 것이다
- could have p.p.: …할 수도 있었다 (과거에 발생하지 않은 일에 관해 가능성을 상상하거나 추측할 때)

8 학생은 선생님께 그의 불어 문법을 향상 시킬 수 있는 방법에 대한 조언을 구했다.

유형 : 셀 수 없는 명사 　난이도 : **

Solution

advice는 불가산 명사로 복수형이 없으며 부정 관사와 함께 쓸 수 없다.

Vocabulary

advice 조언
ex. Could you give me some advice on what I should do after I graduate? 제가 졸업한 후 무엇을 해야 할지에 대해 조언을 해 주시겠어요?
improve 개선하다
ex. I'm going to study more so I can improve my biology grade. 나는 생물 성적을 향상시킬 수 있도록 좀 더 공부를 할 것이다.

Answer

(b) advice

Joseph's 강의노트

advice는 셀 수 없는 명사이므로 부정관사와 함께 쓰거나 복수형으로 쓸 수 없습니다. 우리말로는 셀 수 없는 명사라는 게 이해가 잘 되지 않는 단어들이 있습니다. 그 예로 대표적인 것이 furniture와 advice입니다. 물론 desk, chair, sofa 같은 것은 셀 수 있지만 furniture는 물질 집합 명사이므로 부정관사를 붙이거나 -s를 붙여 복수형을 만들 수 없습니다. 그러므로 이러한 단어들은 항상 단수 취급합니다. 이러한 종류의 단어들로는 clothing, machinery, produce, baggage, merchandise 등이 있으며 advice는 success, passion 등과 같이 추상명사로 취급됩니다. 추상명사 역시 부정관사나 복수형을 쓸 수 없습니다. advice와 같은 추상 명사들로는 information, news, evidence, proof 등이 있습니다. advice를 충고 한 마디와 같이 쓰고자 할 때는 a piece of advice라고 한다는 것도 알아 두세요.

9 만일 어른들이 나쁜 말을 사용한 것에 대해 처벌을 받지 않는다면 어린이들도 처벌을 받지 않아야 한다.

유형 : 도치 　난이도 : **

Solution

'…도 역시 그렇지 않다'의 의미로는 neither + 동사 + 주어를 쓴다.

Vocabulary

adult 성인
ex. Tickets are $5 for adults. 성인표는 5달러다.
punish 처벌하다
ex. The boy was punished for lying to his mother. 소년은 엄마에게 거짓말을 한 것에 대해 벌을 받았다.
foul 상스러운, 불쾌한
ex. Amy is in a very foul mood today. 에이미는 오늘 기분이 매우 불쾌하다.

Answer

(c) neither should children

Joseph's 강의노트 

neither + 동사 + 주어는 '…도 역시 그렇지 않다'의 뜻으로 앞 문장이 부정문일 때 사용하고 이 때 동사는 반드시 조동사, be동사, do 동사 중의 하나가 와야 합니다. 또한 so + 동사+주어는 '…도 역시 그렇다'의 뜻으로 앞 문장이 긍정문일 때 사용합니다. 이 구문을 so + 주어 + 동사 (…는 정말로 그렇다)의 의미와 혼동하지 않도록 합시다. nor + 동사 + 주어는 neither +동사 +주어와 같은 의미이지만 nor는 등위접속사이므로 nor는 and와 함께 쓰일 수 없습니다. 예를 들어, He doesn't like swimming, and nor do I. 대신 He doesn't like swimming, nor do I. 혹은 He doesn't like swimming, and neither do I. 라고 쓰는 것이 옳습니다.

10 음악 역사상 가장 인기 있는 노래들을 연주했기 때문에 비틀즈는 여전히 세계에서 가장 유명한 밴드들 중의 하나다.

유형 : 분사구문　난이도 : **

Solution

종속절의 시제가 주절의 시제보다 앞선 경우에는 완료분사구문 (having+과거분사)형태를 사용합니다.

Vocabulary

perform 연주하다
ex. The band will perform on Saturday night. 밴드는 토요일 밤에 공연을 할 것이다.
popular 인기 있는
ex. The actor was popular with teenage girls. 배우는 십 대 소녀들 사이에서 인기가 있다.
celebrated 저명한
ex. Ernest Hemingway was a celebrated novelist and journalist. 어네스트 헤밍웨이는 저명한 소설가이자 기자였다.

Answer

(d) Having

Joseph's 강의노트 

완료형 분사구문은 주절의 동사보다 이전에 일어난 일을 나타낼때 'having + 과거분사'의 형태로 씁니다. 종속절과 주절의 시제가 같은 경우에는 '동사원형+~ing형태'의 단순 분사구문을 사용하고, 종속절의 시제가 주절의 시제보다 앞선 경우에는 'having + 과거분사 형태'의 완료분사구문을 사용합니다. 여기서 비틀즈가 많은 인기 있는 노래들을 연주한 것은 그들이 여전히 인기 있는 밴드 중의 하나라는 사실 이전의 일이므로 빈 칸에는 완료형 분사가 적당합니다. 문제의 분사구문은 이유를 나타내는 분사구문입니다. 올바른 분사구문의 형태를 고르는 문제는 매회 TEPS마다 꼭 등장하는 문제입니다. 특히 완료형 분사구문(having p.p.)와 수동형 분사구문(Being/Having been p.p.)이 자주 출제됩니다.

11 총리가 스튜디오에서 자리를 박차고 나가지 않았더라면 토크 쇼 진행자는 그녀의 창피한 실수에 대해 사과를 했었을 것이다.

유형 : 가정법 과거완료　난이도 : **

Solution

가정법 과거완료는 If 주어+had p.p.~, 주어+would/should/could/might have p.p.로 과거 사실에 정반대되는 것을 가정하는 표현이다.

Vocabulary

storm out 뛰쳐 나가다
ex. Jane looks like she is ready to storm out of the room. 제인은 방에서 뛰쳐 나갈 준비가 된 것처럼 보인다.
host 주최자, 사회자
ex. The host of the party was busy cooking. 파티 주최자는 요리를 하느라 바빴다.
embarrassing 창피한
ex. I fell off my chair. It was so embarrassing! 나는 의자에서 떨어졌다. 정말 창피했다.
mistake 실수
ex. I only made one mistake on my math test. 나는 수학 시험에서 하나의 실수를 했을 뿐이다.

Answer

(d) would have apologized

Joseph's 강의노트

가정법 과거완료는 과거 사실과 다른 일이나 과거에 실현하지 못한 일을 가정해서 말할 때 사용합니다. 이때 if절의 동사는 'had p.p.'의 형태입니다. 해석은 '…했다면 …했을텐데'로 해석합니다. If절에 과거 완료가 쓰였다고 해서 주절의 시제보다 한 시제 앞선 것으로 해석해서는 안됩니다. 주어진 문장 'If the Prime Minister had not stormed out of the studio, the talk show host would have apologized for her embarrassing mistake.'의 의미는 '국무총리가 스튜디오에서 나가버렸기 때문에 진행자가 자신의 실수에 대해 사과를 할 수 없었지만 총리가 나가버리지 않았더라면 사과를 했었을 것이다'라는 뜻입니다. 과거사실 (총리가 자리를 뜬 사실)의 반대를 가정해서 말한 것이므로 가정법 과거 완료의 공식을 그대로 따르고 있는 문장입니다.

- **가정법 과거 (현재사실에 정반대되는 것을 가정)**
  : If + 주어 + 동사의 과거형, 주어+ would/could/might + 동사원형
- **가정법 과거완료 (과거 사실에 정반대되는 것을 가정하는 표현**
  : If + 주어 + had p.p., 주어 + would/ could/ might + have p.p.

12 아이들은 그들이 자리를 떠서 텔레비전을 봐도 된다는 일종의 신호를 기다리며 완전한 침묵 속에서 식사를 했다.

유형 : 분사구문　난이도 : **

Solution

부대상황을 나타내는 분사구문으로 '…하면서'라는 동시동작의 의미를 나타낸다.

Vocabulary

complete 완전한
ex. The project was a complete failure.　그 계획은 완전한 실패였다.
silence 침묵
ex. The silence in the house was unusual.　집 안의 침묵은 평소와 같지 않았다.
sign 신호
ex. It was a good sign that the politicians agreed to have/ hold a meeting. (have a meeting or hold a meeting) 정치인들이 모임을 갖기로 동의한 것은 좋은 신호였다.

Answer

(b) waiting for

Joseph's 강의노트

분사구문의 용법 중에서 부대 상황을 나타내는 분사구문입니다. 부대상황의 구문은 동시동작의 의미로 '…하면서'라고 해석이 됩니다. 여기서는 빈 자리에 현재분사가 오는지 과거분사가 오는지 전치사를 필요로하는지 여부를 구별하는 문제입니다. wait가 '…를 기다리다'라는 의미로 쓰일 때는 for와 함께 사용합니다. 여기서 wait for의 행동의 주체는 the children이므로 주어와 동사의 관계는 능동입니다. 그러므로 빈 칸에 알맞은 동사의 형태는 현재분사형이 됩니다.

- with를 이용하여 부대상황을 나타내는 분사구문
- with+명사+형용사/현재분사/과거분사/부사구(…한 채)
  : 현재분사가 오는 경우는 앞의 명사가 능동적 행위를 할 때이고 과거분사가 오는 경우는 앞에 오는 명사가 수동적 입장으로 행위를 당하는 의미일 때가 됩니다.
  ex. He was listening to music with his eyes closed.

13 일부 사람들에게는 이상하게 들릴 수도 있지만 어릿광대에 대한 공포증을 가지고 있는 사람들은 어릿광대가 방 안에 있을 때 차분함을 유지하는 것이 불가능하다는 것을 발견한다.

유형 : 가목적어, 진목적어　난이도 : **

Solution

불완전타동사는 가목적어 it을 쓰고 진짜 목적어는 문장 뒤로 돌린다.
5형식 문장에서 목적어가 to 부정사이거나 that 절 등으로 길어질 경우에 목적어 자리에 가목적어 it을 쓰고, 진목적인 to 부정사구나 that절을 목적보어 뒤로 후치시킨다.

Vocabulary

strange 이상한

ex. There was a strange smell in the room. 방 안에서 이상한 냄새가 난다.

calm 차분한

ex. Brian tried to stay calm, despite his anger. 브라이언은 화가 남에도 불구하고 차분하려고 애썼다.

clown 광대

ex. The kid started crying when he saw a clown. 아이는 어릿광대를 보고 울기 시작했다.

Answer

(b) to remain

Joseph's 강의노트

make, think, take, believe, find, consider 등과 같은 불완전타동사는 가목적어 it을 쓰고 진짜 목적어는 to 부정사를 이용하여 표현합니다. 그러므로 빈 칸에는 단순 to부정사가 필요합니다. 이 때 to부정사는 문장의 시제에 따라 변화하지 않습니다. 또한 가주어, 진주어로 자주 쓰이는 용법입니다. 주어 자리에 to 부정사, that 절 등이 와서 주어가 길어진 경우에는 가주어 it을 쓰고 진주어는 문장 뒤에 씁니다. 부정사의 의미상 주어에 관한 문제도 자주 출제되는데 부정사의 의미상 주어가 문장의 주어나 목적어와 일치할 경우는 따로 의미상 주어를 표시하지 않지만 다를 경우에는 부정사 앞에 for +목적격을 써서 주어를 표시합니다. 또한 사람의 성질이나 성격을 나타내는 형용사가 올 때는 for 대신 of를 쓴다는 것도 기억해 두세요.

14 (a) A : 나는 학교에서 열리는 헌혈에 참가하러 가는 중이야. 너도 갈래?

(b) B : 헌혈을 할 수 있는 마지막 날은 어제였다는 게 거의 확실해.

(c) A : 이런, 그것 참 안 됐다. 난 정말 참가하고 싶었는데.

(d) B : 아주 성공적이었다고 들었어. 많은 사람들이 참가를 했어.

유형 : 시제 난이도 : *

Solution

어제 이미 끝난 행사에 대해 이야기를 하고 있으므로 현재진행형이 아닌 과거 시제를 사용해야 한다.

Vocabulary

donation 기부, 기부금

ex. I'm collecting donations for the homeless shelter. 나는 집 없는 사람들을 위한 시설을 위해 기부금을 모으고 있다.

do one's part 자기 몫을 다하다

ex. I want to do my part to complete the project. 나는 프로젝트를 완성하는데 내 몫을 다하고 싶다.

participate 참가하다

ex. He didn't participate in the discussion. 그는 토론에 참가하지 않았다.

Answer

(d) are participating → particpated

Joseph's 강의노트

헌혈을 하고 싶었지만 어제가 마지막 날이었다고 했으므로 이미 끝이 난 행사에 대해 이야기를 하고 있다는 것을 알 수 있습니다. **많은 사람들이 참가를 해서 성공적이었다고 들었다라는 의미가 되어야 하므로 현재진행형 시제 대신에 과거시제를 사용해야 합니다.**

15 (a) A : 어젯밤 기금 모금에서 천 달러를 도둑 맞았다는 얘기 들었니?

(b) B : 그렇게 이기적인 사람이 있다는 게 분개할 일이야.

(c) A : 맞아. 누가 한 짓인지 당장 알아내길 바랄 뿐이야.

(d) B : 나도. 더 중요한 것으로, 돈을 찾아서 원래 목적으로 사용될 수 있기를 바래.

유형 : 부정관사 난이도 : *

Solution

It's an outrage that…하다니 충격적인 일이다의 뜻이다.

Vocabulary

fundraiser 기금 모금

ex. My school is having a fundraiser to buy new desks. 우리 학교는 새로운 책상들을 구입하기 위한 기금 모금을 하고 있다.

WEEK 4

outrage 분개, 격노

ex. It was an outrage that the criminal was allowed to leave the prison early. 범죄자가 감옥에서 일찍 석방되도록 허용된 것은 분개할 일이다.

selfish 이기적인

ex. The selfish girl wanted all the cookies for herself. 이기적인 소녀는 혼자 쿠키를 다 가지기를 원했다.

original 원래의

ex. The movie changed a lot from the original story. 영화는 원래 이야기와 많이 달랐다.

purpose 목적

ex. The purpose of the security camera is to stop people from stealing. 감시 카메라의 목적은 도난을 방지하는 것이다.

Answer

(b) outrage → an outrage

Joseph's 강의노트 

outrage는 '분개', '분노'를 의미하는 명사로 '…한 것은 분개할 일이다'라고 할 때는 It is an outrage that~ 혹은 It is an outrage to (do something)의 형태로 쓰입니다. **이 때 항상 부정 관사와 함께 쓰여야 합니다.**

---

16 (a) 선의의 거짓말에 대한 논의는 항상 있어왔다. (b) 당신이 아끼는 사람에게 그 사람의 감정을 보호하기 위해서 사실이 아닌 것을 이야기하는 것이 괜찮은 일인가? (c) 어떤 사람들은 다른 사람에게 잘 하기 위해 한 거짓말이라도 거짓말은 어떤 상황에서든 나쁘다고 믿는다. (d) 나는 이렇게 생각한다: 나는 내 친구가 내게 거짓말을 하길 바라지 않고 그들 또한 내가 그들에게 거짓말을 하지 않을 것을 원하기를 바란다.

유형 : either 와 neither 난이도 : *

Solution

neither은 이미 부정의 의미를 내포하고 있으므로 they don't want me to lie to them, either이라고 해야 한다.

Vocabulary

debate 토론

ex. The presidential debate is going on to be on TV tonight. 대통령 후보 토론회가 오늘밤 TV에 방영될 것이다.

white lie 선의의 거짓말

ex. I told a little white lie when I said I liked your cooking. 내가 네 요리를 좋아한다고 한 건 선의의 거짓말이었어.

context 문맥, 상황

ex. I think you took what she said out of context. 난 네가 그녀가 말한 것의 전후 사정을 무시하고 있다고 생각해.

Answer

(d) neither → either

Joseph's 강의노트 

either를 쓰는 경우와 neither를 쓰는 경우를 구분하는 문제입니다. 이는 회화에서도 자주 혼동이 되는 문제이기도 합니다. 이미 앞 부분에서 they don't want me… 라고 부정의 의미를 표현했으므로 neither를 쓴다면 마치 not과 never를 함께 쓰는 것과 같습니다. '…도 역시'라고 할 때 긍정문에서는 too를 쓰고 부정문에서는 either를 쓴다고 알아 두세요. neither은 'not + either'의 의미입니다. 흔히 '나도 그래'라고 말할 때는무조건 'Me too'라고 한다고 생각할지도 모르지만 상대방이 한 말에 따라 'Me, too.'을(를) 써야 하는 경우도 있고 'Me, neither.'를 써야 하는 경우도 있습니다.

A : I like going to the park when the weather is beautiful.

B : Me too. (= I also like going to the park when the weather is beautiful.)

A : I wasn't so impressed with that new restaurant.

B : Me neither. (= I wasn't so impressed either.)

VOCABULARY

1 A : 애나한테 나랑 같이 무도회에 가자고 했어.
B : 너무 기대하지마. 걔는 오직 한 남자한테만 관심이 있어.

유형 : 숙어 난이도 : **

Solution

Don't hold your breath는 '어떤 일이 일어날 가능성이 별로 없으니 숨 죽이고 기다리지 말라'는 뜻이다.

Vocabulary

hold one's breath 숨죽이다, 기대하다
ex. Don't hold your breath. Mom and Dad will never buy a new car for you. 기대하지 마. 엄마 아빠는 절대 네게 새 차를 안 사주실 거야.
have eyes for (someone) …에게 관심이 있다
ex. He had eyes for the girl sitting in front of him in his history class. 그는 역사 수업에서 그의 앞에 앉는 소녀에게 관심이 있었다.

Answer

(b) hold

Joseph's 강의노트

Don't hold your breath라고 하면 '기다리고 있는 일이 일어날 확률이 거의 없으니 기대하지 말라'는 의미입니다. 여기서는 Anna에게 무도회에 같이 가자고 했다고 하자 걔는 오직 한 사람에게만 관심이 있으니 기대하지 말라고 하고 있습니다. 이와 유사한 표현으로 Don't waste your breath가 있는데 이것은 상대방이 듣지 않을테니 입 아프게 조언을 하느라 힘을 뺄 필요가 없다는 뜻이 됩니다. 또한 take one's breath away라고 하면 주로 어떤 것이 너무나 아름다워서 숨이 멎을 정도였다는 의미입니다.

hold를 이용한 표현들

- hold (mustard, mayonnaise 등) …을 넣지 마라
  ex. I want a hamburger, and please hold onions. 햄버거 주세요, 양파는 빼고요.
- hold one's drink 술이 세다
  ex. He can't hold his drink. A glass of beer can get him drunk. 그는 술을 잘 못 마신다. 그는 맥주 한잔으로도 취한다.
- hold that thought 그것 잊지마라
  ex. Hold that thought while I answer this phone call real quick. 내가 이 전화를 받을 동안 그걸 잊지 말고 있어.
- hold something against somebody …을 원망하다
  ex. What do you hold against her? She hasn't done anything to you. 그녀에게 무슨 나쁜 감정 있니? 그녀는 네게 아무 짓도 안했어.

breath를 이용한 표현들

- waste one's breath 쓸데없이 말하다
  ex. Don't waste your breath talking about politics to me. 내게 정치 얘기를 하느라고 시간 낭비를 하지마.
- take one's breath away 숨이 멈추도록 놀라게 하다
  ex. She took my breath away as she descended down the stairs in her new dress. 그녀가 새 드레스를 입고 계단을 내려올 때 나는 숨이 멎는 줄 알았다.
- a breath of fresh air 청량제, 신선한 바람
  ex. The party is too crowded. I need to go get a breath of fresh air. 파티는 너무 사람이 많다. 신선한 바람을 쐐러 나가야 겠어.
- out of breath 숨이 찬
  ex. He was out of breath just after climbing up the stairs. 그는 계단을 오르고 난 후에 숨이 찼다.
- catch one's breath 숨을 돌리다
  ex. Can we stop for a minute so I can catch my breath? 내가 숨을 돌릴 수 있도록 잠깐 쉬도록 멈출 수 있을까?

2 A : 재키가 우리 부모님을 만나지 않기로 했다는 걸 믿을 수가 없어.
B : 그녀가 너의 가족을 만나는 것에 대해 긴장했다는 생각을 해 본적 있니?

유형 : 이어 동사 난이도 : **

Solution

occur는 happen의 의미로 많이 쓰이지만 occur to somebody의 형태로 '어떤 생각이 들다'의 뜻으로 쓰인다.

Vocabulary

occur to 머리에 떠오르다, 생각이 나다

WEEK 4

ex. It never occurred to her that she was hurting other people's feelings when she teased them. 그녀는 다른 사람들을 놀렸을 때 자기가 그들의 마음을 상하게 한다는 생각은 전혀 들지 않았다.

Answer

(b) occur

Joseph's 강의노트

생각이나 아이디어가 occur to somebody라고 하면 '그러한 생각이 들다', '머리속에 떠오르다'의 의미입니다. occur는 일반적으로 happen, take place의 의미로 많이 쓰이고 '존재하다', '발견되다'의 의미로 쓰이기도 합니다.

ex. The accident occurred around midnight. 사고는 자정쯤에 발생했다.

- This particular species occurs in many countries in Asia. 이 특정한 종은 아시아의 많은 국가들에서 발견된다.
- It occurs to somebody that …라는 생각이 들다
  ex. It occurred to me that there's no reason why we can't take one car for our road trip. 우리의 여행을 위해서 차 한대만으로 가지 못할 이유가 없다는 생각이 들었다.
- It occurs to somebody to do something …할 생각이 들다
  ex. Did it occur to anyone to check to see if the front door was locked before we left? 우리가 떠나기 전에 앞문이 잠겼는지를 확인할 생각을 아무도 하지 못했니?

동사 occur와 함께 자주 쓰이는 부사들과 표현들

- commonly, frequently, rarely, sporadically, naturally, spontaneously
- be (un)likely to/tend to occur

그 밖에 '생각이 나다'라는 의미의 표현들

- off the top of my head
  ex. I can't remember her name off the top of my head. 그녀의 이름이 금방 생각나지 않는다.
- on the tip of my tongue
  ex. Her name is on the tip of my tongue. 그녀의 이름이 기억 날 듯 말 듯하다.
- ring a bell 생각나게 하다
  ex. The name doesn't ring a bell. 그런 이름은 생각나지 않는다.

---

3 A : 샌더스 씨가 지난 번에 보니한테 무슨 말을 했을까 궁금해.

B : 너무 궁금해하지마. 그는 사적인 대화를 하고 싶어한게 분명하니까.

유형 : 혼동하기 쉬운 단어　난이도 : **

Solution

nosy는 참견하기를 좋아하고 남에 일에 관심이 많은 것을 말한다. 여기서 A는 자신의 일도 아닌데 샌더스씨가 보니에게 개인적으로 무슨 말을 했는지 궁금해하고 있으므로 "그렇게 궁금해하지 말라."는 뜻으로 "Don't be nosy."가 가장 적절하다.

Vocabulary

risky 위험한

ex. Don't you think it's a little risky to put all of your money into the stock market? 네 돈을 전부 주식 시장에 투자한다는 것이 조금 위험하다는 생각이 들지 않니?

fussy 까다로운

ex. The fussy baby cried every time his mother put him down for a nap. 그 까다로운 아기는 엄마가 낮잠을 위해 그를 내려 놓을 때마다 울었다.

tricky 까다로운

ex. Driving in a big city can be a little tricky for people living in rural areas. 큰 도시에서 운전을 하는 것은 시골에 사는 사람들에게는 조금 까다로울 수 있다.

private 사적인

ex. I'm sorry, but I prefer to keep that information private. 미안하지만 그 정보는 비밀로 하고 싶어요.

Answer

(b) nosy

Joseph's 강의노트

nosy는 남의 사생활에 관심을 갖고 궁금해하는 사람을 묘사할 때 쓸 수 있는 형용사입니다. 이러한 사람에게 참견하지 말라고 말하고 싶을 때는 Mind your own business. / This is none of your business. / Stay out of this. / Keep your nose out of this. 등으로 말할 수 있습니다.

nose를 이용한 다양한 표현들

- by a nose 작은 차이로, 간신히
  ex. He won the race by a nose. 그는 경주를 작은 차이로 이겼다.
- keep one's nose to the grindstone 힘써 일하다
  ex. The employee kept his nose to the grindstone in hopes of receiving a raise soon. 직원은 곧 봉급 인상을 받을 기대를 하며 열심히 일했다.
- on the nose (= exactly right) 정확하게
  ex. That's right on the nose. Good job! 그건 아주 정확했어. 잘했어!
- under somebody's nose 코앞에서
  ex. I can't believe that they are stealing a car right under the noses of the police. 그들이 경찰들의 코앞에서 차를 훔친다는 것을 믿을 수가 없어.

4 A : 이게 아마 전 시즌 중에서 가장 중요한 에피소드일거야.
B : 맞아. 티모시가 마침내 자신의 정체를 밝힐 거야.

유형 : 연어 (collocation) 난이도 : **

Solution

'정체를 밝히다'라고 할 때는 reveal one's identity라고 한다.

Vocabulary

reveal 밝히다
ex. This TV show never reveals who the villain is until the end of each episode. 이 TV 쇼는 각 에피소드의 끝까지 누가 악당인지를 밝히지 않는다.
identity 정체, 정체성
ex. Many teenagers struggle with personal identity. 많은 십대들이 자신의 정체성으로 고민한다.

Answer

(c) identity

Joseph's 강의노트 

identity는 명사로 동일함, 일치, 신원, 주체성 등의 의미로 쓰입니다. 여기서는 두 사람이 텔레비전 쇼에 대해 이야기를 하고 있습니다. 북미에서 TV 프로그램이 지속되는 기간을 season이라고 합니다. 일반적으로 여름이 오기 전에 한 시즌이 끝나고 가을이 오면 새로운 시즌이 시작됩니다. 우리나라 드라마와는 달리 시즌이 끝난 여름 기간 동안은 계속 재방송만이 방영됩니다. 두 사람은 이번 시즌에서 오늘 방영되는 내용이 가장 중요한 것이 될 것인데 그 이유는 주인공인 듯한 티모시가 드디어 자신의 정체를 밝힐 예정이기 때문입니다. '정체를 밝히다'라고 할 때는 reveal 혹은 disclose one's identity라고 합니다. 반대로 '정체를 숨기다'라고 할 때는 conceal, hide 등을 쓸 수 있습니다. 또한 a case of mistaken identity라고 하면 다른 사람으로 착각한 경우를 의미합니다. 또한 요즘 문제가 되고 있는 신분위장 절도는 identity theft라고 한다는 것도 기억해 두십시오.

- **a case of mistaken identity** 다른 사람으로 착각한 경우
  ex. He was not the man we were looking for. It was just a case of mistaken identity. 그는 우리가 찾고 있는 사람이 아니었다. 그것은 다른 사람을 착각한 경우였다.
- **proof of identity** 신분증
  ex. Please provide proof of identity when you arrive at the registration table. 등록 창구에 도착하면 신분증을 제시해 주세요.
- **Identity theft** 신분위장 절도
  ex. Identity theft is the fastest growing crime. 신분위장 절도는 가장 빠른 속도로 증가하고 있는 범죄이다.

5 A : 나는 네가 그 드레스를 사야 한다고 생각해. 네게 아주 멋지게 어울려.
B : 글쎄, 세일이 아니지만 그거 하나 산다고 해서 돈을 그렇게 많이 쓰는 건 아니겠지.

유형 : 숙어 난이도 : **

Solution

break the bank는 보통 부정형으로 쓰여서 어떤 것이 돈이 그렇게 많이 들지는 않을 것이라는 뜻으로 쓰인다. 여기

WEEK 4

서는 세일이 아닌 드레스 하나 산다고 크게 재정적으로 (재정적으로 크게) 문제될 것 없을 것이라는 의미다.

Vocabulary

fabulous 멋진
ex. You look fabulous tonight! 오늘밤 너 멋져 보여!
look good on somebody …에게 잘 어울리다
ex. Do these pants look good on me? 이 바지가 내게 잘 어울리니?
be on sale 할인 판매중이다
ex. Everything in the store is on sale. 상점에 있는 모든 물건이 세일 중이다.

Answer

(d) break

Joseph's 강의노트 

동사 break는 '부수다'의 의미로 smash, split, demolish 등의 의미입니다. 또한 break는 break the law와 같이 '위반하다' (violate, disobey), break a record와 같이 '기록을 깨다'의 의미로 쓰입니다. 또한 '누군가에게 나쁜 소식을 알리다'라고 할 때도 break를 쓸 수 있습니다. I didn't know how to break the news to my mother. (이 소식을 어머니에게 어떻게 알려야 할지 모르겠다.)

break를 이용한 표현들

- break one's back 매우 열심히 일하다
  ex. Don't break your back over cooking dinner. 저녁하느라고 너무 열심히 애쓰지 마.
- break even 득실이 없다, 본전을 찾다
  ex. We'll be lucky if we can break even at the end of this year. 올해 말에 이윤이 없어도 손해만 보지 않는다면 (본전만 한다면) 행운일 것이다.
- break the ice (딱딱한 분위기를 깨기 위해서) 말을 꺼내다
  ex. Why not try breaking the ice with a joke? 농담으로 딱딱한 분위기를 깨보는게 어때?
- break a leg (공연 등을 앞두고) 성공을 빈다
  ex. Break a leg out there. You'll be great. 성공을 빌어. 넌 잘 할거야.
- break new ground 새로운 경지를 개척하다
  ex. The man broke new ground in math by finding a solution to a difficult equation. 남자는 어려운 방정식의 답을 찾음으로써 수학 분야에서 새로운 경지를 개척했다.

6

A : 너 목요일에 있었던 일 때문에 아직도 꽤 많이 화가 나 있구나, 그렇지?
B : 내가 할 수 있는 일이 있었을거라는 생각을 피할 수가 없어.

유형 : 숙어　난이도 : *

Solution

can't help thinking (~ing) 이라고 하면 '…하지 않을 수 없다'의 뜻이다.

Vocabulary

upset 화가 난
ex. Will you please tell me why you're so upset? 왜 그렇게 화가 났는지 말 좀 해 줄래?

Answer

(d) help

Joseph's 강의노트 

can't help doing something이라고 하면 '…하지 않을 수 없었다'는 뜻으로 종종 can't help but 동사원형의 형태로도 쓰입니다. I couldn't help laughing은 '웃지 않을 수가 없었다', '웃음을 멈출 수가 없었다'의 의미가 됩니다. 또한 I can't help it이라고 하면 '어쩔 수가 없었다'의 뜻입니다. B는 목요일에 있었던 일에 대해서 계속해서 생각을 하면서 자신이 좀 더 할 수 있는 일이 있었는데 하지 않았다는 생각을 떨쳐버릴 수가 없다고 말하고 있습니다.

think를 이용한 다양한 표현들

- **can't think straight** 생각을 제대로 할 수가 없다
  ex. I was so tired that I couldn't even think straight. 나는 너무 피곤해서 생각을 제대로 할 수 없을 지경이었다.
- **don't even think about doing something** …할 엄두도 내지마라
  ex. Don't even think about asking him for money. 그에게 돈을 달라고 할 엄두도 내지 마라.

- **I wasn't thinking** 내 생각이 짧았어
  ex. I shouldn't have said that. Sorry, I just wasn't thinking. 그 말을 하지 말았어야 했는데. 미안해, 내 생각이 짧았어.
- **think out loud** 생각을 입밖에 내어 말하다
  ex. I wasn't talking to you. I was just thinking out loud. 너한테 말한게 아니야. 그저 머리 속에 난 생각을 중얼거린 것 뿐이야.

7 A : 이 보고서 쓰는 걸 자꾸 미루다가는 제 시간에 절대 못 끝낼거야.
B : 나도 아는데 너무 지루해서 집중을 할 수가 없어.

유형 : 혼동하기 쉬운 단어　난이도 : ***

Solution

slack이 동사로 쓰일 때는 '일을 하지 않고 꾀를 부리다'의 의미다.

Vocabulary

slack 일을 게을리하다, 태만하다
ex. Many people slack at their jobs because they don't care enough about their work. 많은 사람들이 자신의 일에 별로 신경을 쓰지 않기 때문에 자신들의 일을 게을리 한다.

in time 제 시간에
ex. Greg didn't finish his essay in time and received a deduction on his final grade. 그레그는 제 시간에 에세이를 끝내지 못해서 최종 성적에서 감점을 받았다.

keep one's mind on 집중하다
ex. She couldn't keep her mind on her homework because there was too much noise in the house. 집 안이 너무 소란스러워서 그녀는 숙제에 집중할 수가 없었다.

Answer

(c) slacking

slack은 형용사, 명사, 동사의 의미로 쓰입니다. 문제에서는 동사로 쓰여서 '일을 게을리하다'의 의미로 사용되었습니다. 형용사로는 '느슨한', '부주의한'의 의미로 동사의 의미와 유사한 부분이 있다고 할 수 있습니다. 명사로는 '좀 더 효과적으로 사용될 수 있는 사람이나 장비', '돈'을 의미하거나 '밧줄 등에서 느슨한 부분'을 가리킵니다. 또한 숙어로는 cut/ give somebody some slack이라는 표현이 있는데 이것은 '너무 엄하게 까다롭게 굴지말고 …을 좀 봐줘라', 혹은 '기회를 줘라'는 의미로 많이 쓰입니다. 직장에서 꾀를 부리고 일을 안 하는 사람은 slacker라고 하고 퇴근할 시간만 기다리는 게으른 직원이라는 의미로는 clock watcher를 쓰기도 합니다.

work을 이용한 표현들

- get to work on something (= start doing something) 시작하다
  ex. I'd better get to work on this project if I want to do well in this class. 이 수업에서 좋은 성적을 얻으려면 이 프로젝트를 시작하는게 좋겠다.
- have one's work cut out for (someone) (= have a difficult job to do) 힘든 일을 맡고 있다
  ex. The new CEO of the company had his work cut out for him. 새 최고 경영 책임자는 힘든 일을 맡았다.
- out of work (= unemployed) 실직 중인
  ex. He's been out of work for almost two years now. 그는 현재 2년째 실직 중이다.
- do somebody's dirty work (= do something difficult and unpleasant for someone else) 남의 궂은 일을 대신하다
  ex. I'm tired of doing other people's dirty work. 나는 다른 사람들의 궂은 일을 대신하는데 질렸다.
- grunt work (= not interesting and hard work) 힘든 일
  ex. For the first year he didn't do anything at his new job besides grunt work. 그는 새 직장에서 첫 해 동안 힘들고 재미없는 일 밖에는 아무 것도 하지 않았다.

8 A : 아까 저기서 내가 널 불편하게 만든 말을 했다면 미안해.
B : 괜찮아. 너는 가끔 신이 나면 너무 들떠서 조절을 못한다는 걸 알아.

WEEK 4

유형 : 이어 동사 난이도 : ***

Solution

carry away는 항상 수동형으로 be carried away 혹은 get carried away와 같이 쓰여서 너무 들떠 말이나 행동을 조절하지 못하고 기분에 휩쓸리는 것을 말한다.

Vocabulary

uneasy 불안안, 어색한
ex. She felt uneasy surrounded by strangers. 그녀는 낯선 사람들에게 둘러싸여 불안함을 느꼈다.
get carried away 기분에 휩쓸리다
ex. Don't get carried away. We're still waiting for the final result. 너무 신나하지마. 우리는 여전히 최종 결과를 기다리고 있다.

Answer

(d) carried away

Joseph's 강의노트 

A가 혹시 자신이 기분 나쁜 말을 했다면 미안하다고 하자 B는 A가 신이 나면 할 말과 하지 말아야 할 말을 분간하지 못하는 경향이 있다는 걸 알고 있으므로 괜찮다고 대답합니다. **carry away는 be carried away 혹은 get carried away와 같이 항상 수동형의 형태로 쓰인다는 것도 기억해 두십시오.** 동사 carry는 '옮기다', '운반하다'의 의미 이외에도 '질병 등을 옮기다'의 의미로도 쓰일 수 있고 상점들이 어떤 상품을 carry한다는 것은 그것을 판매한다는 의미입니다.

carry를 이용한 이어동사들

- carry on (= continue) 계속하다
  ex. Carry on with what you're doing until the manager tells you otherwise. 매니저가 다른 말을 할 때까지 하던 일을 계속해라.
- carry out (= do, complete) 수행하다
  ex. The platoon carried out its final mission before returning back to camp. 소대는 막사로 돌아가기 전에 마지막 임무를 수행했다.

9 A : 오늘 병원에 다시 가서 피터가 어떤지 보러 갈거야 (봐야겠어).
B : 네가 필요한게 있으면 말만 해. 돕고 싶어.

유형 : 숙어 난이도 : **

Solution

say the word는 '말만 하면 내가 뭐든지 하겠다'는 의미다.

Vocabulary

say the word 말만 해
ex. If you need any help with moving, just say the word. 이사와 관련해서, 도움이 필요하면 말만 해.

Answer

(b) say

Joseph's 강의노트 

Just say the word는 '명령만 내리면 내가 뭐든지 하겠다'는 의미입니다. 여기서는 자신이 도울 수 있는 게 있으면 뭐든지 말만하라고 합니다. Tell, speak, say, talk의 차이를 구분해 보도록 합시다.
먼저 tell은 '…에게 말해주다'의 의미로 보통 이야기나 내용이 있는 것을 전달하는 것입니다. Tell은 간접목적어 (듣는 사람)가 바로 뒤에 따라 오거나 만일 직접 목적어가 바로 따라올 경우에는 전치사 to를 간접 목적어 앞에 써주어야 합니다. (ex. He told me a funny story. / He told a funny story to me.) speak는 speak English와 같이 '언어를 말하다'와 같은 경우에 쓰이고 say는 말을 듣는 상대보다는 내용 전달 자체에 중점을 두는 것이 특징입니다. 또한 talk는 한쪽에만 중점을 둔 것이 아니라 서로 주고 받으며 대화를 하는 의미입니다. 이러한 단어들간의 어감의 차이를 익혀야 한다는 것은 너무 막연하게 들릴 수도 있지만 예를 들어 say hello/goodbye나 tell a lie/a joke 등과 같은 것은 개별의 경우를 익혀 두는 수 밖에 없습니다.

say를 이용한 표현들

- say when (음료를 따를 때) 적당할 때 말하세요
  ex. Let me pour you some wine. Just say when. 와인을 따라 줄게요. 적당할 때 말하세요.
- Says who? (다른 사람의 의견에 반대할 때) 누가 그런 소리를 해?
  ex. A: This is the dirtiest restaurant in town.
  이 식당은 이 동네에서 제일 더러운 식당이야.
  B : Says who? 누가 그래?
- You said it. (= I agree.) 네 말이 맞아.

ex. A: I can't watch any more of this movie. It's so terrible. 이 영화 더 이상 못 보겠어. 정말 형편없어.
B : You said it. Let's get out of here. 네 말이 맞아. 여기서 나가자.

• You can say that again. (= I agree.) 네 말에 동감이야.
ex. A: This is the best pie I've ever eaten! It's delicious! 이건 내가 먹어 본 중에 최고의 파이야. 맛있어!
B : You can say that again. 네 말에 동감이야.

word를 이용한 표현들

• give someone one's word (= promise) 약속하다
ex. I give my word that I won't tease you anymore. 내가 너를 더 이상 놀리지 않겠다고 약속할게.
• a man/woman of his/her word 약속을 지키는 사람
ex. John has never been a man of his word. 존은 약속을 지키는 법이 없다.
• a man of few words 말수가 적은 사람
ex. Though he's a man of few words, the things he does say are always very thoughtful. 그는 말수가 적은 사람이지만 그가 어쩌다 하는 말은 항상 매우 사려깊다.
• put in a good word for somebody …에 대해 좋은 이야기를 해주다, 추천하다
ex. Tom put in a good word for Susie to his boss before her interview for the job. 탐은 수지의 면접 전에 그의 상사에게 그녀에 대한 좋은 이야기를 했다.
• by word of mouth 말로, 입소문에 의해
ex. She had only heard of the restaurant by word of mouth. 그녀는 그 식당에 대해 입소문을 들었을 뿐이다.

---

10 A : 이 제이드 플랜트는 왜 이렇게 비싼거죠?
B : 엄선된 것들이라서 그에 따라 가격이 정해진 거죠.

유형 : 숙어 난이도 : **

Solution

the best of the bunch는 '엄선된 것', '가장 뛰어난 것'을 의미합니다.

Vocabulary

the best of the bunch 엄선된 것, 가장 뛰어난 것
ex. Even though the apples were the best of the bunch, they were still bruised and mushy. 그 사과들은 엄선된 것이었지만 여전히 멍들고 푸석푸석했다.
price 가격을 매기다
ex. The house was priced much higher than what it was actually worth. 그 집은 실제 가치보다 훨씬 높게 가격이 매겨졌다.
accordingly 따라서
ex. See where the children's writing skills are and then change your lesson plan accordingly. 아이들의 글쓰기 실력이 어느 수준인지 살펴보고 그에 따라서 수업 계획을 바꾸세요.
cluster 무리
ex. The muffins had delicious nut clusters in them. 머핀에는 맛있는 땅콩 덩어리들이 들어있었다.

Answer

(d) bunch

Joseph's 강의노트 

bunch는 '집단의 사람들', '꽃 등의 다발, 묶음' 또는 '바나나나 포도와 같이 다발'을 의미합니다. 일상 생활에서 a bunch라고 하면 '많은'의 의미로 많이 쓰입니다. (ex. I have a bunch of things to do.) 또한 친한 사이에 고맙다고 할 때도 Thanks a bunch라는 표현을 씁니다. 여기서 쓰인 the best of the bunch는 때로는 the pick of the bunch라고도 쓰이는데 '엄선된 것', '가장 뛰어난 것'의 뜻입니다. 보기로 주어진 cluster, pack, bundle 등도 bunch와 유사한 의미로 집단, 혹은 무리 지어 있는 모양을 묘사할 때 많이 사용되는 단어들입니다. bundle은 마치 '소포 꾸러미와 같이 묶음'을 의미합니다. 또한 price는 명사로는 '가격'이라는 뜻으로 많이 쓰이지만 동사로는 '가격을 정하다', '가격을 비교하다'의 의미로도 쓰일 수 있습니다.

• **a bundle of joy** 아기
ex. The couple got to take their new bundle of joy home from the hospital yesterday. 부부는 그들의 새로 태어난 아기를 어제 병원에서 집으로 데리고 갔다.
• **a bundle of nerves** 몹시 신경질적인 사람

WEEK 4

ex. What is wrong with Jane? She's a bundle of nerves all day. 제인 왜 그러니? 하루 종일 신경질적이야.

- **in clusters** 떼를 지어서
  ex. The students stood in clusters outside of the school building during the fire drill. 소방 훈련동안 학생들은 학교 건물 밖에 떼를 지어서 서 있었다.
- **a pack of lies** 거짓말 투성이
  ex. That whole story that Mike told us is just a pack of lies. 마이크가 우리에게 한 그 이야기는 전부 거짓말 투성이다.
- **be ahead of the pack** 다른 사람들보다 더 뛰어난
  ex. He ran ahead of the pack for nearly the entire race. 그는 거의 경주 내내 다른 사람들을 앞서서 뛰었다.

11

10년 동안 그가 저지르지 않는 범죄에 대해 형을 살고 난 후 피고인은 마침내 유전자 검사를 통해 혐의가 풀렸다.

유형 : 문맥에 알맞은 어휘　난이도 : ***

Solution

exonerate는 보통 수동 형태로 쓰여서 '…의 혐의가 풀리다', '결백이 입증되다'의 의미이다.

Vocabulary

serve time (= spend time in jail) 복역하다
ex. The man served time for robbing the bank. 남자는 은행을 턴 죄로 복역했다.
commit 저지르다
ex. They want to find out what makes people commit crimes. 그들은 무엇이 사람들이 범죄를 저지르도록 만드는지를 알고자 한다.

Answer

(c) exonerated

Joseph's 강의노트

보기로 주어진 단어들은 모두 법정, 범죄와 관련이 있는 단어들입니다. 문장을 완성하기 위해서는 자신이 저지르지 않은 범죄에 대해 십 년을 복역한 후에 유전자 검사를 통해 마침내 결백이 입증되었다고 하는 것이 가장 적절합니다. 그러므로 exonerate 가 정답이 됩니다. **exonerate는 수동의 형태로 쓰이는 경우가 많다는 것도 알아 두십시오.** plead guilty/not guilty라고 하면 '혐의에 대해 죄를 인정하다/무죄를 주장하다'의 뜻입니다. arraign은 '소환하다', accuse '..을 고소하다', '고발하다'의 뜻으로 '…의 죄로 고소하다'라고 할 때는 전치사 of와 함께 씁니다. 또한 serve time 혹은 serve sentence라고 하면 '형을 살다'라는 의미입니다. 범죄나 법률에 관련된 문장이 TEPS에 자주 출제되므로 새로운 단어가 나올 때마다 익혀서 어휘력을 늘리도록 하십시오.

12

고고학자들은 산 기슭에의 바위를 단순한 기구들로 잘라서 만든 이상한 거주지를 발견했다.

유형 : 단어의 의미　난이도 : ***

Solution

hew는 '바위나 나무 등을 깍아서 만들다'의 뜻이다.

Vocabulary

archaeologist 고고학자
ex. I want to be an archaeologist because I'm very interested in studying ancient cultures. 나는 고대 문화를 연구하는데 관심이 있으므로 고고학자가 되고 싶다.
dwelling 거주지
ex. The national park has preserved many of the ancient cave dwellings in this area. 국립공원은 이 지역의 고대 동굴 거주지들의 다수를 보존해왔다.

Answer

(b) hewn

Joseph's 강의노트

문장의 의미를 가장 잘 완성해주는 단어를 고르는 문제입니다. 문장은 '고고학자들이 산 기슭에의 바위를 단순한 기구들로 …한 이상한 거주지가 발견했다'라는 뜻입니다. inflate 는 '부풀리다', '팽창시키다'의 뜻이므로 빈칸 뒤에 나오는 from the rock과 연결이 되지 않습니다. assimilate는 '동화시키다', integrate는 '통합하다'의 의미입니다. hew는 '나무나 돌을 깍아서 무언가를 만들다'의 의미입니다.

13 시는 배심원들을 자신들에게 유리하도록 움직이는데 필요한 확실한 증거가 부족했기 때문에 소송을 시행할 수가 없었다.

유형 : 문맥에 알맞은 어휘 난이도 : *** **

Solution

prosecute는 '고소하다', '실행하다'의 의미이고 여기서 case는 '소송'을 의미한다.

Vocabulary

lack 부족하다
ex. The captain lacked the confidence he needed to lead his crew. 선장은 선원들을 이끄는데 필요한 자신감이 부족했다.
solid 탄탄한
ex. My English speaking skills are solid, but my math skills are not. 내 영어 말하기 실력은 탄탄하지만 수학 실력은 그렇지 못하다.
evidence 증거
ex. The evidence of the murder clearly pointed to Robert. 살인 사건의 증거는 분명히 로버트를 지목하고 있었다.
sway 흔들다, 동요하게 하다
ex. You shouldn't be swayed by their argument. 너는 그들의 다툼에 동요되어서는 안 된다.

Answer

(c) prosecute

Joseph's 강의노트 

prosecute는 '기소하다', '고소하다' 혹은 '조사 등을 추진하다'의 의미입니다. 또한 변호사가 피고인을 변호하는데 반해 피고인을 기소한 측, 즉 검찰을 prosecutor라고 합니다. jury는 배심원단 전체를 의미하고 배심원 중 한 명을 가리킬 때는 juror라고 한다는 것도 알아두세요. solid evidence라고 하면 '확실한 증거'라는 뜻이고 evidence와 함께 쓸 수 있는 다른 형용사들로는 crucial, concrete, supporting, compelling, convincing등이 있습니다. 또한 solid는 '고체의', '딱딱한' 등의 뜻 이외에도 여기서처럼 '탄탄한', '확실한'의 의미로 쓰일 수도 있고 solid (색상)라고 하면 무늬 등이 없는 한 가지 색으로 된 것을 의미합니다. 또한 '중단없이 계속된'의 의미로 시간과 함께 쓰이기도 합니다. (ex. They spent two solid hours trying to fix the problem. 그들은 그 문제를 해결하는데 꼬박 두 시간을 보냈다.)

14 은퇴를 한 후 이씨는 열정적인 독서가가 되어 일 주일에 책을 두 권씩 읽었다.

유형 : 고난도 어휘 난이도 : ***

Solution

책을 여러 장르에 걸쳐 다양하게 많이 읽는 사람을 voracious reader라고 한다.

Vocabulary

retire 은퇴하다
ex. After working for 50 years, Mr. Smith is finally going to retire from his job as an engineer. 50년 동안 일을 한 후에 스미스씨는 기술자로서의 그의 직업에서 마침내 은퇴를 할 것이다.
voracious 왕성한, 열정적인
ex. She had a voracious appetite after cleaning the house all day. 그녀는 하루종일 집안 청소를 한 후 왕성한 식욕을 보였다.
tumultuous 소란스러운, 무질서한
ex. The tumultuous train station was packed with people. 무질서한 기차역은 사람들로 가득찼다.
idiomatic 관용적인, 관용구가 많은
ex. The company's president gave a graceful and idiomatic speech announcing his retirement. 회사의 사장은 자신의 은퇴를 알리는 품위있고 관용적인 연설을 했다.

Answer

(a) voracious

Joseph's 강의노트 

어려운 형용사들 중에서 문장의 의미를 가장 잘 완성하는 단어를 고르는 문제입니다. 책을 읽기를 좋아해서 가리지 않고 많은 책을 읽는 사람을 voracious reader라고 합니다. 또한 voracious는 appetite와 함께 쓰여 왕성한 식욕이라는 의미가 되기도 합니다. 또한 음식을 잘 먹는 사람을 voracious eater라고 합니다. Have a voracious appetite for something이라고 하면 꼭 음식이 아니더라도 무엇을 하고자 하는 열정이 강한 것을 의미합니다. 그

WEEK 4

래서 have a voracious appetite for reading이라고 하면 '독서에 열정을 가지고 있다'는 뜻입니다. reader와 함께 사용될 수 있는 형용사들로는 alert, fast, avid (열렬한), sophisticated (세련된) 등이 있습니다.

15 그것이 시장에 등장하게 된 것이 환경 주의자들과 소비자들에게 장점처럼 보였지만 에탄올은 실제로 지구에 역효과를 가져왔다.

유형 : 형용사의 의미 난이도 : **

Solution

have an adverse effect on something은 '…에 악영향을 끼치다'의 뜻이다.

Vocabulary

saving grace 장점
ex. This job's only saving grace is its flexible hours. 이 직업의 유일한 장점은 근무 시간에 융통성이 있다는 것이다.
adverse effect 역효과
ex. The new medicine had an adverse effect on the patient. 새로운 약품은 환자에게 역효과를 냈다.

Answer

(d) adverse

Joseph's 강의노트 

앞의 문장이 although로 보아 뒷 문장의 내용은 앞 문장과 반대의 의미가 될 것이라는 것을 알 수 있습니다. 처음에는 장점인 것처럼 보였던 에탄올의 등장이 실제로는 역효과를 가져왔다는 내용입니다. adverse는 '반대의', '불리한'의 의미로 adverse circumstances (역경), adverse impact (악영향), have an adverse effect on (…에 악영향을 끼치다)의 형태로 쓰입니다. lingering은 '오래 지속되는', '좀처럼 사라지지 않는'의 뜻으로 lingering doubts/fears (쉽게 사라지지 않는 의심/공포)와 같이 바람직하지 않은 감정들과 함께 쓰이는 경우가 많습니다. grueling은 very difficult의 의미로 grueling race/schedule/training과 같은 형태로 쓸 수 있습니다. hostile은 '적대적인'의 뜻으로 hostile forces (적군), hostile reaction (적대적인 반응)과 같은 표현들을 흔히 볼 수 있습니다. 그 밖에도 effect와 함께 쓸 수 있는 형용사들로는 beneficial, cumulative (누적된), damaging, detrimental (해로운), substantial 등이 있습니다. 또한 take effect는 '효과가 나타나다', '법 등이 실행되다'의 뜻으로 쓰이고, 법률이나 새로운 규칙들이 come into effect 한다고 하면 '적용되기 시작한다'는 의미입니다.

16 대통령이 인기를 잃게 된 이유는 그가 작은 마을의 시장으로부터 정치적 대 스타로 떠오르는 것을 지켜 본 많은 사람들에게는 분명하지 않은 상태로 남아있다.

유형 : 고난도 어휘 난이도 : ***

Solution

nebulous는 '모호한', '애매한'의 뜻이다.

Vocabulary

scathing 혹독한
ex. He launched a scathing attack on the other candidate. 그는 다른 후보자에 대해 혹독한 공격을 퍼부었다.
palliative 완화하는
ex. Experts think that the government's new policy is just a palliative measure. 전문가들은 정부의 새로운 정책이 완화 조치일 뿐이라고 생각한다.
sycophantic 아첨하는
ex. Many of us have sycophantic tendencies. 우리들 중 다수는 아첨하는 경향이 있다.

Answer

(b) nebulous

Joseph's 강의노트 

보기로 주어진 형용사들의 의미를 알지 못하면 해결이 까다로울 수 있는 문제입니다. 난이도가 매우 높은 형용사들이지만 신문 기사 등에서 종종 볼 수 있는 단어들입니다. nebulous는 '애매한', '모호한'의 의미로 remain nebulous 라고 하면 remain unclear와 같은 의미라고 할 수 있습니다. 또한 fall from favor는 '인기, 총애를 잃다'라는 의미입니다. 대통령이 작은 마을의 시장에서 대통령이 됨으로써 정치적 대스타가 된 것을 지켜본 사람들에게 그의 인기 하락의 이유는 불분명한 것으로 남아있다는 의미입니다. nebulous와 유사한 의미의 형용사들로는 confused, obscure, ambiguous, uncertain, unclear, vague 등이 있습니다. 또한 reason과 함께 자주 쓰이는 형용사들로는 cogent (설득력 있는), compelling (강력한), convincing (그럴싸한), plausible (그럴 듯한), adequate (적절한), valid (유효한), underlying (근본적인) 등이 있습니다.

17 부유하고 유명한 사람들의 자녀들은 큰 몸값을 받기 위해 유괴되곤 했다.

유형 : 동사의 의미　난이도 : **

Solution

'유괴하다', '납치하다'라고 할 때는 kidnap 혹은 abduct를 쓴다.

Vocabulary

ransom 몸값
ex. The journalist was being held ransom for one million dollars. 기자는 백만 달러의 몸값으로 납치되어 있었다.
abduct 유괴하다, 납치하다
ex. I had a dream last night that I was abducted by aliens. 나는 어젯밤에 외계인들에게 납치되는 꿈을 꿨다.
confiscate 압수하다
ex. The teacher will confiscate any cell phones that ring during her class. 선생님은 수업 시간중에 울리는 휴대전화는 모두 압수할 것이다.

Answer

(a) abducted

Joseph's 강의노트 

문장의 의미가 완성되도록 빈 칸에 알맞은 동사를 찾는 문제입니다. 빈 칸 뒤에 in order to collect large ransoms (몸 값을 받기 위해)라는 내용이 있는 것으로 볼 때 빈 칸에는 '유괴하다', '납치하다'라는 의미의 동사가 필요합니다. ransom은 잡혀 있는 사람이 풀려나는 조건으로 지불하는 돈을 가리킵니다. Hold somebody to ransom이라고 하면 몸값을 받기 위해 사람을 잡아두는 것을 의미합니다. confiscate는 '밀수품이나 재산들을 압수하다'의 뜻입니다. 또한 비행기를 납치하는 것은 hijack이라고 합니다. 동사 collect는 '(우표나 동전, 정보등을) 수집하다'라는 의미 이외에도 '돈을 걷다'의 의미로도 많이 쓰여서 collect the rent (집세를 받다), collect taxes (세금을 징수하다)와 같이 쓰이기도 합니다. 또한 collect one's thoughts라고 하면 '생각을 정리하다'의 뜻입니다.

18 불행히도 유명인들의 괴상한 행동이 그들에게는 과분한 선전 효과를 일으키는 것이 흔한 사실이다.

유형 : 명사의 의미　난이도 : **

Solution

보기로 주어진 명사의 의미는 물론 동사 attract와 함께 쓰일 수 있는 명사를 골라야 한다.

Vocabulary

outrageous 괴상한
ex. His behavior was so outrageous in the classroom that the teacher sent him home for the day. 교실에서 그의 행동이 너무 이상해서 선생님은 그를 조퇴시켰다.
celebrity 유명인
ex. Brad Pitt is one of the biggest celebrities in the world. 브래드 피트는 전 세계적인 유명인 중의 하나다.
attract 끌다
ex. She attracted unwanted attention in the restaurant by speaking loudly. 그녀는 식당에서 큰 소리로 말을 함으로써 의도하지 않은 주목을 끌었다.
deserve …을 받을 만하다
ex. He deserved to fail the class. He cheated on every test. 그는 낙제하는 것이 당연하다. 그는 모든 시험에서 부정행위를 했다.
get what (one) deserve (deserves) 자업자득이다
ex. The employees got what they deserved and were fired for stealing the company's money. 직원들은 자업자득으로 회사 돈을 훔친 것으로 해고되었다.

Answer

(b) publicity

Joseph's 강의노트 

문장의 의미가 완성되도록 빈 칸에 알맞은 명사를 고르는 문제입니다. 명사가 빈 칸인 경우에는 어떤 동사와 함께 쓰이는가를 살펴봐야 합니다. publicity는 선전, 널리 알려짐의 의미를 가진 명사로 attract, avoid, generate, receive 등의 동사와 함께 쓰일 수 있습니다. It is often the case that이라고 하면 '…한 것이 사실이다', '실상이다'라고 해석될 수 있습니다. case는 주로 (범죄 관련된) 사건을 의미하지만 여기서는 '실정', '사실', '진상'의 의미로 쓰였습니다. as is often the case라고 하면 '흔히 그렇듯이'의 뜻이 됩니다. 문제의 문장은 유명인들이 자신의 분야에서 뛰어난 것으로 유명한 것이 아니라 괴상한 행동으로 뉴스에 오르내림으로써 더 유명세를 타게 되는 것이 실상이라는 내용입니다.

case를 사용한 표현들

- as the case may be 경우에 따라서
  ex. As the case may be, we're still going on this trip, even if Jenny can't come with us. 경우에 따라서 만일 제니가 우리와 갈 수 없다고 해도 우리는 여전히 이 여행을 갈 것이다.
- in any case 어쨌든
  ex. In any case, I'm not the one who dropped all of the glasses on the floor and broke them. 어쨌든 컵들을 모두 바닥에 떨어뜨려서 깨뜨린 사람은 내가 아니다.
- in case of …할 경우에
  ex. In case of emergency, please use the back exit. 비상사태인 경우, 뒤쪽 출구를 이용해 주세요.

19 많은 사람들이 선정적 저널리즘에 대해 불평을 하지만 신문이 팔리게 하는 것은 공정한 이야기들이라기 보다는 자극적인 이야기들인 경우가 많다.

유형 : 숙어 난이도 : **

Solution

yellow journalism은 더 많은 수의 독자를 끌고 신문을 더 많이 팔기 위해 선정적인 뉴스에 초점을 맞추는 보도를 가리킨다.

Vocabulary

sensational 자극적인
ex. The events sited in that article were sensational and not realistic. 그 기사에 실린 사건들은 자극적이며 비현실적이었다.

unbiased 편파적이 아닌
ex. It is nearly impossible for any news source to be completely unbiased. 어떠한 뉴스 출처라도 완전히 공정하기는 거의 불가능하다.

Answer

(b) yellow

Joseph's 강의노트 

yellow journalism이란 판매 부수를 늘리기 위해 사실을 과장하거나 흥미 위주의 선정적인 기사를 중심으로 하는 신문이나 잡지들을 가리킵니다. 이 표현은 1890년대 미국 두 신문사들 사이에서 발행부수를 늘리기 위해 벌어진 경쟁에서 나온 표현이라고 합니다. 한 신문사가 다른 신문사에서 인기를 끌던 만화가를 영입했는데 당시에 만화 페이지가 잘 번지지 않는 노란색을 띤 잉크로 그려진 것에서 이 표현이 유래되었습니다.

영어에는 색상을 이용한 숙어들이 많이 있습니다.

- **blue blood** 귀족
  ex. She acts like she has blue blood running through her veins, but I just think she's annoying. 그녀는 자신이 귀족이라도 되는 것처럼 행동하지만 나는 그녀가 짜증날 뿐이라고 생각한다.
- **out of the blue** 갑자기
  ex. The end of their relationship came completely out of the blue for her. 그들 사이의 끝은 그녀에게는 완전히 갑작스럽게 찾아왔다.
- **once in a blue moon** 어쩌다 한 번
  ex. You have to go to this concert. The band only comes here once in a blue moon. 너는 이 콘서트에 가야 돼. 이 밴드는 어쩌다 한 번만 여기에 온다.
- **a red eye** 늦은 비행기편
  ex. I prefer to fly on red eyes because there are fewer people on board. 나는 늦은 비행기 편으로 여행하는 것을 선호하는데 승객들이 더 적기 때문이다.
- **see red** 화가 나다
  ex. The woman was seeing red after the kids threw a water balloon at her. 여자는 아이들이 그녀에게 물

풍선을 던진 후에 화를 냈다.

- **the black sheep of the family** 집안의 골칫거리
  ex. Luke became the black sheep of the family when he decided to get his degree in fine arts. 루크는 순수예술 학위를 따기로 결정했을 때 집 안에서 골칫거리가 되었다.
- a pink slip 해고 통지서
  ex. The employees waited anxiously at their desks to see if their boss would give them a pink slip. 직원들은 상사가 그들에게 해고 통지서를 줄 것인가를 보기 위해서 책상에 앉아 걱정을 하며 기다렸다.

20 청소 용역 사업은 시간을 관리할 줄 알고 단골 고객층을 형성할 줄 아는 사람에게는 매우 이익이 되는 사업이 될 수 있다.

유형 : 형용사의 의미 난이도 : **

Solution

lucrative는 이윤이 많이 남는 (profitable)의 뜻이다.

Vocabulary

janitorial 잡역의
ex. All of the janitorial positions at the school were filled in a week. 학교의 모든 잡역부 직은 일주일 만에 모두 채워졌다.
manage 관리하다
ex. She didn't know how to manage her money well. 그녀는 돈을 잘 관리할 줄 모른다.
faithful 충실한
ex. Dani's friends are faithful, and they always tell her the truth. 대니의 친구들은 충실했고 그들은 그녀에게 항상 진실을 말한다.
clientele 단골 고객
ex. The company's clientele has increased greatly in the past three years. 회사의 단골 고객들은 지난 3년 동안 크게 증가했다.
acclaimed 인정받는, 명성있는
ex. The author had over twenty internationally acclaimed novels. 그 작가는 전 세계적으로 인정받는 20여개 이상의 소설을 갖고 있었다.
extravagant 사치스러운
ex. Gina threw an extravagant costume party for her birthday. 지나는 자신의 생일을 위해 사치스러운 의상 파티를 열었다.
dubious 수상쩍은
ex. The car salesman had a dubious look on his face. 자동차 판매상은 수상쩍은 표정을 지었다.

Answer

(d) lucrative

Joseph's 강의노트 

janitor는 학교나 아파트 건물 등에서 청소를 하고 잡다한 일을 하는 인부를 가리킵니다. janitorial service는 사무실 건물 등을 청소하는 서비스를 말하는데 일반적으로 사업을 시작할 자본은 없지만 다른 사람들이 퇴근한 후 늦게까지 일하기를 꺼리지 않는 사람에게는 꽤 이윤이 남는 사업으로 알려져 있습니다.

돈에 관한 숙어들

- **bring home the bacon** 생활비를 벌다
  ex. Because they both lost their jobs, they had no way to bring home the bacon. 그들은 (둘 다) 직장을 잃었기 때문에 생활비를 벌 수단이 없었다.
- **have money to burn** 돈이 아주 많다
  ex. Celebrities can afford big homes because they have so much money to burn. 유명인들은 돈이 아주 많아서 큰 저택을 살 수 있다.
- **cheapskate** 구두쇠
  ex. That cheapskate didn't leave me a tip. 그 구두쇠는 내게 팁을 남기지 않았어.
- **for peanuts (= for a very little money)** 매우 적은 돈
  ex. The writer was working for peanuts. 그 작가는 매우 적은 돈을 받고 일을 했다.
- **lose one's shirt** 돈을 모두 잃다
  ex. He almost lost his shirt gambling at the casino, but won it all back in the last moment. 그는 카지노에서 도박을 하느라고 돈을 거의 모두 잃었지만 마지막 순간에 다시 돈을 땄다.
- **have the Midas touch** 돈을 버는 능력이 있다
  ex. He's really good at making money. He has the Midas touch. 그는 돈을 버는데 소질이 있다. 그는 돈 버는 능력이 있다.

READING

1 위컴양께,

8번가 미술관에서 있었던 귀하의 일인 전시회의 최근 개전 소식을 듣고 저는 매우 기뻤습니다. 안타깝게도 참가할 수는 없었지만 여러 동료들로부터 참가한 모든 분들이 귀하의 놀라운 작품에 매료되었고 의욕을 얻었다는 이야기를 들었습니다. 물론 저는 귀하의 전시회가 그러한 성공을 거둔 것이 당연하다고 생각했지요. 저는 귀하가 자신의 독특한 예술적 비전을 실현시키는데 얼마나 헌신적인가를 직접 목격했으며 이것이 길고 성공적인 경력의 시작에 불과하다는 것을 알고 있습니다. 다시 한 번 진심으로 축하 드립니다.

진심 어린 마음으로

프랜시스 멜

(a) 제 감사의 표시를 전합니다.
(b) 회사에서 일하게 된 것을 환영합니다.
(c) 참석해 주십사 초대합니다.
(d) 진심 어린 축하를 드립니다.

유형 : 편지의 목적　난이도 : **

Solution

빈 칸의 내용은 편지를 쓴 목적을 다시 한 번 확인할 수 있는 부분이다. 전시회가 성공적이었다는 소식을 듣고 축하하고 있는 내용이다.

Vocabulary

colleague 동료
ex. The professor presented his research to his colleagues. 교수는 동료들에게 자신의 연구를 소개했다.
in attendance 참가한
ex. Many important political figures were in attendance. 많은 중요한 정치 인사들이 참가했다.
captivate 매료시키다
ex. The book's colorful pictures captivate young readers. 그 책의 화려한 그림들은 어린 독자들을 매료시켰다.
astounding 놀라운
ex. The number of people at the concert was astounding. 음악회의 사람들의 수는 놀라웠다.
triumph 대성공
ex. The trumpet solo was a musical triumph. 트럼펫 솔로는 음악적 대성공이었다.
witness 목격하다
ex. I witnessed several suspicious men leaving the jewelry store. 나는 여러 의심스러운 남자들이 보석 가게를 떠나는 것을 목격했다.
firsthand 직접
ex. Jane gave me a firsthand description of what happened. 제인은 무슨 일이 일어났는지를 내게 직접 묘사해 주었다.
dedicated 헌신적인
ex. Robert is dedicated to being a good father. 로버트는 좋은 아버지가 되는데 헌신적이다.
a token of …의 표시로
ex. The soldier was given a medal as a token of gratitude. 그 군인은 감사의 표시로 메달을 받았다.

Answer

(d) offer my warmest congratulations

Joseph's 강의노트

빈 칸은 편지를 쓴 목적을 나타내는 부분이라고 할 수 있습니다. 편지의 내용으로 볼 때 위컴 양이 최근 전시회를 가진 예술가라는 것을 알 수 있습니다. 편지를 쓴 사람은 자신이 비록 참가하지는 못했지만 전시회가 성공적이었다는 소식을 듣고 축하를 하기 위해 편지를 썼습니다. 전시회를 연 사람은 편지를 받는 사람이므로 감사의 표시를 하고자 한다는 (a)는 정답이 아닙니다. colleagues가 언급되었지만 회사에 입사한 것을 환영하는 내용은 아니므로 (b)는 오답입니다. I was not able to attend라고 한 부분은 자신이 참가하지 못했다는 것을 말하기 위한 것이지 초대를 하기 위한 것은 아니므로 (c) 역시 정답이 될 수 없습니다. 그러므로 (d)가 정답으로 가장 적절합니다.

2 사과를 하는 것은 누구나 견뎌내야만 하는 괴로운 경험들 중의 하나이다. 흥분한 상태에서 자신이 내뱉은 말을 취소하거나 자신의 행동이 잘못된 것이었다는 것을 인정하는 것은 난처한 일이다. 그러나 용서를 구하는 것은 관련된 모든 사람들에게 치유의 경험이 될 수도 있다. 그러나 언제나 제기되는 한가지 질문은 진정으로 미안하지 않을 때도 사과를 해야 하는가 이다. 어떤 사람들은 실제로 후회를 하는가의 여부보다는 갈등을 잠재우는 것이 더욱 중요하다고 주장한다. 또 다른 사람들은 진심이 아닌 사과를 하는 것은 그

저 의견상의 차이가 있는 상황에서 잘못을 인정함으로써 스스로를 배신하는 것이라고 주장한다. 하지만 결국에는 언제 어떻게 사과를 하는가 하는 것은 상황에 따라 다르다.

유형 : 내용의 흐름 파악 난이도 : ***

Solution

빈 칸 뒤에 나오는 문장들의 내용으로 미루어 보아 진정으로 미안함을 느끼고 후회를 하지 않는 상황에서 사과를 하는 것이 의미가 있는가의 문제가 제기된다는 것을 알 수 있다.

Vocabulary

excruciating 괴로운
ex. The pain I suffered was excruciating. 내가 겪은 고통은 괴로웠다.
endure 견디다
ex. Mike could not endure one more minute of the boring speech. 마이크는 그 지겨운 연설을 일 분도 더 참을 수가 없었다.
take back 취소하다
ex. I wish I could take back all the mean things I said. 나는 내가 말한 모든 나쁜 말들을 취소할 수 있으면 좋겠다.
in the heat of the moment 흥분하여
ex. In the heat of the moment, Rebecca started screaming at Brian. 흥분한 상태에서 레베카는 브라이언에게 소리를 지르기 시작했다.
arise 발생하다
ex. Despite our careful planning, one problem did arise. 우리의 조심스러운 계획에도 불구하고 한 가지 문제가 발생했다.
conflict 갈등
ex. The conflict could only be solved in court. 갈등은 법정에서만 해결될 수 있었다.
betray 배신하다
ex. Beth was angry because her best friend betrayed her. 베스는 가장 친한 친구가 그녀를 배신했기 때문에 화가 났다.

Answer

(d) if he or she is not truly sorry

Joseph's 강의노트 

사과를 해야 하는 상황이 누구에게나 쉽지 않는 난처한 상황이라는 것을 소개하면서 어떤 때 사과를 해야 하는가에 대한 문제를 제기하고 있습니다. 보기로 주어진 내용들을 문맥에서 파악하지 않고 따로 떼어서 보면 모두 정답이 될 수 있는 것처럼 보입니다. 하지만 빈 칸 뒤에 Some argue that~. Others maintain that~. 으로 그 실례들을 제시하고 있으므로 그와 관련된 내용이 정답입니다. 어떤 사람들은 미안함이나 후회를 느끼는가의 여부보다는 눈앞의 갈등을 해소하는 것이 더 중요하다고 생각하는 반면에 또 다른 사람들은 단지 의견이 다르다는 이유로 사과를 할 필요는 없다고 생각합니다. 그러므로 진정으로 미안함을 느끼지 않는 상황에서도 사과를 해야 하는가의 문제가 항상 제기된다는 것이 가장 적절합니다.

3 개나 고양이가 그 일에 가장 적격이라고 생각할지도 모르지만 애완 동물용 식품을 테스트 하는 것은 인간 직원들의 업무이다. 이것이 이상한 개념처럼 보일 수도 있지만 개와 고양이용 음식의 맛은 사람이 먹기 위해 준비된 음식들과 같은 방식으로 테스트되어야 한다. 유능한 애완 동물 식품 테스터들은 자신들의 입맛을 동물의 기호에 적응시켜야 한다. 개들은 가리는 것이 덜 하지만 고양이는 저녁으로 무엇을 먹을지에 대해 상당히 까다로울 수 있어서 테스터들은 그에 맞춰 적응을 한다. 애완 동물 식품 테스터들은 시장에 내 놓을 제품을 검토할 때 향, 씹히는 느낌과 재료의 품질과 같이 사람들이 먹는 음식에서 검사하는 모든 특징들을 고려해야 한다. 또한 그들은 애완 동물의 주인들이 어떤 것을 먹이는데 거부감이 없는지 또한 고려해야 한다. 예를 들어, 대부분의 소비자들은 고양이 밥에 들어있는 내장의 냄새를 너무 싫어해서 그것이 들어있는 제품들은 사지 않는다.

(a) 동물들이 맛있다고 생각하는 향의 종류들
(b) 어떤 재료들이 애완동물들을 건강하게 유지해 줄 것인가
(c) 애완동물 먹이를 좀 더 값싸게 만들 수 있는 방법들
(d) 애완동물 주인들이 어떤 것을 먹이는데 거부감이 없는지

유형 : 세부 사항 난이도 : ***

Solution

애완 동물 식품이 개나 고양이의 관점에서 그들이 좋아할 만한 맛과 재료를 고려해야 하지만 실제로 구매를 하고 먹이를 주는 주인의 관점에서 거부감이 없는지 여부도 고려해야 한다고 소개하고 있다.

Vocabulary

concept 개념
ex. Some math concepts are difficult to understand. 일부 수학적 개념들은 이해하기가 힘들다.
flavor 향, 맛
ex. My favorite ice cream flavor is chocolate. 내가 가장 좋아하는 아이스크림 맛은 초코렛이다.
consumption 소비
ex. Many people are trying to reduce their consumption of gasoline. 많은 사람들이 휘발유의 소비를 줄이려고 노력하고 있다.
adapt 적응하다
ex. Some animals adapt to their environment by changing colors. 일부 동물들은 색깔을 바꿈으로써 환경에 적응한다.
palate 미각
ex. William has a very refined palate and can taste the most subtle flavors. 윌리엄은 매우 세련된 미각을 가지고 있어서 가장 미묘한 맛도 느낄 수 있다.
discriminating 판단력이 뛰어난
ex. The woman has discriminating taste in clothes. 여자는 옷에 대해 뛰어난 취향을 가지고 있다.
choosy 까다로운
ex. Rose is very choosy about which foods she will and will not eat. 로즈는 어떤 음식을 먹을지 먹지 않을지에 대해 매우 까다롭다.
adjust 조정하다
ex. The frame was crooked, so Tim adjusted it. 액자가 삐뚤어져서 팀은 그것을 조정했다.
take into account 고려하다
ex. I thought the trip would be quick, but I didn't take into account the amount of traffic. 나는 여행이 짧을 것이라고 생각했지만 교통량을 고려하지 않았다.
inspect 조사하다
ex. The police inspected the home for clues. 경찰은 단서를 찾기 위해 집을 조사했다.
aroma 향
ex. The aroma of freshly baked cookies came from the kitchen. 갓 구운 쿠키의 향이 부엌으로부터 나왔다.
texture 질감
ex. The texture of the fabric is very rough. 이 천의 질감은 매우 거칠다.
detest 혐오하다
ex. Some people detest the smell of fish. 일부 사람들은 생선 냄새를 혐오한다.
contain 포함하다
ex. The report contains all of the company's financial information. 보고서는 회사의 모든 재정 정보를 포함하고 있다.

Answer

(d) what pet owners are comfortable serving

Joseph's 강의노트

글의 전반적인 내용은 애완 동물용 식품을 테스트 하는 사람들은 개나 고양이의 기호를 파악할 수 있어야 한다는 내용입니다. 하지만 빈 칸이 포함되어 있는 문장과 그 다음 문장은 애완 동물 식품이 동물들의 기호에 맞도록 만들어지지만 결국에 애완 동물 식품을 구입하고 먹이를 주는 것은 주인들이므로 이 식품들이 그들에게 거부감을 느끼지 않는지 여부 또한 고려해야 한다는 내용을 덧붙이고 있습니다. 아무리 개나 고양이가 좋아하는 음식이라도 먹이를 주는 주인이 구매를 꺼린다면 판매에 지장이 있겠지요? 마지막 두 문장 이전의 내용들만 살펴 보면 (a)를 정답으로 고를 수도 있지만 They also consider…라고 한 것으로 보아 애완 동물 식품 제조의 또 다른 면을 소개하고 있다는 것을 파악할 수 있어야 합니다. 맨 마지막 문장은 실질적인 예(For example, most consumers detest the smell of tripe in cat food and won't buy products that contain it.)를 소개함으로써 빈 칸의 내용을 다시 한 번 설명해 주는 결정적인 단서를 제공합니다.

4 당신이 바쁘다고 해서 당신과 당신의 가족들이 매일 저녁 패스트푸드를 먹는 것으로 만족해야 한다는 것을 의미하지는 않습니다. 도시 곳곳에 건강한 대안 먹거리들이 있습니다. 지미의 헬스 스탑은 여러분이 준비가 됐을 때 먹을 수 있는 신선하게 준비된 음식이 있는 곳입니다. 단 한 시간 만

에 그들은 당신이 집에서 만든 것과 같은 포장 음식을 준비해 줄 것입니다. 지미의 헬스 스탑은 오직 최상급의 유기농 지역 재료들만을 사용하기 때문에 해로운 첨가제나 항생제 걱정을 할 필요가 없습니다. 지미의 헬스 스탑은 건강을 염려하는 사람들에게 가장 인기 있고 빠른 식사 공간이지만 더 가격이 저렴한 다른 장소들도 많이 있습니다.

이 글 다음에 이어질 내용으로 알맞은 것은?
(a) 건강에 좋은 음식을 빨리 만드는 방법들
(b) 가족들이 좋아하는 영양가 있는 음식에 대한 조언
(c) 다른 건강 식품 식당들의 예
(d) 첨가제들이 건강에 좋지 않은 이유들

유형 : 다음에 이어질 내용 난이도 : *

Solution

다음에 이어질 내용을 고르는 문제는 글의 뒷부분에 clue가 제시되어 있다.

Vocabulary

alternative 대안의
ex. More and more people are turning to alternative medicine. 점점 더 많은 사람들이 대체 의학으로 눈을 돌리고 있다.
Ingredient 재료
ex. The recipe called for several ingredients. 조리법은 여러 재료를 요구한다.
additive 첨가제
ex. Rebecca refused to eat anything that contained additives. 레베카는 첨가제가 들어있는 것은 어떤 것도 먹지 않는다.
health-conscious 건강에 유의하는
ex. Lewis is very health-conscious, so he only eats healthy foods. 루이스는 건강에 매우 신경을 많이 써서 건강에 좋은 음식만 먹는다.

Answer

(c) Examples of other health food restaurants

Joseph's 강의노트 

이 글 다음에 이어질 수 있는 내용을 고르는 문제입니다. 이 글에서는 앞부분과 뒷부분에서 모두 clue를 찾아 볼 수 있습니다. 먼저 There are plenty of healthy alternatives all around the city라고 했지만 글의 내용 대부분은 Jimmy's Health Stop을 소개하는데 그쳤다는 점, 또 하나는 글의 맨 마지막 문장에서 there are plenty of other places that are cheaper and just as healthy이라고 했다는 점에서 그 외의 다른 건강 식품점들이 소개될 것이라는 것을 알 수 있습니다.

5 나는 입법 제정자들의 동물 권리 보호에 대한 새로운 관심을 감사하게 여기기는 하지만 이 분야에 있어 충분한 노력이 있었다고 생각하지 않는다. 매주 도처의 선량한 사람들의 마음을 아프게 하는 섬뜩한 동물 학대에 대한 보고가 있는 듯하다. 동물 학대에 포함되는 행위의 범위를 늘리기 위해 많은 법률들이 통과되어 온 것은 사실이지만 이러한 법률들이 어겨질 때 그 처벌이 종종 의미 없는 가벼운 처벌에 그치는 수가 많다. 동물을 학대하고 돌보지 않는 것이 옳지 않다는 것에 동의할 수 있다면 그 처벌이 이러한 행동을 방지할 수 있을 만큼 심각해야 한다는 사실에도 분명 동의할 수 있을 것이다.

위 글에서 유추할 수 있는 내용은?
(a) 글쓴이는 지역 정부를 위해 일한다.
(b) 글쓴이는 동물 학대자들에 대한 보다 엄중한 처벌을 원한다.
(c) 새로운 동물 학대 관련 법이 통과되지 않았다.
(d) 동물 학대는 보편적인 문제가 아니다.

유형 : 추론 난이도 : **

Solution

글쓴이는 동물 학대를 저지른 사람들이 가벼운 처벌을 받는데 그치는 현실에 대한 불만을 표시하고 있다.

Vocabulary

appalling 섬뜩한, 소름끼치는
ex. Most people find the actions taken against Jewish people during the Holocaust to be appalling. 많은 사람들이 유대인 대학살 동안 그들에게 행해진 행위들이 소름끼친다고 생각한다.
animal cruelty 동물 학대
ex. The group worked to prevent acts of animal cruelty. 그 단체는 동물 학대를 방지하기 위해 일한다.
decent 예의바른, 똑바른
ex. James seemed like such a decent man that ev-

WEEK 4

eryone was surprised to find out that he committed the crime. 제임스는 매우 좋은 사람처럼 보였기 때문에 그가 범죄를 저질렀다는 사실을 알고 모두 놀랐다.
constitute 구성하다
ex. Women constitute 50% of the members. 여성들은 회원들의 50%를 차지한다.
slap on the wrist 가벼운 처벌
ex. The criminal received only a slap on the wrist for what they considered to be a horrible crime. 범죄자는 끔찍한 범죄로 여겨지는 것에 대해 가벼운 처벌만을 받았다.
deter 못하게 하다
ex. In order to deter crime, the store hired a security guard. 범죄를 막기 위해서 상점은 경비원을 채용했다.

Answer

(b) The writer wants harsher penalties for animal abusers.

Joseph's 강의노트

글쓴이는 동물 학대에 대한 처벌이 충분하지 않다고 생각하고 있다는 것을 글의 곳곳에서 찾아 볼 수 있습니다. I don't feel that enough has been done in the area... the punishment is often nothing more than a meaningless slap on the wrist... the punishment should be serious enough to deter these actions 등의 문장에서 글쓴이는 아직도 동물 학대를 방지하기 위해 행해져야 하는 일들이 많다고 생각하며 동물 학대자들에게는 더 심한 처벌이 내려지기를 원한다는 것을 유추할 수 있습니다.

6 담당 관련자에게,

이 편지는 그레그 스톤에 대한 개인적인 추천서입니다. 저는 그레그와 4년 동안 일을 해왔으며 저는 그가 항상 열심히 일하고 유쾌한 사람이라고 생각해 왔습니다. 그는 회사 내에서 발생하는 많은 문제들에 대해 계속적으로 창조적인 해결책을 생각해 내 오고 있습니다. 그는 제가 지시한 모든 업무에 대해서 기대 이상의 일을 해 왔습니다. 또한 그는 회의에서 활발히 주도 역할을 하는 것을 두려워하지 않고 종종 그룹 토론을 이끕니다. 그레그는 광고 분야에서 일을 하고 있지만 회사의 모든 방면에 관심이 있는 것이 분명합니다. 그레그와 일하는 것은 항상 즐거웠고 저는 그의 채용을 적극 추천합니다.

진심 어린 마음으로,
촌시 프리맨, 저스트애드버츠 매니저

편지로부터 유추할 수 있는 것은?
(a) 프리만 씨는 새로운 직책을 제안 받았다.
(b) 프리만 씨는 스톤 씨의 상사였다.
(c) 스톤 씨는 여러 부서에서 일을 했다.
(d) 스톤 씨는 현재 직책을 그만둘지 확실하지 않다.

유형 : 유추 난이도 : *

Solution

편지는 프리맨 씨가 그레그 스톤에 대해 쓴 채용 추천서이다.

Vocabulary

recommendation 추천
ex. On Alan's recommendation, I picked up a book. 알렌의 추천으로 나는 한 권의 책을 골랐다.
hard-working 열심히 일하는
ex. I need someone who is honest and hard-working. 나는 정직하고 열심히 일하는 사람이 필요하다.
come up with 생각해내다
ex. Lucy came up with a great solution to the problem. 루시는 문제에 대한 좋은 해결책을 고안해냈다.
arise 발생하다
ex. Should the need ever arise, such as in the event of a tornado, there was a large supply of non-perishable food items in the basement. 토네이도의 경우와 같이 필요가 발생할 경우에 대비하여 지하실에 많은 상하지 않는 음식들이 있었다.
exceed 초과하다
ex. The salesperson exceeded his monthly sales quota. 판매원은 그의 월별 판매 책임량을 초과했다.
facet 면, 양상
ex. One important facet of his personality was his ability to listen. 그의 성격 중 하나의 중요한 양상은 남의 말을 들어 줄줄 아는 능력이다.

Answer

(b) Mr. Freeman was Mr. Stone's boss.

Joseph's 강의노트 

이 편지는 그레그 스톤을 위한 채용 추천서입니다. 편지를 쓴 사람은 자신이 그레그와 4년간 함께 일을 해 왔다고 했으며 자신이 시킨 모든 일에서 기대 이상의 성과를 올렸다 (He has exceeded expectations for every task I've given him.)고 말하고 있으므로 편지를 쓴 사람이 그레그의 상사라는 사실을 유추할 수 있습니다.

7 이번 학기에 돈을 절약하여 학생 기숙사에서 벗어나고 싶으세요? (a) 저는 캠퍼스 근처에 멋지고 깨끗하고 해가 잘 드는 타운 하우스를 소유하고 있는데 비용을 나눠 부담할 수 있는 책임감 있는 여성 룸메이트를 찾고 있습니다. (b) 저는 현재 대학에서 석사 학위를 따기 위해 공부를 하고 있으며 다음 학기에 졸업하기를 희망하고 있습니다. (c) 큰 침실과 시설이 모두 갖춰진 개인 욕실이 있으며 월세는 400 달러에 각종 공과금은 별도입니다. (d) 여러분이 만일 책임감 있고 진지한 학생이고 이것이 당신에게 알맞은 조건이라고 생각하시면 555-5555로 카렌에게 전화해서 메시지를 남겨 주세요.

유형 : 글의 흐름 난이도 : *

Solution

룸메이트를 구하는 광고이므로 집에 관한 설명이 아닌 것이 정답이 된다.

Vocabulary

expenses 비용, 지출

ex. Ben's monthly expenses so high that he never had enough money to cover them. 벤의 월별 지출은 매우 많아서 그는 그것을 다 지불할 만큼 돈이 있는 경우가 없다.

currently 현재

ex. I currently work at a bank. 나는 현재 은행에서 일하고 있다.

utilities 공과금

ex. Because our new house was bigger, the utilities, such as gas, water and electric, cost more than before. 우리 새집이 더 크기 때문에 가스, 수도, 전기 등의 공과금이 예전보다 더 든다.

Answer

(b) I'm currently working towards a Master's degree in biology at the university and hope to graduate next semester.

Joseph's 강의노트 

룸메이트를 구하는 광고문입니다. 세를 놓고 있는 집에 관한 정보를 제공하지 않는 문장이 정답이 됩니다. (a)에서는 집 주인이 여성 룸메이트를 구하고 있다는 사실을 알 수 있으며 (c)에서는 집의 구조와 집세가 얼마인지를 알 수 있으며 (d)는 연락처를 밝히고 있습니다. 그러므로 광고문에 있어 꼭 필요한 내용들이라고 할 수 있습니다. 하지만 (b)에서는 자신이 현재 생물학 석사 학위를 따려고 준비 중이며 내년에 졸업하고 싶다는 개인 신상에 대한 내용을 밝히고 있으므로 글의 흐름에서 벗어나는 내용이라고 할 수 있습니다.

WEEK 5

LISTENING

1. (c) **2.** (b) **3.** (c) **4.** (a) **5.** (a)
6. (d) **7.** (c) **8.** (b) **9.** (c) **10.** (d)

GRAMMAR

1. (c) **2.** (d) **3.** (b) **4.** (a) **5.** (d)
6. (b) **7.** (a) **8.** (b) **9.** (b) **10.** (d)
11. (b) **12.** (b) **13.** (b) **14.** (b) **15.** (c)

VOCABULARY

1. (a) **2.** (a) **3.** (d) **4.** (a) **5.** (a)
6. (b) **7.** (d) **8.** (a) **9.** (b) **10.** (a)
11. (a) **12.** (b) **13.** (c) **14.** (d) **15.** (d)
16. (b) **17.** (a)

READING

1. (a) **2.** (a) **3.** (a) **4.** (a) **5.** (a)
6. (d)

LISTENING

1 M : You should've given me notice in advance if you were going to be absent.
W : ______________________
(a) I didn't even notice that it was missing.
(b) I could be wrong, but I don't think that was the case.
(c) I know, but I had a bit of an emergency.
(d) Sorry to hear that. I hope you get better soon.

M : 결근을 할 거면 미리 내게 알렸어야 했어요.
W : ______________________
(a) 그게 없어진 걸 눈치채지도 못했어요.
(b) 내가 틀릴 수도 있지만 그건 아닌 것 같아요.
(c) 알아요, 하지만 비상 사태였어요.
(d) 안 됐네요. 빨리 낫기를 바래요.

유형 : 질책/비난에 대한 답변　난이도 : **

Solution

미리 알리지 않고 결근을 한 것에 대해 질책을 하고 있으므로 변명이나 사과의 말이 정답으로 적절하다.

Vocabulary

give someone notice 알리다
ex. The company requires that employees give at least a week's notice before taking any vacation time. 회사는 직원들이 휴가를 가기 최소한 일주일 전에 통보를 할 것을 요구한다.
in advance 미리
ex. Please call at least 24 hours in advance to cancel any appointments. 약속을 취소하려거든 최소 24시간 전에 전화를 해 주세요.
absent 결석한
ex. Five students were absent from the class due to a bad cold. 심한 감기 때문에 다섯 명의 학생들이 결석을 했다.

Answer

(c) I know, but I had a bit of an emergency.

Additional Expressions and Answers

- I'm really sorry. I should have said something. 정말 미안해요. 말을 했어야 했는데.
- I guess the secretary didn't give you the message. 비서가 말을 전해주지 않은 모양이군요.
- It won't happen again. 다시는 그런 일 없을 거예요.

notice를 이용한 표현들

- at short/ a moment's notice 당장/곧
  ex. As an on-call doctor, I have to be ready to go into work at a moment's notice. 당직 의사로서 나는 당장 필요에 응할 준비가 되어야 한다.
- until further notice 추후 통지가 있을 때까지
  ex. No one is allowed to leave the buiding until further notice. 추후 통지가 있을 때까지 어느 누구도 건물을 떠날 수 없다.
- take notice 주목하다
  ex. Students, please take notice at the differences in the skin texture between the frog and the toad. 학생 여러분, 개구리와 두꺼비의 피부 조직

의 차이를 주목하세요.

Joseph's 강의노트 

남자는 여자가 미리 알리지 않고 결근을 한 것에 대해 질책의 말을 하고 있습니다. 여자가 미리 알리지 못한 이유로는 여자가 연락을 아예 하지 않았거나 남자와 연락이 닿지 않았거나 갑자기 생긴 일이어서 알릴 경황이 없는 경우들을 생각해 볼 수 있습니다. 여기서는 미리 알려야했다는 건 알지만 갑자기 생긴 급한 일이라 그럴 수 없었다는 (c)가 정답으로 가장 적절합니다. (a)는 남자가 한 말 중에 notice와 absent를 이용한 함정입니다. (d)는 아파서 결근을 할 거라고 알릴 때의 대답으로 적절하므로 여기서는 정답이 될 수 없습니다.

2

M : I'm sure everyone appreciates what you've done for the organization.

W : ______________________

(a) Excuse me, but I don't think we've been introduced.

(b) It's no problem. I really enjoy the work.

(c) I'll probably start on Wednesday to get everything done.

(d) Really? That would be a big help to me.

M : 모두들 당신이 단체를 위해서 한 일에 감사하고 있다고 생각해요.

W : ______________________

(a) 실례하지만 우리 서로 만난 적이 없는 것 같네요.

(b) 별 거 아니에요. 일이 정말 즐거운 걸요.

(c) 모든 것을 끝내기 위해서 수요일에 시작할 거예요.

(d) 정말이요? 제게 큰 도움이 될 거예요.

유형 : 칭찬에 대한 답변　난이도 : *

Solution

칭찬에 대한 답변으로 가장 적절한 것은 겸손의 말을 하는 (b)가 정답이다.

Vocabulary

appreciate

ex. I really appreciate you talking with me. I feel a lot better now.　나와 이야기를 해 줘서 정말 고마워요. 이제 기분이 훨씬 나아졌어요.

Answer

(b) It's no problem. I really enjoy the work.

Additional Expressions and Answers

- Oh, stop. I only wish I had time to do more.　그만 해요. 일을 좀 더 할 시간이 있었으면 좋겠어요.
- Well, I really think it's an important cause.　중요한 의미가 있는 일이라고 생각해요.
- I just hope we'll be able to get more people involved.　좀 더 많은 사람들이 참여하도록 할 수 있기를 바랄 뿐 이예요.

동사 appreciate의 다양한 의미

1. 이해하다 (= understand)
   ex. I'm afraid that he doesn't fully appreciate the problem.　그는 문제를 완전히 이해하지 못하고 있는 것 같다.
2. 가치 등을 인정하다 (= recognize)
   ex. The show is very popular with people who appreciate fine arts.　쇼는 예술의 진가를 아는 사람들에게 매우 인기가 있다.
3. 고맙게 생각하다 (=be grateful)
   ex. I really appreciate your help.　당신의 도움을 정말 감사하게 여깁니다.

Joseph's 강의노트 

남자는 모든 사람들이 여자가 하는 일에 대해 감사하고 있다고 말을 하고 있습니다. 여자를 칭찬하고 있으므로 칭찬에 대한 가장 적절한 답변을 찾아야 합니다. (a)는 처음 만난 사람에게 자신을 소개할 때 적절한 표현입니다. (c)는 what you've done이라고 말한 부분을 이용하여 get everything done을 사용하여 만든 오답입니다. 정답으로는 감사하다고 말을 하거나 별일 아니라고 겸손의 말을 하는 경우들이 가능합니다. 여기서는 It's no problem.이라고 대답한 후에 일하는 것을 즐긴다는 (b)가 정답으로 가장 적절합니다.

그외 감사의 표현들

- Thank you very much.
- Many thanks.
- I have to thank you for...
- I'd like to thank you for...

• Many thanks to you for...
• That was very helpful/ thoughtful.
• I'd like to express my gratitude for...
• Let me tell you how much I appreciate...
• This means a lot to me.

적절한 대답
• You're very welcome.
• My pleasure.
• Don't mention it.
• I'm happy to do it.
• It wasn't much.

3 M : Do you think you could turn down the volume on the television?
W : ______________________
(a) I certainly didn't mean anything by it.
(b) I can't believe that you turned down the offer.
(c) I didn't realize it was disturbing you.
(d) No, I don't think he'll mind at all.

M : 텔레비전 볼륨을 낮춰 줄 수 있겠니?
W : ______________________
(a) 다른 의미는 당연히 없었어.
(b) 네가 제안을 거절했다니 믿을 수가 없어.
(c) 네게 방해가 되는 줄 몰랐어.
(d) 아니, 그는 전혀 꺼리지 않을 거야.

유형 : 부탁/요청에 대한 답변 난이도 : **

Solution

텔레비전의 소리를 낮춰줄 수 있는지를 물었으므로 사과의 말이나 그러겠다고 하는 것이 정답으로 가장 적절하다.

Vocabulary

turn down
1. 소리를 줄이다 (= reduce the sound)
ex. Please turn down the music. 음악 소리 좀 줄여 주세요.
2. 거절하다 (= refuse)
ex. He turned down the job offer. 그는 직장 제안을 거절했다.

Answer

(c) I didn't realize it was disturbing you.

Additional Expressions and Answers

• Of course. I'll close the door, too. 물론이지. 문도 닫을게.
• Sure. In fact, I think I'll just turn it off. 그럼. 사실은 지금 막 끄려던 참이었어.
• Yeah. I just need to find the remote. 알았어. 리모콘을 찾아야 해.

Joseph's 강의노트 

남자가 여자에게 텔레비전의 볼륨을 낮춰 줄 수 있겠냐고 우회적으로 묻고 있습니다. Turn down은 '라디오나 텔레비전 등의 소리를 낮추다'의 의미 이외에도 '제안을 거절하다'라는 의미도 갖고 있습니다. (a)는 자신이 한 말이 상대방에게 오해를 일으킬 만한 말이나 행동을 했을 때 그것이 별 다른 의미가 없었다는 변명을 할 때 사용할 수 있는 표현입니다. (b)의 turn down은 '거절하다'의 의미로 쓰인 경우이고 (d)는 Do you think…라는 질문에 I don't think…라고 대답을 하긴 했지만 he라고 했으므로 의미가 적절하지 않습니다. 그러므로 방해가 되는지 몰랐다고 한 (c)가 답으로 가장 적절합니다. 허락을 요청할 때 can, could, may를 쓰거나 would you mind if/ would it be OK if… 등을 사용합니다. 예를 들어 May I turn on the TV?/ Would it be OK if I turn on the TV?/ Would you mind if I turn on the TV? 등과 같이 말할 수 있습니다. 일반적으로 요청에 대해 기꺼이 허락을 할 때는 Be my guest./ Go ahead./ Please do. 등을 사용할 수 있습니다. 만일 허락을 하지만 별로 내키지 않을 때는 I guess./ It's up to you./ If you want./ Whatever. 등으로 대답할 수 있습니다. 좀 더 공손한 방식으로 거절을 할 때는 I don't think that's a good idea. 혹은 I'd rather you didn't. 와 같이 말할 수 있습니다.

4 W : Thanks for inviting me to your dinner party. I really had a wonderful time tonight.
M : Of course. Thanks for coming. Everyone really liked you.
W : I'm so glad. I always get nervous when I meet

new people.

M : ______________________

(a) I can't imagine why. You're charming.

(b) I wish you would have asked me earlier.

(c) Next time, I'll be sure to start dinner earlier.

(d) Sorry, but I'm not really hungry anymore.

W : 날 저녁 식사에 초대해 줘서 고마워. 아주 좋은 시간을 보냈어.

M : 별말을 다하네. 와 줘서 고마워. 모두들 널 마음에 들어 했어.

W : 다행이네. 난 새로운 사람들을 만날 때 항상 긴장하거든.

M : ______________________

(a) 왜 그런지 모르겠네. 넌 매력적이야.

(b) 네가 좀 더 일찍 물어 봤더라면 좋았을 걸.

(c) 다음에는 꼭 저녁 준비를 일찍 시작할게.

(d) 미안하지만 더 이상 배가 안 고파.

유형 : 초대 난이도 : **

Solution

여자는 새로운 사람을 만날때 긴장이 된다고 했으므로 그에 가장 적절한 답변을 찾아야 한다.

Vocabulary

nervous 긴장한

ex. I get so nervous before exams that I can't eat anything. 나는 시험 전에 너무나 긴장을 해서 아무 것도 먹을 수가 없다.

charming 매력있는

ex. He has a charming personality. 그는 매력적인 성격을 지녔다.

Answer

(a) I can't imagine why. You're charming.

Additional Expressions and Answers

- I've never considered you to be the shy type. 네가 수줍은 타입이라고는 생각 안 했는데.
- Yeah, I know exactly where you're coming from. 응, 네 심정이 어떤지 이해가 가.
- Well, you certainly know how to hide it. 수줍은 걸 잘 숨길 줄 아는구나.(너무 잘 숨겨서 전혀 표가 나지 않았다는 의미)

Joseph's 강의노트

여자가 자신은 새로운 사람을 만날때 항상 긴장한다고 했으므로 그에 적절한 대답으로는 '긴장할 필요가 뭐 있냐', '네가 그런 줄 몰랐다' 혹은 '나도 그렇다' 등의 답변이 기대됩니다. (a)의 I can't imagine why. You're charming. 은 '넌 사람들이 좋아하는 타입인데 네가 긴장할 이유가 뭐가 있냐'의 의미입니다. (b)는 초대를 받았는데 이미 다른 약속이 있어서 응할 수 없을 때의 답변으로 적절합니다. (c)와 (d)는 대화에서 dinner가 언급된 것을 이용하여 만든 오답 함정입니다.

5 W : Is there anything I can help you with, or are you just browsing?

M : I'm actually looking for a gift for my sister and I have no idea what to buy.

W : Well, what kinds of things does your sister enjoy?

M : ______________________

(a) That's just it. I'm not sure what she's really into.

(b) Thanks, but I think I'll be OK on my own.

(c) Well, I really enjoy reading books whenever I have time.

(d) I don't think she would like that very much.

W : 뭘 도와드릴까요, 아니면 그냥 구경하시는 건가요?

M : 여동생에게 줄 선물을 찾고 있는데 뭘 사야할 지 전혀 모르겠어요.

W : 동생이 어떤 것들을 좋아하나요?

M : ______________________

(a) 바로 그게 문제죠. 걔가 뭘 좋아하는지 잘 모르겠어요.

(b) 고맙지만 혼자서도 괜찮을 것 같아요.

(c) 시간이 날 때마다 책 읽기를 좋아해요.

(d) 동생이 그걸 그다지 좋아할지 잘 모르겠어요.

유형 : what 의문문 난이도 : **

Solution

남자의 여동생의 선물 사는 것을 도와주기 위해 동생이 어떤 것을 좋아하는지를 묻고 있다.

WEEK 5

Vocabulary

browse 둘러보다

ex. I don't feel ready for this exam. I only browsed through the reading assignments. 시험을 볼 준비가 안 됐어. 난 그저 읽기 과제를 읽어봤을 뿐이야.

be into …에 관심이 있다 (=be interested in)

ex. He's really into playing soccer. 그는 축구를 하는데 관심이 많다.

Answer

(a) That's just it. I'm not sure what she's really into.

Additional Expressions and Answers

- I know that she's interested in science and nature. 과학과 자연에 관심이 많은 걸로 알고 있어요.
- I've noticed she had a lot of cook books and gadgets around. 요리책이랑 도구들을 많이 가지고 있다는 걸 알아요.
- I don't really know, that's why I'm having such a hard time. 그걸 잘 몰라서 어려움을 겪고 있어요.

Joseph's 강의노트

대화에서 여자는 상점 직원이고 남자는 손님이라는 것을 알 수 있습니다. 여자가 남자에게 특별히 찾고 있는 물건이 있는지 그냥 둘러 보는 것인지를 묻습니다. 남자는 여동생에게 줄 선물을 찾고 있는 중인데 뭘 살지를 모르겠다고 합니다. 여자는 도움을 주기 위해 여동생이 무얼 좋아하냐고 묻고 있습니다. 남자의 마지막 대답으로는 여동생이 좋아하는 것들을 말하거나 혹은 잘 모르겠다고 말할 것으로 예상해 볼 수 있습니다. (a)의 what she's really into는 '그녀가 진정으로 좋아하는 것' 으로 be into는 be interested in을 의미합니다. 그러므로 동생이 뭐에 관심이 있는지를 몰라서 무슨 선물을 살지 모르겠다는 (a)가 정답으로 가장 적절합니다. (b)는 대화의 맨 처음에 도와줄까라고 물었을 때 그냥 혼자서도 괜찮다는 대답으로 적절하지만 남자의 마지막 말로는 적절하지 않습니다. (c)는 자신이 시간이 날 때마다 책읽기를 즐긴다고 했지만 남자가 아닌 여동생이 무엇 하기를 좋아하느냐라고 물었으므로 정답이 될 수 없습니다. (d)는 선물로 줄 만한 물건을 두고 할 수 있는 말이지만 무엇을 살 지도 모르는 상황이므로 정답으로 적절하지 않습니다.

6

W : I don't think it was such a good idea to have a picnic lunch out here after all.

M : Me, neither. I thought the sun would come out and warm things up a little.

W : I think we should just head back and try another day.

M : ______________________

(a) Why don't you just put on another sweater or something?

(b) A park is usually a pleasant place to enjoy a picnic.

(c) I'll bring the sandwiches if you bring the paper plates and drinks.

(d) I hate to say it, but you're probably right.

W : 여기 밖에서 피크닉 점심을 먹기로 한 건 좋은 생각이 아닌 것 같아.

M : 동감이야. 난 해가 곧 나와서 날이 좀 따뜻해 질거라고 생각했었는데.

W : 우리 그냥 돌아가고 다음에 하는 게 좋겠어.

M : ______________________

(a) 스웨터나 뭘 좀 더 입지 그래?

(b) 공원은 보통 피크닉을 즐기기에 좋은 장소지.

(c) 네가 종이 접시랑 음료수를 가져 오면 내가 샌드위치를 가져올게.

(d) 이런 말 하긴 싫지만 네 말이 맞아.

유형 : 제안 난이도 : **

Solution

두 사람은 야외에서 피크닉을 즐기려고 나왔지만 날씨가 좋지 않아서 돌아가는게 좋겠다고 말하고 있다.

Vocabulary

head back 되돌아가다

ex. I'm going to head back home after I take my sister to her karate class. 나는 동생을 가라데 수업에서 데려다 준 후에 집으로 돌아 올 것이다.

put on 입다

ex. I hate putting on makeup without a mirror. 나는 거울 없이 화장하는 것을 싫어한다.

Answer

(d) I hate to say it, but you're probably right.

Additional Expressions and Answers

- Yeah, let's go to my house and have lunch there. 그래. 우리 집에 가서 점심 먹자.
- You're right. It's pretty chilly and I really don't want to get sick. 네 말이 맞아. 날씨도 꽤 쌀쌀하고 난 정말 병 나기 싫어.
- I'm disappointed, but the weather is just not cooperating. 실망하긴 했지만 날씨가 협조를 안 해주네.

Joseph's 강의노트 

두 사람은 피크닉을 즐기기 위해 이미 야외에 나와있는 상황입니다. 대화에서 두 사람이 park라는 단어를 전혀 사용하지는 않았지만 have a picnic out here라는 것과 I thought the sun would come out and warm things up a little 이라고 한 부분에서 두 사람이 야외에 있다는 사실을 유추할 수 있어야 합니다. 두 사람 모두 좋지 않은 날씨에 야외에서 피크닉을 한다는 것은 좋은 생각이 아니라는데 동의하고 있으므로 여자가 집으로 돌아가고 피크닉은 다음에 하는게 좋겠다고 제안을 했을 때 남자도 동의를 할 것이라는 것을 짐작할 수 있습니다. 그러므로 옷을 더 껴입으라는 (a)는 정답이 될 수 없습니다. 이러한 유형의 문제에서 (b)와 같이 일반적인 사실을 말하는 것이 오답으로 제시되는 경우가 많습니다. (c)는 피크닉을 준비하는 과정에서 할 수 있는 표현으로 이 상황에는 맞지 않습니다. 정답으로는 집에 가는 게 좋겠다거나 유사한 의도의 표현들이 적절합니다.

7

M : Excuse me. Do you know if there is a good place to buy shoes around here?

W : Hmm...let's see. Well, there's a place called Florman's just up the block.

M : I've been there already, actually. Everything there was so formal.

W : OK, then what are you looking for?

M : Actually, I'm looking for some athletic shoes. Just something to use for jogging, and not too pricy.

W : In that case, any of the big box stores would probably have what you need.

M : You know, that'd probably do the trick.

W : Well, then just take a right at the next intersection and you'll run right into Smith's Value World.

Q. What is the conversation about?

(a) Why it's best to shop around for the best prices.

(b) Directions for getting to the woman's place of business.

(c) The best place nearby for purchasing cheap sports shoes.

(d) Ways to find quality products while on a fixed income.

M : 실례합니다. 이 근처에 신발을 살 만한 좋은 장소가 있는지 아세요?

W : 음… 생각을 좀 해보고요. 한 블럭 가면 플로맨이라는 상점이 있어요.

M : 사실 거기는 이미 가 봤어요. 너무 정장풍이더라고요.

W : 어떤 걸 찾으시는데요?

M : 운동화 종류를 찾고 있어요. 조깅할 때 신을 수 있는 별로 비싸지 않은 걸로요.

W : 그렇다면 대형 체인 상점이 좋을 것 같네요.

M : 그게 좋을 것 같네요.

W : 그러면 다음 사거리에서 우회전을 하시면 스미스 밸류 월드가 보일 거예요.

대화의 내용으로 알맞은 것은?

(a) 최상의 가격을 위해 여기 저기 알아보는 것이 좋은 이유

(b) 여자가 운영하는 회사에 가는 방향

(c) 값 싼 운동화를 살 만한 근처의 상점

(d) 고정된 수입으로 좋은 품질의 제품을 찾는 법

Solution

남자는 운동할 때 신을 수 있는 신발을 살 수 있는 곳을 알고 있는지를 묻고 있다.

Vocabulary

athletic 운동 경기의, 운동 선수다운

ex. He was much more athletic when he was younger. 그는 젊었을 때 훨씬 더 운동 선수다웠다.

pricy 가격이 비싼

ex. These clothes are too pricy for me. Can we go to another store? 이 옷들은 내겐 너무 비싸. 우리 다른 가게 갈래?

do the trick 효과가 있다, 적당하다
ex. Adding more milk to the mix ought to do the trick. 반죽에 우유를 조금 더 넣으면 효과가 있을 거야.
intersection 사거리
ex. There was a bad car accident in the middle of the intersection. 사거리 가운데서 심한 자동차 사고가 있었다.

Answer

(c) The best place nearby for purchasing cheap sports shoes.

Joseph's 강의노트 

대화의 주요 내용이 무엇인가를 고르는 문제입니다. 대화 자체는 별로 어려운 것이 없습니다만 대화 중에 신발 가게로 가는 방향을 알려주는 것과 보기 (b)의 여자가 운영하는 가게로 가는 길을 혼동하지 않도록 합니다. big box store란 월마트 등과 같은 대형 체인 상점을 통털어 말합니다. Do the trick이란 '필요한 것에 효과가 있다'라는 의미입니다. 남자는 운동화를 살 수 있는 상점이 어디인지 묻고 있으므로 (c)가 정답이 됩니다.

8 W : What are you doing over here all alone? This is a party!
M : I know. I just wanted to get some fresh air. It's so crowded and loud in there.
W : Yeah. Everyone's having a great time. Don't you like the band? They're the best in town.
M : Sure. They're pretty good. I just wanted to come outside and take a break, that's all.
W : Wait a minute—don't I know you? Haven't I seen you at the copy center?
M : Yeah, maybe you have. I work there on the weekends.
W : Oh. How do you like it there? It seems like that would be a pretty good job.
M : It's OK. It's pretty flexible, so I still have time to go to school full?time.

Q. Which of the following can you infer from the dialogue?
(a) The woman isn't having fun at the party.
(b) The man doesn't know the woman.
(c) The man wants to dance with the woman.
(d) The man was offended by the woman's comments.

W : 여기서 혼자 뭐하세요? 여긴 파티장인데!
M : 저도 알아요. 시원한 바람 좀 쐬고 싶어서요. 저긴 너무 사람도 많고 시끄러워요.
W : 모두들 즐거운 시간을 보내고 있네요. 저 밴드가 맘에 안 드세요? 이 동네에서 최고라던데.
M : 맞아요. 꽤 잘하지요. 그냥 밖에 나와서 잠깐 쉬려고 한 것 뿐이예요.
W : 잠깐 만요. 우리 만난 적 있지 않나요? 복사 가게에서 본 적 있지 않나요?
M : 그럴지도 몰라요. 전 주말에 거기서 일하거든요.
W : 거긴 일하기 어때요? 꽤 괜찮은 일자리 같은데.
M : 괜찮아요. 여유도 있어서 일하면서 학교에 다닐 시간도 있구요.

대화의 내용에서 유추할 수 있는 것은?
(a) 여자는 파티를 즐거워하지 않고 있다.
(b) 남자는 여자를 알지 못한다.
(c) 남자는 여자와 춤을 추고 싶어한다.
(d) 남자는 여자의 말에 기분이 상했다.

유형 : 유추 난이도 : **

Solution

여자가 전에 만난 적이 있지 않냐고 묻자 그럴지도 모른다고 한 것으로 보아 남자와 여자는 서로 아는 사이가 아니라는 것을 알 수 있다.

Vocabulary

flexible 융통성이 있는, 유연한
ex. Stan was becoming more flexible after stretching every day. 스탠은 매일 스트레칭을 한 후에 훨씬 더 유연해졌다.
full-time 전임의, 상근의
ex. The benefits are only for the full-time employees. 혜택들은 상근직원들만을 위한 것이다.

Answer

(b) The man doesn't know the woman.

Joseph's 강의노트 

두 사람은 파티장에서 잠깐 빠져 나와 대화를 하고 있습니다. 여자가 전에 남자를 어디에서 본 적이 있는 것 같다고 하면서 복사 가게에서 일하지 않냐고 묻습니다. 남자는 자신이 주말에 거기서 일을 하기 때문에 아마 거기에서 자신을 본 적이 있을지도 모른다고 대답합니다. 이것으로 미루어 볼 때 두 사람은 서로 아는 사이가 아니라는 것을 알 수 있습니다. 또한 남자가 일하는 시간이 자유로워서 일을 하면서도 학교에 다닐 시간이 있다고 한 것으로 보아 그가 학생이라는 사실도 유추할 수 있습니다.

9 I hate to use class time to give you all a lecture since I know that everyone here is an adult and that this is college, not elementary school. However, I feel I don't have a choice. After grading the midterms you took this week, I was very disappointed. The majority of the grades were much lower than I would have ever expected, especially since I offered a study session. The highest grades were on tests that gave suspiciously similar answers on the short essay portion. I don't want to accuse anyone of cheating just yet, but I cannot rule out the possibility.

Q. What is the purpose of the speech?

(a) To inform
(b) To congratulate
(c) To criticize
(d) To apologize

여기 있는 여러분들이 모두 성인이고 여기는 초등학교가 아닌 대학이기 때문에 수업 시간에 잔소리를 하고 싶지는 않습니다. 하지만 선택의 여지가 없다는 생각이 드는 군요. 이번 주에 여러분들이 치룬 중간 고사를 채점하고 난 후에 아주 실망을 했습니다. 특히 제가 스터디 세션을 제공했음에도 불구하고 성적의 대부분이 제가 생각을 한 것보다 훨씬 낮았습니다. 단편 에세이 부분에서 의심스러울 만큼 유사한 답안들이 제출되었던 시험에서 가장 높은 성적이 나왔습니다. 누가 부정 행위를 했다고 비난하고 싶지는 않지만 그런 가능성을 배제할 수는 없습니다.

연설의 목적으로 알맞은 것은?
(a) 정보를 제공하기 위해서
(b) 축하하기 위해서
(c) 비난하기 위해서
(d) 사과하기 위해서

유형 : 목적 파악　난이도 : *

Solution

교수가 시험 채점을 한 후에 학생들의 성적이 낮은데 대한 실망감을 표시하면서 부정행위가 의심이 간다고 말하고 있다.

Vocabulary

grade 채점하다, 점수
ex. My grades are good enough to receive the scholarship. 내 점수는 장학금을 받을 수 있기에 충분하게 좋았다.
midterm 중간의, 중간 고사
ex. Do you want to study for the midterm with me tomorrow? 내일 나랑 중간 고사 공부할래?
suspiciously 의심스럽게
ex. She suspiciously looked around before walking out of the store. 그녀는 가게에서 걸어 나가기 전에 의심스럽게 둘러 보았다.
accuse 비난하다
ex. The two students were accused of cheating on the exam. 두 학생들은 시험에서 부정행위를 한 것으로 비난을 받았다.
rule out 제외하다
ex. We can rule out any possibility of Sarah cheating. She didn't take the test. 우리는 사라가 컨닝을 했다는 가능성을 제외할 수 있다. 그녀는 시험을 보지 않았다.

Answer

(c) To criticize

Joseph's 강의노트 

대학 교수가 중간 고사 채점을 한 후에 그 결과에 대해 학생들에게 이야기를 하고 있습니다. 시험 성적도 기대한 것보다 낮았던 데다가 부정행위가 의심이 가는 경우들을 발견했다고 말하고 있는 것으로 보아 자신의 실망감을 표현하면서 비난을 하고 있습니다.

WEEK 5

10 When Sarah told me she was seeing a professional pool player and things were getting serious, I have to admit I wasn't exactly pleased. Like most mothers, I wanted my daughter to spend her life with someone who could offer her stability, someone who was a well-respected member of society. OK, so I wanted her to marry a doctor. Anyway, when I finally met Bradley, I knew immediately why Sarah had chosen him. I've never known a kinder, more intelligent man. I know my daughter will have a happy life with him.

Q. Where is this speech most likely being given?

(a) At an award ceremony
(b) At a funeral
(c) At an inauguration
(d) At a wedding reception

사라가 프로 당구 선수를 만나고 있으며 둘이 진지한 사이가 되어가고 있다고 말했을 때 저는 솔직히 그렇게 기쁘지 않았었습니다. 대부분의 엄마들처럼 저는 제 딸이 그녀에게 안정을 제공해 줄 수 있고 사회의 존경 받는 사람과 평생을 함께 하게 되길 바랬습니다. 맞습니다, 저는 제 딸이 의사와 결혼하기를 바랬지요. 어쨌든 제가 결국 브래들리를 만났을 때 저는 왜 사라가 그를 선택했는지를 즉각 알 수 있었습니다. 저는 그보다 더 착하고 똑똑한 남자를 본 적이 없었지요. 저는 제 딸이 그와 행복한 삶을 살게 될 것이라는 것을 압니다.

이 연설이 행해질 만한 장소는?

(a) 시상식
(b) 장례식
(c) 취임식
(d) 결혼 연회

유형 : 연설의 목적　난이도 : **

Solution

엄마가 딸의 결혼식 연회에서 하는 연설입니다.

Vocabulary

stability 안정성
ex. I don't want to move until I have more financial stability. 나는 좀 더 금전적인 안정성을 얻을 때까지는 이사하고 싶지 않다.

well-respected 존경받는
ex. He is a well-respected doctor in the hospital. 그는 병원에서 존경받는 의사이다.

Answer

(d) At a wedding reception

Joseph's 강의노트

엄마가 딸이 결혼할 사람을 만나고 있다는 말을 듣고 자신이 원하던 근사한 직업을 가진 사윗감이 아니어서 속으로 실망했었다고 고백하고 있습니다. 하지만 직접 그를 만나본 후에 왜 딸이 그 사람을 선택했는가를 이해할 수 있게 되었다고 말합니다. I know my daughter will have a happy life with him. 라고 말한 부분에서 딸과 브래들리가 결혼을 하게 되었다는 것을 알 수 있습니다. 영화에서 보신 적이 있겠지만 미국에서는 결혼식 연회에서 신랑 신부의 친구나 형제 자매 등이 두 사람의 결혼을 축하하면서 간단한 연설을 합니다. 주로 연설의 내용은 신랑이나 신부가 어렸을 때 있었던 에피소드나 여기서 처럼 처음 딸의 남자친구에 대한 얘기를 들었을 때의 엄마의 솔직한 심정등이 주를 이루고 둘이 행복하게 잘 살기를 바라는 건배를 하며 마무리를 하는게 보통입니다.

GRAMMAR

1 A : 이 수업을 잘 따라가고 있는 것처럼 보이는구나.

B : 다행히도 내가 예상한 것 만큼 어렵지 않아서 크게 안심했어.

유형 : 비교급 난이도 : **

Solution

원급비교에는 동등비교(as + 형용사/부사의 원급 + as)와 열등비교 (not as(so) + 형용사/부사의 원급 + as)가 있다.

Vocabulary

luckily 다행히도
ex. I was running late this morning, but, luckily, I didn't miss the bus. 나는 오늘 아침에 늦었지만 다행히도 버스를 놓치지 않았다.
relief 안도, 안심
ex. It was a relief to know that the child was safe. 아이가 안전하다는 것을 알게 되어 안심이었다.

Answer

(c) not as difficult as I expected

Joseph's 강의노트 

비교급은 형용사나 부사를 ~er than, more …than의 형태로 쓰지만 이런 형태를 사용하지 않고 형용사와 부사의 원급을 이용하여 비교를 하는 것은 원급 비교라고 합니다. 동등비교는 'as + 형용사/부사의 원급 + as'로 '…만큼 ~하다'라고 해석하고 열등비교는 'not as + 형용사/부사의 원급 + as' '…만큼 ~ 하지 않다'라고 해석하는데 첫 번째 as는 so로 바꾸어 쓰는 경우도 많습니다. 그러므로 '수업이 예상한 것만큼 어렵지 않았다'고 표현하려면 not as difficult as I expected 혹은 not so difficult as I expected라고 써야 합니다. **또한 원급 비교에서는 as와 as사이에 형용사나 부사의 비교급이 아니라 원급을 사용하는 것을 묻는 문제도 자주 출제되는 경향이 있습니다.**

2 A : 클라라가 오늘 퇴근해서 집에 왔을 때 아주 기분이 안 좋아보였어.

B : 회사에 신문 광고에 돈을 덜 써야 한다고 제안했는데 아무도 그녀 말을 듣질 않았어.

유형 : 조동사 should (that 절안의 동사원형)

난이도 : **

Solution

propose that절에서 알맞은 동사의 형태를 고르는 문제다. spend 앞에 should가 생략된 것으로 봐야 하므로 정답은 spend가 된다.

Vocabulary

office 사무실
ex. My office is on the fourth floor. 내 사무실은 4층에 있다.
upset 기분이 언짢은
ex. I'm upset that I lost my favorite necklace. 내가 가장 좋아하는 목걸이를 잃어버려서 나는 기분이 나빴다.
propose 제안하다
ex. I propose that we continue to talk about this at the next meeting. 나는 우리가 이것에 대해 다음 회의에서 계속해서 이야기할 것을 제안한다.
ads 광고
ex. This magazine has more ads than it does articles. 이 잡지는 기사보다 광고가 더 많다.

Answer

(d) spend

Joseph's 강의노트 

주장, 명령, 요구, 제안의 뜻을 나타내는 동사 다음의 that절에는 'should+동사원형'이나 'should가 생략된 동사원형'을 사용합니다. 그러므로 빈 칸에는 should spend혹은 spend가 정답이 될 수 있습니다. that절의 동사의 형태를 묻는 문제가 나올 때는 항상 that 절 앞의 동사가 주장, 명령, 요구, 제안의 뜻을 나타내는 동사들(insist, suggest, propose, demand, order, desire, wish, request 등) 중 하나인지를 확인해 보도록 하세요. 하지만 **that절의 일이 아직 이루어지지 않은 '앞으로의 일에 대해서 …해야 한다'는 의미일 때는 'should+동사원형'을 쓰는 것이 원칙이지만 이미 벌어진 일에 대해 말할 때는 should 를 쓰지 않고 동사를 주절의 수와 시제에 맞게 써야 합니다.** 예를 들어, She insisted that she had seen Brad Pitt in a restaurant. (그녀는 식당에서

WEEK 5

브래드 피크를 봤다고 주장했다)라고 하는 문장에는 아무 이상이 없습니다.

should의 용법

- It is/was + 이성 판단의 형용사 that 주어 + (should) + 동사원형: natural, rational, right, wrong, important, necessary, essential 등
- It is/was + 감정 판단의 형용사 that 주어 +should + 동사원형: strange, spry, surprising, surprised 등 (이 때 should는 생략하지 않는다)

3 A : 무슨 목록을 만들고 있니?
B : 공간이 치워졌으니까 어떤 종류의 나무를 심을지를 생각해 볼 때야.

유형 : 분사구문 난이도 : **

Solution

분사구문의 의미상의 주어가 주절의 주어와 다를 때는 의미상의 주어를 분사 앞에 써 줘야 한다.

Vocabulary

list 목록
ex. I made a list of all the things I need from the store. 나는 가게에서 필요한 모든 것들의 목록을 작성했다.
space 공간
ex. To do my artwork, I need a space that has a lot of light. 내 미술 작품을 만들기 위해서 나는 환한 공간이 필요하다.

Answer

(b) cleared

Joseph's 강의노트 

분사구문이란 접속사+주어+동사로 되어 있는 부사절을 현재분사가 이끄는 부사구로 간결하게 나타내는 구문입니다. 분사구문을 만드는 기본 원칙은 부사절과 주절에 반복된 주어를 생략하는 것입니다. 일반적으로 분사구문에서는 주절과 부사절의 주어가 같은 경우가 많지만 문제의 경우, 부사절의 주어는 space이고 주절의 가주어는 it, 진주어는 to 부정사 부분입니다. 그러므로 이 때는 의미상의 주어를 분사 앞에 꼭 써줘야 합니다. **원래 문장은 Since(As) the space is cleared, it's time to start thinking about what kind of trees to plant.로 원인이나 이유를 나타내는 분사구문입니다.**

분사구문

- 과거분사로 시작되는 분사구문 앞에서는 Being/Having been이 생략된 것이다.
- 의미의 명확성을 위해 접속사를 남겨두는 경우도 있다.
- 분사구문에서 현재분사 혹은 과거분사 앞에 오는 명사는 의미상의 주어이다. 인칭대명사는 분사구문의 의미상 주어로 쓰지 않는다.

4 A : 저기 그들이 있어. 여기가 하도 넓어서 그들을 절대 못 찾을 줄 알았어.
B : 그들은 항상 색깔이 화려한 옷을 입기 때문에 군중들 사이에서도 언제든지 찾을 수가 있어.

유형 : 어순 난이도 : **

Solution

장소 부사구가 문두로 나올 때의 어순을 묻고 있다.

Vocabulary

huge 거대한
ex. The elephants at the zoo are huge. 동물원의 코끼리들은 매우 크다.
spot 발견하다
ex. I will wear an orange scarf so you can spot me. 나는 네가 나를 찾을 수 있도록 오렌지 스카프를 쓸게.
colorful 색상이 화려한
ex. The costumes in the play were colorful. 연극의 의상들은 색상이 화려했다.

Answer

(a) There they are

Joseph's 강의노트 

어구의 강조를 위해 문장 맨 앞에 놓일 때 도치되는 경우를 묻고 있는 문장입니다. 여기서처럼 장소, 방향의 부사인 there나 here가 문장의 앞으로 나올 때는 동사 + 주어/주어+동사의 어순이 모두 가능한데 주어가 인칭대명

사일 경우에는 주어+동사 어순이 되고 주어가 인칭 대명사가 아닌 경우에는 도치가 됩니다. 예를 들어, '그가 온다'라고 할 때는 Here he comes.라고 하고 케빈이 온다라고 할 때는 Here comes Kevin.이라고 합니다. 여기서는 There가 문두로 나왔고 문장의 주어가 인칭대명사 they이므로 There they are.가 정답으로 적절합니다.

주어와 동사의 도치

- 부정어(구, 절) + 동사 (조동사, be동사, do 동사) + 주어

  Not until I talked to Kate did I know the news.
  케이트와 이야기를 하고 나서야 그 소식을 알았다.
- so +동사+주어, neither+동사+주어,there/here+동사+주어, as가 이끄는 양보절

  I don't like meat. - Neither do I.

5 A : 이렇게 늦은 줄 몰랐어. 지금 귀가 시간을 지키려고 해봤자 소용이 없겠네.

B : 그래도 부모님이 걱정하지 않도록 전화를 해서 네가 어디 있는지를 알리는 게 좋을 거야.

유형 : 동사 원형 난이도 : *

Solution

'had better + 동사 원형'의 형태를 묻는 문제이다.

Vocabulary

there's no point in (doing something) …해봤자 소용이 없다
ex. There's no point in persuading him. He'll never change his mind. 그를 설득하려고 해봤자 소용없어. 그는 절대 맘을 바꾸지 않을거야.

curfew 통금, 귀가 시간
ex. My curfew is at 9 o'clock on weekdays and 11 o'clock on weekends. 내 통금시간은 주중에는 9시이고 주말에는 11시다.

worry 걱정하다
ex. I tried not to worry about my test. 나는 내 시험에 대해 걱정하지 않으려고 노력했다.

Answer

(d) call

Joseph's 강의노트 

'…하는 것이 낫다'라고 할 때는 'had better + 동사원형'의 형태를 사용합니다. 그러므로 (d)가 정답으로 가장 적절합니다. had better는 상대에게 '…하는 게 좋다'라고 조언 혹은 경고를 하는 의미입니다. 그러므로 연장자나 윗사람에게 사용할 때는 주의해야 하는 표현입니다. **had better의 부정형은 'had better not + 동사원형'이라는 것도 함께 기억해 두세요.**

그밖에 동사원형이 쓰이는 관용적 표현들

- had better + 동사원형: …하는 것이 낫다, …해야 한다
- do nothing but + 동사원형: …하기만 한다
- cannot but + 동사원형: …하지 않을 수 없다

  cf. cannot help + 동명사
  I couldn't but cry when I saw my mother. 나는 엄마의 얼굴을 봤을 때 울지 않을 수 없었다.
  = I couldn't help crying when I saw my mother.

6 중세 시대에 진료를 했던 의사들은 기분이 아니라 두뇌가 사람의 성격에 영향을 끼치는데 책임이 있다는 것을 알게 되면 놀랄 것이다.

유형 : 일치 난이도 : **

Solution

be동사의 주어가 무엇인가를 찾으면 쉽게 해결할 수 있는 문제이다.

Vocabulary

practice (의사, 변호사들이) 개업하다
ex. The doctor is not allowed to practice in this state. 그 의사는 이 주에서는 진료를 하는 것이 허락되지 않는다.

medieval 중세의
ex. The medieval castle is still standing. 중세 시대의 성이 아직도 그대로 있다.

responsible 책임이 있는
ex. Ben is responsible for the broken window. 깨진 창문은 벤의 책임이다.

influence 영향을 끼치다
ex. My father influenced me to become a police officer. 아버지는 내가 경찰이 되도록 영향을 끼쳤다.

personality 성격
ex. It's in her personality to get along with everyone. 모든 사람과 잘 지내는 것이 그녀의 성격이다.

Answer
(b) is

Joseph's 강의노트

빈 칸의 be동사의 알맞은 형태를 고르는 문제입니다. be동사의 주어를 찾으면 비교적 쉽게 해결할 수 있는 문제입니다. 문장이 길기 때문에 동사가 어디에 걸리는지를 찾을 때 당황할 수가 있습니다. 이 때 명심할 것은 주어가 항상 동사 바로 앞에 위치하지는 않는다는 점입니다. 문장에서 빈 칸 바로 앞에 있는 humors가 주어라고 착각할 수도 있지만 실제로는 brain이 주어입니다. 그러므로 be동사는 단수형이 되어야 합니다.

동사를 단수형으로 쓰는 경우
1. 시간, 거리, 가격, 무게 등을 하나의 단위로 볼 때
2. 복수형이 고유명사
3. -ics로 끝나는 학문명

동사를 복수형으로 쓰는 경우
1. 짝이 있는 의류
2. the+형용사/분사로 '…한 사람들'로 쓰일 때
3. 집합명사

7 화재가 재빨리 건물로 퍼짐에 따라 극장 관객들을 대피시키기 위한 계획을 세울 시간이 거의 없었다.

유형 : 수량 형용사　난이도 : *

Solution
셀 수 없는 명사의 양이 약간 있을 때는 a little, 거의 없을 때는 little을 사용한다.

Vocabulary
spread 퍼지다
ex. The smoke spread throughout the house. 연기는 집 안으로 퍼졌다.
form (계획을) 세우다
ex. The soldiers formed a plan to attack the enemy. 병사들은 적을 공격할 계획을 세웠다.
evacuate 대피하다
ex. We evacuated the building when the alarm went off. 우리는 경보가 울렸을 때 건물에서 대피했다.
theatergoer 극장 관객
ex. The theatergoers were surprised at the sudden twist in the plot. 관객들은 줄거리의 갑작스런 반전에 놀랐다.

Answer
(a) little

Joseph's 강의노트

양이나 정도를 나타내는 much는 셀 수 없는 불가산 명사와 함께 사용되지만 양이 약간 있을 때는 a little, 양이 거의 없을 때는 little을 사용합니다. 셀 수 있는 명사의 경우에는 조금 있을 때는 a few, 거의 없을 때는 few를 사용합니다. 정리하면 수량형용사 many, a few, few는 셀 수 있는 명사와, much, a little, little은 셀 수 없는 명사와 쓰입니다. 여기서는 time이 셀 수 없는 명사이고 '시간이 거의 없었다'라는 의미가 되어야 하므로 little이 가장 적절합니다.

주의해야 할 관용구
- not a few, not a little 많은
- only a few, only a little 극소수의, 아주 적은
- quite a few, quite a little 꽤 많은

8 그들은 많은 학생들이 학교의 허용되는 복장에 대한 정책들이 이전 세대의 반응에 근거한 것이라고 불평하는 것을 들었다.

유형 : 목적보어의 형태　난이도 : **

Solution
목적보어는 목적어가 능동적인 입장이면 현재분사, 수동적인 입장이면 과거분사를 사용한다.

Vocabulary
policy 정책
ex. The store's policy is to accept returned items for thirty days. 상점의 정책은 30일 동안 반품된 물건들을 받아주는 것이다.

acceptable 수락할 만한
ex. This work is acceptable, but it's still not very good. 이 작업은 받아들일만 하긴 하지만 아직 그렇게 뛰어나지는 않다.
reaction 반응
ex. My first reaction to the news was to cry. 그 소식에 대한 내 첫 반응은 울음을 터뜨린 것이었다.
generation 세대
ex. The current generation of students has grown up with computer technology. 현 세대의 학생들은 컴퓨터 기술과 함께 성장했다.

Answer

(b) complaining

Joseph's 강의노트

목적보어의 알맞은 형태를 고르는 문제입니다. 목적어가 능동적인 입장이면 현재분사, 수동적인 입장이면 과거분사를 사용합니다. 지각동사의 목적어 다음에 나오는 목적격보어는 원형부정사, 현재분사, 과거분사가 쓰일 수 있습니다. 여기서 목적어는 students이고 complain과의 관계를 살펴보면 학생들이 불평을 하는 것이므로 능동 관계로 현재분사가 사용되어야 합니다. 또한 complain은 that절을 이끌고 있으므로 전치사 about을 쓸 수 없습니다. 그러므로 정답으로는 (b)가 가장 적절합니다.

9 노인들의 기억은 젊은이들의 기억보다 착오를 일으키기가 훨씬 쉽다.

유형 : 지시대명사 난이도 : *

Solution

지시대명사 those는 뒤에 오는 전치사구에 의해 수식을 받고 앞에 나온 복수명사의 반복을 피하기 위해서 사용된다.

Vocabulary

memory 기억
ex. My favorite memory is of the day I spent fishing with my grandfather. 내가 가장 좋아하는 기억은 내가 할아버지와 함께 낚시를 하며 보낸 날에 대한 것이다.
the elderly 노인들
ex. My grandparents live in a home for the elderly. 우리 할아버지 할머니는 노인들을 위한 집에 사신다.
prone to …하기 쉬운
ex. Babies who are born too early are more prone to illness. 조산아들은 질병에 걸리기가 더 쉽다.
lapse 착오, 중단, 하락
ex. The politician suffered a lapse in popularity. 정치인은 인기의 감소로 고생을 했다.

Answer

(b) those

Joseph's 강의노트

지시대명사의 쓰임을 묻는 문제입니다. this(these)와 that(those)는 이미 나왔던 단어, 구, 절, 문장 등의 내용을 가리킵니다. 지시대명사 that은 뒤에 오는 전치사구에 의해 수식을 받고, 앞에 나온 단수명사의 반복을 피하기 위해서 사용됩니다. 지시대명사 those도 마찬가지로 앞에 나온 복수명사의 반복을 피하기 위해서 사용됩니다. 또한 those who는 '…하는 사람들'의 뜻입니다. that과 this는 각각 전자와 후자를 나타냅니다. 여기서는 the memories를 대신할 수 있는 지시대명사가 필요한데 복수명사이므로 those를 써야 합니다.

10 그녀는 마치 수업 시간 내내 거기 있었던 것처럼 자신의 자리로 가서 재빨리 수학책을 폈다.

유형 : 가정법 난이도 : **

Solution

실제로는 수업 내내 교실에 있지 않았지만 마치 그랬던 것처럼 자리로 가서 책을 펴고 앉았다는 의미이므로 가정법 과거완료가 적절합니다.

Vocabulary

fling 열어젖히다, 던지다
ex. Tom flung the book across the desk. 탐은 책상을 가로질러 책을 던졌다.
textbook 교과서
ex. College students have to buy many expensive textbooks. 대학생들은 많은 비싼 교과서들을 사야한다.
present 참석한

ex. Mike was not present at the meeting. 마이크는 회의에 참석하지 않았다.

Answer

(d) had been

Joseph's 강의노트 

as if/as though는 가정법과 함께 쓰여서 '마치 …인 것처럼', '마치 …였던 것처럼'의 의미로 쓰이는 가정법의 관용 표현입니다. as if 앞뒤의 동사가 같은 시제이고 뒤에 오는 동사의 시제가 가정법 과거일 때는 '마치 …인 것처럼'으로 해석됩니다. 만일 as if 뒤의 동사가 앞의 동사보다 앞선 시제로 가정법 과거완료인 경우는 '마치 …였던 것처럼'으로 해석됩니다 즉, 주절의 시제가 현재이건 과거이건 간에 주절의 시제와 일치하는 시점에 발생한 일을 가정하고 있으면 가정법 과거 시제를 쓰고, 주절의 시제 이전의 일을 가정하고 있으면 가정법 과거 완료를 씁니다. 여기서는 자리로 돌아가서 책을 편 것 이전 시점에 교실에 없었던 사실의 반대를 가정하고 있으므로 빈칸에는 가정법 과거완료가 적절합니다.

11 나는 내 상황에 대해서 너무 자주 불평을 하지 않으려고 노력하지만 나중에 후회할 수도 있는 결정을 내리도록 재촉을 당하는 것을 정말 싫어한다.

유형 : 동명사/수동태 난이도 : **

Solution

hate의 목적어로 동명사가 쓰인다는 것과 (동명사와 to부정사 둘 모두를 취할 수 있다는 것과) 수동의 의미라는 것을 함께 파악하는 문제이다.

Vocabulary

complain 불평하다
ex. The children complained that the book was boring. 어린이들은 책이 지루하다고 불평했다.
situation 상황
ex. I didn't know what to do about the situation, so I asked for advice. 나는 그 상황에 대해 어떻게 해야할지를 몰라서 조언을 구했다.
regret 후회하다
ex. I regret not visiting my grandmother at the hospital. 나는 병원에 계신 할머니를 문병하지 않은 것을 후회한다.

Answer

(b) being rushed

Joseph's 강의노트 

동사의 알맞은 태를 고르는 문제에서는 문장의 의미를 제대로 해석하는 것이 문제 해결의 첫 단계라고 할 수 있습니다. 여기서는 결정을 내리도록 재촉을 당하는 것을 싫어한다는 의미이므로 rush는 수동의 형태가 되어야 합니다. 또한 hate는 동명사의 형태를 목적어로 취하므로 (동명사와 to 부정사 둘다 목적어로 취할 수 있는데, 선택지에 to 부정사가 없으므로) being rushed가 되어야 합니다.

다양한 수동태

- 수동태로 쓰이지 않는 타동사: have, lack, resemble, weigh 등의 상태를 나타내는 타동사들
- 수여동사의 수동태는 직접목적어나 간접목적어를 모두 주어로 하는 수동태를 만들 수 있지만 bring, buy, read, see, write 와 같은 수여동사들은 직접목적어만이 수동태의 주어가 될 수 있다.
  ex. Jane wrote me a letter.
  → A letter was written to me by Jane. (o)
  I was written a letter by Jane. (x)
- 사역동사나 지각동사의 수동태: 사역동사 let의 수동태는 be allowed to 형태가 된다.
  ex. The teacher let me go home.
  → I was allowed to go home by the teacher.

12 교사는 캠퍼스 내에서의 여러분의 일일 생활에 영향을 끼칠 새로운 정책들을 여러분 모두에게 알릴 필요가 있다.

유형 : should의 용법 (that 절안의 동사원형)
난이도 : **

Solution

이성 판단을 표시하는 형용사 다음의 that절에는 should+동사원형을 사용하는데 should는 생략되는 경우가 많다.

Vocabulary

necessary 필요한
ex. It is necessary that you buy all of the books for the class. 네가 수업을 위해 책을 모두 구입할 필요가 있다.
affect 영향을 끼치다
ex. The disease mainly affects the heart. 질병은 주로 심장에 영향을 끼친다.
day-to-day 일일의
ex. He is in charge of the day-to-day running of the shop. 그는 매일 매일의 상점 경영을 책임지고 있다.

Answer

(b) inform

Joseph's 강의노트

이성 판단이나 감정판단을 표시하는 형용사 다음의 that절에는 should+동사원형을 사용합니다. 이성판단의 문장인 경우는 should를 생략하고 동사원형이 오는 경우가 많습니다.

should의 용법

- It is/was + 이성 판단의 형용사 that 주어 + (should) + 동사원형: natural, rational, right, wrong, important, necessary, essential 등
- It is/was+ 감정 판단의 형용사 that 주어 + should + 동사원형: strange, spry, surprising, surprised 등 (이 때 should는 생략하지 않는다)
- 주어 + 주장, 명령, 충고, 소망, 요구, 제안의 동사 that + 주어 + (should) + 동사원형

13 (a) A : 너 요즘 바빠 보여. 좀처럼 얼굴 보기가 힘드네.
(b) B : 너도 알겠지만, 돌봐야할 가게가 두개잖아.
(c) A : 그런데 가게는 잘 돼? 다들 어렵다고 하던데.
(d) B : 안 믿겨지겠지만, 절대로 포기하지 않을 거야.

Solution

(b) 문장에서 관계사절에 의해 수식받는 선행사 businesses 와 take care of 의 주술관계는 의미상 수동이 되어야 한다. 따라서 to take care of를 to be taken care of 로 수정해야한다.

Vocabulary

tough : 곤란한, 고된, 고달픈, 힘든
give up : 포기하다

Answer

(b) to take care of → to be taken care of

Joseph's 강의노트

need는 중간태라고 해서 1) need + 능동 동명사 2) need + 수동부정사로 외우시면 됩니다. 이 문제의 경우 I have two businesses that need taking care of, you know. 라고 하셔도 되겠네요.

14 (a) A : 오늘 왜 그렇게 늦었니?
(b) B : 버스가 몇 대나 서지 않고 그냥 지나갔거든.
(c) A : 왜 서지 않았어?
(d) B : 모두 만원이었던 같아.

Solution

전체적인 대화가 과거의 상황에 대한 것인데, (b) 는 시제가 일치되지 않아 대화의 흐름을 방해하고 있다. 따라서 pass 를 passed로 수정해야한다.

Vocabulary

full : 찬, 가득한; 가득 채워진, 충만한, 만원의
ex) a full audience 만장의 청중

Answer

(b) pass → passed

Joseph's 강의노트

시제의 일치의 원칙

주절의 동사가 과거이면 종속절의 시제는 과거나 과거완료시제가 와야 합니다. 주절의 동사가 현재나 미래면 종속절의 시제는 제한이 없습니다. 불변의 진리나 습관, 역사적 사실, 가정법 등은 주절에 과거동사가 오더라도 종속절의 시제는 영향을 받지 않습니다.

WEEK 5

15 (a) 많은 사람들이 세계의 모든 문제들에 대해 생각할 때 무기력하게 느낀다. (b) 그들은 자신의 노력이 진정한 변화를 일으키기에 충분할 수 있다고 생각하지 않는다. (c) 이것은 참 안타까운 일인데 한 사람을 돕는 것이 진정으로 차이를 일으킬 수 있기 때문이다. (d) 이는 너무 순진하거나 혹은 진부한 것 같이 들릴 수도 있지만 당신이 다른 사람을 위해 좋은 일을 하면 그 사람도 다른 사람을 위해 무언가 좋은 일을 할 것이기 때문이다.

유형 : 동명사 주어　난이도 : **

Solution

help가 주어로 쓰이려면 동명사의 형태가 되어야 한다.

Vocabulary

powerless 무기력한
ex. He suddenly felt powerless when he was fired. 그는 해고를 당하고 갑자기 무기력함을 느꼈다.

effort 노력
ex. Even though she didn't put any effort into studying for the exam, she still passed with a high score. 그녀는 시험 공부를 하는데 아무 노력을 하지 않았는데도 높은 점수로 시험을 통과했다.

shame 수치, 유감
ex. It's such a shame that people don't appreciate live music like they used to. 사람들이 이전처럼 라이브음악을 좋아하지 않는 것은 유감이다.

naive 순진한
ex. Tim was naive in thinking that smoking cigarettes wouldn't hurt him. 팀은 담배를 피는 것이 해가 없다고 생각할 만큼 순진했다.

corny 진부한
ex. I know this may sound corny, but you're the most beautiful girl I've ever seen. 이건 진부하게 들릴 수도 있겠지만 너는 내가 본 여자들 중에 제일 예뻐.

Answer

(c) help → helping

Joseph's 강의노트 

개인의 작은 노력이 세상의 문제들을 해결하기에는 너무 미약한 것이라고 느낄 수도 있지만 진정한 변화를 일으키는 것은 이러한 작은 노력이라는 내용입니다. (c) because절의 주어는 help이고 동사는 can입니다. 동사가 주어가 되기 위해서는 명사형이 되어야 하므로 help는 동명사 형인 helping이 되어야 합니다. 동명사는 명사처럼 문장에서 주어, 보어, 목적어로 쓰일 수 있습니다.

- Going out with him was a lot of fun. (주어)
- They enjoy talking to each other. (목적어)
- My goal is collecting one thousand stamps by the end of this year. (보어)

VOCABULARY

1 A : 일주일 동안 등산을 갈 계획이야. 너도 와도 돼. 자연에서 시간을 보내는 게 긴장을 풀어 줄거야.

B : 고맙지만 사양할래. 야외에서 활동하는 건 내 취향엔 맞지 않지만 왜 사람들이 좋아하는지는 이해가 돼.

유형 : 숙어　난이도 : **

Solution

어떤 것이 not my cup of tea라고 하면 '별로 좋아하는 일이 아니다', '내 취향에는 맞지 않는다'의 의미다. A가 일주일 동안 등산을 가자고 제안하지만 B는 자신은 야외에서 활동하는 걸 좋아하지 않는다며 거절하고 있다.

Vocabulary

nature 자연

ex. I never get any time to enjoy nature anymore. 나는 더 이상 자연을 즐길 시간을 갖지 못한다.

relax 긴장을 풀다, 쉬다

ex. The man relaxed on the couch after a long day of work. 남자는 긴 하루를 마치고 소파에서 휴식을 취했다.

outdoors 야외에

ex. The wedding is going to be outdoors in a flower garden. 결혼식은 야외에 있는 정원에서 있을 것이다.

not my cup of tea 내 취향이 아니다

ex. Dancing isn't really my cup of tea. 나는 춤에 별로 관심이 없다.

Answer

(a) tea

Joseph's 강의노트 

'어떤 것이 내 취향에 맞다'라고 할 때는 suit/be to one's taste 라고 합니다. 혹은 여기에서처럼 (반대로 내 취향이 아니다라고 할 때는) It's not my cup of tea라고 하거나 It's not my style. / It isn't for me. / It's not my thing.이라는 표현도 많이 사용합니다. 또한 that's another cup of tea라고 하면 '그것은 별개의 문제다'라는 뜻입니다. not for all the tea in China라는 표현도 종종 들을 수 있는데 이것은 '중국에 있는 차를 다 준다고 하더라도 (엄청나게 많은 양의 차가 되겠지요?) 절대 하지 않겠다'라는 의미입니다. coffee와 관련된 표현 중에서 wake up and smell the coffee라고 하면 '잠에서 깨서 커피 냄새를 맡고 잠이 깨다'라는 말 그대로의 의미처럼 '현실을 직시하다'의 뜻입니다.

2 A : 섀론하고 연락을 취할 수가 없어. 그녀는 전화도 안 받고 이메일에 답도 없어.

B : 그녀는 항상 바쁘기 때문일거야.

유형 : 숙어　난이도 : **

Solution

on the go는 '바쁘게 끊임없이 활동하여'의 뜻이다.

Vocabulary

get in touch with …와 연락을 취하다

ex. Did you get in touch with your brother yet? 네 남동생과 연락을 했니?

on the go 바쁜

ex. It's hard to cook at home when you're always on the go. 항상 바쁠 때는 집에서 요리를 하기가 어렵다.

Answer

(a) go

Joseph's 강의노트 

A가 섀론과 연락이 되지 않는다고 하자 그녀는 항상 바쁘기 때문일거라고 말하고 있습니다. on the go는 very busy and active의 의미입니다. 누군가가 바쁘다고 할 때는 as busy as a bee라고도 합니다. 또한 사람이 occupied, booked 되었다고 하면 바쁘다는 의미가 될 수 있고 schedule이 demanding, heavy, hectic, tight 하다고 하면 '일정이 매우 바쁘다'라는 의미가 됩니다.

on the ~를 이용한 표현들

- on the run 경찰에 쫓기어

  ex. The robbers were on the run from the cops. 강도들은 경찰에 쫓기어 도주중이었다.

- on the job 근무중에

  ex. Most companies don't allow drinking on the job. 대부분의 회사들은 근무 중의 음주를 허용하지 않는다.

WEEK 5

- put somebody on the spot 곤란하게 만들다
  ex. Mike put Nancy on the spot when he asked why she didn't go to his party last night. 마이크는 낸시에게 왜 어젯밤 그의 파티에 오지 않느냐고 물어서 그녀를 곤란하게 만들었다.
- on the spot 즉석에서
  ex. He was very impressed with Kelly and he hired her on the spot. 그는 켈리에게 매우 감명을 받아 그녀를 즉석에서 고용했다.

3

A : 몸무게를 줄이는데 시간이 오래 걸릴지 궁금해.
B : 네가 얼마나 바른 식생활을 하고 자주 운동을 하느냐에 따라 다르지.

유형 : 이어 동사 난이도 : *

Solution

빈 칸에는 '…에 달려있다'의 의미가 필요하므로 depends on이 정답이 된다. amount to는 '…에 이르다', result in은 '…을 초래하다', fall on은 '(날짜 등이) …이 되다'의 뜻이다.

Vocabulary

lose weight 몸무게를 감량하다
ex. Do you think I need to lose weight? 내가 몸무게를 감량해야 한다고 생각하니?
dedicated 헌신적인
ex. She was the most dedicated cheerleader on the squad. 그녀는 팀에서 가장 헌신적인 치어리더였다.

Answer

(d) depends (on)

Joseph's 강의노트 

빈 칸에 알맞은 이어 동사를 고르는 문제입니다. depend on은 '…에 달려 있다', '…에 따라 다르다'의 뜻으로 on 뒤에는 여기서 처럼 사물이 올 수도 있고 사람이 오면 '…에게 의존하다', '…에게 달려 있다'의 의미로 쓰일 수도 있습니다. 여기서는 체중을 감량하는 것이 바른 식생활과 운동을 하는데 얼마나 헌신적이냐에 따라 다르다고 했으므로 depends on이 정답으로 가장 적절합니다. 보기로 주어진 다른 이어 동사들을 살펴보면 amount to는 '총액이 …에 이르다'의 뜻입니다. The money he saved amounts to about $2,000. (그가 저축한 돈이 약 2천 불에 달했다.)와 같이 쓰이거나 not amount to much와 같이 쓰여서 '대단하지 않다'의 뜻으로도 쓰입니다. result in은 '…한 결과를 초래하다'의 뜻입니다. fall on은 '휴일 등이 어떤 날이 되다'의 뜻으로 추석이나 음력으로 계산하여 매년 날짜가 바뀌는 휴일 등에 사용할 수 있습니다. 예를 들면, Thanksgiving Day falls on November 27th today (this year). (올해 추수 감사절은 11월 27일이다.)와 같이 쓰입니다.

weight를 이용한 표현들
- carry weight (= have a lot of influence) 중요하다, 영향력이 있다
  ex. The daughter's opinions carried a lot of weight on the mother. 딸의 의견이 엄마에게는 큰 영향력이 있었다.
- throw one's weight around 권력을 휘두르다
  ex. He tried to threaten us by throwing his weight around. 그는 자신의 권력을 휘두름으로써 우리를 위협하려고 했다.
- be a weight off one's shoulders 더 이상 걱정하지 않다
  ex. Telling him the truth took a lot of weight off her shoulders. 그에게 진실을 말한 것이 그녀의 걱정을 (많이) 덜어 주었다.
- pull weight 자기의 역할을 다하다
  ex. Anthony didn't pull his weight in organizing the event. 앤소니는 행사를 준비하는데 자신의 역할을 다하지 않았다.

4

A : 이번 토요일에 나랑 제이크네 집에 갈래?
B : 난 보통 모르는 사람들이 많은 큰 파티는 피해.

유형 : 이어 동사 난이도 : ***

Solution

shy away from something은 avoid의 의미이다.

Vocabulary

familiar 낯익은
ex. That name sounds familiar to me, but I don't

think I'd remember her if I saw her. 그 이름이 낯익게 들리지만 그녀를 본다고 해도 기억할 수 있을 것 같지 않다.

shy away from 피하다

ex. He shies away from arguing with others. 그는 다른 사람들과 언쟁하기를 피한다.

Answer

(a) shy

Joseph's 강의노트

shy는 일반적으로 '부끄러움을 많이 타는'의 형용사로만 알고 계신 분들이 많을 것입니다. 여기서 shy는 동사로 쓰여서 shy away from이라고 하면 '어떤 것을 피하려고 하다'의 뜻으로 쓰입니다. 또한 형용사로 쓰여 shy of something이라고 하면 '…이 모자란' (short of)의 뜻이 된다는 것도 알아 두십시오. 예를 들어, My brother is very tall, just shy of 190 cm. (우리 오빠는 키가 매우 큰데 190 센티미터가 조금 못 된다.)와 같이 쓸 수 있습니다.

familiar를 이용한 표현들

- be familiar with …를 잘 아는
  ex. He wasn't very familiar with the downtown area. 그는 시내 지리를 매우 잘 몰랐다.
- be on familiar terms with somebody …와 친한 사이이다
  ex. I know what she looks like, but we're not on familiar terms with each other. 나는 그녀가 어떻게 생겼는지는 알지만 우리는 서로 친한 사이는 아니다.
- make oneself familiar with …에 정통하다
  ex. She wanted to make herself more familiar with other types of dances. 그녀는 다른 종류의 춤들에 대해 더 잘 알고 싶어했다.
- have a familiar ring to it (= have heard it before) 전에 들은 적이 있다
  ex. Isn't there another band name Savage Rhythm? It has such a familiar ring to it. 세비지 리듬이라는 이름의 밴드가 또 있지 않아? 어디서 들은 적이 있는데.

5 A : 이 스케이트를 계단에서 치우라고 말했지. 누군가 걸려 넘어지기 전에 치우는게 좋을 거야.

B : 미안해. 새까맣게 잊어버렸어. 지금 당장 치울게.

유형 : 혼동하기 쉬운 단어 난이도 : *

Solution

trip은 명사로 '여행'이라는 의미 이외에도 동사로 쓰이면 '…에 걸려 넘어지다'의 뜻이다. trip and fall은 자주 함께 쓰이는 표현이다.

Vocabulary

staircase 계단

ex. I remember leaving my jacket on the staircase. 나는 내 자켓을 계단에 둔 것이 기억난다.

trip and fall 걸려서 넘어지다

ex. Watch out for these cords. You don't want to trip and fall. 이 전선들을 조심해. 네가 걸려서 넘어지고 싶지 않다면 말야.

completely 완전히

ex. Once you're completely finished with your homework, you should call me. 네가 일단 숙제를 완전히 끝내고 나면 나한테 전화를 해.

Answer

(a) trips

Joseph's 강의노트

단어 trip은 일반적으로 명사로 '여행'의 의미로 쓰인다고 잘 알고 계시지만 동사로 '걸려 넘어지다'의 의미로 쓰인다는 것을 알고 계신 분들은 많지 않을 것입니다. 보통 trip은 on이나 over와 함께 쓰여 '…에 걸려 넘어지다'라고 쓰입니다. 또한 '누군가의 발을 걸어서 넘어지게하다'라는 타동사로 쓰일 수도 있습니다. trip만으로도 '걸려 넘어지다'는 의미가 되지만 and fall을 붙여서 trip and fall로 자주 쓰입니다. 여기서는 계단에 놓인 스케이트 때문에 누가 넘어질 수도 있으니 얼른 치우라고 말하고 있습니다. Trip and fall처럼 동사 and 동사로 된 표현들은 다음과 같은 것들이 있습니다.

〈동사 + and + 동사〉로 이루어진 표현들

- mix and match 옷 등이 다른 것을 골라 함께 착용하다
  ex. I like to mix and match my clothes to make

WEEK 5

new looks. 나는 옷을 이것저것 섞어 입어서 새로운 모습을 만드는 것을 좋아한다.

- toss and turn 잠을 이루지 못하고 뒤척이다
  ex. He tossed and turned all throughthe night. 그는 밤새도록 잠을 이루지 못하고 뒤척였다.
- moan and groan 불평을 하다
  ex. Stop moaning and groaning and just do the dishes. 불평 그만하고 설거지를 해라.
- drink and drive 음주 운전을 하다
  ex. It's very dangerous to drink and drive. 음주 운전을 하는 것은 위험하다.

6 A : 제임스, 우리 회사가 일부 물건들을 판매 중지 할거라는게 진짜예요?

B : 어디서 그 얘길 들었어요? 내일까지는 비밀로 하도록 되어 있었는데. 뉴스가 새어 나간 것 같군요.

유형 : 이어 동사　난이도 : **

Solution

leak은 액체나 가스 등이 새다라는 의미지만 '정보 등이 새어 나가다'라는 의미로도 쓰인다.

Vocabulary

pull something off the shelves (= stop selling) 판매를 중지하다
ex. They pulled my favorite book from the shelves, though I don't know why. 그들은 무슨 이유에서인지 내가 가장 좋아하는 책의 판매를 중지했다.

be supposed to (do something) …하도록 되어 있다
ex. This cell phone is supposed to take videos too, but I don't know how to do that yet. 이 휴대전화는 비디오도 찍을 수 있게 되어 있지만 나는 그것을 어떻게 하는지 아직 모른다.

leak (정보 등을) 유출하다
ex. The actor's wife leaked to the press that he was having an affair. 배우의 아내는 그가 바람을 피고 있다고 언론에 알렸다.

Answer

(b) leaked

Joseph's 강의노트 

'정보/뉴스가 새어 나가다'라는 의미로 쓸 수 있는 이어 동사를 찾는 문제입니다. leak은 '물이나 가스 등이 새다'의 의미로 주로 쓰이지만 '정보나 뉴스가 새다'라는 뜻으로도 쓰입니다. 명사로 쓰여서 a leak in the roof (지붕의 누수)나 a security leak (보안 누설)과 같이 쓰일 수도 있습니다.

shelf를 이용한 표현들

- off the shelf (= available to buy) 언제든지 살 수 있는
  ex. The book is coming off the shelf next week. 그 책은 다음 주에 나온다.
- a shelf life 유효 기간
  ex. Canned foods have a great shelf life. 깡통 제품은 유효 기간이 길다.

7 A : 무슨 일이야, 베리? 오늘 집중을 하는데 어려움을 겪고 있는 것처럼 보여.

B : 어젯밤에 잠을 잘 수가 없었어. 새벽 4시에도 완전히 깨어 있었어.

유형 : 부사　난이도 : **

Solution

be wide awake라고 하면 완전히 깨어있다의 뜻으로 여기서 wide는 부사의 의미이다.

Vocabulary

stay focused 집중하다
ex. Because he couldn't stay focused on reading, Jim decided to play video games instead. 독서에 집중할 수가 없었기 때문에 짐은 대신 비디오 게임을 하기로 했다.

be wide awake 완전히 깨어 있다
ex. I was feeling really tired earlier today, but now I'm wide awake. 나는 아까는 굉장히 피곤했지만 지금은 잠이 완전히 깼다.

Answer

(d) wide

Joseph's 강의노트 

wide는 일반적으로 형용사로 쓰여 '넓은'의 의미지만 부사로 쓰여 completely의 뜻으로 쓰이기도 합니다. 문제의 경우처럼 wide awake가 대표적인 쓰임이고 또한 문 등이 wide open, '활짝 열려있다'는 의미로 쓰기도 합니다. wide가 형용사로 쓰일 때는 a wide range/variety/selection/choice와 같은 단어들과 함께 쓰여서 '많은 다른 종류의'라는 의미를 나타냅니다. broad는 wide와 유사한 의미를 갖고 있습니다. in broad daylight은 '한낮'에 라는 뜻으로 주로 나쁜 일들이 대낮에 벌어지는 것을 말할 때 많이 사용됩니다. 잠을 못 잤다고 할 때는 I didn't get a wink of sleep. 이라고 합니다. get some shut-eye나 catch some z's 는 '잠을 자다'의 뜻입니다. 잠을 아주 곤하게 정신 없이 자는 것은 sleep like a log 라고 합니다.

sleep에 관련된 표현들

- could do something in their sleep (= could do it easily) 쉽게 하다
  ex. I could solve these equations in my sleep. 나는 이 방정식들을 쉽게 풀 수 있다.
- not lose sleep over it (= not worry) 걱정하지 않다
  ex. She didn't lose any sleep over the argument she had with her boyfriend earlier that day. 그녀는 그날 일찍 남자친구와 말싸움을 한 것에 대해 걱정을 하지 않았다.
- sleep on it 생각해보다
  ex. Why don't you sleep on it and you and tell me what your decision is in the morning? 한 번 잘 생각해 보고 아침에 네 결정에 대해 내게 말해줘.

8

A : 허버트가 그런 심한 말을 모두 앞에서 나한테 했다는 걸 여전히 믿을 수가 없어.

B : 그는 사람을 매우 짜증나게 할 때가 있지. 그 때문에 기분 상해하지 마, 다이앤.

유형 : 이어 동사 난이도 : **

Solution

get to somebody는 make somebody very upset and angry의 의미이다.

Vocabulary

annoying 짜증나는
ex. Danny is the most annoying person I know. 대니는 내가 아는 사람 중에 가장 짜증나는 사람이다.

get to (somebody) 화나게 하다
ex. Don't let her jokes get to you. She doesn't mean anything by them. 그녀의 농담에 화를 내지 마. 그녀가 나쁜 의도가 있는 건 아니야.

Answer

(a) get

Joseph's 강의노트 

get to (somebody)는 '기분을 상하게 하다', '화나게 하다'의 뜻입니다. 하지만 get to (doing something)이라고 하면 '…하기 시작하다'의 뜻이 됩니다. 예를 들어, I got to thinking that he tricked me. 라고 하면 '그가 나를 속였다는 생각이 들기 시작했다'라는 의미입니다. 반면에 get to (do something)이라고 하면 '…할 기회를 갖게 되다'의 뜻이 됩니다. 예를 들어, Did you get to see Mr. Jones while you were in New York? 이라고 하면 뉴욕에 있는 동안 존스 씨를 만날 기회가 있었니?의 뜻입니다. 또한 구어체에서 It gets me …라고 하면 It annoys me…의 뜻으로 많이 쓰입니다. 예를 들어, It really gets me when people cut in the line.이 라고 하면 '나는 사람들이 새치기를 할 때 정말 짜증이 난다'의 뜻이 됩니다.

get을 이용한 표현들

- **get somebody wrong** 오해하다
  ex. Don't get me wrong. I'm just trying to help. 날 오해하지는 마. 난 그저 도우려는 것 뿐이야.
- **you've got me there.** 모르겠다
  ex. A: Why doesn't Marie just take the bus to school? 왜 마리가 학교에 버스를 타고 가지 않는데?
  B : You got me there. (나도 모르겠어.)

'짜증나게 하다'라는 의미의 숙어들

- **get in somebody's hair**
  ex. Angela is always in everyone's hair during class. 안젤라는 수업 시간에 모든 사람을 짜증나게 한다.
- **drive somebody up the wall**

WEEK 5

ex. The way that the professor talks drives me up the wall. 교수의 말투는 나를 정말 짜증나게 한다.

- **rub somebody the wrong way** 신경을 건드리다
  ex. I think it really rubbed her the wrong way when you made those jokes about her yesterday. 어제 네가 그녀에 대해 농담은 했을 때 그녀의 신경을 건드린 것 같아.
- **pain in the neck** 골칫거리
  ex. You're such a pain in the neck! 넌 정말 귀찮은 존재야!

9 블랙 다이아몬드가 경주로에서 듀크를 앞서 우승을 하기까지 19초 동안 경주는 막상막하였다.

유형 : 숙어 난이도 : **

Solution

neck and neck은 '막상막하'의 의미로 보통 경주나 경기 등을 묘사할 때 쓰인다.

Vocabulary

ahead of …에 앞서
ex. The blue car is ahead of the red car. 파란 자동차는 빨간 차에 앞서 있다.
track 경주로
ex. First one around the track three times wins. 트랙을 세 번 제일 먼저 도는 사람이 이긴다.
win first place 일등상을 타다
ex. The team didn't care about winning first place as long as they were having fun. 그 팀은 즐거운 시간을 보내고 있었기 때문에 일등을 하는 것에는 관심이 없었다.
fight tooth and nail 치열하게 싸우다
ex. The sisters fought tooth and nail over who got the dress. 그 자매들은 누가 드레스를 가질 것인가를 두고 치열하게 싸웠다.
skin and bones 피골이 상접한
ex. He became so skinny that he was nothing except skin and bones. 그는 너무 말라서 피골이 상접했다.
shoulder to shoulder 나란히
ex. The soldiers were lined up shoulder to shoulder on the battlefield. 군인들은 전투장에서 어깨를 나란히 하고 줄을 서 있었다.

Answer

(b) neck and neck

Joseph's 강의노트

문장은 경마 경주의 모습을 묘사하고 있습니다. 경기나 경주가 막상막하라고 할 때는 neck and neck이라고 합니다. (d)가 답이라고 착각할 수도 있지만 shoulder to shoulder는 '나란히', '합심하여'의 의미입니다. tooth and nail은 보통 fight tooth and nail로 쓰여 '치열하게 싸우다'라는 뜻이 됩니다. Skin and bones는 '아주 마른 사람'이나 '동물'을 의미하는데 우리말로 하면 뼈와 가죽밖에 없는, '피골이 상접한'이 되겠지요? neck and neck 이외에도 neck을 사용한 표현들이 많이 있습니다.

- **neck of the woods** 지역
  ex. I'm not really familiar with this neck of the woods. 나는 이 동네를 잘 모른다.
- **be up to one's neck in something** 매우 바쁜, 어려운 상황에 처한
  ex. I'm up to my neck in work right now. 나는 할 일이 너무 많아 바쁘다.
- **breathe down one's neck** 철저히 감시하다
  ex. My boss breathed down my neck all the time. 내 상사는 내가 하는 일을 철저히 감시한다.
- **risk one's neck** 위험을 무릅쓰다
  ex. She risked her neck when she sped through the red light. 그녀는 위험을 무릅쓰고 빨간 불을 지나 달렸다.

10 박쥐는 전 세계 포유류의 25% 이상을 차지하지만 일년에 한 번만 번식한다.

유형 : 혼동하기 쉬운 단어 난이도 : **

Solution

reproduce는 have babies의 의미다.

Vocabulary

account for 차지하다, 설명하다
ex. Female employees account for 70% of our staff. 여성 근로자가 우리 직원들의 70%를 차지한다.

There's no accounting for taste. 사람마다 취향은 가지가지다.
ex. There's no accounting for taste when it comes to Ryan's wardrobe. 라이언의 옷을 보면 사람마다 취향이 가지가지라는 것을 알 수 있다.
mammal 포유 동물
ex. The blue whale is the biggest mammal on the planet. 흰 긴수염 고래는 지구상에서 가장 큰 포유 동물이다.
reproduce 번식하다, 복제하다
ex. The beautiful painting was reproduced on cheap, thin paper. 그 아름다운 그림은 값싸고 얇은 종이에 복제되었다.
reproach 비난하다
ex. She was reproached by her coworkers for hiding the truth from them. 그녀는 진실을 숨긴 것에 대해 동료들로부터 비난을 받았다.
replicate 복사하다
ex. The baker replicated the recipe except for this time she added more sugar. 제빵사는 조리법을 그대로 따랐지만 이번에는 설탕을 더 추가했다.
replenish 보급하다
ex. Make sure you replenish with plenty of water after a hard workout. 힘든 운동을 한 후에는 충분한 물을 마셔야 한다.

Answer

(a) reproduce

Joseph's 강의노트

형태가 유사한 동사들 중에서 문장의 의미를 가장 잘 완성해주는 동사를 고르는 문제입니다. account for는 설명하다 (explain), 차지하다 (form)의 의미로 가장 많이 쓰이는데 여기서는 '지구상 포유류의 25%이상을 차지한다'는 뜻으로 쓰였습니다. There's no accounting for taste.라고 하면 '사람들마다 다 취향이 다르다'는 의미입니다. reproduce는 '번식하다'의 뜻이므로 박쥐의 수가 많기는 하지만 일년에 한 번만 새끼를 낳는다고 설명하고 있습니다. 또한 reproduce는 '재생하다', '복사하다'의 의미로 쓰이기도 하는데 이때는 copy, duplicate와 유사한 뜻이고 '번식하다'의 뜻일 때는 breed, give birth, multiply와 유사한 의미가 됩니다.

11 사람들은 나이가 들고 직업 세계로 들어서게 됨에 따라 유행을 타는 옷을 좀 더 실용적인 옷들로 바꾸게 될 수도 있다.

유형 : 혼동하기 쉬운 단어 난이도 : ***

Solution

옷이나 신발들이 sensible하다는 것은 편안하고 (comfortable)하고 실용적 (practical)이라는 뜻이다.

Vocabulary

trade (a) for (b) a를 b로 교환하다
ex. I'll trade my cookies for your chips. 내 쿠키와 네 칩을 교환하자.
sensible 분별있는, 실용적인
ex. Try to be more sensible even when you're angry. 화가 났을 때도 좀 더 분별있게 행동해라.
sensitive 민감한, 불안정한
ex. She's always been sensitive about her weight. 그녀는 자신에 몸무게에 대해 항상 민감한 반응을 보인다.
sensual 관능적인
ex. She has red, sensual lips. 그녀는 붉고 관능적인 입술을 갖고 있다.
sensational 선풍적인 인기의
ex. The last performance was absolutely sensational. 지난 공연은 완전히 선풍적인 인기였다.

Answer

(a) sensible

Joseph's 강의노트

형태가 유사하지만 의미가 전혀 다른 형용사들 중에서 문장을 가장 잘 완성해주는 것을 고르는 문제입니다. sensible은 '분별력 있는', '지각있는'의 의미로 쓰이거나 '느낄 수 있는', '감각' 의미를 갖습니다. 또한 의복 등이 sensible하다는 것은 실용적이고 기능적이라는 뜻이 됩니다. 여기서는 사람들이 나이가 들고 직업 생활을 하게됨에 따라 유행을 타는 옷보다는 기능적이고 실용적인 옷으로 바꾸게 된다는 내용이므로 sensible 이 가장 적당합니다. 반면의 sensitive는 감정적인 부분을 표현하는 성질이 더 강해서 '사람이 예민한', '섬세한'의 의미로 가장 많이 쓰이지만 어떠한 문제가 sensitive하다고 하면 '주의를 요한다'는 의미를 포함하게 됩니다. 예를 들어, environmentally/politically sensitive (환경적으로/정치적으로 민감한)와

WEEK 5

같이 쓰이는 경우가 그것입니다. 또한 trade (a) for (b)라고 하면 exchange의 뜻입니다.

12 지난 5년동안 회사로부터 돈을 훔치고 나서 회계사는 횡령 혐의로 구속되었고 만일 유죄 판결을 받을 경우에 심각한 실형을 받게 될 수도 있다.

유형 : 고난도 어휘 난이도 : ***

Solution

회계사가 회사로부터 돈을 훔쳤다고 했으므로 embezzlement (횡령)이 정답이다.

Vocabulary

accountant 회계사
ex. Maybe we should just hire an accountant to file our taxes for us. 아마도 우리의 세금 신고를 해 줄 회계사를 고용하는 게 좋겠어.
be arrested on a charge of …혐의로 체포되다
ex. The man was arrested on a charge of perjury. 남자는 위증 혐의로 체포됐다.
convict 유죄를 입증하다
ex. She was convicted of theft. 그녀는 절도로 유죄 선고를 받았다.
face 직면하다
ex. He faced many hardships after moving out of his parents' house. 그는 부모님의 집에서 이사를 나온 후로 많은 어려움에 직면했다.

범죄 관련 용어들

- perjury 위증
- treason 반역
- manslaughter 과실치사
- assault and battery 폭행 구타
- bribery 뇌물 수수
- corruption 부패
- espionage 간첩활동
- arson 방화
- felony 중죄

Answer

(b) embezzlement

Joseph's 강의노트 

횡령(embezzlement)은 직업상의 이유로 자신에게 맡겨진 돈을 빼돌리는 경우를 말합니다. 여기서는 회계사가 자신이 회계를 담당하고 있는 회사로부터 돈을 훔친 것이므로 embezzlement가 가장 적절합니다. 범죄에 관련된 표현들은 시험에 자주 등장하는 형태중의 하나입니다. 이번 기회에 자주 등장하는 표현들을 확실히 익혀두도록 합시다.

- be guilty of something (= commit something) 유죄인
  ex. He is guilty of murder. 그는 살인에 유죄이다.
- accuse somebody of something, charge somebody with something ...로 비난을 받다
  ex. He was accused of stealing the test answers from the teacher's desk. 그는 선생님의 책상에서 시험 답안을 훔친 것에 대한 혐의를 받았다.
- acquit somebody of …무죄로 하다
  ex. He was acquitted of all charges and was released. 그는 모든 혐의에 무죄 판결을 받고 풀려났다.
- admit/confess to/deny (범죄)를 인정하다/고백하다/부인하다
  ex. The boy admitted that he had been stealing from his mother's purse for two years. 소년은 엄마의 지갑에서 2년 동안 돈을 훔쳐왔다고 고백했다.
- be suspected of … 혐의를 받다
  ex. She was suspected of not properly caring for her children. 그녀는 자신의 아이들을 제대로 돌보지 않은 것에 대한 혐의를 받았다.
- arrest somebody for …로 구속하다
  ex. The police officers arrested the man for drug abuse. 경찰관들은 남자를 마약 복용으로 구속했다.
- on a charge/count of …혐의로
  ex. On a charge of murder, he is sentenced to life in jail. 살인 혐의로 그는 무기 징역을 선고 받았다.

13 많은 사업가들은 자신들이 그렇게 성공하게 된 이유 중의 하나는 중요한 일에 관해서 그들이 기꺼이 위험을 감수했

기 때문이라고 말할 것이다.

유형 : 숙어　난이도 : *

Solution

'위험을 감수하다'라고 할 때는 take a risk를 사용한다.

Vocabulary

be willing to (do something) 기꺼이 …하고자 하다
ex. I'm willing to lend you money if you promise me to pay it back. 네가 돈을 갚겠다고 약속한다면 돈을 기꺼이 빌려주겠다.
matter (= be important) 중요하다
ex. It doesn't matter whether you bake chocolate chip cookies or oatmeal raisin cookies. 네가 초코칩 쿠키를 굽든 오트밀 건포도 쿠키를 굽든 중요하지 않다.

Answer

(c) risk

Joseph's 강의노트

take a risk는 나쁜 일이 생길 가능성에도 불구하고 어떤 일을 하는 것을 의미합니다. '…하는 위험을 감수하다'라고 할 때는 take the risk of (doing something)의 형태를 사용하고 to부정사는 쓰지 않는 것을 기억해 두십시오.

- at risk 위험한 상태의
  ex. This species of penguin is at risk of being endangered. 이 펭귄 종은 멸종할 위기에 있다.
- at your own risk 자기가 책임을 지고
  ex. Enter at your own risk. 들어오는 사람의 안전을 책임지지 않음

위험을 가리키는 단어들로는 danger, peril, jeopardy, hazard, risk 등이 있습니다.

14 어떤 사람들은 처음부터 (기본적인 재료로) 저녁을 준비하는 것에 익숙하지 않기 때문에 처음부터 냉동식품이나 전자렌지의 도움없이 식사를 준비하는 것을 어렵게 생각한다.

유형 : 숙어　난이도 : *

Solution

be/get accustomed to 는 …에 익숙하다

Vocabulary

prepare 준비하다
ex. He's busy preparing his speech in front of the CEO of the company tomorrow. 그는 내일 회사 최고 경영자 앞에서 할 그의 연설을 준비하느라 바쁘다.
aid 도움, 돕다
ex. The volunteers aided in bringing food and water to those in need after the natural disaster. 자원봉사자들은 자연재해 이후 도움이 필요한 이들에게 음식과 물을 가져오는 것을 도왔다.
be accustomed to …에 익숙하다
ex. She wasn't accustomed to eating with her hands when she first arrived in India. 그녀는 처음 인도에 도착했을 때 손으로 음식을 먹는 것에 익숙하지 않았다.
from scratch 처음부터, (무에서부터)
ex. She made the cheesecake from scratch. 그녀는 (기초적인 재료로) 치즈케이크를 처음부터 만들었다.

Answer

(d) accustomed

Joseph's 강의노트

'…에 익숙하다'라고 할 때는 be/get accustomed to를 사용하는데 be/get used to와 유사한 의미라고 할 수 있습니다. 만일 '…하는 것에 익숙하다'라고 하고 싶을 때는 to 뒤에 동명사를 써야 합니다. 예를 들어, He got accustomed to using chopsticks이라고 하면 '그는 젓가락을 사용하는데 익숙해졌다'라는 뜻이 됩니다. scratch는 동사로는 '긁다'의 의미가 있고 from scratch라고 하면 '처음부터'라는 뜻입니다.

scratch를 이용한 표현들

- scratch one's head (= not understand) 이해가 가지 않다
  ex. All of the students were scratching their heads at the professor's lecture. 모든 학생들이 교수님의 강의를 이해하지 못했다.
- scratch the surface 핵심을 건드리지 않다 (파악하지 못하다, 수박 겉핥기식으로 하다)

WEEK 5

ex. We've just barely scratched the surface in finding alternative fuels. 우리는 대체 에너지를 찾는데 핵심을 거의 건드리지 못했다.

• You scratch my back and I'll scratch yours. 네가 나를 도와주면 나도 너를 도와줄게.

ex. If you scratch my back and I'll scratch yours, then we'll have nothing to worry about. 네가 나를 도와주면 나도 너를 도와줄게. 그러면 우리는 걱정할 게 하나도 없을거야.

15 사람들에게 자선 활동에 시간을 할애하도록 설득하는 것이 힘든데 그런 일을 하는 것에 대한 보상이 종종 눈에 보이지 않기 때문이다.

유형 : 형용사의 의미　난이도 : ***

Solution

사람들이 자선활동을 하도록 설득하는 것이 어려운 이유는 그런 일을 하는 것에 대한 보상이 눈에 보이지 않기 때문이다.

Vocabulary

convince 설득하다
ex. How did you convince your parents to let you take their car out? 어떻게 너의 부모님이 그들의 차를 몰고 나가는걸 허락하도록 설득했니?
charitable 자선의, 자선심이 많은
ex. Penny was so charitable that she gave away half of her income to the needy. 페니는 자선심이 많아서 자신의 소득의 절반을 가난한 사람들에게 주었다.
cause 대의
ex. Please donate to the Women and Children's Foundation. It's for a great cause. 여성과 어린이 재단에 기부를 해 주세요. 좋은 일을 위한 것입니다.
reward 보상
ex. There's a ten thousand dollar reward for the winner of the competition. 경기의 우승자에게는 만 불의 상금이 있다.
intangible 무형의
ex. Experience is an intangible asset. 경험은 무형의 재산이다.

Answer

(d) intangible

Joseph's 강의노트 

사람들이 자신의 시간을 자선 활동에 할애하도록 설득하는 것이 힘든 이유가 그에 대한 보상이 실제로 눈에 보이지 않는 경우가 많기 때문이라고 말하고 있습니다. un-이나 in-으로 시작하는 단어들은 반대의 의미를 만드는데 사용되는 접두사입니다. unfailing은 확실한, uninviting은 마음이 끌리지 않는, insincere는 성의없는, intangible은 '손으로 만질 수 없는'의 뜻입니다. 자선활동을 하면 감정적인 보상이 주어질 뿐 실제로 금전적이나 실체가 있는 보상이 주어지지는 않으므로 intangible이 가장 적절합니다. 여기에서 convince somebody to (do something)은 '…하도록 설득하다' (persuade)의 의미로 쓰였습니다. 이 외에도 of나 that절과 함께 사용하여 '확신시키다', '납득시키다'의 뜻으로도 쓰일 수 있습니다. 또한 형용사로 convincing은 '설득력이 있는', '납득이 가는'의 뜻입니다.

16 경제가 힘든 시기 동안에 많은 소매 상들은 판매를 꾸준히 유지하기 위해서 고객들에게 상당한 할인을 제공함으로써 상점을 유지하려고 노력한다.

유형 : 형용사의 의미　난이도 : **

Solution

substantial은 '양이 많은', '정도가 높은'의 의미를 갖는다. 이때는 large, considerable, significant와 같은 의미라고 할 수 있다.

Vocabulary

stay afloat 가라앉지 않다, 실패하지 않다
ex. The students were trying to stay afloat in their chemistry classes, but half of them were still failing. 학생들은 화학 수업에 낙제하지 않으려고 노력했지만 그들 중의 절반이 여전히 낙제했다.
in a bid to (do something) …하려고
ex. In a bid to meet the dealine, he worked extra at night and on the weekends. 마감 시간을 맞추기 위해 그는 밤과 주말에도 일을 했다.

steady 안정된, 꾸준한

ex. The progress was slow, but it was steady. 개선은 속도가 늦었지만 꾸준했다.

superficial 표면적인

ex. The house only had superficial damage from the flood. 집은 홍수로 부터 단지 표면적인 피해만 입었을 뿐이었다.

substantial 상당한, 중요한

ex. There's substantial evidence proving that he is guilty. 그가 유죄라는 것을 입증하는 중요한 증거가 있다.

superstitious 미신의

ex. The superstitious woman never goes out when there's a full moon. 미신을 믿는 여자는 보름달이 뜰 때면 절대 밖에 나가지 않는다.

Answer

(b) substantial

Joseph's 강의노트

문장의 전체적인 내용을 살펴보면 경제가 어렵기 때문에 상점들이 망하지 않고 판매를 지속적으로 유지하기 위해서 상당한 규모의 할인을 제공한다고 하는 것이 가장 적절합니다. afloat은 '물에 떠서'라는 의미이므로 물 속으로 가라 앉는 것이 부도나 가게 문을 닫게 되는 상황이라고 생각하면 쉽게 이해가 될 것입니다. substantial은 문제에서와 같이 '상당한'의 뜻 이외에도 '근본적인', '물질적인', '중요한'의 뜻으로 쓰입니다. 우선 '상당한'의 의미로 쓰일 때는 substantial amount/increase/sum (상당한 양/증가/금액) 과 같은 단어들과 함께 쓰일 수 있습니다. superficial은 '표면적인'의 뜻으로 superficial wound (외상), superficial knowledge (얕은 지식)과 같은 용법으로 쓰이고 만일 사람이 superficial하다고 하면 생각이 얕고 중요하지 않은 것들에 관심을 갖는 사람을 가리킵니다. superstitious은 '미신의'의 뜻으로 사람과 함께 쓰는 경우에는 '미신을 믿는 사람'이라는 뜻이 됩니다.

17 대다수의 십 대들은 유행이 절대 오래 지속되지 않는다는 것을 알지만 그것들을 따르는데 열심이다.

유형 : 명사의 의미 난이도 : *

Solution

follow a trend는 유행을 따르다의 뜻이다.

Vocabulary

majority 대다수

ex. The majority of college students are paying off student loans for several years after they graduate. 대다수의 대학생들은 졸업을 한 후 수 년 동안 학자금 대출을 갚는다.

be keen on (doing something) …하는데 열심인

ex. She's never been keen on playing soccer. 그녀는 축구를 하는데 관심이 전혀 없었다.

notion 관념, 생각

ex. They got the notion that their father wanted to be left alone. 그들은 아버지가 혼자 있기를 원한다고 생각했다.

fluke 요행, 우연

ex. It must have been a fluke that this dinner came out so well. I'm a terrible cook. 저녁 요리가 잘 된 것은 우연이었던 것이 틀림없다. 나는 형편없는 요리사다.

Answer

(a) trends

Joseph's 강의노트

오래 지속되지 않지만 십대들이 따르기를 좋아하는 것은 '유행'이 되겠습니다. 어떤 것이 유행하다라고 할 때는 be in fashion이라고도 합니다. trend라는 말 대신 fad나 craze라는 말을 쓰기도 하는데 이것들은 일시적으로 유행하여 내일이면 사람들이 다 잊어버릴만한 종류의 유행을 뜻합니다. '유행에 뒤지다'고 할 때는 be/fall behind the fashion, '유행에 뒤지지 않도록 하다'는 keep up with the fashion, 혹은 keep pace with the current style이라고 할 수 있습니다. '유행을 창출하다'라고 할 때는 set the trend라고 하며 '유행을 따르다'라고 할 때는 여기에서처럼 follow the trend라고 합니다. 또한 어떤 것이 in이라고 하면 유행이라는 의미고, out이라고 하면 유행이 한물 간 것을 의미합니다. 예전에 유행하던 것이 다시 유행하게 되면 make a comeback이라는 표현도 씁니다. trend는 유행뿐만 아니라 경향 (tendency)의 의미로도 쓰입니다.

READING

1 높은 식료품 가격을 실감하고 있는 소비자들은 유럽 연합이 못생긴 야채가 판매되는 것을 금지했던 규정들을 공식적으로 포기한 것을 알고 기뻐할지도 모른다. 이제 울퉁불퉁한 당근들은 25가지 다른 종류의 덜 완벽한 농산물들과 더불어 모양이 더 예쁜 당근들과 나란히 팔리게 되었다. 이 흠이 있는 농산물들은 건강상에는 아무런 해도 끼치지 않으며 아마도 더 싼 가격에 상점들에 등장할 예정이다. 못생긴 농산물 판매를 금지하는 규정의 거부는 정부 관리 기관 내부의 불필요한 관료주의에 대한 항의의 결과였다. 일부 과일과 야채의 판매를 겉모양에 근거하여 제한하는 것은 또한 세계적 식량난을 고려해 볼 때 어이없는 것으로 여겨졌다.
(a) 못생긴 야채가 판매되는 것을 금지하는 규율
(b) 흠집이 있는 과일이 질병을 초래한다는 주장
(c) 수입된 농산물을 검사하는 정책
(d) 상점들이 농산물을 규제해야 한다는 생각

유형 : 주제 찾기　난이도 : **

Solution

Now, knobby carrots, along with 25 other types of less-than-perfect produce, will be sold alongside their shapelier counterparts.로 미루어 볼 때 유럽 연합이 못생긴 야채의 판매를 금지했던 규정을 포기하기로 했다는 소식이라는 것을 알 수 있다.

Vocabulary

abandon 포기하다
ex. The dog was abandoned by the side of the road. 개는 길가에 버려졌다.
knobby 울퉁불퉁한
ex. Rick hated his skinny legs and knobby knees. 릭은 그의 깡마른 다리와 울퉁불퉁한 무릎을 싫어했다.
counterpart 대응하는 것
ex. This new computer is much faster than its earlier counterparts. 이 새로운 컴퓨터는 이전의 컴퓨터들보다 훨씬 빠르다.
flawed 결함이 있는
ex. The book's main character was flawed, but likable. 그 책의 주요 등장인물은 결함이 있었지만 좋아할 만 했다.
outcry 항의
ex. There was a great public outcry over the new law. 새로운 법에 대한 심한 대중의 항의가 있었다.
bureaucracy 관료주의
ex. It was impossible to get through the vast bureaucracy. 거대한 관료주의를 통과하는 것은 불가능했다.
ludicrous 어이없는
ex. The amount of money she spent on new clothes was ludicrous. 그녀가 새 옷에 쓰는 돈의 액수는 어이가 없었다.
in light of 고려해볼 때
ex. In light of the increasing crime rates, the city hired more police officers. 증가하는 범죄율을 고려해서 시는 더 많은 경찰관들을 고용했다.

Answer

(a) rules that prevented ugly vegetables from being sold

Joseph's 강의노트 

높은 식료품 가격을 염려하는 소비자들이 반가와 할 만한 소식이 무엇인가를 파악하는 문제입니다. 모양이 예쁘지 않는 농산물들이 더 값싼 가격에 판매될 것이라는 내용으로 미루어 볼 때 유럽 연합이 못생긴 야채의 판매를 금지하던 규정을 포기한 것이 그 소식이라는 것을 알 수 있습니다. 유럽 연합은 지난 20여 년 동안 울퉁불퉁한 당근이나 구부러진 모양의 오이 등과 같이 비정상적인 모양의 야채나 과일이 판매되는 것을 금지해왔습니다. 하지만 이러한 과일이나 야채가 소비자에게 아무런 건강상의 해를 끼치지 않는데다가 농산물의 모양에 근거하여 판매를 금지하는 규율이 지나친 관료주의의 행패로 여겨져 왔으며 식량 부족 문제를 고려해 볼 때 소비에 아무 지장이 없는 식량들을 낭비한다는 여론이 높아짐에 따라 유럽 연합은 이러한 규정을 포기하기로 했다는 소식입니다. This flawed produce, which poses no health risks, …라고 했으므로 (b)는 오답입니다.

2 1800년대 아멜리아 블루머라는 여성은 여성복이 편안해야 한다는 급진적인 사고를 전파하기 시작했다. 당시에 유행했던 불편하게 긴 층층의 치마들을 입는 대신, 블루머는풍만하고 밑단이 달린 바지를 입고 공공 장소에 나타났다. 이 바지는 결국에는 그녀의 이름을 따서 블루머라고 불리게 되었다. 중동 국가들에서 인기있는 것으로 여겨졌던 좀 더 짧

은 드레스와 조끼 등과 함께 블루머 바지는 여성들이 정숙함을 유지하면서도 당시의 패션보다 움직임이 더욱 자유롭도록 고안된 것이었다. 분별 있는 여성복의 필요가 결국에는 여세를 얻게 됐지만 당시 여성들을 위한 바지는 쉽사리 받아들여지지 않았고 블루머 바지는 비웃음의 대상이 되었다.

(a) 여성복은 편안해야 한다.
(b) 여성들이 바지를 입는 것은 받아들여지지 말아야 한다.
(c) 여성복 패션은 좀더 수수해야 한다.
(d) 패션은 비서구권 드레스로부터 영감을 받아야 한다.

유형 : 주제문 파악　난이도 : **

Solution

아멜리아 블루머의 급진적인 사고의 구체적 내용이 무엇이었는지를 찾는 문제이다.

Vocabulary

radical 극단적인
ex. The government developed a radical solution to the problem of poverty. 정부는 빈곤의 문제를 해결하기 위해 극단적인 해결책을 개발했다.
awkward 어색한
ex. There was an awkward silence after Joe asked an impolite question. 조가 무례한 질문을 한 후에 어색한 침묵이 있었다.
paired with …와 짝을 이루어
ex. Sarah's dress looked very elegant when paired with her black fur coat. 사라의 드레스는 검은 모피 코트와 짝을 이루어 매우 우아해 보였다.
contemporary 동시대의
ex. Many contemporary writers didn't take him seriously. 많은 동시대의 작가들이 그를 심각하게 받아들이지 않았다.
modesty 겸손함
ex. Jane's sense of modesty prevented her from boasting to her friends about her success. 제인의 겸손함은 그녀가 자신에 성공에 대해 자랑하는 것을 막았다.
momentum 추진력
ex. Their advertising campaign is gaining momentum. 그들의 광고 캠페인이 힘을 얻고 있다.
readily 즉시, 쉽게
ex. James loved the car, and readily agreed to the price. 제임스는 차가 마음에 들었고 가격에 흔쾌히 동의했다.
ridicule 조롱
ex. Anne's old clothes made her an object of ridicule at school. 앤의 낡은 옷은 학교에서 조롱의 대상이 되었다.

Answer

(a) clothing for women should be comfortable

Joseph's 강의노트 

글을 읽고 아멜리아 블루머의 급진적인 사고의 내용이 무엇이었는가를 파악하는 문제입니다. 그녀는 당시 여성들이 주로 입던 길고 층이 진 치마 대신에 중동 지방에서 유행하던 짧은 조끼와 펑퍼짐한 바지를 입었는데 그 바지는 그녀의 이름을 따서 블루머라고 불렸습니다. radical idea의 핵심이 되는 내용은 글 중반에 나온 bloomers were meant to give women more freedom of movement than contemporary fashions without sacrificing modesty이라고 할 수 있습니다. 여기서 contemporary fashions은 the awkward long layered skirts popular at the time을 의미합니다. 그러므로 움직임의 자유를 주는 패션, 즉 옷은 편안해야 한다는 (a)가 아멜리아 블루머의 사고를 요약한다고 할 수 있습니다. (b)는 아멜리아 블루머가 아닌 당시 대부분의 사람들의 사고방식이므로 정답이 될 수 없으며, 블루머 바지가 중동 지역 패션에서 영감을 얻은 것이기는 하지만 아멜리아의 급진적 사고의 핵심은 아니므로 (d)도 정답이 될 수 없습니다.

3 과학자들은 암컷 상어가 수컷이 없이 번식한 두 번째 경우를 발견했다. 버지니아 수족관에서 죽은 어린 상어에 행해진 유전자 검사는 그 상어가 수컷으로부터 받은 유전 물질을 가지고 있지 않다는 것을 밝혀주었다. 이 발견은 과학자들이 다른 종에서 그것이 처음 관찰되었을 때 설명할 수 없는 우연의 일치로 한때 여겨졌던 것이 더 이상 우연한 사고가 아니라고 믿게 만들었다. 현재 무성 생식은 상어의 수가 급격이 감소할 때 상어들의 생존 수단들 중의 하나로 여겨지고 있다.

과학자들이 상어의 출생이 우연의 일치라고 생각하지 않는 이유는?
(a) 상어의 무성 생식은 과거에 기록된 바가 있다.
(b) 상어의 숫자는 위협을 받고 있다.

(c) 상어의 생활 주기에 대해서는 알려진 바가 거의 없다.
(d) 감금 상태의 동물들은 이상하게 행동한다.

유형 : 세부사항 난이도 : **

Solution

상어의 무성생식이 기록된 것은 두 번째라고 밝히고 있다.

Vocabulary

incidence 발생
ex. The incidence of crime in the neighborhood is high. 이 동네에서의 범죄의 발생은 높다.
reproduce 번식하다
ex. Most plants can reproduce asexually. 대부분의 식물들이 무성 생식할 수 있다.
genetic 유전자의
ex. The genetic disorder has been passed on through each generation of the family. 유전자 이상은 가족의 각 세대에 걸쳐 전해져 왔다.
fluke 우연
ex. The fact that the team won today's game was a fluke. 그 팀이 오늘 경기를 이긴 것은 우연이었다.
decline 감소
ex. There was a decline in the population. 인구의 감소가 있었다.

Answer

(a) The shark's asexual reproduction was recorded in the past.

Joseph's 강의노트 

첫 문장에서 수컷 상어 없이도 새끼를 낳는 암컷 상어의 경우가 두 번째로 발견되었다고 소개(Scientists have discovered a second incidence of a female shark reproducing without a male.)한 후 이전에는 설명이 불가능한 어쩌다 발생한 일 (an unexplainable fluke)로 여겨졌던 무성생식이 더 이상 우연한 일이라고 여겨지지 않는다 (no longer be considered an accident)라고 설명하고 있습니다. 현재 과학계에서 이러한 현상은 우연이 아니라 상어의 인구가 급격히 증가할 때 생존을 위해 발생하는 현상으로 인식된다 (Now, asexual reproduction is being looked at as one of the shark's survival mechanisms during a time when the shark population is in sharp decline.)고 설명하고 있습니다. 한 번 어쩌다 발생한 것이라면 우연으로 인한 것이라고 할 수도 있겠지만 두 번째로 관찰이 된 후로 과학자들이 무성 생식으로 인한 상어의 출생을 우연의 일치라고 보지 않게 되었다고 할 수 있습니다.

4 애완동물 주인들은 자신의 털북숭이 친구가 건강하고 안전하기를 보장하고자 합니다. 그러나 종종 애완동물의 의료 비용 지출에 대한 부담은 동물이 어떤 치료를 받을 것인가를 결정하는 것을 어렵게 만들 수 있습니다. 펫케어를 통해서 당신은 애완견이 필요로 하는 의료 혜택을 받는 것이 비용이 많이 들지 않을까 걱정할 필요가 없게 됩니다. 부담이 되지 않는 월 보험료는 당신의 애완동물이 배탈에서부터 피부 질환과 암을 포함하는 수백 가지의 적절한 치료를 평생 받을 수 있게 해 줍니다. 저희는 또한 수술, 테스트 비용과 의약품 비용도 보상합니다. 전국의 수의사들이 고객들에게 저희를 추천하는 것은 놀라운 일이 아닙니다. 오늘 전화를 하셔서 무료로 예상 보험료를 알아보시거나 좀 더 자세한 사항을 위해 저희 웹사이트를 방문해 보십시오.

이 광고에서 판매하고 있는 상품은?
(a) 애완 동물 의료보험
(b) 애완 동물 돌보기 서비스
(c) 저가의 동물 병원
(d) 의료 구조 긴급 전화

유형 : 광고문 난이도 : *

Solution

PetCare는 저렴한 비용으로 많은 의료 혜택을 받을 수 있고 전국의 수의사들이 추천하는 애완 동물 의료보험 상품이다.

Vocabulary

furry 털이 복슬복슬한
ex. The fluffy, furry dog looked cute, but actually liked to bite people. 부드러운 털이 복실한 강아지는 귀여워 보이지만 실제로는 사람들을 물길 좋아한다.
burden 부담
ex. Buying a new car is a major financial burden. 새로운 차를 사는 것은 큰 재정적 부담이다.
eligible 적격의, 자격이 있는
ex. Lucy was eligible to receive the scholarship. 루

시는 장학금을 받을 자격이 있었다.

quote 견적

ex. The builder gave Dan a quote for how much it would cost to fix Dan's house. 건축가는 댄에게 그의 집을 고치는데 얼마나 들 지 견적을 주었다.

Answer

(a) Pet health insurance

Joseph's 강의노트 

무엇을 광고하고 있는지를 묻는 문제입니다. 광고문에서 선전하고 있는 PetCare를 이용하면 애완 동물의 의료 비용이 너무 많이 들지 않을까 걱정할 필요가 없고 (you won't have to worry that getting Fido the medical attention he needs will cost too much) 매달 저렴한 비용으로 각종 건강 문제로 인한 치료 비용을 보상한다 (An affordable monthly fee will cover your pet for life for hundreds of eligible treatments including poisoning, skin ailments, and cancer. We also cover surgery, lab fees, and medication.)고 했으므로 애완 동물 의료보험을 광고하고 있다는 것을 쉽게 알 수 있습니다. Fido는 우리말로 하면 '바둑이'와 같이 개의 전형적인 이름의 하나로 여기서는 애완견을 가리킵니다.

5 새로운 과학적 정의에 의하면 태양계에서 가장 작은 행성은 행성이 아닐 수도 있다. 태양에서 가장 멀리 떨어져 있는 명왕성은 우주의 어떤 물체가 행성이고 어떤 물체는 행성이 아닌가에 대한 천문학계에서 뜨거운 토론의 주제가 되어왔다. 이 토론의 대부분은 과학자들이 우리 태양계에서 전에 없이 더 많은 물체들을 볼 수 있도록 해 준 망원경의 최근 진보로 인한 것이다. 만일 행성의 정의가 크기와 관련이 있는 것이라면 이러한 망원경들은 명왕성보다 훨씬 클 뿐만 아니라 또 하나의 중요한 기준인 더 강력한 중력을 가지고 있는 물체들을 발견했다.

명왕성에 관한 내용으로 올바른 것은?

(a) 태양계에 있는 많은 물체들보다 작다.

(b) 현재는 행성이라기 보다는 별로 여겨지고 있다.

(c) 가장 처음 발견된 행성들 중 하나다.

(d) 중력이 없다.

유형 : 내용 일치 난이도 : **

Solution

망원경의 발달로 인해 명왕성보다 더 크고 강력한 중력을 가진 물체들이 관찰됨에 따라 명왕성을 행성으로 여겨야 하는가에 대한 논쟁이 벌어지고 있다.

Vocabulary

definition 정의, 의미

ex. Check the dictionary for the definition of a difficult word. 어려운 단어의 뜻은 사전을 찾아 봐라.

stem from …에서 나오다

ex. Rick's popularity stemmed from the fact that he was always honest. 릭의 인기는 그가 항상 정직하다는데서 유래했다.

telescope 망원경

ex. The scientist used a huge telescope to observe the stars. 과학자는 거대한 망원경을 이용하여 별들을 관찰했다.

gravitational 중력의

ex. Gravitational force is what pulls skydivers from the sky back down to the ground. 중력이란 스카이다이버들을 하늘에서 땅으로 잡아 당기는 힘이다.

crucial 결정적인

ex. The reporter obtained crucial information for her article. 리포터는 그녀의 기사를 위한 결정적인 정보를 얻었다.

criterion 기준

ex. He did not meet the essential criterion for the job. 그는 직책의 중요한 기준에 달하지 못했다.

Answer

(a) It is smaller than many objects in the solar system.

Joseph's 강의노트 

명왕성은 태양계에서 가장 작은 행성으로 알려져 왔지만 천체 망원경 기술이 발달함에 따라 이전에는 볼 수 없었던 우주의 물체들을 발견하게 되었습니다. 명왕성보다 크기가 클 뿐만 아니라 중력도 센 물체들이 새로이 발견되었기 때문에 명왕성 대신 이것들이 행성으로 명명되어야 하는 것이 아니냐는 논쟁이 있어왔습니다. 실제로 2006년 명왕성은 왜소행성 (dwarf planet)으로 분류되었습니다. 그러므로 명왕성이 태양계에 있는 다른 물체들보다 더 작다라는 (a)가 정답이 됩니다. 현재 명왕성은 star가 아니라 dwarf planet으로 여겨지고 있으며 명왕성이 처음으로 발견된 행성 중의 하나였다는 내용은 없습니다. 명왕성보다 중력이 더 큰 물체들이 태양계에 존재한다고는 언급했지만 명왕성에 중력이 존재하지 않는다는 (d)는 사실이 아닙니다.

6 다가오는 휴일에 쇼핑몰의 붐비는 사람들이 두려우신가요? 매번 똑같은 선물을 하는데 싫증이 나시나요? 걱정하실 필요가 없습니다. 제20회 연간 크리스마스 박람회가 여러분의 휴일이 필요로 하는 모든 것을 만족시키기 위해 여기에 왔습니다. 오셔서 전 세계에서 온 수백 명의 상인들의 판매대를 둘러 보세요. 여러분의 선물 목록에 있는 모든 사람들을 만족시킬 보석, 의류, 수제품 선물들을 좋은 가격에 구입하세요. 또한 생음악과 맛있는 음식들이 있을 예정이므로 온 가족과 함께 즐거운 하루를 보내러 오세요. 크리스마스 박람회는 이번 주 동안만 진행되고 토요일은 오전 8시부터 오후 9시까지, 일요일은 오전 9시에서 오후 7시까지 웨스트사이드 호텔 볼룸 F에서 열립니다. 입장료는 무료이고 주차장은 12번가와 호거 가에 있는 공터에 있습니다. 어서 오셔서 휴가 시즌을 즐기시고 일상의 골치 아픈 문제들을 해소하세요.

광고의 내용과 일치하지 않는 것은?
(a) 연간 크리스마스 박람회는 무료 행사이다.
(b) 크리스마스 박람회의 마지막 날은 일요일이다.
(c) 상인들은 전 세계 음식을 판매할 것이다.
(d) 수제 선물용품들이 할인된 가격에 구매될 수 있다.

유형 : 내용 일치　난이도 : *

Solution

내용과 일치하지 않는 것을 고르는 문제에서는 문장의 일부만이 사실인 경우가 정답이 되는 경우가 많다. 예를 들어, 여기서 handmade gifts가 판매되는 것은 사실이지만 할인된 가격에 판매된다는 것은 사실이 아니다.

Vocabulary

dread 두려워하다
ex. I dread going to school tomorrow. 나는 내일 학교에 가는 것이 두렵다.
browse 둘러보다
ex. I browsed through dozens of dresses before I found the right one. 나는 맘에 드는 것을 고르기 전에 수십 개의 드레스들을 둘러 보았다.
stall 판매대
ex. This stall is selling hot dogs and hamburgers. 이 판매대는 핫도그와 햄버거를 판매한다.
admission 입장료
ex. Admission to the concert was very expensive. 음악회의 입장료는 매우 비쌌다.
ordinary 일상의, 평범한
ex. It was just an ordinary day. Nothing special happened. 그것은 그저 평범한 일상이었다. 어떤 특별한 일도 일어나지 않았다.
hassle 귀찮은 일, 골치 아픈 일
ex. It was such a hassle to get through the huge crowd. 많은 군중 사이를 헤치고 가는 것은 귀찮은 일이었다.

Answer

(d) Handmade gift items can be purchased at discounted prices.

Joseph's 강의노트 

광고의 내용과 일치하지 않는 것을 고르는 문제입니다. 광고는 제20회 크리스마스 박람회에 대한 내용으로 전 세계에서 온 수백 명의 상인들이 다양한 물건들을 판매할 것이므로 가족과 친구들을 위한 크리스마스 쇼핑을 하러 올 것을 선전하고 있습니다. Admission is free라고 했으므로 무료 행사라는 것을 알 수 있고 The Christmas Fair is only open this weekend라고 했으므로 토요일, 일요일 동안만 벌어지는 행사이며 hundreds of vendors from all around the world ... There will also be live entertainment and delicious food라고 했으므로 이국적인 다양한 음식이 판매될 것이라는 것을 알 수 있습니다. 보석, 의류, 수제 선물용품들을 좋은 가격에 구입하라고 광고하고 있지만 할인된 가격에 판매된다는 내용은 언급되지 않았으므로 (d)가 정답이 됩니다.

NOTE

WEEK 6

LISTENING

1. (b)	**2.** (b)	**3.** (c)	**4.** (d)	**5.** (d)
6. (d)	**7.** (a)	**8.** (d)	**9.** (d)	**10.** (d)

GRAMMAR

1. (d)	**2.** (b)	**3.** (d)	**4.** (c)	**5.** (a)
6. (d)	**7.** (c)	**8.** (d)	**9.** (b)	**10.** (a)
11. (c)	**12.** (a)	**13.** (d)	**14.** (c)	**15.** (a)
16. (b)	**17.** (b)	**18.** (d)	**19.** (d)	**20.** (d)
21. (d)	**22.** (c)			

VOCABULARY

1. (c)	**2.** (a)	**3.** (c)	**4.** (b)	**5.** (b)
6. (b)	**7.** (b)	**8.** (c)	**9.** (b)	**10.** (b)
11. (b)	**12.** (b)	**13.** (d)	**14.** (a)	**15.** (d)
16. (b)	**17.** (a)	**18.** (c)	**19.** (b)	**20.** (d)
21. (c)	**22.** (d)	**23.** (a)		

READING

1. (d)	**2.** (b)	**3.** (a)	**4.** (a)	**5.** (d)
6. (c)	**7.** (c)	**8.** (b)	**9.** (d)	

LISTENING

1 M : I think I'd better hit the road before it gets too late.

W : ______________________

(a) I don't think that's the right attitude.
(b) But you just got here.
(c) You should have started without me.
(d) There's one just up the road.

M : 너무 늦기 전에 가 봐야 할 것 같아.

W : ______________________

(a) 그건 올바른 태도가 아니라고 생각해.
(b) 하지만 지금 막 도착했잖아.
(c) 나 없이 시작하지 그랬어.
(d) 조금만 가면 있어.

유형 : 떠날 때 인사말　난이도 : ***

Solution

hit the road는 '출발하다'의 의미로 장소를 떠나서 이만 가봐야 한다고 말할 때 I'd better hit the road라는 표현을 쓴다.

Vocabulary

hit the road (= leave)

ex. Are you ready to hit the road? 출발할 준비됐니?

Answer

(b) But you just got here.

Additional Expressions and Answers

- Don't go. Everyone's just starting to get here. 가지마. 모두들 막 도착하고 있어.
- Me, too. I've got a lot to do in the morning. 나도. 내일 아침에 할 일이 많아.
- Just stay a few more minutes. It won't be fun without you. 몇 분 만 더 있어. 너 없으면 재미없을 거야.

hit을 사용한 숙어들

- hit the roof (= become very angry) 매우 화를 내다
  ex. He's going to hit the roof when he hears about this. 그는 이것에 대해 들으면 매우 화를 낼 것이다.
- hit-and-run (n) 뺑소니
  ex. There was a hit-and-run down on West Coast and Maple Street, so traffic is slowing down over there. 웨스트 코스트가와 메이플 가에서 뺑소니 사고가 있어서 교통이 지체되고 있다.
- hit it off 서로 잘 맞다
  ex. I had a great time with Brett last night. I think we really hit it off. 브레트랑 어젯밤 재미있었어. 우리는 서로 잘 맞는 것 같아.
- hit the sack (= go to bed) 잠자리에 들다
  ex. It's getting late. I'd better hit the sack. 시간이 늦었다. 잠자리에 드는게 좋겠어.
- hit the campaign trail 선거 유세를 하다
  ex. When are you going to hit the campaign trail for class president? 반장 선거를 위한 선거 유세를 언제 시작할거야?

Joseph's 강의노트 

남자는 이제 그만 가봐야겠다고 말합니다. 여자의 답변으로는 '온 지 얼마 안됐는데 벌써 가느냐' 혹은 '나중에 또 와라' 정도를 기대해 볼 수 있습니다. 여기서 hit the road는 '떠나다', '출발하다'의 숙어로 많이 쓰입니다. (c)는 저녁 약속 등에 늦게 도착했을 때 자신이 없이 먼저 시작하지 그랬냐는 뜻입니다. (d)는 남자가 한 말 hit the road의 road를 이용한 함정입니다. 그러므로 여기서는 이제 막 왔는데 벌써 가냐는 의미로 (b)가 정답으로 가장 적절합니다. 초대를 받아 남의 집에 갔다가 집에 가야겠다고 할 때 주인에게 할 수 있는 말은 매우 다양합니다. 일반적으로 It's getting late.라고 운을 떼우는 경우가 많습니다. I hate to eat and run, but I have a big day tomorrow.라고 하면 '밥만 먹고 가는 것 같아 미안하지만 내일 바쁜 일이 있다' 라는 뜻입니다. **또한 I don't want to wear out my welcome.이라는 표현도 자주 사용하는데 이것은 너무 오래 머물러서 주인의 미움을 사고 싶지 않다는 의미입니다.** 이때 주인이 할 수 있는 말로는 Thanks for coming./ Come back when you can stay longer. 등이 있습니다.

2 M : I'm just worried that no one will like me.
W : ______________________

(a) You're right. It can be very difficult sometimes.
(b) Don't be silly. You always make friends easily.
(c) I don't think that's a very good idea after all.
(d) I understand. Why don't you give it another shot?

M : 아무도 나를 좋아하지 않을까봐 걱정이야.
W : ______________________

(a) 네 말이 맞아. 때로는 아주 어려울 수도 있지.
(b) 바보같은 소리. 넌 항상 친구를 잘 사귀잖아.
(c) 그건 별로 좋은 생각이 아닌 것 같아.
(d) 이해해. 다시 한 번 시도해 보지 그래?

유형 : 격려의 말 난이도 : **

Solution

걱정을 하고 있는 남자에게 해 줄 수 있는 말을 찾아야 한다.

Vocabulary

Don't be silly. 어리석은 소리 하지마.
ex. Don't be silly. Why would I be mad at you? 바보 같은 소리. 내가 왜 네게 화를 내겠니?
give it a shot 시도해보다
ex. Why don't you just give it shot and see if you like it? 한 번 시도해 보고 맘에 드는지 보는게 어때?

Answer

(b) Don't be silly. You always make friends easily.

Additional Expressions and Answers

- I don't understand. People love you. 난 이해가 안 돼. 사람들은 널 좋아한다구.
- Everyone's nervous about meeting new people. 누구나 새로운 사람을 만날 때 긴장을 하지.
- Don't be so negative. It'll be fine. 그렇게 부정적으로 생각하지마. 잘 될거야.

Joseph's 강의노트 

남자는 사람들이 자신을 좋아하지 않을까봐 걱정이 된다고 말하고 있습니다. 여자의 답변으로는 '모든 것이 잘 될 테니 걱정하지 말아라' 혹은 '별 걱정을 다한다'는 의미의 말들이 기대됩니다. 걱정을 하거나 슬픔에 빠져있는 사람에게 적절한 격려의 말로는 다음과 같은 것들이 있습니다.

Just relax and you'll do fine. 긴장을 풀면 잘 할 거야.
Chill out. It's nothing to be worried about. 진정해. 걱정할 게 전혀 없어.
Everything is going to be fine. 모든 게 괜찮을 거야.
I understand how you feel. 네 기분이 어떤지 이해해.
You'll get through this. 이걸 잘 이겨낼거야.

3 M : Have you heard? Jason got a scholarship.
W : ______________________

(a) Good for you!
(b) Thanks. I'm glad you noticed.
(c) Sure. I'm very proud of him.
(d) I'll keep my fingers crossed.

WEEK 6

M : 소식 들었니? 제이슨이 장학금을 받았데.
W : ______________________
(a) 너한테 잘 된 일이구나!
(b) 고마워. 네가 알아줘서 기뻐.
(c) 그럼. 그가 아주 자랑스러워.
(d) 행운을 빌게.

유형 : 축하/기원 난이도 : *

Solution

제이슨에게 좋은 일이 생긴 것에 대해 이야기 하고 있으므로 (c)가 정답이다. 남자에게 좋은 일이 생긴 것이 아니므로 (a)는 정답이 될 수 없다.

Vocabulary

scholarship 장학금
ex. She received a full scholarship to the university. 그녀는 대학 전액 장학금을 받았대.

Answer

(c) Sure. I'm very proud of him.

Additional Expressions and Answers

- Good for him. 그를 위해 정말 잘 됐네.
- No, I haven't. But I'm really happy for him. 아니 못 들었어. 하지만 그에게 정말 잘 된 일이네.
- I'm not surprised. He's been working very hard. 놀랄 일도 아니지. 그는 매우 열심히 노력을 해 왔잖아.

Joseph's 강의노트 

두 사람이 알고 있는 제이슨이 장학금을 받게 되었다는 소식에 대한 대화입니다. 축하와 기원을 의미하는 표현을 묻는 문제인데 (a)를 듣고 무조건 답이라고 판단하지 않도록 주의해야합니다. 장학금을 탄 것은 남자가 아니라 제이슨이므로 Good for you가 아니라 Good for him 이라고 해야 합니다. (b)는 칭찬을 받았을 때 자신의 노력을 알아줘서 고맙다는 표현입니다. keep one's fingers crossed는 좋은 일이 있기를 바란다는 표현입니다. 집게 손가락과 가운데 손가락을 교차시키는 손짓은 행운을 바랄 때 혹은 약속을 할 때 손가락을 교차시키고 있으면 그 약속이 거짓이라는 의미이기도 합니다. 영화 등에서 어떤 사람이 말로 약속을 할 때 등 뒤로 손가락을 교차하고 있는 모습을 볼 수 있는 경우가 있는데 이것은 그 사람이 약속을 지키지 않을 것이라는 것을 의미합니다.

새로운 소식을 전하며 대화를 시작할 때
- Guess what?
- Did you hear the news?
- You'll never guess what I heard.
- Guess what I just found out.
- You won't believe this.
- Get this.

4

W : Hello, I have an appointment with Dr. Summers.
M : OK. You must be Kate. I need you to fill out this form on your medical history.
W : All right. Here you go.
M : ______________________
(a) Have you ever had these symptoms before?
(b) I keep sneezing and my nose is runny all day.
(c) Stay warm and drink plenty of water.
(d) Please have a seat and the nurse will call your name soon.

W : 안녕하세요. 섬머스 선생님과 진료 예약을 했는데요.
M : 네. 케이트 맞으시죠? 병력에 대해 이 양식을 작성해 주시겠어요?
W: 알겠어요. 여기 있어요.
M : ______________________
(a) 이런 증세가 이전에도 있었나요?
(b) 계속 재채기가 나고 하루 종일 콧물이 흘러요.
(c) 몸을 따뜻하게 하시고 물을 충분히 마시세요.
(d) 자리에 앉아 계시면 간호사가 곧 이름을 부를거예요.

유형 : 대화 장소/대화자의 관계 파악 난이도 : **

Solution

여자는 병원에 진료를 받으러 왔다. 남자는 접수 창구의 직원으로 남자가 할 말로 가장 적절한 것을 골라야 한다.

Vocabulary

appointment 약속
ex. Hi, I have an appointment with Dr. Rosner at 2 p.m. 2시에 로스너 선생님하고 진료 예약을 했는데요.
fill out 작성하다

ex. Who should I give these forms to after I fill them out? 이 양식을 작성한 후 누구에게 제출하나요?
symptom 증세
ex. What kind of symptoms have you been experiencing? 어떤 종류의 증세를 경험하셨나요?

Answer

(d) Please have a seat and the nurse will call your name soon.

Additional Expressions and Answers

- And I need to get some insurance information from you. 보험에 대해 몇 가지 정보가 필요해요.
- Can I see your insurance card? 보험 카드 좀 볼 수 있을까요?
- Please come this way. 이쪽으로 오세요.

Joseph's 강의노트

여자는 병원에 진찰을 받으러 와서 접수 창구의 남자와 대화를 하고 있는 상황입니다. 일반적으로 접수를 할 때는 보험 관련 내용이나 병력, 복용하고 있는 약에 대한 정보를 제공하고 간호사가 부를 때까지 기다리는 것이 보통입니다. (a)는 의사나 간호사가 환자에게 물을 수 있는 질문이므로 정답이 될 수 없습니다. (b)는 환자가 자신의 증세를 설명하는 것이고 (c)는 의사나 간호사가 환자에게 할 수 있는 말로 적절하지만 여기서는 정답이 될 수 없습니다. 그러므로 앉아서 기다리면 간호사가 곧 부를 것이라는 (d)가 정답이 됩니다.

진료 예약을 할 때

- I'd like to make an appointment. 진료 예약을 하고 싶은데요.
- I'm calling to schedule an appointment. 예약 시간을 정하려고 전화했는데요.
- What's the earliest time you have available? 가능한 가장 빠른 시간을 언제입니까?

Can you possibly make it any sooner? 더 일찍가 능할까요?

5 W : Hey, Milton. Why haven't you ordered breakfast already? We always get the same things here.
M : I know, but when I got here, they told me they were out of bagels and sausage.
W : That's no good. I was looking forward to ordering my usual meal. What should we do?
M : ______________________________

(a) I've never been here before. What do you recommend?
(b) Can I have a bagel with sausage, please?
(c) Would you like to join me for breakfast?
(d) I guess we'll both have to switch things up today.

W : 안녕, 밀튼. 왜 아직 아침 식사를 주문 안했니? 내가 여기 올 때마다 뭘 먹는지 알잖아.
M : 알아. 하지만 내가 왔을 때 베이글이랑 소세지가 다 떨어졌다는 거야.
W : 반갑지 않은 소식이군. 난 내가 항상 먹는 걸 주문하기를 고대했는데 말야. 어떻게 할까?
M : ______________________________

(a) 난 여기 와 본 적이 없어. 뭘 추천할래?
(b) 베이글이랑 소세지 주시겠어요?
(c) 나랑 같이 아침 먹을래?
(d) 오늘은 우리 둘 다 다른 걸로 바꿔야겠다.

유형 : 식당에서/상황 파악하기 난이도 : **

Solution

대화의 내용으로 보아 두 사람은 항상 같은 아침 식사를 주문하는데 오늘을 그들이 원하는 것이 다 떨어졌다는 것을 알 수 있다.

Vocabulary

order 주문하다
ex. Have you decided on what you're going to order yet? 뭘 주문할 지 결정하셨나요?
out of (something) 다 떨어진
ex. I'm sorry, but we can't make cookies anymore. I'm all out of flour. 미안하지만 더 이상 쿠키를 만들 수가 없어. 밀가루가 다 떨어졌어.
look forward to 고대하다
ex. I'm really looking forward to spending some time with you this weekend. 나는 주말에 너와 시간을 보낼 것을 정말 고대하고 있다.

Answer

(d) I guess we'll both have to switch things up today.

Additional Expressions and Answers

- Do you want to try another place? 다른 데 갈래?
- I think I'm just going to have toast and bacon instead. 난 대신 토스트랑 베이컨을 먹어야 겠다.
- I know, but I'm sure we'll find something else. 맞아, 하지만 또 다른 먹을 만한 게 있을 거야.

Joseph's 강의노트

두 사람은 아침 식사를 먹으러 즐겨 가는 장소에 있는 상황입니다. 여자는 그들이 항상 같은 것을 주문하는데 왜 남자가 아직 주문을 하지 않았냐고 묻고 있습니다. 남자의 말로 미루어 볼 때 두 사람은 항상 베이글과 소세지를 주문하는데 오늘은 그것들이 다 떨어졌다는 것을 알 수 있습니다. 여자는 실망을 한 투로 남자에게 어떻게 할까를 묻습니다. 대답으로는 다른 것을 먹겠다고 하거나 다른 장소로 가자고 하거나 하는 답변을 예상할 수 있습니다. 대화의 내용으로 볼 때 남자는 이전에 이 곳에 와 본적이 있기 때문에 (a)는 정답이 될 수 없습니다. (b)는 두 사람 다 식당의 손님이고 베이글과 소세지가 다 떨어졌다고 한 상황에서 그것을 주문하고 있으므로 오답입니다. (c) 또한 이미 두 사람이 아침을 먹으러 함께 온 상황이므로 정답이 아닙니다. (d)는 정확히 대신 무엇을 먹겠다고 말하진 않았지만 오늘은 다른 걸로 바꾸어야겠다고 했으므로 정답으로 가장 적절합니다.

6

M : All right. Your total is $125.

W : I thought there was a special on these items. I have a coupon here that says if I buy one, I get the second one free.

M : I'm sorry, but that promotion was over two days ago.

W : ______________________

(a) I got this coupon from the Tuesday's newspaper.

(b) I've looked everywhere, but I can't find any.

(c) Yes, you can save by buying in bulk.

(d) So you're saying I'll have to pay full price for both of these?

M : 네, 다해서 125달러 되겠습니다.

W : 이 물건은 할인 판매 중인 걸로 알았는데요. 하나를 사면 또 하나는 공짜라는 쿠폰이 여기 있어요.

M : 죄송합니다만 그 판촉 행사는 이틀전에 끝났어요.

W : ______________________

(a) 이 쿠폰은 화요일 신문에서 구했어요.

(b) 다 찾아 봤는데 아무 것도 찾을 수가 없었어요.

(c) 맞아요. 대량으로 구매하면 절약을 할 수 있죠.

(d) 그러면 둘 다 제 가격을 지불해야 한단 말인가요?

유형 : 상점에서/ 계산에 관련된 대화　난이도 : **

Solution

여자는 하나 가격에 두 개를 살 수 있는 판촉 행사가 이틀전에 끝난 것을 모르고 있었다.

Vocabulary

coupon 쿠폰, 할인권

ex. Let's go to the Chinese restaurant down the street. I have a coupon to save 15 percent on our meal. 저 아래 있는 중국 식당에 가자. 15%를 절약할 수 있는 할인권이 있어.

promotion 판촉 행사

ex. The store was having a promotion on its new line of electronics for the holiday. 상점은 휴일을 맞아 새로운 전자제품에 대한 판촉 행사를 하고 있었다.

Answer

(d) So you're saying I'll have to pay full price for both of these?

Additional Expressions and Answers

- Well, in that case, I'll just get one. 그렇다면 그냥 하나만 살게요.
- When is your next sale? 다음 세일은 언제인가요?
- Oh, I didn't know that. I guess I really don't need two of these. 몰랐어요. 그러면 이게 두 개나 필요하지 않아요.

Joseph's 강의노트 

남자는 상점에서 일하는 사람이고 여자는 손님입니다. 여자는 물건 값을 계산하고 있는 상황인데 두 개를 한 개 가격에 살 수 있는 쿠폰을 가지고 있지만 그 판촉 행사가 이틀 전에 이미 끝났다는 것을 모르고 있었습니다. 답변으로는 그냥 하나만 사겠다고 하거나 다음 행사는 언제인지 묻거나 (d)에서처럼 되물음으로써 확인을 하는 경우들이 있을 수 있습니다. (a)는 쿠폰이 어디서 났는지에 관한 답변으로 적절하고 (b)는 물건을 찾고 있는 상황의 표현이므로 정답이 될 수 없습니다. 대량 구입하면 절약을 할 수 있다는 (c)도 이 상황에서는 적절하지 않습니다. 실제로 질문에 대한 대답을 하는 상황이 아니기 때문에 전체적인 상황을 파악하여야만 정답을 찾을 수 있는 문제입니다. Buy one and get one free는 식료품 점이나 백화점 등에서 많이 사용하는 판촉 기법입니다. 말 그대로 하나를 사면 또 다른 하나는 공짜로 얻을 수 있습니다. 또한 쿠폰 사용도 매우 활발합니다. 일부 상점에서는 타 경쟁업체등이 발행한 쿠폰을 받는 경우도 있습니다.

7 M : What a horrible play. I can't believe these actors are getting paid for this.

W : It's not that bad. It's actually kind of funny, isn't it? The lead character had a few memorable lines.

M : If you say so. Maybe everyone could have used a few more rehearsals before opening night.

W : Well, you know what they say. They first night is always the worst.

M : I hope they're right because this is an absolute mess.

W : Not so loud! I'm sure everyone in the theater heard you.

M : I bet they're bored to death. How long is this play?

W : You're impossible. I'm never going to invite you to any cultural events again.

Q. What is true of the play?

(a) It's opening night.
(b) The woman has seen it before.
(c) The man thinks it is interesting.
(d) It has a cast of amateurs.

M : 끔찍한 연극이야. 이 배우들이 이런 연기를 하고도 돈을 받는다니 믿을 수가 없어.

W : 그렇게 나쁘진 않아. 재밌지 않아? 주인공이 한 대사들 중에 기억에 남는 것들이 있는 걸.

M : 그렇다고 치더라도, 전야제 연습을 좀더 했었어야 했어.

W : 그런 말이 있잖아. 개막 공연이 항상 최악이라고.

M : 그 말이 맞기를 바래. 이건 완전 엉망이잖아.

W : 목소리 좀 낮춰! 극장에 있는 사람들이 네 말을 다 듣겠다.

M : 다들 지겨워서 죽을 지경일 걸. 이 연극 언제 끝나?

W : 넌 정말 못 말려. 내가 다시 공연에 널 초대하나 봐라.

연극에 대한 내용으로 알맞은 것은?

(a) 첫 공연 날이다.
(b) 여자는 전에 본 적이 있다.
(c) 남자는 연극이 재미있다고 생각한다.
(d) 아마추어 배우들의 공연이다.

유형 : 내용 일치　난이도 : *

Solution

남자는 What a horrible play라고 했으므로 연극이 형편없다고 생각한다.

Vocabulary

memorable 기억에 남을 만한
ex. Their trip to Ghana was a memorable one. 가나로의 그들의 여행은 기억에 남을 만한 것이었다.
rehearsal 리허설, 연습
ex. It's important that everyone shows up for rehearsal tonight. 모든 사람들이 오늘 밤 리허설에 오는 것이 중요하다.
absolute 절대적인
ex. Her book was immediately an absolute success, becoming a top-seller of the year within the first week. 그녀의 책은 즉각적으로 절대적인 성공이었는데 첫 주에 그 해의 최고 판매 도서가 됐다.

Answer

(a) It's opening night.

Joseph's 강의노트 

남자와 여자는 연극을 관람하고 있습니다. 남자는 연극이 매우 형편 없다고 생각하는 반면에 여자는 첫 날 공연은 그런 법(you know what they say. The first night is always the worst.)이라고 말은 합니다. 그러므로 이 공연이 개막 공연이라는 것을 알 수 있습니다. 배우들의 연기에 불평을 하면서 I can't believe these actors are getting paid for this.라고 한 것으로 보아 아마추어 연기자들이 아니라는 것을 의미합니다. 여자가 남자에게 다른 관객들이 듣겠다고 목소리를 낮추라고 했으므로 두 사람이 아직도 연극을 관람하고 있는 상황이라는 것을 알 수 있습니다.

8

W : Hi, there. What can I do for you today?

M : I have terrible allergies. Which one of these medications do you recommend?

W : That depends on what kind of symptoms you're experiencing.

M : Well, I can't stop sneezing, my eyes have been watering all day, and my throat itches.

W : It definitely sounds like you have classic seasonal allergies. Try this.

M : This will make all of those symptoms go away?

W : It should, although it might make you a little drowsy.

Q. Where is the conversation taking place?

(a) At a hotel
(b) At a school
(c) At a hospital
(d) At a drugstore

W : 안녕하세요. 어떻게 도와드릴까요?

M : 심한 알레르기가 있어요. 이 약들 중에서 어떤 걸 추천하시나요?

W : 어떤 종류의 증세가 있느냐에 따라 달라요.

M : 재채기를 멈출 수가 없고 하루 종일 눈물이 나고 목이 간지러워요.

W : 전형적인 계절 알레르기처럼 들리는군요. 이걸 한 번 드셔보세요.

M : 이게 모든 증상들이 없어지도록 해 줄까요?

W : 그럴 거예요, 하지만 졸음이 오게 만들 수도 있어요.

대화가 이루어지고 있는 곳은?

(a) 호텔
(b) 학교
(c) 병원
(d) 약국

유형 : 대화 장소 난이도 : *

Solution

남자는 자신의 알레르기 증상에 알맞은 약을 찾고 있으므로 약국에서 벌어지는 대화라는 것을 알 수 있다.

Vocabulary

allergy 알레르기
ex. I get allergies every spring. 나는 매년 봄이면 알레르기를 겪는다.

medication 약
ex. Do you have any medication I could take that doesn't cause drowsiness? 졸음을 일으키지 않는 약이 있을까요?

recommend 추천하다
ex. I recommend getting the strawberry ice cream and mixing in fresh fruit or chocolate chips. 나는 딸기 아이스크림을 신선한 과일이나 초코칩과 섞을 것을 추천한다.

sneeze 재채기를 하다
ex. I'm sorry. I didn't mean to sneeze all over you. 미안해. 너한테 재채기를 할 생각은 없었어.

itch 간지럽다
ex. This bug bite is really itching a lot. 이 벌레 물린 자국은 많이 가렵다.

seasonal 계절의
ex. There are seasonal sales going on at the mall right now. 지금 쇼핑몰에서는 계절 할인 판매가 벌어지고 있다.

drowsy 졸린
ex. Look, Annie fell asleep on the couch. I think that medicine made her drowsy. 저거 봐. 애니가 소파에서 잠 들었어. 약이 졸음을 오게 하나봐.

Answer

(d) At a drugstore

Joseph's 강의노트 

대화가 이루어지는 장소와 두 사람의 관계를 파악하는 문제입니다. 남자가 자신의 알레르기에 좋은 약을 추천해달라고 하는 것으로 보아 여자의 직업은 약사라는 것을 알 수 있습니다. 각종 증세를 설명하고 있기 때문에 병원에서 의사와 환자간에 벌어지는 대화라고 착각할 수도 있지만 단순히 약을 추천해주고 있으므로 여자는 의사가 아니라 약사입니다.

약국에서 사용할 수 있는 표현들

- I need to get this prescription filled. 이 처방전대로 약을 지어 주세요.
- Do you have something for a headache? 두통에 좋은 약이 있나요?
- I need some over-the-counter medicine for a cold. 처방전 없이 살 수 있는 감기약이 필요해요.
- If your symptoms persist, you should go see a doctor. 증상이 계속되면 병원에 가셔야 합니다.
- I'm sorry, but I can't give you that without a prescription. 죄송합니다만 처방전 없이는 그 약을 드릴 수 없어요.

9 Standing in front of the ancient hotel tired and hungry, I felt my heart sink, and I could tell my travel companion wasn't very thrilled, either. Everything looked old, like it hadn't seen a paintbrush in years. And for just a moment, I even entertained the notion that the place might be haunted, given the exterior's general state of decay. Still, we looked at each other, shrugged our shoulders and stepped through the doors. The woman at the front desk was very pleasant, though, which lightened our mood a little. Nevertheless, we braced ourselves for an uncomfortable stay. When we finally got to our room, however, I almost gasped. Just outside of the window was a gorgeous view of the mountains and the river below, so close you could hear the rush of the water and almost feel its cool spray on your face.

Q. Why was the speaker disappointed by the hotel at first?

(a) It didn't have any modern conveniences.
(b) It lacked the view that she wanted.
(c) It was more expensive than expected.
(d) It looked ugly from the outside.

피곤하고 배고픈 상태로 오래된 호텔 앞에 도착했을 때 내 심장은 내려 앉았고 나랑 같이 여행을 하던 친구도 별로 기쁜 심정이 아니라는 것을 알 수 있었다. 모든 것이 페인트칠을 한 지가 몇 년은 된 것처럼 낡아 보였다. 잠시 동안이긴 했지만 건물 외부의 전반적인 부식상태로 볼 때 나는 그곳이 귀신들린 곳일지도 모른다는 생각이 들었다. 하지만 우리는 서로를 쳐다보고 어깨를 으쓱한 후 문으로 들어 갔다. 프론트 데스크에 있는 여자는 매우 친절했는데 그것은 우리의 기분을 약간 나아지게 했다. 어쨌든 우리는 용기를 내서 이 불편한 곳에 머물기로 했다. 하지만 우리가 방에 도착했을 때 나는 하마터면 숨이 멎을 뻔했다. 창 밖으로는 산의 아름다운 풍경이 펼쳐져 있었고 창 아래로 흐르는 강은 너무나 가까워서 물이 흐르는 소리를 들을 수 있는데다 차가운 물이 얼굴에 튀는 것을 느낄 수 있을 정도였다.

화자는 왜 처음에 호텔에 실망을 했는가?
(a) 현대적 시설이 없어서
(b) 원하던 전망이 없어서
(c) 생각했던 것보다 비싸서
(d) 겉모습이 보기에 흉해서

유형 : 세부 사항 난이도 : **

Solution

처음에 실망을 한 이유는 건물 외부 상태가 너무 낡아 보였기 때문이다.

Vocabulary

companion 친구, 동반자
ex. Dogs can make a good companion to someone who is feeling lonely. 개들은 외로움을 느끼는 사람에게 좋은 동반자가 될 수 있다.
thrilled 기쁜
ex. He was thrilled when he received the job offer. 그는 직장 제안을 받았을 때 기뻐했다.
notion 개념, 생각
ex. Daniel got the notion that Amy wasn't interested in him. 데니얼은 에이미가 그에게 관심이 없다는 생각을 갖게 됐다.
haunted 유령이 나오는

ex. Frances believed the house was haunted when she saw a cup float by her. 프랜시스는 컵이 둥둥 떠 지나가는 것을 보았을 때 그 집에 유령이 있다고 믿었다.
decay 부식, 부패
ex. Tooth decay can be a result of not taking care of your gums. 충치는 잇몸을 돌보지 않은 것의 결과일 수도 있다.
shrug (어깨를) 으쓱하다
ex. He didn't say anything when she asked how he was feeling. He just shrugged. 그는 그녀가 기분이 어떠냐고 물었을 때 아무 말도 하지 않았다. 그는 그저 어깨를 으쓱했다.
brace oneself 마음의 준비를 하다
ex. Brace yourself for the bad news. 나쁜 소식에 대비해서 마음의 준비를 해라.
gasp 숨이 막힐 정도로 놀라다, 숨을 헐떡 거리다
ex. She gasped for air when she emerged from beneath the water. 그녀는 물 위로 올라왔을 때 숨을 헐떡 거렸다.

Answer

(d) It looked ugly from the outside.

Joseph's 강의노트

글의 전체적인 내용은 여행 중 도착한 호텔의 겉모습이 너무 낡아 보여서 실망을 했었지만 막상 방에 들어 가서 전망을 보고 나서 놀라게 된 내용입니다. 글에서 직접적으로 I was disappointed라고 말하고 있지는 않지만 실망감을 나타내는 표현들을 발견할 수 있습니다. 예를 들어, my heart sank… we braced ourselves 등에서 화자의 심정을 파악할 수 있어야 합니다. 또한 I almost gasped는 아주 놀란 것을 나타내는 표현입니다. 그러므로 화자가 처음에 호텔에 실망한 이유는 겉모습이 마치 유령이라도 나올 듯 낡아 보였기 때문입니다.

10 Many people think that eating nutritious, fresh organic fruits and vegetables is a luxury that they can't afford. But this is not the case at all. While it is true that organic produce often costs an arm and a leg in many upscale grocery stores, farmers' markets are also a great place to buy good food. These markets are springing up in communities nationwide and the produce for sale there is locally grown and competitively priced. Since they usually take place in parks and other public places, they can be a great place to connect with your neighbors.

Q. Which of the following best summarizes what the speaker is talking about?

(a) Locally grown food is cheaper than imported food.
(b) Public spaces for gathering are slowly disappearing.
(c) Neighborhoods aren't as friendly as they used to be.
(d) Farmers' markets offer organic produce at cheaper prices.

많은 사람들이 영양가 있고 신선한 유기농 과일과 야채를 먹는 것이 자신들은 누릴 수 없는 사치라고 생각한다. 하지만 이것은 전혀 사실이 아니다. 유기농 농산물이 종종 많은 고급 식료품점에서 가격이 비싼 것은 사실이지만 농산물 직거래 시장 또한 좋은 음식을 사기에 좋은 장소이다. 이러한 시장들은 전국적으로 여기 저기에서 생겨나고 있는데 거기서 판매되고 있는 농산물들은 그 지역에서 재배된 것이고 가격 경쟁력도 있다. 이러한 시장들은 주로 공원이나 다른 공공 장소에서 열리는 경우가 대부분이기 때문에 이웃들과 어울릴 수 있는 좋은 장소가 될 수도 있다.

화자가 말하고 있는 바를 가장 잘 요약하고 있는 것은?
(a) 지역에서 재배된 식품이 수입 식품보다 더 저렴하다.
(b) 모임을 위한 공공 장소들이 서서히 사라지고 있다.
(c) 동네 사람들이 이전처럼 친절하지 않다.
(d) 농산물 직거래 시장은 유기농 농산물을 좀 더 저렴한 가격에 제공한다.

유형 : 요약 난이도 : **

Solution

화자는 유기농 농산물이라고 해서 꼭 비싼 것은 아니라고 하면서 농산물 직판장의 예를 들고 있다.

Vocabulary

nutritious 영양가 많은
ex. Carrots are a delicious yet nutrious snack that is easy to pack in a school lunch. 당근은 맛있고 영

양가 있는 간식으로 도시락으로 싸기에 쉽다.
luxury 사치
ex. While it was once considered a luxury to own a cell phone, they have become commonplace in today's world. 휴대폰을 가지는 것은 한때 사치로 여겨졌지만 오늘날에는 흔한 것이 되었다.
afford …할 형편이 되다
ex. I'm sorry, but I can't really afford to go out to dinner for a while. 미안하지만 한동안은 외식을 할 형편이 못 돼.
cost an arm and a leg 값이 비싸다
ex. This laptop cost me an arm and a leg, but it was definitely worth it. 이 노트북은 매우 비쌌지만 확실히 가치가 있었다.
upscale 고급의
ex. Though the family once lived in a tiny apartment, they now live in an upscale neighborhood. 가족들은 한 때 작은 아파트에 살았지만 그들은 지금 고급 동네에 산다.
spring up 줄지어 생겨나다
ex. Local cafes are springing up all over town. 지역 카페들이 마을 여기저기에 생겨나고 있다.
nationwide 전국적으로
ex. There was a nationwide scare when food prices dramatically increased. 음식 값이 갑자기 올랐을 때 전국적으로 불안감이 있었다.
locally grown 지역에서 재배된
ex. All of the store's produce is locally grown and free of pesticides. 그 상점의 모든 농산물들은 지역에서 재배된 것이고 살충제가 사용되지 않았다.

Answer

(d) Farmers' markets offer organic produce at cheaper prices.

Joseph's 강의노트 

글의 내용을 듣고 전체적인 의미를 파악하는 것과 더불어 글의 요점을 요약하고 있는 문장을 찾을 수 있어야 합니다. 일반적으로 유기농 농산물이 비싸다고 생각하지만 농산물 직거래 시장은 재배자들이 직접 자신들이 기른 농산물을 판매하기 때문에 믿을 수 있고 가격도 저렴하다는 것이 글의 요점이라고 할 수 있습니다. 이러한 직거래 시장의 농산물들이 고급 유기농 식료품점보다 가격이 저렴하다고는 하지만 수입 식품에 비해 가격이 싸다고는 하지 않았으므로 (a)는 정답이 될 수 없습니다. 농산물 직거래 시장이 주로 공공 장소에서 벌어지기 때문에 이웃들과 어울릴 수 있는 좋은 장소가 된다고 했지만 모임을 위한 공공 장소가 점점 사라진다거나 이웃들이 예전과 같지 않다는 (b)와 (c)의 내용은 사실이 아닙니다. 그러므로 농산물 직거래 시장이 유기농 농산물을 좀 더 저렴한 가격에 제공한다는 (d)가 정답으로 가장 적절합니다.

WEEK 6

GRAMMAR

1 A : 이 파티는 모든 사람들이 재미있을 거라고 말한 것만큼 전혀 신나지 않아.
B : 원래 계획한대로 집에서 그냥 영화나 봤어야했는데.

유형 : 조동사 + have + p.p. 난이도 : **

Solution

과거에 하지 않은 일에 대한 후회를 나타내고 있으므로 should have p.p.를 사용한다.

Vocabulary

claim 주장하다
ex. The man claimed that he didn't steal the car. 남자는 자신이 차를 훔치지 않았다고 주장했다.
originally 원래
ex. Originally, I was going to get the blue sweater, but I changed my mind. 원래 나는 파란색 스웨터를 사려고 했지만 마음을 바꿨다.

Answer

(d) should have stayed

Joseph's 강의노트 

'파티가 기대한 것만큼 재미가 없어서 원래 계획한대로 집에서 영화나 봤어야 했는데'라고 하지 않은 일에 대해 후회를 나타내고 있으므로 should have p.p.의 형태가 정답으로 가장 적절합니다.

- must have p.p. (과거에 대한 확신 : …했음에 틀림없다)
- should have p.p. (과거에 대한 후회, 유감 : …을 했어야했다)
- may/might have p.p. (과거에 대한 추측 : …했을 것이다.)
- need not have p.p. (과거에 대한 유감 : …할 필요가 없었다)
- cannot have p.p. (과거에 대한 확신 : …했을 리가 없다)

2 A : 네가 어제 방문했을 때 펠리샤가 어땠니?
B : 그녀는 모든 게 괜찮은 척 하려고 노력했지만 울고 있었다는 걸 알 수 있었어.

유형 : 시제 난이도 : **

Solution

과거완료진행형은 had been ~ing의 형태이다.

Vocabulary

visit 방문하다
ex. I'm going to visit my grandparents this weekend. 나는 이번 주말에 조부모님을 방문할 것이다.
pretend …인체 하다
ex. The little girl likes to pretend she is a princess. 소녀는 자신이 공주인 체하기를 좋아한다.

Answer

(b) had been crying

Joseph's 강의노트 

빈 칸에 알맞은 시제를 고르는 문제입니다. 시제 문제에서는 문장의 의미를 제대로 해석하는 것이 가장 큰 관건이라고 할 수 있습니다. 펠리샤를 방문한 것은 어제였고 그녀가 괜찮다고 말을 한 것도 과거의 시점이며 B가 도착하기 전인 어느 시점부터 그 때까지 계속 울고 있었다는 것을 알 수 있었다고 했으므로 빈 칸에는 과거 완료 진행형이 가장 적절합니다. 과거에 시작되어 과거의 어느 시점까지 계속되는 일을 나타낼 때는 과거완료와 과거완료 진행형을 둘 다 쓸 수 있지만 행동이 계속됨을 강조할 때는 과거완료 진행형을 더 많이 씁니다.

3 A : 오늘 저녁에 칼튼이 연설을 하는 동안 네가 눈을 굴리는 것을 봤어.
B : 그러지 않을 수가 없었어. 나는 그가 짜증나고 거만하다고 생각해.

유형 : 5형식 문장 난이도 : ***

Solution

find + 목적어 + 목적격 보어에서 목적격 보어는 현재분사나 과거분사의 형태를 사용한다.

Vocabulary

roll one's eyes (주로 짜증의 표현으로) 눈을 굴리다
ex. When the old man started telling the same story again, his son rolled his eyes. 노인이 똑같은 이야기를 또 되풀이하자 그의 아들은 짜증이 나 눈을 굴렸다.
speech 연설
ex. I'm giving a speech tomorrow night. 나는 내일 밤에 연설을 할 것이다.
irritating 짜증나는
ex. He likes to tell other people what to do. It's often very irritating. 그는 다른 사람들에게 이래라 저래라 하기를 좋아한다. 그것은 종종 매우 짜증난다.
arrogant 거만한
ex. Tom has always been very mean and arrogant. 탐은 항상 매우 심술궂고 거만했다.

Answer

(d) irritating

Joseph's 강의노트

5형식 동사는 불완전타동사라고도 하는데 목적어와 목적격보어를 취하며 목적격보어의 형태를 묻는 문제가 자주 출제됩니다. 일반적인 5형식 동사의 구조는 〈주어 + 동사 + 목적어 + 형용사/명사〉입니다. 하지만 동사에 따라 to 부정사를 목적격보어로 취하는 동사들(enable, force, encourage, permit, advise, allow, expect 등)이 있습니다. 또한 keep이나 find는 목적어와 목적격보어의 관계가 능동이면 현재분사, 수동이면 과거분사 형태를 씁니다. 여기서 irritate한 주체는 him이므로 빈 칸에는 현재분사형이 가장 적절합니다. 반대로 목적어와 목적격보어의 관계가 수동인 예로는 Please keep me informed about the new books.를 들 수 있습니다. 이 밖에도 regard, think of, refer to 등은 〈주어 + 동사 + 목적어 + as + 형용사/ 명사〉의 형태로 사용한다는 것도 알아두세요.

4 A : 왜 네 차를 운전하지 않고 버스를 타고 출근을 했니?
B : 차를 정비한게 몇 달 됐기 때문에 모든게 괜찮은지 확인하기 위해서 정비소에 맡겼어.

유형 : 과거분사 난이도 : **

Solution

빈 칸에 알맞은 동사의 형태와 순서를 묻는 문제이다. have의 목적어 it은 자동차를 가리키므로 목적격 보어와의 관계는 수동이므로 과거분사를 쓴다.

Vocabulary

instead of …하는 대신에
ex. Instead of our usual trip to the beach, we decided to go to Italy this summer. 항상 그렇듯이 바닷가로 가는 대신에 우리는 이번 여름에 이태리에 가기로 결정했다.
mechanic 정비사
ex. The mechanic told me that my car was going to need a lot of repairs. 정비사는 내 차가 많은 수리가 필요할 것이라고 말했다.

Answer

(c) had it checked

Joseph's 강의노트

빈칸에 적절한 동사의 형태와 어순을 묻는 문제입니다. 사역동사 make, have, let 등은 목적어 다음에 목적격 보어로 원형부정사를 씁니다. have 는 목적어가 사람일 경우에는 have + 사람 + 원형 부정사의 형태로 '…이 …하도록 시키다'의 의미입니다. 예를 들어, I had my secretary type the letter.라고 할 때 '나는 내 비서에게 편지를 타이프치도록 시켰다'라는 의미가 됩니다. type을 하는 주체는 my secretary이고 type과 my secretary의 관계는 능동입니다. 하지만 문제의 경우와 같이 목적어가 사람이 아닌 사물일 때는 목적격 보어로 원형부정사가 아닌 수동의 의미를 가진 과거분사를 씁니다. 다른 사람이 자동차를 정비하는 것이므로 목적어 (it=car)와 목적격 보어 (checked)의 관계는 수동의 관계입니다.

5 A : 이 쿠키 맛있네요. 제가 하나 더 먹어도 될까요?
B : 미안하지만 내가 마지막 남은 걸 먹었어요.

유형 : 부정대명사 난이도 : **

Solution

'하나 더' 의 의미를 나타내는 부정 대명사는 another이다.

Vocabulary

delicious 맛있는
ex. The dinner of steak and mashed potatoes was delicious. 스테이크와 으깬 감자 저녁식사는 맛있었다.
help (oneself) to something …을 마음껏 먹다
ex. Please help yourself to another piece of cake. 케이크 한 조각 더 드세요.

Answer

(a) another

Joseph's 강의노트

빈 칸에 알맞은 부정대명사를 고르는 문제입니다. another는 '다른 것' 혹은 '하나 더'의 추가의 의미로 쓰입니다. 여기서는 과자를 하나 먹었지만 (먹고 나서) 맛있다고 하나 더 먹을 수 있는지를 묻고 있는 것이므로 another가 정답으로 가장 적절합니다. **another 앞에는 관사나 소유격, this, that을 쓸 수 없다는 것도 함께 알아 두세요.** 부정대명사 one은 주로 명사를 대신하여 사용되거나 일반적인 사람을 가리킬 때 사용됩니다.

부정 대명사 (one, another, the other, the others, some, others)

- 전체가 둘일 때 : one, the other
- 전체가 셋일 때 : one, another, the other
- 전체가 넷 이상이고 종류가 셋일 때 : one, another, the others
- 전체가 셋 이상이고 종류가 둘일 때 : one, the others
- 전체는 다수이고 종류가 둘일 때 : some, others (나머지 중 일부) 혹은 some, the others (나머지 전부)

부정대명사 another

- one, another, the other (하나는, 또 하나는, 나머지 하나는…: 전체가 셋일 때)
- A is one thing, and B is another. (A와 B는 별개다)
- One another (서로–셋 이상일 때)

6 A : 멋진 밤이었어요. 우리가 모두 모일 수 있어서 기뻐요.
B : 맞아요. 나는 모두의 사진을 찍으려고 카메라를 들고 돌아다니느라 바빴어요.

유형 : 전치사 난이도 : *

Solution

빈 칸에 알맞은 전치사를 고르는 문제이다. 모든 사람의 사진이라는 의미의 소유를 나타내는 of의 용법이다.

Vocabulary

wonderful 훌륭한
ex. My vacation was wonderful. I had a lot of fun. 내 휴가는 훌륭했다. 재미있었다.
glad 기쁜
ex. I'm glad you could come to my party. 나는 네가 파티에 올 수 있어서 기뻐.
run around 바쁘게 돌아다니다
ex. She's been running around all day. 그녀는 하루 종일 바쁘게 돌아 다녔다.

Answer

(d) of

Joseph's 강의노트

전치사 of의 다양한 의미에 대한 문제입니다. 전치사 of는 크게 네 가지의 흔한 용법으로 쓰입니다. 첫번째는 소유의 의미로 '…의'로 쓰이는 경우입니다. 이것은 문제에 주어진 문장의 용법입니다. 여기서는 '모든 사람의 사진'이라는 뜻입니다. 또한 '…로 인한'이라는 원인을 나타내는 용법으로 쓰입니다. 가장 흔한 예는 She died of cancer.와 같은 쓰임입니다. 또한 재료를 나타내는 The table is made of wood.와 같이 '…으로 만든'의 뜻입니다. 또한 분리, 박탈, 제거의 의미로 deprive A of B, rob A of B 등과 같이 쓰이는 경우입니다.

7 A : 죠셉이 해병대에 입대했다는 소문이 있더라.
B : 알아. 그는 3주전에 푸에르토리코에 배치 받았어.

Solution

대화내용의 시제에 적절한 동사의 형태를 묻는 문제입니다. station은 동사로 쓰일 경우 '~을 ~에 배치하다'라는 뜻인데 Joseph을 의미하는 he가 주어로 와서 '~에 배치받다'라는 뜻이 되기 위해서는 수동태가 되어야 합니다. 또한 부사 ago는 항상 과거시제와 호응되므로 정답은 (a)의 was stationed입니다.

Vocabulary

rumor 소문, 풍문

station 부서에 앉히다, 배치하다, 주재시키다

Answer

(c) was stationed

Joseph's 강의노트 

수동태 문제에서는 항상 두가지를 명심하세요. 1) 자동사는 수동태가 될 수 없다. 2) 타동사 뒤에 목적어 없으면 수동태로 표현한다. 본 문제의 빈칸 뒤에 있는 in Pueto Rico는 수식어이지 목적어가 아니므로 정답이 자동적으로 수동태가 되야겠네요.

8 A : 룰렛 게임이야. 어떤 번호로 할지 결정해서 칩을 그 번호에 올려놓기만 하면 돼.

B : 알았어, 그럼 숫자 7에다 돈을 걸고 싶으면 거기다 올려놓으면 된다는 말이지?

유형 : 목적보어의 형태   난이도 :

Solution

간접의문문의 어순을 묻는 문제이다. 빈칸은 동사 decide의 목적어 자리이므로 명사절의 어순인 [의문사+주어+동사] 의 어순이 되어야한다.

Vocabulary

roulette 룰렛, 회전하는 원반 위에 공을 굴리는 노름

chips 칩, 모조 화폐

Answer

(d) which number you should

Joseph's 강의노트 

TEPS 시험은 회화문법을 주로 다루다보니 자주 출제되는 것 중 하나가 간접의문문입니다. 간접의문문에서 가장 중요한 것은 바로 어순인데요, **항상 의문사 + 주어 + 동사로 이어진다는 점 명심하세요.**

9 A : 오랜만이야, 질. 어떻게 지냈니?

B : 잘 지냈어. 대학 졸업 이후로 은행에서 근무하고 있어.

Solution

시간 접속사 since가 이끄는 부사절은 주절의 동사 시제가 현재나 현재완료일 경우 단순과거시제를 써야한다.

Vocabulary

graduate 졸업하다

Answer

(b) graduated

Joseph's 강의노트 

완료시제는 접속사로 연결된 두 문장이 하나로 합쳐질 때 주로 출제되는데요, 앞뒤의 시제를 잘 비교하셔야 합니다. 현재완료(have + [has] + p.p)는 [과거~현재]의 완료, 경험, 계속, 결과를 나타내는데, have p.p (have p.p~ing) + since + 단순과거라고 외우시면 됩니다.

10 쇼씨는 대학의 어느 다른 교수들보다 더 훌륭하다.

유형 : 최상급의 의미를 나타내는 비교급   난이도 : **

Solution

원급이나 비교급을 이용해서 최상급을 표현할 수 있다.

Vocabulary

distinguished 저명한

ex. The distinguished author has won many awards for his writing. 저명한 작가는 그의 글로 많은 상을 받았다.

professor 교수

ex. The professor wants the research paper by Friday. 교수는 금요일까지 연구보고서를 원한다.

Answer

(a) any other professor at the university

Joseph's 강의노트 

최상급은 '가장 …하다'의 의미를 갖고 일반적으로 정관사 the를 붙입니다. 하지만 원급이나 비교급을 이용하여 최상급을 표현할 수 있습니다.

- **no 단수명사 as 원급 as : 누구도 …만큼 ~하지 않은**
  No professor at the university is as distinguished as Mr. Shaw.
- no 단수명사 비교급 than : 누구도 …보다 ~하지 않은
  No professor at the university is more distinguished than Mr. Shaw.
- 비교급 + than any other 단수명사 : 다른 어떤 …보다 ~한
  Mr. Shaw is more distinguished than any other professor at the university.
- 비교급 than all the other 복수명사 : 다른 모든 …보다 더 ~한
  Mr. Shaw is more distinguished than all the other professors at the university.

11 여러분 모두가 안전 안내책자를 읽지 않았기 때문에 나는 다음 두 시간을 책자의 내용으로부터 그대로 읽을 수 밖에 없다.

유형 : 접속사 난이도 : *

Solution

since는 이유, 원인을 나타내는 부사절을 이끕니다.

Vocabulary

handbook 안내책자
ex. The new employee handbook will explain the company's policies. 신입사원 안내책자는 회사의 정책을 설명해줄 것이다.
force …하도록 강요하다
ex. The police tried to force the man to talk. 경찰은 남자가 말을 하도록 만들고자 했다.
verbatim 말 그대로
ex. The student's paper was copied verbatim from the textbook. 학생의 보고서는 교과서로부터 말 그대로 베낀 것이었다.

Answer

(c) Since

Joseph's 강의노트 

부사절 종속 접속사는 문장에 다양한 의미를 더해줍니다. 시간을 나타내는 접속사로는 when, while, as, until, by the time, since 등이 있고, 이유를 나타내는 접속사로는 because, as, since 등이 있습니다. 조건을 나타내는 접속사로는 if, unless, as long as, in case 등이 있고, 양보를 나타내는 접속사로는 although, though, even though 등이 있습니다. 여기서는 빈칸에 이유를 나타내는 접속사가 필요하므로 정답은 since, because, as 중의 하나가 가장 적절합니다.

12 파쉬 양은 우리 회사의 매우 필수적인 부분이어서 "놀라운"이라는 단어는 그녀를 묘사하기에는 너무 작은 단어이고 그녀가 하는 모든 일은 이 곳을 성공으로 이끈다. (그녀와 이 곳을 성공으로 이끌기 위해 그녀가 하는 모든 일을 묘사하기에는 너무나 작은 단어이다.)

유형 : 부사와 형용사의 어순 난이도 : ***

Solution

far는 부사로 비교급, 분사형의 형용사를 수식한다.

Vocabulary

integral 필수적인
ex. Editing is an integral part of the writing process. 편집은 글쓰기에 필수적인 부분의 하나다.
describe 묘사하다
ex. I tried to describe what happened. 나는 무슨 일이 일어났는지를 묘사하려고 노력했다.
success 성공
ex. The play was a success. Everyone loved it. 연극은 성공적이었다. 모두들 그것을 좋아했다.

Answer

(a) too small a word

Joseph's 강의노트 

far가 부사로서 far more, far better 등과 같이 비교급을 수식하거나 far too + 형용사의 어구로 쓰인다는 것을 모르면 정답을 찾기가 매우 힘들 수 있습니다. far는 명사 앞에서 형용사로 쓰이는 경우가 있기는 하지만 여기서는 부사이기 때문에 분사형이나 비교급이 아닌 일반 형용사를 바로 앞에서 직접 수식하는데는 사용되지 않습니다. 이 문제는 빈 칸의 알맞은 단어들의 어순을 바르게 배열하는 문제입니다. 이 유형의 문제를 매우 혼란스러워하시는 분들이 계시는데 오답이 되는 것부터 하나씩 제거해 나가는 것이 정답을 찾는데 좋은 방법입니다. far too를 한 덩어리로 기억하시고 그 뒤에 형용사 + 부정 관사 + 명사의 순으로 쓰인다는 것을 꼭 기억해두세요.

13 해석구조팀이 거기에 도착했을 때, 그는 전복된 차 안에 14시간 이상 갇혀 있었다.

Solution

기준시점이 과거(got)이므로 빈칸은 과거나 과거 완료가 들어가야 하지만, 시간 표시 부사구 for over 14 hours가 있으므로, 완료시제가 알맞다. 과거의 특정 시점을 기준으로 그 이전부터 지속된 상태의 지속을 강조할 경우에 과거완료를 꼭 써야한다.

Vocabulary

stuck 곤경에 빠져있다, 갇히다 A man was stuck in his ex. truck in the snow for almost three days. 어떤 남자가 눈 속에 이틀이나 갇혀 있었다.

overturned 뒤집어 엎다, 뒤집히다, 전복시키다

ex. A lorry carrying 30 pigs has overturned off near A19. 30마리의 돼지를 싣고 가는 트럭이 A19도로 가까이에서 전복됐다.

Answer

(d) had been

Joseph's 강의노트 

완료형시제를 표현하는 이유는 딱 한가지 인데요, 시간적으로 이것이 먼저라는 것을 글을 읽는 사람으로 하여금 분명히 알려주기 위해서입니다.

The train had left when Sam got to the station.

이 문장의 경우 열차역에 도착(got to)한 것보다, 열차가 출발한 것(had left)이 먼저라는 것이 분명해 집니다. 따라서 이런 구조에서 when이 아닌, before라는 접속사를 사용하면 완료형으로 표현하지 않아도 됩니다. before로 인해 시간순서가 분명해지니까 다음과 같이 표현해도 되는것입니다. The train left before Sam got to the station.

14 Nelson이 여자 친구에게 줄 팝콘을 사서 되돌아 왔을 즈음에, 영화가 이미 시작되었다.

Solution

주로 접속사 when이나 by the time 을 써서 과거의 두 사건을 기술할 경우, 먼저 일어난 사건은 반드시 과거완료(had p.p.) 로 표현한다. 반면, 접속사 before와 after는 의미상 선후를 알 수 있기 때문에 과거완료를 쓸 필요가 없다. 팝콘을 사서 되돌아 온 것보다 영화가 시작된 게 먼저이기 때문에 (c)가 가장 알맞다.

Vocabulary

already begin 이미 시작되다

ex. The Journey Has Already Begun. 여행은 이미 시작되었다.

Answer

(c) had already begun

Joseph's 강의노트 

단순과거시제와 과거완료 진행에 대해 연구해보도록 하지요. 단순 과거완료시제 〈계속적 용법〉 : 과거 어느 때까지의 상태의 계속을 나타냄. James had lived in New York before he left there. [뉴욕에 사는 상태의 계속] James는 그곳을 떠나기 전까지는 뉴욕에서 계속 살았었다. 과거완료진행형 : 과거(past)의 어느 때까지 그 이전부터의 동작이 계속되고 있음을 나타냄 [동작의 계속].

My children had been eating in this restaurant at that time. 우리 애들은 그 시간에[그 이전부터 그 시간까지도] 이 레스토랑에서 식사를 하고 있었다

WEEK 6

15 마지막 몇 초만에 터치다운 점수를 얻은 피츠버그 스틸러스가 80대 75로 경기를 이겼다.

Solution

접속사 없이 두 문장을 잇는 것은 분사구문이다. 주어가 같으므로 생략되고 score가 타동사로 바로 목적어를 취하므로 (a) Scoring a touchdown in the last seconds 가 정답이 된다.

Vocabulary

touchdown [미식축구] 터치다운
score 기록하다, 득점하다; (성공 등을) 획득하다.

Answer

(a) Scoring a touchdown in the last seconds

Joseph's 강의노트

'터치다운'은 미식축구에서 사용하는 경기용어입니다. 공을 가진 선수가 상대편의 골에어리어(골대가 서 있는 뒤쪽의 득점지역)를 공으로 찍거나 또는 몸 중 어느 한곳으로 터치를 하게 되면 6점의 득점과 함께 보너스 킥(성공시 1점)의 기회를 얻게 되는 상황을 말합니다. (축구로 보면 Goal~이라고 할까요?)

16 Joseph은 신발을 벗고 Wilkinson씨와 사적인 이야기를 하기 위해 사우나로 들어갔다.

Solution

원래는 As soon as he took off his shoes를 줄인 분사구문형태라고 볼 수 있습니다. 접속사 As soon as가 지워지고 주어 he가 주절의 Joseph과 같으므로 지우고 능동형이므로 took을 taking으로 바꾸어서 정답은 (b)가 된다.

Vocabulary

private talk 사적인 대화
ex. He called me out for a private talk. 그는 나와 사적인 대화를 하기위해 밖으로 불러냈다.

Answer

(b) Taking off

Joseph's 강의노트

죠셉이 신발을 벗은 것과 방에 들어 오고간 것은 일정기간의 간격 차이가 있는 게 아니라 연속동작으로 보기 때문에 일반 분사구문인 (b)가 정답이 됩니다.

17 내 문제는 많은 사람들 앞에서 이야기 하는데 별로 자신감이 없다는 것이다.

Solution

confidence는 불가산 명사이므로 뒤에 s가 붙을수 없고 many로 받을수 없다. 따라서 정답은 (b)가 된다.

Vocabulary

confidence (남에 대한) 신용, 신뢰, (=belief) 대담, 배짱

Answer

(b) much confidence

Joseph's 강의노트

confidence와 관련된 표현 몇 개만 볼까요.

- enjoy a person's confidence –에게 신뢰를 받고 있다.
- my confidence in him 그에 대한 나의 신뢰.
- a vote of (no) confidence (불)신임 투표.
- a want of confidence in the Cabinet 내각불신임

18 지금 LA 국제공항 면세점에서 콘테스트가 있습니다. 만일 당신이 참가하면 1인용 5주짜리 여행권을 탈수 있어요.

Solution

'5주간의 여행'이라고 할 때 tour는 가산명사이므로 부정관사 a를 써야 하며 5주는 week 단위명사가 붙어 five-week 이라고 한다. "5주간의"로 해석된다고 해서 소유격을 쓰지 않도록 한다.

Vocabulary

duty free shop 면세점
ex. The duty-free shop will have acted either void-

ing the transaction or issuing a refund prior to you landing.
그 면세점은 거래를 취소하거나 당신이 도착하기 전에 환불을 진행할 것이다.

Answer

(d) a five-week tour

Joseph's 강의노트

tour는 일주의 뉘앙스를 풍기는 반면 trip은 짧은 여행, journey는 긴 여행, excursion은 소풍, voyage는 항해, travel은 일반적인 여행의 개념 등 여행도 뜻이 다양하네요.

19 (a) A : Whitney, 우리 서로 다른 사람들을 만나보는 게 좋겠어.
(b) B : 왜? 우리 관계에 문제라도 생긴 거니?
(c) A : 그냥 우린 서로 잘 맞지 않은 거 같아.
(d) B : 네가 그렇게 생각하고 있는 줄은 방금 알았어 (미처 몰랐어).

Solution

대화의 문맥상 (d) feel이 '만져보다'는 의미의 타동사로 쓰인 게 아니라, '생각하다', '느끼다'라는 뜻이므로 자동사로 쓰였다고 봐야한다. 따라서 수동이 불가하므로 were felt를 feel로 고쳐야 옳다.

Vocabulary

heading in different directions 반대 방향으로 치닫다, 서로 잘 맞지 않다
ex. The melodies and lyrics of that song seem to head in different directions. 그 노래의 멜로디와 가사는 잘 맞지 않는다.

Answer

(d) were felt ⇒ felt

Joseph's 강의노트

feel 은 타동사로 쓰일 때 '만져보다' '(무생물이) -의 작용을 받다', '-에 느끼는 듯이 움직이다', '-에 반응을 보이다' 의 의미인 반면 자동사로 쓰일 때에는 '감각[느낌]이 있다', '느끼는 힘이 있다'의 의미로 쓰이는 차이점이 있습니다.

20 (a) A : 우리 올해도 일주일간 하와이에 다녀오는 게 어떻겠니?
(b) B : 또 하와이야! 사양하겠어. 그렇게 오래 비행기를 타고 싶지 않아.
(c) A : 지난번에 재밌게 보냈다고 말한 걸로 알고 있었는데.
(d) B : 아니야. 저번에 나름 괜찮은 시간을 보냈던 거지.

Solution

(d)의 시제가 틀렸다. last time은 명백한 과거 시간 표시 어구이기 때문에 현재완료를 쓸 수 없고 과거시제가 되어야 한다.

Vocabulary

flight 비행기 여행, 정기 항공로의 편
ex) a night flight 야간 비행

Answer

(d) I've had ⇒ I had

Joseph's 강의노트

단순과거 시제는 과거의 일시적인 사실만을 표현하는 시제입니다. 즉, "점"의 시제입니다. 그때만을 말하게 되죠. 반면 현재완료는 과거부터 현재까지의 시제로 "공간"의 시제입니다.
예를 들면
I lost my book. -난 내 책을 잃어버렸다 (지금 있는지 없는지 모른다)
I have lost my book -난 내 책을 잃어버렸다 (지금도 없다)
그래서 현재완료는 점을 표현하는 과거부사와는 쓸 수가 없는 게 특징입니다.

21 (a) A : 최근에 Jack과 연락이 안 돼. 넌 어때?
(b) B : 나도 안 돼. 하지만 Marie랑은 아직 연락한데.
(c) A : 혹시 둘이 사귀는 거 아닐까?
(d) B : 몰랐니? 둘이 사귄지 이제 거의 일 년이 다 됐어.

Solution

(d)에서 시간 표시부사구 for almost a year 로 과거의 특정 시점부터 현재까지 지속된 상태의 지속기간을 강조하고 있으므로 동사 are를 현재완료형 have been으로 고쳐야 한다.

Vocabulary

by any chance 혹시, 만일, 만약에

ex. If by any chance you find the watch, let me know. 혹시나 그 시계를 찾게 되면 알려줘.

Answer

(d) are ⇒ have been

Joseph's 강의노트 

보통 우리가 배우는 문법책에는 현재완료가 완료, 계속, 경험, 결과로 나눠진다고 나와 있는데요. 현재완료 자체가 일정한 시점부터 지금까지 하고 있었다는 시간적 의미이기 때문에 **"어느 시점 부터 지금까지 ~하고 있다" 라는 것만 해석 된다면 TEPS 문법문제 푸시는 데에는 지장이 없습니다.**

22 (a) 당신 어렸을 때 삶이 어땠는지를 생각해 보십시오. (b) 아마도 그때 당신이 가지고 있었던 문제들은 지금 나이가 든 당신이 가진 문제들에 비하면 매우 사소한 것입니다. (c) 성인으로서는 당신은 지불해야 하는 공과금 고지서들과 기분을 맞춰야 하는 상사와 내려야 하는 결정들도 있습니다. (d) 그러나 당신은 어른이 되는 것이 이전에는 갖지 못했던 자유를 제공한다는 것도 기억해야 합니다.

유형 : 병렬 관계　난이도 : ***

Solution

문장의 병렬관계는 같은 형태와 구조를 가져야 한다.

Vocabulary

minor 사소한

ex. The doctor performs only minor surgeries on Fridays. 의사는 금요일에는 작은 수술만 한다.

compared to …와 비교하여

ex. Compared to last night, I feel a lot better. 어젯밤에 비교해서 난 훨씬 나아졌다.

adult 성인

ex. Even though I'm 25 years old now, my parents don't treat me as an adult. 내가 25살이긴 하지만 우리 부모님은 나를 어른 취급하지 않는다.

Answer

(c) to be made → to make

Joseph's 강의노트 

원래 문장이 의미상 As an adult, you have bills to pay, (you have) bosses to please, and (you have) decisions to make.로 괄호 안의 반복되는 말이 생략된 것이라고 볼 수 있습니다. **이 때 문장이 병렬관계를 이루려면 you have + 명사 + to 부정사의 형태가 각각 반복되어야 합니다. 이때 문장의 태도 같아야 합니다.** bills to pay, bosses to please는 모두 능동의 관계이므로 decisions to be made는 decisions to make가 되어야 합니다.

VOCABULARY

1 A : 제이미가 저 가게에서 물건을 훔치려다가 현장에서 잡혔다니 믿을 수가 없어.

B : 맞아. 하지만 걔는 미성년자라서 처벌이 그렇게 심하지는 않을 거야.

유형 : 의미를 혼동하기 쉬운 어휘　난이도 : **

Solution

미성년자는 minor라고 한다.

Vocabulary

punishment 처벌

ex. You have to clean the bathroom for a week as a punishment.　너는 벌로 일주일동안 화장실 청소를 해야 한다.

severe 심한, 가혹한

ex. All the flights from New York were canceled due to severe weather.　뉴욕발 모든 비행편들이 심한 날씨 때문에 취소되었다.

Answer

(c) minor

Joseph's 강의노트 

minor는 명사로는 '미성년자', '부전공 과목', 형용사로는 '사소한'의 의미로 쓰입니다.

- Some minor changes are needed.　약간의 변경이 필요하다.
- He'll have a minor surgery tomorrow.　그는 내일 심각하지 않은 수술을 받을 것이다.
- It is illegal to sell beer to minors.　미성년자에게 맥주를 파는 것은 불법이다.

novice는 초보자라는 뜻이고 junior는 손아래사람, 직위가 더 낮은 사람, culprit은 범죄 용의자라는 의미입니다. Jamie가 물건을 훔치다가 잡히기는 했지만 미성년자이기 때문에 처벌이 심하지는 않을 것이라고 하는 것이 가장 적절합니다. caught red-handed는 잘못을 저지르던 중에 발각되는 것을 의미합니다. 이 밖에도 red가 사용되는 숙어들로는 red eye (야간 비행편), red tape (관료주의) 등이 있습니다.

2 A : 댄은 무언가 옳지 않은 것을 항상 알아차려.

B : 나도 눈치챘어. 그는 매우 관찰력이 있어.

유형 : 문맥에 알맞은 어휘　난이도 : **

Solution

무언가 잘못된 것이 있으면 항상 눈치를 챈다고 했으므로 관찰력이 있다고 할 수 있다.

Vocabulary

inquisitive 호기심이 많은

ex. The little girl is very inquisitive, so she always asks questions.　소녀는 매우 호기심이 많아서 항상 질문을 한다.

Answer

(a) observant

Joseph's 강의노트 

사람의 성격을 바르게 묘사하는 단어를 찾는 문제입니다. 이러한 문제의 경우는 상대방이 한 말에서 clue를 찾을 수 있는 경우가 많습니다. 여기서도 A가 한 말 (sense when something isn't quite right)에서 Dan이 잘못된 것을 빨리 눈치채는 성격이라는 것을 알 수 있습니다. 그러므로 빈 칸에 가장 알맞은 단어는 observant입니다. Inquisitive는 호기심이 많은, frivolous는 경솔한, condescending은 '잘난 척을 하는'의 의미입니다. 이 외에도 성격을 묘사하는 좀 어려운 단어들은 다음과 같습니다.

- devious 교활한
- obnoxious 불쾌한
- petulant 화를 잘 내는
- tenacious 집요한, 고집이 센
- ostentatious 허세를 부리는
- self-indulgent 제멋대로인

3 A : 그레이 부인이 얼마 전에 돌아가셨다는 소식을 들어서 유감이었어요.

B : 맞아요. 의식 불명 상태에 빠진 후에 다시 의식을 찾지 못하셨어요.

유형 : 연어 (collocation)　난이도 : **

WEEK 6

Solution

'의식을 회복하다'라고 할 때는 regain을 사용한다.

Vocabulary

consciousness 의식

ex. I got hit on the head and lost consciousness. 나는 머리를 맞고 의식을 잃었다.

Answer

(c) regained

Joseph's 강의노트 

consciousness와 함께 쓰일 수 있는 동사를 묻는 문제입니다. '의식을 잃다'라고 할 때는 동사 lose를 쓰고 '회복하다'라고 할 때는 recover나 regain을 씁니다. retrieve는 '…을 가져오다', '되찾다'의 의미입니다. 골든 리트리버라는 개의 이름도 이러한 개들이 사냥꾼이 총으로 쏜 사냥감을 가서 물어 오는 것에서 유래한 것입니다. release는 '풀어주다', 새 영화나 앨범이 나왔을 때도 release를 사용합니다. redeem은 '저당잡힌 물건을 되찾거나 명예, 권리 등을 되찾다'라는 뜻입니다. 또한 '의식불명 상태, 코마(comma)에 빠지다'라고 할 때는 fall into/ go into/ slip into 등을 쓰고, '코마(comma) 에서 깨어나다'라고 할 때는 come out of를 쓴다는 것도 함께 알아두세요.

4

A : 헬렌은 자전거가 없어졌다는 것을 알고 아주 화가 났어.

B : 그녀는 장난이 그다지 재미있다고 생각하지 않는 모양이군.

유형 : 연어 (collocation) 난이도 : ***

Solution

말로 하는 농담이 아니라 실제 행동으로 하는 장난을 practical joke라고 한다.

Vocabulary

prank 장난

ex. Stop playing pranks on your little brother. 남동생한테 장난 좀 그만쳐라.

Answer

(b) jokes

Joseph's 강의노트 

blow a fuse나 hit the ceiling은 '매우 화를 내다'라는 의미입니다. 대화로 미루어 볼 때 헬렌이 누군가가 자전거를 숨긴 것을 알고 매우 화를 냈다는 것을 알 수 있습니다. practical joke란 말로만 하는 농담, 장난이 아니라 실제 '행동으로 하는 장난'을 가리킵니다. 몰래 카메라같은 유형의 장난이라고 생각하시면 이해가 빠를 것입니다. prank도 장난이라는 의미가 있지만 여기서는 practical과 함께 쓰일 수 있는 단어를 찾아야 합니다. prank는 보통 장난전화 prank call과 같은 형태로 쓰입니다. 농담을 하다라고 할 때는 make a joke , crack a joke 혹은 tell a joke라고 합니다. 또한 상대방을 불쾌하게 하거나 적절하지 못한 농담을 sick joke라고 합니다.

5

A : 우리는 마감 시간을 맞추려면 이번 주에 늦게까지 일을 해야할지도 모르겠어.

B : 이것을 끝내기 위해서 필요한 것이라면 무엇이든 기꺼이 할 거야.

유형 : 숙어 난이도 : **

Solution

'필요한 것이라면 무엇이든'의 의미가 되려면 takes를 써야 한다.

Vocabulary

burn the midnight oil 밤 늦게까지 일하다

ex. He has an exam tomorrow, so he's burning the midnight oil. 내일 시험이 있어서 그는 밤늦게까지 공부하고 있다.

Answer

(b) takes

Joseph's 강의노트 

상황에 맞는 문장이 되도록 빈 칸에 알맞은 동사를 찾는 문제입니다. Whatever it takes '필요한 것은 무엇이라도'의 의미입니다. A가 마감 시간을 맞추려면 밤늦게

까지 일해야 할지도 모른다고 하자 B는 무엇이든 할 준비가 되어있다고 합니다. 회화에서 whatever가 자주 사용되는데 어조에 따라 의미가 크게 다를 수 있습니다. 귀찮거나 짜증이 난 투로 "Whatever!"라고 말한다면 "네 맘대로 해라. 난 상관 안 한다."라는 의미입니다. 또한 "Whatever you say."라고 하면 "네가 말하는 대로 할게."라는 의미가 됩니다.

6

A : 나는 무슨 전공을 해야 할지 모르겠어. 심리학이랑 영어 중에서 생각중이야.

B : 시간을 가져. 성급한 결정을 해선 안 되지.

유형 : 문맥에 알맞은 어휘 난이도 : **

Solution

대화의 내용으로 보아 '성급한 결정'이라는 말이 필요하므로 hasty가 가장 적절하다.

Vocabulary

prompt 신속한

ex. The situation requires prompt action. 상황은 신속한 행동을 요구한다.

unanimous 만장 일치로

ex. They made a unanimous decision to ban using cell phones at school. 그들은 수업중에 휴대폰 사용을 금지하기로 만장일치로 결정했다.

finicky 까다로운

ex. My cat is a finicky eater. She only eats canned food. 내 고양이는 입맛이 까다롭다. 깡통에 든 먹이만 먹는다.

Answer

(b) hasty

Joseph's 강의노트

decision과 함께 쓰일 수 있으면서도 빈 칸에 알맞은 형용사를 찾는 문제입니다. 이 문제에서는 prompt, hasty, unanimous가 모두 decision과 함께 자주 쓰이는 형용사들이므로 대화의 상황에 가장 알맞는 의미의 형용사를 찾아야 합니다. prompt decision이라고 하면 신속한 결정이라는 의미입니다. 대화에서 시간을 갖고 천천히 생각해서 '성급한' 결정을 하지 않도록 해야 한다는 의미가 되어야 하므로 prompt는 적절하지 않습니다. unanimous decision은 만장일치의 결정이라는 의미로 여기서는 다수결에 의해 결정을 해야하는 상황이 아니므로 정답이 될 수 없습니다. finicky는 '까다로운'의 의미로 주로 finicky eater와 같이 음식을 까다롭게 가리는 사람과 같은 의미로 씁니다. 또한 debate는 '토론하다'의 뜻 이외에도 '숙고하다'라는 의미로도 쓰일 수 있다는 것을 기억해 두세요. 예를 들어, I'm debating with myself whether I should buy a new car or not. 이라고 한다면 '차를 살까 말까 고심 중이다'라는 뜻입니다.

7

A : 여기 나무들이 어떻게 된 거야?

B : 어젯밤에 날씨가 꽤 나빴어. 돌풍이 나무들을 무너뜨린 게 분명해.

유형 : 의미를 혼동하기 쉬운 어휘 난이도 : **

Solution

돌풍은 a gust of wind라고 한다.

Vocabulary

blow over (바람이) 넘어뜨리다

ex. The wind was so strong that it almost blew me over. 바람이 너무 세서 나는 거의 넘어질뻔 했다.

draft 외풍

ex. I could feel a cold draft coming through the window. 창문을 통해 들어오는 차가운 외풍을 느낄 수가 있었다.

Answer

(b) gust

Joseph's 강의노트

a draught는 바람이긴 하지만 문틈으로 들어 오는 외풍과 같은 바람을 가리킵니다. A breath of wind라는 표현이 있긴 하지만 입김과 같이 아주 약한 바람을 의미합니다. 대화에서의 바람은 나무들을 넘어뜨릴 정도의 심한 바람이었으므로 (a)와 (c)는 정답이 될 수 없습니다. 세게부는 바람은 gust of wind 혹은 blast of wind라고 할 수 있습니다. 이 밖에도 바람을 묘사하는 다양한 표현들은 다음과 같습니다.

WEEK 6

The wind ┬ howls.
├ roars.
├ whistles.
└ picks up.

high ┬ wind
biting ┤
howling ┤
gusty ┘

8 A : 영어 상급반에 들어갈 수 있을 거라고 생각하니?
B : 그렇다면 기적일거야. 난 영어 잘 못하거든.

유형 : 의미를 혼동하기 쉬운 어휘 난이도 : **

Solution

'어떤 과목을 잘 못한다'라고 할 때는 be weak at 과목명을 사용한다.

Vocabulary

advanced 상급의
ex. These questions are too easy for advanced students. 이 문제들은 상급 학생들에게는 너무 쉽다.

Answer

(c) weak

Joseph's 강의노트 

'어떤 것을 잘한다'라고 할 때 사용하는 be good at something 은 모두들 잘 알고 계실 겁니다. 그러면 잘 못한다고 할 때는 어떤 단어를 사용할까요? 물론 good의 반대인 bad나 poor를 사용할 수 있다는 걸 알고 계시겠지만 보기에서 찾아 볼 수 없으면 당황하게 될 수도 있습니다. **이 때 bad나 poor대신 weak을 사용할 수 있다는 것도 염두해두세요.** weak은 '약한'이라는 의미로 많이 쓰이지만 잘 못하는 일에도 사용할 수 있습니다. frail은 weak과 매우 유사한 의미인데 주로 '체질적으로 허약한'의 의미로 주로 쓰입니다.

9 A : 시간이 늦어지고 있어요. 더 이상 앤더슨씨가 돌아오길 기다릴 순 없어요.
B : 맞아요. 우리끼리 시작합시다. 회의가 5분 후에 재개된다고 모두에게 알려주세요.

유형 : 문맥에 알맞은 어휘 난이도 : **

Solution

'회의가 재개되다'라고 할 때는 resume이 적절하다.

Vocabulary

adjourn 휴회하다
ex. The meeting was adjourned for lunch. 회의는 점심시간으로 휴회되었다.

Answer

(b) resumes

Joseph's 강의노트 

보기로 주어진 단어들은 모두 회의와 관련이 있는 단어들입니다. 이럴 때는 대화가 진행되고 있는 상황을 잘 파악해야 정답을 찾을 수 있습니다. 시간이 늦어지고 있어서 앤더슨씨를 더 이상 기다릴 수 없고 Let's start without him이라고 했으므로 '5분 후에 회의를 다시 시작한다'의 의미가 되도록 하기 위해서는 resume이 가장 적절합니다. confer는 협의하다, postpone은 연기하다, adjourn은 '휴회하다'의 의미입니다.

10 A : 너 지난 며칠 간 왜 이렇게 화를 잘 내는거야. 무슨일이야?
B : 담배를 끊으려고 노력 중이야. 단번에 끊고 싶은데 정말 힘드네.

유형 : 숙어 (Idiom) 난이도 : **

Solution

금연을 하려고 한다고 했으므로 go cold turkey가 가장 적절하다.

Vocabulary

grouchy 기분이 좋지 않은
ex. He's been grouchy lately. I don't want to be

around him. 그는 요즘 불평이 많다. 곁에 있기가 싫다.

Answer

(b) go cold turkey

Joseph's 강의노트 

영어 idiom 중에서는 동물이 등장하는 숙어들이 매우 많습니다. 문제에서는 담배를 끊으려고 한다는 말에서 힌트를 얻을 수 있습니다. go cold turkey란 좋지 않은 습관들 (특히 흡연)을 점차적으로가 아닌 하루 아침에 그만둠으로써 끊으려고 하는 것을 의미합니다. 예를 들어, 담배를 끊을 때 조금씩 흡연양을 줄여 나간다거나 니코틴 껌을 사용한다거나 하지 않고 단번에 담배를 전혀 피지 않으므로써 끊으려고 할 때를 go cold turkey라고 합니다. cry wolf는 늑대와 양치기 소년의 이야기처럼 거짓말을 퍼뜨리는 것을 의미합니다. hold one's horse는 서두르지 말고 기다리라는 의미, smell a rat이란 의심이 간다는 의미입니다. 문제에서는 며칠간 왜 그렇게 신경질적인지를 묻자 담배를 끊으려는 중인데 쉽지 않다라고 했으므로 (b)가 가장 적절합니다.

11 A : 사라한테 무슨 일이 있는지 궁금해. 그녀를 봤을 때 아주 화가 나 보였어.

B : 별일 아냐. 그저 의견 차이가 좀 있었는데 화가 나서 나가 버렸어.

유형 : 숙어　난이도 : **

Solution

'발끈하여', '화를 내며'는 in a huff라고 한다.

Vocabulary

in a huff 발끈 화를 내며

ex. When Kim said she didn't like her idea, Jenna got up and left the room in a huff. 킴이 그녀의 생각이 맘에 들지 않는다고 하자 제나는 일어서서 화를 내며 방을 나갔다.

Answer

(b) huff

Joseph's 강의노트 

huff는 발끈 화를 내는 것을 의미합니다. In a huff는 우리말로는 '화가 나서 씩씩거리며' 정도로 해석할 수 있습니다. 사라가 인사도 안하고 지나쳤다며 무슨 일이 있었는지 묻자 걔는 사소한 일에도 발끈하는 성격이니까 걱정하지말라고 합니다. gasp는 숨이 찬 것이나 공포나 놀람으로 숨이 막히는 것을 뜻합니다. affront는 모욕이라는 뜻입니다. 또한 huff and puff라고 하면 숨을 헐떡거리는 모양을 표현합니다. (ex. He was so out of shape. I could hear him huffing and puffing when he went up the stairs. 그는 완전 운동부족이다. 그가 계단을 오를 때 숨을 헐떡거리는 소리를 들을 수 있었다.)

12 A : 그들의 형편없는 품질과 서비스를 고려해 볼 때 ACI 컴퓨터 회사가 아직 망하지 않았다는게 놀라워.

B : 오래 계속되진 못할 거야. 그들이 궁극적으로는 실패할 거라는 건 이미 기정 사실화된 결과야.

유형 : 형용사의 의미 + 연어 (collocation)

난이도 : ***

Solution

foregone은 거의 매번 conclusion과 함께 쓰여서 '필연적인 결론', '처음부터 정해져 있는 결론'의 의미로 쓰입니다.

Vocabulary

given …을 감안할 때

ex. Given that she loves children, she will make a great teacher. 그녀가 아이들은 좋아한다는 점을 감안할 때 그녀는 좋은 선생님이 될 것이다.

ultimate 궁극적인

ex. Our ultimate goal is to become the biggest company in the country. 우리의 궁극적인 목표는 전국에서 가장 큰 회사가 되는 것이다.

Answer

(b) foregone

Joseph's 강의노트 

명사 conclusion과 같이 쓰일 수 있으면서 대화의 상황에 알맞는 표현을 고르는 문제입니다. foregone conclusion이 이미 정해진 결론이라는 뜻으로 쓰인다는 것을 알지 못하면 상당히 까다로운 문제일 수 있습니다. 대화에서 ACI 회사가 형편없는 품질과 서비스에도 불구하고 아직 망하지 않은게 놀랍다고 하자 얼마가지 않아 실패하게 될 것은 기정 사실이라고 말하고 있습니다. deliberate은 '의도적인'의 뜻으로 deliberate attempt (의도적인 시도)와 같이 쓰이고 punitive는 punitive taxes (가혹한 과세)와 같은 용법으로 많이 쓰입니다. consensual 은 '합의에 의한'의 뜻입니다.

13 바라건대 화석 연료에 전적으로 의존하는 교통 수단은 좀 더 깨끗한 기술이 널리 사용가능해짐에 따라 쓸모없는 것이 될 것이다.

유형 : 형용사의 의미 난이도 : **

Solution

obsolete는 더 나은 것이 나와서 더 이상 쓸모없게 된 outdated 혹은 old-fashioned의 뜻입니다.

Vocabulary

solely 전적으로
ex. I'm still working at this job solely because I make good money here. 나는 이 직장에서만 전적으로 일하는데 여기서 벌이가 좋기 때문이다.
fossil fuel 화석 연료
ex. Unfortunately, nothing has been created to replace fossil fuels as yet. 불행히도 화석 연료를 대체하기 위해 만들어진 것은 아직 없다.
deft 솜씨 있는
ex. The deft musician was good at creating original and interesting songs. 솜씨가 좋은 음악인은 참신하고 흥미로운 노래를 만드는데 뛰어났다.
trivial 사소한
ex. There is a trivial amount of fat in this soup. 이 수프에는 아주 적은 양의 지방이 있을 뿐이다.
invalid 무효의
ex. The username or password is invalid. 아이디 혹은 비밀 번호가 유효하지 않다.
obsolete 구식의
ex. Technology is advancing so quickly that as soon as you buy a new computer, it soon becomes obsolete. 기술을 너무나 빨리 발전해서 당신이 새로운 컴퓨터를 사자마자 그것은 곧 구식이 되어 버린다.

Answer

(d) obsolete

Joseph's 강의노트 

빈 칸에 알맞은 형용사를 골라 문장의 의미를 완성하는 문제입니다. obsolete는 자주 등장하는 형용사입니다. obsolete는 새로운 기술의 발달로 더 이상 쓸모가 없어진 물건을 가리킬 때 사용합니다. 예를 들면, 타자기가 컴퓨터의 등장으로 obsolete하게 되었다고 할 수 있겠습니다. deft는 '솜씨가 좋은'의 뜻으로 nimble, skillful 등과 유사한 의미를 갖고, trivial은 '중요하지 않은', '사소한'의 뜻입니다. invalid는 '표 등이 무효인', '타당성이 없는'의 의미로 쓰이고 명사 앞에 쓰여서 '병약하거나 영구적인 신체적 상해를 입은 사람'을 가리키기도 합니다.
주어진 문장은 기술이 발달하여 화석 연료, 즉 석유나 석탄에 의존하는 교통 수단들이 시대에 뒤떨어진 것이 되기를 바란다는 내용입니다.

14 긴장을 늦춘 (방심한) 사람들에게 발생한 참사들 때문에 많은 사람들이 낯선 사람에게 도움의 손길을 주는 것을 꺼리는 것이 놀라울 것이 없다.

유형 : 숙어 난이도 : **

Solution

lend a helping hand는 '…을 도와주다'의 뜻이다.

Vocabulary

befall (나쁜일이 …에게) 발생하다 (문어체적 표현)
ex. Several deaths had befallen the family in the past year. 지난 해 그 가족에게는 여러 죽음이 발생했다.
let one's guard down 방심하다, 긴장을 늦추다
ex. Accidents can happen when you let your guard down. 네가 긴장을 늦추면 사고가 발생할 수 있다.
be wary of (doing something) ..하기를 꺼리다

ex. The woman was wary of having a stranger babysit her children. 그녀는 모르는 사람에게 자신들의 아이를 돌보도록 하기를 꺼렸다.

Answer

(a) lending

Joseph's 강의노트

낯선 사람을 돕기 위해 잠시 방심한 사람들에게 발생한 나쁜 일때문에 사람들이 모르는 사람을 좀 더 경계하고 돕기를 꺼리게 되었다는 것입니다. lend a helping hand라고 하면 '도와주다'의 뜻입니다. lend an ear to somebody라고 하면 상대방이 문제가 있을 때 이야기를 '들어주다'라는 의미입니다. let one's guard down은 긴장을 늦추고 방심하는 것을 뜻합니다.

- lend an ear 남의 말을 들어주다
  ex. I can lend an ear if you need to talk. 네가 이야기를 하고 싶으면 내가 들어줄게.
- give somebody a hand (= help) →
  ex. Do you need a hand lifting that couch? 그 소파 드는 거 도와줄까?
- give somebody a big hand (= clap) →
  ex. Give Mike a big hand for all of the hard work he's done. 마이크가 한 힘든 일에 대해 박수를 보냅시다.
- get one's hands on something (= obtain) →
  ex. I just can't wait to get my hands on that new video game. 나는 새 비디오 게임을 갖게되기를 기다릴 수가 없다.
- have one's hands full (= very busy) →
  ex. Now that she has a baby, her hands are always full. 아기가 생긴 후로 그녀는 항상 매우 바쁘다.
- one's hands are tied 어쩔수가 없다
  ex. He wanted to help her, but his hands were tied right now. 그는 그녀를 돕고 싶었지만 그가 (당장은) 할 수 있는 일이 없었다.

15 누구든지 거리 상인이 될 수는 있지만 대부분의 도시에서 음식 판매는 규제가 되고 판매인들은 간식을 팔기 위한 허가를 얻어야만 한다.

유형 : 동사의 의미 난이도 : **

Solution

길거리에서 음식을 파는 것은 허가가 필요하다고 했으므로 단속을 받는다고 할 수 있다.

Vocabulary

vendor 상인
ex. The hotdogs from the street vendor on Ash and Maple are simply delicious. 애쉬가와 메이플 가에 있는 상인이 파는 핫도그는 정말 맛있다.

regulate 규제하다
ex. The public school system regulates the dress code for students. 공립학교 체계는 학생들의 복장을 규제한다.

license 허가
ex. Can I see your driver's license, please? 운전 면허증 좀 보여주시겠어요?

appraise 값을 매기다
ex. The realtor appraised the house for $250 thousand. 부동산 중개업자는 그 집이 25만불이 나갈 것이라고 값을 매겼다.

entangle 뒤얽히게 하다
ex. After waking up from a nightmare, Mia found herself entangled in her sheets. 악몽에서 깨어난 후 미아는 이불에 뒤엉켜있는 자신을 발견했다.

Answer

(d) regulated

Joseph's 강의노트

대부분의 도시에서 거리에서 음식을 팔기 위해서는 허가를 얻어야 한다고 했으므로 규제를 받는다고 할 수 있습니다. 그러므로 정답은 regulated가 됩니다. 여기서 regulate는 '규제하다', '단속하다'의 뜻으로 쓰였지만 '조절하다', '규칙적이 되게 하다'라는 의미로도 쓰일 수 있습니다. specialize는 '전문화하다', appraise는 '가격을 매기다', entangle은 '얽히게 하다'의 뜻입니다. regulate와는 반대로 '규제를 해제하다'라고 할 때는 deregulate라고 합니다. 명사 sale은 위 문제에서처럼 '판매'의 뜻 이외에도 우리가 흔히 말하는 세일, 즉 할인 판매의 의미로도 많이 쓰입니다. 어떤 것이 for sale이라고 하면 '판매용'이라는 뜻이고 on sale이라고 하면 '할인 판매 중'이라는 뜻입니다. 또한 sale이 복수형으로 쓰여 She's working in sales라고 하면 그녀는 판매부서에서 일한다는 뜻입니다. 또한 복

수형 sales는 '매출액, 매상'의 뜻입니다.

16 앞 유리창 닦기 용액을 탱크에 추가하는 것과 같이 간단한 작업이라 할지라도 당신의 차량의 모든 액체들이 적절한 수준이 되도록하는 것은 중요하다.

유형 : 명사 난이도 : *

Solution

solution은 '문제에 대한 해결책', '해법' 등과 같은 뜻 이외에도 '용액'이라는 뜻으로 쓰인다.

Vocabulary

fluid 액체
ex. There's some sort of fluid leaking from my car. 내 차에서 일종의 액체가 새어나오고 있다.
appropriate 적절한
ex. It's considered appropriate to dress professionally for a job interview. 면접을 위해서 지적으로 옷을 입는 것이 적절하게 여겨진다.
task 작업, 업무
ex. The task may be difficult, but we'll do whatever it takes to complete it. 그 업무가 어려울 수도 있겠지만 우리는 그것을 완수하기 위해 필요한 것이라면 무엇이든 할 것이다.
windshield 차 앞 유리창
ex. A rock hit his windshield, creating a large crack in it. 돌이 그의 차 앞 유리창을 쳐서 커다란 금이 가게 만들었다.

Answer

(b) solution

Joseph's 강의노트

solution은 '문제를 해결하는 방법' 혹은 '나쁜 상황에 대처하는 방법'등을 의미하기도 하지만 '용액'이라는 뜻이 있습니다. '…에 대한 해결책'이라고 할 때는 전치사 to를 쓰지만 '…의 용액'이라고 할 때는 전치사 of를 쓴다는 사실을 기억해 두세요. solution이 해결책이라는 의미로 쓰일 때는 ideal/satisfactory/optimal/possible (이상적인/만족스러운/최적의/가능한)과 같은 형용사들과 함께 자주 쓰입니다. mixture는 혼합물의 뜻이고 brew는 양조주 혹은 커피나 차 등에 쓰입니다. potion은 특별한 효능이 있는 약이나 음료 등에 쓰이는데 magic potion (마법의 약), sleeping potion (잠을 자게하는 약) 등과 같은 용법으로 씁니다. 여기서는 용액이라는 의미의 solution이 정답으로 가장 적절합니다. 자동차의 부분별 명칭들을 한 번 알아 봅시다. 콩글리쉬가 많이 사용되는 부분 중의 하나가 자동차에 관련된 용어들입니다. 우리말로 흔히 보네뜨라고 하는 것은 영국식 영어의 bonnet에서 온 것으로 미국식 영어로는 hood라고 합니다. **또한 흔히 백미러라고 하는 것은 영어로는 rearview mirror라고 합니다.** 경적은 horn, 운전대는 핸들이 아니고 steering wheel이라고 합니다. 깜박이는 turn signal 혹은 blinkers라고도 합니다.

17 사업을 시작하는데 관심이 있는 사람은 꾸준한 고객층을 확보하기 위한 치열한 경쟁을 견딜 수 있어야만 한다.

유형 : 형용사의 의미 + 연어 (collocation)
난이도 : ***

Solution

competition과 가장 잘 어울리는 형용사를 찾는 문제이다. 경쟁이 치열하다고 할 때는 cutthroat, fierce, intense, keen, severe 등의 형용사를 쓸 수 있다.

Vocabulary

withstand 견디다
ex. The building is able to withstand winds up to 100 miles per hour. 건물은 시간당 100마일의 바람을 견딜 수 있다.
competition 경쟁
ex. The competition for the best baker will begin at 9 a.m. 최고의 제빵사를 가리는 경쟁이 오전 9시에 시작될 것이다.
capture 잡다, 확보하다
ex. The police captured the thieves and took them to prison. 경찰은 도둑들을 잡았고 그들을 감옥으로 데려갔다.
customer base 고객층
ex. Though the diner is locally owned, they have a large customer base. 식당은 지역 소유이지만 폭넓은 고객층을 갖고 있다.

cutthroat 치열한
ex. He is the winner of the cutthroat competition. 그는 치열한 경쟁의 우승자다.
bleak 가망이 없는
ex. The situation was looking bleak for the woman fighting cancer. 암과 싸우고 있는 그 여자에게 상황은 가망이 없어 보였다.
adamant (= determined) 단호한
ex. He was adamant about being a vegetarian. 그는 채식주의를 하는 것에 대해 단호했다.
wicked 사악한
ex. Dorothy melted the Wicked Witch of the West in the Wizard of Oz by throwing water on her. 도로시는 오즈의 마법사에서 마녀에게 물을 부어서 사악한 마녀를 녹여버렸다.

Answer

(a) cutthroat

Joseph's 강의노트

competition은 '경쟁'이라는 의미 이외에도 '경기', '시합' 혹은 '경쟁 상대'를 뜻하기도 합니다. 경쟁이 심하다고 할 때는 형용사로 cutthroat, fierce, stiff, intense 등을 씁니다. 경기, 시합의 뜻으로 쓰일 때는 enter/win/lose a competition 등과 같은 용법으로 쓰입니다. 생존 경쟁, 성공을 위한 치열한 경쟁을 rat race라고 합니다. bleak은 '희망이 없는', '황량한' 등의 뜻입니다. adamant는 '단호한', wicked는 '사악한'의 뜻이고 속어로는 very good의 의미로 쓰이기도 합니다. 그러므로 빈 칸에 가장 적절한 형용사는 cutthroat입니다. 또한 capture는 동사로 쓰일 때 '붙잡다' (catch) 혹은 '관심 등을 사로잡다', '매료하다', 또는 '그림, 사진 등으로 포착하다', '표현하다'의 뜻으로 쓰입니다. capture the headline (신문의 일면을 장식하다), capture somebody's interest/imagination/attention (관심/상상력/주의를 끌다)와 같은 용법으로도 자주 볼 수 있습니다.

18 많은 비영리 기구들은 개발 도상국에서의 고통을 경감시키기 위해서 그들이 필요로 하는 자금을 제공하기 위해 개별 후원자들의 관대함에 전적으로 의존한다.

유형 : 동사의 의미　난이도 : **

Solution

alleviate는 '고통 등을 완화시키다', '경감시키다'의 뜻이다.

Vocabulary

nonprofit 비영리의
ex. We're raising money for a nonprofit organization that helps stray dogs and cats find a good home. 우리는 집없는 개와 고양이들에게 좋은 집을 찾아주는 비영리 기관을 위해 돈을 모으고 있다.
generosity 관대함
ex. The generosity of everyone who made a donation is greatly appreciated. 기부를 하는 모든 사람들의 관대함은 대단히 감사하게 여겨진다.
alleviate 경감시키다
ex. Taking some medicine may help alleviate the pain. 약을 먹는 것은 고통을 경감시키는 것을 도와 줄 수 있다.
overpower 압도하다
ex. The protesters were overpowered by the police. 항의자들은 경찰에 의해 압도당했다.
surpass 앞서다
ex. The scenery surpassed all their expectations. 경치는 그들의 예상을 능가했다.
magnify 확대하다
ex. This can be used to magnify small letters. 이것은 작은 글자들을 확대하는데 사용될 수 있다.

Answer

(c) alleviate

Joseph's 강의노트

복잡해 보이는 문장이지만 빈 칸에 필요한 동사의 목적어가 무엇인가를 제대로 파악하면 정답을 찾을 수 있습니다. 여기서 빈 칸에 필요한 동사의 목적어는 the suffering입니다. suffering은 pain의 뜻으로 '고통을 완화하다', '경감시키다'라는 의미로는 alleviate, ease, recuce, relieve 등을 쓸 수 있습니다. 반대로 '누구에게 고통을 주다'라는 의미가 되려면 cause, inflict 등의 동사를 씁니다. 문제에서는 '개발 도상국에서의 고통을 감소시키기 위해서/경감시키기 위해서'의 뜻이 되어야 하므로 (c)가 정답으로 가장 적절합니다.
• 심한 통증 : agonizing/excruciating/intense/severe/

WEEK 6

unbearable pain
- 쑤시는 듯 아픈 통증 : shooting pain
- 찌르는 듯 아픈 통증 : stabbing pain
- 욱신거리는 통증 : throbbing pain
- 만성적인 통증 : constant/gnawing/nagging/chronic pain

19 젊은이들을 겨냥한 상품의 성공 덕분에 회사는 십대들을 위해 특별히 만들어진 제품들을 출시하기로 결정했다.

유형 : 동사의 의미　난이도 : *

Solution

launch는 '새로운 상품을 판매하기 시작하다'의 뜻이다.

Vocabulary

gear toward (주로 수동형으로) …을 겨냥하다
ex. This movie is geared towards little children. 이 영화는 어린 아이들을 위해 제작되었다.
specifically 특별히
ex. I'm making this dessert specifically for the party this weekend. 나는 이 디저트를 특별히 이번 주말의 파티를 위해 만들고 있다.
launch (제품을) 출시하다
ex. The company is about to launch its newest product. 회사는 최신 제품을 출시하려고 한다.
emit 방출하다
ex. The factory was forced to close after discoveries that it was emitting toxins into the air. 공장은 대기로 독소를 방출한다는 사실이 발견된 후에 문을 닫을 수 밖에 없었다.
impose 부과하다
ex. The government will impose many new rules and regulations. 정부는 많은 새로운 규율들과 규칙들을 부과할 것이다.

Answer

(b) launch

Joseph's 강의노트

launch는 '미사일이나 로켓 등을 발사하다' 혹은 '새로 만든 배를 진수시키다'의 뜻 이외에도 '신제품을 내놓다'의 의미로 많이 쓰입니다. 문제에서는 '젊은이들을 겨냥한 상품이 성공을 거두자 십대들을 위한 새로운 상품들을 내놓기로 결정했다'라는 뜻이 가장 적절하므로 launch가 정답이 됩니다. 문장에서 쓰인 line은 상품 (set of products)를 뜻합니다. line은 줄, 선이라는 뜻 이외에도 다양한 의미로 쓰입니다. 예를 들어, 대사라는 뜻으로 쓰여서 momorize one's lines (대사를 외우다)와 같이 쓰이기도하고, 전화선의 의미로 the line is busy (통화 중이다)와 같이 쓸 수도 있습니다. 또한 직업 분야, 방면이라는 뜻으로 What line of business are you in?(어떤 계통의 일을 하세요?)와 같이 쓰입니다.

line을 이용한 표현들
- draw the line 한계를 긋다 (set a limit)
- be in line for …할 순서인
  ex. I'm next in line for promotion. 나는 다음에 승진할 차례다.
- a credit line 신용한도액
- lay it on the line 솔직히 털어놓다
- in the line of duty 업무 수행 중에
- top of the line 최고 품질
- drop a line 편지를 쓰다

20 수 백명의 화난 항의자들이 자정 이후에 구속되었지만 대다수의 항의자들이 몇 시간 후에 보석으로 풀려났다.

유형 : 숙어　난이도 : ***

Solution

take somebody into custody는 '체포하다'의 뜻이다.

Vocabulary

release on bail 보석으로 풀어주다
ex. The man was released on bail after driving recklessly. 남자는 부주의하게 운전을 한 후 보석으로 풀려났다.
take somebody into custody 구금되다 (구금하다)
ex. The suspect was taken into custody to be questioned. 용의자는 조사를 받기 위해 구금되었다.
arrest 체포하다
ex. He was arrested for robbing a bank. 그는 은행을 턴 죄로 체포되었다.

security 보안
ex. There is 24-hour security in the prison. 감옥에는 24시간 보안이 있다.

Answer

(d) custody

Joseph's 강의노트 

custody는 양육권 혹은 구류의 의미로 쓰입니다. 예를 들어, 이혼한 부부가 아이들을 함께 돌보기로 합의하면 공동 양육권 (joint custody)를 갖게 됩니다. 하지만 문제의 문장에서 쓰인 take somebody into custody는 '구류하다'의 뜻으로 재판을 받기 전에 감옥에 갇히는 것을 말합니다. bail은 이렇게 잡혀있는 사람을 풀려나도록 지불하는 돈을 뜻합니다. 그 금액은 판사에 의해서 죄의 경중에 따라 달리 결정됩니다. 죄가 무거울 수록 풀려나는 것이 어렵도록 금액도 많고 현금으로 요구되기도 합니다. 아주 중범죄인 경우에는 판사가 보석 불가 판정을 내릴 수도 있습니다. apprehension과 arrest는 체포의 의미가 있습니다만 take somebody into 와 함께 쓰일 수 있는 단어를 찾아야 하므로 정답이 될 수 없습니다.

21 회사는 젊은 고객들을 끌기 위해서 광고에 수 백만 달러를 쏟아부었지만 전반적으로 광고는 반응이 나빴다.

유형 : 동사의 쓰임　난이도 : ***

Solution

동사 receive에는 수동형으로 부사와 함께 쓰여서 '반응하다'의 의미가 된다.

Vocabulary

in general 전반적으로, 일반적으로
ex. In general, I enjoy cooking food at home more than eating out. 일반적으로 나는 외식을 하는 것보다 집에서 요리하는 것을 즐긴다.
poorly 형편없이
ex. This car was poorly designed and isn't practical 이 차는 형편없이 디자인이 되었고 그래서 실용적이지 않다.
declare 선포하다
ex. The country declared war after being invaded. 국가는 침략을 받은 후에 전쟁을 선포했다.

Answer

(c) received

Joseph's 강의노트 

receive하면 제일 먼저 떠오르는 의미는 '받다'이지만 동사 receive에는 react의 뜻이 있습니다. 보통 수동의 형태로 쓰여 '어떤 반응을 얻다'의 뜻이 됩니다. 문제에서처럼 badly/poorly/well 등의 부사와 함께 쓰여 '반응이 나빴다 혹은 좋았다'의 의미가 됩니다. 또한 receive에는 '전파를 수신하다'의 의미도 있다는 것을 알아 두세요. 문제에서는 회사가 젊은 고객층을 끌기 위해 수 백만 달러를 광고에 투자했음에도 불구하고 광고에 대한 반응은 그다지 좋지 않았다는 의미입니다.

22 부부는 12년의 결혼 생활 후에 이혼 서류에 서명을 하고 있는 중이기는 했지만 쌍방 모두 결별이 우호적이었다고 주장했다.

유형 : 형용사의 의미　난이도 : ***

Solution

amicable은 '우호적인'의 뜻이다.

Vocabulary

in the midst of 가운데의
ex. In the midst of all of the chaos around her, Pam felt unusually at peace. 그녀를 둘러싼 혼란 가운데에서 팸은 이상하게도 평온함을 느꼈다.
divorce 이혼
ex. The woman decided to get a divorce after fighting with her husband for ten years. 여자는 10년 동안 남편과 싸운 후에 이혼을 하기로 결정했다.
meticulous 세심한, 꼼꼼한
ex. The writer was very meticulous with choosing every word that he used. 작가는 그가 사용하는 단어 하나를 매우 꼼꼼히 선택했다.
precarious 위태로운
ex. The child played on the wall in a precarious manner. 아이는 벽 위에서 위태로운 방식으로 놀았다.
amicable 우호적인

ex. They reached an amicable agreement. 그들은 우호적인 합의에 도달했다

Answer

(d) amicable

Joseph's 강의노트 

앞 문장이 although로 시작되었으므로 뒷 문장의 내용을 앞의 내용과 대조를 이룰 것이라는 것을 알 수 있습니다. 보기로 주어진 형용사의 뜻을 알지 못하면 문제 해결이 까다로울 수도 있습니다. 여기서는 부부가 12년의 결혼 생활을 청산하는 이혼 서류의 서명을 하고 있는 중이기는 했지만 이혼이 우호적인 것이었다고 하는 것이 의미상 가장 적절합니다. amicable은 amicable relations (우호 관계), amicable settlement (원만한 해결)과 같이 많이 쓰입니다. **split은 명사로 분열, 결별의 의미로 쓰이는데 여기서는 이혼을 의미합니다.**

23 많은 국가의 정부들이 농부들의 소득을 보조하고 일정한 생활 필수품들의 시장 가격에 미칠 영향을 고려해 보조금을 지불한다.

유형 : 명사의 의미 난이도 : ***

Solution

subsidy는 '보조금'의 뜻이다.

Vocabulary

supplement 보충하다

ex.He's looking for a part-time job to supplement his income. 그는 자신의 소득을 보충하기 위해서 시간제 일자리를 구하고 있다.

market price 시세

ex. The market price of lobster this season is $15 per pound. 현재 바닷가재의 시세는 일 파운드 당 15달러이다.

commodities 생활필수품

ex. They provide essential commodities for anyone in need. 그들은 도움이 필요한 사람이라면 누구에게든 필수 생활용품을 제공한다.

subsidies 보조금

ex. Without the government's sudsidies, some companies will go out of business. 정부의 보조금이 없다면 일부 회사들은 부도가 날 것이다.

Answer

(a) subsidies

Joseph's 강의노트 

농부들의 소득을 보충하고 생활 필수품의 가격 안정을 위해 정부가 농부들에게 지급하는 보조금을 영어로 무엇이라고 하는가를 묻는 문제입니다. subsidy는 정부나 공공 기관이 상품이나 서비스의 가격을 낮추는 것을 돕기 위해 지불하는 금전적 혜택을 의미합니다.

market을 이용한 다양한 표현들

- be in the market for something …을 사려고 하다
- on the market 시장에 나와있는
- a market for …에 대한 수요
- a buyer's/seller's market 사는/파는 사람에게 유리한 가격의 시장
- corner a market 시장을 장악하다
- monopolize a market 시장을 독점하다
- the housing market 주택 시장
- the labor market 노동 시장

READING

1 최근 한 연구는 어린이들의 지나치게 활발한 행동이 식품 첨가제로 인한 것일 수도 있다고 주장한다. 과학자들은 일부 아이들이 가공 식품에 들어 있는 식품용 염료와 방부제에 알레르기 반응을 보인다는 것을 발견했다. 연구자들에 의하면 이러한 알레르기 반응은 과민성 주의력 결핍증과 같은 행동 장애와 연관이 있을 수도 있다고 한다. 아이가 이러한 첨가제 섭취를 제한하는 것은 상당한 행동의 개선을 가져 올 수 있다. 그러나 식염료와 방부제는 시리얼, 과자에서부터 아이들이 학교에서 먹는 점심에 이르기까지 모든 것에 들어있기 때문에 이것은 매우 힘든 일이 될 수도 있다. 과일 주스와 같이 겉보기에는 건강한 것으로 보이는 간식들 조차도 인공 염료가 잔뜩 들어 있을 수 있다.

(a) 기억력의 개선
(b) 영양소의 더 나은 흡수
(c) 일부 어린이들에게 있어 심각한 알레르기 반응
(d) 상당한 행동의 개선

유형 : 인과 관계 파악　난이도 : *

Solution

식품 첨가제가 과민성 주의력 결핍증과 같은 행동 장애와 연관이 있을 수 있다고 했으므로 그런 식품의 섭취를 줄이면 행동이 개선될 것이라고 하는 것이 가장 적절하다.

Vocabulary

additive 첨가제
ex. Organic foods do not have any artificial additives in them. 유기농 식품은 인공 첨가제가 들어있지 않다.

allergic 알레르기의
ex. Alice has an allergic reaction to the bee sting. 엘리스는 벌에 쏘이면 알레르기 반응을 보인다.

dye 염료, 물감
ex. The dye from the red shirt turned everything a shade of pink. 빨간 셔츠의 염료가 모든 것이 분홍빛을 띠도록 만들었다.

preservative 방부제
ex. The preservatives in the food stopped it from going bad quickly. 식품의 방부제는 음식이 빨리 상하는 것을 막았다.

intake 섭취
ex. The doctor recommended that I increase my intake of fruits and vegetables. 의사는 과일과 야채의 섭취를 늘리라고 권고했다.

challenging 어려운
ex. Tom is very stubborn, which makes it very challenging to work with him. 탐은 고집이 센데 이것은 그와 함께 일하는 것을 어렵게 만든다.

seemingly 겉보기에
ex. The seemingly innocent remark added tension to the already unstable situation. 겉보기에 해가 없어 보이는 발언이 이미 불안한 상황에 긴장을 더했다.

chockfull 가득한
ex. Tom's refrigerator was chockfull of food. 탐의 냉장고는 음식으로 가득했다.

Answer

(d) significant improvements in behavior

Joseph's 강의노트 

가공 식품에 들어 있는 식품 염료와 방부제가 어린이들의 ADHD와 관계가 있을 수도 있다는 연구 내용에 대한 내용입니다. 일부 어린이들은 이러한 식품 첨가제들에 알레르기 반응을 보이는데 이러한 알레르기 반응 중 하나로 아이들이 지나치게 활발해지고 주의력이 결핍된다고 합니다. 그러므로 이러한 식품의 섭취를 줄이는 것은 행동의 개선을 가지고 올 수 있다고 하는 것이 가장 논리적이라고 할 수 있으므로 (d)가 정답으로 가장 적절합니다. 식품 첨가제의 섭취를 줄임으로써 기억력이 개선된다는 내용이나 영양분을 더 잘 섭취하게 해준다거나 심각한 알레르기 반응이 일어날 수 있다는 내용은 적절하지 않습니다.

2 여러분은 아마도 인터넷을 이용하여 친구들이나 동료들에게 이메일이나 인스턴트 메시지를 보내고 있을 것입니다. 하지만 컴퓨터를 이용하여 전화를 할 수도 있다는 것을 알고 계시나요? 스파크를 이용하여 여러분은 인터넷을 이용하여 스파크를 이용하는 다른 사람들과 무료로 전화 통화를 할 수 있습니다. 여러분은 또한 스파크를 이용하여 일반 전화와 핸드폰에도 값싸게 전화를 할 수 있으며 무엇보다도 이용이 매우 쉽습니다. 헤드셋과 인터넷만 있으면 여러분은 준비가 된 것입니다! 스파크 소프트웨어는 설치하기가 쉽습니다. 몇 분이면 여러분은 연결이 될 것이고 친구들과 가족들에게 전화를 할 수 있습니다. 한 번 시도해 보세요.

(a) 여행 계획을 하다
(b) 친구들과 가족들에게 전화를 하다
(c) 중요한 이메일을 보내다
(d) 음악 서비스를 설치하다

유형 : 결론 찾기 난이도 : *

Solution

광고하고 있는 Spark는 인터넷을 이용한 전화 서비스 소프트웨어다.

Vocabulary

Affordably 저렴하게
ex. The old house needed to be remodeled and there was no way to do it affordably. 그 오래된 집은 개조가 필요한데 그것을 저렴하게 할 방법은 없었다.
on one's way …로 가는 길에
ex. James ran into a friend on his way to the dentist's office. 제임스는 치과에 가는 길에 친구와 마주쳤다.
install 설치하다
ex. As soon as the store installed a new security camera, the incidences of shoplifting decreased dramatically. 상점이 새로운 감시 카메라를 설치하자마자 도난 발생이 크게 줄었다.
give it a try 시도해보다
ex. Chris wasn't sure that he would enjoy the exotic food, but he decided to give it a try. 크리스는 자기가 이국적인 음식을 좋아할지 확신이 없었지만 시도해 보기로 했다.

Answer

(b) calling friends and family

Joseph's 강의노트 

광고하고 있는 Spark가 무엇인지를 파악하면 쉽게 답을 찾을 수 있는 문제입니다. With Spark, you can use your internet connection to make free phone calls to others with the service anywhere in the world. 부분에서 스파크가 인터넷을 이용하여 무료 전화 통화를 할 수 있는 서비스라는 것을 알 수 있습니다. 그러므로 여기서는 (b)가 정답으로 가장 적절합니다. 인터넷을 일반적으로 이메일을 보내거나 메시지를 보내는데 이용한다고 소개한 것을 착각하여 (c)를 정답으로 고르지 않도록 합니다.

3 많은 사람들이 세상의 종말을 살아 남을 수 있는 동물이 있다면 그것은 보잘것없는 바퀴벌레일 것이라고 주장한다. 이러한 추측은 확실히 과학적인 근거가 있다. 많은 종류의 바퀴벌레들이 매우 제한된 식량 공급으로도 살아남을 수 있다. 그들은 우표 뒤에 남아 있는 풀만으로도 오래 동안 살아 남을 수 있다. 음식물이 전혀 없어도, 그들은 적은 양의 저장된 에너지로 한 달까지 살 수 있다. 대부분의 바퀴벌레들은 공기가 없이도 45분까지 살아 남을 수 있으며 심장 박동을 마음대로 늦출 수도 있다. 하지만 아마도 가장 놀라운 사실은 그들이 머리가 없이도 한 달 이상 살아 남을 수 있다는 사실이다.
(a) 매우 제한된 식량 공급으로도 살 수 있다.
(b) 발견되지 않고 작은 공간에 숨을 수 있다.
(c) 매우 추운 환경에서도 번식할 수 있다.
(d) 긴 거리를 상대적으로 재빨리 움직일 수 있다.

유형 : 글의 주제문 파악 난이도 : **

Solution

바퀴벌레가 음식이 거의 없어도 살아 남을 수 있다는 내용이므로 (a)가 가장 적절하다.

Vocabulary

lowly 보잘것 없는
ex. The wealthy man considers them lowly people. 부자는 그들을 보잘 것 없는 사람 취급을 한다.
speculation 추측
ex. Speculation about who would get the promotion had reached an all-time high. 누가 승진을 할 것인가에 대한 추측은 최고에 달했다.
at will 마음대로, 자유자재로
ex. The vampires could stop breathing for long periods of time at will. 흡혈귀는 마음대로 오랫동안 숨을 참을 수 있다.

Answer

(a) live on an extremely limited food supply

Joseph's 강의노트 

빈 칸에는 글의 주요 내용을 요약할 수 있는 내용이 와야 합니다. 글은 전반적으로 바퀴 벌레의 놀라운 생존 능력을 설명하고 있는데 그 중에서도 음식이 없이도 오랜 시간 살아 남을 수 있다는 사실에 초점을 두고 있습니다. 빈 칸 바로 뒤에 오는 내용, 우표 뒤에 남아 있는 풀만으로도 한 동안 살아 남을 수 있다는 사실로 볼 때 매우 제한적인 음식 공급만으로도 살아 남을 수 있다는 내용을 설명하고 있습니다. 또한 음식이 없을 경우, 이미 저장된 에너지로 한 달까지 살아 남을 수 있다고 그 내용을 뒷받침하고 있습니다. 발견되지 않고 좁은 공간에 숨을 수 있다는 내용과 매우 추운 환경에서도 번식할 수 있다는 내용, 긴 거리를 빨리 달릴 수 있다는 내용은 바퀴 벌레에 대한 일반적인 사실이라 할지라도 이 글에서 언급되지 않았으므로 정답이 될 수 없습니다.

4

가장 위험한 서커스 여흥 중의 하나는 언제나 검 삼키기다. 이 놀라운 행위를 하는 곡예사는 이물질을 몸 속으로 안전하게 움직이는 방법을 알아야만 한다. 검은 식도를 거쳐 때로는 위 속까지 들어가야 한다. 이것에 성공하기 위해서 곡예사는 우선 구역질 반응을 억제해야 하고 목을 편안히 해야만 한다. 이 곡예에 사용되는 검들과는 달리 입에서 위에 이르는 통로는 구불구불하기 때문에 부상당하거나 죽지 않고 이 곡예를 완벽하게 해내는 것은 대단한 묘기라고 할 수 있다.

(a) 이물질을 몸 속으로 안전하게 움직이는 방법
(b) 어떤 종류의 검이 이 곡예에 최상인가
(c) 관객들을 겁주지 않으면서 흥을 제공하는 방법
(d) 왜 사람들이 위험한 곡예를 즐기는가

유형 : 주제문 파악 난이도 : **

Solution

빈 칸 뒤에 나오는 내용을 살펴 보면 곡예사가 어떻게 안전하게 검을 입 안으로 집어 넣는가에 대한 내용이라는 것을 알 수 있다.

Vocabulary

suppress 억제하다
ex. Jane suppressed her anger because she did not want people to think she was impatient. 제인은 사람들이 그녀가 참을성이 없다고 생각할까봐 화를 참았다.

curvy 구불구분한
ex. The curvy mountain road was very dangerous during the wintertime. 구불구불한 산 길은 겨울에는 위험했다.

feat 위업, 공적, 대단한 성과
ex. It was no small feat when Brad walked again after the horrible accident. 브래드가 끔찍한 사고 후에 다시 걷게 된 것은 대단한 성과였다.

Answer

(a) how to safely move a foreign object through the body

Joseph's 강의노트

서커스에서 볼 수 있는 검 삼키기에 대한 글입니다. 빈 칸 다음에 나오는 내용을 살펴보면 어떻게 다치지 않고 성공적으로 검을 삼킬 수 있는가를 설명하고 있습니다. 그러므로 이러한 곡예를 하는 사람은 foreign object, 즉 sword를 어떻게 입을 통해 위까지 안전하게 집어 넣을 수 있는지를 알아야 한다는 (a)가 가장 적절합니다. 어떤 종류의 검이 이 곡예에 가장 적절하다거나 관객들에게 겁을 주지 않으면서 여흥을 제공한다거나 왜 사람들이 위험한 곡예를 보는 것을 즐기는가에 대한 내용은 전혀 언급되지 않았습니다. Unlike the swords used, the path leading from the mouth to the stomach is curvy 부분 때문에 (b)를 정답으로 고르지 않도록 주의하세요. 이 부분은 단지 검 삼키기가 힘든 곡예인 이유 중의 하나가 검은 일직선인데 반해서 입에서 위까지 이르는 몸 속의 부분은 그렇지 않다는 것을 설명하기 위한 것일 뿐입니다.

5

새로운 보고는 인터넷 서핑을 하는 것이 뇌에 실제로 도움이 될 수 있다는 것을 제안한다. 50세 이상의 인터넷 사용자들에게 온라인 검색 엔진을 이용하여 정보를 찾는 것은 정신을 활동적으로 유지시켜 줄 수 있다. 이것은 사람들이 나이가 들고 세포의 활동이 줄어드는 경향이 있기 때문에 건강한 두뇌 기능을 유지하는데 중요한 역할을 한다. 과학자들은 온라인 검색에 필요한 복잡한 작업이 의사결정과 복잡한 추론을 포함하기 때문에 단순히 책을 읽는 것보다 두뇌를 훨씬 더 활동적으로 유지시켜 준다.

위 글의 내용과 일치하는 것은?
(a) 인터넷 검색은 새로운 뇌 세포가 자라도록 한다.
(b) 많은 나이 든 사람들 기술 이용에 겁을 먹는다.
(c) 독서는 두뇌 건강을 유지하는데 가장 효과적인 방법이다.
(d) 인터넷 서핑이 나이든 사람들에게 도움이 된다.

유형 : 내용 일치 난이도 : *

Solution

글의 전반적인 내용은 인터넷 서핑이 중 장년층의 두뇌 활동을 활발하게 해 준다는 것이다.

Vocabulary

play a key role in 중요한 역할을 하다
ex. The ambassador played a key role in the peace talks between the two countries. 대사는 두 국가의 평화 협상을 하는데 중요한 역할을 했다.
maintain 유지하다
ex. Tom's old car was difficult to maintain. 탐의 낡은 차는 유지하기가 힘들다.
tend to …하는 경향이 있다
ex. Some teenagers tend to be more concerned with impressing their friends. 일부 십대들은 친구들에게 좋은 인상을 주는 것에 더 염려하는 경향이 있다.
slow down (속도를) 늦추다
ex. The police officer told the man to slow down. 경찰관은 남자에게 속도를 줄이라고 말했다.
complicated 복잡한
ex. The concepts were very complicated and difficult to understand. 그 개념은 매우 복잡해서 이해하기가 어렵다.
complex 복잡한
ex. The language in the book was very complex. 이 책의 용어는 매우 복잡하다.

Answer

(d) Surfing the web benefits older people.

Joseph's 강의노트 

새로운 연구 결과에 의하면 50세 이상의 사람들에게 인터넷을 이용하는 것이 두뇌 활동을 활발하게 해주는데 이것은 독서를 하는 것 보다 훨씬 두뇌를 활동적으로 만들어 준다고 합니다. 그러므로 (d) Surfing the web benefits older people이 정답이 됩니다. 새로운 두뇌 세포가 자라게 해준다는 내용은 없기 때문에 (a)는 정답이 될 수 없습니다. 나이가 든 사람들이 새로운 기술을 사용하는 것을 두려워한다는 내용도 언급되지 않았습니다. (c)는 글의 내용, 즉 인터넷 서핑이 독서보다 더욱 복잡한 두뇌 활동을 요구하기 때문에 두뇌 건강에 독서보다 좋다는 내용과 정 반대의 내용이므로 오답입니다.

6 미술 애호가 여러분들께,

여러분들 중 많은 분들께서 이미 알고 계시다시피 패러웨이 미술관의 "인류" 전시를 폐쇄하는 것에 대한 논의가 있어왔습니다. 시장을 포함한 많은 공직자들이 미술관이 포함시키기로 결정한 많은 그림들, 조각품들과 사진 작품들의 대다수가 "불쾌감을 조성하는 경향"이 있다는 이유로 이 전시회를 폐쇄할 것을 요구하는 성명을 발표해왔습니다. 이 작품들은 많은 재능 있고 세계적으로 유명한 예술가들의 작품들로, 전시회를 폐쇄하는 것은 그들의 표현의 권리뿐만 아니라 의미 있고 흥미로운 예술을 즐길 우리의 권리에 대한 모욕이 될 것입니다. 여러분의 지역 공직자들에게 편지, 이메일, 전화를 통해 여러분이 예술작품이 아니라 검열을 불쾌하게 여긴다는 것을 알리도록 합시다.

이 편지를 쓴 사람이 읽는 사람들에게 제안하고 있는 것은?
(a) 미술관에 전시회를 다른 곳으로 이전하도록 요구할 것
(b) 미술관에 가서 전시회를 관람할 것
(c) 지역 지도자들에게 전시회를 계속하도록 요구할 것
(d) 다른 사람들에게 시장이 하고자 하는 것을 알릴 것

유형 : 글의 목적 난이도 : **

Solution

몇몇 지역 지도자들이 전시회를 폐쇄하고자 하는 움직임에 대해 반대하는 내용의 글이다.

Vocabulary

offensive 불쾌한
ex. Many parents found the book to be offensive and demanded that it be banned from schools. 많은 부모들이 그 책을 불쾌하게 여겨서 학교에서 그것이 금지되어야 한다고 요구했다.
world-renowned 세계적으로 유명한
ex. The world-renowned writer is giving a lecture in the university's auditorium. 세계적으로 유명한 작가는 오늘 대학 강당에서 강연을 하고 있다.
insult 모욕
ex. Elaine was full and could not finish her entire meal, which the hostess considered an insult to her cooking. 일레인은 배가 불러서 음식을 다 먹지 못했지만 여주인은 요리에 대한 모욕이라고 여겼다.
meaningful 의미있는
ex. Although the gift was small, it was still meaningful. 선물은 작았지만 여전히 의미가 있었다.

censorship 검열
ex. The government decided that censorship was the only way to handle publication. 정부는 검열이 출판을 다룰 수 있는 유일한 방법이라고 결정했다.

Answer
(c) To tell local leaders to keep the show open

Joseph's 강의노트 

편지를 읽고 글을 쓴 사람이 읽는 사람에게 촉구하고 있는 내용이 무엇인가를 고르는 문제입니다. 글의 앞부분에서는 전시회와 그 전시회에 반대하는 일부 공무원들에 대한 내용을 설명하고 있습니다. 글의 핵심은 These pieces are the work of several talented, world-renowned artists and closing the show would be an insult, not only to their right to self-expression, but to our right to meaningful and challenging art. 즉 전시회를 폐쇄하는 것은 표현의 자유에 대한 침해이고 예술에 대한 검열이라고 주장하면서 맨 마지막 부분에서 Please let your local officials know through letters, emails, and phone calls that you find censorship, not art, offensive.이라고 한 것으로 볼 때 이 편지를 읽는 사람들이 지역 사회 지도자들에게 탄원을 하여 전시회가 지속될 수 있도록 하고자 한다는 것을 알 수 있습니다. 그러므로 정답은 (c) To tell local leaders to keep the show open가 됩니다.

7 많은 사람들에게 있어 가장 큰 주택과 최고급 자동차와 가장 많은 물건들을 사기 위한 경쟁은 불행의 원인이다. 적어도 소박한 삶 운동에 심취한 사람들이 믿고 있는 바는 그렇다. 이러한 철학에 따라 사는 사람들은 의미 없는 소비품들을 사기 위해 더 많은 돈을 벌려고 책상에 묶여있는 것이 많은 사람들에게 공허감을 남겨 준다고 생각한다. 대신 심플한 삶 운동을 주창하는 사람들은 절충을 옹호하는 데 가능한 한 최소한의 물건을 사는 것에 동의하고 필요한 것에만 초점을 맞춤으로써 자신의 생활 양식을 유지하기 위해 더 적은 시간 일을 해도 된다. 심플한 삶 옹호자들은 자신들이 필요로 하는 것을 만들고 기르고 교환하며, 자신들의 사무실에서 보냈을 시간을 삶을 좀 더 풍요롭고 의미 있게 만드는 데 이용한다.

위 글에서 유추할 수 있는 것은?

(a) 심플한 삶의 철학이 지금 인기이다.
(b) 사무실에서 일하는 것은 많은 사람들을 불행하게 만든다.
(c) 많은 심플 라이프 옹호자들은 먹거리를 직접 재배한다.
(d) 많은 심플 라이프 옹호자들은 일자리가 없다.

유형 : 추론　난이도 : ***

Solution
심플 라이프 옹호자들은 일을 더 많이 해서 더 많은 돈을 버는 것보다는 필요한 것에만 소비를 하고 필요한 것들을 직접 재배 교환함으로써 더 적은 시간을 사무실에 앉아 보내도 되는 대신 그 시간을 풍요로운 삶을 만드는데 사용하고자 한다.

Vocabulary
philosophy 철학
ex. My personal philosophy is to treat everyone with respect. 나의 개인적인 철학은 모든 사람을 존중한다는 것이다.
unfulfilled 실현되지 않은
ex. Many of the promises the politician made went unfulfilled. 그 정치인이 한 약속의 대부분은 실현되지 않았다.
advocate 옹호자
ex. Jan was a human rights advocate who travelled to many countries to help people. 잰은 사람들을 돕기 위해 세계를 여행하는 인권 옹호자다.
tradeoff 절충
ex. Buying the car involved many tradeoffs; I didn't get all the features I wanted, but I did get the price I wanted. 차를 구입하는 데 많은 점이 절충되었다. 내가 원하는 기능들을 얻지 못했지만 내가 원하는 가격은 얻었기 때문이다.

Answer
(c) Many simple life advocates grow their own food.

Joseph's 강의노트 

Simple living movement를 따르는 사람들은 더 많은 돈을 벌기 위해 많은 시간을 일을 하며 보내기 보다는 필요한 만큼만 벌어서 단순하게 살자는 주의입니다. 적게 일을 하기 때문에 버는 돈이 적지만 대신 자신만의 시간을 더 갖게 됨으로써 일종의 절충 (tradeoff)이라고 설명을 하고 있습니다. tradeoff란 하나를 얻는 대신 다른 하나를 포기해야 하는 경우를 가리킵니다. Simple life advocates make, grow, and trade for the things they need라고 한 부분에서 이러한 운동의 옹호자들은 필요한 것을 만들거나 기르거나 교환함으로써 얻는다고 했으므로 음식을 직접 재배한다는 것을 유추할 수 있습니다.

8 1993년에 설립된 유럽 연합은 유럽 경제 공동체 (EEC)의 기존 협약을 토대로 하여 수립되었다. EEC처럼 유럽 연합의 목적은 모든 27개 회원국가들의 건전한 경제를 공통의 무역 정책을 통해서 보장하는 것이다. 이것을 위해서 이 중 15개 국가들은 공통 화폐 유로를 채택했다. 그러나 유럽 연합은 상품과 인력, 서비스 자본의 자유로운 이동을 보장하는 정치적인 제휴이기도 하다. 이것으로 인한 하나의 결과는 많은 회원국들 사이에 여권 검사를 철폐한 것이다.

유럽 연합에 관한 내용으로 알맞은 것은?
(a) 유럽의 모든 국가들이 유럽 연합의 회원국이다.
(b) 정치적인 결정은 물론 경제적인 결정도 내린다.
(c) 모든 회원국들이 유로를 사용하도록 요구한다.
(d) 유럽 경제 공동체의 일부이다.

유형 : 내용 일치 난이도 : *

Solution

유럽 연합에 대한 사전 지식이 없더라도 주어진 내용을 바르게 이해하면 쉽게 해결할 수 있는 문제이다.

Vocabulary

establish 설립하다
ex. The wealthy family established a very well-known art school. 부유한 가족은 매우 잘 알려진 예술 학교를 설립했다.
foundation 기초, 토대
ex. This country is built on the foundation of freedom. 이 나라는 자유를 토대로 하여 세워졌다.
alliance 동맹
ex. The countries formed a powerful political alliance. 국가들은 강력한 정치적 동맹을 형성했다.
ensure 보장하다
ex. Setting a budget will ensure that you don't spend too much money. 예산을 세우는 것이 네가 너무 많은 돈을 낭비하지 않도록 보장한다.
adopt 채택하다, 입양하다
ex. Eric and Leslie are going to adopt a child. 에릭과 레슬리는 아이를 입양할 것이다.
coalition 제휴
ex. The armies formed a coalition to end enemy attacks. 군대들은 적군의 공격을 종식시키기 위해서 제휴를 형성했다.
abolition 폐지
ex. During the 1800s, many people worked for the abolition of slavery. 1800년대 동안 많은 사람들이 노예제도의 폐지를 위해 노력했다.

Answer

(b) The EU makes political as well as economic decisions.

Joseph's 강의노트 

유럽 연합에 관한 글을 읽고 사실인 내용을 고르는 문제입니다. 유럽의 모든 국가가 회원은 아니므로 (a)는 오답입니다. 유럽 연합은 이전에 존재하던 유럽 경제 공동체의 제휴를 근거로 하여 정치적인 제휴이기도 합니다. 그러므로 (b)가 정답입니다. 27개국 회원국 중에서 단일 화폐 유로를 채택한 국가들은 15개 국이고 유럽 공동체는 1993년 유럽 연합이 설립된 이후에는 EC (European Community)라는 이름으로 유럽 연합의 일부로 흡수되었습니다. 그러므로 유럽 연합이 유럽 경제 공동체의 일부라는 것은 사실이 아닙니다. 유럽을 여행해 보신 분들이라면 경험해보셨겠지만 유럽의 주요 국가들간을 여행할 때 국경에서 여권 검사를 하는 경우는 없습니다. 이것은 회원 국가들 사이의 물자와 인력 자원의 이동을 원활히 하기 위한 조치들 중 하나입니다.

9 매 년 전 세계의 가장 부유하고 강력한 국가들이 G8 정상회담을 위해 모여서 가장 빈곤하고 취약한 국가들에 금전적인 원조를 제공하는 것에 대해 장황한 약속을 한다. 매 년 이러한 약속들은 대개 지켜지지 않으며 사람들은 계속해서 고통을 겪고 있다. 그러나 많은 개발 도상국들에서의 문제는 꼭 불충분한 금액의 돈이 약속되거나 전달되지 않는 것에 대한 것이 아니라 오히려 그 국가들이 투자를 진정으로

유용한 것이 되도록 하는 경제적 유연성이 부족하기 때문이다. 종종 가난한 국가의 예산은 국민들의 당장의 욕구를 충족시키기에도 충분하지 않은 경우가 많다. 그래서 장기적인 면에서 국가를 유지해 줄 계획에 집중할 만한 자금이 거의 남지 않게 된다.

위 신문 기사의 내용과 일치하는 것은?
(a) 금전적인 원조는 종종 부적절하게 사용된다.
(b) 가난한 국가들도 G8 정상 회담에 참가해야 한다.
(c) G8 회원국들은 세계 빈곤에 관심이 없다.
(d) 가난한 국가들은 미래에 투자할 자본이 거의 없다.

유형 : 내용 일치 난이도 : **

Solution

개발 도상국들의 국민들이 고통을 받고 있는 이유는 반드시 선진국들의 원조가 부족해서라기 보다는 개발 도상국들이 장기적인 안목으로 미래에 투자를 할 만한 여유 자본이 부족한 것이 문제라고 밝히고 있다.

Vocabulary

summit 정상회담
ex. The political summit is held in a different country every year. 정치적 정상회담은 매년 다른 나라에서 열린다.
long-winded 장황한
ex. The politician gave a long-winded speech. 정치인은 장황한 연설을 했다.
monetary 금전적인
ex. The charity needs monetary donations, as well as volunteers. 자선 단체는 금전적인 기부뿐만 아니라 자원 봉사자들도 필요하다.
vulnerable 취약한
ex. People in some countries are especially vulnerable to disease. 일부 국가의 사람들은 특히 질병에 걸리기 쉽다.
beneficial 유용한, 혜택이 있는
ex. Eating healthy foods and exercising are beneficial to one's health. 건강에 좋은 음식을 먹고 운동을 하는 것은 건강에 도움이 된다.
funnel 집중시키다
ex. The school will funnel most of the money into new classroom supplies. 학교는 자금의 대부분을 새로운 교실 용품에 집중시킬 것이다.
sustain 지탱하다
ex. Eating a big breakfast can easily sustain me until lunchtime. 아침을 든든히 먹는 것은 나를 점심시간까지 거뜬히 지탱해 줄 것이다.

Answer

(d) Poor nations have little capital to invest in the future.

Joseph's 강의노트

매년 열리는 G8 정상회담에서 선진국들이 어떻게 개발 도상국에게 금전적인 원조를 제공할 것인가 하는 문제가 논의되지만 실제로 빈곤한 국가에서의 문제는 원조로 받는 기금이 불충분하다거나 제대로 전달되지 않는 것으로 인한 것이 아니라 국가 자체가 장기적인 안목으로 국가의 미래를 위해 투자를 할 형편이 되지 않고 당장에 필요한 것들을 해결하는 데도 충분하지 않기 때문이라고 합니다. 그러므로 (d)가 정답으로 가장 적절합니다. 글의 전반부의 G8 정상 회담이 실제 개발 도상 국민들의 생활을 향상 시키는데 있어 회의적인 의견을 보인다고 해서 (b)나 (c)를 정답으로 고르지 않도록 주의하세요. 글의 중반부의 the problem in many developing nations is not necessarily that not enough money is being promised or delivered, but rather that they lack economic flexibility that would make such an investment truly beneficial 라고 한 부분에서 빈곤한 국가의 문제들이 선진국의 원조나 투자 부족만은 아니라고 설명하고 있습니다. 즉 원조를 받는다고 해도 미래를 위해 투자할 만한 여유가 없다는 것이 큰 문제라고 밝히고 있습니다.

NOTE

조셉킴 TEPS
기출공식 고득점 6주 완성

기출예상 VOCA

Early Bird Gift

Day 1

기출예상 VOCA- SET 1

1. **active volcano** n.활화산 ______
2. **apathy** n.냉담, 무관심 ______
3. **calamity** n.재난, 불행 ______
4. **cold front** 한파 ______
5. **cut the red tape** 관료적인 절차를 줄이다 ______
6. **disaster area** n.재난 지역 ______
7. **epicenter** n.진원지 ______
8. **famine** n.기근 ______
9. **fire drill** 소방훈련 ______
10. **fraught with** ~로 가득한 ______
11. **landslide** n.산사태 ______
12. **measure** v.측정하다 ______
13. **perennially** a.계속해서 ______
14. **quake** vi.지진 ______
15. **respiratory problem** n.호흡기 질환 ______
16. **scourge** n.역병 ______
17. **seismology** n.지진학 ______
18. **strand** n.오도가도 못하게 되다 ______
19. **tornado** n.토네이도 ______
20. **volunteer** n.자원하다, 자원자 ______
21. **available** a.시간이 있는 ______
22. **noisy** a.시끄러운
    My neighbors had a party last night. It was so noisy that people called the police.
    내 이웃이 어젯밤에 파티를 했다. 너무 시끄러워서 사람들이 경찰을 불렀다.
23. **fabulous** a.아주 멋진
    Jimmy's housewarming party was fabulous.
    지미의 집들이 파티는 아주 멋졌다.
24. **search** 찾다
    Everyone in town was searching for the missing-boy.
    마을의 모든 사람들이 잃어버린 소년을 찾아 다녔다.
25. **afford** vt.…할 형편이 되다
    I don't know how Jim can afford such a luxurious car.
    어떻게 짐이 그렇게 고급 차를 살 형편이 되는지 모르겠어.
26. **appointment** n.진료 예약
    Could I schedule an appointment with Dr. Lesley?
    레슬리 의사 선생님과 진료 예약을 할 수 있을까요?
27. **application** n.지원서, 지원서
    You can download the application form from the company web site.
    지원서 양식은 회사 웹사이트에서 다운로드 받을 수 있습니다.
28. **qualified** a.자격을 갖춘
    It was hard to make a decision because there were so many qualified applicants.
    자격을 갖춘 지원자들이 너무 많아서 결정을 내리기가 힘들었다.
29. **keep in touch** 연락을 유지하다
    I haven't kept in touch with my cousins since my uncle died.
    나는 삼촌께서 돌아가신 후 사촌들과 연락을 하지 않고 지냈다.
30. **anxious** a.염려하는
    Kevin was so anxious about the exam that he couldn't sleep.
    케빈은 시험 걱정을 하느라 잠을 못 잤다.
31. **payment** n.지불
    I made a payment for my new car.
    나는 내 새 차 값을 지불했다.
32. **call in sick** 전화로 결근을 알리다
    I called in sick today because I have the flu.
    나는 독감에 걸렸기 때문에 오늘 전화로 결근을 알렸다.
33. **sick leave** 병가
    I can't miss any more work. I don't have any sick leave left.
    나는 더 이상 결근을 할 수 없다. 병가가 남아 있지 않다.
34. **strict** a.엄격한
    He's a strict teacher, but he's also very good.
    그는 매우 엄한 교사지만 매우 훌륭한 교사이다.
35. **deal with** 상대하다
    I don't want to deal with my parents being angry with me right now.
    나는 화를 내시는 부모님을 지금 상대하고 싶지 않다.
36. **be used to** 익숙하다
    I'm used to waking up early every day.

나는 일찍 일어나는 데 익숙하다.

37. **can't wait** 기다릴 수 없을 만큼 기대가 되다
    I can't wait to go home and take a nap.
    나는 빨리 가서 낮잠을 자고 싶다.
38. **count the days** 손꼽아 기다리다
    Jenny is counting the days before she goes on her vacation to Europe.
    제니는 유럽으로 여행을 떠나기 전에 여행을 손꼽아 기다리고 있다.
39. **get together** 모이다
    Do you want to get together sometime this week to study for the history exam?
    이번 주 언제 함께 모여서 역사 시험 공부할래?
40. **client** n.고객
    I have a meeting with a client at 2 p.m.
    나는 오후 2시에 고객과 회의가 있다.
41. **furious** a.매우 화가 난
    His parents were furious when he didn't come home until the morning.
    그의 부모님은 그가 아침까지 집에 돌아오지 않아서 화가 났다.
42. **get past** 통과하다
    I can't get past this level. I die every time I enter the castle.
    나는 이 레벨을 통과할 수가 없어. 매번 성에 들어 갈 때마다 죽게 돼.
43. **drive someone crazy** …을 짜증나게 하다
    It really drives me crazy how you never clean your dishes.
    네가 설거지를 안 하는 것은 나를 정말 짜증나게 한다.
44. **interrupt** v.중단하다
    We interrupt this program for a special breaking news report.
    저희는 긴급 뉴스를 전해 드리기 위해 이 프로그램은 중단합니다.

기출예상 VOCA- SET 2

1. **aftershock** n.여진, 여파 ______
2. **avalanche** n.눈사태 ______
3. **blizzard** n.눈보라 ______
4. **cataclysm** n.대홍수, 지각 변동 ______
5. **crater** n.분화구 ______
6. **designate** vt.지정하다 ______
7. **drought** n.가뭄 ______
8. **earthquake** n.지진 ______
9. **endeavor** v.노력 ______
10. **evacuate** v.철수하다 ______
11. **fire fighter** 소방관 ______
12. **flurry** n.돌풍 ______
13. **inundation** vt.범람 ______
14. **mudslide** n.진흙 사태 ______
15. **outbreak** n.발발, 발생 ______
16. **refugee** n.피난민 ______
17. **rife with** ~로 가득한 ______
18. **tremor** n.전율 ______
19. **tide** n.조수 ______
20. **typhoon** n.태풍 ______
21. **security check** 보안 검사
    It took over an hour to go through the security-check at the airport.
    공항에서 보안 검색을 통과하는데 한 시간이 넘게 걸렸다.
22. **impress** vt.좋은 인상을 주다
    I wasn't impressed with the restaurant's dessert.
    나는 그 식당의 디저트에 별로 좋은 인상을 받지 못했다.
23. **grade** n.성적을 매기다
    How do you think the professor will grade on this exam?
    교수님이 이번 시험에 어떻게 성적을 매길거라고 생각하니?
24. **nod off** 졸다
    I nod off in almost every class.
    나는 거의 모든 수업 시간에 존다.
25. **dull** a.무딘, 지루한
    I fell asleep ten minutes into the movie because it was so dull.

나는 영화가 너무 지루해서 시작한 지 십 분만에 잠이 들었다.

26. **come in** (색상/사이즈)로 나오다
This jacket only comes in black.
이 재킷은 검은색으로만 나와요.

27. **gorgeous** a.멋진
Where did you buy those gorgeous flowers?
어디서 그렇게 멋진 꽃을 샀나요?

28. **occasion** n.때, 경우
They only go out to dinner for special occasions.
그들은 특별한 경우에만 저녁에 외식을 한다.

29. **fancy** n.화려한
This restaurant is really fancy. I don't think I can afford to eat here.
이 식당은 정말 화려해. 나는 여기서 식사할 형편이 못 돼.

30. **horrible** a.끔찍한
I had a horrible day at work today.
오늘은 직장에서 끔찍한 날이었다.

31. **recommend** vt.추천하다
I'm so glad she recommended this movie to me.
나는 그녀가 이 영화를 내게 추천해줘서 기뻐.

32. **extremely** ad.극단적으로
Take a coat and a hat. It's extremely cold outside today.
코트랑 모자를 가지고 가. 오늘 밖이 매우 추워.

33. **more than welcome to** 얼마든지 …해도 좋은
She's not home yet, but you're more than welcome to sit down and wait for her.
그녀는 집에 없지만 얼마든지 앉아서 기다려도 되요.

34. **get along** 사이좋게 지내다
My brother and I have never gotten along very well.
오빠와 나는 그다지 사이좋게 지낸 적이 없다.

35. **considerate** a.사려깊은
That was so considerate of you to make him soup when he was sick.
그가 아플 때 그에게 수프를 만들어 주다니 넌 참 사려 깊었어.

CHECK UP TEST 1

1. 냉담, 무관심 ______________________
2. 재난, 불행 ______________________
3. 한파 ______________________
4. 관료적인 절차를 줄이다 ______________________
5. 재난지역 ______________________
6. 기근 ______________________
7. 산사태 ______________________
8. 소방훈련 ______________________
9. 측정하다 ______________________
10. 자원하다 ______________________

11. Are you __________ tomorrow?
내일 시간 있으세요?
12. Jimmy's housewarming party was __________ __________.
지미의 집들이 파티는 아주 멋졌다.
13. You can download the __________ form from the company web site.
지원서 양식은 회사 웹사이트에서 다운로드 받을 수 있습니다.
14. I haven't __________ with my cousins since my uncle died.
나는 삼촌께서 돌아가신 후 사촌들과 연락을 하지 않고 지냈다.
15. Kevin was so __________ about the exam that he couldn't sleep.
케빈은 시험 걱정을 하느라 잠을 못 잤다.
16. I __________ today because I have the flu.
나는 독감에 걸렸기 때문에 오늘 전화로 결근을 알렸다.
17. Jenny is __________ before she goes on her vacation to Europe.
제니는 유럽으로 여행을 떠나기 전에 여행을 손꼽아 기다리고 있다.
18. I can't __________ this level. I die every time I enter the castle.
나는 이 레벨을 통과할 수가 없어. 매번 성에 들어 갈 때마다 죽게 돼.
19. It really __________ how you never clean your dishes.
네가 설거지를 안 하는 것은 나를 정말 짜증나게 한다.
20. We __________ this program for a special-breaking news report.
저희는 긴급 뉴스를 전해 드리기 위해 이 프로그램은 중단합니다.

Day 2

기출예상 VOCA- SET 3

1. **casualties** n.사상자 ______
2. **catastrophe** n.대재난, 참사 ______
3. **collapse** v.붕괴되다 ______
4. **death toll** 사망자수 ______
5. **deluge** n.대홍수 ______
6. **erupt** v.폭발하다 ______
7. **flood** n.홍수 ______
8. **gust** n.돌풍, 강풍 ______
9. **inflict** vt.가하다 ______
10. **isolated** 고립된 ______
11. **lava** n.용암 ______
12. **marsh** n.늪, 습지 ______
13. **mobilize** v.동원하다 ______
14. **property damage** 재산 피해 ______
15. **restoration operation** 복구작업 ______
16. **spew** vt., vi.뿜어내다 ______
17. **storm** n.폭풍우 ______
18. **torrent** n. 급류 ______
19. **tsunami** n.해일 ______
20. **water shortage** 물 부족 ______
21. **resourceful** a.기지가 있는
    Mark is always very resourceful when it comes to fixing things.
    마크는 물건을 수리하는데 있어서는 항상 매우 기지가 있다.
22. **consensus** n.의견
    The general consensus was that the party went very well.
    대다수의 의견은 파티가 아주 잘 진행됐다는 것이었다.
23. **tear down** 허물다
    The city is planning on tearing down the old bank and rebuilding it in another location.
    시는 오래된 은행을 허물고 그것을 다른 곳에 다시 짓는 것을 계획하고 있다.
24. **a string of** 일련의
    There was a string of incidents that lead the team to kick him off.
    팀이 그를 쫓아내도록 만든 일련의 사건들이 있었다.
25. **boundaries** n.제한
    It is important to set boundaries for your children so they will learn what it means to have good behavior.
    아이들의 행동을 제지하는 것은 중요한데 아이들은 행실이 바른 것이 무엇인가를 배우게 될 것이다.
26. **risk-taking** 위험을 무릅쓰는
    His risk-taking driving got him into a serious car accident.
    그의 위험을 무릅쓰는 운전은 그가 심각한 차 사고를 당하도록 만들었다.
27. **be prone to** …하는 경향이 있는
    The elderly and young children are prone to getting sick more often.
    노인들과 어린이들은 좀 더 자주 아픈 경향이 있다.
28. **leading** n.주도하는
    The leading brand of cereal is three times as expensive as the generic brand.
    시리얼의 유명 상표는 일반 상표들보다 3배는 더 비싸다.
29. **burden** n.부담
    She was feeling burdened.
    그녀는 부담을 느꼈다.
30. **overall** n.전반적으로
    Overall, the grades for the exam were very high.
    전반적으로 시험 성적은 매우 높았다.
31. **competitive edge** 경쟁적 우위
    The company lost its competitive edge after its last product failed.
    회사는 지난 번 상품이 실패한 이후로 경쟁적 우위를 잃었다.
32. **discouraged** a.낙담한
    Don't be discouraged if you receive a rejection letter from a publishing company.
    출판사로부터 거부 편지를 받더라도 낙담하지 마.
33. **leave behind** 남기다
    Don't leave any valuables behind as they may get stolen.
    도난당할 수도 있는 귀중품은 두고 가지 마세요.
34. **come up with** 생각해내다
    I came up with the idea for the story while sitting in a coffee shop.
    나는 커피숍에 앉아 있는 동안 아이디어를 생각해냈다.

CHECK UP TEST 2

1. 여진, 여파 ______________________
2. 눈보라 ______________________
3. 대홍수, 지각변동 ______________________
4. 가뭄 ______________________
5. 지진 ______________________
6. 철수하다 ______________________
7. 소방관 ______________________
8. 돌풍 ______________________
9. 발발, 발생 ______________________
10. 태풍 ______________________

11. I wasn't ____________ with the restaurant's dessert.
    나는 그 식당의 디저트에 별로 좋은 인상을 받지 못했다.
12. How do you think the professor will ____________ on this exam?
    교수님이 이번 시험에 어떻게 성적을 매길 거라고 생각하니?
13. This jacket only ____________ black.
    이 재킷은 검은색으로만 나와요.
14. Where did you buy those ____________ flowers?
    어디서 그렇게 멋진 꽃을 샀나요?
15. They only go out to dinner for special ____________.
    그들은 특별한 경우에만 저녁에 외식을 한다.
16. This restaurant is really ____________. I don't think I can afford to eat here.
    이 식당은 정말 화려해. 나는 여기서 식사할 형편이 못 돼.
17. I had a ____________ day at work today.
    오늘은 직장에서 끔찍한 날이었다.
18. I'm so glad she ____________ this movie to me.
    나는 그녀가 이 영화를 내게 추천해줘서 기뻐.
19. Take a coat and a hat. It's ____________ cold outside today.
    코트랑 모자를 가지고 가. 오늘 밖이 매우 추워.
20. That was so ____________ of you to make him soup when he was sick.
    그가 아플 때 그에게 수프를 만들어 주다니 넌 참 사려 깊었어.

TEST 1 ANSWER

1. apathy
2. calamity
3. cold front
4. cut the red tape
5. disaster area
6. famine
7. landslide
8. fire drill
9. measure
10. volunteer
11. available
12. fabulous
13. application
14. kept in touch
15. anxious
16. called in sick
17. counting the days
18. get past
19. drives me crazy
20. interrupt

Day 2

기출예상 VOCA- SET 4

1. **abuse** vt.학대 ____________
2. **Affirmative Action** n.차별철폐 ____________
3. **apartheid** n.인종 격리 정책 ____________
4. **bias** n.선입견 ____________
5. **bully** n.약한 자를 괴롭히는 사람 ____________
6. **chauvinist** 우월주의자 ____________
7. **concentration camp** 강제 수용소 ____________
8. **detention center** 구치소, 구류소 ____________
9. **diversity** n.다양성 ____________
10. **eugenics** n.우생학 ____________
11. **homosexual** n.동성애자 ____________
12. **genocide** n.대량학살 ____________
13. **impartial** a.편파적이지 않은 ____________
14. **melting pot** 용광로 ____________
15. **multi-culturalism** 다문화주의 ____________
16. **pick on** ~를 괴롭히다 ____________
17. **racism** n.인종차별주의 ____________
18. **reverse discrimination** 역차별 ____________
19. **separatist** n.분리주의자 ____________
20. **side with** ~의 편을 들다 ____________
21. **adjourn** v.휴회하다
    The meeting was adjourned for lunch.
    회의는 점심시간으로 휴회되었다.
22. **allegation** n.혐의
    The politician denied the allegations of fraud.
    그 정치인은 사기 혐의를 부정했다.
23. **indication** n.징후, 증거
    There are definite indications that she is involved in the murder.
    그녀가 살인에 연루되었다는 확실한 증거가 있다.
24. **grouchy** a.기분이 좋지 않은
    He's been grouchy lately. I don't want to be around him.
    그는 요즘 불평이 많다. 곁에 있기가 싫다.
25. **in a huff** 발끈 화를 내며
    When Kim said she didn't like her idea, Jenna got up and left the room in a huff.
    킴이 그녀의 생각이 맘에 들지 않는다고 하자 제나는 일어서서 화를 내며 방을 나갔다.
26. **setback** n.좌절, 곤란
    Despite a serious financial setback, they didn't give up their original plan.
    심각한 재정적 어려움에도 불구하고 그들은 원래 계획을 포기하지 않았다.
27. **abject poverty** n.극빈
    One out of five people in the world are still living in abject poverty.
    전 세계에서 5명 중의 한 명은 여전히 극도의 가난한 생활을 하고 있다.
28. **meaningful** a.의미있는
    The award was very meaningful to the people who had participated in the project.
    그 상은 그 프로젝트에 참가한 사람들에게 매우 의미심장한 것이었다.
29. **composure** n.침착
    He was trying to keep his composure, but I could see his hands were shaking.
    그는 침착을 유지하려고 애썼지만 나는 그의 손이 떨리는 것을 볼 수 있었다.
30. **radical** a.극단적인
    The solution seemed rather radical at first, but it definitely worked.
    그 해결책은 처음에는 다소 극단적인 것으로 보였지만 확실히 효과가 있었다.
31. **impoverished** a.매우 빈곤한
    These young doctors chose to help people in the most impoverished countries in the world.
    이 젊은 의사들은 전 세계에서 가장 빈곤한 국가에서 사람들을 돕기로 했다.

CHECK UP TEST 3

1. 사상자 ______
2. 붕괴되다 ______
3. 대홍수 ______
4. 홍수 ______
5. 고립된 ______
6. 동원하다 ______
7. 재산 피해 ______
8. 복구작업 ______
9. 해일 ______
10. 물 부족 ______

11. Mark is always very ______ when it comes to fixing things.
    마크는 물건을 수리하는데 있어서는 항상 매우 기지가 있다.
12. The general ______ was that the party went very well.
    대다수의 의견은 파티가 아주 잘 진행됐다는 것이었다.
13. It is important to set ______ for your children so they will learn what it means to have good behavior.
    아이들의 행동을 제지하는 것은 중요한데 아이들은 행실이 바른 것이 무엇인가를 배우게 될 것이다.
14. His ______ driving got him into a serious car accident.
    그의 위험을 무릅쓰는 운전은 그가 심각한 차 사고를 당하도록 만들었다.
15. The elderly and young children ______ getting sick more often.
    노인들과 어린이들은 좀 더 자주 아픈 경향이 있다.
16. The ______ brand of cereal is three times as expensive as the generic brand.
    시리얼의 유명 상표는 일반 상표들보다 3배는 더 비싸다.
17. She was feeling ______.
    그녀는 부담을 느꼈다.
18. The company lost its ______ after its last product failed
    회사는 지난 번 상품이 실패한 이후로 경쟁 우위를 잃었다.
19. Don't be ______ if you receive a rejection letter from a publishing company.
    출판사로부터 거부 편지를 받더라도 낙담하지 마.
20. I ______ the idea for the story while sitting in a coffee shop.
    나는 커피숍에 앉아 있는 동안 아이디어를 생각해 냈다.

TEST 2 ANSWER

1. aftershock	2. blizzard
3. cataclysm	4. drought
5. earthquake	6. evacuate
7. fire fighter	8. flurry
9. outbreak	10. typhoon
11. impressed	12. grade
13. comes in	14. gorgeous
15. occasions	16. fancy
17. horrible	18. recommended
19. extremely	20. considerate

Day 3

기출예상 VOCA- SET 5

1. **battery** n.구타 ____________
2. **desegregation** n.차별 폐지 ____________
3. **ethnic** a.민족의 ____________
4. **handicapped** a.장애의 ____________
5. **feminism** n.여성주의 ____________
6. **minority** n.소수 민족 ____________
7. **sexism** n.성차별주의 ____________
8. **segregation** n.차별, 분리 ____________
9. **race** n.인종 ____________
10. **the Holocaust** 대량학살 ____________
11. **prejudice** n.편견 ____________
12. **prejudgement** n.선입견 ____________
13. **bigotry** n.편협한 신념 ____________
14. **discrimination** n.차별 ____________
15. **gender(sex)** n.성 ____________
16. **the disabled** 장애인 ____________
17. **politically correct** a.차별하지 않는 ____________
18. **child abuse** n.아동학대 ____________
19. **hate crime** n.인종 ____________
20. **male dominated** 남성 우월적인 ____________
21. **pick up (= buy)** v.사다
    Could you pick up some groceries on your way home from work today?
    오늘 퇴근해서 집에 오는 길에 장 좀 볼 수 있겠어요?
22. **get tied up** (일 등에 묶여) 꼼짝할 수 없다
    I'm sorry I couldn't make it to your party last night. I got tied up at work.
    어젯밤 파티에 못 가서 미안해. 일 때문에 꼼짝할 수가 없었어.
23. **put on** 입다
    I hate putting on makeup without a mirror.
    나는 거울 없이 화장하는 것을 싫어한다.
24. **make an exception** 예외로 하다
    The school board doesn't make any exceptions for students caught cheating.
    학교 이사회는 부정 행위를 하다가 걸린 학생들에 대해 예외를 두지 않는다.
25. **give someone notice** 알리다
    The company requires that employees give at least a week's notice before taking any vacation time.
    회사는 직원들이 휴가를 가기 전 최소한 일주일 전에 통보를 할 것을 요구한다.
26. **in advance** 미리
    Please call at least 24 hours in advance to cancel any appointments.
    약속을 취소하려거든 최소 24시간 전에 전화를 해주세요.
27. **at short/a moment's notice** 당장/곧
    As an on-call doctor, I have to be ready to go into work at a moment's notice.
    당직 의사로서 나는 당장 필요에 응할 준비가 되어야 한다.
28. **until further notice** 추후 통지가 있을 때까지
    No one is allowed to leave the buiding until further notice.
    추후 통지가 있을 때까지 어느 누구도 건물을 떠날 수 없다.
29. **take notice** 주목하다
    Students, please take notice at the differences in the skin texture between the frog and the toad.
    학생 여러분, 개구리와 두꺼비의 피부 조직의 차이를 주목하세요.
30. **turn down**
    1) 소리를 줄이다 (= reduce the sound)
       Please turn down the music.
       음악 소리 좀 줄여주세요.
    2) 거절하다 (= refuse)
       He turned down the job offer.
       그는 직장 제안을 거절했다.

CHECK UP TEST 4

1. 학대 ______________________
2. 인종 격리 정책 ______________________
3. 우월주의자 ______________________
4. 다양성 ______________________
5. 대량학살 ______________________
6. 편파적이지 않은 ______________________
7. 다문화주의 ______________________
8. 인종차별주의 ______________________
9. 분리주의자 ______________________
10. ~의 편을 들다 ______________________

11. The meeting was ____________ for lunch.
    회의는 점심시간으로 휴회되었다.
12. The politician denied the ____________ of fraud.
    그 정치인은 사기 혐의를 부정했다.
13. There are definite ____________ that she is involved in the murder.
    그녀가 살인에 연루되었다는 확실한 증거가 있다.
14. He's been ____________ lately. I don't want to be around him.
    그는 요즘 불평이 많다. 곁에 있기가 싫다.
15. When Kim said she didn't like her idea, Jenna got up and left the room ____________.
    킴이 그녀의 생각이 맘에 들지 않는다고 하자 제나는 일어서서 화를 내며 방을 나갔다.
16. The solution seemed rather ____________ at first, but it definitely worked.
    그 해결책은 처음에는 다소 극단적인 것으로 보였지만 확실히 효과가 있었다.
17. He was trying to keep his ____________, but I could see his hands were shaking.
    그는 침착을 유지하려고 애썼지만 나는 그의 손이 떨리는 것을 볼 수 있었다.
18. The award was very ____________ to the people who had participated in the project.
    그 상은 그 프로젝트에 참가한 사람들에게 매우 의미심장한 것이었다.
19. One out of five people in the world are still living in ____________.
    전 세계에서 5명 중의 한 명은 여전히 극도의 가난한 생활을 하고 있다.
20. Despite a ____________ financial setback, they didn't give up their original plan.
    심각한 재정적 어려움에도 불구하고 그들은 원래 계획을 포기하지 않았다.

TEST 3 ANSWER

1. **casualties**
2. **collapse**
3. **deluge**
4. **flood**
5. **isolated**
6. **mobilize**
7. **property damage**
8. **restoration operation**
9. **tsunami**
10. **water shortage**
11. **resourceful**
12. **consensus**
13. **boundaries**
14. **risk-taking**
15. **are prone to**
16. **leading**
17. **burdened**
18. **competitive edge**
19. **discouraged**
20. **came up with**

기출예상 VOCA- SET 6

1. **admiring** a.존경하는 ______
2. **drive** n.동기, 동인 ______
3. **extrovert** n.외향적인 사람 ______
4. **identity** n.자아, 동질성 ______
5. **lyrical** a.서정적인 ______
6. **hilarious** a.아주 웃긴 ______
7. **nonfiction** n.비소설 ______
8. **stereotype** n.고정관념 ______
9. **universal** a.보편적인 ______
10. **tragedy** n.비극 ______
11. **resistance** n.반감 ______
12. **piece** n.작품 ______
13. **identity crisis** 자기상실 ______
14. **conscious** a.의식하는 ______
15. **awareness** n.자각 ______
16. **inconsistency** n.모순 ______
17. **motivation** n.동기부여 ______
18. **soap opera** n.여성용 드라마 ______
19. **protagonist** n.주역 ______
20. **stimulus** n.자극 ______
21. **fill out** 작성하다
    Please fill out these forms. The doctor will be with you shortly.
    이 양식들을 작성해주세요. 의사 선생님이 곧 오실거예요.
22. **customs** n.세관
    Everyone must go through customs before entering a country.
    모든 사람들이 입국하기 전에 세관을 통과해야 한다.
23. **try out for** 자격을 얻기 위해 겨루다
    Are you going to try out for the dance team this year?
    올해 댄스팀 선발에 참가할 거니?
24. **happen to (= do something)** 혹시 …하다
    Did you happen to take the rent to the landlord yesterday?
    어제 혹시 집 주인에게 집세를 가져다 줬니?
25. **have something in mind** ~을 속으로 생각하고 있다
    I already have something in mind that I'm going to wear to the banquet.
    나는 이미 연회에 입고 갈 것에 대해 생각이 있다.
26. **browse** n.둘러보다
    I don't feel ready for this exam. I only browsed through the reading assignments.
    시험을 볼 준비가 안 됐어. 난 그저 읽기 과제를 훑어 봤을 뿐이야.
27. **be into** …에 관심이 있다 (= be interested in)
    He's really into playing soccer.
    그는 축구를 하는 데 관심이 많다.
28. **head back** 되돌아가다
    I'm going to head back home after I take my sister to her karate class.
    나는 동생을 가라데 수업에서 데려다 준 후에 집으로 돌아 올 것이다.
29. **appointment** n.약속
    Hi, I have an appointment with Dr. Rosner at 2p.m.
    2시에 로스너 선생님하고 진료 예약을 했는데요.
30. **fill out** 작성하다
    Who should I give these forms to after I fill them out?
    이 양식을 작성한 후 누구에게 제출하나요?
31. **symptom** n.증세
    What kind of symptoms have you been experiencing?
    어떤 종류의 증세를 경험하셨나요?
32. **put one's finger on** 지적하다
    I can't put my finger on what looks weird about this picture.
    이 그림에서 무엇이 이상하게 보이는지 확실히 지적할 수가 없다.
33. **not lift a finger** 손가락 하나도 까딱하지 않다
    While the rest of the group was working hard, Anthony didn't even lift a finger.
    다른 사람들이 열심히 일하는 동안 앤소니는 손가락 하나도 까딱하지 않았다.

CHECK UP TEST 5

1. 차별 폐지 ______________________
2. 민족의 ______________________
3. 여성주의 ______________________
4. 성차별주의 ______________________
5. 차별, 분리 ______________________
6. 대량학살 ______________________
7. 선입견 ______________________
8. 장애인 ______________________
9. 차별하지 않은 ______________________
10. 남성 우월주의 ______________________

11. Students, please ____________ at the differences in the skin texture between the frog and the toad.
    학생 여러분, 개구리와 두꺼비의 피부 조직의 차이를 주목하세요.
12. I hate ____________ makeup without a mirror.
    나는 거울 없이 화장하는 것을 싫어한다.
13. As an on-call doctor, I have to be ready to go into work ____________.
    당직 의사로서 나는 당장 필요에 응할 준비가 되어야 한다.
14. I'm sorry I couldn't make it to your party last night. I ____________ at work.
    어젯밤 파티에 못 가서 미안해. 일 때문에 꼼짝할 수가 없었어.
15. Could you ____________ some groceries on your way home from work today?
    오늘 퇴근해서 집에 오는 길에 장 좀 볼 수 있겠어요?
16. Please call at least 24 hours ____________ to cancel any appointments.
    약속을 취소하려거든 최소 24시간 전에 전화를 해 주세요.
17. The school board doesn't ____________ for students caught cheating.
    학교 이사회는 부정 행위를 하다가 걸린 학생들에 대해 예외를 두지 않는다.
18. The company requires that employees ____________ at least a week's ____________ before taking any vacation time.
    회사는 직원들이 휴가를 가기 전 최소한 일주일 전에 통보를 할 것을 요구한다.

TEST 4 ANSWER

1. **abuse**
2. **apartheid**
3. **chauvinist**
4. **diversity**
5. **genocide**
6. **impartial**
7. **multi-culturalism**
8. **racism**
9. **separatist**
10. **side with**
11. **adjourned**
12. **allegations**
13. **indications**
14. **grouchy**
15. **in a huff**
16. **radical**
17. **composure**
18. **meaningful**
19. **abject poverty**
20. **serious**

Day 3

Day 4

기출예상 VOCA- SET 7

1. **comedy** n.희극 ______
2. **paradox** n.역설 ______
3. **self-fulfillment** n.자기충족 ______
4. **whodunit** n.추리소설 ______
5. **introvert** a.내성적인 사람 ______
6. **metaphor** n.은유 ______
7. **feedback** n.반응, 점검 ______
8. **demanding** a.까다로운 ______
9. **pervert** n.변태 ______
10. **sarcastic** a.비꼬는 ______
11. **anecdote** n.일화 ______
12. **epistolary** a.서간체의, 편지의 ______
13. **portrait** n.초상화, 인물묘사 ______
14. **hyperbole** n.과장 ______
15. **concept** n.개념 ______
16. **intrigued** a.흥미 있는 ______
17. **repression** n.억압, 억압된 욕망 · 관념 ______
18. **episode** n.삽화 ______
19. **prose** n.산문 ______
20. **antagonist** n.(소설) 주인공 ______
21. **bother** v.방해하다
    Please don't bother me when I'm trying to paint.
    내가 그림 그릴 때에는 방해 좀 하지 마.
22. **flattered** vt.우쭐한, 기분이 좋은
    I'm so flattered by the compliments you give me all the time.
    언제나 네가 해주는 칭찬 덕에 기분이 우쭐해.
23. **autograph** n.(유명인의) 서명
    Guess what? I got George Clooney's autograph!
    그거 아니? 나 조지 클루니한테서 사인 받았다!
24. **come in (size, color)** (치수, 색상)으로 나오다
    Does this shirt come in a smaller size?
    이 셔츠는 더 작은 사이즈로 나오나요?
25. **recommend** vt.추천하다
    I recommend getting the strawberry ice cream and mixing in fresh fruit or chocolate chips.
    나는 딸기 아이스크림을 신선한 과일이나 초코칩과 섞을 것을 추천한다.
26. **seasonal** a.계절의
    There are seasonal sales going on at the mall right now.
    지금 쇼핑 몰에서는 계절 할인 판매가 벌어지고 있다.
27. **be in a good mood** 기분이 좋다
    Please don't bother me today. I'm not in a good mood.
    나 방해 하지마. 나 오늘 기분이 안 좋아.
28. **confidence** n.자신감
    Look at how great Mark looks on stage. He has so much confidence.
    마크가 무대에서 멋져 보이지. 그는 자신감이 많아.
29. **upcoming** a.다가오는
    Are you going to any of the upcoming dance competitions?
    다가오는 춤 경연에 올거니?
30. **toxic** a.독성이 있는
    A king cobra's venom is highly toxic.
    킹 코브라의 독은 독성이 매우 강하다.
31. **end up** 결국에 …하다
    I think I'm just going to end up going home after I get out of class.
    나는 교실에서 나간 후 결국에는 집에 갈 것이라고 생각한다.
32. **landfill** n.매립지
    The couple searched for the lost wedding ring at the landfill.
    부부는 쓰레기 매립지에서 잃어버린 결혼반지를 찾아 다녔다.
33. **break down** 분해하다
    Will you break down those boxes before putting them in the recycling bin?
    재활용 쓰레기통에 넣기 전에 이 상자들을 부셔줄래요?
34. **relieved** v.안심한
    The mother was relieved when her son finally came home.
    엄마는 아들이 마침내 집에 도착했을 때 안심했다.

CHECK UP TEST 6

1. 존경하는 ______________
2. 외향적인 사람 ______________
3. 자아, 동질성 ______________
4. 고정관념 ______________
5. 반감 ______________
6. 자기상실 ______________
7. 자각 ______________
8. 동기부여 ______________
9. 주역 ______________
10. 자극 ______________

11. What kind of ____________ have you been experiencing?
    어떤 종류의 증세를 경험하셨나요?
12. Everyone must go through ____________ before entering a country.
    모든 사람들이 입국하기 전에 세관을 통과해야 한다.
13. Please ____________ these forms. The doctor will be with you shortly.
    이 양식들을 작성해주세요. 의사 선생님이 곧 오실거예요.
14. Hi, I have an ____________ with Dr. Rosner at 2 p.m.
    2시에 로스너 선생님하고 진료 예약을 했는데요.
15. Are you going to ____________ the dance team this year?
    올해 댄스팀 선발에 참가할 거니?
16. I don't feel ready for this exam. I only ____________ through the reading assignments.
    시험을 볼 준비가 안 됐어. 난 그저 읽기 과제를 훑어 봤을 뿐이야.
17. Did you ____________ take the rent to the landlord yesterday?
    어제 혹시 집 주인에게 집세를 가져다 줬니?
18. I'm going to ____________ home after I take my sister to her karate class.
    나는 동생을 가라데 수업에서 데려다 준 후에 집으로 돌아 올 것이다.

TEST 5 ANSWER

1. desegregation
2. ethnic
3. feminism
4. sexism
5. segregation
6. the Holocaust
7. prejudgement
8. the disabled
9. politically correct
10. male dominated
11. take notice
12. putting on
13. at a moment's notice
14. got tied up
15. putting up
16. in advance
17. make any exceptions
18. give / notice

기출예상 VOCA- SET 8

1. **ask out** 데이트 신청하다 ______
2. **break down** 고장나다, 분석하다 ______
3. **bump into** 우연히 만나다 ______
4. **call back** 나중에 다시 전화하다 ______
5. **carry out** 수행하다 ______
6. **cut back** 줄이다 ______
7. **figure out** 이해하다 ______
8. **hang around** 배회하다 ______
9. **hang out** 시간을 보내다 ______
10. **hold on** 기다리다 ______
11. **abortion** n.낙태 ______
12. **acute disease** 급성 질환 ______
13. **aggravate** vt.악화시키다 ______
14. **Alzheimer** n.치매 ______
15. **ambidextrous** a.양손잡이의 ______
16. **amnesia** n.기억상실증 ______
17. **anatomy** n.해부학 ______
18. **anemia** n.빈혈 ______
19. **anesthesia** n.마취 ______
20. **anesthetic** a.마취제 ______
21. **convenient** a.편리한
    It's much more convenient to take public transportation when there's so much traffic.
    교통량이 많은 때는 대중교통 수단을 이용하는 것이 훨씬 편리하다.
22. **picky** a.까다로운
    Because she's such a picky eater, she never eats out at restaurants.
    그녀는 음식을 먹는데 아주 까다로와서 식당에서 외식을 하지 않는다.
23. **out of stock** 품절된
    I'm sorry, but we're out of stock in this particular shoe right now.
    죄송합니다만, 현재 그 신발은 품절되었는데요.
24. **incredibly** a.엄청나게
    It's incredibly hot outside today.
    오늘은 밖이 매우 더웠다.
25. **organized** a.체계화된
    Even though the employee said she was organized, she had stacks of paper all over her desk.
    직원은 자신이 정리정돈을 잘 한다고 했지만 그녀의 책상에는 종이가 쌓여있었다.
26. **abroad** ad.해외에서
    He finally decided to study abroad for a semester.
    그는 마침내 한 학기 동안 해외에서 공부를 하기로 했다.
27. **be headed for** …에 가다
    We're headed for Paris for a week, and then moving on to Prague.
    우리는 일주일 동안 파리에 간 후 프라하로 옮겨 갈 것이다.
28. **check out** 계산을 하다
    I can help you check out over here, if you'd like.
    원하시면 여기에서 계산을 하는 걸 도와드릴게요.
29. **awful** a.끔찍한
    This soup tastes absolutely awful!
    이 스프는 맛이 정말 끔찍하다!
30. **improve** v.나아지다
    The only way to improve your speaking skills in a foreign language is by practicing on a regular basis.
    외국어 말하기 능력을 개선하는 유일한 방법은 정기적으로 연습을 하는 것이다.
31. **exhibit** v.전시
    Come see the Natural History Museum's newest exhibit, *Polly the dinosaur*.
    자연사 박물관의 최신 전시, 공룡 폴리를 보러 오세요.
32. **textile** n.직물
    Paul's father owns a textile factory.
    폴의 아버지는 직물 공장을 한다.
33. **change one's mind** 마음을 바꾸다
    I changed my mind. I do want to go to the grocery store with you.
    나는 마음을 바꿨어. 너랑 같이 가게에 갈게.
34. **get a chance to** …할 기회가 있다
    Did you get a chance to do the laundry yet?
    빨래 할 기회가 있었니?

CHECK UP TEST 7

1. 역설 ________________
2. 추리소설 ________________
3. 반응, 점검 ________________
4. 까다로운 ________________
5. 일화 ________________
6. 과장 ________________
7. 개념 ________________
8. 흥미 있는 ________________
9. 억압, 억압된 욕망, 관념 ________________
10. 주인공 ________________

11. Please don't ____________ me when I'm trying to paint.
    내가 그림 그릴 때에는 방해 좀 하지 마.
12. Guess what? I got President Clinton's ________!
    그거 아니? 나 클린턴 대통령으로부터 사인 받았다!
13. The couple searched for the lost wedding ring at the __________.
    부부는 쓰레기 매립지에서 잃어버린 결혼반지를 찾아 다녔다.
14. There are ____________ sales going on at the mall right now.
    지금 쇼핑 몰에서는 계절 할인 판매가 벌어지고 있다.
15. Look at how great Mark looks on stage. He has so much __________.
    마크가 무대에서 멋져 보이지. 그는 자신감이 많아.
16. I think I'm just going to ____________ going home after I get out of class.
    나는 교실에서 나간 후 결국에는 집에 갈 것이라고 생각한다.
17. Are you going to any of the ____________ dance competitions?
    다가오는 춤 경연에 올거니?
18. I ____________ getting the strawberry ice cream and mixing in fresh fruit or chocolate chips.
    나는 딸기 아이스크림을 신선한 과일이나 초코칩과 섞을 것을 추천한다.
19. A king cobra's venom is highly __________.
    킹 코브라의 독은 독성이 매우 강하다.
20. Does this shirt ____________ a smaller size?
    이 셔츠는 더 작은 사이즈로 나오나요?

TEAT 6 ANSWER

1. **admiring**
2. **extrovert**
3. **identity**
4. **stereotype**
5. **resistance**
6. **identity crisis**
7. **awareness**
8. **motivation**
9. **protagonist**
10. **stimulus**
11. **symptom**
12. **customs**
13. **fill out**
14. **appointment**
15. **try out for**
16. **browsed**
17. **happen to**
18. **head back**

Day 4

Day 5

기출예상 VOCA- SET 9

1. **antibiotic** n.항생제 ______________
2. **bruise** n.타박상 ______________
3. **antidote** n.해독제 ______________
4. **arthritis** n.관절염 ______________
5. **constipation** a.변비 ______________
6. **contagion** n.전염, 감염 ______________
7. **contagious** a.전염성의 ______________
8. **contraceptive** n.피임약 ______________
9. **split up** 관계를 끝내다 ______________
10. **watch out** 주의하다 ______________
11. **antibody** a.항체 ______________
12. **put through** 연결하다 ______________
13. **mix up** 혼동하다, 섞다 ______________
14. **stop over** 잠깐 머무르다 ______________
15. **let down** 실망시키다 ______________
16. **breast-cancer** 유방암 ______________
17. **complication** n.합병증 ______________
18. **stick to** 고수하다 ______________
19. **pull over** 길거리에 차를 세우다 ______________
20. **put up with** 참다 ______________
21. **charge** v.청구하다 ______________
22. **in advance** 미리
    Please let me know at least a week in advance if you're going to come on the trip with us.
    우리와 같이 여행을 올 거면 적어도 일주일 전에 알려 주세요.
23. **outrageous** a.어이없는
    The man's outrageous behavior in the restaurant caused him to be escorted off the premises immediately.
    식당에서의 남자의 어이없는 행동은 그가 식당에서 당장 쫓겨나도록 만들었다.
24. **inconvenience** n.불편
    Sorry for the inconvenience, but we close early on Sundays.
    불편을 끼쳐 드려 죄송합니다만 저희는 일요일에 일찍 문을 닫습니다.
25. **turn in** 제출하다
    Please turn in your exam face down on my desk, and then you may leave.
    시험지를 내 책상 위에 엎어 제출하고 나가도 좋습니다.
26. **substitute** v.대체하다, 대체
    There was a substitute teacher in our class today because our biology teacher was sick.
    우리 생물 선생님께서 아프셨기 때문에 오늘 우리 교실에는 대리 교사가 왔다.
27. **additional** a.추가의
    Any additional homework assignments will be given one week in advance.
    더 이상의 추가 숙제는 일주일 전에 주어질 것이다.
28. **drop off** (차로) 데려다 주다
    You can just drop me off here. Thanks for giving me a ride to school.
    날 여기서 내려줘도 돼. 학교에 태워다 줘서 고마워.
29. **install** vt. 설치하다
    Your computer will run much better once this software is installed.
    네 컴퓨터는 이 소프트웨어를 설치하고 나면 더 잘 작동할 것이다.
30. **bail out** 저버리다
    I don't want to bail out on you, but I just have too much homework to do tonight.
    너와의 약속을 저버리고 싶지 않지만 오늘 밤 해야 할 숙제가 너무 많아.
31. **on such short notice** 갑자기, 예고 없이
    Even though this assignment is being given on such short notice, there's no reason why you can finish it by tomorrow.
    업무가 예고 없이 주어지긴 했지만 네가 내일까지 끝내지 못할 이유는 없다.
32. **get together** 모이다
    Do you want to get together to study tonight?
    오늘 밤에 모여서 공부할래?
33. **in place** 제자리에, 준비가 된
    Is everything in place for the party?
    파티 준비가 다 됐어?

CHECK UP TEST 8

1. 고장나다, 분해하다 ______________
2. 나중에 다시 전화하다 ______________
3. 이해하다 ______________
4. 시간을 보내다 ______________
5. 낙태 ______________
6. 악화시키다 ______________
7. 치매 ______________
8. 양손잡이의 ______________
9. 기억상실증 ______________
10. 마취제 ______________

11. It's much more ______________ to take public transportation when there's so much traffic.
    교통량이 많은 때는 대중교통 수단을 이용하는 것이 훨씬 편리하다.
12. Because she's such a ______________ eater, she never eats out at restaurants.
    그녀는 음식을 먹는데 아주 까다로 와서 식당에서 외식을 하지 않는다.
13. It's ______________ hot outside today.
    오늘은 밖이 매우 더웠다
14. He finally decided to study ______________ for a semester.
    그는 마침내 한 학기 동안 해외에서 공부를 하기로 했다.
15. Even though the employee said she was ________, she had stacks of paper all over her desk.
    직원은 자신이 정리정돈을 잘 한다고 했지만 그녀의 책상에는 종이가 쌓여 있었다.
16. I can help you ______________ over here, if you'd like.
    원하시면 여기에서 계산을 하는 걸 도와드릴게요.
17. Paul's father owns a ______________ factory.
    폴의 아버지는 직물 공장을 한다.
18. The only way to ______________ your speaking skills in a foreign language is by practicing on a regular basis.
    외국어 말하기 능력을 개선하는 유일한 방법은 정기적으로 연습을 하는 것이다.
19. Come see the Natural History Museum's newest ______________, *Polly the dinosaur.*
    자연사 박물관의 최신 전시, 공룡 폴리를 보러 오세요.
20. I'm sorry, but we're ______________ in this particular shoe right now.
    죄송합니다만 현재 그 신발은 품절되었는데요.

TEST 7 ANSWER

1.	**paradox**	2.	**whodunit**
3.	**feedback**	4.	**demanding**
5.	**anecdote**	6.	**hyperbole**
7.	**concept**	8.	**intrigued**
9.	**repression**	10.	**antagonist**
11.	**bother**	12.	**autograph**
13.	**landfill**	14.	**seasonal**
15.	**confidence**	16.	**end up**
17.	**upcoming**	18.	**recommend**
19.	**toxic**	20.	**come in**

기출예상 VOCA- SET 10

1. **food poisoning** 식중독 ______
2. **gynecologist** n.부인과 의사 ______
3. **headache** n.두통 ______
4. **hepatitis** n.간염 ______
5. **high blood pressure** 고혈압 ______
6. **infection** n.전염, 전염병 ______
7. **insomnia** n.불면증 ______
8. **low blood pressure** 저혈압 ______
9. **neurosis** n.신경증, 노이로제 ______
10. **obesity** n.비만 ______
11. **obstetrician** n.산과 의사 ______
12. **obstetrics** n.부인과 ______
13. **orthopedics** n.정형외과 ______
14. **palliate** vt.(아픔을) 완화하다 ______
15. **pediatrician** n.소아과의사 ______
16. **prescription** n.처방전 ______
17. **psychiatrist** 정신과의사 ______
18. **side effect** 부작용(=adverse effect) ______
19. **surgeon** n.외과의사 ______
20. **symptom** n.증상 ______
21. **appointment** n.약속, 임명
    He's been appointed as the head coach of the national soccer team.
    그는 국가대표 축구팀 수석코치로 임명되었다.
22. **accompany** v.~와 같이 가다
    This art class is for preschoolers accompanied by an adult.
    이 미술반은 어른을 동반한 미취학 아동을 위한 프로그램이다.
23. **assess** vt.측정하다, 평가하다
    Scientists collect fish to assess water pollution.
    과학자들은 수질 오염도를 측정하기 위해 물고기를 채집한다.
24. **condemn** vt.(도덕적으로) 비난하다
    I strongly condemn wars.
    나는 전쟁을 강력히 비난한다.
25. **contaminate** v.오염시키다
    The water is contaminated with toxics.
    물이 유해물질로 오염되었다.
26. **convict** vt.유죄를 선언하다
    The investigators didn't have enough evidence to convict the man.
    조사관은 그에게 유죄를 선언할 만한 충분한 증거를 찾지 못했다.
27. **discipline** n.훈계하다, 벌주다(punish)
    The boys were severely disciplined for their bad behavior.
    그 소년들은 나쁜 행동에 대해서 호되게 벌을 받았다.
28. **dismiss** v.해고하다, 소송을 기각하다
    During the recession, many employees were dismissed.
    많은 직원들이 불경기 때 해고당했다.
29. **enhance** v.향상시키다, 강화하다
    Let's talk about how to enhance our company's overall performance.
    회사의 전체 작업성과를 향상시킬 방법에 대해 상의해 봅시다.
30. **enroll** v.입학시키다; 등록하다(register)
    He enrolled his son in a boarding school.
    그는 아들을 기숙사 학교에 입학시켰다.
31. **facilitate** vt.손쉽게 하다(ease); 돕다
    Technology can facilitate learning.
    첨단기술이 학습을 도울 수 있다.
32. **inhibit** vt.방해하다, 억제하다
    Grapes inhibit cancer growth.
    포도는 암 성장을 억제한다.
33. **interfere** vi.간섭하다, 말참견하다
    LED alarm clocks can interfere with sleep.
    발광 알람시계가 수면을 방해할 수 있다.
34. **indicate** v.표시하다, 보이다
    Melting glaciers indicate a warmer world to come.
    빙하가 녹는 것은 앞으로 기온이 더 따뜻해질 것임을 암시해 준다.
35. **intrigue** n.~의 흥미를 끌다
    He was a scientist and the universe intrigued him.
    그는 과학자여서 우주에 관심이 있었다.

CHECK UP TEST 9

1. 피임약 ____________________
2. 관계를 끝내다 ____________________
3. 해독제 ____________________
4. 실망시키다 ____________________
5. 길거리에 차를 세우다 ____________________
6. 참다 ____________________
7. 타박상 ____________________
8. 항생제 ____________________
9. 변비 ____________________
10. 전염성의 ____________________

11. The man's ____________ behavior in the restaurant caused him to be escorted off the premises immediately.
    식당에서의 남자의 어이없는 행동은 그가 식당에서 당장 쫓겨나도록 만들었다.
12. You can just ____________ me ____________ here. Thanks for giving me a ride to school.
    날 여기서 내려줘도 돼. 학교에 타워다 줘서 고마워.
13. I don't want to ____________ on you, but I just have too much homework to do tonight.
    너와의 약속을 저버리고 싶지 않지만 오늘 밤 해야 할 숙제가 너무 많아.
14. Please ____________ your exam face down on my desk, and then you may leave.
    시험지를 내 책상 위에 엎어 제출하고 나가도 좋습니다.
15. Even though this assignment is being given ______ ____________, there's no reason why you can finish it by tomorrow.
    업무가 예고 없이 주어지긴 했지만 네가 내일까지 끝내지 못할 이유는 없다.
16. Is everything ____________ for the party?
    파티 준비가 다 됐어?
17. Please let me know at least a week ____________ if you're going to come on the trip with us.
    우리와 같이 여행을 올 거면 적어도 일주일 전에 알려 주세요.
18. Your computer will run much better once this software is ____________.
    네 컴퓨터는 이 소프트웨어를 설치하고 나면 더 잘 작동할 것이다.

TEST 8 ANSWER

1.	**break down**	2.	**call back**
3.	**figure out**	4.	**hang out**
5.	**abortion**	6.	**aggravate**
7.	**alzheimer**	8.	**ambidextrous**
9.	**amnesia**	10.	**anesthetic**
11.	**convenient**	12.	**picky**
13.	**incredibly**	14.	**abroad**
15.	**organized**	16.	**check out**
17.	**textile**	18.	**improve**
19.	**exhibit**	20.	**out of stock**

Day 6

기출예상 VOCA- SET 11

1. **extensively** a.폭넓게, 광범위하게 ______
2. **greenhouse effect** 온실효과 ______
3. **household** n.가족, 가구 ______
4. **irritable** a.짜증내는, 화를 잘 내는 ______
5. **formidable** a.무서운 ______
6. **jump to conclusion** 쉽게 결론을 내리다 ______
7. **gratify** vt.만족시키다, 기쁘게 하다 ______
8. **extenuate** vt.(죄 등을) 경감하다 ______
9. **hold back** ~을 억제하다, 자제하다 ______
10. **explore** vt.,vi.찾다, 탐험하다 ______
11. **isolation** n.고립, 고독 ______
12. **emancipation** n.해방 ______
13. **frankly speaking** 솔직히 말해서 ______
14. **anachronism** n.시대착오 ______
15. **carnage** n.대학살, 살육 ______
16. **frightened** a.무서워하는, 겁먹은 ______
17. **gregarious** a.떼지어 모이는, 사교적인 ______
18. **hypocritical** a.위선의, 위선적인 ______
19. **class-warfare** 계급투쟁 ______
20. **itinerary** n.여행 일정 ______
21. **afford** vt.~할 여유가 있다
    I can't afford a new suit.
    새 옷을 살 여유가 없어요.
22. **appreciate** v.고맙게 여기다
    I really appreciate your help.
    도와주셔서 정말 감사합니다.
23. **bother** v.괴롭히다
    I'm sorry to bother you, but can I ask a quick question?
    방해해서 죄송하지만, 뭐 좀 물어봐도 될까요?
24. **care** n.마음을 쓰다
    I don't care (for).
    난 관심 없어.
25. **carry** v.물품을 팔다
    Are you carrying magnets?
    자석을 취급하나요?
26. **tease** v.치근대다
    Stop teasing me.
    귀찮게 좀 굴지 마.
27. **do** 충분하다
    I'm not all that hungry. A bowl of salad will do.
    나 그렇게 배가 안고파. 샐러드 한 그릇이면 충분해.
28. **depend** vi.~에 달려 있다
    A: How long does it take to get there?
    B: It depends on how fast you drive.
    A: 거기까지 가는 데 얼마나 걸리죠?
    B: 얼마나 빨리 운전하느냐에 따라 다르죠.
29. **be done** 마치다
    I'm done with all my clothes shopping.
    옷 사는 건 다 끝냈어요.
30. **take** 받아들이다
    Do they take[accept] credit cards?
    신용카드도 받나요?
31. **attract** vt.주의 · 흥미를 끌다, 매혹
    The shining object attracted my attention.
    번쩍이는 물체가 나의 눈길을 끌었다.
32. **earn** vt.획득하다, 얻다
    I earned my doctorate in linguistics.
    난 언어학 박사학위를 받았다.
33. **expire** v.기간이 만료되다
    I'm sorry, this coupon's expired.
    죄송하지만, 기한이 지난 쿠폰입니다.
34. **improve** v.개선하다, 향상시키다
    I'd like to improve my memory.
    내 기억력을 향상시키고 싶어요.
35. **manage** v.관리하다
    He helped me manage my time effectively.
    그가 시간을 잘 관리할 수 있도록 도와줬다.

CHECK UP TEST 10

1. 전염, 전염병 ____________
2. 비만 ____________
3. 처방전 ____________
4. 증상 ____________
5. 부작용(=adverse effect) ____________
6. 부인과 의사 ____________
7. 외과의사 ____________
8. 정신과의사 ____________
9. 소아과의사 ____________
10. 산과 의사 ____________
11. He's been ____________ as the head coach of the national soccer team.
    그는 국가대표 축구팀 수석코치로 임명되었다.
12. This art class is for preschoolers ____________ by an adult.
    이 미술반은 어른을 동반한 미취학 아동을 위한 프로그램이다.
13. Scientists collect fish to ____________ water pollution.
    과학자들은 수질 오염도를 측정하기 위해 물고기를 채집한다.
14. The water is ____________ with toxics.
    물이 유해물질로 오염되었다.
15. The investigators didn't have enough evidence to ____________ the man.
    조사관은 그에게 유죄를 선언할 만한 충분한 증거를 찾지 못했다.
16. During the recession, many employees were ____________.
    많은 직원들이 불경기 때 해고당했다.
17. Let's talk about how to ____________ our company's overall performance.
    회사의 전체 작업성과를 향상시킬 방법에 대해 상의해 봅시다.
18. Grapes ____________ cancer growth.
    포도는 암 성장을 억제한다.
19. LED alarm clocks can ____________ with sleep.
    발광 알람시계가 수면을 방해할 수 있다.
20. Melting glaciers ____________ a warmer world to come.
    빙하가 녹는 것은 앞으로 기온이 더 따뜻해질 것임을 암시해준다.

TEST 9 ANSWER

1.	**contraceptive**	2.	**split up**
3.	**antidote**	4.	**let down**
5.	**pull over**	6.	**put up with**
7.	**bruise**	8.	**antibiotic**
9.	**constipation**	10.	**contagious**
11.	**outrageous**	12.	**drop off**
13.	**bail out**	14.	**turn in**
15.	**on such short notice**	16.	**in place**
17.	**in advance**	18.	**installed**

기출예상 VOCA- SET 12

1. **subscribe** v.정기 구독하다 ________
2. **resurgency** n.폭동 ________
3. **revolution** n.혁명 ________
4. **progenitor** n.(동식물의) 원종 ________
5. **stress** n.강세 ________
6. **toddler** n.아장아장 걷는 아이 ________
7. **sweeping** a.전면적인 ________
8. **pirate** n.저작권 침해자 ________
9. **piracy** n.표절 ________
10. **anomaly** n.예외, 변칙 ________
11. **navigate** v.조종하다, 항해하다 ________
12. **obsolete** a.구식의, 낡아빠진 ________
13. **make a fortune** 큰돈을 벌다 ________
14. **qualitative** a.질적으로, 정성적인 ________
15. **odds and ends** 어중이떠중이 ________
16. **qualify for** ~에 대한 자격이 있다 ________
17. **negotiation** n.협상, 타협 ________
18. **parliament** n.의회 ________
19. **obligation** n.의무, 책임 ________
20. **laborious** a.힘이 드는, 어려운 ________
21. **locate** v.~의 위치를 찾아내다 ________
    Police are still trying to locate the missing girl.
    경찰은 실종된 소녀의 행방을 아직도 찾고 있다.
22. **predict** v.예견하다
    The report predicts HIV sufferers will soar in the next two years.
    보고서는 에이즈 환자 수가 2년 동안 급증할 것이 라고 예상한다.
23. **prove** v.~임이 드러나다
    The system proved to be successful.
    그 시스템은 성공적이었다.
24. **relieve** v.(고통 · 부담 등을) 덜다
    This drug will relieve the pain.
    이 약이 고통을 덜어줄 것이다.
25. **withdraw** v.(신청 등을) 철회하다;돈을 인출하다
    I'll stop by the bank to withdraw some money.
    돈 찾으러 은행에 잠깐 들를게요.
26. **suggest** vt.시사하다, 암시하다
    Research suggests an optimistic attitude can reduce the risk of heart disease.
    연구는 낙관적인 태도가 심장병 발병 위험을 줄여준다는 점을 보여준다.
27. **tolerate** vt.용인하다, 견디다
    I won't tolerate your behavior any longer.
    네 행동을 더 이상 받아들이지 않을 거야.
28. **transmit** v.(병을) 옮기다
    Sneezing can transmit disease.
    재채기는 병을 옮길 수 있다.
29. **undergo** vt.(영향 · 변화)겪다
    The building will undergo renovations to have a better look.
    저 빌딩은 더 나은 외관을 갖추기 위해 새 단장에 들어갈 것이다.
30. **mild** a.(술 등이) 순한; (병 등이) 가벼운
    You have a mild case of the flu.
    가벼운 감기에 걸리셨군요.
31. **positive** a.틀림없는
    I'm positive you missed the point.
    네가 요점을 놓친 것이 분명해.
32. **ripe** a.익은, 여문
    The grains are ripe for harvesting.
    곡식이 추수할 만큼 여물었다.
33. **routine** n.일상의, 판에 박힌
    There is no routine way to make profit.
    수익을 내는 정형화된 방법은 없다.
34. **second-hand** a.중고의
    He bought a second-hand car.
    그는 중고차를 샀다.
35. **serious** a.진지한, 심각한; 중대한
    Are you serious about doing this?
    정말 이걸 할 작정인가요?

CHECK UP TEST 11

1. 온실효과 ______________
2. 고립, 고독 ______________
3. 솔직히 말해서 ______________
4. 무서운, 공포를 일으키는 ______________
5. 쉽게 결론을 내리다 ______________
6. 무서워하는, 겁먹은 ______________
7. (죄 등을) 경감하다, 정상을 참작하다 ______________
8. ~을 억제하다, 자제하다 ______________
9. 대학살, 살육 ______________
10. 위선의, 위선적인 ______________

11. He helped me ____________ my time effectively.
    그가 시간을 잘 관리할 수 있도록 도와줬다.
12. Stop ____________ me.
    귀찮게 좀 굴지 마.
13. I'm sorry, this coupon's ____________.
    죄송하지만, 기한이 지난 쿠폰입니다.
14. I'd like to ____________ my memory.
    내 기억력을 향상시키고 싶어요.
15. I can't ____________ a new suit.
    새 옷을 살 여유가 없어요.
16. I really ____________ your help.
    도와주셔서 정말 감사합니다.
17. I'm sorry to ____________ you, but can I ask a quick question?
    방해해서 죄송하지만, 뭐 좀 물어봐도 될까요?
18. The shining object ____________ my attention.
    번쩍이는 물체가 나의 눈길을 끌었다.
19. A: How long does it take to get there?
    B: It ____________ on how fast you drive.
    A: 거기까지 가는 데 얼마나 걸리죠?
    B: 얼마나 빨리 운전하느냐에 따라 다르죠.
20. ____________ with all my clothes shopping.
    옷 사는 건 다 끝냈어요.

TEST 10 ANSWER

1.	**infection**	2.	**obesity**
3.	**prescription**	4.	**symptom**
5.	**side effect**	6.	**gynecologist**
7.	**surgeon**	8.	**psychiatrist**
9.	**pediatrician**	10.	**obstetrician**
11.	**appointed**	12.	**accompanied**
13.	**assess**	14.	**contaminated**
15.	**convict**	16.	**dismissed**
17.	**enhance**	18.	**inhibit**
19.	**interfere**	20.	**indicate**

Day 6

Day 7

기출예상 VOCA- SET 13

1. **academic advisor** n.지도교수 ______
2. **Bachelor** n.학사 ______
3. **commencement** n.졸업식 ______
4. **suspend** v.정학시키다 ______
5. **degree** n.학위 ______
6. **application form** n.입학원서 ______
7. **disciple** n.제자 ______
8. **cultural subject** n.교양과목 ______
9. **faculty** n.교수, 학부 ______
10. **elective course** n.선택과목 ______
11. **repeater** n.유급생 ______
12. **thesis** n.(학위)논문 ______
13. **major subject** n.전공과목 ______
14. **curriculum** n.교육과정 ______
15. **commute** v.통학하다 ______
16. **enrollment** n.등록, 입학 ______
17. **doctorate** n.박사학위 ______
18. **lifelong education** n.평생교육 ______
19. **transcript** n.성적 기록부 ______
20. **drop-out** n.중퇴(자), 낙제 ______
21. **clumsy** a.솜씨 없는, 서툰
    At first I was clumsy but then my old skill returned.
    처음에는 서툴렀지만 옛 실력이 되살아났다.
22. **mandatory** a.명령의; 강제적인
    Military service is mandatory in Korea.
    한국에서 군복무는 의무적이다.
23. **disposable** a.일회용의
    Many restaurants use disposable chopsticks.
    많은 식당들이 일회용 젓가락을 사용한다.
24. **firsthand** a.직접적인
    Do you know anyone with firsthand experience of war?
    전쟁을 겪은 사람을 아나요?
25. **hectic** a.매우 바쁜
    Life in a big city is noisy and hectic.
    대도시의 삶은 시끄럽고 매우 바쁘다.
26. **convenient** a.편리한, 형편에 맞는
    We can meet at the library if it's convenient for you.
    네가 편하면 도서관에서 만나자.
27. **abundant** a.풍부한
    Canada has an abundant amount of natural resources.
    캐나다는 풍부한 천연자원을 가지고 있다.
28. **confidential** a.기밀의
    Please keep this decision confidential between us.
    이 결정을 둘만 아는 비밀로 해주세요.
29. **designated** a.지정된, 정해진
    People are allowed to smoke in designated areas only.
    지정된 장소에서만 담배를 피울 수 있다.
30. **compulsory** a.강제된, 의무적인
    It is compulsory for car owners to buy insurance.
    차 소유주는 반드시 보험을 들어야 한다.
31. **outstanding** a.현저한, 탁월한
    Thomas Edison is one of the outstanding geniuses.
    토머스 에디슨은 뛰어난 천재 중 한 명이다.
32. **identical** a.동일한, 일란성의
    They are identical twins.
    그들은 일란성 쌍둥이다.
33. **artificial** a.인위적인
    He has an artificial eye.
    그는 의안을 하고 있다.
34. **complicated** a.까다로운, 복잡한
    The situation remained tense and complicated.
    상황이 긴박하고 복잡한 채 남아 있었다.
35. **controversial** a.논쟁의 (여지가 있는)
    This controversial book was widely discussed.
    물의를 일으킨 이 책은 널리 검토되었다.

CHECK UP TEST 12

1. 조종하다, 항해하다 ____________
2. 힘이 드는, 어려운 ____________
3. 질적으로, 정성(定性)적인 ____________
4. 협상, 타협 ____________
5. 큰돈을 벌다 ____________
6. 폭동 ____________
7. (동식물의) 원종, 조상 ____________
8. 혁명 ____________
9. 의무, 책임 ____________
10. 정기 구독하다 ____________

11. Police are still trying to ____________ the missing girl.
    경찰은 실종된 소녀의 행방을 아직도 찾고 있다.
12. I'm ____________ you missed the point.
    네가 요점을 놓친 것이 분명해.
13. The report ____________ HIV sufferers will soar in the next two years.
    보고서는 에이즈 환자 수가 2년 동안 급증할 것이라고 예상한다.
14. I'll stop by the bank to ____________ some money.
    돈 찾으러 은행에 잠깐 들릴게요.
15. Research ____________ an optimistic attitude can reduce the risk of heart disease.
    연구는 낙관적인 태도가 심장병 발병 위험을 줄여준다는 점을 보여준다.
16. He bought a ____________ car.
    그는 중고차를 샀다.
17. Are you ____________ about doing this?
    정말 이걸 할 작정인가요?
18. I won't ____________ your behavior any longer.
    네 행동을 더 이상 받아들이지 않을 거야.
19. There is no ____________ way to make profit.
    수익을 내는 정형화된 방법은 없다.
20. Sneezing can ____________ disease.
    재채기는 병을 옮길 수 있다.

TEST 11 ANSWER

1. **greenhouse effect**	2. **isolation**
3. **frankly speaking**	4. **formidable**
5. **jump to conclusion**	6. **frightened**
7. **extenuate**	8. **hold back**
9. **carnage**	10. **hypocritical**
11. **manage**	12. **teasing**
13. **expired**	14. **improve**
15. **afford**	16. **appreciate**
17. **bother**	18. **attracted**
19. **depends**	20. **I'm done**

기출예상 VOCA- SET 14

1. **global warming** n.지구온난화 ____________
2. **infrared ray** n.적외선 ____________
3. **corrode** vt. vi.부식하다, 썩다 ____________
4. **atmosphere** n.대기 ____________
5. **undermine** vt.밑을 파다, 손상시키다 ____________
6. **wilderness** n.황야, 산림지 ____________
7. **ozone layer** n.오존 층 ____________
8. **environment** n.환경 ____________
9. **harness** n.이용하다 ____________
10. **blanket** n.담요, 덮고 있다 ____________
11. **ecosystem** n.생태계 ____________
12. **extinction** n.멸종 ____________
13. **glacier** n.빙하 ____________
14. **inundation** vt.범람 ____________
15. **evacuate** v.철수하다, 대피하다 ____________
16. **wildlife** n. a.야생(의), 생물 ____________
17. **logging** n.벌목 ____________
18. **irrigation** n.관개, 물을 끌어드림 ____________
19. **evaporation** n.증발 ____________
20. **whaling** n.포경, 고래잡이 ____________
21. **crucial** a.중요한 ____________
    Mountains play a crucial role in all our lives.
    산은 우리 모두의 삶에 중요한 역할을 한다.
22. **desirable** a.바람직한, 탐나는
    Computer education in schools is desirable.
    학교에서의 컴퓨터 교육은 바람직하다.
23. **exclusive** a.독점적인, 다른 곳에서는 구할 수 없는
    This is an exclusive offer for you.
    귀하께만 드리는 특별 상품입니다.
24. **genuine** a.진정한
    She shows genuine concern to the orphans.
    그녀는 고아들에게 진정한 관심을 보인다.
25. **influential** a.영향력 있는
    He is a very influential person in my life.
    그는 내 삶에 큰 영향을 미치는 분이다.
26. **likely** a.~할 것 같은
    Who is likely to have wrinkles?
    어떤 사람이 주름이 생기기 쉬운가?
27. **mandatory** a.명령의, 강제적인
    Military service is mandatory in Korea.
    한국에서 군복무는 의무적이다.
28. **outstanding** a.현저한, 탁월한
    Thomas Edison is one of the outstanding geniuses.
    토머스 에디슨은 뛰어난 천재 중 한 명이다.
29. **plentiful** a.풍부한, 윤택한
    Readers are plentiful but thinkers are rare.
    책 읽는 사람은 많지만 사색하는 사람은 드물다.
30. **prone** a.~하기 쉬운
    Big animals are prone to extinction.
    큰 동물들은 멸종하기 쉽다.
31. **proper** a.적당한; 올바른
    Is it proper manners to wear a hat indoors?
    실내에서 모자를 쓰는 것이 올바른 매너인가?
32. **reasonable** a.(가격 등이) 적당한
    What is a reasonable price for crude oil?
    원유의 적정가는 얼마인가?
33. **sensitive** a.민감한
    My teeth are sensitive to cold drinks.
    내 치아는 찬 음료에 민감하다.
34. **significant** a.중대한, 뜻있는
    There are no significant changes in the design.
    디자인에 큰 변화는 없다.
35. **generation** n.세대
    The knowledge has been passed on from generation to generation.
    그 지식은 여러 세대에 걸쳐 전해져 왔다.

1. 지도교수 ______________________
2. 졸업식 ______________________
3. 정학시키다 ______________________
4. 입학원서 ______________________
5. 교수, 학부 ______________________
6. 전공과목 ______________________
7. 교육과정 ______________________
8. 통학하다 ______________________
9. 등록, 입학 ______________________
10. 중퇴(자), 낙제 ______________________

11. Military service is ____________ in Korea.
    한국에서 군복무는 의무적이다.
12. Many restaurants use ____________ chopsticks.
    많은 식당들이 일회용 젓가락을 사용한다.
13. Do you know anyone with ____________ experience of war?
    전쟁을 겪은 사람을 아나요?
14. We can meet at the library if it's ____________ for you.
    네가 편하면 도서관에서 만나자.
15. Canada has an ____________ amount of natural resources.
    캐나다는 풍부한 천연자원을 가지고 있다.
16. Please keep this decision ____________ between us.
    이 결정을 둘만 아는 비밀로 해주세요.
17. It is ____________ for car owners to buy insurance.
    차 소유주는 반드시 보험을 들어야 한다.
18. Thomas Edison is one of the ____________ geniuses.
    토머스 에디슨은 뛰어난 천재 중 한 명이다.
19. They are ____________ twins.
    그들은 일란성 쌍둥이다.
20. The situation remained tense and ____________.
    상황이 긴박하고 복잡한 채 남아 있었다.

TEST 12 ANSWER

1.	**navigate**	2.	**laborious**
3.	**qualitatively**	4.	**negotiation**
5.	**make a fortune**	6.	**resurgency**
7.	**progenitor**	8.	**revolution**
9.	**obligation**	10.	**subscribe to**
11.	**locate**	12.	**positive**
13.	**predicts**	14.	**withdraw**
15.	**suggests**	16.	**second-hand**
17.	**serious**	18.	**tolerate**
19.	**routine**	20.	**transmit**

Day 8

기출예상 VOCA- SET 15

1. **ultraviolet ray** n.자외선 ______
2. **biosphere** n.생태계 ______
3. **catastrophe** n.재난 ______
4. **hazard** n.위험 ______
5. **barren** a.불모의 ______
6. **alternative energy** n.대체에너지 ______
7. **species** n.종류 ______
8. **efficient** a.효율적인 ______
9. **emission** n.(배기가스) 배출 ______
10. **flood** n.홍수 ______
11. **fertile** a.비옥한 ______
12. **run out of** v.다 쓰다, 고갈되다 ______
13. **exhaustible** a.고갈되는 ______
14. **evolution** n.진화 ______
15. **natural resources** n.천연자원 ______
16. **bio diversity** n.생물학적 다양성 ______
17. **nitrogen** n.질소 ______
18. **cut down** v.줄이다 ______
19. **humid** a.습한 ______
20. **erode** v.침식하다 ______
21. **striking** a.현저한, 인상적인
    She is a striking beauty.
    그녀는 눈에 띄는 미인이다.
22. **subject** a.~을 필요로 하는
    All carry-on items are subject to search.
    모든 휴대품이 조사대상이다.
23. **confirmation** n.확증
    This is confirmation that we have received the following order request.
    이건 저희가 다음과 같은 주문 요청을 받았다는 확인입니다.
24. **claim** v.말하다, 주장하다
    He claimed he didn't start the fire.
    그는 불을 내지 않았다고 주장했다.
25. **company** n.회사, 일행
    He works for a construction company.
    그는 건설회사에서 일한다.
26. **critical** a.비판적인, 흠잡기를 좋아하는
    Workers are critical of the new policy.
    근로자들은 새로운 정책에 비판적이다.
27. **figure** n.숫자, 사람 모습
    Tom makes a six-figure salary.
    톰은 억대 연봉을 받는다.
28. **release** vt.개봉하다, (신간을) 발표하다, (병원이나 감옥에서) 나오다
    The movie will not be released until next year.
    그 영화는 내년에나 개봉된다.
29. **do one's best** 최선을 다하다
    I promise I'll do my best.
    최선을 다할 것을 약속합니다.
30. **do one good** ~에게 도움을 주다
    Yoga does everybody good.
    요가는 모든 사람들에게 도움이 된다.
31. **get in touch with** ~와 연락하다
    We'll get in touch with you tomorrow.
    내일 저희가 연락드리겠습니다.
32. **give one's word** 약속하다
    I gave my word that I would never drink again.
    다시는 술을 마시지 않겠다고 약속했다.
33. **give someone a hand** ~를 도와주다
    Chris, can you give me a hand with this?
    크리스, 이거 좀 도와줄래?
34. **have a say** 말할 권리가 있다
    I think he has a say in this matter.
    그가 이 문제에 대해 말할 권리가 있다고 생각해.
35. **have a word with** ~와 이야기를 나누다
    Can I have a word with you?
    이야기 좀 할 수 있을까?

CHECK UP TEST 14

1. 적외선 ______________________
2. 대기 ______________________
3. 황야, 산림지 ______________________
4. 담요, 덮고 있다 ______________________
5. 생태계 ______________________
6. 멸종 ______________________
7. 범람 ______________________
8. 관개, 물을 끌어드림 ______________________
9. 증발 ______________________
10. 대피하다 ______________________
11. Mountains play a ____________ role in all our lives.
    산은 우리 모두의 삶에 중요한 역할을 한다.
12. Computer education in schools is ____________.
    학교에서의 컴퓨터 교육은 바람직하다.
13. This is an ____________ offer for you.
    귀하께만 드리는 특별 상품입니다.
14. He is a very ____________ person in my life.
    그는 내 삶에 큰 영향을 미치는 분이다.
15. Military service is ____________ in Korea.
    한국에서 군복무는 의무적이다.
16. Thomas Edison is one of the ____________ geniuses.
    토머스 에디슨은 뛰어난 천재 중 한 명이다.
17. Readers are ____________ but thinkers are rare.
    책 읽는 사람은 많지만 사색하는 사람은 드물다.
18. What is a ____________ price for crude oil?
    원유의 적정가는 얼마인가?
19. There are no ____________ changes in the design.
    디자인에 큰 변화는 없다.
20. The knowledge has been passed on from ____________ to ____________.
    그 지식은 여러 세대에 걸쳐 전해져 왔다.

TEST 13 ANSWER

1. academic advisor
2. commencement
3. suspend
4. application form
5. faculty
6. major subject
7. curriculum
8. commute
9. enrollment
10. drop-out
11. mandatory
12. disposable
13. firsthand
14. convenient
15. abundant
16. confidential
17. compulsory
18. outstanding
19. identical
20. complicated

기출예상 VOCA- SET 16

1. **advantage** n.이익, 혜택 ______________
2. **ingredient** n.재료 ______________
3. **freebie** n.공짜 ______________
4. **benefit** n.이익, 혜택 ______________
5. **inclusive** a.모든 것을 다 포함한 ______________
6. **luxurious** a.고급스러운 ______________
7. **attraction** n.매력, 인기거리 ______________
8. **water-proof** 방수의 ______________
9. **steal** n.아주 싼 물건 ______________
10. **special deal** 특별 할인 ______________
11. **cutting edge** n.최첨단 ______________
12. **exclusive** a.독점적인 ______________
13. **admission fee** 입장료 ______________
14. **wanted** n.사람 구함 ______________
15. **reduced price** 할인된 가격 ______________
16. **recommendation** n.추천서 ______________
17. **bargain** n.아주 싼 물건 ______________
18. **effective** a.효과적인 ______________
19. **reference** n.추천서 ______________
20. **qualified** a.자격을 갖춘 ______________
21. **have a sweet tooth** 단것을 좋아하다
    She has a sweet tooth and loves cakes.
    그녀는 단것을 좋아하고 케이크를 무지 좋아한다.
22. **have a word with** ~와 간단히 이야기를 나누다
    Can I have a word with you?
    이야기 좀 할 수 있을까?
23. **have something[nothing] to do with**
    ~와 관계가 있다[없다]
    Their problems have nothing to do with me.
    그들의 문제는 나와 아무 관련 없다.
24. **jump to conclusions** 성급히 결론을 내리다
    Let him explain it first. Don't jump to conclusions.
    그의 설명을 먼저 들어봐. 성급하게 결론 내리지 말고.
25. **keep an eye on** ~을 지켜보다, 감시하다
    Companies keep an eye on workers' Internet use.
    회사는 직원들의 인터넷 사용을 감시한다.
26. **keep track of** ~을 기억하고 있다
    Keep track of your energy and conserve.
    에너지 소비량을 기록해서 에너지를 절약하세요.
27. **lock oneself out** 열쇠를 안에 두고 잠그다
    I locked myself out of my car this morning.
    오늘 아침 차 안에 열쇠를 놔두고 문을 잠가 버렸어.
28. **make a difference** 변화를 가져오다
    We together can make a difference in the world.
    우리 모두 함께 이 세상을 보다 나은 곳으로 만들 수 있습니다.
29. **make ends meet** 수입과 지출을 맞추다
    He earns so little money that he can't make ends meet.
    그는 돈을 너무 적게 벌어서 수입과 지출을 맞추질 못한다.
30. **pick up the tab** 셈을 치르다, 계산하다
    My company will pick up the tab for all moving expenses.
    모든 이사 비용은 회사가 부담할 겁니다.
31. **take a chance** 운명에 맡기고 해보다
    We shouldn't take any chances. It's too risky.
    이제 더 이상 모험을 해서는 안 돼요. 너무 위험합니다.
32. **take advantage of** ~를 이용하다
    Take advantage of our low prices and buy it today.
    저렴한 가격 기회를 이용하여 오늘 구입하세요.
33. **take charge of** 떠맡다; 주도권을 잡다
    Now is the time to take charge of your health.
    이제 당신이 건강의 주도권을 잡을 때입니다.
34. **take one's place** ~를 대신하다
    If Ed quits and leaves us now, there's no one to take his place.
    에드가 그만두고 떠난다면 그를 대신할 사람이 없다.
35. **take place** 발생하다
    The research took place in a lab inside the hospital.
    연구는 병원 내 실험실에서 행해졌다.

CHECK UP TEST 15

1. 생태계 ______________________
2. 재난 ______________________
3. 불모의 ______________________
4. 종류 ______________________
5. 효율적인 ______________________
6. 배출 ______________________
7. 다 쓰다, 고갈되다 ______________________
8. 고갈되는 ______________________
9. 진화 ______________________
10. 줄이다 ______________________

11. She is a ____________ beauty.
    그녀는 눈에 띄는 미인이다.
12. All carry-on items are ____________ to search.
    모든 휴대품이 조사대상이다.
13. Workers are ____________ of the new policy.
    근로자들은 새로운 정책에 비판적이다.
14. We'll ____________ you tomorrow.
    내일 저희가 연락드리겠습니다.
15. I ____________ that I would never drink again.
    다시는 술을 마시지 않겠다고 약속했다.
16. Can I ____________ you?
    이야기 좀 할 수 있을까?
17. I think he ____________ in this matter.
    그가 이 문제에 대해 말할 권리가 있다고 생각해.
18. The movie will not be ____________ until next year.
    그 영화는 내년에나 개봉된다.
19. I promise I'll ____________.
    최선을 다할 것을 약속합니다.
20. Yoga ____________.
    요가는 모든 사람들에게 도움이 된다.

TEST 14 ANSWER

1. infrared ray	2. atmosphere
3. wilderness	4. blanket
5. ecosystem	6. extinction
7. inundation	8. irrigation
9. evaporation	10. evacuate
11. crucial	12. desirable
13. exclusive	14. influential
15. mandatory	16. outstanding
17. plentiful	18. reasonable
19. significant	20. generation

Day 8

Day 9

보너스 어휘 (1)

1. **rate** n.요금 ______
2. **fare** n.교통 요금 ______
3. **boon** n.이익, 혜택 ______
4. **competitive edge** n.경쟁적으로 유리한 점, 혜택 ______
5. **rip-off** 바가지 ______
6. **tailor-made** 맞춤형의 ______
7. **resume** n.이력서 ______
8. **sold out** 매진 ______
9. **applicant** n.지원자 ______
10. **personnel** n.직원 ______
11. **qualification** n.자격 ______
12. **required** a.필요조건의 ______
13. **benefits** n.복리후생 ______
14. **give away** 공짜로 나눠주다 ______
15. **foolproof** a.아주 간단한, 완벽한 ______
16. **free sample** 공짜 샘플 ______
17. **easy to operate** 다루기 쉬운 ______
18. **test drive** 시운전 ______
19. **secretarial position** n.비서직 ______
20. **application form** 지원서 ______
21. **sleep on it** 숙고하다 ______
    It's a big decision. I need to sleep on it.
    중요한 결정이니 좀 더 생각해 봐야겠다.
22. **Watch your mouth.** 말조심해
    Young man, watch your mouth.
    젊은이, 말조심해.
23. **affect** vt.영향을 미치다
    How would this change affect me?
    이런 변화가 저에게 어떤 영향을 미치죠?
24. **effect** n.결과; (법률의) 효력
    Terrorism was an effect rather than a cause.
    테러리즘은 원인이라기보다는 결과였다.
25. **amusing** a.즐거운, 재미있는
    Those funny pictures are really amusing.
    저 익살맞은 사진들은 정말 재미있어요.
26. **amazing** a.놀랄 정도의, 굉장한
    The effect of the medicine is absolutely amazing.
    약효가 정말 놀랍다.
27. **arid** a.습기가 없는, 딱딱한
    In arid areas, plants have long roots to reach the underground water.
    건조한 지방에는 식물들이 지하수에 닿을 수 있도록 긴 뿌리를 가지고 있다.
28. **assist** v.돕다
    Find a lawyer who will assist you.
    당신을 도와줄 변호사를 찾으세요.
29. **insist** vi., vt.주장하다
    We insist all prisoners must go free.
    우린 모든 구금자들이 석방되길 주장한다.
30. **brake** n.제동, 브레이크
    break n.중단; 짧은 방학; 실패
    He slammed down on the brake pedal to stop the car.
    그는 차를 멈추려고 브레이크 페달을 세게 밟았다.
31. **complement** v.보충하다
    She prepared ham to complement the turkey.
    그녀는 칠면조 고기를 보충하기 위해 햄을 준비했다.
32. **compliment** n.칭찬
    He paid her a great compliment.
    그는 그녀에게 칭찬을 많이 해주었다.
33. **confirm** vt.확인하다
    It is important to confirm that the information is correct.
    정보가 정확한지 확인하는 것은 중요하다.
34. **conform** v.(규범 · 규칙 등에) 순응하다
    You are required to conform to the law.
    당신은 법을 따라야 합니다.
35. **contend** v.싸우다; 주장하다
    The ship contended with the high waves.
    그 배는 높은 파도와 싸웠다.

CHECK UP TEST 16

1. 이익, 혜택 ______________
2. 재료 ______________
3. 모든 것을 다 포함한 ______________
4. 매력, 인기거리 ______________
5. 최첨단 ______________
6. 독점적인 ______________
7. 입장료 ______________
8. 추천서 ______________
9. 효과적인 ______________
10. 자격을 갖춘 ______________

11. She ____________ and loves cakes.
    그녀는 단것을 좋아하고 케이크를 무지 좋아한다.
12. Can I ____________ you?
    이야기 좀 할 수 있을까?
13. Let him explain it first. Don't ____________.
    그의 설명을 먼저 들어봐. 성급하게 결론 내리지 말고.
14. ____________ your energy and conserve.
    에너지 소비량을 기록해서 에너지를 절약하세요.
15. I ____________ of my car this morning.
    오늘 아침 차 안에 열쇠를 놔두고 문을 잠가 버렸어.
16. We together can ____________ in the world.
    우리 모두 함께 이 세상을 보다 나은 곳으로 만들 수 있습니다.
17. He earns so little money that he can't ____________.
    그는 돈을 너무 적게 벌어서 수입과 지출을 맞추질 못한다.
18. We shouldn't ____________. It's too risky.
    이제 더 이상 모험을 해서는 안 돼요. 너무 위험합니다.
19. Now is the time to ____________ your health.
    이제 당신이 건강의 주도권을 잡을 때입니다.
20. The research ____________ in a lab inside the hospital.
    연구는 병원 내 실험실에서 행해졌다.

TEST 15 ANSWER

1.	**biosphere**	2.	**catastrophe**
3.	**barren**	4.	**species**
5.	**efficient**	6.	**emission**
7.	**run out of**	8.	**exhaustible**
9.	**evolution**	10.	**cut down**
11.	**striking**	12.	**subject**
13.	**critical**	14.	**get in touch with**
15.	**have my word**	16.	**have a word with**
17.	**has a say**	18.	**released**
19.	**do my best**	20.	**does everybody good**

Day 9

보너스 어휘 (2)

1. **put on** **입다, 신다, 쓰다**
   옷 · 안경 · 반지 · 신발 등을 몸에 지니거나 걸치는 행위를 하다
   Put your coat on. It's freezing outside.
   코트를 입으십시오. 밖이 매우 춥습니다.
2. **get dressed** **옷을 차려 입다**
   입어야 할 옷가지를 갖추어 입다
   I got dressed and had my breakfast.
   나는 옷을 차려 입고 아침식사를 했다.
3. **try on** **~을 입어[신어]보다**
   상점에서 맞는지 어울리는지를 보기 위해 한번 지니거나 걸쳐보다
   Can I try this pair of shoes on?
   이 신발을 신어 봐도 될까요?
4. **throw on** **급히 입다**
   급한 일이 있는 듯 옷을 서둘러서 아무렇게나 입다
   He threw on his coat and ran out the door.
   그는 코트를 급히 입고 문 밖으로 뛰어나갔다.
5. **take off** **벗다**
   옷 · 신발 · 안경 등을 몸에서 떼어 내다
   He took off his pajamas and got dressed.
   그는 잠옷을 벗고 옷을 차려 입었다.
6. **get undressed** **옷을 벗다**
   입고 있는 옷을 전부 벗다
   He got undressed and went into the bathroom.
   그는 옷을 벗고 욕실로 들어갔다.
7. **bare** a.**드러난**
   몸의 어떤 부분이 옷으로 가려지지 않고 노출된
   He saw children running around in their bare feet.
   그는 아이들이 맨발로 뛰어다니는 것을 보았다.
8. **match** vi/t **어울리다. 어울리는 것을 연결하다**
   서로 다른 두 가지가 디자인이나 색상이 비슷하거나 잘 어우러져 조화를 이루다
   The color of his tie matches his suit.
   그의 넥타이 색이 양복과 어울린다.
9. **shabby** a. **낡아빠진, 초라한**
   건물 · 옷 · 물건 등이 오래 써서 낡은, 또는 사람이 낡고 허름한 옷을 입고 있는
   He was standing outside dressed in a shabby suit.
   그는 초라한 양복을 입고 밖에 서있었다.
10. **luggage** n. **수하물**
    여행하는 사람이 손수 나르는 짐
    You are only allowed two pieces of luggage on this flight.
    이 비행기에는 단지 두 개의 수하물만 허락됩니다.
11. **rational** a. **이성(합리)적인**
    생각 · 결정 · 행동 등이 이성을 바탕으로 한
    ≠irrational a. 비이성적인
    There is not enough information yet to make a rational decision.
    아직까지 합리적인 결정을 내릴 충분한 정보가 없다.
12. **shrewd** a. **영리한, 약삭빠른**
    상황에 대한 판단력이 뛰어나고 자신에게 유리하게 이용할 줄 아는
    He was such a shrewd businessman that he never lost money in any transaction.
    그는 매우 영리한 사업가여서 어떤 거래에서도 절대 손해를 보지 않는다.

TEST 16 ANSWER

1. **advantage**	2. **ingredient**
3. **inclusive**	4. **attraction**
5. **cutting edge**	6. **exclusive**
7. **admission fee**	8. **recommendation**
9. **effective**	10. **qualified**
11. **has a sweet tooth**	12. **have a word with**
13. **jump to conclusions**	14. **Keep track of**
15. **locked myself out**	16. **make a difference**
17. **make ends meet**	18. **take any chances**
19. **take charge of**	20. **took place**

보너스 어휘 (3)

1. **attract customer** vt.고객을 유치하다 ____________
2. **sub-charge** 추가요금 ____________
3. **custom-designed** 맞춤형의, 주문 제작된 ____________
4. **customized service** 고객별 맞춤형 서비스 ____________
5. **limited period** 한정된 기간 ____________
6. **fill out** 서류를 작성하다 ____________
7. **experience preferred** 경력자 우대 ____________
8. **in stock** 물건 있음 ____________
9. **out of stock** 물건 없음 ____________
10. **entry fee** n.입장료 ____________
11. **buy one get one free** 하나를 사면 하나를 더 주다
12. **cut prices** 가격을 자르다, 할인하다 ____________
13. **meet the demand** 수요를 맞춰주다 ____________
14. **fill the position** 사람을 뽑다 ____________
15. **draw customer** 고객을 유치하다 ____________
16. **convenient location** 편리한 위치 ____________
17. **cater to** v.다 맞춰주다 ____________
18. **selling point** 판매 주안점 ____________
19. **free trial** n.공짜로 써 볼 수 있음 ____________
20. **latest feature** 최신 특색 ____________

21 **content** a.만족하는
I'm content with the test result.
시험 결과에 만족한다.

22. **costume** n.복장, 옷차림
The shop sells Halloween costumes.
저 가게에서 할로윈 복장을 판매한다.

23. **custom** n.관례, 풍습
Different countries have different customs.
나라마다 풍습이 다르다.

24. **curb** n.억제하다
He tried to curb his temper.
그는 화를 참으려 애썼다.

25. **carve** v.새기다, 조각하다
An apple was carved on the lid.
뚜껑에는 사과가 조각되어 있었다.

26. **defer** v.미루다
You may defer payment until a later date.
지불을 다음으로 연기할 수 있습니다.

27. **deter** vt.방해하다, 제지하다
Nothing could deter me from succeeding.
아무것도 나의 성공을 막지 못할 것이다.

28. **description** n.묘사
Here is a brief description of the rules.
여기 규칙들을 간단히 설명해 놓은 것이 있다.

29. **prescription** n.처방
This drug is available without prescription.
이 약은 처방 없이도 구입 가능하다.

30. **devise** v.고안하다, 발명하다
I have devised several computer games.
나는 몇 개의 컴퓨터 게임을 개발해냈다.

31. **revise** v.수정하다, 변경하다
He revised his essay many times.
그는 자신이 쓴 에세이를 여러 번 고쳤다.

32. **endanger** vt.위태롭게 하다
We should save endangered animals.
멸종 위기에 처한 동물을 보호해야 한다.

33. **engender** v.발생시키다
Does democracy engender equality?
민주주의가 평등을 낳는가?

34. **expand** v.확장[확대]하다
The universe will expand forever.
우주는 계속 확장될 것이다.

35. **expend** v.(시간 · 노력을) 소비하다, 쓰다
Don't expend any extra energy worrying about it.
그것에 대해 걱정하느라 쓸데없이 힘 낭비하지 마라.

Day 9

보너스 어휘 (4)

1. **presume** vi/t **추정[가정]하다**
명확한 증거는 없지만 미루어 생각하여 어떤 것을 사실로 받아들이다.
Since no survivors were found, they presumed him to be dead.
생존자가 발견되지 않았기 때문에 그들은 그가 죽었을 것으로 추정했다.

2. **take sth for granted** **당연한 일로 생각하다**
어떤 것이 확인은 하지 않았지만 의심할 여지가 없는 사실이라고 믿다
They took it for granted that he would lose the election.
그들은 그가 선거에서 질 것을 당연한 일로 생각했다.

3. **foresee** vt.**예견하다**
무슨 일이 일어날 것을 일이 있기 전에 미리 알다
Clearly, the disaster could have been foreseen and avoided.
분명히 그 재난은 예견되고 예방될 수 있었다.

4. **prophecy** vi/t **예언하다**
종교적인 영감이나 신비한 힘에 의해 앞으로 어떤 일이 일어날 것이라고 말하다
They believe that the war was prophesied in the Bible.
그들은 그 전쟁이 성경에서 예언되었다고 믿었다.

5. **outlook** n.**전망, 예측, ~관**
미리 내다본 앞날의 상황(=prospect)
삶이나 세상을 바라보든 태도나 의견
The economic outlook for the next year remains uncertain.
내년도 경제 전망은 불확실한 상태이다.

6. **anticipate** vt.**예상[기대]하다**
어떤 일이 확실히 일어날 것으로 생각하여 그에 대한 준비를 하다
At the moment we can't really anticipate what's going to happen.
현재로서는 우리는 정말로 무슨 일이 일어날지 예상할 수 없다.

7. **look forward to** **기대하다**
앞으로 있을 것으로 예상되는 일을 즐거움과 흥분을 느끼면서 기다리다
I'm looking forward to visiting my relatives in California.
나는 캘리포니아에 나의 친척에게 방문할 것을 기대한다.

8. **insight** n.**통찰력**
사물이나 현상을 꿰뚫어 그것의 본질이나 진실을 알아내는 능력
The book provides excellent insight into human nature.
그 책은 인간 본성에 대한 뛰어난 통찰력을 제공한다.

9. **vivid** a.**생생한, 선명한**
기억 · 묘사 · 상상 등이 실제로 보는 듯이 뚜렷하고 분명한, 또는 색상 · 색깔 등이 매우 밝고 분명한
She has vivid memories of her childhood.
그녀는 그의 유년시절에 대해 생생하게 기억한다.

10. **explicit** a.**명확한, 노골적인**
진술 · 표현 등이 있는 그대로를 솔직하게 직접적으로 드러내는
≠implicit a. 함축적인, 암시적인
The book contains some pretty explicit love scenes.
그 책은 약간 꽤 노골적인 사랑의 장면을 담고 있다.

11. **obscure** a.**명료하지 않은**
대상 자체가 부정확 · 불명확하기 때문에 본래의 뜻이나 모습을 알기 어려운
For some obscure reasons, they did not show it to him.
불명확한 이유들로, 그들은 그것을 그에게 보여 주지 않았다.

12. **ambiguous** a.**애매한, 모호한**
한 가지를 여러 가지로 해석할 수 있어서 정확한 뜻이 분명하지 않은
The agreement is somewhat ambiguous on this point.
합의는 이 점에 있어서 다소 애매하다.

I' ll keep my fingers crossed for you!!! JK

TEPS 4대 영역을 한 권에 아우르는 점수대별 전략서

New

TEPS MASTER 750

Answer Book

New TEPS MASTER 750

정답 및 해설

Listening Comprehension

Chapter 01 의문사가 있는 의문문 (1)

Sample

해석 W: 당신이 베풀어 주신 환대에 어떻게 보답해야 할까요?
M: ______________________________
(a) 우리가 상관할 바가 아닙니다. 걱정 마세요.
(b) 천만에요. 언제든 환영합니다.
(c) 병원은 여기서 그리 멀지 않습니다.
(d) 괜찮아요. 죄송해하지 마세요.

정답 (d)

Actual Test

1 해석 W: 안녕 제임스! 어떻게 지내?
M: ______________________________
(a) 너무 쉬워. 내가 알려줄게.
(b) 더 이상 좋을 수 없어.
(c) 난 아무데도 안가.
(d) 아마 차를 타고.

해설 의문사 How로 시작되는 의문문이다. How are you doing?은 안부를 묻는 표현이므로, 안부를 답한 (b) Couldn't be better.가 가장 자연스런 응답이다. couldn't be better는 직역을 하면, '더 이상 좋을 수가 없다'인데, 즉 '최상이다'란 뜻을 내포하고 있다.

정답 (b)

2 해석 M: 앤드류가 왜 해고당했나요?
W: ______________________________
(a) 호주의 산불은 걷잡을 수 없습니다.
(b) 수차례 경고에도 불구하고 항상 빈둥거렸거든요.
(c) 사장 말로는 매우 헌신적인 직원이라던데요.
(d) 타이어가 펑크 나서요.

해설 goof off 뜻은 '빈둥대다'이다. 남자가 여자에게 제3의 인물인 앤드류가 해고당한 이유를 묻고 있으므로, 해고의 사유에 해당될 만한 응답이 적절하므로, (b)가 정답이다. (a)는 질문지에 등장한 단어 fire를 이용한 오답 선택지이고, (d)는 fire와 tire의 발음 혼동을 유도한 오답 선택지이다.

정답 (b)

3 해석 M: 제니퍼, 너 새해 결심이 뭐니?
W: ______________________________
(a) 새해 복 많이 받아, 친구야. 하는 일 잘 되길 바랄게.
(b) 한 때 독일어를 배웠는데, 어렵더라고요.
(c) 그녀는 우유부단한 소녀야.
(d) 올해엔 확실히 몸을 다듬어 볼 작정이야.

해설 의문사 What으로 시작되는 의문사 의문문이다. 남자가 여자에게 새해 결심을 묻고 있으므로, 새해의 계획이나 포부를 답한 (d)가 가장 적절한 응답이다. 명사 resolution의 뜻을 모르면, 오답을 고를 수도 있는 유형의 문제이다.

정답 (d)

4 해석 W: 뉴욕에는 어쩐 일로 오셨습니까?
M: ______________________________
(a) 항공권 가격을 대폭 할인해 드립니다.
(b) 작은 여행가방 하나만 가져왔습니다.
(c) 브로드웨이 쇼를 보고 싶어서요.
(d) 무엇을 도와드릴까요?

해설 의문사 What으로 시작되는 의문사 있는 의문문이다. 〈What brought(=brings/has brought) 사람+to 장소~?〉는 방문 목적을 묻는 표현이다. 여자가 남자에게 뉴욕에 온 목적을 묻고 있으므로, 뉴욕에 온 이유를 밝히는 응답인 (c)가 정답이다.

정답 (c)

5 해석 W: 공원에서 콘서트가 몇 시에 시작되나요?
M: ______________________________
(a) 네, 콘서트는 공원에서 열릴 거예요.
(b) 9시 정각에 시작합니다.
(c) 예, 여긴 주차하기 좋은 장소입니다.
(d) 어젯밤 10시에요.

해설 What time으로 시작되는 시간을 묻는 의문문이다. 여자가 콘서트가 몇 시에 시작되냐고 묻고 있으므로, 모른다는 응답이나, 시간 정보를 답한 응답이 와야 한다. (d)는 시제가 틀려서 답이 될 수 없다. 선택지 (a)와 (c)는 질문지에 등장한 어휘 concert와 park를 그대로 다시 등장시켜 혼동을 유도한 오답 선택지다. 콘서트의 시작 시간을 똑부러지게 응답하고 있는 것은 (b)이다.

정답 (b)

6 해석 M: 소문에 따르면 시의회에서 여기에 새로운 아파트 단지를 건설할 계획이라는군요.

W: 저도 들었어요. 우리 이사를 가야할 것 같군요.

M: 그렇게 말하는 이유가 뭐죠?

W: ______________________________

(a) 시의회에 일자리를 구했거든요.

(b) 이 아파트에 질려서요. 그게 이유에요.

(c) 여길 곧 철거할 거니까요.

(d) 난 이사할 생각이 없어요.

해설 What makes you say that?은 '무엇이 너를 그렇게 말하게 만드냐?'로 직역이 되는데, 그렇게 말하는 이유를 묻는 표현이다. 남자가 여자에게 이사를 가야 하는 이유를 묻고 있으므로, 새로운 아파트 건설과 관련하여 이사를 가야 하는 직접적인 이유가 될 만한 응답이 가장 자연스럽다. 따라서 기존의 살고 있는 집을 철거할 거라는 내용의 (c)가 가장 적절한 응답이다.

정답 (c)

7 해석 W: 존, 오늘 사무실에 새 비서가 와 있어요.

M: 좋아요, 우리 회사 방침을 알려줬나요?

W: 아직요. 우선 뭘 말해줘야 하나요?

M: ______________________________

(a) 집안일이란 끝이 없어요.

(b) 그녀에게 봉급을 올려달라고 해봐요.

(c) 함께 커피나 한잔 하시죠?

(d) 지각하지 말라고 말해주세요.

해설 의문사 What으로 시작되는 의문사 의문문이다. 여자가 남자에게 새로 온 비서에게 회사 방침과 관련해서 가장 먼저 뭘 알려줘야 할지 묻고 있으므로, 회사 방침에 해당되는 내용이 이어져야 한다. 선택지 중 회사 규정이나 방침에 해당될 만한 내용은 (d)밖에 없다. be punctual은 '시간을 엄수하다, 지키다'는 뜻으로, 문맥상 이 대화에서는 회사 방침이므로 '지각을 하지 않다'로 해석하는 것이 자연스럽다.

정답 (d)

8 해석 M: 내일 디너파티에 올 수 있니?

W: 아니, 애기 봐줄 사람을 못 구했어.

M: 애기를 데리고 오는 건 어때?

W: ______________________________

(a) 베이비샤워 파티도 열 거야.

(b) 너무 성가시기 때문이야.

(c) 그렇게는 할 수 있을 거 같네.

(d) 좋아, 네게 보상할게.

해설 의문사 Why로 시작되는 의문사 의문문이다. Why don't you ~? 구문은 이유를 묻는 것이 아니라, 권유나 제안을 하는 표현이므로, 수락[동의]이나 거절[반대]의 응답이 와야 한다는 점을 명심하자. 보모를 찾지 못한 여자에게 파티에 애기를 데리고 오라는 남자의 제안에 대해 그럴 수 있을 거 같다고 응답한 (c)가 가장 자연스럽다.

정답 (c)

Sample

해석 W: 뭐 도와드릴 일 있으세요, 아니면 그냥 둘러보시는 건가요?

M: 실은 여동생에게 줄 선물을 찾고 있는데 뭘 사야 할지 전혀 모르겠어요.

W: 동생이 어떤 것들을 좋아하나요?

M: ______________________

(a) 바로 그게 문제에요. 걔가 뭘 좋아하는지 잘 모르겠어요.

(b) 고맙지만 혼자서도 괜찮을 것 같아요.

(c) 시간이 날 때마다 책 읽기를 좋아해요.

(d) 동생이 그걸 그다지 좋아할지 잘 모르겠어요.

정답 (a)

Actual Test

1 해석 M: 무슨 특별한 일이 있어?

W: ______________________

(a) 괜찮아. 고마워

(b) 그리 나쁘진 않아.

(c) 그거면 돼.

(d) 별일 없어

해설 의문사 What으로 시작되는 의문문이다. What's up?은 What's new?, What's cooking?, What's happening? 등과 같은 표현으로, '무슨 특별한 일이 있냐?'고 물어보는 표현이다. 따라서 '별일 없다'는 뜻의 (d)가 가장 자연스런 응답이다. 참고로 What's up?은 상대방이 안색이 좋지 않거나, 무슨 문제가 있어 보일 때 쓰는 표현인 What's wrong?, What's the matter?의 뜻으로도 자주 쓰인다.

정답 (d)

2 해석 W: 축구 경기가 왜 취소됐나요?

M: ______________________

(a) 전 중요한 경기가 있어서요.

(b) 비 때문에 취소됐어요.

(c) 그에게 다시 전화해 주겠다고 약속했어요.

(d) 약속을 취소하실 필요가 없습니다.

해설 의문사 Why로 시작되는 이유를 묻은 의문문에 대한 응답을 고르는 문제이다. 여자가 축구 경기가 취소된 이유를 묻고 있으므로, 축구 경기가 취소된 이유를 말한 (b)가 가장 자연스런 응답이다. call off는 '취소하다'는 뜻의 구동사이다.

정답 (b)

3 해석 W: 어떻게 새 아파트를 구했나요?

M: ______________________

(a) 정말 찾기 어려웠어요.

(b) 모든 사람들이 그것을 찾길 원해요.

(c) 신문 광고란을 통해서요.

(d) 전 완전히 지쳤어요.

해설 의문사 How로 시작되는 의문사 있는 의문문에 적절한 응답을 고르는 문제이다. 여자가 남자에게 아파트를 구한 방법을 묻고 있으므로, 신문의 항목별 광고란을 보고 구했다고 답한 (c)가 가장 적절하다. classified ad는 주로 구직자들이 즐겨보는 광고 섹션인데, 구인 또는 구직 광고 외에도 부동산(real estate) 광고도 게재된다.

정답 (c)

4 해석 W: 손님, 머리를 어떻게 잘라 드릴까요?

M: ______________________

(a) 무서워서 머리털이 곤두서더군요.

(b) 기름을 넣어주세요.

(c) 살짝 다듬어 주세요.

(d) 어머니께 걱정을 끼쳐드렸어요.

해설 의문사 How로 시작되는 의문사 의문문이다. 미용실에서 벌어지는 고객과 미용사의 대화로, 표현에 대한 이해가 없으면 쉽지 않은 문제이다. 선택지 중에서 이발과 관련 있는 표현은 (c)밖에 없다. (b)는 주유소에서 쓰는 표현이고, (a)와 (d)는 hair라는 단어만 들어갔을 뿐 이발과는 전혀 상관없는 관용표현들이다.

정답 (c)

5 해석 M: 택시를 합승해서 요금을 나눠 내는 게 어때?

W: ______________________

(a) 그렇게 하자.

(b) 좋아, 각자 나눠서 내자.

(c) 물론이지, 너랑 시간을 함께 보내고 싶어.

(d) 인터콘티넨털 호텔에서 내려주시겠어요?

해설 남자가 여자에게 택시를 합승해서 요금을 나눠 내자고 제안을 하고 있으므로, 제안을 승낙하거나 거절하는 응답이 이어져야 한다. 따라서 남자의 제안을 수락하는 (a) You've got a deal.이 가장 자연스런 응답이다. (b)의 split the bill은 주로 식당에서 음식 값을 나눠 낼 때 쓰는 표현으로, 택시요금을 나눠 낼 때는 적절하지 않은 표현이다.

정답 (a)

6 해석 M: 어떤 종류의 차를 가지고 계십니까?

W: 사륜 구동 한 대와 스포츠카 한 대를 가지고 있지만, 둘 다 낡았습니다.

M: 관리는 어떻게 하고 계십니까?

W: ______________________________

(a) 사륜 구동 차를 운전하는 것이 더 재미있습니다.

(b) 정비소에서 정기적으로 점검을 받는 게 다예요.

(c) 스포츠카는 아직 상태가 좋고, 잘 나갑니다.

(d) 제 남편은 저를 잘 보살펴 줍니다.

해설 의문사 How로 시작되는 의문사 의문문으로 남자가 여자에게 차량을 어떤 식으로 관리하고 있냐고 물어보고 있으므로, 차량을 관리하는 방법과 관련된 응답이 와야 한다. 따라서 정비소에서 정기적으로 점검을 받고 있다고 대답한 (b)가 가장 적절하다.

정답 (b)

7 해석 W: 매튜, 어떻게 된 거야? 여동생을 데려올 줄 알았는데.

M: 그러려고 했었지만, 집에 있으라고 설득했어.

W: 정말? 무슨 얘길 했길래?

M: ______________________________

(a) 최근 들어 그 애가 나에게 이상하게 행동했어.

(b) 그 애가 날 놀리는 걸 못 참겠어.

(c) 그 애에게 속아서 난 그 애랑 함께 거기에 갔어.

(d) 바비 인형을 사주겠다고 약속했지.

해설 의문사 What으로 시작되는 의문문이다. What did the trick?에서 do the trick의 뜻이 직관적으로 파악이 되지 않으면, 답을 고르기가 어렵다. do the trick은 '효과가 있다, 해내다'는 뜻을 가진 관용표현으로, 이 문맥에서는 '무슨 말이 효과가 있었냐?' 정도로 직역해서 이해하면 된다. 선택지 중 그녀를 집에 있게 설득시킨 방법이 될 만한 것은 (d)밖에 없다.

정답 (d)

8 해석 M: 지쳤어. 할 일이 아직도 더 있어?

W: 거의 다 돼가긴 하는데, 나도 무지 피곤해.

M: 그럼, 이제 그만하는 게 어때?

W: ______________________________

(a) 응, 내일 사직하기로 결심했어.

(b) 그래, 나머지는 뒤로 미루자.

(c) 아니, 멋진 생각이야.

(d) 아니, 그렇게 쉽게 회사를 그만두지 마.

해설 call it quits라는 관용표현에 대한 이해가 선행되어야 풀 수 있는 문제이다. call it quits는 어떤 일을 하던 중에 오늘은 이제 그만하자고 할 때 쓰이는 표현이다. 남자가 하던 일을 오늘은 그만하자고 제안하고 있으므로, 제안을 수락하거나 거절하는 응답이 와야 한다. 따라서 '나머지 일은 다음으로 미루자'는 내용의 (b)가 일을 그만하자는 제안에 대한 가장 적절한 응답이다.

정답 (b)

Chapter 03 의문사가 없는 의문문 (1)

Sample

해석 M: 창문 좀 열어도 될까요?

W: ______________________________

(a) 안 돼요. 고맙습니다.

(b) 물론이죠.

(c) 안돼요. 어서 여세요.

(d) 저도 몰라요.

정답 (b)

Actual Test

1 해석 W: 비행기가 언제 이륙하는지 알려주시겠습니까?

M: ______________________________

(a) 탑승 수속 창구에 물어보세요.

(b) 보통 1달 정도 걸려요.

(c) 잘했어요. 잘 됐네요.

(d) 미안합니다. 이륙할 때까지 기다릴 수 없습니다.

해설 조동사 can으로 시작되는 의문사 없는 의문문이다. 여자는 자신의 비행기가 언제 이륙하는지 남자에게 묻고 있으므로, 정확한 이륙 시간을 알려주는 응답이나, 아니면 다른 사람에게 물어보라는 응답 정도를 예상해 볼 수 있는데 이 문제의 경우 체크인 카운터에 가서 물어보라는 (a)가 정답 선택지로 등장했다.

정답 (a)

2 해석 W: 여보세요. 브라이언 좀 바꿔주시겠어요? 거기 있나요?

M: ______________________________

(a) 죄송합니다. 퇴근했습니다.

(b) 내일 오후에 여기 올 거라고 말했어요.

(c) 그가 간 줄 몰랐네요.

(d) 아니요, 그는 지금 통화 가능합니다.

해설 May I speak to ~?와 Is he there?는 전화상 통화를 원하는 사람을 바꿔달라고 요청하는 표현들이다. 이 경우는 보통 두 가지 유형의 응답을 예상해 볼 수 있다. 원하는 사람을 바꿔주겠다고 응답하거나, 바꿔줄 수 없는 경우에는 '지금 자리에 없다, 다른 전화를 받고 있다' 등의 바꿔줄 수 없는 이유를 설명하는 응답이 와야 한다. 선택지 중 가장 적절한 응답은 퇴근을 해서 통화가 힘들다는 내용의 (a)이다.

정답 (a)

3 해석 M: 신문광고란에 괜찮은 TV 올라온 거 있었니?

W: ______________________________

(a) 응, 최근에 난 수업이 많아.

(b) 아니, 직장에선 좀 더 점잖게 보여야 할 것 같아.

(c) 응, 그런데 좀 지나치게 비쌌어.

(d) 아니, TV는 요즘 저렴해지고 있어.

해설 현재완료의 조동사 have로 시작되는 의문사 없는 의문문이다. 의문사 없는 의문문은 Yes/No로 응답이 가능하지만, Yes/No로 시작되지 않는 응답도 얼마든지 가능하다. 남자가 신문광고에서, 쓸 만한 TV 판매 광고가 올라온 거 봤냐고 묻고 있으므로, 봤지만 가격이 지나치게 비쌌다고 응답한 (c)가 가장 자연스런 응답이다.

정답 (c)

4 해석 M: 제가 당신 사무실에 잠깐 들르면 안 될까요?

W: ______________________________

(a) 천만에요.

(b) 전혀 안 될 거 없죠. 언제든지요.

(c) 네, 안 됩니다. 그렇게 하세요.

(d) 정말 그래요.

해설 Would/Do you mind ~?로 시작하는 의문사 없는 의문문에 대한 응답을 고르는 문제이다. mind는 '꺼리다, 싫어하다'는 뜻을 가진 동사이므로, 우리말로 직역하면, '제가 당신 사무실에 들르면 싫습니까?'의 뜻으로 해석이 되므로, 승낙을 할 경우엔 No, Not at all, Of course not, Certainly not 등의 부정으로 응답해야 하고, 거절을 할 경우에는 역으로 긍정의 형태로 응답해야 한다. 따라서, 전혀 싫지 않다(Not at all.)고 하면서 언제든 들르라(Anytime.)고 응답하고 있는 (b)가 정답이다.

정답 (b)

5 해석 W: 혹시 제가 더 도와드릴 일이 있나요?

M: ______________________________

(a) 아니요. 난 당신을 도울 필요가 없어요.

(b) 네, 에어컨 좀 꺼주시겠어요?

(c) 대단히 고맙습니다.

(d) 물론이죠.

해설 be동사로 시작되는 의문사 없는 의문문으로 Yes나

No로 응답이 가능하다. 여자가 남자에게 더 도울 일이 있냐고 묻고 있으므로, 도움이 필요하면 부탁을 하는 응답을 하면 되고, 도움이 필요 없으면 No, thanks. 등으로 응답을 하면 된다. Yes로 시작해서 에어컨을 꺼 달라고 부탁하는 (b)가 가장 자연스런 응답이다.

정답 (b)

6 해석 W: 안녕하세요, 스웨터를 사려는데요, 추천해주실 만한 거 있나요?

M: 글쎄요. 이 스타일은 어떠세요? 다시 유행하고 있거든요.

W: 정말요? 괜찮아 보이네요. 다른 옷과 함께 세탁해도 되나요?

M: ______________________________

(a) 흰 셔츠를 입으시니까 환상적으로 보이세요.

(b) 물을 많이 사용해서 빠셔야 합니다.

(c) 그럼요, 세탁기에 돌리셔도 돼요.

(d) 주중엔 9시 정각까지 문을 엽니다.

해설 여자가 스웨터를 구입하면서 구매하려는 옷을 다른 옷과 함께 세탁을 해도 되냐고 묻고 있으므로, 가능성 여부를 답하는 응답이 이어져야 한다. 따라서 다른 옷과 세탁이 가능하며, 세탁기에 넣고 돌려도 된다(machine-washable)고까지 한 (c)가 가장 자연스러운 응답이다.

정답 (c)

7 해석 W: 한동안 그랙이 안 보이던데. 너는 봤니?

M: 어젯밤에 우연히 만났어. 무언가에 홀려 있는 것처럼 보였어.

W: 그에게 무슨 문제가 있는 걸까? 너 아니?

M: ______________________________

(a) 아마 자기가 낸 차 사고 때문일 거야.

(b) 그는 살을 빼기 위해 다이어트를 해야 해.

(c) 입맛이 없다고 하더라고.

(d) 그는 채소를 더 많이 먹는 편이 좋을 거야.

해설 관용표현 What's eating him?의 뜻을 모르면 답을 찾기가 쉽지 않은 유형의 문제이다. What's eating him?은 직역하면 '무엇이 그를 좀먹는[괴롭히는] 걸까?'로, What's wrong with him?과 같이 '무슨 문제가 있나?'고 물어볼 때 쓰는 표현이다. 여자가 남자에게 그랙의 고민이 무엇인지 물어보고 있으므로 그랙의 고민거리가 될 만한 응답을 골라야 한다. 따라서 그가 낸 차 사고 때문일 거라고 응답한 (a)가 정답이다.

정답 (a)

8 해석 W: 내일 아침까지 제 차 수리 끝낼 수 있나요?

M: 문제없습니다.

W: 믿어도 되나요?

M: ______________________________

(a) 절 믿지 마세요.

(b) 말은 쉽죠.

(c) 걱정 마세요! 실망시켜드리지 않을게요.

(d) 네. 고객님 차는 이미 고장 났습니다.

해설 정비사와 고객의 관계인 남녀의 대화이다. 여자가 내일 아침까지 차 수리를 해줄 수 있냐고 묻자 남자는 문제없다고 대답한다. 이에 여자가 미심쩍어 '그 말 믿어도 되나?'고 재차 확인하고 있으므로, 여자를 다시 확신시키는 응답이 가장 적절하다. 따라서 정답은 (c)이다.

정답 (c)

Sample

해석 W: 7시까지는 차 수리가 끝날까요?
M: 그럼요.
W: 그 말 믿어도 될까요?
M: ________________________________
(a) 물론이죠. 지금부터 당신을 믿을게요.
(b) 좀 더 신중하셔야 합니다.
(c) 물론이죠. 절 믿으세요.
(d) 아니요. 당신께 바가지를 씌우는 게 아닙니다.

정답 (c)

Actual Test

1 해석 W: 내일 취업 면접이 있어. 그웬의 결혼식을 비디오로 녹화 좀 해줄래?
M: ________________________________
(a) 안됐구나. 다음에 들르렴.
(b) 물론이지, 비디오 레코더를 빌려줄게.
(c) 안 될 거 없지? 신중하게 처신하렴.
(d) 그건 나한테 맡겨. 행운을 빌게.

해설 조동사 can으로 시작되는 의문사 없는 의문문에 대한 응답을 고르는 문제이다. Can you ~?는 보통 상대방에게 뭔가를 요청할 때 쓰는 의문문의 형태이다. 여자가 남자에게 그웬의 결혼식을 비디오로 녹화해달라고 부탁하고 있으므로, 승낙하거나 거절하는 응답이 와야 한다. 따라서 그건 자기한테 맡기라고 흔쾌히 승낙하면서 여자의 취업 면접에 대해 행운을 빈다고 말한 (d)가 가장 적절한 응답이다.

정답 (d)

2 해석 W: 우리 좀 쉬는 게 어때요?
M: ________________________________
(a) 걱정 마세요. 이미 저희가 고쳤어요.
(b) 이 일을 먼저 끝내는 게 어때요?
(c) 제가 그런 게 아녜요. 다른 사람이 고장 냈어요.
(d) 좋아, 나머지 사람들에게 내가 전화할게.

해설 Let's로 시작되는 청유문 또는 제안의 부가 의문문은 shall we?를 쓴다. 여자가 남자보고 잠깐 좀 쉬자고 제안하고 있으므로, 제안을 받아들이거나 거절하는 응답이 와야 한다. 따라서 하던 일을 마저 끝내고 쉬자고 역제안을 하는 (b)가 정답이다.

정답 (b)

3 해석 M: 킴에게 먼저 전화를 해보는 게 좋을까, 아니면 바로 집으로 찾아가서 병문안을 하는 게 좋을까?
W: ________________________________
(a) 나 좀 내버려 둬. 이제 그만 집에 가야 해.
(b) 네가 그녀의 전화를 끊어버린 건 무례했다고 생각해.
(c) 좋은 생각이야. 킴이랑 같이 가자.
(d) 그녀에게 먼저 연락하고 가는 게 좋을 것 같아.

해설 조동사 should로 시작되는 의문사 없는 의문문 2개가 선택 의문문으로 결합되어 있다. Should we ~?로 시작되는 의문문은 제안을 하거나, 상대의 의견을 묻는 의문문이다. 남자가 여자에게 킴에게 먼저 전화를 해보고 병문안을 가는 게 좋은지, 아니면 그냥 바로 그녀의 집으로 찾아가는 것이 나은지 의견을 구하고 있으므로, 미리 연락하고 가는 것이 좋겠다고 대답한 (d)가 가장 적절한 응답이다.

정답 (d)

4 해석 M: 어디 가면 괜찮은 식사를 할 수 있는지 좀 알려주시겠어요?
W: ________________________________
(a) 네, 하지만 유감스럽게도 여길 첨 오신 분 같군요.
(b) 음, 둘을 구분하는 것은 어려워요.
(c) 글쎄요, 돈을 얼마나 쓸 것인지에 따라 다른데요.
(d) 그럼요, 전 정말 괜찮은 관광 여행사 한 군데를 알고 있어요.

해설 조동사 can으로 시작되는 의문사 없는 의문문이다. 남자가 여자에게 괜찮은 식사를 할 수 있는 식당을 추천해달라고 하고 있으므로, 여자는 자신이 잘 알고 있는 특정한 식당을 권해주거나, 잘 모르겠다고 대답하는 것이 가장 보편적이고 교과서적인 응답이다. 이 외에도 수많은 간접 응답들이 가능한데, 이 문제에서는, 돈을 얼마 정도를 쓸 것인지에 따라 유동적이라고 답변한 (c)가 가장 합리적이고 자연스런 응답이라 볼 수 있다.

정답 (c)

5 해석 M: 감기에 걸리기도 하시나요?
W: ________________________________

(a) 예, 가끔씩 전화하는 친구들은 많이 있어요.

(b) 예, 매년 이맘때면 항상 감기에 걸리곤 합니다.

(c) 아뇨, 봄과 가을을 가장 좋아해요.

(d) 아뇨, 금요일까지 저희에게 답변을 해주셔야 해요.

해설 현재의 사실, 습관 등을 묻는 조동사 do로 시작되는 의문사 없는 의문문에 대한 적절한 응답을 고르는 문제이다. 남자가 여자에게 혹시 감기에 잘 걸리는 편인지 아닌지 묻고 있으므로, 긍정(Yes)이나 부정(No)의 응답이 가능하며, 이어지는 추가 설명 또한 감기에 걸리는지의 여부와 관련된 응답이 와야 한다. 따라서 정답은 매년 이맘때면 항상 감기에 걸린다는 내용의 (b)가 가장 적절한 응답이다.

정답 (b)

6 해석 W: 오늘 저녁에 중요한 발표가 있어.

M: 정말? 준비는 됐니?

W: 응. 하지만 늦을 거 같아. 나 좀 태워주면 안 되겠니?

M: ________________________________

(a) 그럴게. 거기선 뛰면 안 돼.

(b) 네 일이나 잘해.

(c) 안 돼. 널 위해 기꺼이 해줄게.

(d) 그럴게. 차로 가자.

해설 Do you mind ~?로 시작하는 의문사 없는 의문문에 대한 응답은 주의해야 한다. mind는 '꺼리다, 싫어하다'는 뜻을 가진 동사이므로, 우리말을 직역하면 '나 차 태워주는 거 싫니?'의 뜻으로 해석이 되므로, 승낙을 할 경우엔 '싫어하지 않는다'는 의미가 되어야 하므로 No, Not at all, Of course not, Certainly not 등의 부정어를 넣어서 응답해야 하고, 거절을 할 경우에는 긍정문 형태(Yes I do, Sure, Of course, Certainly)로 응답해야 한다. 따라서 정답은 (d)이다.

정답 (d)

7 해석 W: 여보세요. 앤디 있나요?

M: 죄송합니다. 여기엔 앤디란 사람이 없습니다.

W: 인포테크 사 아닌가요?

M: ________________________________

(a) 앤더슨에게 당신이 전화했다고 말하겠습니다.

(b) 죄송하지만 전화 잘못 거신 거 같습니다.

(c) 메시지 남기시겠어요?

(d) 잠시만 기다리세요. 바꿔드릴게요.

해설 be동사의 부정형인 Isn't로 시작되는 의문문이다. 의문사 없는 의문문이므로, Yes나 No로 응답이 가능하지만, Yes나 No 없이 응답하는 경우가 더 빈번하다. there' no one called Andy here는 '여기엔 앤디라는 사람이 없습니다'는 뜻이므로, 여자가 전화를 잘못 걸었음을 알 수 있다. 따라서 정답은 (b)이다.

정답 (b)

8 해석 M: 매리, 어젯밤 네가 너무 보고 싶었어.

W: 네 파티에 못 가서 미안해.

M: 무슨 문제라도 있었니?

W: ________________________________

(a) 네게 연락하려고 애썼어.

(b) 말은 쉽지.

(c) 일 때문에 꼼짝을 못했어.

(d) 전혀 신경 안 써.

해설 남자는 여자가 어젯밤 파티에 안 와서 너무 아쉬웠다고 하면서, 여자에게 파티에 올 수 없었던 특별한 사정이라도 있었는지 묻고 있다. 따라서 파티에 못 올 수밖에 없었던 이유가 될 만한 내용이 들어간 응답이 와야 하므로, (c)가 가장 자연스런 응답이다.

정답 (c)

Chapter 05 평서문

Sample

해석 M: 필라델피아 행 왕복표 주세요.

W: ______________________

(a) 탑승권 좀 보여주시겠습니까?

(b) 필라델피아는 한때 미국의 수도였습니다.

(c) 얼마동안 머무실 건가요?

(d) 언제 여행하고 싶으세요?

정답 (d)

Actual Test

1 해석 W: 어제 매튜가 마침내 청혼을 했어.

M: ______________________

(a) 거기에 대한 답을 알고 있니?

(b) 그는 항상 너무 많은 질문을 해.

(c) 축하해! 승낙했니?

(d) 그것에 대해 조심해야 해.

해설 평서문에 대한 응답을 고르는 문제로, pop the question이라는 관용표현의 뜻을 모르면, 답을 고르기가 쉽지 않다. pop the question은 '청혼하다'는 뜻이다. 따라서 축하해주면서 매튜의 청혼을 승낙했냐고 묻는 (c)가 가장 자연스런 응답이다.

정답 (c)

2 해석 W: 조이가 방금 피자를 소파에 온통 떨어뜨려버렸어.

M: ______________________

(a) 너 이미 두 조각 먹었잖아.

(b) 배달을 시키자.

(c) 치울 수 있겠니?

(d) 그 피자 꽤 맛있는 거 같아.

해설 피자를 소파에 떨어뜨려버렸다는 내용의 평서문을 듣고 적절한 응답을 고르는 문제이다. 평서문은 너무 많은 응답이 가능하므로, 소거법을 이용하는 것이 바람직하다. 피자를 소파에 떨어뜨렸다는 여자의 말에 대해 치울 수 있겠냐고 묻는 (c)가 가장 적절한 응답이다. (a)와 (b)는 질문지에 등장한 단어 pizza의 연상 어휘인 delivered와 slices를 이용해서 혼동을 유도한 오답 함정이다.

정답 (c)

3 해석 W: 오늘 기분이 정말 우울해.

M: ______________________

(a) 아니 됐어. 난 괜찮아.

(b) 네 말이 백번 옳아.

(c) 힘내.

(d) 너무 세게 누르지 마.

해설 평서문에 대한 적절한 응답을 고르는 문제이다. 여자가 기분이 우울하다고 했으므로, 격려해주는 표현인 (c)가 가장 적절한 응답이다.

정답 (c)

4 해석 W: 자연사 박물관에 가는 길을 알려 주셨으면 합니다.

M: ______________________

(a) 그걸 보시면, 깜짝 놀랄 겁니다.

(b) 지금부터 그걸 명심할게요.

(c) 언덕 아래로 내려가세요. 그럼 왼편에 있어요.

(d) 흥미로운 볼거리들이 너무 많이 있었어요.

해설 평서문의 형태이지만, 요청의 의미를 갖는 Can/Could you find the way ~? 의문문과 일맥상통하는 평서문이므로, 정형화된 응답을 예상하는 것이 가능하다. 여자가 남자에게 자연사 박물관으로 가는 길 찾는 걸 도와달라고 요청을 하고 있으므로, 길을 안내하는 응답인 (c)가 가장 자연스럽다.

정답 (c)

5 해석 W: 새우 샐러드와 레몬에이드 한 잔 주세요.

M: ______________________

(a) 오늘의 특별요리는 뭐죠?

(b) 주문하셨습니까, 손님?

(c) 아뇨, 괜찮습니다. 전 채식주의자입니다.

(d) 바로 가져다 드리겠습니다.

해설 식당 종업원과 손님과의 대화이다. 새우 샐러드와 레몬에이드 한 잔을 주문한 걸로 보아 여자는 식당을 찾은 고객이라고 볼 수 있으므로, 남자는 식당 종업원일 가능성이 높다. 식당 종업원이 할 만한 응답은 (b)와 (d)이고, (a)와 (c)는 손님이 할 만한 말이다. (b)는 여자가 방금 주문을 했는데, 주문했냐고 다시 물어보는 꼴이므로 어색한 대화가 되어 답이 될 수 없다. 따라서 정답은 (d)이다.

정답 (d)

6 **해석** M: 환영해요, 새로 오신 안내데스크 직원이시죠?
W: 네, 감사합니다. 저는 준 스미스라고 합니다.
M: 함께 일하게 되어 기쁩니다. 전 토마스 그린입니다. 모두들 탐이라고 부른답니다.
W: ________________________________
(a) 만나서 반가워요, 탐.
(b) 전화 드릴게요.
(c) 탐, 무슨 일이죠?
(d) 저도 곧 탑승할 거예요.

해설 직장에서 새로운 직원인 여자와 함께 일하게 될 직장 동료인 남자 사이의 대화로, 서로 자신을 소개하고 있다. 남녀가 서로 통성명을 하고 난 다음에 보통 이어지는 대화는 '만나서 반갑다'는 인사말이므로, 정답은 (a)이다.

정답 (a)

7 **해석** W: 샘, 무슨 문제라도 있는 거니?
M: 조지를 찾고 있어. 봤어?
W: 이번엔 무슨 사고를 쳤니? 심각한 게 아니었으면 좋겠다.
M: ________________________________
(a) 얘기도 없이 내 자전거를 가져갔어.
(b) 우와, 그 사람 조지랑 정말 많이 닮았다.
(c) 아니, 이번에는 그가 해결할 거야.
(d) 너도 알겠지만, 그는 매우 진지한 사람이야.

해설 What으로 시작되는 의문문과 평서문이 동시에 등장했다. 이 경우는 의문문에 포커스를 맞춰서 선택지를 주의 깊게 들어야 한다. 여자가 한 질문 What did he do this time?의 뉘앙스로 볼 때, 조지가 자주 크고 작은 사고를 친다는 걸 짐작해 볼 수 있으므로, (a)가 가장 자연스럽게 대화의 흐름을 완성할 수 있다.

정답 (a)

8 **해석** M: 너 한때 네덜란드에 살았다는 소문이 있던데.
W: 응, 한 식당에서 지배인으로 일했었지.
M: 정말? 그럼 네덜란드어를 유창하게 하겠구나.
W: ________________________________
(a) 맞아. 아주 아름다운 나라였지.
(b) 아니. 모든 일을 나 혼자 처리해야 했어.
(c) 사람들이 대부분 영어를 잘해서, 난 여전히 네덜란드어는 못해.
(d) 응, 언젠가 거기에 식당을 하나 차릴 계획이야.

해설 남자는 여자가 네덜란드에서 식당 지배인으로 일했다는 말에, 여자가 네덜란드어를 잘할 수 있겠다고 지레짐작하고 있다. 평서문의 형태로, 표면적으로는 물어보는 문장이 아니지만, 여자에게 네덜란드어를 유창하게 구사할 수 있겠구나라며 간접적으로 확인하고 있으므로, 네덜란드어를 구사할 수 있는지의 여부를 나타내는 응답이 이어지는 것이 자연스럽다. 따라서 정답은 (c)이다. 나머지 선택지들은 남자의 말과 논리적으로 연결될 수 없는 동문서답형 응답들이다.

정답 (c)

Chapter 06 대의 파악

Sample

해석 W: 실례합니다. 가장 가까운 우체국 가는 길 좀 알려주시겠어요?

M: 단지 우표가 필요하신 거라면 모퉁이 가게에서도 살 수 있어요.

W: 아니오, 캐나다에 있는 여동생에게 깜짝 선물이 든 소포를 보내려고요.

M: 아, 그러면 시내 우체국에 가셔야 해요.

W: 거기에 어떻게 가는지 알려주시겠어요?

M: 물론이죠. 이 길을 따라 두 블록 직진하시고 나서, 노스 가를 찾으세요.

W: 좋아요, 노스 가를 찾는다. 그리고 나서요?

M: 노스 가에서 좌회전하셔서 다시 2마일을 더 가시면, 쉽게 찾으실 거예요.

Q. 두 사람은 무엇에 관한 이야기를 하고 있는가?

(a) 우체국에 송금하기

(b) 소포를 부치는 데 드는 비용

(c) 우체국 가는 길

(d) 모퉁이 가게의 편리함

정답 (c)

Actual Test

1 해석 M: 실례합니다. 당신도 우리팀 멤버인가요?

W: 맞아요. 제 이름은 수잔 윌슨이에요.

M: 저는 크리스 잡슨입니다. 만나서 반가와요 윌슨양.

W: 저도요 잡슨 씨. 음, 오늘이 첫날이라서, 따라잡아야 할 게 많네요.

M: 실은 저도 지난주에 시작했지요. 하지만 걱정 마세요. 일단 요령이 붙고나면 괜찮아질 거에요.

W: 정말 감사합니다. 일 끝나고 옆 카페에 들러 함께 담소를 나누는 게 어때요?

M: 좋은 생각이에요. 근무가 끝나는 대로 전화주세요.

Q. 이 대화의 주제는?

(a) 그들은 다른 회사에서 일하고 있다.

(b) 남자가 여자에게 왜 늦었는지 묻고 있다.

(c) 동료들이 서로 안면을 트고 있다.

(d) 두 명의 옛 친구가 그간의 안부를 묻고 있다.

해설 회사에서 벌어지는 남녀 대화를 듣고 대의를 파악하는 문제이다. 대화 내용으로 미루어보아 남자는 직장 선배이고, 여자는 신입사원이며 서로 가볍게 인사와 자기소개를 끝내고, 일 끝나고 만나자는 약속을 하고 있으므로, 두 직장남녀가 서로 안면을 트고 친해지고 있다고 볼 수 있다. 따라서 정답은 (c)이다.

정답 (c)

2 해석 W: 네이트, 잠깐 얘기 좀 할 수 있을까요?

M: 저한테 시키신 보고서에 관한 건가요? 아직 제출하지 못해서 죄송해요.

W: 맞아요. 보통 모든 걸 제시간에 제출하시는 걸로 알고 있는데 무슨 일이에요?

M: 솔직히 말씀드리면, 개인적인 문제가 좀 있어서 일에 집중하기가 힘들었어요.

W: 좀 더 일찍 말을 하지 그랬어요? 기간을 연장해 줄 수 있었을 텐데.

M: 모르겠어요. 불평을 하는 사람처럼 보이고 싶지 않아서 그런 것 같아요.

Q. 대화의 주요 내용으로 알맞은 것은?

(a) 남자는 직장을 잃을까봐 걱정을 하고 있다.

(b) 남자는 자신의 문제를 부끄러워한다.

(c) 남자는 업무를 끝내지 않았다.

(d) 남자는 일을 마치기 위해 더 많은 시간을 원한다.

해설 남자는 자신이 맡은 보고서를 끝내지 못한 이유를 설명하고 있다. 대화의 내용으로 볼 때 여자는 남자의 직장 상사라는 것을 알 수 있다. 여자는 남자가 보고서를 아직 제출하지 않은 이유를 묻고 있다. 남자는 개인적인 문제가 있어서 일에 집중을 할 수 없었다고 설명한다. 여자는 자기가 그걸 알았더라면 더 시간을 줄 수도 있었다고 하자 남자는 불평꾼처럼 보이고 싶지 않아서 아무 말도 하지 않았다고 말한다. 글의 주요 내용은 남자가 보고서를 끝내지 못한 것에 관한 내용이다. 남자가 직장을 잃을까봐 걱정을 한다거나 자신의 문제를 부끄러워한다는 내용은 대화의 내용만으로는 알 수 없는 사실이므로 (a)나 (b)는 정답이 될 수 없다. 여자가 보고서를 끝낼 시간을 더 줄 수도 있었다고 말하긴 했지만 남자는 요청한 적이 없으므로 (d) 역시 정답이 될 수 없다.

정답 (c)

3 해석 W: 수지타산을 맞추면서 생계를 꾸려나가는 데 지쳐 버렸어.

M: 나도. 죠셉처럼 돈만 많아도.

W: 맞아. 그가 부유한 집안에서 좋은 팔자로 태어난 것은 너무 불공평해.

M: 사실은 그렇지 않아. 성공하기 위해서 완전 바닥에서부터 시작해서 모든 걸 혼자 힘으로 해냈다는 소문을 들었어.

W: 정말? 나는 항상 그가 엄청 유복한 집안에서 태어났다고 생각했었는데.

Q. **주로 무엇에 관한 대화인가?**

(a) 죠셉에 대한 여자의 원망

(b) 남자의 죠셉가족에 대한 존경

(c) 여자가 자신의 인생에 대해 가진 불만들

(d) 죠셉이 현재 누리는 부의 배경

해설 여자는 죠셉처럼 부유하게 태어났다면 좋았을 것이라고 불만스러워하자, 남자가 죠셉이 성공하기 위해 가족의 후광보다는 그가 스스로 노력했다는 것을 말한다. 따라서 이 대화의 주된 내용은 죠셉이 현재의 부를 누리게 된 데 대한 배경에 관한 것이므로 (d)가 정답이다.

정답 (d)

4 해석 휴일이 생산성에 끼치는 영향을 최소화하기 위해서 여러분들이 다음 사항들을 고려해주시기를 바랍니다. 첫째, 모든 사람의 휴가 요청을 수용하는 것은 불가능합니다. 둘째, 경영진은 각 직원들에게 추수 감사절, 크리스마스, 새해 중에서 두 번의 휴가를 보장할 것입니다. 셋째, 우선권은 작년에 선택권을 갖지 못한 직원들에게 먼저 주어질 것입니다.

Q. **공지의 목적은 무엇인가?**

(a) 다가오는 공휴일을 알리기 위해서

(b) 직원들에게 휴가에 대한 권리를 확인해주기 위해서

(c) 직원들에게 휴가 방침을 알리기 위해서

(d) 휴가를 요청하는 절차를 설명하기 위해서

해설 한 회사가 직원들에게 알리는 공지(notice)를 듣고, 대의를 파악하는 문제이다. 공지의 목적은 First, Second 등의 순서를 나타내는 부사 뒤에 나오는 문장들을 주의 깊게 들어야 한다. 휴가가 생산성에 미치는 영향을 최소화하기 위한 새로운 휴가 방침들을 3가지로 나누어서 공지를 하고 있으므로 정답은 (c)이다.

정답 (c)

5 해석 CNN 쇼비즈에 오신 걸 환영합니다. 오늘밤 우리는 요즈음, 사람들이 아마도 상당한 관심을 가지고 있는 매우 중요한 문제라고 할 수 있는, 고유가 문제에 대해 토론할 것입니다. 정부 관리들은 전례 없이 높은 기름 값은 주로 정유회사들이 취하는 큰 이윤율 때문이며, 세금은 현재의 높은 유가와 전혀 상관이 없다고 주장하고 있습니다. 하지만, 소비자들이 그것에 동의할까요? 대부분의 소비자들은 다른 나라와 비교해서 너무 높은 세율이 정유회사들로 하여금 원유가가 오를 때마다 상황에 맞춰서 반응하도록 만들었다고 믿습니다. 게다가, 그들은 또한 지적하기를 정유회사들이 가격을 너무 빨리 올리는 반면 낮출 때에는 너무 느리게 낮춘다고 합니다. 그럼 누구에게 정말로 책임이 있는지 오늘밤 알아보기로 하죠.

Q. **이 방송은 주로 무엇에 관해 이야기하고 있는가?**

(a) 정부의 새로운 세율에 대한 찬반

(b) 정유회사들의 가격 정책

(c) 기름 생산의 혁신적인 방법

(d) 고유가에 대한 정부와 정유회사 사이의 논쟁

해설 도입부인 we'll be discussing the issues of high gas prices 부분에서 이 방송의 대략적인 주제가 나타나 있다. 고유가 문제를 토론할 것이라고 밝히고 나서, 기름 값이 비싼 이유를 정부 측에서는 정유회사의 책임으로 돌리고 있으나 소비자들의 생각은 다르다고 소개한 다음, 마지막 멘트에서 과연 누구에게 정말로 책임 소재가 있는지를 알아보자고 말하고 있으므로, 정답은 (d)이다.

정답 (d)

Sample

해석 W: 실례합니다. 줄리어드 학교에 가는 길 좀 알려주시겠습니까?
M: 두 가지 방법이 있어요. 버스나 지하철이요.
W: 음, 지하철이 더 좋겠군요.
M: 좋아요. 그럼 맨하탄 역에서 노란 노선을 타셔서, 5번 가에서 푸른 노선으로 갈아타세요.
W: 죄송합니다. 몇 번가라고요?
M: 5번 가요. 그리고 나서 다섯 정거장을 더 가셔서, 7번 가에서 내리세요.
W: 알겠어요. 학교 위치가 거긴가요?
M: 네, 쉽게 찾으실 겁니다.

Q. 대화의 내용과 일치하는 것은?
(a) 여자는 5번 가에서 내려야 한다.
(b) 여자는 7번 가에서 갈아타야 한다.
(c) 여자의 행선지는 7번 가이다.
(d) 남자는 줄리어드 학교에서 근무하고 있다.

정답 (c)

Actual Test

1 해석 M: 《헤럴드 트리뷴》 지죠? 귀사의 신문을 구독할 생각입니다.
W: 고객님 어떤 판을 원하세요? 일요일 판요, 매일 판이요?
M: 일요일 판이 좋겠네요. 얼마죠?
W: 6개월에 배달료 12달러를 포함해서 72달러입니다.
M: 지금이 특별 구독 장려 기간이라고 들었는데요.
W: 맞습니다, 고객님. 이 달 말까지 구독 신청을 하시면 6개월 동안 배달료 없이 신문을 보실 수 있습니다. 지금 주문하시겠습니까?
M: 네, 신청할게요.
W: 좋습니다. 성함과 주소를 말씀해주시겠어요?

Q. 남자는 신문 구독료로 얼마를 지불하게 될까?
(a) 6달러
(b) 12달러
(c) 60달러
(d) 72달러

해설 신문 구독을 원하는 고객과 신문사 직원과의 전화 통화를 듣고 세부 정보를 파악하는 문제이다. 답의 단서는 신문사 직원의 For 6 months, 72 dollars including the delivery fee of 12 dollars. 부분과, 지금 당장 가입하면, 6개월 동안 배달료 12달러를 빼준다고 하자 남자가 구독을 결심한 점을 미루어 볼 때, 남자가 지불하게 될 구독료는 매달 60달러임을 알 수 있다.

정답 (c)

2 해석 W: 노트북을 내다버리고 싶어. 오류가 너무 심해
M: 먼저 뭐가 문제인지 알아보는 게 어떻겠니?
W: 할 수만 있다면 그러고 싶지만, 컴퓨터는 내 취향이 아니라서 말야.
M: 괜찮다면 내가 한번 볼게.
W: 정말? 빠를수록 좋아. 사실 오늘밤에 써야 하거든.
M: 좋아, 서두르자.

Q. 대화의 내용과 일치하는 것은?
(a) 여자는 노트북에 대해서 많이 알고 있다.
(b) 남자는 노트북 수리하는 방법을 가르치고 있다.
(c) 여자는 컴퓨터에 능숙하지 않다.
(d) 남자는 여자가 자신의 컴퓨터에 차를 엎질렀다고 생각한다.

해설 남녀의 대화를 듣고, 진위를 파악하는 문제이다. 여자의 대사 Computers are just not my cup of tea.라는 표현을 알고 있으면, 쉽게 답을 구할 수 있다. 여자는 컴퓨터를 잘 모른다는 뜻이 숨어 있으므로, (c)가 정답이다. (a)는 대화의 내용과 정반대로 불일치하므로 오답이며, (b)와 (d)는 대화에 언급이 없으므로 역시 오답이다.

정답 (c)

3 해석 M: 여기서 형편없는 음식을 먹으려고 줄을 서야 하는 게 정말 싫어.
W: 나도 알지만, 기숙사 식당이란 게 원래 그런 거잖아.
M: 기분 전환 삼아 우리 좋은 식당에 가서 그럴 듯한 식사를 하는 게 어떨까?
W: 좋은 생각이긴 한데, 나 이번 달에 좀 쪼들리거든.
M: 이봐, 내가 살게. 어제가 내 봉급날이었잖아, 알지?
W: 넌 나의 구세주야! 우리 어디로 갈까?

Q. 여자는 왜 처음에는 식당 가기를 망설였나?

(a) 구내식당의 음식이 별로라고 생각하기 때문에

(b) 구내식당의 음식이 괜찮다는 것을 알기 때문에

(c) 완전히 파산했기 때문에

(d) 돈이 쪼들리기 때문에

해설 학교에서 벌어지는 남녀의 대화를 듣고 세부 정보를 파악해야 하는 문제이다. 이런 문제는 질문을 들려주고 나서 두 번째로 대화를 들려줄 때, 해당 부분을 집중해서 들으면 쉽게 답을 찾을 수 있는 유형이다. 남자의 제안에 여자가 I haven't got enough money this month.라고 대답한 부분에서 여자는 돈이 궁하다는 사실을 알 수 있으므로 정답은 (d)이다.

정답 (d)

4 **해석** 이 시립 도서관 분관은 전국의 도서관 중에서 가장 사람들이 붐비는 곳입니다. 이는 이민자들이 아메리칸 드림을 달성하는 방법에는 현지 도서관에 자주 가는 것도 포함되어 있음을 분명하게 보여주고 있습니다. 3년 동안, 다인종 방문객들이 늘어났고, 도서 대출도 약 20%가 늘어났습니다. 이 분관 도서관은 그동안 메인 가에 있는 한때 가구점이었던 좁은 곳에 비집고 들어가 있었습니다. 그러나 6월에는 4층짜리 새 건물이 몇 블록 떨어진 곳에 문을 열 것입니다.

Q. 언급된 도서관 분관은 왜 붐비는가?

(a) 점점 더 많은 이민자들이 이용하기 때문에

(b) 메인 가에 위치해 있기 때문에

(c) 소장한 장서로 유명하기 때문에

(d) 사서들이 여러 나라 말을 할 수 있기 때문에

해설 한 시립 도서관이 붐비는 이유를 설명하고 있다. 글의 화자는 그 주된 이유를 미국으로 이민 온 사람들이 아메리칸 드림을 이루기 위한 한 방편으로 도서관을 자주 이용하고 있기 때문이라고 언급하고, 지난 3년간 다인종 방문객들의 수가 증가했다는 점을 그 근거로 제시하고 있다. 따라서 이 도서관이 붐비는 가장 알맞은 이유로 볼 수 있는 것은 점점 더 많은 이민자들이 이용하고 있기 때문이라는 내용의 선택지 (a)이다.

정답 (a)

5 **해석** 두 명의 어린이가 행방불명입니다. 9세인 매튜는 키가 약 1미터이며, 노란 셔츠와 흰 반바지를 입고 있습니다. 12세인 캐서린은 키가 150센티미터로 짧은 곱슬머리에, 흰 드레스를 입고 검은 플라스틱 안경을 착용하고 있습니다. 이 두 아이는 그들의 어머니 패티 길버트 씨와 열차를 타고 여행을 하던 도중에 사라졌습니다. 보스톤에 있는 조부모님을 방문하러 가던 참이었습니다. 보스톤 역에서 이 아이들을 봤다고 전화로 제보하는 분들도 있습니다. 이 아이들을 보셨다면, 1-800-889-4757번으로 저희에게 연락해주시기 바랍니다. 여러분들의 전화를 기다리고 있습니다.

Q. 뉴스 보도에 따르면 매튜와 캐서린에 대해 일치하는 것은?

(a) 그들의 어머니는 고의로 아이들로부터 사라졌다.

(b) 그들의 조부모는 그들을 차로 보스톤까지 태워다 주고 있었다.

(c) 그들은 결국 보스톤 역에서 사람들에 의해 발견되었다.

(d) 그들은 조부모님 댁에 가는 도중이었다.

해설 두 아이의 실종 사고를 알리는 뉴스 보도를 듣고, 진위를 파악하는 문제이다. 보도 중반부의 They were going to visit their grandparents라고 한 부분에서 알 수 있듯이 두 아이와 어머니는 보스톤에 계시는 조부모님 댁에 가던 중이었음을 알 수 있으므로, 정답은 (d)이다. 나머지 선택지는 지문에 언급되지 않았거나 불일치하는 내용이므로, 답이 될 수 없다.

정답 (d)

Chapter 08 사회적 교류

Sample

해석 M: 저기 서 있는 키 큰 여자는 누구니?

W: 어, 내 사촌 제니야. 시애틀에 사는데 여기 놀러왔어.

M: 내가 가서 그녀에게 말을 걸어도 될까?

W: ______________________________

(a) 내 생각에 넌 여기 별로 아는 사람이 없겠구나.

(b) 다른 사람의 대화에 끼어드는 것은 별로 좋지 않아.

(c) 그래. 내 자신을 그녀에게 소개하고 싶어.

(d) 너희 둘을 소개시켜줄게. 너희 둘 분명 잘 맞을 거야.

정답 (d)

Actual Test

1 해석 W: 무슨 일이야, 샘?

M: ______________________________

(a) 난 지하철을 타고 거기에 갈 거야.

(b) 별일 없어.

(c) 그런대로 잘 지내.

(d) 좋아. 고마워.

해설 관용표현 What's cooking?의 정확한 뜻을 알아야 순발력 있게 풀 수 있는 문제이다. What's cooking?은 우리말로 '뭐 재미있는 일이라도 있니?', '별일 없니?'라는 뜻으로 What's up?, What's happening?, What's going on?, What's new? 등의 표현과 완전히 같은 뜻이다. 주로 이런 질문에는 우리말과 마찬가지로 '별일 없어, 별일 아냐' 등의 기계적인 응답들이 가장 흔한 답변이라고 볼 수 있다. 따라서 정답은 (b)이다. (c) Can't complain.은 안부나 근황을 묻는 질문에 대한 응답으로, '불평할 게 없다'로 직역이 되는데, '그런대로 잘 지낸다'는 뜻이다.

정답 (b)

2 해석 W: 오늘 밤 이리로 와서 함께 저녁을 먹는 게 어떻겠니?

M: ______________________________

(a) 물론. 목요일이 어때?

(b) 선약이 있어서 곤란하겠어.

(c) 물론. 난 주말에는 한가해.

(d) 난 혼자서 요리하고 싶진 않아.

해설 What do you say to -ing?는 '~하는 게 어때?'라며 제안하는 표현이다. 여자가 남자에게 오늘밤 함께 저녁을 먹자고 초대하고 있으므로, 초대에 응하거나 정중하게 거절하는 응답이 와야 한다. 따라서 '선약이 있어서 곤란하다'고 대답한 선택지 (b)가 가장 적절한 응답이다.

정답 (b)

3 해석 M: 여보세요. 루이스 터너입니다. 내일 에반스 의사 선생님과의 진료 예약을 할 수 있을까요?

W: 죄송합니다, 터너 씨. 이번 주에는 스케줄이 꽉 찼습니다.

M: 알겠습니다. 그럼 언제쯤 시간이 괜찮으신가요?

W: ______________________________

(a) 주말 동안 부재 중이실 겁니다.

(b) 걱정 마세요. 우리는 괜찮을 겁니다.

(c) 평일에는 7시에 문을 닫습니다.

(d) 다음 주 목요일 아무 때나 괜찮습니다.

해설 의문사 When으로 시작되는 의문사 의문문이이다. When으로 시작되는 의문문에 대한 대답은 보통 시간, 시점, 날짜 등이 제시되는 것이 보통이므로, (c)와 (d)를 후보선상에 둘 수 있다. 남자는 의사와 진료 예약을 잡고 싶어 하며(Can I make an appointment with Doctor ~?), 언제 시간이 괜찮으시냐?(When is he available then?)고 묻고 있으므로, 이에 대해 진료가 가능한 시간을 언급한 (d)가 가장 적절한 응답이다. When 의문문은 시제와 주어를 아주 주의 깊게 들어줘야 한다는 점도 명심하자.

정답 (d)

4 해석 M: 실례합니다. 레이첼 윌리엄스 맞죠?

W: 음, 지금은 레이첼 도나휴입니다. 그런데 절 아시나요?

M: 나야, 마크. 기억나?

W: 템플 대학의 마크 데일? 맙소사! 여기서 널 보다니 반갑다.

M: 야, 너 하나도 안 변했구나! 긴 머리, 청바지와 신발… 아직 학생처럼 보여.

W: 이제 십년이 훌쩍 지났네. 어떻게 지냈니?

M: 난 잘 지냈지. 3년 전에 이라크에 배치되었다가, 지난달에 돌아왔어.

W: 정말? 암튼, 널 한 눈에 알아볼 수가 없었어. 너

긴 머리에 콧수염을 길렀었잖아, 그치?

Q. 이 대화의 주된 주제는?

(a) 예전의 직장동료와의 우연한 만남

(b) 낯선 사람에게 길안내하기

(c) 옛날 친구와의 우연한 만남

(d) 이름 기억하는 것의 어려움

해설 대화 중반부에 남자가 한 말 중에서 It's me. Mark. Do you remember? You haven't changed a bit. 부분과 여자가 한 말 Mark Dale from Temple University? My God! It's wonderful to see you here.에서 남자와 여자는 우연히 만난 대학 동창임을 알 수 있으므로, 정답은 (c)이다.

정답 (c)

5 해석 안녕, 나야 루시. 미안하지만 네 생일파티에 조금 늦을 거야. 그리고 가던 도중에 내 차가 난데없이 고장 났거든. 가까운 정비소에 전화를 했고, 견인 트럭이 오기를 기다리고 있는 중이야. 내 차의 증상을 설명해줬더니 그 사람들 말로는 심각한 문제는 아니래. 그러니까 오래 걸리진 않을 거야. 수리가 끝나는 대로 서둘러 가면, 8시 정도면 거기에 도착할 것 같아. 날 기다리지 마. 그냥 생일을 축하하면서 재밌는 시간을 보냈으면 해. 암튼, 좀 있다 거기서 보자. 안녕.

Q. 루시에 대해서 올바른 것은?

(a) 그녀의 자동차가 파티에 가던 도중에 멈췄다.

(b) 그녀의 자동차는 현재 잘 수리된 상태이다.

(c) 정비소에서 집까지 그녀를 태워줘야 할 것이다.

(d) 그녀는 정비소에 약 8시경에 도착할 수 있다.

해설 전화 자동응답 메시지를 듣고, 진위를 파악하는 문제이다. 도입 부분에서 루시가 자신의 차가 파티에 가던 도중에 고장이 나서 친구의 생일파티에 조금 늦을 거라고 전화하고 있는 것임을 알 수 있으므로, 정답은 (a)이다. 그녀의 자동차는 견인되지도 않은 상태이므로 (b)는 일치하지 않는다. (c)는 메시지에 언급되어 있지 않으며, 8시경에 도착하는 곳은 정비소가 아니라, 파티 장소이므로, (d) 역시 메시지의 내용과 일치하지 않는다.

정답 (a)

Chapter 09 감정의 표현

Sample

해석 M: 제가 본 공연 중 최고였어요.

W: ______________________________

(a) 칭찬해줘서 고맙습니다.

(b) 이런 우연이!

(c) 버텨!

(d) 잘 됐군요!

정답 (b)

Actual Test

1 해석 W: 나 정말 바본가 봐. 우리 사장 스케줄을 짜면서 실수를 해버렸어.

M: ______________________________

(a) 나도 알아. 그는 항상 스케줄이 빡빡해.

(b) 기운 내. 누구나 다 그렇지 뭐.

(c) 괜찮아. 난 만남을 주선하고 싶어.

(d) 아주 무례했어. 다음엔 더 정중하도록 해.

해설 평서문에 대한 적절한 응답을 고르는 문제이다. 평서문에 대한 응답은 굉장히 다양한 간접 응답들이 가능하므로, 항상 소거법을 적용하도록 한다. 여자가 사장 스케줄을 짜면서 실수를 한 것에 대해 자신을 자책하고 있으므로, 격려나 위로의 응답이 오는 것이 보편적이다. 따라서 실수는 누구나 다 하는 거니까, 훌훌 털어버리라는 뉘앙스인 (b)가 가장 적절한 응답이다.

정답 (b)

2 해석 W: 파블로는 미첼에게 너무 빠져 있어. 그렇게 생각하지 않니?

M: ______________________________

(a) 나도 알아. 그는 그녀를 고소할 거야.

(b) 나도 알아. 그는 그녀와 결혼하고 싶어 해.

(c) 우리는 그를 멀리하는 게 좋을 거야.

(d) 정말이야. 그는 의사의 진찰을 받아봐야 해.

해설 be mad about이라는 표현의 뜻을 정확히 알고 있어야 풀 수 있는 문제이다. mad about은 '완전히 빠져 있다, 미쳐 있다'는 뜻이다. 여자가 파블로가 미첼에게 완전히 반해 있다고 말하며 남자에게 동조를 구하고 있으므로, 남자는 동조를 하거나, 반대 의견을 제시하는 것이 보통일 것이다. 따라서 동조를 하고 나서 파블로가 미첼이랑 결혼을 원한다는 의견을 제시한 (b)가 정답이다.

정답 (b)

3 해석 M: 안젤라, 새로 나온 영화 "시카고 로맨스"에 대해 어떻게 생각해?

W: 음, 아주 훌륭한 영화야. 아마 금년 최고의 영화가 되지 않을까 생각해.

M: 응, 새로 나온 만화영화 "윙키 프린세스"는 어때? 난 정말 형편없다고 생각하는데.

W: ________________

(a) 깨끗이 잘 씻어.
(b) 좋아, 오늘밤에 그 영화를 보고 싶어.
(c) 창문 좀 열어 줄래?
(d) 네 말이 맞아. 돈 낭비야.

해설 남자가 여자에게 자신이 본 만화영화가, 형편없었다고 의견을 밝히고, 자신의 의견에 동조를 구하고 있으므로, 여자는 남자의 의견에 동조를 표시하거나, 반대의견을 밝히는 응답을 하는 것이 자연스럽다. 따라서 남자의 의견에 동조를 하며, 영화가 돈 낭비라고 의견을 첨부한 (d)가 가장 적절한 응답이다.

정답 (d)

4 해석 W: 존스 씨, 잠깐 얘기 좀 할 수 있을까요?

M: 물론이요. 어서 들어오세요.

W: 실은 얼마전 그쪽 아드님 프레이저가 우리 딸 자전거를 훔쳤어요.

M: 그럴 리가요. 그 아이가 아니라고 생각해요. 확실한가요?

W: 정말입니다. 제 눈으로 직접 봤습니다.

M: 그럼, 죄송하다고 말씀드려야겠군요. 전 그 아이가 그런 짓을 했다는 게 믿기지가 않을 따름입니다.

W: 저도 알아요. 정말 조심성 있는 아이지요, 하지만 아시다시피, 아이들이란 가끔씩 말썽을 피우기 마련이지요.

Q. 프레이저에 대해 옳은 것은?

(a) 그는 실수로 그녀 딸의 자전거를 파손했다.
(b) 그는 경찰서에 연행되었다.
(c) 그는 나쁜 행실을 저질렀다.
(d) 그는 자전거에서 떨어졌다.

해설 이웃지간인 남녀 사이의 대화를 듣고 세부 정보를 파악하는 문제이다. 남자의 아들인 프레이저가 이웃집 여자아이의 자전거를 훔친 것을 아버지인 남자에게 알리는 대화이다. 따라서 프레이저에 대해 일치하는 것은 (c)이다. 프레이저가 경찰서에 연행되거나, 자전거를 타다가 넘어졌다는 내용은 언급되지 않았으므로, (b)와 (d)는 답이 될 수 없다.

정답 (c)

5 해석 마을 박물관의 후원을 위한 오늘밤 연례 모임에 와 주셔서 대단히 감사드립니다. 만약 여러분의 아낌없는 기부가 없다면, 박물관이 탄생한 이래로 우리 도시가 얼마나 발전했는지를 보여주는 이 멋진 시설을 유지하는 것은 불가능할 것입니다. 이제, 박물관을 운영하기 위해 연간 얼마의 비용이 드는지 말씀드리겠습니다. 입장료와 시로부터 받은 지원금은 저희 예산의 단지 40%에 불과합니다. 여러분의 친절한 기부와 모든 방면의 재정 지원 덕분에, 예산의 25%가 충당될 수 있는데, 이는 아주 중요한 역할을 합니다. 저는 여러분의 진심어린 후원에 다시 한 번 감사를 드려야겠습니다.

Q. 박물관 연간 예산에 대해서 추론 가능한 것은?

(a) 필요한 모든 기금은 기부를 통해 조성된다.
(b) 정부에서 전체 예산을 떠맡고 있다.
(c) 기부는 예산을 확보하는 데 중요한 역할을 하고 있다.
(d) 예산의 절반 가량은 기부를 통해 확보된다.

해설 시립 박물관 후원을 위한 연간 기부행사 모임에 참석한 후원자들에게 감사를 하는 공지를 듣고 추론을 하는 문제로, 추론 문제이긴 하지만 진위 파악 문제처럼 철저하게 담화문에 근거해서 풀 수 있는 유형이다. 담화문 후반부에 후원자들의 기부가 예산의 25%를 차지하고, 상당히 중요한 역할을 한다고 언급되었으므로, (c)가 정답이다. 모든 기금이 기부금을 통해서 조성되는 것은 아니며, 정부의 지원금과 입장료를 합쳐서 예산의 40%를 차지한다고 했으므로 (a)와 (b)는 답이 될 수 없다.

정답 (c)

Chapter 10 정보 교환

Sample

해석 M: 네 아버지 직업이 뭐니?

W: ______________________________

(a) 응, 항상 긍정적인 분이야.

(b) 매일 아침 2마일씩 조깅을 하셔.

(c) 작은 식당을 하나 경영하셔.

(d) 병원에 입원하신 지 2달째야.

정답 (c)

Actual Test

1 해석 M: 실례합니다. 몇 시입니까?

W: ______________________________

(a) 죄송하지만, 지금은 바쁩니다.

(b) 아니요, 저는 그렇게 생각하지 않습니다.

(c) 네, 5시 15분 전입니다.

(d) 네, 시간 많습니다.

해설 Do you have the time?은 '시간이 있냐?'는 뜻이 아니라, '지금 몇 시'인지 시각을 묻는 표현이므로, 시간 정보를 제시한 (c)가 정답이다. (d)는 Do you have time?(시간 있으세요?)에 대한 응답으로 적당하다.

정답 (c)

2 해석 M: 이 교수님의 수업이 왜 어제로 연기됐던 거야?

W: ______________________________

(a) 지금껏 들어본 강의 중에 최고의 강의였어.

(b) 그가 가르치는 방식이 맘에 들어서.

(c) 우린 서로 말이 잘 통하지, 그지?

(d) 교수님 건강상의 문제로 연기됐던 거야.

해설 남자가 여자에게 이 교수님의 수업이 연기된 이유를 묻고 있으므로, 수업이 연기된 이유를 밝히는 응답인 (d)가 정답이다. 의문사 Why로 시작되는 의문문이라고 해서 무작정 because로 시작되는 응답을 고르지 않도록 주의해야 한다.

정답 (d)

3 해석 W: 피곤해 보인다. 제대로 쉬고 있는 거니?

M: 실은, 인터넷 사용법을 배우느라 밤을 샜어.

W: 음, 인터넷에 익숙해지기 전까지 시간이 좀 걸릴 거야.

M: ______________________________

(a) 작년 판매실적 보고서가 어디에 보관되고 있는지 아니?

(b) 난 새로운 걸 배우는 데 싫증이 나지 않는 편이야.

(c) 몇몇 사이트에 접속하는 법 좀 알려줄 수 있겠니?

(d) 난 이미 우리 동네가 친숙해.

해설 대화 속의 남녀는 인터넷에 대해서 얘기를 하고 있다는 점이 포인트이다. 남자가 인터넷 사용법을 배우느라 밤을 샜다고 말하자 여자가 익숙해지려면 시간이 좀 걸린다고 말한 걸로 봐서, 여자는 인터넷 사용법을 잘 알고 있다는 점을 유추해 볼 수 있다. 따라서 여자에게 몇몇 사이트에 접속하는 법을 알려달라고 한 선택지 (c)가 가장 알맞은 응답이다. 나머지 선택지들은 토픽을 벗어난 무관한 내용이므로 답이 될 수 없다.

정답 (c)

4 해석 W: 이 침대가 맘에 들어요. 매우 안락하군요.

M: 맞아요, 손님. 최고급 스프링을 사용하거든요.

W: 매트리트는 방수가 되나요?

M: 확인해 볼게요. 네, 됩니다.

W: 훌륭하군요. 그럼 그걸 살게요.

M: 언제 배달해드리면 될까요, 손님?

W: 아무 때나요. 빠르면 빠를수록 좋아요.

Q. 침대에 대해 옳은 것은?

(a) 매트리스는 별도 판매이다.

(b) 침대 틀이 품질이 아주 좋다.

(c) 매트리스는 젖지 않는다.

(d) 배달은 내일 이루어질 것이다.

해설 침대 매장에서 이뤄지는 고객과 점원의 대화를 듣고 진위를 파악하는 문제이다. 매트리스가 별도 판매인지는 알 수 없으며, 침대 틀에 대해서는 전혀 언급이 없으므로, (a)와 (b)는 답이 될 수 없다. 배달 날짜가 구체적으로 언급되어 있지는 않으므로 (d) 역시 대화의 내용과 일치하지 않는다. 따라서 대화 중간에 매트리스가 방수(waterproof)가 된다고 했으므로 (c)가 정답이다.

정답 (c)

5 해석 안녕하십니까. 다이버들의 천국 프로그램에 오신 걸 환영합니다. 저는 이번 특별행사를 위한 여러분의 가이드, 소탁입니다. 저는 여러분의 모든 것을 돕기 위해

여기에 왔습니다. 저희가 마련한 모든 활동들을 끝내는 데 거의 2시간이 소요될 것입니다. 여러분 모두 훌륭한 잠수부들이기 때문에, 우선 제가 일반적인 응급 상황에서 어떻게 해야 하는지만 알려드린 다음, 여러분은 한 시간 동안 바다 속의 놀라운 풍경을 즐기시면 됩니다. 행사가 끝나고 나면, 평가서를 작성해 주셨으면 합니다. 차후에 여러분과 다른 참가자들에게 보다 나은 서비스를 제공할 수 있도록 저희 프로그램에 대해 여러분이 어떻게 생각하시는지를 적어주시면 됩니다.

Q. 이 프로그램에 대해 옳은 것은?

(a) 가이드는 고객들을 평가해야 한다.

(b) 프로그램은 경험 있는 다이버들을 위한 것이다.

(c) 참가자들은 다이빙하는 법을 먼저 배워야 한다.

(d) 다이빙 활동은 저녁식사 시간까지 계속된다.

해설 다이빙 프로그램 참가자들을 대상으로, 다이빙을 하기 전에 행사 일정을 간단하게 안내하고 있는 공지를 듣고, 진위를 파악하는 문제이다. Because you're all good divers, I'll just show you what to do in common emergency situations first ~에서 알 수 있듯이 이 프로그램은 초보가 아니라 경험이 있는 다이버를 위한 프로그램이므로 정답은 (b)이다. 가이드가 고객을 평가하는 것이 아니라, 고객인 참가자들이 프로그램을 평가해야 하는 것이므로 (a)는 답이 될 수 없다. 다이빙 경험이 있는 다이버들을 위한 프로그램이므로 다이빙하는 방법을 먼저 배울 필요는 없으므로 (c)도 답이 될 수 없다. 다이빙이 언제까지 지속될지는 언급되어 있지 않으므로 (d)역시 일치하지 않는다.

정답 (b)

Chapter 11 제의, 의견 교환

Sample

해석 M: 이번 토요일에 파티를 열 건데, 올래?

W: 그러고 싶지만, 사장한테 물어봐야 해. 그날 야근하기로 되어 있거든.

M: 안됐구나. 다른 사람이랑 근무를 바꾸면 안 되니?

W: ______________________________

(a) 난 완전히 지쳤어.

(b) 그렇게 말하는 이유가 뭐야?

(c) 말처럼 쉽지 않아.

(d) 확인해 보고 알려줄게.

정답 (d)

Actual Test

1 **해석** W: 오, 이런. 프린터에 잉크가 다 떨어져 가고 있어.

M: ______________________________

(a) 배터리를 미리 충전하는 것이 좋아.

(b) 잉크의 품질이 매우 좋아.

(c) 공원 주변을 달렸어.

(d) 새 잉크 카트리지를 사다 줄게.

해설 평서문에 대한 응답을 구하는 문제이다. 프린터에 잉크가 다 떨어져 간다는 말에 대한 간접 응답은 예측이 불가능할 만큼 많으므로 선택지를 주의 깊게 들어 소거법을 적용해서 가장 상식적이고 합리적인 응답을 답으로 고르면 된다. 잉크가 다 떨어지고 있다는 말에 선택지 중 가장 적절한 응답은 얼른 가서 새 잉크 카트리지를 사다주겠다고 대답한 (d)이다.

정답 (d)

2 **해석** M: 내 어깨가 어제보다 훨씬 더 나아졌어.

W: ______________________________

(a) 약효가 나타나고 있는 것처럼 보인다.

(b) 너 농담이지.

(c) 빨리 의사에게 가봐.

(d) 네 어깨는 강해 보인다.

해설 평서문에 대한 응답을 고르는 문제이다. 남자가 어제보다 어깨가 훨씬 더 나아진 거 같다고 말하는 것으로 보아, 남자는 어깨가 아파서 치료를 받거나 약을 복용했다고 짐작할 수 있으므로, 가장 자연스런 응답은 약이 효과를 나타내고 있다는 내용의 (a)이다.

정답 (a)

3 해석 M: 청구서들이 도착했어?

W: 응, 이번 달엔 6,500달러 넘게 납부해야 해.

M: 나도 그 정도일 거라 생각했어. 이제 씀씀이를 줄여야 할 때야.

W: ______________________________

(a) 물론이야. 세일행사 중이야.

(b) 액수를 너무 장담하지 마.

(c) 지금부터 허리띠를 졸라매야 해.

(d) 우리 쇼핑하러 가야 해.

해설 청구서를 받고 한 달 동안의 씀씀이를 반성하는 남녀의 대화이다. 선택지에 등장한 tighten one's belt (허리띠를 졸라매다)라는 표현을 모르면, 답을 고르기가 쉽지 않은 문제이다. 남자가 이제 씀씀이를 줄여할 할 때라고 말하고 있으므로, 여자 역시 여기에 동조를 하는 표현이 이어지는 것이 자연스러우므로, 이제부터 허리띠를 졸라매야 한다는 응답인 (c)가 가장 자연스럽다.

정답 (c)

4 해석 W: 새로운 쇼핑몰 건설 계획에 대한 소식 들었니?

M: 응, 난 아주 마음에 들더라고.

W: 하지만 그 지역에 살고 있는 많은 사람들이 다른 곳으로 이사를 가야 할 거야.

M: 나도 알아. 어쨌든 정부에서 그 사람들에게 보상해 주겠지.

W: 우린 지금 돈 얘기를 하는 게 아니잖아. 이건 너무 불공평하다는 거지.

M: 세상이 항상 공평한 것은 아니야, 신디. 삶은 가끔 불공평하기도 하지.

W: 만약 네가 그들의 입장이라도 그렇게 이야기할 수 있을 거라 생각해?

Q. 남자와 여자는 주로 무엇에 대해 이야기하고 있는가?

(a) 새로운 쇼핑몰 건설의 결과

(b) 정부 보상의 액수

(c) 한 곳에서 다른 곳으로 이사할 때 겪는 어려움

(d) 새로운 쇼핑몰 건설에 대한 찬반

해설 새로운 쇼핑몰 건설 계획에 대한 남녀의 대화를 듣고 대의를 파악하는 문제이다. 남자는 새로운 쇼핑몰 건설 계획을 찬성하는 입장이고, 여자는 많은 주민들이 강제로 이사를 가야 하기 때문에 불공평하다고 생각하여, 반대를 하고 있으므로 대화의 중심 소재는 (d) 새로운 쇼핑몰 건설 계획에 대한 찬반양론이다.

정답 (d)

5 해석 언어를 배울 때는 적극적으로 말하세요. 영어도 예외가 아닙니다. 사람들이 말할 기회를 줄 때까지 기다리느라 시간을 낭비하지 마세요. 기다리시면, 당신은 끊임없이 다른 사람이 하는 말을 듣고 있는 자신을 발견하게 되실 겁니다. 말하기 능력을 향상시키려면 무엇이든 말을 해야 합니다. 영어를 이해한다는 것이 반드시 영어로 말을 할 수 있다는 것을 의미하지는 않습니다. 수줍어하지 마세요. 실수를 할까 두려워하지 마세요. 하고 싶은 말이 뭐든, 그냥 막 내뱉으세요. 우선은 사람들과 말하는 것에 익숙해지셔야 합니다. 영어 말하기를 잘하는 방법은 이처럼 간단합니다. 뛸 수 있으려면 걷는 법부터 배우도록 하세요.

Q. 다음 중 "능동적인 말하기"라고 할 수 있는 것은?

(a) 다른 사람과의 대화에 참여하도록 노력하라.

(b) 자신감이 생길 때까지는 말을 하지 않도록 하라.

(c) 사람들이 관심 있어 하는 것을 말하도록 노력하라.

(d) 다른 사람들이 말할 때 끼어들지 않도록 노력하라.

해설 영어 말하기 능력을 향상시키기 위한 마음가짐과 요령에 대한 짧은 담화문을 듣고, 진위를 파악하는 문제이다. 상식적으로 생각해도, 능동적인 말하기는 다른 사람들과의 대화에 적극적으로 참여하도록 노력하는 것임을 쉽게 짐작할 수 있다. 따라서 정답은 (a)이다. 능동적인 말하기는 말하고 싶은 것은 아무거나 상관없이 그냥 내뱉고, 수줍어하지 말아야 하고, 실수를 두려워하지 않고, 다른 사람들이 말할 기회를 주기 전에 대화에 참여하는 것이라 언급되었으므로 (b), (c), (d)는 각각 담화문에 언급된 능동적인 말하기와는 반대되는 내용들이다.

정답 (a)

Chapter 12 여행, 쇼핑

Sample

해석 W: 뉴질랜드 여행은 어땠어?

M: ______________________

(a) 물론, 기나긴 여행이 될 거야.

(b) 나에게 행운을 빌어 줘.

(c) 항상 여행자 수표를 사용했어.

(d) 지금까지 다녀봤던 여행 중에서 제일 좋았어.

정답 (d)

Actual Test

1 해석 W: 실례합니다. 혹시 이 신발 사이즈 8이 있는지 궁금하네요.

M: ______________________

(a) 그럼요, 손님. 그것들은 지금 재고가 없습니다.

(b) 제가 거기에 없었기 때문에 무슨 일이 있었는지 모르겠네요.

(c) 손님, 당장은 모르겠지만 기꺼이 확인해 드릴게요.

(d) 그것들은 내가 당신을 위해 생각하고 있던 게 아니에요.

해설 질문을 하는 데는 여러 방법이 있다. 여기서도 직접적으로 Do you have this pair of shoes in size 8?이라고 물으면 훨씬 이해가 쉽겠지만 평서문으로 I was wondering if라고 하면 이 문장이 질문이라는 사실을 잊게 되는 경우가 있다. 여자가 한 말의 happen to는 '혹시 ~한지'를 의미하는 반면에 (b)의 happened는 '발생하다(took place)'의 뜻이다. (c)의 offhand는 '즉각적으로, 당장'의 뜻으로 그 치수가 있는지 여부를 자신이 당장 알고 있지는 않지만 확인해 줄 수 있다는 뜻이므로 정답으로 가장 적절하다.

정답 (c)

2 해석 M: 손님 여행가방 무게가 허용중량보다 5킬로그램을 초과했습니다.

W: ______________________

(a) 가방을 2개로 분리하는 것이 손님이 선택하실 수 있는 방법들 중에 하나입니다.

(b) 그 가방 속의 짐 몇 개를 제 휴대용 가방에 담아도 될까요?

(c) 멋지군요. 전 요금을 하나도 낼 필요가 없군요.

(d) 제 남편은 가방을 아주 잘 쌉니다.

해설 평서문에 대한 응답을 고르는 문제이다. 여자가 공항에서 수화물을 체크인하고 있는 상황이며 공항 직원인 남자가 여자의 짐 가방이 허용무게를 초과했다고 말했으므로, 추가요금을 물겠다거나, 어떻게 해야 하는지를 물어보거나, 가방을 다시 싸겠다고 대답하는 등등 여러 가지 응답들을 예상해 볼 수 있다. 선택지 중 가장 자연스러운 응답은 가방 속의 짐 몇 개를 기내에 가지고 탈 수 있는 휴대용 가방에 옮겨 담겠다고 응답한 (b)이다.

정답 (b)

3 해석 W: 실례합니다. 이 호텔에 팩스 장비 있나요?

M: 예, 있습니다. 보내는 데는 장당 2달러이고, 받는 데는 장당 3달러입니다.

W: 제 사무실로부터 팩스를 받을 수 있는지 궁금합니다.

M: ______________________

(a) 여기에 머무시면, 저희 사우나를 무료로 이용하실 수 있습니다.

(b) 수영장은 매일 밤 12시에 문을 닫습니다.

(c) 호텔 주차장은 저희 고객님들 전용입니다.

(d) 물론이죠, 객실요금에 포함시켜 청구할 수도 있습니다.

해설 호텔 투숙객인 여자와 직원이 남자 사이의 대화로, 평서문 형태의 간접 의문문에 대한 적절한 응답을 고르는 문제이다. 여자가 자신의 사무실로부터 팩스 수신 가능 여부를 묻고 있으므로, 가능 여부를 말하는 응답이 와야 한다. 따라서 가능하며, 요금은 객실요금에 포함시켜서 청구할 수 있다고 응답한 (d)가 가장 자연스럽다.

정답 (d)

4 해석 W: 실례합니다. 해리슨 호텔로 가는 길 좀 알려주시겠습니까?

M: 계속 가셔서 3번째 교차로에서 우회전하세요.

W: 알겠습니다. 거기서는 어디로 가야 하나요?

M: 분수대 건너편에 있는 영화관을 지나치세요.

W: 영화관을 지나친다. 그 다음은요?

M: 2번째 신호등에서 좌회전하시면, 우측에 있어요.

Q. 여자가 호텔에 가기 위해서 가장 먼저 해야 할 일은?

(a) 앞으로 직진 주행하기
(b) 교차로에서 우회전하기
(c) 극장에서 호텔 버스를 타기
(d) 분수대 찾기

해설 거리에서 길안내를 주고받는 남녀의 대화를 듣고, 세부 정보를 파악하는 문제이다. 여자가 해리슨 호텔로 가는 길을 묻고 있고, 남자가 길안내를 하고 있으므로, 여자가 가장 먼저 해야 할 일은 남자의 길안내 중에서 맨 처음 부분이다. 남자가 여자에게 우선 가던 길을 직진하라고 했으므로 정답은 (a)이다.

정답 (a)

5 해석 승객 여러분, 안녕하십니까? LA 탐 브래들리 공항을 출발하여, 뉴욕 케네디 공항을 향하고 있는 노스웨스트 항공 820기편에 탑승하신 걸 환영합니다. 저는 이번 비행을 책임지고 있는 기장 데니스 무어입니다. 비행 소요시간은 약 5시간 정도가 될 것이며, 오후 1시에 뉴욕에 도착할 것입니다. 이곳 날씨는 비가 약간 내리고 흐립니다. 뉴욕의 날씨는 맑고 화창하며, 기온은 섭씨 4도입니다. 비행 중에는 모든 전자 장비들을 꺼주시기 바랍니다. 이륙 후엔 고도 3만 5천 피트 상공에서 비행을 할 것이며, 도중에 약간의 난기류를 만날 것으로 예상됩니다. 비행기가 안전한 고도에 이를 때까지는 좌석에 그대로 앉아계신 채 안전벨트를 착용해 주십시오. 저희 승무원들이 돌아다니면서 도와드릴 것입니다. 저희 항공을 선택해 주셔서 감사합니다.

Q. 안내방송에 따르면 옳은 것은?
(a) 승객들은 노트북 컴퓨터를 사용해도 좋다.
(b) 현재 LA 날씨는 화창하고 따뜻하다.
(c) 오전 8시경에 비행기가 이륙했다.
(d) 비행기가 막 뉴욕에 착륙하려는 참이다.

해설 비행기 이륙 시 기장이 승객들에게 공식적으로 하는 안내방송을 듣고 진위를 파악하는 문제이다. 총 비행시간이 5시간 정도이고, 목적지인 뉴욕 도착 시간은 오후 1시이므로, 비행기 이륙 시간은 오전 8시경이라고 할 수 있으므로, 안내방송의 내용과 일치하는 것은 (c) 이다. 비행 중 모든 전자장비의 전원을 꺼두어야 한다고 했으므로 (a)는 일치하지 않으며, LA의 날씨는 비가 약간 내리고 흐리므로 (b) 역시 일치하지 않는다. 비행기가 막 LA를 출발한 것이므로 (d)도 답이 될 수 없다.

정답 (c)

Chapter 13 학교 생활

Sample

해석 많은 학자들에 따르면, 박사학위를 취득하는 것은 가장 어려운 학업 중에 하나입니다. 박사학위 과정을 밟는 중에 학생은 교수들의 지도를 거의 받지 못합니다. 일반적으로, 박사학위를 밟는 학생은 연구 관심분야를 찾아야 하고, 정기적으로 교수들과 상의를 해야 합니다. 많은 학생들은 3년짜리 프로그램 중도에 동기를 잃어버리는 자신들을 발견합니다. 도움을 거의 받지 못하고 그렇게 긴 학위 과정을 이수해야 한다는 점 역시 학생들에게 극도의 고립감을 줄 수 있습니다.

Q. 담화문의 내용과 일치하는 것은?
(a) 학자들은 박사학위 과정 취득을 적극 권한다.
(b) 많은 박사학위 과정 학생들은 좀처럼 중도에 그만두지 않는다.
(c) 박사학위를 취득하는 것은 힘든 일일 수 있다.
(d) 박사학위 과정을 밟는 학생은 고립되어 살 필요가 없다.

정답 (c)

Actual Test

1 해석 M: 앤드류가가 퇴학당했다는 얘기 알고 있었니?
W: ________________________________
(a) 음, 자기가 자초한 거야.
(b) 분명 좋은 학생이 될 거야.
(c) 그가 언제 대학에 입학했는지 모르겠어.
(d) 애써줘서 너무 고마워.

해설 아는 친구가 퇴학당했다는 소식을 처음 접하고 보일 수 있는 반응은 변화무쌍하므로, 응답을 예상하는 것은 불가능하다. 선택지를 주의 깊게 듣고 소거법을 적용하는 것이 가장 바람직하다. have it coming(자초하다)이라는 표현을 알고 있어야 정확히 풀 수 있는 문제이지만, 모르더라도 (a)를 제외한 나머지 선택지들은 논리적인 대화를 완성할 수 없다는 건 쉽게 파악할 수 있다.

정답 (a)

2 해석 W: 그거 아니? 나 마침내 화학 기말시험을 통과했어.
M: ________________________________

(a) 나도 알아. 너와 제인은 궁합이 전혀 안 맞아.

(b) 나도 마찬가지야. 나도 화학 기말고사에서 낙제했어.

(c) 잘했어! 마침내 해냈구나.

(d) 노력해 보겠지만, 알아맞히기가 너무 어려워.

해설 평서문에 대한 적절한 응답을 고르는 문제이다. 시험에 합격했다는 말에 가장 보편적인 응답은 축하나 격려이므로, 축하를 하고 있는 (c)가 가장 적절한 응답이다. 참고로 (a)의 chemistry는 '화학'의 뜻이 아니라 사람 사이의 '궁합'이라는 뜻으로 사용되었다.

정답 (c)

3 해석 M: 학교 연극을 취소해버렸다니 믿을 수가 없어.

W: 그 연극에서 넌 어떤 배역을 맡기로 했었니?

M: 나는 로미오 역을 맡기로 했었고, 로즈는 줄리엣 역을 맡기로 되어 있었어. 대사 연습을 함께 하느라 정말 많은 시간을 투자했는데.

W: ______________________________

(a) 네가 할 수 있는 최선은 그녀에게 전화해서 사과하는 거야.

(b) 이번 교훈을 앞으로 평생 동안 기억하길 바랄게.

(c) 네 아버지 충고를 듣지 않더니 꼴좋다.

(d) 적어도 로즈와 연극 연습하면서 즐거운 시간을 보냈잖니, 안 그래?

해설 남자가 학교 연극이 취소된 것에 대해 아쉬움과 실망을 표현하고 있으므로, 위로나 격려의 응답이 가장 적절하다. 따라서 정답은 위로의 응답인 선택지 (d)이다. 남자가 로즈에게 사과할 이유는 없으므로 (a)는 적절한 응답이 될 수 없고, 연극이 취소된 것은 교훈과는 상관없으므로 (b)도 답이 될 수 없고, 아버지의 충고를 듣지 않더니 꼴좋다는 내용의 (c)는 위로의 표현이 아니라, 상대방을 자극하는 표현으로 상황에 맞지 않다.

정답 (d)

4 해석 W: 안녕하세요. 저는 다이애나입니다. 새로 오신 조교님, 앤디 씨이신가 보군요.

M: 맞아요, 다이애나. 어제 막 일을 시작했어요.

W: 어떻게 적응은 잘 되시나요?

M: 실은 이 일은 처음 하는 일이고, 오늘이 두 번째 날이랍니다. 그래서 가능하면 빨리 능숙해져야 해요.

W: 걱정 마세요. 포빈스키 교수님은 매우 좋은 분이시고, 여기 다른 분들도 역시 친절합니다.

M: 네, 그래 보여요. 여기가 맘에 들것 같아요.

Q. 대화의 주제는 무엇인가?

(a) 여자가 포빈스키 교수를 위해 일하는 걸 좋아하는 이유

(b) 남자의 이전 상근 근무 경력

(c) 새로운 일자리에 대한 남자의 생각

(d) 포빈스키 교수와 이 대학의 평판

해설 남녀의 대화를 듣고 대화의 주제를 파악하는 문제이다. 전체적인 흐름만 파악하면 쉽게 풀수 있는 유형이다. 여자는 남자에게 새로운 일자리에 잘 적응하고 있는지 물어보고 있고, 남자는 새 일자리에 대해서 자신이 느끼는 점을 얘기하고 새 일자리가 맘에 들 것 같다고 대화를 마무리하고 있으므로, 대화의 주제는 (c)이다.

정답 (c)

5 해석 학생 여러분, 안녕하세요. 이번 학기 유기화학 첫 수업에 오신 걸 환영합니다. 저는 에리카 프란시스 교수입니다. 먼저, 상세한 강의 소개는 대학 홈페이지에 제가 게시해 놓은 강의 계획서를 참조하시기 바랍니다. 우리는 일주일에 4번 월요일, 수요일, 목요일, 금요일에 만나게 될 것입니다. 월요일과 수요일엔 이론화학을 공부하게 될 것입니다. 목요일과 금요일엔, 실험실 수업이므로 여러분은 공책만 지참하시면 됩니다. 이번 학기 동안에는 어떤 시험도 치르지 않습니다. 하지만 매달 초에 제출해야 하는 과제가 있을 겁니다. 즐거운 수업 되시길 바랍니다. 질문 있으세요?

Q. 담화문의 내용과 일치하는 것은?

(a) 학생들은 일주일에 5일 수업에 출석해야 한다.

(b) 목요일과 금요일에는 이론화학을 공부할 것이다.

(c) 강의 개요는 첫 번째 수업 시간에 배부될 것이다.

(d) 학생들은 학기동안 두 개 이상의 과제를 제출해야 할 것이다.

해설 대학 교수들이 첫 수업 시간에 자주 하는 수업에 대한 대략적이고 짧은 오리엔테이션 내용이다. 마지막 부분에 매달 초에 과제를 제출해야 한다고 나와 있고, 한 학기는 보통 3개월로 구성되어 있으므로, 학기동안 최소 3개의 과제를 제출해야 한다고 볼 수 있으므로 담화문의 내용과 일치하는 것은 (d)이다. 참고로 영어로 more than one은 우리말로 하나 이상이 아니라, 하나보다 더 많이, 즉 '두 개 이상'으로 해석해야 정확하다.

정답 (d)

Sample

해석 W: 제레미, 왜 눈을 비비고 있어?
M: 오호, 제가 그러고 있었어요? 제가 그러는 줄도 몰랐어요.
W: 눈이 쓰라리니?
M: 그런 거 같아요.
W: 왜 아무 말도 하지 않았니?
M: 그다지 큰 문제가 아니라고 생각했어요.
W: 두 눈이 다 빨개! 근처 병원에 데려다 줄게.

Q. 여자가 남자에게 병원에 가라고 하는 이유는?
(a) 소년의 시력을 걱정하고 있기 때문에
(b) 소년의 염증이 난 눈에 대해 걱정하고 있기 때문에
(c) 소년이 자기 눈이 쓰라린 것에 대해 불평을 하고 있기 때문에
(d) 소년이 호들갑을 떨고 있기 때문에

정답 (b)

Actual Test

1 해석 M: 오늘 몸이 좋지 않아. 프로젝트 작업하느라 밤을 꼬박 샜거든.
W: ______________________________
(a) 맞아. 정말 아름다운 날씨야.
(b) 나도 알아. 작년 프로젝트도 좋았어.
(c) 무리하지 마. 그렇지 않으면 결국 앓아눕게 될 거야.
(d) 너 일기예보를 봤어야 했는데.

해설 관용표현에 대한 이해가 없으면, 답을 고르기가 까다로운 문제이다. feel under the weather는 몸이 찌뿌둥하고 좋지 않을 때 쓰는 말이고, burn the candle at both ends는 직역을 하면 '초를 양쪽 끝에서 태워 들어가다'는 뜻인데, '무리해서 일하다'는 숨은 뜻이 들어 있다. 남자가 어제 밤을 꼬박 새서 몸이 좋지 않다고 한 말에 선택지 중 가장 자연스런 응답은 무리하다간 앓아눕게 될 거라고 대답한 (c)이다.

정답 (c)

2 해석 M: 맙소사! 아기가 숨을 잘 쉬지 못해요! 어떻게 해야죠?
W: ______________________________
(a) 안과 의사에게 데려갑시다.
(b) 저희 삼촌에게 전화해볼게요. 소아과 의사시거든요.
(c) 두 시간은 기다리기 너무 긴 시간입니다.
(d) 그 아기는 폐렴 진단을 받았어요.

해설 보통 What should I do?는 상대에게 충고나 조언을 구하는 의문문이므로, 충고나 조언을 해주는 응답이 적절하다. 하지만 이 문제 같은 경우는 남자가 아기가 숨을 잘 쉬지 못한다고, 급박한 도움을 청하고 있으므로, 충고나 조언을 해주는 응답보다는 직접 도와주겠다고 제의하는 형태의 간접 응답이 정답 선택지로 등장했다. 가장 적절한 응답은 (b)이다.

정답 (b)

3 해석 M: 모니카, 의사가 네 어머니 상태에 대해 어떻게 말씀하셨니?
W: 유방암에 걸리셨대.
M: 오, 안됐구나. 어떻게 할 셈이니??
W: ______________________________
(a) 자외선에 너무 많이 노출되셨어.
(b) 다른 의사에게 한번 더 검사를 받아볼 거야.
(c) 우리 할머니도 유방암으로 돌아가셨어.
(d) 말은 쉽지.

해설 시제만 잘 들어도 답을 찾을 수 있는 유형이다. be going to는 미래를 나타내므로, 미래 시제로 대답을 해야 한다. 선택지 중 시제에 맞는 응답은 (b)밖에 없다. 여자의 어머니가 유방암에 걸렸다는 얘기를 듣고, 앞으로 어떻게 할 거냐고 물어봤으므로, (b)가 가장 합리적인 응답이다.

정답 (b)

4 해석 M: 저기, 제 검진 결과 어떻게 나왔나요?
W: 음, 샘, 차트에 따르면, 고혈압이군요.
M: 아, 어쩐지. 최근에 머리가 아프고, 종종 숨이 차더라고요. 엄청 피곤함도 느꼈고요.
W: 제 생각에는, 체중이 고혈압의 직접적인 원인인 거 같아요.
M: 그럼 어떻게 해야죠?
W: 음, 규칙적인 운동과 식사보다 더 좋은 처방은 없어요.

Q. 여자가 남자에게 다음 중 뭘 하라고 충고하고 있나?

(a) 충분한 수면을 취하라고

(b) 살을 빼라고

(c) 약을 복용하라고

(d) 물리 치료를 받으라고

해설 의사와 환자의 대화를 듣고 세부 정보를 파악하는 문제이다. 남자는 고혈압이고, 그 원인은 과체중이다. 의사인 여자의 마지막 말에서 답이 제시되어 있다. 규칙적인 운동과 식사는 곧 체중 관리를 뜻하는 것이므로, 정답은 (b)이다. 나머지 선택지는 대화에 언급조차 되어 있지 않다.

정답 (b)

5 **해석** 수많은 신생아들은 예방접종을 완벽하게 받지 않은 상태이기 때문에 병에 걸리기가 아주 쉽습니다. 어머니로서, 여러분은 접종을 완벽하게 끝내기 위해서는 일곱 차례 병원을 방문해서 예방 주사를 맞혀야 하며, 생후 3개월 전에 예방접종 프로그램을 시작해서 만 2세가 되기 전에 완료해야 한다는 사실을 알고 계셔야 합니다. 여러분의 아기의 예방접종은 전적으로 여러분에게 달려 있습니다. 그러므로 여러분의 아기가 이 절차들 가운데서 어떤 것 하나라도 놓치지는 않았는지 의사에게 물어보는 것이 중요합니다.

Q. 안내방송의 주제는 무엇인가?

(a) 예방접종 프로그램에 관한 정의

(b) 신생아들의 취약성

(c) 아기 건강에 관한 적절한 정보

(d) 아기에 대한 계획적인 예방접종의 필요성

해설 신생아들의 예방접종에 관한 짧은 안내방송을 듣고, 주제를 파악하는 문제이다. 도입부에서는 예방접종의 필요성을 언급하고 나서, 생후 3개월 전부터 예방접종 프로그램을 시작하여 만 2세가 되기 전까지 접종을 완료해야 함을 강조하고 있으므로 정답은 (d) 아기에 대한 계획적인 예방접종의 필요성이다. 예방접종 프로그램이 무엇인지에 관한 정의는 언급되지 않았으므로 (a)는 답이 될 수 없다. 신생아들이 질병에 취약하다는 언급은 했지만 지엽적인 내용으로 주제가 될 수는 없으므로 (b)도 답이 될 수 없다. 예방접종 정보 또한 아기 건강과 관련 있는 정보라고 생각해서 (c)를 답으로 생각해볼 수도 있지만, 주제로 잡기에는 너무 포괄적이고 광범위하므로 (c) 역시 답이 될 수 없다.

정답 (d)

Chapter 15 직장 생활

Sample

해석 W: 이사회 회의 어땠나요?

M: 꽤 심각했어요. 경영진이 대폭 예산 삭감을 계획 중이더군요.

W: 당신 부하직원들에겐 어떤 영향이 갈까요?

M: ______________________

(a) 제 비서가 봉급을 올려 받을 겁니다.

(b) 제 비서가 채용될 겁니다.

(c) 제 비서가 해고되어야 할 겁니다.

(d) 제 비서가 승진될 겁니다.

정답 (c)

Actual Test

1 **해석** W: 로베르토가 영업부장으로 승진했어.

M: ______________________

(a) 이번 달 판매실적은 비참하다.

(b) 바람이 약해서 돛단배가 나아가질 못해.

(c) 당연하지. 그 사람은 충분히 그럴 자격 있어.

(d) 그는 다른 리그로 승격됐어.

해설 여자가 남자에게 제3자의 승진 소식을 전하고 있으므로, 축하나 놀람 또는 그럴 줄 알았다는 등의 반응을 예상해 볼 수 있다. 따라서 당연히 승진될 줄 알았다는 뉘앙스의 응답인 (c)가 가장 자연스럽다.

정답 (c)

2 **해석** M: 우리 부서의 윌리엄은 정말 골칫거리야.

W: ______________________

(a) 그래, 모두가 그를 좋아하는 것 같아.

(b) 네 말이 백번 맞아. 같이 지내기 정말 힘든 사람이야.

(c) 물론, 그건 매우 어려운 일이었어.

(d) 사실이야. 그는 대단히 사교적이야.

해설 평서문에 대한 응답을 고르는 문제이다. 남자가 여자에게 직장동료인 윌리엄이 정말 골치 아픈 사람이라고 의견을 밝히고 있으므로, 여기에 동의를 하거나 반대를 하는 응답이 와야 한다. 따라서 남자의 의견에 동조를 하고 있는 (b)가 가장 자연스런 응답이다.

정답 (b)

3 해석 M: 그 일자리 제의를 수락할 거니?

W: 아직 생각 중이야. 하지만 그쪽에서 제시한 조건이 거절하기 힘들 만큼 좋았어.

M: 설사 떠나더라도, 계속 연락하고 지내겠다고 약속해줘.

W: ______________________

(a) 응, 네게 최선을 다하겠다고 약속할게.

(b) 너무 감동적이어서 난 울어버렸어.

(c) 만일 그렇게 되면, 그렇게 할게.

(d) 제시간에 가기 위해 난 일찍 떠났어.

해설 여자가 딴 직장의 뿌리치기 어려운 스카우트 제의를 받았지만 아직 고민 중이며 확실히 결정하지 않은 상태라고 말하자, 남자는 여자에게 제의를 받아들여서 이직을 하더라도 연락은 하고 지내겠다고 약속해달라고 부탁을 하고 있으므로, 그러겠다고 하는 (c)가 가장 적절한 응답이다.

정답 (c)

4 해석 W: 제리, 어떻게 지내니?

M: 글쎄, 인수합병 이후 상황이 불확실해졌어.

W: 200명 정도가 정리해고될 거라는 얘기가 있던데 사실이니?

M: 응. 내 동료 두어 명이 요전에 해고됐어.

W: 네가 일자리를 잃지 않아서 다행이야.

M: 그렇긴 한데, 두고 봐야지 뭐.

Q. 여자와 남자는 무엇에 대해 말하고 있는가?

(a) 수많은 신입사원들

(b) 실업자 수의 감소

(c) 일을 열심히 해서 인상된 남자의 봉급

(d) 남자가 다니는 회사에서 진행 중인 구조조정

해설 직장에서 벌어지는 남녀의 대화를 듣고 대의를 파악하는 문제이다. 남자가 다니는 회사가 인수합병이 되어서, 동료 몇 명이 정리해고 당했고, 200명 정도가 앞으로 더 정리해고 될 거라고 불안해하고 있는 상황에 대해서 대화를 주고받고 있으므로, 대화의 주제는 (d)이다.

정답 (d)

5 해석 아더 앤더슨 사의 친애하는 동료 여러분들께 알려드립니다. 이 안내방송은 우리 회사가 시행하기로 결정한 새로운 시스템에 대해 알려드리기 위함입니다. 지금까지 모든 직원들은 오전 8시에서 5시 30분까지의 근무시간을 유지해 왔습니다. 따라서 몸이 좋지 않다거나 별로 할 일이 없을 때조차 사무실에 있어야 했습니다. 하지만, 7월 1일부로 이 모든 것이 바뀌게 됩니다. 주간 할당 업무량만 충족시킨다면, 여러분 맘대로 출근과 퇴근을 할 수 있습니다. 주간 할당 업무량은 관리부장이 꼼꼼하게 확인할 것입니다. 이 새로운 시스템이 여러분에게 최상의 결과들을 가져오리라 기대합니다. 감사합니다.

Q. 새 시스템에 따르면, 직장에서 몸이 좋지 않을 때 어떻게 할 수 있는가?

(a) 퇴근을 하고 그 다음날 빠진 근무시간을 보충한다.

(b) 정규 근무시간이 끝난 후에 병원에 진료받으러 간다.

(c) 하루 휴가를 낼 수 있는지 관리 부장에게 물어본다.

(d) 주간 할당 업무량을 충족시킨다는 조건 하에 퇴근해서 쉰다.

해설 한 회사의 업무방식과 근무시간 체계 등의 회사 방침의 변경을 알리는 안내방송을 듣고 세부 정보를 파악하는 문제이다. 7월 1일 부로 새로 시행될 새로운 시스템의 근무조건에서는 매주 할당되는 업무량만 완수하면 맘대로 출근과 퇴근을 할 수 있다고 언급하고 있으므로, 몸이 좋지 않으면 퇴근해서 쉴 수 있다고 볼 수 있다. 따라서 정답은 (d)이다.

정답 (d)

Chapter 16 전화

Sample

해석 M: 여보세요, 저는 제임스 그레인저입니다. 김 선생의 전화를 받고 전화드리는 겁니다.

W: ______________________________

(a) 전화를 잘못 거신 것 같은데요.

(b) 나중에 다시 걸게요.

(c) 죄송하지만 지금 통화 중이시네요. 메시지 남기시겠어요?

(d) 그분도 당신을 만나려고 계속 기다리고 계셨어요.

정답 (c)

Actual Test

1 해석 M: 콜린 아처 좀 바꿔주시겠어요?

W: ______________________________

(a) 그는 휴대폰을 책상 위에 뒀어요.

(b) 그는 1주일 동안 부재 중일 겁니다.

(c) 저는 항상 당신과 통화를 하고 싶었어요.

(d) 죄송하지만, 방금 나가셨어요.

해설 Can/May I speak to ~?는 전화상으로 통화를 원하는 사람을 바꿔달라고 할 때 쓰는 표현이다. 이 경우는 보통 두 가지 유형의 응답을 예상해 볼 수 있다. 즉, 콜린 아처스를 바꿔주겠다는 응답이나, 아니면 바꿔줄 수 없는 이유를 밝히는 응답이 나올 수 있다. 이 문제에서는 콜린 아처가 방금 자리를 비우고 나가셔서 전화를 바꿔줄 수 없는 상황임을 밝히는 (d)가 정답이다.

정답 (d)

2 해석 W: 여보세요, 제 이름은 샌드라 부시입니다. 뉴욕에 계시는 저의 아버지께 수신자 부담 전화를 걸고 싶은데요.

M: ______________________________

(a) 죄송합니다. 전화 잘못 거셨어요.

(b) 연결해드리는 동안 잠깐만 기다리세요.

(c) 그럼 아버지 성함과 전화번호가 어떻게 되죠?

(d) 다시는 제 전화 끊지 마세요.

해설 여자가 전화 교환원에게 뉴욕에 있는 아버지에게 수신자 부담 전화 통화를 요청하고 있다. 이 경우 보통 교환원은 수신자의 이름과 전화번호를 물어보는 것이 일반적이므로, 가장 적절한 응답은 (c)이다.

정답 (c)

3 해석 W: 여보세요, 메가바이트 반도체 맞습니까?

M: 그런데요, 전화하시는 분은 누구시죠?

W: 린다 앤더슨입니다. 퍼킨스 씨와 통화하고 싶습니다.

M: ______________________________

(a) 앉으세요. 곧 오실 겁니다.

(b) 죄송합니다만, 퇴근하셨습니다.

(c) 당신에게 다시 전화를 하는 것은 어려울 겁니다.

(d) 죄송합니다만, 그쪽은 제가 아는 분이 아닌 것 같군요.

해설 여자가 남자에게 전화상으로 퍼킨스 씨를 좀 바꿔달라고 하고 있다. 형태는 평서문이지만, May I speak to Mr. Perkins?와 똑같은 의미를 가지고 있는 문장이므로, 응답 또한 같은 방식으로 하면 된다. 따라서 퇴근해서 바꿔줄 수 없다고 응답한 (b)가 가장 자연스럽다.

정답 (b)

4 해석 M: 배스 씨 좀 부탁합니다.

W: 접니다. 누구시죠?

M: 브로드 크로스 쇼핑센터 배달부서입니다.

W: 이런! 깜빡 잊고 새 주소를 안 알려드렸군요.

M: 네. 고객님이 알려주신 주소지에 갔지만, 안 계시더군요.

W: 정말 죄송합니다. 제가 주문한 상품들 아직도 가지고 계신가요?

M: 네, 가지고 있습니다. 새 주소를 좀 알려주시겠습니까?

Q. 왜 여자는 주문한 상품을 배달 직원으로부터 수령하지 못했는가?

(a) 주문 상품들이 도착했을 때 바깥에서 데이트를 하고 있어서.

(b) 주문이 다른 사람의 이름으로 되어서.

(c) 변경된 주소를 쇼핑센터에 알려주지 않아서.

(d) 여자의 주문 상품을 엉뚱한 사람에게 배달해서.

해설 쇼핑센터 배달 직원인 남자와 고객인 여자의 대화를 듣고 세부 내용을 파악하는 문제이다. 여자의 말 I forgot to tell you my new address. 부분에서 알 수 있듯이, 여자가 자신이 주문한 상품들을 수령하지 못한 이유는 바뀐 주소를 쇼핑센터에 알려주지 않았기 때문이므로, 정답은 (c)이다.

정답 (c)

5 해석 요즘 많은 사람들이 다양한 장소에서 휴대폰을 사용하고 있습니다. 사실 휴대폰이 처음 등장했을 때는, 공공장소에서 통화하는 것은 매우 무례하다고 여겨졌기 때문에, 사람들은 공공장소에서 통화하기를 주저했습니다. 그러나 요즘엔 길거리에서, 기차나 버스 안에서 전화 대화를 듣게 되며, 자연스럽게 전혀 모르는 사람들의 시시콜콜한 사적인 내용들이 전파를 타고 흘러나오는 걸 듣게 됩니다. 따라서 많은 사람들 앞에서 전화 통화를 하는 것과 다른 사람들의 통화 내용을 엿듣는 것을 창피하게 여기는 사람들은 요즘엔 거의 없다고 결론지을 수 있겠습니다.

Q. 휴대폰에 대한 화자의 요점은 무엇인가?

(a) 휴대폰은 많은 혁신적인 기능을 갖추고 있다.

(b) 대중교통 이용 시에 휴대폰으로 통화를 하는 것은 매우 무례한 일이다.

(c) 휴대폰은 공공장소에서만 사용해야 한다.

(d) 요즘엔 사람들이 공공장소에서 휴대폰을 사용하는 것에 대해 부담을 덜 느낀다.

해설 휴대폰이 처음 나왔던 초창기에는 사람들이 공공장소에서 휴대폰으로 통화하는 것을 무례하다고 생각해 민망하고 창피하게 여겼으나, 요즘에는 사람들이 공공장소에서 타인을 전혀 개의치 않고 휴대폰을 사용한다는 요지의 글이다. 따라서 '요즘엔 사람들이 공공장소에서 휴대폰을 사용하는 것에 대해 부담을 덜 느낀다'는 내용의 선택지 (d)가 정답이다. (a)와 (c)는 지문에 언급 자체가 없으며 (b)는 현실 생활에서 종종 거론되는 공중문화 에티켓으로 사실이긴 하지만, 해당 지문에서 말하고자 하는 주제와는 관계없다.

정답 (d)

Grammar

Chapter 01 형용사와 관계사

Exercise 1

1 해석 모든 생명체는 공기와 물이 필요하다고 믿어지고 있다.

해설 명사 앞에서 한정적 용법으로 쓰일 수 있는 형용사는 living이다. alive는 한정적 용법으로 쓰일 수 없으며, 보어 자리에만 쓰일 수 있다.

정답 living

2 해석 우리 안에 살아 있는 토끼가 있었다.

해설 명사 앞에 한정적으로 쓰일 수 있는 형용사는 live이다. alive는 주격 보어나 목적격 보어로만 사용할 수 있다.

정답 a live

3 해석 그렇게 많은 기뻐하는 사람들을 보게 되어서 좋았다.

해설 명사 앞에서 명사를 수식할 수 있는 형용사는 happy이다.

정답 happy

4 해석 제인의 아버지는 봉급을 많이 받지만, 엘렌의 아버지는 봉급을 적게 받는다.

해설 가격, 임금, 봉급, 월급, 세금, 관세 등과 같은 명사는 much나 little의 수식을 받는 명사가 아니라, high나 low의 수식을 받는 명사이다. 참고로 money, cash 등은 much나 little의 수식을 받을 수 있다.

정답 high

5 해석 조심하세요. 자고 있는 아기를 깨우지 않도록 하세요.

해설 명사 baby를 앞에서 한정 수식하는 형용사는 sleeping이다.

정답 sleeping

6 해석 경찰관이 차를 세웠을 때, 운전자는 취해 있었다.

해설 주격 보어 자리에 쓰는 서술적 용법의 형용사는 drunk 이다. drunken은 한정적 용법으로만 쓰이는 형용사이다.

정답 drunk

7 해석 다행스럽게도, 관련된 모든 사람들이 협조하기로 동의했다.

해설 involved는 '관련된, 관계된'이라는 뜻으로 쓰일 경우, 명사 뒤에서 수식하는 후치 형용사이다. 반면, '복잡한, 뒤얽힌'의 의미로 쓰이는 경우는 명사 앞에서 수식한다.

정답 people involved

8 해석 앤디는 너무 놀라서 자신의 실수를 인정할 수 없었다.

해설 frighten은 형용사가 아니라 동사이므로, 형용사로 고쳐야 한다. 동사 출신의 분사 형용사는 frightening과 frightened가 있는데, 주어인 앤디가 놀란 것이므로, 과거분사 frightened로 고쳐야 한다.

정답 frighten → frightened

9 해석 위원회에서는 교사가 되는 데 관심 있는 사람은 누구에게나 도움과 조언을 제공한다.

해설 감정 분사의 형태가 틀렸다. 후치 수식받는 명사 anyone이 interest의 주체가 아니라 대상이므로, 수동형인 interested가 되어야 한다. 따라서 형용사 interesting을 interested로 바꿔야 한다.

정답 interesting → interested

10 해석 내 아들 제임스는 그 답들을 알 만큼 영리하다.

해설 부사 enough는 형용사나 부사를 수식할 경우, 후치 수식해야 한다.

정답 enough clever → clever enough

11 해석 우리 가족은 꽤 대가족이다. 그래서 우리 고향의 모든 이가 우리를 안다.

해설 family 등과 같은 집합명사는 집합 속의 구성원들이 많다는 의미로, many를 쓰지 않고, big이나 large를 써야 한다. 참고로 집합의 수나 종류가 많다고 할 때는 many를 쓸 수 있다. *ex.*) There are many families in our town. 우리 마을에는 많은 가구들이 있다.

정답 many → big 또는 large

12 해석 어젯밤에 강당에 많은 관객들이 있었다.

해설 집합명사 audience는 집합의 규모를 나타낼 때, many나 much의 수식을 받을 수 없으며, big이나 large의 수식을 받는다. 우리말 간섭에 현혹되지 않도록 주의해야 한다.

정답 much → big 또는 large

Exercise 2

1 해석 내 여자친구 제니는 아름다운 빨간 비단 숄을 어깨에 두르고 있었다.

해설 주관적 판단의 형용사 beautiful은 색깔 형용사인 red보다 먼저 써야 한다. 따라서 red beautiful을 beautiful red로 고쳐야 한다.

정답 red beautiful → beautiful red

2 해석 심슨 씨는 키가 크고 젊은 캐나다인 회계사와 결혼했다.

해설 대소를 나타내는 형용사 tall은 신구를 나타내는 형용사 young보다 먼저 써야 한다.

정답 young tall → tall young

3 해석 A: 실례합니다. 이야기를 할 만한 장소를 알고 계세요?

B: 그럼요, 저기 오래된 회색빛 벽돌 의회빌딩이 좋겠네요.

해설 형용사의 어순을 묻는 문제이다. 신구, 색깔, 재료 순으로 써야 하므로, 정답은 (d) old gray brick이다.

정답 (d)

Exercise 3

1 해석 호주는 보통 7월에 비가 내리는 날이 많지만, 올해는 비가 거의 내리지 않았다.

해설 rainy days는 가산명사이므로 much의 수식을 받을 수 없고, rain과 같은 자연현상은 불가산명사이므로 little의 수식을 받는다.

정답 lots of, little

2 해석 샌디는 많은 책을 가지고 있다.

해설 books는 가산명사이므로, 가산명사와 불가산명사 모두 수식할 수 있는 plenty of가 알맞다. a great deal of는 불가산명사만을 수식한다.

정답 plenty of

3 해석 케이트는 스무 살짜리 여자아이치고는 매우 성숙해 보

인다.

해설 〈숫자+단위 명사〉가 다른 명사 앞에서, 그 명사를 수식하는 형용사 역할을 할 경우에 그 단위 명사는 항상 단수 형태로 써야 한다.

정답 twenty-year-old girl

4 해석 달이 밝다.

해설 2형식 문형의 주격 보어 자리에는 부사를 쓸 수 없고, 형용사를 써야 한다.

정답 bright

5 해석 부자들이라고 해서 항상 행복한 것만은 아니다.

해설 빈칸은 명사가 되어야 한다. Rich는 형용사이고, 〈the+형용사〉 형태인 The rich는 복수 보통명사이다. 따라서 The rich가 알맞다.

정답 The rich

6 해석 그녀는 어둠 속에서 하얀 무언가를 보았다.

해설 -thing, -body, -one 등으로 끝나는 부정대명사를 수식하는 형용사는 후치 수식한다.

정답 something white

7 해석 우리 모두는 내일 오후에 거기에 가야 한다.

해설 〈all of+(대)명사〉의 수는 of 뒤에 오는 명사의 종류에 따라 수가 결정된다. 단수 명사나 불가산명사가 올 경우엔 단수 동사를, 복수 명사가 올 경우엔 복수 동사를 쓴다.

정답 have

8 해석 그들 각자는 비밀번호를 알고 있으므로, 그 일에 대해선 걱정하지 마세요.

해설 each와 every는 의미는 거의 비슷하지만, 기능상의 차이가 있다. each는 대명사, 형용사, 부사로도 쓰이지만, every는 형용사만으로 사용된다. 빈칸은 대명사 자리이므로, each가 알맞다.

정답 Each

Exercise 4

1 해석 실업자들은 자신들의 일자리를 다시 갖기를 원한다.

해설 〈the+형용사〉는 복수 보통명사가 되므로, wants를 want로 고쳐야 한다.

정답 wants → want

2 해석 북한의 7세 아동들의 약 3분의 2가 식량 부족으로 고통받고 있다.

해설 〈분수+of+명사〉의 수는 of 뒤의 명사가 수를 결정한다. 단수 가산명사나 불가산명사가 오면 단수 동사를, 복수 명사가 오면 복수 동사를 써야 한다. seven-year-olds는 복수 명사이므로, is를 are로 수정해야 한다.

정답 is → are

3 해석 한국에서는 수백만 명의 학생들이 대학 입학시험에 합격하기 위해 매우 열심히 공부하고 있다.

해설 막연한 수를 나타내는 hundreds/thousands/millions of 뒤에는 항상 복수 명사가 뒤따르며, 복수 동사를 써야 한다.

정답 is → are

4 해석 우리에게 당신이 늦을 거란 걸 알려주셨다니 매우 사려 깊으셨네요.

해설 혼동하기 쉬운 형용사 considerable과 considerate의 구분을 묻는 문제이다. considerable은 '상당한, 많은'의 뜻이므로, 문맥에 맞지 않는다. considerable을 '배려심이 많은, 사려 깊은'의 의미를 가진 considerate로 바꿔야 한다.

정답 considerable → considerate

5 해석 그 보고서에 따르면, 브래디 박사는 태만하게도 환자에게 정밀 검사를 하지 않았다.

해설 문맥상 '무시할 만한, 사소한'이란 뜻을 가진 형용사 negligible은 어울리지 않는다. '태만한, 부주의한'의 뜻을 가진 negligent로 고쳐야 올바른 문장이다.

정답 negligible → negligent

6 해석 로라는 자신의 체중에 대해 매우 신경을 많이 쓴다.

해설 sensible은 '현명한, 지각 있는'의 뜻이므로, 문맥에 어울리지 않는다. '민감한'의 뜻을 가진 sensitive로 고쳐야 한다.

정답 sensible → sensitive

7 해석 그는 자신의 행동에 대해서 신뢰할 만한 해명을 하지 못했다.

해설 credulous는 '잘 속는, 남을 잘 믿어버리는'의 뜻이며, credible는 '믿을 만한'의 뜻이다. 문맥상 credulous를 credible로 고쳐야 의미가 통하는 문장이 된다. 참고로 credulous는 사람의 성격을 설명하는 형용사이기 때문에 explanation을 수식할 수 없다.

정답 credulous → credible

8 해석 A: 우유 좀 더 드실래요?

B: 아뇨, 고맙지만 충분히 마셨어요.

해설 부정형용사를 고르는 문제이다. 의문문과 부정문에서는 보통 any를 쓰지만, 허락을 구하거나, 요청을 하거나, 음식 등을 권하는 권유문에서는 any 대신에 some을 쓴다.

정답 (d)

9 해석 인도 양쪽의 난간들은 사람들이 강으로 추락하는 것을 막기 위해 있다.

해설 문맥과 문법에 맞는 부정형용사를 고르는 문제이다. 문맥상 인도 양쪽을 가리키므로, both나 either를 답으로 생각해 볼 수 있지만, 빈칸 뒤의 수식을 받은 명사가 단수형이므로 either가 알맞다. both 뒤에는 복수 명사가 와야 하므로 (d) both는 답이 될 수 없다.

정답 (a)

Exercise 5

1 해석 나는 백 달러짜리 수표 한 장을 분실한 한 여행자와 얘기를 했다.

해설 빈칸 뒤에 동사 lost로 시작되는 것으로 보아 주어가 빠진 불완전 문장이므로, 주격 관계대명사가 필요하다. 선행사가 사람 a traveler이므로 who가 알맞다.

정답 who

2 해석 메리는 내 형이 결혼할 예정인 여자이다.

해설 빈칸 뒤에 동사 marry의 목적어가 빠져 있고, 선행사가 사람이므로 whom이 알맞다. whom 대신에 who나 that 역시 가능하며, 목적격 관계대명사이므로, 생략도 가능하다.

정답 whom, who, that

3 해석 나는 우리가 생각하기에 정직한 딜러를 골랐다.

해설 빈칸 바로 뒤에 주어가 온다고 해서 무조건 목적격 관계대명사가 들어갈 것이라고 생각하면 안 된다. 여기서 we believe는 삽입절이기 때문에 격 구분시 we believe를 제외하고 격을 따져야 한다. 결국 빈칸 뒤에 동사 was가 이어진 걸로 판단해야 한다는 뜻이다. 따라서 빈칸에는 선행사가 사람이고, 주격일 때 쓰는 관계대명사 who가 가장 알맞다.

정답 who

4 해석 민호는 그녀에게 긴 편지를 썼지만, 보내지 않았다.

해설 빈칸 앞에 콤마가 있고, 빈칸 뒤에 문장이 동사 mail의 목적어가 없는 불완전한 문장이므로 관계대명사 which가 들어가야 한다. 콤마가 있는 경우는 그가 쓴 편지는 한 통이며, 콤마가 없는 한정 용법인 경우에는 그가 쓴 편지는 2통 이상일 수도 있다는 숨은 뜻이 들어 있다.

정답 which

5 해석 나는 아버지가 경제학 분야에서 유명한 교수님이신 한 소년을 알고 있다.

해설 빈칸 뒤의 문장이 주어와 동사, 보어 모든 문장요소를 갖추고 있기 때문에, 일단 주격과 목적격은 아니다. 그런데, 접속사와 같은 연결고리 없이 한 문장 안에 두 개의 절이 올 수는 없으므로 빈칸에는 접속사가 필요하다. 여기에 추가로 father가 막연한 father가 아닌 누구의 father인지를 밝혀줄 수 있는 소유격과 같은 한정사도 있어야 문맥이 통한다. 따라서 한정사(소유격)와 접속사의 역할을 동시에 하는 소유격 관계형용사 whose가 빈칸에 들어가야 한다.

정답 whose

6 해석 카카 형제는 최근 몇 년 동안에 재능이 폭발한 음악 그룹이다.

해설 빈칸 뒤의 문장의 주어에 해당되는 talent 앞에 한정사가 없는 불완전한 문장이다. 따라서 소유격 대명사와 접속사의 역할을 동시에 수행하는 소유격 관계대명사 whose가 빈칸에 들어가야 한다.

정답 whose

7 해석 캠퍼스에서, 불법 주차한 학생들은 딱지를 떼일 것입니다.

해설 빈칸 뒤에 문장이 cars are parked illegally로 완전하기 때문에, 주격이나 목적격 관계대명사는 아니다. 선행사 students와 cars의 관계를 따져볼 때 cars

는 학생들 소유의 차라고 볼 수 있으므로, 소유격 대명사 their와 접속사의 역할을 동시에 수행하는 소유격 관계대명사 whose가 빈칸에 들어가야 한다.

정답 whose

Exercise 6

1 해석 그것은 앤이 누워서 잠을 자봤던 최고의 침대였다.

해설 선행사가 최상급의 수식을 받는 경우에는 관계대명사는 that을 써야 한다.

정답 which → that

2 해석 제인은 내 평생 만나본 소녀 중 가장 예쁜 아이이다.

해설 선행사가 최상급의 수식을 받는 경우에는 관계대명사는 that을 써야 한다.

정답 who → that

3 해석 그의 아들은 이타카에 살고 있는데 코넬 대학에서 호텔 경영학을 공부하고 있다.

해설 관계대명사 앞에 콤마가 있는 계속적 용법에서는 who, whom, which를 that으로 바꿔쓸 수 없다. 따라서 that을 who로 바꿔야 한다. 또한 목적격이라도 생략이 불가능하다. 참고로 his son 뒤에 콤마가 없는 경우는 그의 아들은 한 명이 아니라 여러 명일 수도 있다는 뜻으로, 여러 아들 중에 이타카에 살고 있는 아들로 한정하는 것이고, 위 문제처럼 콤마가 있는 경우는 그의 아들은 한 명밖에 없다는 뜻이 숨어 있다.

정답 that → who

4 해석 제임스! 네가 관심이 가는 게 있니?

해설 선행사가 anything이면서 관계대명사 자리가 목적격인 경우에는 which는 쓸 수 없고 that만 사용할 수 있다.

정답 which → that

5 해석 매우 건강하다고 생각했던 소년이 갑자기 병에 걸렸다.

해설 관계대명사 뒤에 오는 〈주어 + think/believe〉 형태는 대부분 삽입절이므로, 관계대명사 격을 구분할 때는 이러한 삽입절 뒤부터 살펴보아야 한다. 삽입절 I thought 뒤에 동사 was가 바로 나와서 주어가 빠져 있으므로, whom을 주격 관계대명사 who로 고쳐야 올바른 문장이다. 참고로 삽입절이 들어있는 관계사절에서는 주격 관계대명사도 단독으로 생략이 가능하다.

ex.) The boy I thought was very healthy suddenly fell ill.

정답 whom → who

6 해석 그는 작년에 그 도시를 방문했는데 그때 병에 걸렸다.

해설 전치사 during, between, beyond, toward 등의 전치사는 반드시 관계대명사 앞에 써야 한다. 참고로 last year 뒤에 콤마를 찍는 것이 맞다. 그 이유는 last year는 더 이상 한정을 받을 수 없기 때문이다. 대화 시점에서 작년이라고 하면, 더 이상 설명이나 한정이 필요 없으니까, 콤마를 찍는 게 적절하다.

정답 which he fell ill during → during which he fell ill

7 해석 네가 두려워해야 할 사람은 여기에 아무도 없다.

해설 〈be + 형용사 + 전치사〉 구조의 어구 be afraid of에서 하나의 타동사처럼 기능하는 동사구이므로, 전치사 of를 분리해서 관계대명사 앞에 쓸 수 없다. of를 afraid 뒤로 이동해야 올바른 문장이다.

정답 of that you need to be afraid → that you need to be afraid of

8 해석 바로 이것이 내가 어제 잃어버린 사전이다.

해설 빈칸에 관계사절을 완성하는 문제이다. 일단 선행사가 사물이므로 적절한 관계대명사는 which여야 한다. lost는 완전타동사이므로 전치사 of를 쓴 (d)는 답이 될 수 없으며, (c)는 사전은 타동사 lose의 대상이지 주체가 될 수 없으므로 역시 답이 될 수 없다. (c)가 답이 되려면 which를 생략하거나 lost 앞에 동사 was를 삽입해야 한다. 따라서, 목적격 관계대명사 which를 생략한 (b) I lost가 정답이다.

정답 (b)

Exercise 7

1 해석 나는 그녀가 날 떠난 이유를 모르겠다.

해설 선행사 the reason은 이유를 뜻하는 명사이기 때문에 when을 관계부사 why로 바꿔야 한다.

정답 when → why

2 해석 우리가 2년 전에 만났던 호텔을 찾을 수 있겠니?
해설 선행사 hotel은 장소를 나타내는 명사이므로, 관계부사 how를 관계부사 where로 수정해야 한다.
정답 how → where

3 해석 우리는 7시에 우리의 업무를 끝마쳤는데, 그녀는 내가 좀 더 머물러 주기를 원했다.
해설 여기서 seven은 시각을 나타내는 명사이므로, 관계부사 where를 when으로 고쳐야 한다.
정답 where → when

4 해석 생산 시설은 그 시설이 위치한 도시에 종종 새로운 일자리들을 가져온다.
해설 관계대명사 뒤에는 불완전한 절이 오고, 관계부사 뒤에는 완전한 절이 와야 한다. which 뒤에 완전한 절이 왔으므로, which를 where로 바꾸거나, which 앞에 전치사 in을 붙이면 올바른 문장이다.
정답 which → where , in which

5 해석 시작을 가지는 것은 어느 것이나 끝을 가지고 있다.
해설 복합 관계대명사 whatever는 선행사를 포함한 관계대명사이므로, Anything을 삭제하거나, 복합 관계대명사 whatever를 관계대명사 that이나 which로 바꿔야 한다.
정답 Anything whatever → Anything that, Anything which, Whatever

6 해석 우리가 말하는 방식은 우리가 글을 쓰는 방식과는 완전히 다르다.
해설 관계부사 how는 선행사와 함께 쓸 수 없으므로 how를 생략하거나, the way를 생략해야 한다.
정답 how 삭제

7 해석 가을은 농부들이 추수를 하느라 바쁜 계절이다.
해설 season은 때를 나타내는 선행사로 볼 수 있으므로, 관계부사 where를 when으로 고쳐야 한다.
정답 where → when

8 해석 제임스는 우리를 공원으로 데려갔다. 거기서 우리는 즐거운 시간을 보냈다.
해설 park가 장소의 선행사이므로 관계부사는 when이 아닌 where가 적절하다. 여기서 where는 and there의 의미를 지닌다. 참고로 관계부사들 중에서 계속적 용법이 있는 것은 when, where뿐이다.
정답 when → where

9 해석 A: 샘, 그 낡은 컴퓨터를 버릴 거니?
B: 아니, 누구든 그걸 원하는 사람에게 줄 거야.
해설 빈칸에 알맞은 관계사를 고르는 문제이다. 빈칸 뒤에 동사가 바로 왔으므로 주격 관계대명사 자리임을 알 수 있다. 따라서 (b) whomever는 일단 답에서 제외된다. 선행사가 없으므로 선행사를 포함한 복합 관계대명사를 골라야 하는데 선택지가 모두 선행사를 포함한 복합 관계대명사이므로, 문맥을 살펴야 한다. wants의 주체는 사물이 아니라 사람이므로, (c) whoever가 정답이다.
정답 (c)

Exercise 8

1 해석 내 삼촌이 한때 살았던 곳은 바로 찰리의 아파트였다.
해설 It ~ that 강조구문이다. apartment는 장소를 나타내므로, when을 where나 that으로 고쳐야 한다.
정답 when → where, that

2 해석 북한에 대한 온건 정책을 가지고 있었던 사람은 바로 빌 클린턴이었다.
해설 whom은 목적격 관계대명사이다. 관계대명사 뒤에 동사 possessed가 왔으므로, whom을 주격 관계대명사인 who로 고치거나 that으로 고쳐야 한다.
정답 whom → who, that

3 해석 내가 역도 기술을 배운 곳은 다름 아닌 K-10 헬스 클럽에서였다.
해설 관계대명사 뒤에는 불완전한 절이 와야 하는데, which 뒤에 완전한 절이 왔으므로, which를 관계부사로 고쳐야 옳다. fitness center는 장소를 나타내는 명사이므로, 관계대명사 which를 관계부사 where으로 고쳐야 한다.
정답 which → where

4 해석 내 막내딸이 그녀의 오랜 남자친구 제임스랑 결혼을 하게 될 날은 바로 모레이다.
해설 which 뒤에는 불완전한 절이 와야 하는데, 완전한 절이 왔으므로 which가 틀렸다. which를 It ~ that

강조구문의 that으로 고치거나, 시간을 나타내는 관계부사 when으로 고쳐야 한다.

정답 which → when, that

5 해석 아버지가 한때 정치인이었던 사람은 바로 찰스 딕슨이었다.

해설 목적격 관계대명사 whom 뒤에 완전한 절이 왔으므로, whom이 틀렸다. 문맥상 딕슨의 아버지를 뜻하므로, whom을 소유격 관계대명사 whose로 고쳐야 한다.

정답 whom → whose

6 해석 미국 내의 모든 흑인 노예들을 해방시킨 장본인은 바로 아브라함 링컨이었다.

해설 It ~ that 강조구문에서 that은 상황에 따라 관계대명사나 관계부사로 바꾸어 쓸 수 있다. 빈칸 뒤에 주어가 없이 동사 achieved가 바로 나왔기 때문에 주격 관계대명사가 필요하며, 선행사로 볼 수 있는 Lincoln은 사람이므로, (b) who가 정답이다.

정답 (b)

7 해석 내가 어머니가 되어서야 비로소 어머니께서 나를 위해 얼마나 많이 희생하셨는지 이해했다.

해설 부사절 not until I became a mother가 It ~ that 강조구문 구조에서 강조를 받고 있다. 따라서 빈칸에는 that이 가장 알맞다. 참고로 이 구문은 not until 부사절을 문두로 빼서 주절을 조동사 도치하는 형태의 문장구조로 자주 출제된다. Not until I became a mother did I understand how much my mother had sacrificed for me.

정답 (c)

Actual Test

1 해석 A: 그 일을 폴에게 시켜보는 게 어때?

B: 안 돼. 그는 절대로 그런 일을 떠맡지 않을 거야.

해설 문맥을 따져서 해석을 하고, '절대로 ~할 사람이 아니다'는 뜻의 〈the last+명사+to부정사〉 형태의 부정구문을 알고 있어야 풀 수 있는 문제이다. 문맥상 절대로 그 일을 떠맡지 않을 거라는 의미가 되어야 하므로, (d) the last가 정답이다. 해석에 매우 주의해야 하는 구문으로 부정의 뜻이 들어 있다는 점을 기억하는 것이 중요하다.

어휘 take on 떠맡다

정답 (d)

2 해석 A: 우리 얘기 좀 하게 조용한 곳으로 갔으면 해.

B: 좋아. 모퉁이에 새로 지은 푸른 유리 건물이 있어.

해설 형용사의 어순을 묻는 문제이다. 명사를 수식하는 형용사들이 여러 개 나열될 때 순서는 의견 형용사(beautiful), 수사(two), 대소(large, small), 물리적 상태(hard, soft), 모양(round, square), 신구(new), 색깔(blue), 국적(Korean), 재료(glass) 순으로 쓰는 것이 일반적이므로 (d)가 정답이다.

정답 (d)

3 해석 A: 제안서에서 당신이 이해가 안 된 이상한 게 있나요?

B: 아니오. 제겐 모든 게 명확해 보이네요.

해설 어순을 묻는 문제이다. -thing으로 끝나는 부정대명사를 수식하는 형용사는 후치 수식이 원칙이므로 정답은 (c)의 something strange이다.

어휘 proposal 제안서 clear 명쾌한, 분명한

정답 (c)

4 해석 A: 차가 있으면 삶이 더 편리해지지.

B: 문제는, 난 차를 살 만큼 충분히 부자가 아니란 거야.

해설 빈칸은 주격 보어 자리이므로 형용사가 알맞으며, 형용사를 수식하는 부사 enough는 반드시 형용사 뒤에 위치해야 하므로 정답은 (c) rich enough이다.

어휘 The thing is 중요한 것은 ~ 이다, 문제는 ~ 이다

정답 (c)

5 해석 A: 스페인어 공부 잘 돼가니?

B: 드디어 나아지고 있는 중이라 아주 기뻐.

해설 such 다음에는 명사가 이어져야 하고, 〈too+형용사/부사〉 뒤에는 to부정사가 이어져야 하며 부정적 의미를 지니므로 (b)와 (c)는 답이 될 수 없다. every는 형용사로만 쓰이기 때문에 형용사 happy를 수식할 수 없으므로 답이 될 수 없다. 따라서 정답은 (d) so happy이다. 한 가지 주의할 점은 이 구문이 〈so+형용사+that ~〉 형태의 결과 부사절 구문이 아니라, that 이하는 be happy about 구문에서 전치사 about의 목적어로 쓰인 명사절이다. 전치사가 that

명사절을 목적어로 취할 경우에는 생략이 된다. 참고로 결과 부사절의 so ~ that 구문과는 달리, 이 문장에서 so는 very로 바꿔쓸 수도 있고, 생략해도 문장이 성립된다.

어휘 make progress 발전하다, 나아지다

정답 (d)

6 해석 A: 가이너칼러지스트(부인과 의사)가 무슨 뜻이니?

B: 여성들의 질병을 치료하는 의사들을 뜻해.

해설 적절한접속사를 고르는 문제이다. 빈칸 뒤가 문장이 불완전 하므로 빈칸은 관계대명사 자리이며, 주어가 빠져 있으므로 주격 관계대명사가 들어가야 하며, 선행사 doctors는 사람을 가리키므로 (b) who가 정답이다.

어휘 gynecologist 부인과 의사 illness 병

정답 (b)

7 해석 A: 그 비싼 스카프를 살 수 없었어. 그래서 내 여자 친구가 실망할 것 같아.

B: 안됐구나.

해설 계속적 용법의 관계대명사를 고르는 문제이다. 빈칸 뒤에 문장이 불완전하기 때문에 빈칸은 관계대명사 자리이다. I think는 삽입절일 뿐이므로, I think 뒤부터 문장이 완전한지 불완전한지 따져야 한다. I think 뒤에 동사가 바로 이어져서, 주어가 빠진 불완전한 문장이므로 빈칸은 주격 관계대명사 자리이다. 그 다음 선행사를 골라야 하는데, 빈칸 앞에 콤마가 있다는 점에 유의해야 한다. 계속적 용법에서 관계대명사 what과 that은 쓸 수 없으며, 선행사가 사람이 아니므로 (d) who도 답이 될 수 없다. 따라서 앞 문장 전체의 내용 (I couldn't buy the expensive scarf)을 받아주는 관계대명사 (b) which가 정답이다.

어휘 disappoint 실망시키다

정답 (b)

8 해석 A: 여행 가방 샀니?

B: 닉한테 좋은 가방이 있던데, 그게 괜찮은 거 같아서, 그 가방을 살까 해.

해설 빈칸 뒤에 I guess가 삽입절인지 아닌지를 먼저 구분해야 한다. 보통 I guess 뒤에 주어가 없거나 목적어가 빠진 불완전한 문장이 이어지면, 삽입절로 판단해서, 빈칸은 관계대명사 자리라고 판단하면 되는데, 삽입절 다음에 이어지는 문장에서 주어가 빠져 있으면, 주격, 목적어가 빠져 있으면, 목적격 관계대명사를 고르면 된다. 동사 would serve의 주어가 빠진 불완전한 절이므로 빈칸은 주격 관계대명사 자리이며, 선행사 a good one은 가방을 가리키므로, which나 that이 답이 될 가능성이 있지만, 빈칸 앞에 콤마가 있는 계속적 용법의 관계사절이기 때문에, that은 답이 될 수 없다. 따라서 정답은 (b) which이다.

정답 (b)

9 해석 A: 테리 씨의 집이 어떤지 알고 싶어.

B: 오래된 낡은 나무 집에 살고 있는데, 벽들이 지난번 태풍에 훼손됐어.

해설 빈칸 뒤의 문장에서, 주어나 목적어가 빠져있는 불완전 문장이 아닌데, 선택지를 보면 모두 관계대명사이다. 이 경우는 거의 소유격 관계대명사를 고르면 답이 된다. 앞에 한정사가 붙지 않은 walls는 너무 일반적이고 넓은 의미(too general)의 명사이므로, 어떤 벽인지 무엇의 벽인지 한정해줘야 할 필요가 있다. 따라서 빈칸 뒤의 절이 완전한 의미를 갖기 위해선 walls 앞에 한정사(the, those, these, 소유격)가 있어야 하는데 빈칸은 두 문장을 이어주는 접속사의 역할도 할 수 있는 단어가 필요하므로, 한정사와 접속사의 역할을 동시에 수행하는 소유격 관계대명사가 들어가야 함을 알 수 있다. 소유격 관계대명사는 whose와 of which가 있는데 of which가 가능하려면, walls 앞에 정관사 the가 있어야 한다. 따라서 (b) whose가 정답이다.

정답 (b)

10 해석 〈티파니에서 아침을〉은 1961년에 만들어졌는데, 아직도 많은 고전영화 팬들의 관심을 끄는 영화이다.

해설 문장 뒷 부분(still attracts a lot of classic film lovers)의 내용으로 미루어 볼 때, 선행사 Breakfast at Tiffany's는 영화 제목임을 알 수 있다. 빈칸 뒤의 문장이 주어가 없는 불완전한 절이므로, 빈칸은 주격 관계대명사 자리이고, 빈칸 앞에 콤마가 있고, 선행사가 사람이 아니므로 정답은 (a) which이다. 참고로, 선행사가 고유명사이면, 관계대명사 앞에 반드시 콤마를 찍는 게 원칙이며, 콤마를 찍은 계속적 용법에서는 관계대명사 that과 what을 쓸 수 없으며, 목적격이라도 생략이 되지 않는다는 점을 기억해둘 필요가 있다.

어휘 attract 유혹하다, 끌다

classic 고전의, 고전적인, 옛날풍의

정답 (a)

11 해석 가난한 사람들이라고 해서 항상 불행한 것만은 아니다.

해설 빈칸은 주어 자리이므로, 명사 상당어구가 들어가야 한다. (a), (b), (d)는 모두 형용사이므로, 문법적으로 빈칸에 알맞지 않다. 〈the + 형용사〉는 복수 보통명사 취급하므로, (c) The poor가 정답이다.

어휘 the poor 가난한 사람들(= poor people)

정답 (c)

12 해석 매니저들은 회의를 서둘러서 끝내고나서 그들 각자의 사무실로 향했다.

해설 형태가 비슷하여, 의미를 혼동하기 쉬운 형용사를 구분하는 문제이다. 빈칸은 문맥상 '각각의, 각자의'의 뜻을 가진 형용사 자리이다. 이런 의미를 가진 형용사는 (d) respective이다. respect는 '존경하다'는 뜻의 동사이고, respecting(~에 관한, 존경하는), respected (존경받는)는 각각 동사 respect의 현재분사와 과거분사이므로, 문맥상 답이 될 수 없다.

어휘 respect 존경하다
respecting 관련 있는, ~에 대한
respective 각각의, 각자의

정답 (d)

13 해석 어제 주문한 피자를 내가 거의 다 먹었기 때문에, 오늘은 아주 조금밖에 안 남았다.

해설 피자는 불가산명사이므로 복수 가산명사만 수식하는 (c) few와 (d) a few는 답에서 제외된다. 빈칸 앞에 only를 눈여겨 봐야 한다. 피자가 거의 남지 않았다는 의미로, little을 쓸 수 있지만, only 뒤에는 little을 쓸 수 없다. only 뒤에는 a little을 써야 하며, only a little은 양이 '아주 조금'이라는 의미를 갖는다. 따라서 문맥과 문법에 맞는 가장 알맞은 선택지는 (b) a little이다. 참고로 little은 '거의 없는'이라는 부정의 뜻이며, a little은 '약간, 조금'으로 해석되어 긍정의 의미를 갖는다.

어휘 order in 주문하다
only a little 아주 조금
little (양) 거의 없는
few (수) 거의 없는
a few (수) 약간의

정답 (b)

14 해석 우리는 너무나 아름다운 해변에 갔기 때문에, 거기서 며칠 더 머물렀다.

해설 〈such ~ 명사 + that 주어 + 동사〉 형태의 결과 부사절 구문이다. such는 관사보다 앞에 써야 하는 어순에 주의해야 할 단어이다. 〈such + (관사) + (형용사)+명사〉의 어순을 취하므로, 정답은 (d) such a lovely이다.

정답 (d)

15 해석 유류세가 다소 비싼 편이다.

해설 우리말 간섭으로, 잘못 쓰기 쉬운 형용사 구분 문제이다. 우리말로는 '가격이 비싸다, 세금이 비싸다'는 문장이 말이 되지만, 영어에서는 월급 (wage, salary, pay), 가격(price), 세금(tax), 관세(tariff) 등의 명사와는 비싸다, 싸다는 의미로 expensive, cheap, dear 등의 형용사를 쓰지 않고, high 또는 low와 같은 형용사를 사용해야 한다.

어휘 tax 세금 rather 다소

정답 (a)

16 해석 내 남편은 자신의 서재에 둘 큰 직사각형의 나무 책상을 구입했다.

해설 형용사의 어순을 묻는 문제이다. 여러 개의 형용사를 나열할 때엔 의견 형용사(beautiful), 수사(two), 대소(big, small), 물리적 상태(hard, soft), 신구(new), 모양(round, rectangular), 색깔(blue), 국적(Korean), 재료(wooden, metal, golden) 순으로 쓰는 것이 일반적이므로 〈대소+모양+재료〉 순으로 된 (d)가 정답이다.

어휘 wooden 나무로 된
rectangular 직사각형의
furnish 제공하다, 공급하다

정답 (d)

17 해석 크레타는 귀중한 그리스 유적이 남아있는 아름답고 역사적인 섬이다.

해설 빈칸 뒤에 완전한 절이 이어지고 있으므로, 빈칸은 관계부사 자리이며, 선행사 island는 장소를 나타내므로, (d) where가 정답이다.

어휘 priceless 매우 귀중한 remains 유적, 잔해

정답 (d)

18 해석 내가 한때 함께 일했던 동료들이 모두 이라크로 파견

되었다.

해설 전체 문장의 동사는 are이며, 전체 문장의 주어는 colleagues이다. 빈칸 앞에 전치사 with가 있고 빈칸 뒤의 문장이 원래는 I used to work with였다는 점을 고려해볼 때 빈칸은 목적격 관계대명사 자리이며, 선행사 colleagues는 사람이므로 (b) whom이 정답이다. 대부분의 경우 whom 대신에 who를 쓸 수 있지만, 전치사 뒤에는 whom 대신에 who를 쓸 수 없다.

어휘 colleague 동료 post 배치하다, 파견하다

정답 (b)

19 해석 (a) A: 오늘밤에 함께 저녁식사를 하는 게 어때?

(b) B: 맘에 두고 있는 식당이 어디니?

(c) A: 디바인 그라운드 식당이 어떻겠니?

(d) B: 거기에 뭐 특별한 음식이라도 나오니?

해설 형용사의 위치를 묻는 문제이다. 일반적으로 한정적인 용법으로 쓰이는 형용사는 수식하는 명사의 앞에 오는 것이 원칙이지만 어미가 –thing, –body, –one 등으로 끝나는 부정대명사를 수식하는 형용사는 후치해야 한다. 따라서 (d)의 special anything을 anything special로 어순을 바꿔야 한다.

정답 (d) special anything → anything special

20 해석 (a) A: 숲과 나무는 지구 온난화를 막아주므로, 우리는 숲을 보호해야 해.

(b) B: 벌목으로 인해 평균 기온이 상승했어.

(c) A: 그뿐만이 아니야. 북극과 남극의 얼음이 이미 녹기 시작했어.

(d) B: 그게 바로 내가 가장 걱정하는 거야.

해설 관계대명사 what은 선행사를 포함한 관계대명사이므로, 앞에 선행사를 쓸 수 없으므로 (d)의 the thing을 생략하거나, what을 which나 that으로 바꾸거나, 아니면 생략해야 한다. 하지만 구어체이므로, the thing을 생략하는 것이 보다 자연스럽다.

어휘 forest 숲

global warming 지구 온난화

melt 녹다

정답 (d) the thing what → what

Chapter 02 부사와 전치사

Exercise 1

1 해석 흡연은 건강에 심각한 영향을 미칠 수 있다.

해설 타동사를 수식하는 부사는 목적어 뒤나, 타동사 앞에 위치한다. 따라서 can seriously affect가 알맞다.

정답 can seriously affect

2 해석 심지어 사막조차 저지대와 샘 주변에는 늪이 있을지도 모른다.

해설 문장 구조상 접속사가 아니라, deserts를 강조하는 단순한 초점 부사가 필요하므로, Even이 알맞다. Even though가 가능하려면, 또 다른 절(주절)이 있어야 한다.

정답 Even

3 해석 그를 다정하게 맞아주셔야 합니다.

해설 부사형을 구별할 때 흔히 –ly로 끝나는 단어는 부사인 것으로 알고 있는데, friendly는 부사가 아니라 형용사로 '친숙한, 친근한'이란 뜻이다. –ly로 끝나는 형용사는 부사형이 따로 없으므로, 부사적으로 표현하고 싶으면 in a friendly way[manner] 형태의 부사구로 표현해야 한다.

정답 in a friendly manner

4 해석 그들 모두가 윌리엄을 칭찬했다.

해설 high와 highly는 둘 다 부사로 쓰이지만, 쓰임새가 다르다. high는 물리적이거나 공간적으로 '높게'라는 뜻이며, highly는 추상적으로 '높게'라는 뜻이다. 윌리엄에 대해 높게 얘기한다는 것은 윌리엄을 칭찬한다는 뜻으로, 추상적 의미로 봐야 하므로, highly가 알맞다.

정답 highly

5 해석 7시 30분 기차는 아직 도착하지 않았다.

해설 부정문이므로, already보다는 yet이 알맞다. yet은 부정문에서 '아직'이란 뜻이고, 부정어 not 다음이나, 또는 문미에 위치한다. already는 긍정문에 쓰이며 '이미'라는 뜻이다.

정답 yet

6 해석 그는 2년 전에 뉴질랜드에 갔다.

해설 '~전에'의 뜻으로는 ago와 before를 쓸 수 있지만, ago는 과거 동사와 같이 쓰이며, 기준 시점이 지금이

므로 지금부터 2년 전이라는 뜻이고, before는 주로 완료형과 함께 쓰는데, 과거의 특정 시점을 기준으로 2년 전이라는 뜻이 숨어 있다. 참고로 현재를 기준으로 하는 경우라도, 막연하게 '전에' 라는 의미로는 before를 써야 한다. ago는 단독으로 절대로 쓰일 수 없음에 주의한다. *ex.*) She went to America ago. (x)

정답 ago

7 해석 그는 2달 전에 집에 되돌아 왔다고 나에게 말했다.

해설 지금부터 2달 전이라면 ago를 써야 하고, 과거의 특정 시점을 기준으로 그보다 2달 전이라면 before를 써야 한다. 그가 나에게 말했던 시점을 기준으로 2달 전을 가리키므로 before가 알맞다. 참고로 ago랑 과거완료형이랑은 쓰지 않으며, 과거완료형과 함께 쓸 수 있는 부사는 before이다.

정답 before

Exercise 2

1 해석 나는 항상 그녀가 우리를 가르치는 걸 좋아하고 있다는 생각이 든다.

해설 빈도부사 always는 조동사, be동사 뒤에 쓰고, 일반동사 앞에 쓴다. 여기서 have는 '가지다'는 뜻의 일반동사이다.

정답 always have

2 해석 나는 선생님이 설명한 내용이 여전히 애해가 되지 않는다.

해설 의문문과 긍정문에서 부사 still은 조동사, be동사 뒤, 일반동사 앞에 쓰지만, 부정문에서 부사 still의 위치는 특이하다. 부정문에서 still은 부정의 조동사보다 앞에 쓴다.

정답 still can't

3 해석 그 소년은 공장에서 일할 만큼 충분히 강했다.

해설 형용사와 부사를 수식하는 부사 enough는 형용사/부사 뒤에서 수식한다.

정답 strong enough

4 해석 우리는 어젯밤 11시에 여기에 왔다.

해설 여러 부사(구)를 나열할 경우에 보통 〈방법+장소+시간〉 부사순으로 부사구를 나열하며, 좀 더 구체적인 부사구(좁은 시간, 좁은 장소)를 먼저 쓰므로, last night at eleven here를 here at eleven last night로 수정해야 한다.

정답 last night at eleven here → here at eleven last night

5 해석 그는 항상 신중하게 편지를 쓴다.

해설 빈도부사 always는 일반동사 앞에 써야 하므로, He writes always를 He always writes로 고쳐야 한다.

정답 He writes always → He always writes

6 해석 나는 그것이 사실이라고 도저히 믿을 수가 없었다.

해설 hardly, seldom, never, rarely 등의 부정 부사 역시 빈도부사의 위치와 마찬가지로 조동사와 be동사 뒤에 위치하고, 일반동사 앞에 위치해야 한다. 따라서 hardly could를 could hardly로 고쳐야 한다.

정답 hardly could → could hardly

7 해석 우리는 첫 기차를 잡을 만큼 충분히 일찍 일어났다.

해설 early는 부사로 쓰였다. 부사를 수식하는 enough는 그 부사 뒤에 써야 한다.

정답 enough early → early enough

8 해석 그는 야구를 매우 좋아한다.

해설 much는 비교급, 과거분사, 최상급을 수식하며, very는 원급, 현재분사, 형용사화된 분사들을 수식한다. fond는 원급이므로, much를 very로 고쳐야 한다.

정답 much → very

9 해석 그녀는 그녀의 언니보다 훨씬 더 영리했다.

해설 very는 비교급을 수식할 수 없다. 비교급을 수식하는 much로 바꿔야 한다.

정답 very → much

Exercise 3

1 해석 윌슨 부인은 7번 가에 새로 구입한 고층 아파트를 매우 맘에 들어 했다.

해설 과거분사를 수식하는 것은 much이지만, pleased, satisfied, tired, interested, excited, surprised

등과 같이 형용사화된 과거분사는 very의 수식을 받는다.

정답 very

2 해석 그렇게 큰 회사의 사장을 하는 것은 너무 큰 스트레스여서 그녀는 일찍 퇴임했다.

해설 such 뒤에는 〈관사(a) + 형용사(large) + 명사(firm)〉의 어순이 이어지며, so 뒤에는 주로 형용사나 부사가 바로 이어진다. 현대 영어에서는 명사가 수반되면 such를, 명사가 수반되지 않고 형용사와 부사만 이어지면 so를 고르면 된다.

정답 such, so

3 해석 그는 자신의 아내가 많이 변했다는 걸 알게 되었다.

해설 changed는 수동의 과거분사이므로 much의 수식을 받는다.

정답 much

4 해석 그 사고는 2주 전에 발생했다.

해설 지금을 기준으로 2주 전이므로, ago가 알맞다. two weeks before는 과거의 특정 시점을 기준으로 그 이전을 뜻하므로, 과거 완료시제랑 쓰인다. ago는 단독으로 쓰일 수 없고, 반드시 앞에 기간(two weeks) 명사를 함께 써야 하며, 단순과거 시제와 함께 쓰인다. before는 단독으로 쓰일 수도 있다. *ex.*) I have seen him before.

정답 ago

5 해석 나는 머리를 빗을 시간이 거의 없었다.

해설 scarcely, hardly, rarely, seldom, never, barely 등과 같은 부정 부사의 위치는 빈도부사의 위치와 동일하다. 조동사와 be동사 뒤에, 일반동사 앞에 위치하므로, scarcely had가 알맞다.

정답 scarcely had

6 해석 나는 그렇게 까다로운 손님을 전에 본 적이 없다.

해설 부정 부사 never의 위치는 조동사와 be동사 뒤이고, 일반동사 앞이므로, have never seen이 정답이다. 현재완료의 have는 조동사 취급한다.

정답 have never seen

7 해석 그는 학교에 갈 만큼 충분히 나이가 들었다.

해설 형용사나 부사를 수식하는 부사 enough는 그 형용사나 부사 뒤에서 수식한다.

정답 old enough

8 해석 그녀는 2주 전에 그를 만났다고 말했다.

해설 시제가 과거완료이고, 그녀가 말했던 과거의 특정 시점을 기준으로 2주 전을 가리키므로 before가 정답이다. ago는 과거 시제랑, before는 주로 완료 시제랑 함께 쓴다.

정답 before

9 해석 그는 반에서 단연 가장 훌륭한 학생이다.

해설 최상급을 앞에서 수식하는 부사는 much이다. much는 비교급, 최상급, 수동의 과거분사, 전치사구를 수식하고, very는 원급, 현재분사, 형용사화된 과거분사를 수식한다. 참고로 very가 최상급을 수식하기도 하는데, 그 경우 어순이 very the best가 아니라 the very best가 되어야 함에 유의해야 한다.

정답 much

10 해석 안내원은 내가 이해할 만큼 충분히 천천히 말하지 않았다.

해설 enough는 형용사나 부사를 수식할 경우에는 그 형용사나 부사 뒤에서 수식한다. slowly는 부사이므로, slowly enough가 알맞다.

정답 slowly enough

Exercise 4

1 해석 너의 결정에 따라, 가도 되고 머물러도 된다.

해설 according to는 전치사이고, according as는 접속사이다. 뒤에 주어(you)와 동사(decide)가 이어졌기 때문에, 접속사인 according as가 알맞다.

정답 according as

2 해석 신문에 따르면, 일본에서 지진이 발생했다고 한다.

해설 명사구(the paper) 앞이기 때문에 전치사 자리이다.

정답 According to

3 해석 날씨 때문에 나는 지체되었다.

해설 명사구(the weather) 앞이므로, 전치사 on account of가 정답이다. because는 접속사이므로, 주어와 동사가 갖춰진 절이 이어져야 한다.

정답 on account of

4 해석 그는 나이에도 불구하고 매우 건강하다.
해설 although는 접속사이고, despite는 전치사이다. 명사구 his age가 뒤따르고 있으므로, 전치사 despite가 알맞다.
정답 despite

5 해석 나는 당신이 뭘 얘기하려는지 알겠어요, 그리고 전반적으로 당신 의견에 동의합니다.
해설 '전반적으로, 일반적으로'는 부사구로는 in general 또는 부사로는 generally로 표현한다.
정답 in general

6 해석 지금까지 어디에 있었던 거니? 제니가 널 기다고 있었거든.
해설 '~를 기다리다'는 표현은 〈자동사 + 전치사〉 구조의 타동사구 wait for이다.
정답 for you

7 해석 나는 일을 막 끝내려는 참이다.
해설 전치사 뒤에는 동명사가 원칙이지만, '막 ~하려는 참이다'라는 뜻의 관용구에서는 전치사 about 뒤에 예외적으로 to부정사가 와야 한다. 참고로 〈be + 형용사(anxious/ready/afraid) + to부정사〉 구문에서처럼 〈be about + to부정사〉 구문에서 about을 형용사로 보기도 한다.
정답 to finish

8 해석 네가 없는 동안 제이슨이 여기에 왔었어.
해설 during은 전치사이고, while은 접속사이다. 빈칸 뒤에 주어와 동사를 갖춘 절이 이어지고 있으므로 접속사 while이 알맞다.
정답 while

Exercise 5

1 해석 나는 엉뚱한 역에서 하차했다.
해설 장소에 대해 얘기할 때, 지역이나 공간의 개념보다는 지도상의 하나의 지점으로서 장소를 언급할 때, 전치사 at을 쓴다. 주로 기차역, 공항, 건물, 회의, 행사 앞에는 전치사 at을 쓴다.
정답 at

2 해석 파리는 천장에 붙어서 걸을 수 있다.
해설 면이나 선상의 접촉을 의미하는 전치사는 on이다.
정답 on

3 해석 우리는 6시까지 호텔에 도착할 것이다.
해설 호텔에 도착하다에서 호텔은 하나의 지점으로 봐주기 때문에 at을 쓴다. 만약에 공간의 개념으로 본다면, in을 쓸 수도 있다. 우리말로 '~까지'는 until과 by를 쓰지만, 의미상의 차이가 있으므로, 용법을 구분할 수 있어야 한다. 어떤 특정 시간까지 어떤 동작이나 행위의 완료를 강조하면 by를 쓰고, 어떤 특정 시간까지 상태나 동작이 계속될 거라고 말할 때는 until을 쓴다.
정답 at, by

4 해석 펜실베니아 가를 따라 환호하는 군중들이 있었다.
해설 길, 도로 등의 선을 따라가는 것을 의미하는 전치사는 along이다.
정답 along

5 해석 그들은 빅토리아 가 18번지에 살고 있다.
해설 번지는 지역보다는 지점으로서의 장소를 가리키므로 전치사 at을 쓴다.
정답 at

6 해석 이 열차 프레스톤 역에 정차하나요?
해설 주로 기차역, 공항, 건물, 회의, 행사 앞에는 전치사 at을 쓴다.
정답 at

7 해석 당신 물건들을 저쪽 테이블 위에 두세요.
해설 문맥상 테이블 위를 뜻하므로, 접촉하여 표면 위를 뜻하는 전치사 on이 알맞다. beneath는 표면에 접촉하여 '~의 아래에'의 뜻이다.
정답 on

8 해석 사람들이 잔디밭에서 일광욕을 하고 있었다.
해설 물리적으로 잔디와 접촉하여 일광욕을 하는 것이므로, 면으로 파악된 장소로서 표면 위을 강조하는 전치사 on이 알맞다. 참고로 on은 평면과 접하는 면 위의 지점을 뜻하므로 둘러싸인 공간에는 쓰지 않는다. 주로 사방이 트인 거리(on the street), 농장(on the farm), 섬(on the island) 이름 앞에 쓴다.
정답 on

9 해석 리즈와 그녀의 친구는 구석 테이블에 앉았다.
해설 기능적인 측면에서의 장소나 건물을 의미할 때는 전치사 at을 쓴다. 식사나 회의 등을 위해 테이블에 앉는다는 것은 테이블의 기능적인 측면을 뜻하는 것이다.
정답 at

10 해석 그 어린 소녀는 그녀 아빠의 무동을 타고 있었다.
해설 무동을 탄다는 것은 양 어깨 위에 두 다리를 걸쳐서 앉는 것이므로 면과의 접촉을 의미하는 전치사 on이 알맞다.
정답 on

Exercise 6

1 해석 지난 일요일 이후로 비가 계속 내리고 있다.
해설 문장의 시제가 현재완료 진행형이므로, '~이후로부터 지금까지'의 의미를 가진 전치사 since가 알맞다. since는 주로 과거의 특정한 시점에서 시작되어 현재까지 계속되는 기간에 대해 말할 때 쓴다. 이것이 since를 현재완료 시제와 함께 자주 쓰는 이유이다. from은 단순한 출발 또는 시작점만을 나타내므로, 현재완료 진행 시제랑 어울리지 않는다.
정답 since

2 해석 나는 3달째 여기에 머물고 있다.
해설 현재완료 시제와 자주 쓰이는 전치사 since와 for의 구분 문제이다. since 뒤에는 특정 과거 시점이 오며, for 뒤에는 시간의 길이를 나타내는 기간이 온다. three months는 과거의 특정 시점이 아니라, 시간의 길이(기간)이므로, '~동안'의 뜻을 가진 전치사 for가 알맞다. during 역시 '~동안'의 뜻을 지닌 전치사이지만, during은 시간의 길이를 강조하는 전치사가 아니라, 어떤 행위나 동작이 일어나는 단순한 배경을 강조하므로, during 뒤에는 특정 기간을 나타내는 명사가 와야 한다. 다시 말해, 동작이나 상태가 얼마나 오래 지속되는가를 강조하고 싶을 때는 for를 쓰고, 동작이나 상태가 언제 발생했고, 존재하였는가를 말하고 싶을 때는 during를 쓴다고 이해하면 된다.
정답 for

3 해석 그의 아들은 7월 15일에 집에 왔다.
해설 특정한 날짜 앞에 쓰는 전치사는 on이다. 시간을 나타내는 전치사 in은 주로 세기, 연도, 계절, 월 등과 같이 비교적 긴 시간 앞에 쓴다. 관용적으로 아침(in the morning), 오후(in the afternoon), 저녁(in the evening) 앞에도 in을 쓴다.
정답 on

4 해석 나는 내일까지 보고서를 끝내야 한다.
해설 until과 by의 구분 문제이다. 어떤 특정 시점까지 어떤 동작이나 행위가 완료될 것이라고 말할 때는 by를 쓰고, 어떤 상태나 동작이 계속될 것이란 걸 강조할 때는 until을 쓴다. 내일까지 보고서 작성을 완료해야 하는 것이므로 by가 알맞다.
정답 by

5 해석 우리는 방학 동안 부산에 머물렀다.
해설 전치사 for와 during의 구분 문제이다. for 뒤에는 주로 시간의 길이를 표현하는 〈숫자 + 기간〉이 뒤따르며, during 뒤에는 특정한 기간을 나타내는 명사가 뒤따른다. vacation은 특정 기간을 나타내는 명사이므로, 전치사 during이 알맞다.
정답 during

6 해석 나는 월요일에 당신 사무실을 들르고 싶다.
해설 요일 앞에 쓰는 전치사는 on이다. 참고로 전치사 on은 날짜(on May 1st), 요일(on Monday), 주말(on weekends, on the weekend), 특정일(on Chuseok), 특정일의 오전 · 오후 · 밤 (on the morning of Christmas, on Sunday evening) 등에 사용된다.
정답 on

7 해석 1990년대에는 완전고용 상태가 존재했었다.
해설 세기, 연대, 년도, 계절, 월 등과 같이 비교적 긴 시간 앞에는 전치사 in을 쓴다.
정답 in

8 해석 그녀는 2006년 5월 이후로 여태껏 나와 함께 일하고 있다.
해설 '월' 앞이라고, 단순하게 in을 고르면 안 된다. 문장의 시제가 현재완료이므로, 주로 과거의 특정한 시점에서 시작되어 현재까지 계속되는 동작이나 상태를 말할 때 쓰는 since가 정답이다.
정답 since

9 해석 그는 밤새 병원으로 황급히 후송되었다.
해설 while은 접속사이므로 뒤에 〈주어+동사〉 형태의 절이 와야 한다. the night는 명사구이므로 during이 적절하다.
정답 during

10 해석 비행기는 10시에 이륙한다. 따라서 우리는 오전 9시까지 공항에 도착해야 한다.
해설 어떤 특정 시점까지 동작이나 행위의 완료를 나타낼 때는 by를 쓰고, 어떤 특정 시점까지 동작이나 행위가 계속될 것이라는 것을 나타낼 때는 until을 쓴다. 오전 9시까지 공항에 도착하는 행위가 완료되는 것이므로, by를 써야 한다.
정답 by

11 해석 한 시간 이내에 되돌아올게.
해설 from은 단순한 시작이나 출발점을 나타내므로, 뒤에 시점이 와야 한다. an hour는 시점이 아니라, 시간의 길이를 표현하는 명사이므로, from은 어울리지 않는다. '~후에, ~지나서'의 뜻으로 현재를 기준으로 미래의 시간 경과를 나타낼 때는 전치사 in을 쓰고, 어떤 기간 '~ 이내에'의 뜻으로는 within을 쓴다. 참고로 이 문제에서 within 대신에 in을 써도 의미의 변화가 거의 없다.
정답 within

12 해석 9시 이후로 지금까지 여기에 서 있었는데, 버스가 아직 오지 않았다.
해설 현재완료 시제와 자주 쓰이는 전치사 since와 for의 구분 문제이다. since 뒤에는 특정 시점이, for 뒤에는 주로 〈숫자 + 기간 명사〉가 이어진다. 9 o'clock은 특정 시점이므로 since를 써야 한다.
정답 since

Exercise 7

1 해석 밀가루로 빵이 만들어진다.
해설 A is made from/of B는 'A가 B로 만들어진다'는 뜻인데 A is made into B하게 되면, 'B가 A로 만들어진다'는 뜻이 된다. 따라서 밀가루가 만들어져서 빵으로 바뀐다는 뜻으로 직역되므로, 변신을 나타내는 전치사 into가 필요하다. 재료, 원료가 주어일 때는 전치사 into를 쓰는 걸로 기억해도 된다.
정답 into

2 해석 나는 어제부터 아무것도 안 먹었다.
해설 since와 for의 구분 문제이다. since 다음에는 특정 시점이 와야 하고, for 뒤에는 숫자가 동반된 시간의 길이(*ex.* 2 years) 즉, 기간이 와야 한다. yesterday는 기간이 아니라, 시점이므로, since를 써야 한다.
정답 since

3 해석 맹구는 매일 아침 버스를 타고 학교에 간다.
해설 〈by + 무관사 교통수단〉과 〈in/on + 관사 + 교통수단〉을 구분하는 문제이다.
정답 by

4 해석 그 자동차는 전속력으로 달리고 있었다.
해설 price, age, speed, rate, pace 등의 명사 앞에는 전치사 at을 쓴다.
정답 at

5 해석 이 대학은 벽돌로 지어졌다.
해설 전치사 from과 of의 차이점을 구분하는 문제이다. 화학 변화, 즉 재료나 원료가 변화는 경우는 from을 쓰고, 물리적 변화, 즉 재료나 원료가 변하지 않고 그대로 유지되면 of를 쓴다. 건물의 일부가 된 벽돌과 원재료인 벽돌이 재료의 변화가 없다고 볼 수 있으므로 of가 정답이다.
정답 of

6 해석 미국 성인들의 10%만이 규칙적인 운동을 한다.
해설 '참여하다, 종사하다'는 뜻을 가진 동사 engage와 어울리는 전치사는 in이다. 참고로 to를 붙이게 되면 약혼하다의 의미가 되어버린다.
정답 in

7 해석 일반적으로 우리의 경제는 위기 상태이다.
해설 at stake(위기의)는 at risk와 같은 의미의 형용사구이다.
정답 at

8 해석 아기들은 질병에 취약하다.
해설 be vulnerable to(~에 취약하다)를 묻는 문제이다.
정답 to

9 해석 너는 만일의 경우에 대비해서 그것을 아껴두어야 할 것이다.
해설 for a rainy day(만일의 경우에 대비해)란 표현을 알고 있는지를 묻는 문제이다.
정답 for

10 해석 너 이거 고의로 그랬지, 그치?
해설 on purpose(고의로)를 묻는 문제이다.
정답 on

Actual Test

1 해석 A: 우리가 처음으로 만난 날을 까먹지는 않았겠지?
B: 장난해? 공원에서의 어느 아름다운 일요일 아침이었잖아.
해설 보통 아침, 오후, 저녁은 in the morning, in the afternoon, in the evening의 형태로 전치사 in을 쓰지만 특정한 날의 아침 혹은 저녁 앞에는 전치사 on을 사용한다.
어휘 Are you kidding? 농담해, 무슨 소리야, 장난해?
정답 (d)

2 해석 A: 새 식기 세척기 어때?
B: 디자인은 맘에 들지만, 가격이 비싼 게 맘에 안 들어.
해설 부사 highly와 high를 구분하는 문제이다. high는 '높게, 높이'라는 뜻으로 물리적, 공간적인 의미이며, highly 역시 '높게'란 뜻으로 해석이 되지만, 주로 추상적인 개념을 뜻하므로, 강조부사 very(매우)의 뜻을 가진다. 예를 들어 '누군가를 높이 평가하다'는 말은 물리적으로 '높게' 생각한다는 뜻이 아니라, 추상적인 개념으로 '높게'라는 뜻이므로 think high of somebody가 아니라, think highly of somebody로 쓰는 것이다. 이는 형태가 둘인 기타 혼동 부사들 deep/deeply, wide/widely 등에도 똑같이 적용된다.
ex.) think deep (x) think deeply (o)
dive deep (o) dive deeply (x)
(a) it is highly priced를 보면, 일단 동사 like는 that 명사절을 취할 수 없으며, '높게 가격이 매겨지다'는 highly priced가 아니라 high priced가 되어야 하기 때문에 답이 될 수 없다. (d)의 it is priced high 는 high의 형태는 맞지만, 동사 like는 목적어로 절을 취할 수 없으므로 답이 될 수 없다. 따라서 〈형용사 high + 명사 price〉 형태의 명사구인 (c) its high price가 정답이다.
어휘 dish washer 식기 세척기
정답 (c)

3 해석 A: 세인트 피터스버그까지 줄곧 비행기만 타고 온 게 사실이니?
B: 꼭 그런 건 아니야. 가끔씩은 차를 타기도 했어.
해설 교통수단을 나타내는 방법은 두 가지가 있다. 전치사 by를 쓸 경우엔 교통수단 앞에 관사를 쓰지 않으며 (by car), in이나 on을 쓸 경우엔 교통수단 앞에 관사를 써줘야(in a car) 한다. 따라서 정답은 (c) by car이다.
어휘 all the way 줄곧, 죽
entirely 완전히, 전적으로
by car 차로, 자동차를 타고
정답 (d)

4 해석 A: 네가 없는 동안 누군가가 계속해서 널 찾는 전화를 했어.
B: 정말? 언제?
해설 문맥상 '네가 없는 동안'의 뜻을 가진 전치사가 필요하다. 일단 (b) for와 (c) during이 '~동안'의 의미를 가진 전치사인데, for는 주로 뒤에 〈숫자 + 기간 명사〉가 와서 동작이나 상태가 얼마나 오래 지속되는가를 나타내며, during 뒤에는 특정 명사가 오며 동작이나 상태가 언제 발생했고 존재했는지, 시간적인 배경을 나타낼 때 쓴다. your absence는 누군가가 계속해서 전화를 거는 행위를 한 것이 언제인지 시간적인 배경을 나타내는 명사이므로, (c) during이 정답이다.
어휘 absence 부재, 결석
정답 (c)

5 해석 시계를 만들기 위한 부품들이 너무 작아서 손으로 조립할 수가 없다.
해설 문법적으로만 따지면, (c) too small과 (d) small enough가 답으로 가능하지만, (d) small enough는 '수공으로 조립할 만큼 충분히 작다'는 어색한 뜻이 되기 때문에 답이 될 수 없다. '너무 작아서 손으로 조립할 수가 없다'는 뜻이 적절하므로 (c) too small이 정답이다.

어휘 part 부품

manually 수공으로, 손으로

assemble 조립하다

정답 (c)

6 해석 그들을 따라잡기 위해 여기서부터 남쪽으로 가야 한다.

해설 명사로도 쓰이고, 부사로도 쓰이는 단어의 쓰임을 묻는 문제이다. 방향을 나타내는 명사 앞에는 주로 전치사와 정관사 the를 쓰지만, 동사를 수식하는 부사로 쓰인 경우에는 전치사와 정관사를 쓰지 않는다. '남쪽으로 가다'는 go/head to[for] the south가 아니라, go/head south로 쓴다. 이와 비슷한 표현으로는 go home, go downtown, go there 등이 있는데, 모두 전치사 to를 쓰지 않는다는 점이 중요하다.

어휘 head ~로 향하다

catch up with ~를 따라잡다

정답 (a)

7 해석 우리 할머니는 그녀를 살리기 위한 모든 이의 노력에도 불구하고 폐암으로 돌아가셨다.

해설 접속사와 전치사의 구분 문제이다. 양보의 뜻을 나타내는 접속어구에는 접속사로는 although, though, even though 등이 있으며, 전치사로는 despite와 in spite of가 대표적이고, 접속부사로는 nonetheless와 nevertheless가 있다. 일단 빈칸 뒤가 절이 아니라 구이므로 빈칸은 명사구 everybody's effort를 목적어로 취할 수 있는 전치사 자리이다. (b) despite of는 틀린 표현이며 of를 삭제해야 답이 될 수 있다. (c) nevertheless는 부사이므로 명사구 목적어를 취할 수 없다. 따라서 정답은 (a) in spite of이다.

어휘 die of (질병 따위로) 죽다 lung cancer 폐암

sustain one's life ~의 생명[목숨]을 유지하다

정답 (a)

8 해석 대통령 테디 템페스트는 거대 정유회사를 경영하는 한 부유한 가정에서 태어났다.

해설 문맥에 맞는 적절한 전치사를 고르는 문제이다. '~의 집안에서 태어나다'는 표현은 be born into/to를 쓰고, '~부모에게 태어나다'는 be born to를 주로 사용하므로, 정답은 (c) into이다.

어휘 run 운영하다, 경영하다 giant 거대한

정답 (c)

9 해석 마늘이 우리 몸에서 하는 역할은 우리의 정력을 증강시켜주는 것에서부터 특정 암세포 조직을 파괴하는 것에 이르기까지 다양하다.

해설 from A to B의 전치사 구문을 파악하면 쉽게 답을 찾을 수 있는 문제이다. 빈칸 앞에 to는 전치사이므로 당연히 그 뒤에는 명사나 명사 상당어구가 와야 하므로 (b)와 (d)를 답으로 추려볼 수 있지만, (d) destruction은 병치 구조에도 어긋날 뿐만 아니라 명사이므로, 전치사 없이 some cancer tissues를 목적어로 취할 수 없으므로 답이 될 수 없다. the destruction of some cancer tissues 형태는 가능하다. 하지만 from 뒤에 동명사가 이어지고 있으므로 to 뒤에도 병렬 구조에 맞도록 동명사 (b) destroying을 써야 한다. 참고로 동명사는 명사와는 달리, 동사의 성격도 함께 지니고 있으므로 동사처럼 전치사 없이 some cancer tissues라는 목적어를 취하는 것이 가능하다.

어휘 range from A to B (활동, 범위 등이) A에서부터 B까지 미치다

cancer tissue 암세포 조직

정답 (b)

10 해석 올해 인도의 집값이 작년과 비교해 0.98 퍼센트 상승했다.

해설 수나 양, 백분율 등의 증가, 감소 추이 등의 변동 폭을 나타내는 전치사는 by이다. 그 외에 전치사 by는 차이나, 판단의 기준을 나타낼 때 사용되기도 한다.

ex.) Don't judge a book by its cover.(겉모습으로 판단하지 마라.) / We were defeated by 10 points.(우리는 10점 차이로 졌다.)

어휘 go up (가격 등이) 상승하다, 올라가다

compared to ~와 비교해서, ~에 비해서

정답 (c)

11 해석 정상회담은 처음에는 베이징에서 개최될 예정이었으나, 무슨 이유에선지 취소되었다.

해설 선 또는 면으로 에워싸인 공간으로 파악된 장소, 나라 이름, 도시 이름 앞에 쓰는 전치사는 in이다.

어휘 for some reason 무슨 이유에선지

정답 (b)

12 해석 크리스는 맨체스터에서 1977년 7월 27일 새벽 4시 15분에 태어났다.

해설 도시 이름 앞에는 전치사 in, 날짜 앞에는 on, 시각 앞에는 at을 쓰므로 정답은 (b)이다.

정답 (b)

13 해석 우리 삼촌은 숙모가 죽고 나서, 2006년 겨울에 갑자기 돌아가셨다.

해설 계절 이름 앞에 전치사는 in을 쓴다. 참고로, 세기(in the 19th century), 연대(in the 1990s), 년도(in 2009), 계절(in spring), 월(in May) 등과 같이 비교적 긴 시간 앞이나 관용적으로 아침(in the morning), 점심(in the afternoon), 저녁(in the evening) 등의 때를 나타낼 때 전치사 in을 쓴다.

어휘 pass away 돌아가시다(die의 완곡한 표현)
cf. pass out 기절하다
following ~이후에(= after)

정답 (c)

14 해석 2층에 욕실이 하나 더 있으면 좋을 텐데.

해설 floor(바닥)라는 표면으로 파악된 장소 위에 접촉하여 욕실이 있는 것이므로, the second floor 앞에는 표면 위를 강조하는 전치사 on을 써야 한다. 천장(ceiling), 바닥(floor), 벽(wall) 앞에 쓰는 전치사는 on이라고 기억해 두자.

정답 (b)

15 해석 햇볕에 타는 것은 종종 피부암으로 발전할 수도 있기 때문에 위험할 수도 있다.

해설 it이 가리키는 것은 sunburn이다. 문맥상 햇볕에 탄 곳이 발전하여 암으로 바뀐다는 의미가 되어야 자연스러우므로 변신, 변화를 뜻하는 전치사 into가 빈칸에 가장 알맞다.

어휘 sunburn 햇볕에 타는 것, 선탠
potentially 잠재적으로, 어쩌면
develop into ~로 발전하다, 진화하다
(= evolve into)

정답 (d)

16 해석 그 회사의 엄격한 방침에도 불구하고, 사내에서 개인적인 용도의 인터넷 사용이 증가했다.

해설 문맥상 빈칸은 양보의 뜻을 나타내는 접속어구가 들어갈 자리이다. 빈칸 뒤가 주어와 동사가 있는 절이 아닌 명사 상당어구이기 때문에 빈칸은 전치사 자리이다. 따라서 양보의 뜻을 가진 전치사 (c) Despite가 정답이다. (b) In spite는 In spite of가 되어야 답이 될 수 있다.

어휘 rigorous 엄격한
policy 정책, 방침
personal 개인적인

정답 (c)

17 해석 정체불명의 바이러스가 남미 전역에 퍼져서, 17명의 목숨을 앗아갔다.

해설 문맥상 빈칸은 '~의 전역에 걸쳐서'의 뜻을 갖는 전치사가 필요한데, 그런 의미를 가지는 전치사는 (d) across이다. across는 '가로질러'의 뜻 외에 문제에서와 같이 all over(~의 전역에)와 같은 뜻으로도 자주 쓰인다.

어휘 spread 확산되다, 퍼지다
take the life of ~의 목숨을 앗아가다

정답 (d)

18 해석 (a) A: 이 셔츠 빨간색으로도 있나요?
(b) B: 물론이죠. 그런데 크기가 맞을까요?
(c) A: 맞아요. 그걸로 살게요.
(d) B: 현금과 카드 중 어떤 걸로 계산하시겠습니까?

해설 (d)의 전치사 by를 in으로 고쳐야 한다. 교통, 통신, 지불 수단 앞에는 주로 전치사 by를 쓰지만, cash 앞에는 예외적으로 전치사 in을 쓴다. 따라서 cash 앞의 by를 in으로 고치고, credit card 앞에는 전치사 by를 따로 써줘야 한다.

어휘 carry 판매하다, 취급하다
fit 꼭 맞다
by the way 그런데
pay in cash 현금으로 지불하다

정답 (d) by cash or credit card → in cash or by credit card

19 해석 (a) A: 사장님이 그러시던데, 지난밤에 식당에서 지갑을 도둑맞았다고 하시더군.
(b) B: 설마. 좀 더 자세하게 얘기해봐.
(c) A: 재킷을 식탁 위에 두고 음식을 가지러 갔었는데, 되돌아와 보니, 지갑이 사라졌대.
(d) B: 무지 화가 나 있으시겠군.

해설 시간을 나타내는 명사 night 앞에 붙는 전치사는 원래 at이지만, 주로 this, that, last, every, each, next, all 등이 시간표시 어구 앞에 붙는 경우에는 전치사를 쓰지 않는다. 예를 들면, in all afternoon이 아니라 all afternoon으로, in this morning이 아니라 this morning, at last night이 아니라 last night, on every Saturday가 아니라 every Saturday로 표현해야 한다.

어휘 wallet 지갑 lift 훔치다, 슬쩍하다

정답 (a) at last night → last night

20 해석 (a) A: 이건 내가 지배인으로 일할 때 식당에서 찍은 사진이야.

(b) B: 어디 보자. 네가 안 보이는데. 이 사진 속에 있는 게 확실해?

(c) A: 안경 낀 남자 뒤에 있어.

(d) B: 이게 너란 게 안 믿겨지는데. 너 엄청 날씬했구나!

해설 사진 속에 찍힌 사람을 가리킬 때 쓰는 전치사는 on이 아니라, in을 써야 한다. 물론 사람의 모습이 물리적으로는 사진 표면 위에 나타나 있지만, on을 쓰지 않고, 사진을 하나의 공간으로 보아서 전치사 in을 써야 한다.

어휘 take a photo 사진을 찍다

slim 날씬한

정답 (b) on → in

Chapter 03 대명사와 비교급

Exercise 1

1 해석 너의 옷은 내 옷보다 훨씬 예쁘다.

해설 비교 대상은 동일해야 하므로, my dress의 뜻과 같은 소유대명사 mine이 정답이다.

정답 mine

2 해석 나는 컴퓨터가 없지만, 탐은 하나 가지고 있다.

해설 앞에 언급된 명사와 동일한 종류의 명사를 가리키면, one을 써야 하고, 바로 그 명사를 가리키면 대명사 it을 쓴다.

정답 one

3 해석 나는 검은 개보다는 흰 개를 선호한다.

해설 앞에 언급된 명사 a dog과 동일한 종류의 dog을 받아주므로 one이 알맞다.

정답 one

4 해석 어제 보고서를 보낸 사람은 바로 비서였다.

해설 It ~ that 강조구문이다. which가 아니라, who라면 가능하다.

정답 that

5 해석 김 씨는 자신의 아내와 자신을 위한 멋진 집을 샀다.

해설 타동사나 전치사의 목적어가 전체 문장의 주어와 동일할 경우엔 재귀대명사를 써야 한다.

정답 himself

6 해석 내 딸은 다 커서 스스로 숙제를 한다.

해설 문맥상 '남의 도움 없이 혼자 힘으로'의 의미가 알맞으므로 on her own이 정답이다. on her own은 by herself와 for herself의 뜻 둘 모두로 사용할 수 있다.

정답 on her own

7 해석 존 부부는 당신과 당신 아내, 그리고 나를 초대할 것입니다.

해설 3개의 단수 인칭대명사를 나란히 쓸 경우에는 〈2인칭 – 3인칭 – 1인칭〉 순으로 쓴다.

참고로 복수 인칭대명사는 〈1인칭(we, us) – 2인칭(you) – 3인칭(they, them)〉 순으로 쓴다.

정답 you, your wife and me

8 해석 타이핑 기술을 익히는데 약 6개월 정도 걸린다.

해설 '~가 …하는 데 얼마의 시간이 걸리다'는 뜻의 가주어 진주어 구문인 〈It takes + 시간 + for 사람 + to부정사〉 구문이다. 〈It takes 사람 + 시간 + to부정사〉 형태의 어순을 취하기도 한다.

정답 It

9 해석 이것은 당신과 당신 아들, 그리고 내가 확신하고 있는 것이다.

해설 단수 인칭대명사의 어순은 2-3-1인칭 순으로 쓴다.

정답 you, your son and I

10 해석 우리와 당신 그리고 그들은 모두 평화를 원한다.

해설 복수 인칭대명사는 1-2-3인칭 순으로 쓴다.

정답 We, you and they

11 해석 작년 우리 회사 최고의 주주는 바로 잭이었다.

해설 It ~ that 강조구문에 관한 문제이다. 이 구문에서 that은 that 뒤에 이어지는 문장이 불완전할 경우에 관계대명사로 바꿔쓸 수 있는데, 이 문제같은 경우 주어가 빠져 있고, 선행사에 준하는 Jack이 사람이므로, 관계대명사 who로 바꿔쓸 수 있다.

정답 (b)

Exercise 2

1 해석 각각의 사람들은 자신의 담요를 받고 나서 지정된 방으로 갔다.

해설 빈칸은 주어 자리이므로 명사가 필요하다. Each는 대명사로 쓰이지만, Every는 형용사로만 쓰인다.

정답 Each

2 해석 A: 이 셔츠들은 얼마입니까?
B: 각각 5달러입니다.

해설 빈칸은 문장 구조상 부사 자리이다. each는 부사로 쓰이지만, every는 부사로 쓸 수 없으므로 each가 알맞다.

정답 each

3 해석 나는 남자형제가 2명이 있다. 한 명은 기술자이고, 나머지 다른 한 명은 영업사원이다.

해설 대상이 둘일 경우 그 중 한 명은 one으로, 나머지 다른 한 명은 the other로 표현한다. 여기서 정관사 the는 나머지 전부를 의미한다는 사실을 알아둘 필요가 있다.

정답 the other

4 해석 여기서 은행까지 거리가 어떻게 됩니까?

해설 시간, 날씨, 거리, 요일, 명암 등의 주어로 쓰이는 것은 비인칭 주어 it이다.

정답 it

5 해석 나는 상점 앞에 누워 있는 나 자신을 발견했다.

해설 타동사 found의 목적어가 문장의 주어 I와 동일하므로 재귀대명사를 써야 한다.

정답 myself

6 해석 그녀는 자기 친구가 죽었다는 소식을 듣고 나서, 제정신이 아니었다.

해설 재귀대명사의 관용표현이다. 문맥상 '제정신이 아니었다'는 의미가 적절하므로 beside가 알맞다.

정답 beside

7 해석 미국의 총 면적은 브라질보다 더 크다.

해설 형용사구나 절의 수식을 받는 대명사는 단수일 경우에는 지시대명사 that을 복수일 경우에는 지시대명사 those를 쓴다. 여기서 that은 the entire area를 가리킨다.

정답 that

8 해석 그 사람만큼 웃기는 사람은 없다.

해설 no one은 사람을 가리키고, nothing은 사물을 가리킨다.

정답 no one

9 해석 서울의 인구는 브리즈번의 인구보다 많다.

해설 형용사구 of Brisbane의 한정을 받고 있으므로, 지시대명사 that이 알맞다.

정답 that

10 해석 병 안에 포도주가 좀 남아 있나요?

해설 의문문에서는 부정대명사나 형용사를 쓸 때, any를 쓴다.

정답 any

11 해석 A: 한국어와 일본어의 차이는 무엇이라고 생각하십니까?
B: 먼저, 일본어의 발음은 한국어의 발음보다 단순합니다.
해설 앞에 언급된 명사를 다시 받아줄 때, 단수냐 복수냐에 따라, 대명사 it, they, them 또는 that, those를 쓴다. 하지만, 형용사구나 형용사절의 한정을 받는 경우엔 지시대명사 that이나 those를 사용해야 한다.
정답 (b)

12 해석 A: 오렌지 주스를 더 마실 수 있을까요?
B: 그럼요. 당연하죠.
해설 긍정문에서는 some을, 의문문에서는 주로 any를 쓰는 것이 보통이지만, 허락을 구하거나, 정중하게 요청을 하거나, 음식 따위를 권유하는 문장에서는 의문문일지라도 any 대신에 some을 사용한다.
정답 (c)

13 해석 A: 닉이랑 결혼하지 마. 그는 아무런 가치도 없는 존재야.
B: 걱정 마. 그 남자랑은 결혼 안 하니깐.
해설 부정대명사의 관용적 의미를 묻는 문제이다. somebody는 '대단한 사람', nobody에는 '하찮은 사람, 보잘 것 없는 사람'이라는 의미가 있다.
정답 (b)

14 해석 A: 그 쫀득한 대추야자 푸딩은 정말 훌륭했어.
B: 너에게 말을 하지 말았어야 했는데. 하나도 안 남았잖아!
해설 pudding은 불가산명사이므로, 단수 동사 is를 써야 하고, 사물이므로 no one을 쓸 수가 없다. no one은 사람에게만 쓰고, none은 사람, 사물 둘 다에 쓸 수 있다.
정답 (a)

Exercise 3

1 해석 그녀는 늙었다. 하지만, 그녀의 남편만큼은 아니다.
해설 원급 비교는 〈as[so] + 원급형용사/부사 + as〉이다.
정답 as

2 해석 우리 아파트는 이 아파트보다 세 배 더 높다.
해설 괄호 뒤에 than이 있으므로 비교급인 taller를 써야 한다.
정답 taller

3 해석 올가는 우리 고향에서 어떤 다른 여자아이보다도 더 예쁘다.
해설 비교급으로 최상급을 나타내는 표현인 〈비교급 + than any other + 단수 명사〉이다. 따라서 girl이 정답이다.
정답 girl

4 해석 그는 그의 형보다 훨씬 더 영리하다.
해설 비교급을 강조하는 부사는 much, still, even, far, a lot, a little 등이 있다. very는 비교급을 수식할 수 없다.
정답 much cleverer

5 해석 나는 영어를 그보다 더 잘한다.
해설 A is superior to B는 라틴어 비교급인데, to가 전치사이므로, 목적격 대명사인 him을 써야 한다.
정답 him

6 해석 이것이 저것보다 훨씬 더 크다.
해설 비교급을 수식하는 부사는 very가 아니라 much이다.
정답 much

7 해석 세상에서 여행보다 더 즐거운 것은 없다.
해설 비교급 다음에는 than을 써야 한다.
정답 than

8 해석 더 높이 올라가면 갈수록, 더 추워진다.
해설 〈the + 비교급, the + 비교급〉 관용구문이므로, 암기해 두어야 한다.
정답 the colder

9 해석 이 반에서 나만큼 똑똑한 사람은 없다.
해설 원급으로 최상급을 표현하는 구문은 〈부정 주어 + 원급〉 형태이므로, Nobody를 써야 한다.
정답 Nobody

10 해석 늘 그렇듯이, 메리가 가장 늦게 도착했다.
해설 〈서수 + to부정사〉 구문이다. '처음으로 ~한 …이다'

는 〈the frist + to부정사〉로 쓰고, '가장 늦게 ~한 …이다'는 〈the last + to부정사〉 구문의 형태로 쓴다.

정답 last

11 해석 평균적으로, 사무직 노동자들이 육체 노동자들보다 여전히 돈을 더 많이 번다.

해설 than 앞이므로 비교급이 와야 한다.

정답 more

12 해석 옆구리 통증이 어제보다 더 심하다.

해설 형용사 bad의 비교급은 worse이다.

정답 worse

Exercise 4

1 해석 모든 아이들 중에서 메리가 가장 심한 홍역을 앓았다.

해설 비교 구문에서 in과 of를 구분하는 문제이다. in 뒤에는 범위나 장소가 와야 하며, of 뒤에는 주로 비교 대상이 온다. all the children은 Mary와 비교 대상이므로, 전치사 in을 of로 바꿔야 한다.

정답 in → of

2 해석 모든 아이들 중에서 존이 그 퍼즐을 가장 수월하게 풀었다.

해설 명사를 수식하는 형용사의 최상급에는 반드시 the를 붙여야 한다.

정답 least → the least

3 해석 제인은 내가 여태껏 본 소녀들 중 가장 아름다운 소녀이다.

해설 최상급 형용사의 수식을 받는 선행사를 수식하는 관계사절의 동사 시제는 현재완료이다. 따라서 ever saw를 have ever seen으로 고쳐야 한다.

정답 ever saw → have ever seen

4 해석 중앙 아시아에 있는 히말라야 산맥은 지구에서 가장 높은 산맥이다.

해설 형용사 high의 최상급 형태는 the highest이므로 most를 삭제해야 한다.

정답 most → 삭제

5 해석 단지 네가 나보다 나이가 많다고 해서, 나보고 이래라 저래라 할 수 있다는 건 아니다.

해설 원급(old)과 than은 함께 쓸 수 없다. than 앞에는 비교급이 와야 하므로, old를 older로 고쳐야 한다.

정답 old → older

6 해석 지구에서, 중력은 계곡에서보다 산꼭대기에서 현저하게 더 약하다.

해설 계곡과 산꼭대기에서의 중력을 비교하고 있으므로, 원급 형용사인 weak를 비교급인 weaker로 고쳐야 한다.

정답 weak → weaker

7 해석 국가의 빚이 많으면 많을수록, 그 빚에 대한 이자 지급액이 더 많아진다.

해설 〈The + 비교급, the + 비교급〉 구문을 묻는 문제이다. 두 번째 larger 앞에 the를 붙여준다.

정답 larger → the larger

8 해석 윌리엄은 이 대학에서 다른 어떤 학생보다 더 친절하다.

해설 비교급으로 최상급을 표현하는 최상급 구문을 묻는 문제이다. 〈비교급 + than any other + 단수 명사〉이므로 students를 단수 명사 student로 고쳐야 한다.

정답 students → student

9 해석 설마 우리의 관습이 이웃 나라들의 관습들보다 열등하다는 말씀은 아니겠죠?

해설 라틴계 비교급 뒤에는 '~보다'는 의미의 전치사로 than을 쓰지 않고 to를 써야 하므로 inferior 뒤의 than을 to로 바꾸거나 inferior를 worse로 바꿔야 한다.

정답 than → to 또는 inferior → worse

10 해석 달리기에 있어서는, 마이클 존슨이 단연코 가장 빠른 달리기 선수이다.

해설 〈the + 최상급〉 앞에서 최상급을 수식하는 부사는 much이므로 very를 much나 by far 정도의 부사로 바꿔야 한다. 참고로 very가 최상급을 수식하는 경우는 어순이 〈the very + 최상급〉의 형태가 되어야 함에 유의한다. the very fastest는 가능한 형태이다.

정답 very the fastest → the very fastest

11 해석 A: 언제 너를 보러 갈까?
B: 가능한 한 빨리 이쪽으로 와주길 바래.

해설 문맥상 빈칸에는 '가능한 빨리'의 의미를 가진 어구가 들어가야 한다. '가능한 한 ~하게'의 뜻을 가진 원급 관련 관용표현은 〈as + 원급 + as possible〉 또는 〈as + 원급 + as 주어 + can/could〉이다. come over의 의미상의 주어는 I가 아니라, you이므로 (a) as quickly as I can은 as quickly as you can이 되어야 답이 될 수 있다. 따라서 정답은 (c) as quickly as possible이다.

정답 (c)

12 해석 A: 맥의 새로 나온 영화에 대해 어떻게 생각해?
B: 내가 상상했던 것보다는 더 좋았어.

해설 비교급 구문의 올바른 형태를 묻는 문제이다. (a)는 more better가 아니라 better여야 하며, 최상급 형용사 best와 원급에 쓰이는 as는 함께 쓸 수 없으므로 (c)와 (d)는 문법적으로 불가능하다. (d)의 best를 good으로 고친다면, 답이 될 수 있다. 따라서 '예상했던 것보다 더 좋았다'는 뜻의 (b) better than I imagined가 정답이다.

정답 (b)

Actual Test

1 해석 A: 내 새 책가방 어때?
B: 내 여동생 거랑 비슷해 보여. 서로 구별하기 거의 불가능하겠어.

해설 부정대명사의 쓰임새를 물어보는 문제이다. 대상이 둘인 경우, 하나는 one으로 다른 하나는 the other로 표현한다. A가 새로 산 가방과 B의 여동생의 가방, 즉 대상이 둘이므로, one 다음에 the other가 이어져야 한다. 따라서 정답은 (b) the other.

정답 (c)

2 해석 A: 지금처럼 창피했던 적이 없었어.
B: 나도 마찬가지야.

해설 〈So/Neither + 조동사 + 주어〉 형태의 동의하는 표현으로, 반복을 피하기 위한 도치구문을 물어보는 문제이다. A의 문장이 부정문이므로 so가 아니라 neither나 nor를 써야 하며, 주절 동사가 현재완료 haven't felt이므로 neither 다음에는 have를 써야 한다. 다시 말해, 부정문 I haven't felt ashamed like this before.에 맞장구를 치고 있으므로 정답은 (c) Neither have I.이다.

정답 (c)

3 해석 A: 돈 문제 좀 해결했니?
B: 아니, 하지만, 여전히 긍정적으로 생각하려고 해.

해설 관용구를 물어보는 문제이다. 빈칸 뒤에 as에 착안하면 표현을 잘 몰라도 답을 쉽게 구할 수 있다. (as) ~ as ever라는 표현은 '여전히[변함이 없이] ~하다'라는 뜻을 가진 비교급 관용표현이다. 따라서 정답은 (b) as positive이다.

정답 (b)

4 해석 A: "Beautiful Ones"는 내가 여태껏 들어봤던 노래들 중 최고의 노래들 중에 하나야.
B: 정말? 난 그 가수의 목소리가 별로던데.

해설 과거로부터 현재인 발화시점까지의 총 경험의 누계를 표현하므로 현재완료가 가장 적합하다.
〈최상급, 서수+선행사+관계사절〉 구조에서 관계사절은 현재완료를 꼭 써야 하는 경우 중의 하나이다. 따라서 정답은 (c) I've ever heard이다.

정답 (c)

5 해석 A: 골프를 더 잘 치려면, 훌륭한 코치가 있어야 해.
B: 맞아. 하지만, 직업이 아니라 여가 활동일 뿐이야.

해설 원급과 관련된 관용표현 not so much A as B(A라기보다는 오히려 B이다)를 물어보는 문제이다. 표현을 덩어리째 암기하고 있으면 쉽게 풀 수 있는 문제이긴 하지만 표현을 몰라도 빈칸 뒤에 원급의 as와 함께 어울려 쓰일 수 있는 단어는 so이므로 (c)가 정답임을 알 수 있다.

정답 (c)

6 해석 A: 저희 강좌에 대해 질문할 게 있으시면 저에게 하세요.
B: 부득이 할 때, 수강을 취소할 수 있나요?

해설 some과 any의 구분 문제이다. if 조건절에는 any를 쓰므로 정답은 (c)이다. 기본적으로 some은 주로 긍정문에서, any는 의문문, 부정문, 조건문에서 사용되는 걸로 기억해야 하지만, 주로 권유할 때나 상대방에게 '긍정의 대답'을 기대하면서 요청할 경우, 허락을 구하는 경우는 의문문일지라도 any보다는 some을 쓴다는 점에 유의해야 한다. *ex.)* Would you like some more coffee? (권유) / Could you give me some advice? (요청) / May I have some water? (허락)

정답 (c)

7 해석 A: 필이 하는 말은 무슨 말이든 못 믿겠어.
B: 맞아. 그는 전혀 설득력이 없어.

해설 대화의 문맥상 빈칸은 부정어가 들어가서 '결코[절대로] 설득력 있지 않다'는 의미가 되어야 하므로 (a) far from이 가장 알맞다. '설득적인 것과는 멀다'로 직역이 되는데, 결국 근원적인 뜻은 '설득력이 없다'라는 뜻과 일맥상통하기 때문에 쉽게 답을 찾을 수 있다.

정답 (a)

8 해석 A: 더 신중했어야 했는데. Hytechs 사에 투자한 돈을 몽땅 다 잃었어.
B: 내가 뭐랬어. 이제 깨달았구나.

해설 빈칸이 위치한 문장은 우리말로, '내가 그렇게 말했잖아. / 내가 그랬잖아. / 내가 그랬지. / 거봐.(= you see?)' 정도의 의미가 들어가야 한다. 따라서 I think so. /I hope so. 등의 표현에서처럼, 상대방이 말한 내용을 받아서 '그렇게'라는 의미의 대부사 so를 써 I told you so라고 표현해야 한다. 구어체에서 굉장히 자주 쓰이는 표현이므로, 문법이라기보다는 하나의 표현으로 암기하는 게 좋다.

정답 (d)

9 해석 A: 밥이 루시랑 결혼하기로 결심한 거 어떻게 생각해?
B: 모르겠어. 결정은 순전히 그의 몫이지.

해설 문장 구조상, 문맥상 빈칸은 주격 보어 자리이므로 the decision과 주술 관계가 성립하는 답안을 골라야 한다. The decision was utterly his decision. 의 의미로 파악해서 his decision과 같은 뜻이 될 수 있는 소유대명사 his가 가장 알맞다.

정답 (b)

10 해석 A: 이런 말 하고 싶지 않지만, 해야 할 것 같아.
B: 아, 이런! 그 애가 남자친구가 있다고는 하지 마.

해설 앞에 한 말이 아니라, 앞으로 해야 할 말을 가리킬 때 쓰는 대명사 this를 물어보는 문제이다. 빈칸에 들어갈 내용이 뒤에 하게 될 말을 받아주는 대명사여야 하므로 빈칸은 that보다는 this가 알맞다. 우리말에서도, 상대방이 들으면 실망하게 될 말을 하기 전에 '그런 말 하고 싶진 않지만' 대신에 '이런 말 하고 싶진 않지만'으로 표현한다. 참고로 4형식에서 직접목적어 자리에는 대명사 it과 them은 쓸 수 없으므로 (a) it은 아예 문법적으로 성립이 되지 않는다.

정답 (c)

11 해석 TV에 출연해서, 불법 계약에 대해 폭로한 사람은 바로 우리 동료 중에 한 명이었다.

해설 문장 구조 지식을 묻는 문제이다. 선택지를 보면, 빈칸에는 동사가 들어감을 알 수 있다. 하나의 문장에 접속사 없이 주어와 동사의 개수가 두 개일 수는 없으므로, 접속사가 없는 선택지 (a), (d)는 답에서 제외된다. It ~ that 강조구문에서 that은 상황에 따라, 관계사 who, whom, which, when, where 등으로 바꿔 쓰기도 하는데, 동사 got의 주어가 빠져 있으므로 주격 관계대명사 who로 시작되는 것이 더 알맞다. 따라서 정답은 (c) who got on TV and blew the whistle.

정답 (c)

12 해석 약 150명의 사람들이 비를 맞고 바깥에서 기다려야 했던 반면, 수십 명의 다른 사람들은 콘서트장 안으로 먼저 들어갔다.

해설 부정대명사 문제이다. 빈칸은 전치사 of의 목적어이므로 명사 자리이다. (b) other는 형용사로만 쓰이며, 대명사로는 쓸 수 없으므로 답이 될 수 없고, (a) another와 (c) the other는 대명사로 쓰이긴 하지만, 각각 '또 다른 하나'와 '나머지 다른 하나'라는 의미로 단수 대명사이므로 복수의 의미를 가진 수식어구 tens of와 논리적으로 연결이 될 수 없다. tens of, hundreds of, thousands of 뒤에는 복수 명사가 와야 한다. 따라서 other people과 같은 의미인 부정대명사 others가 가장 알맞다.

정답 (d)

13 해석 사전은 보통의 책보다 페이지수가 훨씬 많기 때문에, 각각의 페이지는 얇게 만들어져야 한다.

해설 비교급 앞에서 비교급을 수식해 줄 수 있는 부사를 묻는 문제이다. 비교급을 강조해주는 부사로 very는 쓸 수 없으며, much, still, even, a lot, a little, a bit, by far 등을 사용한다. 따라서 의미를 떠나 문법적으로 가능한 형태는 (c) much more밖에 없다.

정답 (c)

14 해석 이안 갤런은 내 아들보다 나이가 세 배 많다.

해설 기초적인 비교급의 형태를 물어보는 문제이다. 비교에는 우등/열등비교와 동등비교가 있는데, 전자는 〈비교급 + than〉의 형태를 취하고, 후자는 〈as + 형용사 원급 + as〉의 형태를 가진다. 빈칸은 빈칸 앞의 배수사 three times와는 상관없이 빈칸은 〈비교급 + than〉이나 〈as + 원급 + as〉 형태가 지켜진 선택지만이 가능하므로 정답은 (c)이다.

정답 (c)

15 해석 서울의 술집의 수는 올해 0.4% 증가했는데, 이는 지난 2년 동안 증가한 교육 시설의 수보다 훨씬 많다.

해설 비교의 대상은 동일한 것이어야 한다. 의미상 the number of drinking places와 the number of educational facilities가 비교가 되어야 함을 알 수 있다. 비교급에서 반복되는 명사를 대신하는 대명사는 that과 those 이다. 반복되는 명사가 단수이면 that을, 복수이면 those를 쓴다. 이 문제에서는 단수 명사 the number를 받고 있으므로 (b) that of educational facilities가 정답이다. 참고로, that과 those 대신에 it이나 them은 절대로 쓰면 안 된다. it과 them은 형용사구/절 등에 의해 수식을 받을 수 없기 때문이다. 수식을 받는 대명사는 that과 those 임을 명심해야 한다.

정답 (b)

16 해석 1970년대가 되어서야 세계 대부분의 여성들이 투표권을 가지기 시작했다.

해설 문장 구조 지식을 묻는 문제이다. '~하고 나서야 비로소 …하다'라는 뜻을 지니는 〈It was not until ~ that ...〉 구문으로 따로 암기를 하고 있어도 되지만, 부사구 not until the 1970's가 강조되고 있는, 사실은 It ~ that 강조구문의 연장선상에 있는 구문일 뿐이다.

정답 (d)

17 해석 그것은 매우 복잡한 질문이어서 아무도 풀 수 없다. 물론, 나 역시 풀 수 없다.

해설 '~ 또한', '역시'라는 의미로 긍정문에서는 too, also, as well 등을 쓰며, 부정문에서는 either를 쓴다. 질문지의 문장은 부정문이므로 (a) either가 정답이다. neither는 부정어 not과 함께 쓸 수 없다. neither는 not과 either가 결합한 형태이기 때문이다.

정답 (a)

18 해석 각각의 질문들에 알아볼 수 있는 글씨로 답해야 한다.

해설 빈칸은 주어 자리이므로 명사가 들어가야 한다. (a) every는 형용사로만 사용되므로 답에서 제외되며, (c)와 (d)는 복수 취급하여 복수 동사(need)가 와야 하므로 수 일치가 되지 않아서 답에서 제외가 된다. 따라서 모든 조건을 충족시키는 정답은 (b) Each이다.

정답 (b)

19 해석 (a) A: 짐의 집들이 파티가 왜 열리지 않았니?

(b) B: 음, 이번 주 금요일에 우리들 중 아무도 갈 수 없었기 때문이야.

(c) A: 그럼, 짐이 다시 다른 날로 잡았니?

(d) B: 응, 다음 주 금요일이야.

해설 해석을 해야 풀 수 있는 문제이다. 문법적으로는 틀린 선택지가 없지만, 문맥상 (b)의 문장의 뜻이 어색하다. 파티가 개최되지 못한 이유를 묻고 있는데, '모두가 올 수 있었다'고 말하는 것은 어색하므로 '아무도 올 수 없었다'는 의미가 되어야 옳다. 따라서 (b) 문장의 any of us를 none of us 로 고쳐주는 것이 옳다. 참고로 any를 그대로 두고, could 를 couldn't로 고쳐도 맞는 문장이 될 거라 생각할 수도 있으나, 영어에서는 부정어 not보다 앞에 any를 쓸 수 없으므로, 올바른 문장이 될 수 없다.

정답 (b) any of us → none of us

20 해석 (a) 영어를 미국에서 배우는 것과 한국에서 배우는 것의 차이는 크다. (b) 한국에서는 학생들에게 말을 할 수 있는 충분한 시간이 주어지지 않는다. 너무 많은 시간이 읽기와 문법 공부에 할애되는데, 이 때문에 영어를 유창하게 말할 수 없게 된다. (c) 그러나, 미국에서는 학생들은 영어 대화에 적극적으로 참여하도록 요구된다. (d) 영어를 말할 기회가 한국에는 교실에 국한되는 반면, 미국에서는 영어 말하기 연습을 할 기회가 많이 있다.

해설 앞 문장 전체를 받아주는 계속적 용법의 관계대명사는 that이나 what을 절대로 쓸 수 없고, which만을 써야 한다. 관계대명사 앞에 콤마가 있는 경우는 무조건 which나 that의 구분 문제일 확률이 높으므로 눈여겨봐야 한다.

정답 (b) that leads → which leads

Chapter 04 준동사

Exercise 1

1 해석 그의 책을 읽는 것은 쉽지 않다.
(c) 그 일을 하는 것은 멋질 거야.
해설 진주어로 쓰인 명사적 to부정사로 (c)와 기능이 같다.
정답 (c)

2 해석 올해 싱가포르에 가고 싶다.
(a) 멜리사는 독일어를 전공하기로 결심했다.
해설 타동사 want의 목적어 자리에 쓰인 명사적 용법의 to부정사로 기능이 같은 것은 (a)이다.
정답 (a)

3 해석 내 목표는 목사가 되는 것이다.
(d) 내 야망은 내 소유의 빌딩을 짓는 것이다.
해설 주격 보어 자리에 쓰인 명사적 용법으로 (d)와 기능이 같다.
정답 (d)

4 해석 우리는 10시에 만날 예정이다.
(b) 우리 그룹은 내일 출발할 예정이다.
해설 〈be + to부정사〉의 구조로 예정을 의미하는 형용사적 용법의 to부정사인데, 기능이 같은 부정사는 (b)이다.
정답 (b)

5 해석 그녀가 경찰관에게 뇌물을 주었을 때 그는 뇌물을 받기를 거절했다.
해설 '~하기를 거절하다', 거부하다' 라는 의미의 refuse는 to부정사를 목적어로 취하는 동사이므로 정답은 (b) to accept이다. 거절한 시점보다 뇌물을 받는 것은 나중의 시점이므로, (c)처럼 완료부정사를 쓸 수 없다. 완료부정사는 주동사보다 한 시제 앞선 경우에 쓴다.
정답 (b)

Exercise 2

1 해석 그는 매우 친절하게도 우리를 도와줬다.
해설 사람의 성품을 나타내는 kind, polite, nice, generous 등의 형용사가 〈It ~ to부정사〉 구조의 가주어, 진주어 구문 사이에 올 경우 to부정사의 의미상의 주어는 ⟨of + 목적어⟩로 쓴다.

정답 of

2 해석 그가 시험에 합격하는 것은 쉬울 것이다.

해설 ⟨It ~ to부정사⟩ 구조에서 to부정사의 의미상의 주어는 원칙적으로 ⟨for + 목적격 대명사⟩로 쓴다.

정답 for

3 해석 그가 창문을 깬 것에 대해 변상할 필요가 없었다.

해설 ⟨It is/was + 형용사 + for/of + 사람 + to부정사⟩ 형태의 가주어, 진주어 구문에서 사람의 성품을 나타내는 형용사가 아닌 경우에는 전치사 for를 쓴다.

정답 for

4 해석 그는 정직하게도 그의 잘못을 인정하였다.

해설 사람의 성품을 나타내는 형용사이므로 of를 써야 한다.

정답 of

5 해석 그는 학교에 갈 만큼 충분히 나이가 들었다.

해설 형용사를 수식하는 부사 enough는 형용사 뒤에서 수식하므로 old enough가 정답이다.

정답 old enough

6 해석 이 물은 마시기에 너무 뜨겁다.

해설 부사 too는 전치 수식 부사이므로 too hot으로 써야 한다. 참고로 '…하기에 너무 ~하다'의 to부정사 구문은 부정어 not이 없지만, 사실상 부정 구문에 가깝다. '너무 ~해서 …할 수 없다'로 해석하기도 한다.

정답 too hot

7 해석 제임스는 매우 강해서 많은 물건들을 들어올릴 수 있다.

해설 be동사 다음에 쓰인 주격 보어 자리이므로 형용사 strong을 써야 한다.

정답 strong

8 해석 존슨은 너무 피곤해서 프로젝트를 끝낼 수가 없었다.

해설 너무 피곤하므로, 프로젝트를 끝낼 수 없다는 의미가 되어야 자연스럽다. '너무 ~해서 …하다'라는 뜻의 ⟨so + 형용사/부사 + that S + V⟩ 구문에서 that 결과 부사절의 동사는 ⟨can't/couldn't + 동사원형⟩이다.

정답 couldn't

9 해석 매독스는 그것에 대해 얘기하기를 꺼려했다.

해설 be reluctant 뒤에는 to부정사가 이어지는 것이 일반적이다.

정답 to talk

10 해석 규칙적인 운동을 하지 않을 때, 보다 부상에 걸리기 쉽다.

해설 be liable to 뒤에는 동사원형이 올 수도 있고 명사(구)가 올 수도 있다. 따라서 ⟨to + 명사(구)⟩ 형태인 to injury를 써야 한다.

정답 to injury

11 해석 A: 루크! 어젯밤에 무슨 소리 들었니?

B: 밖에서 두 사람이 싸우는 소리를 들었던 것 같아.

해설 to부정사의 시제를 묻는 문제이다. 싸우는 소리를 들은 시점이 주절 동사 seem의 시점보다 한 시제 앞섰기 때문에 완료부정사인 (d) to have heard가 알맞다.

정답 (d)

12 해석 A: 저 이제 열차에 타야 해요. 작별 인사를 해야 할 때입니다.

B: 잘 가요. 좋은 여행되시고요. 당신 부모님께 제 안부 전해드리는 거 잊지 마세요.

해설 forget은 목적어로 to부정사와 동명사 둘 다 취할 수 있지만, to부정사를 취할 때와 동명사를 취할 때 의미상의 차이가 있다. '~했던 사실을 잊어버리다'라는 의미일 경우는 동명사를, '~해야 할 것을 잊어버리다'라는 의미일 경우는 to부정사를 취한다. 문맥상 안부를 전해야 할 것을 잊지 말라는 의미가 적절하므로 to부정사가 알맞다. 따라서 정답은 (d) to say.

정답 (d)

Exercise 3

1 해석 멜린다는 우리가 그 일을 할 것을 주장했다.

해설 on은 전치사이므로, 동명사가 이어져야 한다. insist on -ing는 '~할 것을 주장하다'는 뜻이다. 동명사의 의미상의 주어는 소유격이나 목적격으로 표현하므로, our doing 또는 us doing으로 써야 한다. 참고로 전치사 on이 없을 경우에 insist는 ⟨that 주어 + (should) + 동사원형⟩의 명사절을 목적어로 취할 수도 있다.

정답 our doing

2 해석 미래에 무슨 일이 발생할지 알 수 없다.

해설 동명사의 관용표현을 묻는 문제이다. There is no -ing는 '~할 수 없다'는 뜻이다.

정답 knowing

3 해석 그는 혼자 사는 데 익숙하다.

해설 문맥상 익숙하다는 뜻이 되어야 하므로, living을 써야 한다. 〈used to + 동사원형〉은 '~하곤 했다'라는 의미이고, 〈be used to + 동사원형〉은 '~하는 데 사용되다'는 의미로 쓰인다.

정답 living

4 해석 한국에서 골프를 하는 것은 매우 비싸다.

해설 주어 자리이므로 동명사 Playing으로 고쳐야하며, 동명사 주어는 단수 동사를 쓰므로, is로 바꿔야 한다.

정답 Playing, is

5 해석 그를 설득하려고 애써봐야 소용없다.

해설 '~해도 소용없다'는 뜻의 동명사 관용구문 It is no use -ing를 묻는 문제이다.

정답 trying

6 해석 나는 다음 주에 그녀를 만나야 한다는 걸 기억하고 있다.

해설 remember는 목적어로 to부정사와 동명사를 모두 취하지만, 의미상의 차이가 있다. 동명사를 취할 경우에는 '~했다는 사실을 기억하다'라는 뜻이고, to부정사를 취하는 경우엔 '~해야 할 것을 기억하다'는 뜻으로 해석된다. next week이라는 부사구가 있으므로, to부정사인 to see로 쓰는 것이 문맥에 알맞다.

정답 to see

7 해석 산책하는 게 어때?

해설 동명사의 관용구문이다. to는 전치사이므로 taking으로 고쳐야 한다.

정답 taking

8 해석 처음에 나는 학생들을 서로 구별하는 데에 어려움을 겪었다.

해설 '~을 하는 데에 어려움을 겪다'는 have difficulty (in) -ing의 구문을 사용한다.

정답 telling

9 해석 존, 잘 들어. 일을 똑바로 하지 않는 것은 아예 하지 않는 것보다 나쁠 수 있어.

해설 빈칸은 문장 주어 자리이므로 명사 상당어구가 들어가야 하므로, (a)와 (b)는 답이 될 수 없다. our work는 문맥상 do의 의미상 목적어이므로, 수동이 아니라, 능동이 되어야 한다. 따라서 (c) Not doing이 정답이다.

정답 (c)

Exercise 4

1 해석 나는 베키를 설득하려고 노력했지만, 너무 힘들었다.

해설 try는 to부정사와 동명사 둘 모두를 취하는 동사이지만, 의미상의 차이가 있다. to부정사를 취하는 경우는 '~하려고 애쓰다'의 뜻이며, 동명사를 취하면 '시험삼아 ~해보다'라는 뜻이 된다. 문맥상 설득시키기 위해 애썼다는 의미가 자연스러우므로, to convince를 써야 한다.

정답 to convince

2 해석 나는 산에 올라갈 때, 숨을 돌리기 위해 쉬어야 하기 때문에 금연해야 한다.

해설 stop 뒤에 to부정사가 오면, '~하기 위해 멈추다[서다]'라는 뜻이고, 동명사가 오면 '~하는 것을 그만두다'라는 뜻이다. 문맥상 '금연하다'라는 의미가 되어야 하므로 첫 번째 괄호는 smoking이 알맞고, 두 번째 괄호는 '숨을 고르기 위해 멈추다'라는 의미가 되어야 하므로, to catch를 써야 한다.

정답 to smoke, to catch

3 해석 나는 네가 방청소하는 걸 얼마든지 도울게.

해설 '~하는 것을 꺼리다, 싫어하다'라는 뜻의 동사 mind는 동명사를 목적어로 취하는 동사이다.

정답 helping

4 해석 무슨 얘기를 하는 거니? 네 변명에 질렸어.

해설 전치사 뒤에는 (동)명사를 써야 한다.

정답 hearing

5 해석 A: 샘, 열쇠 어디 있니?

B: 엄마, 문 옆에 둔 거 같은데, 지금 찾을 수가 없어요.

해설 remember, forget, regret 등의 동사는 목적어로 동명사가 오면 '(과거에 한 일을) 기억하다, 잊다, 후회하다'라는 의미이고, 목적어로 부정사를 취하면 '(앞으로 할 일을) 기억하다, 잊다, 유감스럽게 생각하다'라는 의미가 된다. but 이하의 내용으로 보아 열쇠를 문 옆에 둔 것이 기억이 난다는 의미가 되어야 하므로, 동명사가 알맞고, 빈칸 뒤의 the keys는 put의 목적어이므로, 태는 능동이 되어야하므로, 정답은 (c) putting이다.

정답 (c)

6 해석 A: 필기 도구가 필요한데, 쓸 거 있니?

B: 물론, 여기 펜 있어.

해설 B의 대답으로 보아 A는 필기도구가 필요하다고 말했음을 유추할 수 있다. 명사를 수식하는 to부정사는 명사 뒤에 후치하며, 수식받는 명사와 to부정사의 관계에 따라 전치사가 필요하기도 하고, 필요 없기도 하다. 필기도구 앞에는 수단의 전치사 with를 써야 하므로 정답은 (d)이다. 참고로 something to write on은 공책이나 메모지 같은 종이를 가리킨다고 볼 수 있다. 전치사 유무 판단은 수식받는 명사를 to 다음의 동사 뒤에 옮겨서, 동사가 전치사 없이 명사를 목적어로 바로 취할 수 있으면 전치사가 필요 없으며, 자동사라서 바로 명사를 취할 수 없으면, 의미에 맞는 전치사를 써야 한다.

정답 (d)

Exercise 5

1 해석 푸른 종이에 쓴 편지 한 통을 발견했다.

해설 분사의 후치 수식을 받는 명사 letter는 써지는 것이므로, writing을 과거분사 written으로 고쳐야 한다.

정답 writing → written

2 해석 퇴직한 그 강사는 여전히 시간제 교사로 일을 하고 있다.

해설 '은퇴한, 퇴직한'의 의미를 가진 형용사는 retired이다. 현재분사는 진행과 능동의 의미가 있으므로 retiring lecturer는 '퇴직하고 있는 강사'라는 어색한 뜻이 된다.

정답 retiring → retired

3 해석 저기 신문을 읽고 있는 소년은 누구니?

해설 접속사 없이 한 문장에 동사가 2개 (is, read) 이상일 수는 없으므로, read를 분사로 고쳐야한다. 소년이 동사 read의 주체이므로, 현재분사 reading으로 고쳐야 한다.

정답 read → reading

4 해석 나는 삶은 계란보다는 스크램블드 에그를 더 좋아한다.

해설 계란은 익혀지는 것이므로, boiling을 boiled로 고쳐야 한다.

정답 boiling → boiled

5 해석 많은 사람들이 기술 혁신의 속도에 어리둥절해 한다.

해설 bewildering의 자리는 주격 보어로 many people을 설명해주는 주격 보어이다. bewilder는 '~를 어리둥절하게 하다'는 의미의 타동사이다. 주어인 사람들은 bewilder의 주체가 아니라 대상이므로, 현재분사 bewildering을 과거분사 bewildered로 고쳐야 한다.

정답 bewildering → bewildered

6 해석 나는 사람들이 약속을 어길 때 화가 난다.

해설 annoy는 '~를 화나게 하다, 짜증나게 하다'라는 뜻의 타동사이다. 주어 I는 annoy의 주체가 아니라 대상이므로, 현재분사 annoying은 과거분사 annoyed로 고쳐야 한다.

정답 annoying → annoyed

7 해석 오늘 회의에서 많은 흥미로운 관점들이 나왔다.

해설 명사 앞에서 명사를 수식하는 분사 구분은 수식받는 명사와의 주술 관계를 따져서 능동 관계이면 현재분사를 쓰고, 수동 관계이면 과거분사를 쓴다. 수식받는 명사 points가 사람들을 재미있게 만드는 것이므로 능동 관계이다. 따라서 interested를 interesting으로 고쳐야 한다.

정답 interested → interesting

8 해석 나는 교회에서 메리를 보았는데, 그녀는 데이비드 조 목사님 옆에 서 있었다.

해설 문장 구조상 stand는 분사 자리이므로 분사로 고쳐야 한다. Mary와 stand의 관계는 능동 관계이므로, stand를 현재분사 standing으로 고쳐야 한다.

정답 stand → standing

9 해석 그 회의에 참석한 사람들은 차례로 발표를 했다.

해설 빈칸은 문장 구조상 the meeting 을 목적어로 취하는 분사자리이다. 수식받는 people과 attend의 주술관계를 따져봐서, 수동관계이면, 과거분사를 써야 하고, 능동관계인면 현재분사를 쓴다. people은 동사 attend의 주체이므로 능동 관계이다. 따라서 정답은 (d) attending이다.

정답 (d)

10 해석 A: 네 여동생 바로 옆에 앉아 있는 의사는 누구니?
B: 매제야. 작년에 결혼했거든.

해설 접속사 없이 한 문장 내에서 동사를 2개를 나란히 쓸 수 없으므로 빈칸은 분사 자리이다. sit은 자동사이고, seat은 타동사이다. sit은 자동사이므로, 수동형이 없다. 따라서 sit은 수동 · 능동을 따져볼 필요 없이 현재분사 sitting으로 써야 하고, seat는 '~를 앉히다'는 뜻의 타동사이고, 주술 관계상 수동이므로 seated를 써야 한다. 따라서 정답은 (b) sitting이다. 참고로 (c)는 who is seated 형태가 되어야 답이 될 수 있다.

정답 (b)

Exercise 6

1 해석 그 문제를 어떻게 처리할지 몰라서, 그들은 서로를 바라보았다.

해설 접속사를 생략하고, 주절의 주어와 부사절의 주어가 같으므로 생략하고, 주절과 종속절의 시제가 같으므로, 단순 분사구문으로 쓰면 된다. 분사구문의 부정은 분사구문 앞에 Not을 쓴다.

정답 Not knowing how to address the issue, they looked at each other.

2 해석 아기는 천둥소리에 놀랐기 때문에, 울기 시작했다.

해설 접속사를 생략하고, 주절과 주어가 같으므로 주어를 생략한다. 주절과 시제가 같으므로, 단순 분사구문(-ing)으로 만들면, being으로 시작되는 수동 분사구문이 되는데, being은 생략이 가능하다.

정답 Frightened by the thunder, the baby began to cry.

3 해석 버스가 운행이 되지 않아서, 우리는 집까지 걸어가야 했다.

해설 접속사를 탈락시킨다. 주절의 주어는 we이고 부사절의 주어는 there 이므로 there는 그대로 둔다. 주절과 시제가 동일하므로, 남아 있는 동사 was의 동사원형에다 -ing를 붙여서 분사로 만들어준다.

정답 There being no bus service, we had to walk all the way to school.

4 해석 날씨가 좋았기 때문에, 많은 사람들이 산책을 하러 나갔다.

해설 접속사를 생략하고, 주절의 주어 lots of people과 주어가 틀리므로, the weather는 생략하지 않고 그대로 둔다. 남아있는 동사 was를 분사로 만들어 준다.

정답 The weather being fine, lots of people were out for a walk.

5 해석 산적들 조심하라는 경고를 받았기 때문에, 그는 귀중품들을 집에다 남겨두었다.

해설 주절의 주어와 같으므로 접속사와 주어를 생략한다. 부사절의 시제는 과거완료이고, 주절의 시제는 과거이므로, 완료 분사구문 〈having + p.p.〉의 형태로 써준다. Having been warned about the bandits에서 Having been은 생략이 가능하다.

정답 Having been warned about bandits, he left his valuables at home.

6 해석 기계가 여전히 작동은 되었으나, 실제 사용이 가능한 건 아니라고 생각했다.

해설 주어가 틀리므로, the machine은 생략할 수 없다. 시제가 같으므로 동사 function에 -ing를 붙여서 분사로 만든다.

정답 The machine still functioning, we didn't think it was practical to use.

7 해석 메리는 실험을 끝내고 싶었기 때문에, 다른 사람들과 함께 떠나지 않았다.

해설 부사절이 주절 뒤에 위치한 경우지만, 분사구문을 만드는 과정은 동일하다. Because 부사절의 주어 she와 주절의 주어 Mary가 같으므로 she를 생략하고, 시제는 똑같이 과거이므로, 동사 hope에 -ing를 붙여서 단순 분사구문 형태로 만든다.

정답 Mary didn't leave with the other, hoping to complete the experiment.

8 해석 비록 옆집에 살지만, 나는 그녀를 모른다.

해설 접속사와 주어를 생략한다. 시제가 둘 다 현재 시제로 동일하므로, live에 –ing를 붙여서 분사로 만들면 된다.

정답 Living next door, I don't know her.

9 해석 어떻게 해야 할지 몰랐기 때문에 나는 그의 조언을 구했다.

해설 접속사와 주어 I를 탈락시킨다. 부정문이므로 일단 부정어 Not을 써준다. 시제가 둘 다 과거로 동일하므로, 동사 know에 –ing를 붙여서 단순 분사구문으로 만들면 된다.

정답 Not knowing what to do, I asked for his advice.

10 해석 지미 카터 대통령은 나이를 고려해 볼 때, 존경할 만한 사람이다.

해설 부사절이 주절 뒤에 있는 경우이다. 주절의 주어와 부사절의 주어가 틀리지만, 부사절의 주어가 일반인 주어 people이므로, 생략 가능하다. 시제 역시 주절과 동일하므로, 동사 consider를 현재분사로 고쳐주면 된다.

정답 President Jimmy Carter is an admirable man, considering his age.

11 해석 그는 저녁을 먹은 뒤 산책하러 밖으로 나갔다.

해설 문장 구조상 빈칸은 〈접속사 + 주어 + 동사〉 형태의 부사절이나, 분사구문이 들어가야 하므로, (a)와 (c)는 답이 될 수 없다. (b)는 문맥상 접속사 while이 어울리지 않으며, 시제 역시 맞지 않으므로 답이 될 수 없다. 따라서 After he had eaten his dinner, he went outside to take a walk.라는 복문에서 After가 이끄는 부사절을 분사구문으로 고친 형태인 (d) Having eaten his dinner가 정답이다.

정답 (d)

12 해석 수업이 끝나자 학생들이 운동장으로 쏟아져 나왔다.

해설 문장 구조상 주어는 class와 the students로 두 개이지만, 접속사가 보이지 않으므로, 빈칸은 동사가 아니라 분사 자리이다. 선택지 중 분사는 (c) being밖에 없다.

정답 (c)

Actual Test

1 해석 A: 그 유기체는 얼마나 작니?

B: 그것은 너무 작아서 육안으로 볼 수 없어.

해설 빈칸 뒤에 to부정사가 이어지고 있으므로, 빈칸에는 to부정사와 어울릴 수 있는 어구를 골라야하는데, (b)와 (c)가 가능하다. (c)는 '육안으로 식별할 정도로 충분히 작다'라는 의미가 되어 문법적으로는 가능하나, 문맥에 맞지 않아 답이 될 수 없다. (a)와 (d)는 우리말 해석상으로는 가능해 보이지만 to부정사 어구 앞에서 쓰이지 않는 표현이므로 주의해야 한다.

정답 (b)

2 해석 A: 내일 밤 영화를 보러 가는 게 어떨까요?

B: 나쁘지는 않군요. 어떤 영화가 상영되고 있나요?

해설 What do you say to –ing?는 '~은 어떨까요?'라는 표현이며, to 뒤에 동명사를 취한다. 따라서 정답은 (b)가 된다. 한편, What's on the big screen?은 직역하면 '대형 화면에 무엇이 있느냐?'라는 뜻이 되는데, 의역하여 '어떤 영화가 상영 중인가?'를 묻는 정도로 해석할 수 있다.

정답 (b)

3 해석 A: 뉴질랜드의 날씨는 어땠어?

B: 지역에 따라 달라. 호주와 비교하면 일반적으로 추운 편이었어.

해설 '~와 비교하여'라고 표현할 때는 (as) compared to라는 분사구문을 사용하면 된다. 분사구문으로 축약시키기 전 상태의 접속사절로 문장을 풀어보면, as it was compared to 정도로 쓸 수 있는데, 분사구문을 만들기 위해 접속사 as의 생략, 주절과 일치하는 주어 it의 생략, 그리고 동사원형에 –ing를 붙여서 was를 being으로 바꿔야 하는데, 수동태의 경우 being을 생략하고 p.p.만 남길 수 있으므로, compared to만 남게 된다. 따라서 정답은 (a)이다.

정답 (a)

4 해석 A: 민, 너 괜찮아? 너 슬퍼 보인다.

B: 응, 그래. 강좌 두 개를 다시 들어야 하거든.

해설 '~해 보인다'라는 의미의 자동사 look의 보어는 형용사를 사용해야 한다. 따라서 분사형 형용사인 (b) wretched가 적당하다.

정답 (b)

5 해석 A: 이곳 사람들이 아주 조심스럽게 운전을 한다고 생각하지 않니?

B: 전혀 차를 몰아보지 않아서, 잘 모르겠어.

해설 이유를 나타내는 분사구문이다. 빈칸에 들어갈 종속절은 as, because, since 등의 접속사로 시작하여, Because I have never driven a car이라는 문장으로 풀어 쓸 수 있는데, 분사구문을 만들기 위해 접속사 Because를 생략하고, 주절과 동일한 종속절의 주어 I를 생략한 후 동사원형에 -ing를 붙여 having이 된다. 부정의 부사 never는 분사의 앞에 위치하게 되므로, 정답은 (a) Never having driven a car가 된다.

정답 (a)

6 해석 A: 수표를 바꾸려면 어디로 가야 하나요?

B: 위층으로 올라가시면 바로 앞에 은행이 보이실 겁니다.

해설 목적격 보어의 자리에 오는 분사의 형태를 묻는 문제이다. get은 목적어를 취하고 그 뒤에 목적격 보어를 취하는데, 목적어가 my check 즉, 사물이므로 목적 보어는 수동태가 되어야 한다. 그러므로 수동의 의미를 지니는 과거분사 (a) changed가 정답이 된다.

정답 (a)

7 해석 A: 애들은 로비에서 뭐 하고 있니?

B: 오늘밤 파티에 갈지 말지에 대해 이야기하고 있어.

해설 '~에 대해 이야기하다'라는 표현은 talk about이다. '갈지 말지'에 해당하는 표현은 whether to go이다. 따라서 이들을 합한 (b) about whether to go가 정답이다.

정답 (b)

8 해석 A: 랄프야, 안녕? 주말에 배 타러 갈 건데. 너도 올래?

B: 나도 가고 싶지만 주말 내내 엄청 많은 보고서를 쓰느라 바쁠 것 같아.

해설 '~하느라 바쁘다'라는 표현은 be busy -ing, 즉 현재분사를 사용한다. 따라서 정답은 (c) writing이다.

정답 (c)

9 해석 A: 중간고사가 코앞이야. 나 준비 하나도 안했는데.

B: 그럼 남은 날까지 며칠 동안 밤새는 수밖에 없네.

해설 '~하는 수밖에 선택의 여지가 없다'라는 표현은 〈have no choice but + to부정사〉이다. stay up -ing는 '~하느라 밤을 꼬박 새다'라는 뜻의 숙어이므로, 정답은 (a) to stay up studying이 된다.

정답 (a)

10 해석 A: 내일 우리집에 와서 숙제하는 것 좀 도와줄래?

B: 오늘밤까지 내 컴퓨터를 다 고칠 수 있으면.

해설 동사 finish 역시 enjoy와 마찬가지로 동명사 목적어만 취한다. 그리고 주어가 나(I) 즉, 사람이므로 능동태로 문장을 만들어야 하므로 정답은 (a)가 되겠다.

정답 (a)

11 해석 A: 나 호흡 곤란이 생기기 시작해서 담배 끊었어.

B: 처음에는 분명 힘들었겠다.

해설 '~을 멈추다'라는 표현은 stop -ing 즉, 동명사 목적어를 취해야 한다. 만약 〈stop + to부정사〉를 사용하게 되면 '~을 하기 위해 (하던 일을) 멈추다'라는 뜻이 되어 문장의 의미가 변한다. 따라서 정답은 (b)이다.

정답 (b)

12 해석 A: 이 부서의 책임자가 누구죠?

B: 저쪽에서 창문 밖으로 얼굴을 내밀고 있는 여자분이요.

해설 원래는 The woman who is leaning out of the window over there.라고 풀어서 쓰여 있던 것을 선행사 The woman 뒤의 주격 관계대명사 who와 be동사인 is를 함께 생략하여 leaning만 남은 꼴이 된 것이다. 따라서 정답은 (b)이다.

정답 (b)

13 해석 존슨 상원 의원은 국립미술관장인 휴고 깁슨 씨를 만나기 위해 국립미술관을 방문할 예정이다.

해설 미래 부사 next Friday로 보아, 빈칸에는 미래 대용어구가 들어갈 자리이다. 선택지 중 미래를 나타낼 수 있는 어구는 (b) is to pay a visit밖에 없다. 〈be + to부정사〉는 문맥에 따라, 예정, 의무, 운명, 가능, 의도로 해석될 수 있는데, 주로 미래 부사랑 함께 쓰일 경우에는 예정의 의미로 해석된다.

정답 (b)

14 해석 부엌 수리가 필요하면 그린플러밍(Green Plumbing)에 연락하십시오. 그러면 새것처럼 개선되는 모습을 보게 될 것입니다.

해설 need 동사 뒤에는 to부정사와 동명사를 쓸 수가 있는데, to부정사를 쓸 경우에는 to부정사의 의미상의 주어가 문장 주어와 일치하기 때문에, 수동이면, 수동부정사를 써야 하지만, 동명사를 쓸 경우에는 비록 수동의 의미일지라도 수동 동명사를 쓰지 않고 능동 동명사를 써야 한다. 따라서 빈칸에는 needs to be repaired, 또는 needs repairing이 들어갈 수 있다.

정답 (b)

15 해석 지휘봉을 아래로 내리면서 지휘자는 연주를 마쳤다.

해설 독립 분사구문을 물어보는 문제이다. 분사구문의 주어와 주절의 주어가 같지 않을 경우에는 분사구문의 주어를 생략하지 않고 그대로 써야한다. 원래 종속절은 As his baton was held low 였는데, 분사구문을 만들기 위해 접속사 as를 생략하고, 종속절의 주어인 his baton은 주절의 주어인 conductor와 다르므로 생략이 불가능하다. 그리고 나서 종속절의 동사 was의 원형에 -ing를 붙여서, His baton being held low로 바뀌는데, 수동태의 분사구문은 being을 생략하여 과거분사만 남게 되므로 His baton held low, 즉 (b)가 정답이 된다.

정답 (b)

16 해석 투자할 돈이 남아 있지 않아서, 이사회는 비상 자금을 일부 사용하기로 결정했다.

해설 역시 독립 분사구문의 문제이다. 문장 구조상 빈칸은 절이 아니라 구가 들어가야할 자리이므로, (a)는 답이 될 수 없다. 주절의 주어 the board와 분사구문의 형식주어인 there가 일치하지 않기 때문에, there를 생략할 수 없다. 따라서 (b)와 (c)도 답이 될 수 없다. 원래 종속절은 Because there was no money left to invest였는데, 접속사 because 생략, 종속절의 주어 there은 주절의 주어 the board와 불일치하므로 생략 불가, 동사원형에 -ing를 붙여 was는 being이 된다. 따라서 정답은 (d)이다.

정답 (d)

17 해석 한국에서 사람들이 집안에서 신발을 신지 않는 것에 익숙해지는 것은 어려웠다.

해설 '~에 익숙해지다'라는 표현은 get used to이므로 일단 (c)와 (d)는 답이 될 수 없다. 그리고 to가 전치사이므로 동사가 아니라 뒤에는 (동)명사가 와야 하므로, 정답은 (a)이다. people은 동명사 not wearing의 의미상의 주어이다.

정답 (a)

18 해석 우리 아빠는 자동차 엔진에 무슨 이상이 생겼는지 살펴보느라 너무 바빴다.

해설 동명사의 관용표현을 물어보는 문제이다. 〈be + 형용사〉 뒤에는 주로 to부정사가 이어지지만, be busy 다음에는 예외적으로 동명사가 이어져야 하며, '~하느라 바쁘다'로 해석된다.

정답 (c)

19 해석 끊임없이 싸워대는 정치인들에 대해 불평해도 소용이 없다.

해설 '~해도 소용없다'라는 뜻을 가진 동명사의 관용구문인 it is no use -ing를 묻는 문제이다. 따라서 정답은 (c)이다.

정답 (c)

20 해석 유엔은 중국과 대만의 관계를 중재하기 위해 약 40년 동안 노력해왔다.

해설 시제를 묻는 문제이다. 시제 문제는 부사어구에 힌트가 나와 있다. for nearly 40 years가 있으므로, 과거로부터 현재까지의 상태나 동작의 지속 기간을 강조하는 시제인 현재완료 시제나 현재완료 진행형 시제를 골라야 한다. 그 다음, try 뒤에는 동명사와 to부정사 모두 가능한데, 의미상의 차이가 있다. try to는 '~하기 위해 노력하다'이고, try -ing는 '시험 삼아 ~해보다'라는 뜻이다. 위 문장은 문맥상 '~하기 위해 애쓰다'라는 의미가 적절하므로, to부정사가 알맞다. 따라서 정답은 이 두 조건을 충족시키는 (c) has tried to intervene이다.

정답 (c)

21 해석 세계 각국의 대표들은 다음 주 수요일에 있는 환경 심포지엄에 참석할 예정이다.

해설 미래 부사 next Wednesday가 있는 걸로 보아 빈칸에 미래 대용어구가 들어가야 한다. 빈칸 앞에 be동사가 있으므로, be동사 뒤에 연결되어 미래를 나타낼 수 있는 어구를 골라야 하는데, (b)와 (c)가 가능하다. (b)는 현재진행형으로서 미래를 나타낼 수도 있지만, 태가 일치하지 않아 답이 될 수 없다. 대표들은 심포지엄에 참석하는 주체이므로, 수동이 아니라, 능동형

(attending)이 되어야 하기 때문이다. 따라서 '~할 예정이다'로 해석이 되는 〈be + to부정사〉 구문인 (c)가 정답이다.

정답 (c)

22 해석 10년 동안 프로그래밍을 해왔던 것을 되돌아보니, 내 자신이 이제야말로 진정한 프로그래머가 되었음을 알게 되었다.

해설 문장 구조상 접속사가 없으므로, 빈칸은 절이 아니라, 구가 들어가야 하므로, 동사로 시작된 (a)는 일단 답에서 제외 된다. 분사구문의 의미상의 주어는 주절의 I와 일치해야 하므로, 분사구문의 형태는 주어 I와 look back의 주술 관계를 따져서 능동이면, -ing 형태의 현재분사로 시작되는 능동 분사구문을 골라야하고, 반면 수동 관계이면, 과거분사로 시작되는 수동 분사구문을 써야하는데, 주어 I는 look back on의 대상이 아니라 주체이므로 능동 분사구문을 골라야한다. 따라서 (b) Looking back이 정답이다. 참고로 (c) To look back은 문법적으로 가능하지만, 의미상으로 '~하기 위해'로 해석이 되기 때문에, 문맥에 알맞지 않아 답이 될 수 없다.

정답 (b)

23 해석 이봐, 안녕. 오늘밤에 한 잔 하는 게 어때?

해설 전치사 뒤에는 to부정사를 쓸 수 없고, 동명사를 써야 한다. 따라서 정답은 (b)이다.

정답 (b)

24 해석 (a) A: 자네 부인이 자네 생일에 준 선물에 무슨 문제가 있나?

(b) B: 아내가 나한테 큰 체크랑 작은 체크 중에 고르라고 했거든.

(c) A: 그래서 자네 부인이 골라준 체크 무늬가 마음에 안 든다는 말인가?

(d) B: 아니, 내 말은 아내가 나한테 수표(check)를 주는 줄 알았지. 돈 말이야!

해설 동사의 유형을 묻는 문제이다. 동사 ask는 5형식 문형에서 목적격 보어로 to부정사를 취해야 하기 때문에, choosing을 to choose로 고쳐야 한다.

정답 (b) choosing → to choose

25 해석 (a) 우리 신체의 필수 화학 물질인 나트륨은 우리 생활의 모든 부분에 영향을 준다. (b) 적절한 양의 나트륨 섭취는 체액을 유지시켜 주어 우리가 땀을 많이 흘리더라도 탈수가 거의 일어나지 않도록 도와준다. (c) 또 다른 중요한 역할은 우리의 신경계가 나트륨과 그의 가장 친한 친구라고 할 수 있는 칼슘 사이의 상호작용에 크게 의존하고 있다는 것이다. (d) 이것은 또한 우리의 일상적인 식생활과 밀접하게 관련되어 있다. 예를 들어, 가장 인기 있는 조미료인 소금은 다량의 나트륨을 포함하고 있다. 그러나 많은 과학자들은 과도한 양의 나트륨 섭취는 고혈압과 같이 건강에 부정적인 영향을 초래하는 것으로 보인다고 경고하고 있다.

해설 동사 seem은 동명사가 아니라 to부정사를 취하는 동사이다. 따라서 마지막 문장에서 seems causing을 seems to cause로 수정해야 한다.

정답 (d) causing → to cause

Chapter 05 가정법

Exercise 1

1 해석 나의 어머니는 미자가 내 아내가 될 것을 권유했다.

해설 요구(demand, request), 주장(insist), 제안(recommend, suggest, propose, advise), 명령(order) 등의 동사의 목적어로 쓰인 that절의 내용이나 상황이 주절 동사의 시점을 기준으로 그 시점 이후에 발생하거나 이뤄져야 한다는 당위적 내용이면 전달 동사의 종류와 시제에 상관없이 that절의 동사 형태는 동사원형이어야 한다. that절의 내용이 이루어져야 한다는 당위적 내용이므로 that절의 is를 be로 고쳐야 한다.

정답 is → be

2 해석 나는 민호보고 그 일자리에 지원하라고 제안했다.

해설 주절 동사가 제안 동사 suggest이고 that절의 내용이 중요하고 바람직하므로 이루어져야 한다는 내용일 경우 that절의 동사는 동사원형이 되어야 하므로 applied를 apply로 수정해야 한다.

정답 appiled → apply

3 해석 그 사건의 목격자인 찰스 브라운 씨는 잭이 그 시각에 메리의 집에 있었다고 주장했다.

해설 주장 동사 insist 다음의 that절 안에 〈(should) + 동사원형〉을 쓰는 경우는 that절의 내용이 바람직하고 중요해서 반드시 이뤄져야 한다는 당위적 의미를 내포할 경우에 한해서이다. 일반적인 사실을 주장하거나, 주장한 시점에서 이미 벌어진 일을 주장할 때에는 동사원형을 쓰는 것이 아니라, 일반 시제를 써야 한다. 목격자(witness)라는 단어와 at that time이라는 부사구로 볼 때, 브라운 씨가 주장한 내용은 당위절(잭이 메리의 집에 있어야 할 것)이 아니라, 주장한 시점에서 이미 발생한 일(잭이 메리의 집에 있었다)을 주장하는 것이므로, be를 had been으로 고쳐야 한다.

정답 be → had been

4 해석 그녀가 좋은 책을 읽어야 하는 것은 매우 중요하다.

해설 〈It is + 형용사 + that S + V〉 형태의 진주어, 가주어 구문에서 주로 필요하고 중요하다는 의미의 necessary, important, vital, imperative, essential 등 형용사가 올 경우에, that절의 형태는 〈(should) + 동사원형〉이다. 이 경우 역시 that절이 중요하고 필요하니까, 이루어져야 한다는 당위적 의미를 내포하기 때문에 원형부정사를 쓰는 것이라고 이해하면 된다.

정답 reads → read

5 해석 어떤 피고든 유죄로 판명되면 항소할 권리를 가지고 있다.

해설 피고가 유죄로 판명되는 것은 충분히 있을 수 있는 상황이므로, if절의 동사의 시제는 현재형 (c) is가 가장 알맞다. 이처럼 현재 또는 미래의 불확실하지만, 실현 가능성이 높은 상황을 가정하는 경우, if절은 동사현재형을 쓰고, 주절은 주로 〈주어 + 조동사 현재형(will, can) + 동사원형〉의 형태를 취한다. 이런 if 조건문을 현재나 미래의 상황에 대한 단순 조건문, 직설 조건문이라고 한다.

정답 (c)

6 해석 미국 정부는 많은 한국 관광객을 위해 한글을 LA의 도로 표지판에 추가할 것을 제안했다.

해설 주절 동사가 제안 동사 proposed이고, 문맥상 that절의 내용이 이루어져야 한다는 당위절이므로 〈(should) + 동사원형〉이 되어야 한다. 또한, 한글은 '추가되는' 것이므로 수동형인 (should) be added가 되어야 한다. 따라서 정답은 (b) be added이다.

정답 (b)

Exercise 2

1 해석 당신이 나를 도와준다면, 나는 그리 많은 실수를 하지 않을 수도 있을 텐데.

해설 결과절인 주절의 동사 시제가 might not make로 현재나 미래의 반대 상황을 가정하는 가정법 과거이므로, if절도 과거 동사 helped를 써야 한다.

정답 helped

2 해석 비가 내리고 있지 않다면, 지금 등산을 갈 텐데.

해설 결과절인 주절이 would go로 가정법 과거이므로, if절 역시 가정법 과거 시제에 맞게 과거 동사를 써야 하므로, were not이 정답이다.

정답 were not

3 해석 태양이 서쪽에서 뜬다면, 나는 그녀랑 결혼할 것이다.

해설 미래에 대한 실현 가능성이 희박한 가정을 하고 있다. 주절이 〈조동사 과거 + 동사원형〉이므로, if절은 가정법 시제가 와야 한다. 따라서 rises는 문법적으로 불가능하다. 혼합 가정법인 경우를 제외하면, 주절이 〈조동사 과거 + 동사원형〉일 때, if절에 올수 있는 동사 형태는 〈should + 동사원형〉, 〈were to + 동사원형〉, 〈과거 동사〉 이렇게 3가지 형태 중에 하나이다. 따라서, 괄호 속에 문법적으로 가능한 동사 형태는 should rise, were to rise, rose인데, 실현 가능성이 아주 희박한 가정이므로 were to rise나 rose가 적절하다.

정답 were to rise

4 해석 그가 나랑 함께 간다면, 모든 것이 쉽게 해결될 것이다.

해설 결과절인 주절이 없다면, should go와 went 둘 다 가능하다. went가 더 미래에 대한 더 희박한 가정을 나타낼 뿐 해석상의 큰 차이는 없다. 주절의 동사 형태가 〈조동사 현재형 + 동사원형(will be)〉이므로 if절은 should go가 되어야 한다. if절에 should가 들어 있는 가정법의 주절은 〈조동사 과거형 + 동사원형(would be)〉도 가능하고, 〈조동사 현재형 + 동사원형(will be)〉도 가능하고, 직설 조건문처럼 명령문의 형태(If you should have any questions, please feel free to contact us.)도 가능하다. 하지만, if절이 과거 동사(went)일 경우나, 〈were to + 동사원형(were to go)〉일 경우에는 주절은 반드시 〈조동사 과거 + 동사원형(would be)〉이어야 한다는 사실에 유의해야 한다.

정답 should go

5 해석 내가 진실을 알았더라면, 나는 너에게 말해줬을 텐데.

해설 과거 사실의 반대를 가정하고 있으므로 if절의 knew를 had known으로 고쳐야 한다.

정답 knew → had known

6 해석 그가 그 문제를 신중하게 살펴봤더라면, 그는 지금 곤경에 처해 있지 않을 텐데.

해설 문맥상 if절은 과거 사실의 반대인 가정법 과거완료이고, 주절은 now가 있으므로 현재 사실의 반대를 가정하는 가정법 과거인 혼합 가정법이다. 혼합 가정법은 if절은 had p.p.이고, 주절은 〈조동사 과거 + 동사원형〉이 되어야 하므로, won't를 wouldn't로 고쳐야 한다.

정답 won't → wouldn't

7 해석 랜돌프 씨가 젊었을 때 열심히 일을 했더라면, 지금 부자가 됐을 텐데.

해설 if절에 in his youth가 있기 때문에 if절은 과거 사실의 반대를 가정하는 가정법 과거완료이고, 주절은 now가 있는 걸로 보아 현재 사실의 반대 상황을 가정하는 가정법 과거로, 혼합 가정법 문장임을 알 수 있다. 따라서 if절의 동사 worked를 had worked로 고쳐야 한다.

정답 worked → had worked

8 해석 A: 마틴은 겨우 21살 때 죽었어.
B: 의사의 충고를 따랐다면 지금 살아 있을 텐데.

해설 B의 If절의 동사 형태가 had taken으로 과거완료이지만, 주절은 now가 있는 것으로 보아 현재 사실의 반대를 가정하는 혼합 가정법이다. 혼합 가정법은 if절은 과거완료(had p.p.)이고, 주절은 〈조동사 과거(would/could/might) + 동사원형〉 형태가 와야 하므로, (c) might be가 정답이다.

정답 (c)

Exercise 3

1 해석 너 이제 결혼해야 할 때다.

해설 '~할 시간이다'는 뜻으로 It's time 뒤에 that절은 가정법 과거 시제를 쓰므로, 과거 동사 got을 써야 한다. 이미 결혼을 했어야 했는데, 아직 하지 않고 있다는 뉘앙스를 가진 문장이다. 이 문장은 It's time that you should get married. 또는 It's time for you to get married.로 바꿔쓸 수도 있다.

정답 got

2 해석 그녀가 내 충고를 따랐더라면 좋았을 텐데.

해설 I wish 뒤에는 반드시 가정법 시제가 와야 한다. 현재 사실의 반대를 소망하면 과거 동사를, 과거 사실의 반대를 소망하면 과거완료를 쓴다. 미래에 대한 소망은 〈would + 동사원형〉 형태로 표현한다. will follow는 I wish 뒤에 무조건 불가능한 형태이다.

정답 had followed

3 해석 존은 그밖의 다른 뭔가를 생각하고 있는 것처럼 보인다.

해설 as if 뒤에는 직설법과 가정법 둘 다 가능하다. were는 가정법이고, have been은 직설법인데, have been은 he와 수 일치가 되지 않아서 문법적으로 불가능하다. has been이어야 한다. 예를 들어 He talks as if he were American.의 뜻은 He is not American.의 뜻이 숨어 있고, He talks as if he is American.의 뜻은 It is possible that he is American.으로 의미상의 차이가 있을 뿐이므로, as if 뒤에는 가정법뿐만 아니라 직설법도 가능하다는 점에 주의할 필요가 있다.

정답 were

Exercise 4

1 해석 너의 도움이 없다면, 나는 내 사업을 계속할 수 없을 것이다.

해설 현재 사실의 반대인 '~가 없다면'은 가정법 과거 형태 〈If it were not for + 명사(구), 주어 + would + 동사원형〉으로 표현하고, 과거에 '~가 없었더라면'은 가정법 과거완료 형태인 〈If it had not been for + 명사(구), 주어 + would/could + have p.p.〉 형태로 표현한다. 제시된 문제에서는, 주절의 동사가 〈조동사 과거 + 동사원형(couldn't continue)〉으로 가정법 과거 형태인 것으로 보아 if절 역시 가정법 과거인 If it were not been for 형태임을 유추할 수 있다. 가정법에서 if를 생략하는 경우 Were it not for ~의 어순으로 도치가 된다. 따라서 Were가 정답이다.

정답 Were

2 해석 시간이 좀 더 있었더라면, 나는 더 잘할 수 있었을 텐데.

해설 주절의 동사 형태(could have done)로 보아 과거에 있었던 상황의 반대를 가정하는 가정법 과거완료임을 알 수 있다. 가정법 과거완료에서 if절의 동사 형태는 과거완료(had p.p.) 형태이어야 한다. 따라서 have는 p.p.가 되어야 하므로 had로 고쳐야 한다. 참고로 가정법에서 접속사 if를 생략하면 Had I had more time과 같이 도치가 일어난다.

정답 Had I have → Had I had

3 해석 그때 그의 도움이 없었더라면 지금 내 사업은 성공하지 못했을 것이다.

해설 if절과 주절에 쓰인 시간 부사구 at that time과 now로 보아 if절은 과거 사실의 반대, 주절은 현재 사실의 반대를 가정하는 혼합 가정법임을 알 수 있다. 따라서 가정법 과거완료 If it had not been for에서 If를 탈락하고 도치한 (c) Had it not been for가 정답이다.

정답 (c)

4 해석 A: 안녕, 메리. 어서 들어와.

B: 아, 일행이 있는 걸 몰랐네. 다른 사람이 있다는 걸 알았다면 오지 않았을 텐데.

해설 결과절인 주절의 동사 형태가 wouldn't have come이므로 if절 역시 had p.p.가 들어간 가정법 과거완료가 되어야 한다. 빈칸 뒤에 주어 I 다음에 had 없이 p.p.만 나와 있는 걸로 보아 If I had known someone was here에서 If가 생략되어 과거분사의 had가 주어 앞으로 도치되었다고 볼 수 있으므로 정답은 (d) 이다.

정답 (d)

Actual Test

1 해석 A: 아빠, 차를 살까 하는데 어떻게 생각하세요? 지하철 타는 게 질려서요.

B: 그러지 않았으면 좋겠구나, 얘야.

해설 would rather 뒤에 〈주어 + 동사〉 형태의 절이 올 경우는 가정법 시제를 써야 한다. 따라서 (c) didn't가 정답이다.

어휘 be sick of 싫증나다, 질리다

정답 (c)

2 해석 A: 그래햄은 병원에서 이토록 끔찍한 시간들을 모두 보내고 나서야 흡연을 시작하지 않았더라면 좋았을 거라고 생각해.

B: 깨달음을 얻는 데 너무 늦는 건 없지.

해설 I wish 뒤에는 가정법 동사 형태만이 올 수 있다. 현재 사실의 반대일 경우는 과거 동사를, 과거 사실의 반대를 희망할 경우는 과거완료 형태를 사용한다. A는 과거 사실에 대한 반대 상황을 소망하고 있으므로 (c) hadn't started가 알맞다.

어휘 terrible 끔찍한

정답 (c)

3 해석 A: 내 여자 친구가 성형수술을 받고 싶어 해. 너라면 어떻게 하겠니?

B: 글쎄, 내가 너라면, 있는 그대로의 모습이 아름답다고 말해 주겠어.

해설 B는 if 가정법으로 A에게 조언을 하고 있다. 주절의 동사시제가 would+동사원형이므로 종속절 역시 가정법 시제가 적절하다. 정답은 (c) were 이다.

어휘 plastic surgery 성형수술

정답 (c)

4 해석 A: 사람들에게 길을 물어봤더라면, 지금 길을 잃고 시간을 낭비할 필요가 없을 텐데.

B: 미안해. 나 혼자서도 길을 찾을 수 있을 줄 알았거든.

해설 if절의 동사가 과거완료(had asked)로 과거 사실의 반대를 가정하고 있으므로, 주절 역시 가정법 과거완료 시제(would have p.p.)가 오는 것이 보통이지만, 아닌 경우도 있는데, 바로 if절은 가정법 과거완료인데, 주절은 현재 사실의 반대 상황을 가정하는 가정법 과거(would + 동사원형)인 경우이다. 이 문제의 경우 주절에 now라는 시간 부사가 결정적인 힌트이다. 주절에 now, today, like this 등의 부사가 있는 경우는 거의 혼합 가정법이라고 판단해도 무방하다. 따라서 (c) wouldn't have to get lost가 정답이다.

어휘 get lost 길을 잃다 waste 낭비하다

정답 (c)

5 해석 A: 너 목소리가 너무 큰 거 같아. 바깥에 나가서 잡담했으면 좋겠는데.

B: 미안해.

해설 I would rather 뒤에 〈주어+동사〉 형태의 절이 올 경우는 가정법 동사 형태를 써야 하므로 (c) went outside가 정답이다. 〈I'd rather +가정법〉은 주로, 정중한 요청이나 거절을 할 때 사용된다.

어휘 have a chat 잡담하다

정답 (b)

6 해석 A: 제임스 딘이 1930년대에 태어난 줄은 몰랐어.

B: 맞아. 아직까지 살아 있다면, 지금쯤 77살쯤 될 거야.

해설 결과절인 주절의 동사 형태가 〈조동사 + 동사원형(would be)〉으로 현재 사실의 반대를 가정하는 가정법 과거임을 알 수 있다. if절은 문맥상 '지금도 살아 있다면'의 의미가 되어야 하므로, if절 역시 현재 사실의 반대 상황을 가정하고 있으므로 가정법 과거 시제의 과거 동사인 (b) were가 가장 알맞다.

어휘 alive 살아 있는 around 약

정답 (b)

7 해석 A: 강도에게 정보를 준 사람이 내부에 있었음에 틀림없어.

B: 바로 그거야. 그가 비밀번호를 몰랐더라면, 절대로 우리의 새 금고를 열 수 없었을 테니까.

해설 주절의 동사 형태가 could never have opened로 가정법 과거완료이므로, if절 역시 과거 사실에 반대 상황을 가정하고 있는 가정법 과거완료 형태가 적절하다. 따라서 정답은 (d) hadn't known이다.

어휘 on the inside 내부에

burglar 강도

combination (금고처럼 여러 개의 번호를 맞춰서 열 수 있게 되어 있는 자물쇠의) 비밀번호

safe 금고

정답 (d)

8 해석 A: 제임스랑 결혼하지 마. 엄마 말 듣지 않으면, 평생 후회하게 될 거야.

B: 죄송해요, 엄마. 해가 서쪽에서 뜨더라도, 절대로 제 생각을 바꾸진 않을 거에요.

해설 문맥상 B는 도저히 있을 수 없는 미래의 상황을 가정하고 있다. 미래의 불확실하거나 실현 불가능한 상황을 가정하는 하는 경우 if절에 올 수 있는 동사의 시제는 3가지이다. 〈if 주어 +were to/should +동사원형〉 형태의 가정법 미래나, 〈If 주어 +과거 동사〉 형태의 가정법 과거를 사용한다. 태양이 서쪽에서 뜬다는 것은 아주 희박한 가정이므로 should rise보다는 were to rise나 rose를 쓰는 것이 더 자연스럽다. 선택지에서 이 3가지 중 하나에 해당되는 것은 (b) were to rise이다. 참고로, 일상 회화체에서는 문어체 영어인 Even if the sun were to rise in the west 보다는 Even if the sun rose in the west를 쓰며, 이보다도 더 많이 쓰는 표현은 Even if pigs fly이다. *ex.)* Even if pigs fly, I will never change my mind.

어휘 change one's mind 생각[맘]을 바꾸다

정답 (b)

9 해석 A: 치과의사가 메리에게 어떻게 하라고 말했어?

B: 커피를 너무 많이 마시지 말라고 했대.

해설 요구(demand), 주장(insist), 제안(suggest, recommend, propose) 등의 동사가 이끄는 명사절 that절이 '~해야 한다'는 내용의 당위절일 경우는 ⟨(should)+동사원형⟩의 형태를 써야 하므로 should not drink에서 should가 생략된 (c) not drink가 가장 알맞다.

정답 (c)

10 해석 A: 내가 너라면, 난 50달러를 주고 그 셔츠를 사지는 않을 거야.

B: 하지만 난 항상 빨간 셔츠를 하나 갖고 싶었거든.

해설 A가 B에게 셔츠를 사지 말라고, 가정법을 써서 부드럽게 조언을 하고 있다. if 조건절이 현재 사실의 반대인, 가정법 과거 형태이므로 주절 역시 가정법 과거가 되어야 한다. 따라서 (c) wouldn't buy가 정답이다.

어휘 If I were you 내가 너라면

for 50 dollars 50달러에, 50달러를 주고

정답 (c)

11 해석 A: 일본이 과거사에 대해 한국에게 진심으로 사과를 해야 할 때가 되지 않았니?

B: 물론이지. 마치 아무 잘못도 하지 않은 것처럼 행동하고 있어.

해설 It's (about/high) time 뒤에 that 명사절이 오는 경우 that절은 가정법 과거 동사를 써야 한다. 진작 사과를 했어야 했는데, 아직도 사과를 하고 있지 않다는 뉘앙스의 문장이다. 따라서 정답은 (c)이다.

어휘 say sorry 사과하다

sincerely 진심으로, 진지하게

정답 (c)

12 해석 A: 네가 그렇게 하찮은 일로 싸울 필요가 없었다고 봐.

B: 지미가 시작만 안 했어도, 내가 맞서 싸울 일은 없었을 거야.

해설 If절이 과거 사실의 반대를 가정하는 가정법 과거완료(hadn't started)이므로 주절도 가정법 과거완료 시제(조동사 과거+have p.p.)가 되어야 한다. 따라서 (d) wouldn't have fought가 빈칸에 알맞다.

어휘 fight back 맞서 싸우다

정답 (d)

13 해석 한 달 전에 주식을 몽땅 팔지만 않으셨어도, 우리 아버지는 지금쯤 백만장자가 되어 있을 텐데.

해설 if절은 과거 사실의 반대 상황을, 주절은 현재 사실의 반대를 가정하는 혼합 가정법의 형태이므로 (c) would be가 정답이다. 참고로 혼합 가정법은 주절에 now, today, like this 등의 부사어구가 나와 있는 경우가 대부분이다.

어휘 share 주식, 몫, 지분 millionaire 백만장자

정답 (c)

14 해석 그 가이드는 모든 관광객들에게 항상 여권을 가지고 다니라고 말했다.

해설 제안 동사 advise 다음에 이어지는 that 명사절의 내용이 '~해야 한다'는 의미의 당위절일 경우에 that절 안은 ⟨(should)+동사원형⟩을 쓰므로, 정답은 (a) carry이다.

어휘 passport 여권 at all times 항상

정답 (a)

15 해석 콜린과 그의 아내는 결국 지난달에 이혼했지만, 그들은 아무렇지도 않은 양 행동하려고 애썼다.

해설 문맥에 알맞은 접속사를 고르는 문제이다. 문맥상 '마치 ~인 양'의 의미를 가진 접속사가 들어가야 하므로, (d) as though가 정답이다. 참고로 as though 대신에 as if도 똑같은 의미를 가진 접속사인데 as if/though 뒤에는 직설법과 가정법 둘 다 쓸 수가 있다. 사실과 반대(counter-factual statement)를 가정할 때는 주로 가정법 형태를 취한다. 주절 동사와 같은 시점에서의 반대를 가정할 때는 동사 과거형을, 주절 동사 시점보다 이전 상황의 반대를 가정하면 과거완료 형태를 쓴다.

어휘 divorce 이혼하다

ok 괜찮은, 아무렇지 않은

정답 (d)

16 해석 한국에서 더 많은 소비자들의 의견을 들어보는 것이 매우 중요하다.

해설 ⟨It is + 형용사(necessary, important, imperative, essential, vital, natural) + that 명사절⟩ 형태의

가주어, 진주어 구문에서 that 명사절의 내용이 주로 중요하고, 필요해서 '~해야 한다'는 내용의 당위절일 경우 that절 안의 동사 시제는 〈(should) + 동사원형〉을 쓰므로, 따라서 should be heard에서 should가 생략된 형태인 (a) be heard가 정답이다. 목소리는 들려지는 것이므로 수동이 되어야 한다.

어휘 voice 목소리, 의견 consumer 소비자

정답 (a)

17 해석 경영을 간소화하지 않았더라면, 그 회사는 살아남을 가망이 없었을 것이다.

해설 주절이 〈조동사 과거형 + have p.p.〉 형태로 과거 사실의 반대를 가정하고 있으므로, if절 역시 과거 사실의 반대 상황을 가정하는 가정법 과거완료 시제를 써야 한다. 하지만, if 접속사가 포함되어 있는 선택지가 한 개도 없으므로, if를 탈락시킨 형태의 종속절을 골라야 한다. if 가정법에서 접속사 if가 탈락된 경우엔 의문문의 어순으로 도치가 되므로, 정답은 (c) Had it not streamlined its management이다.

어휘 streamline 간소화[합리화, 능률화]하다

stand a chance 가망이 있다, 가능성을 가지다

정답 (c)

18 해석 대통령이 어제 시가행진에 참석했더라면, 테러리스트의 공격을 피할 수 없었을 것이다.

해설 if 종속절이 if가 탈락되어 도치되어 있고, 과거 사실의 반대를 가정하는 가정법 과거완료이므로, 주절 역시 가정법 과거완료의 주절 형태(조동사 과거 + have p.p.)이어야 하므로, 정답은 (c) could not have avoided이다.

정답 (c)

19 해석 (a) A: 생각해 봤는데, 나 살 좀 빼야겠어.

(b) B: 왜 그래야지?

(c) A: 똥배가 나오기 시작해서, 더 나오기 전에 빼고 싶어서야.

(d) B: 좋은 생각이야. 내가 한때 다녔던 헬스클럽에 한번 다녀 봐

해설 (d)의 제안동사 recommend 뒤의 that 명사절의 동사 형태는 〈(should) + 동사원형〉이 원칙이다. 따라서 would를 삭제하거나 would를 should로 고쳐야 한다.

어휘 lose weight 살을 빼다

beer belly 술배, 똥배

get rid of 제거하다

정답 (d) would try → try

20 해석 (a) 로마 제국이 도로를 건설할 때 전략적으로 중요한 요인을 고려했더라면, 스스로가 멸망하는 모습을 볼 필요가 없었을 것이다. (b) 로마 제국이 건설한 도로들은 기본적으로 장애물이 없었는데, 이는 그들의 적들 또한 그 고속도로들을 이용해서 로마로 올 수 있었음을 의미한다. (c) 만약에 로마인들이 도로를 따라 장애물을 설치했더라면, 침략자들이 그렇게 쉽게 수도 로마에 올수는 없었을 것이다. (d) 이는 좋은 의도를 가진 아이디어가 결국 큰 화를 자초하게 되는 걸 보여주는 매우 훌륭한 예이다.

해설 (a) 문장을 보면, 접속사가 없이 두 개의 문장이 콤마로 연결되어 있으므로, 접속사를 넣어줘야 한다. 일단 콤마 다음의 문장의 동사 형태가, 〈조동사 과거 + have p.p.〉이므로, 가정법 과거완료형 문장의 주절이라고 판단할 수 있고, 콤마 앞부분은 if 종속절임을 유추할 수 있다. 따라서 The Roman Empire 앞에 접속사 If를 넣어주거나, had와 주어 The Roman Empire를 도치시켜야 한다.

어휘 strategically 전략적으로

crucial 중요한

factor 요인

decline 멸망하다, 쇠퇴하다

obstacle 장애물

invader 침략자

ask for trouble 화를 자초하다, 사서 고생하다

end up -ing 결국 ~하게 되다

정답 (a) The Roman Empire had considered → Had the Roman Empire considered

Exercise 1

1 해석 모든 소년과 소녀들이 파티에 초대되었다.

해설 〈every, each + 단수 명사〉는 and로 연결되어 있어도 단수 취급하여 단수 동사를 써야 한다. 부정형용사 every가 수식하는 주어는 그 어떤 경우라도 단수 취급한다. 따라서 were를 단수 동사 was로 고쳐야 한다.

정답 were → was

2 해석 2명의 친구랑 함께, 잭이 이리고 오고 있다.

해설 accompanied by 이하는 삽입구 분사구이고, 주어는 Jack이므로, 동사 are를 is로 고쳐야 한다.

정답 are → is

3 해석 2주 전에 그가 산 오토바이는 잘 나간다.

해설 전체 문장의 주어는 motorbike이고, which he bought two weeks ago는 motorbike를 수직하는 형용사절이다. 주어가 3인칭 단수이므로, run을 runs로 고쳐야 한다.

정답 run → runs

4 해석 그 두 명의 노동자 중 어느 누구도 노동 쟁의에 가담하지 않았다.

해설 부정대명사 neither는 단수 취급한다. 〈neither of the + 복수 명사〉에서 주어는 대명사 neither이므로 were를 was로 고쳐야 한다.

정답 were → was

Exercise 2

1 해석 할머니가 돌아가신 지 3년이 지났다.

해설 시간, 거리, 금액, 무게, 가격 등의 단위 명사는 하나의 덩어리로 취급해서 복수 형태일지라도 단수 취급한다. 하지만, 시간을 나타내는 단위 명사라도 시간의 경과를 나타내는 경우는 복수 취급하므로 has를 have로 고쳐야 한다.

정답 has → have

2 해석 30마일은 긴 거리가 아니다.

해설 거리를 나타내는 단위 명사는 복수 형태일지라도 하나의 덩어리로 취급할 경우 단수 취급하므로 단수 동사를 쓴다.

정답 are → is

3 해석 의사이자 교수이신 그분이 회의에 참석했었다.

해설 동일인인 한 사람을 가리키므로 복수 동사 were를 was로 바꿔야 한다.

정답 were → was

4 해석 최근의 통계자료에 따르면 대만의 인구에 변동이 있었다.

해설 학문명은 복수 형태로 끝나더라도 추상명사이므로 단수 취급한다. statistics같은 경우 통계학이란 학문명을 뜻하면 단수 취급하지만, 통계자료나 통계수치를 뜻할 경우에는 복수 취급하므로, 단수형 동사 shows를 show로 고쳐야 한다.

정답 shows → show

5 해석 영국인들은 현실적인 사람들이다.

해설 한 나라 국민 전체를 가리킬 때 the Koreans, the Americans, the Canadians 등과 같이 〈the + 국민명 명사의 복수형〉으로 나타낸다. Japanese, Chinese 등과 같이 -ese 어미로 끝나는 단복수가 동일한 명사는 the만 붙여서 the Japanese, the Chinese와 같이 나타낸다. 하지만 English, French, Spanish처럼 언어를 뜻할 때를 제외하면, 형용사로만 쓰이는 경우는 the English, the Spanish, the French처럼 〈the+국적 형용사〉 형태로 쓰는데, 국민 전체를 나타내는 복수 보통명사화 되어 복수 동사를 써야 한다. 따라서 The English는 영국 사람들 전체를 가리키므로 is를 are로 고쳐야 한다.

정답 is → are

6 해석 탁자 위에 많은 책들이 있다.

해설 장소를 나타내는 전치부사구나 유도부사 there, here가 문두에 위치한 경우 주어와 동사는 도치가 되어야 하므로 many books are를 are many books의 어순으로 바꿔야 한다.

정답 There many books are → There are many books

7 해석 모두 조용히 하세요! 윌슨 씨가 이리로 오십니다!
해설 유도부사 Here가 문두에 나와 있으므로, 동사 comes와 주어 Mr. Wilson의 위치를 바꿔야 한다.
정답 Here Mr. Wilson comes! → Here comes Mr. Wilson!

8 해석 그 시인과 화가가 파티에 참석하셨다.
해설 poet과 painter에 각각 정관사가 붙은 경우는 동일인이 아니라, 두 명의 다른 사람을 나타내므로, is를 복수 동사 are로 고쳐야 한다.
정답 is → are

Exercise 3

1 해석 책장의 많은 책들이 분실되었다.
해설 〈A number of + 복수 명사〉는 복수 취급하며, a number of는 수가 '많은'의 뜻이다.
정답 were

2 해석 책이 정말 많았다.
해설 주어가 the number(수)이므로 단수 동사 was를 써야 한다.
정답 was

3 해석 손목시계가 내가 사고 싶은 것이다.
해설 watch and chain은 시계와 줄이 아니라, 줄 달린 시계, 즉 손목시계라는 뜻이므로 단수 동사 is를 써야 한다. 밀접한 관계가 있는 하나의 동일 물건을 가리키는 경우는 and로 연결되더라도 단수 취급한다.
정답 is

4 해석 일만 하고 놀 줄 모르면 사람이 바보가 된다.
해설 밀접한 관계가 있는 두 명사가 and로 합쳐져서 하나의 단일 개념(추상명사)을 표시한다고 간주될 때에는 단수 취급하여 단수 동사를 써야 한다.
정답 makes

5 해석 물을 탄 브랜디는 그가 가장 좋아하는 술 중에 하나이다.
해설 밀접한 관계에 있는 두 명사를 and로 연결하여 하나의 단일 물건을 나타내고 있으므로, 단수 동사 was를 써야 한다.
정답 was

6 해석 검정과 흰색이 섞인 점박이 개 한 마리가 여기서 뛰어다니고 있었다.
해설 관사가 하나이므로 동일물로 간주하여 단수 동사 was를 써야 한다.
정답 was

7 해석 많은 부모들이 똑같은 고통스런 과정을 겪었다.
해설 〈Many a + 단수 명사〉는 우리말 '많은 복수 명사'로 해석되지만, 단수 취급하여 단수 동사를 써야 한다.
정답 has

Exercise 4

1 해석 제임스와 나는 좋은 친구이다.
해설 주어가 2명이므로 복수 동사 are를 써야 한다.
정답 are

2 해석 이것은 탐과 주디의 차이다.
해설 소유격을 나타내는 어파스트로피(')를 한 곳에만 붙였으므로 탐과 주디의 공동 소유의 차라고 볼 수 있다. 따라서 This is를 써야 한다.
정답 This is

3 해석 그 아이들의 절반 이상이 편부모 가정에서 살고 있다.
해설 〈분수 + of + 명사〉의 수는 of 뒤의 명사가 결정한다. 불가산명사나 단수 가산명사일 경우에는 단수 동사를, 복수 명사일 경우에는 복수 동사를 써야 한다. children은 복수 명사이므로, 복수 동사 live가 정답이다.
정답 live

4 해석 모든 음식이 행사 하루 전날 준비되었다.
해설 all 뒤에는 단수 가산명사, 불가산명사, 복수 명사 모두 올 수 있으며, 복수 명사가 온 경우에는 복수 취급하여 복수 동사를 쓴다. food는 불가산명사로 쓰였으므로 단수 동사 was를 써야 한다.
정답 was

5 해석 그의 작문의 3분의 1이 수정되었다.
해설 〈분수 + of + 명사〉의 수는 of 뒤의 명사가 결정한다.

불가산명사나 단수 가산명사일 경우에는 단수 동사를, 복수 명사일 경우에는 복수 동사를 써야 한다. composition은 단수 가산명사로 쓰였으므로 단수 동사 has를 써야 한다.

정답 has

6 해석 우리 학교 학생들의 90퍼센트가 그 강의에 만족하고 있다.

해설 〈백분율(percent) of + 명사〉 형태의 수 역시 of 뒤에 어떤 명사가 오느냐에 따라 결정된다. 복수 명사 students가 왔으므로 복수 동사 are가 정답이다.

정답 are

7 해석 그녀뿐만 아니라 나도 음악에 관심이 있다.

해설 대부분의 상관접속사는 동사와 가까이 있는 쪽에 일치를 하면 되지만, B as well as A는 동사 가까이에 있는 A에 일치를 하지 않고, B에 일치를 해야 하므로 am이 정답이다.

정답 am

8 해석 당신뿐만 아니라 나 역시 잘못이 있다.

해설 상관접속사 Not only A but also B에서 동사는 가까이에 있는 B에 일치해야 하므로 am을 써야 한다.

정답 am

9 해석 당신과 그녀 중 한 명이 틀렸다.

해설 상관접속사 Either A or B 역시 동사와 가까운 B에 일치하므로, is를 써야 한다.

정답 is

10 해석 우리는 영어를 할 수 있는 사람이 필요하다.

해설 주격 관계대명사가 이끄는 형용사절의 동사는 선행사에 일치시켜야 한다. 선행사가 a person으로 3인칭 단수이므로 단수 동사 speaks를 써야 한다.

정답 speaks

Actual Test

1 해석 A: 조금만 더 깎아주세요.

B: 안 돼요. 45달러 이하로는 곤란해요.

해설 시간(two hours), 거리 (ten miles), 금액 (three dollars), 무게(ten pounds) 등의 단위 표현은 형태는 복수일지라도 하나의 덩어리로 취급할 경우엔 단수 취급하므로, 정답은 (a) is이다.

어휘 cut the price 가격을 깎다

bottom line 마지노선, 최저가

정답 (a)

2 해석 A: 많은 사람들이 나보고 아버지를 닮았다고 하더라고.

B: 나도 그렇게 생각해. 사실 빼다 박았어.

해설 〈the number of + 복수 명사〉와 〈A number of + 복수 명사〉를 구분해야 한다. 전자의 경우 주어는 number이므로 단수 취급하며, 후자의 경우는 '많은'으로 해석되며, 뒤의 복수 명사를 단순 수식하는 수량 형용사이므로, 복수 동사를 써야 한다. 따라서 정답은 (d) have이다. (b)는 태가 틀려서 답이 될 수 없다.

어휘 a number of (수가) 많은

copy 사본, 복사, 복제

정답 (d)

3 해석 A: 살인자가 아직 잡히지 않았지, 그렇지?

B: 경찰이 체포하려고 그리 애쓰지 않는 것처럼 보여.

해설 the police와 같이 주로 사회의 계층이나 신분을 표현하는 집합명사들(the clergy, the public)은 복수형이 없으며, 항상 복수 취급해야 하므로 정답은 (d) aren't이다. have 뒤에 -ing를 쓸 수 없기 때문에 (b)는 답이 될 수 없다.

어휘 murderer 살인자

on the loose 안 잡힌, 도주 중인

정답 (d) aren't

4 해석 A: 중국인들은 훌륭한 요리 솜씨로 유명해.

B: 나도 알아. 내 중국인 친구들이 모두 요리를 잘 하더라고.

해설 한 나라의 국민 전체를 가리킬 때 〈the + 국가명의 형용사〉 형태를 쓰는 경우가 있다. 바로 -sh, -ch, -s, -ese 어미로 끝나는 국가명의 형용사형은 복수로 쓰지 않고 〈the + 형용사〉로 쓰는데, 국민 전체를 가리키는 복수 보통 명사(*ex.* the British, the Dutch, the French, the English, the Chinese, the Swiss)이므로, 복수 취급한다. 따라서 정답은 (d) The Chinese are이다. 참고로 -an으로 끝나는 국민명은 복수형 어미 -s를 붙여야 한다. *ex.)* The Koreans, The Americans

어휘 be well known for ~으로 유명하다

정답 (d)

5 해석 A: 이 신발 두 켤레 모두 네 것이니?
B: 아니, 둘 다 내 것이 아니야. 내 여동생 거야.

해설 〈neither/either/any of + 복수 명사〉는 원칙적으로 단수 취급하여 단수 동사를 쓰는 것이 원칙이다. 따라서 단수형 be동사인 (a) is가 정답이다. (c) isn't는 neither에 이미 부정의 뜻이 들어 있기 때문에 답이 될 수 없다. neither를 가끔씩 구어체에서 복수 취급하기도 한다는 얘기가 있지만, 문법 시험에서는 어디까지나 단수 취급이 원칙이다.

어휘 pair 짝, 켤레

정답 (a)

6 해석 A: 거의 200명의 손님이 오늘 우리 식당을 찾아 왔어.
B: 하지만, 그 손님들 중 거의 절반이 음식에 만족하지 않았어.

해설 〈분수 + of + 명사〉의 수는 of 뒤의 명사가 결정한다. 불가산명사나 단수 가산명사일 경우에는 단수 동사를, 복수 명사일 경우에는 복수 동사를 써야 한다. the people은 복수 명사이므로 (c)는 답에서 제외된다. satisfy는 '~를 만족시키다'는 뜻의 타동사이므로 능동형 동사로 쓸 경우에는 목적어를 취해야 하므로, (a)와 (d) 역시 답이 될 수 없다. people과 satisfy의 주술 관계가 수동이므로, 즉 사람들이 만족을 당하는 것이므로 (b) weren't satisfied가 정답이다.

어휘 customer 손님, 고객
be satisfied with ~에 만족하다

정답 (b)

7 해석 A: 눈이 많이 내린 상태라 도로 교통사고가 늘어나고 있어.
B: 맞아. 어젯밤 귀가하던 도중에 끔찍한 사고를 직접 봤어.

해설 〈the number of + 복수 명사〉에서 주어는 number (수)이므로 단수 동사를 써야 한다. 따라서 정답은 (a) is increasing이다. as가 이끄는 이유 부사절의 동사가 is이므로, (d) had increased는 시제가 맞지 않아 답이 될 수 없다.

어휘 accident 사고
terrible 끔찍한
on the way home 집으로 가는 도중에
cf. on the way to + 장소 명사 ~로 가는 도중에

정답 (a)

8 해석 A: 내 형뿐만 아니라 부모님도 독감에 걸렸어.
B: 조심해. 그렇지 않으면, 너도 걸릴 거야.

해설 both A and B(무조건 복수 취급)를 제외한 대부분의 상관접속사는 동사와 가까이 있는 쪽에 일치를 하면 되지만, B as well as A는 동사와 가까운 A에 일치를 하지 않고, B에 일치시켜야 하므로, (b)가 정답이다.

어휘 flu 독감
come down with (독감, 감기 등에) 걸리다
pick up the flu 감기에 걸리다

정답 (b)

9 해석 A: 영국의 영어 철자가 미국의 영어 철자랑 다르다는 걸 알고 있었니?
B: 응, 하지만 모든 나라가 나름의 철자 규칙을 가지고 있는 건 이상한 게 아니지.

해설 〈every, each + 단수 명사〉는 항상 단수 취급하여 단수 동사를 써야 하므로, (a)와 (c)는 답에서 제외된다. 소유격 형용사는 own보다 먼저 써야 하므로 정답은 (b) has its own이다. 참고로 everyone, everybody 등 사람을 나타내는 부정대명사는 수는 단수 취급하므로 반드시 단수 동사를 써야 하지만, 대명사는 복수 형태인 they, their로도 받을 수 있다. 하지만, 사람이 아닌 사물을 가리키는 everything, every book 등과 같은 경우는 단수 대명사 it, its로 받아주는 것이 원칙이다.

어휘 the States 미국

정답 (b)

10 해석 A: 난 당신이 뭘 얘기하고자 하는지 모르겠어요.
B: 제가 말하고자 하는 것은 정치인들을 절대로 믿지 마시라는 겁니다.

해설 주어가 What I'm saying으로 명사절이다. 절이 주어인 경우는 항상 단수 동사를 써야 하므로 (a) is가 정답이다.

어휘 trust 믿다 politician 정치인

정답 (a)

11 해석 청소년 음주는 청소년 가출의 주요 원인들 중에 하나

이다.

해설 주어인 Underage drinking은 '청소년 음주'라는 단일 개념을 나타내는 추상명사이므로, 단수 동사를 써야 한다. 정답은 (b) is이다.

어휘 underage 청소년의, 미성년의
drinking 음주
runaway 도주, 가출
teenager 십대, 청소년

정답 (b)

12 해석 '구직자 페이지'는 특히 일자리를 찾는 사람들에게 매우 유익한 신문이다.

해설 주어인 The Job Seekers' Pages를 구성하는 단어들이 모두 대문자로 시작된다는 점을 눈여겨 봐야 한다. 복수형 어미로 끝났지만, 문맥상 신문 이름을 나타내는 고유명사이다. 고유명사는 유일한 하나를 나타내므로 형태가 복수형일지라도 단수 취급하여 단수 동사를 써야 한다. 따라서 정답은 (c) is이다.

어휘 job seeker 구직자
informative 유익한, 정보를 주는

정답 (c)

13 해석 네덜란드는 많은 사람들에게 홀란드와 똑같은 나라인 것으로 잘못 알려져 있다.

해설 the United States, the Netherlands, the Philippines(필리핀) 등의 국가명은 형태는 복수지만 단수 취급함에 유의해야 한다. 따라서 정답은 (c) is이다. (a) has는 태가 틀려서 답이 될 수 없다.

어휘 erroneously 잘못되게, 틀리게
be known as ~로 알려져 있다

정답 (c)

14 해석 일련의 흑색선전들이 결국 노동당의 평판을 크게 떨어뜨렸다.

해설 〈A series of + 복수 명사〉에서 주어는 series이다. series는 means, species 등의 단어처럼 복수형 어미로 끝났지만, 단·복수가 동일한 명사이다. 단수와 복수를 구분하는 방법은 앞에 오는 단어로 구분한다. 부정관사 A가 앞에 있으므로, 단수로 쓰인 series이다. 따라서 (a) has finally damaged가 정답이다. (c)는 수동태로서 태가 틀렸다.

어휘 smear campaign 중상모략, 흑색선전, 비방전
damage 손상시키다
reputation 평판
enormously 크게, 엄청나게

정답 (a)

15 해석 정부가 네셔널 텔레콤 사를 민영화시킨 지 15년이 지났다.

해설 시간, 거리, 금액, 무게, 가격 등의 단위 명사는 하나의 덩어리로 취급하는 경우 복수 형태일지라도 단수 취급한다. 하지만, 시간을 나타내는 단위 명사라도 시간의 경과를 나타내는 경우는 복수 취급하므로, 정답은 (b) have passed이다. 참고로 시간 접속사 since가 이끄는 부사절은 시제가 과거이고, 주절은 현재완료가 일반적이다. 따라서 (d)는 시제가 틀려서 답이 될 수 없다.

어휘 privatize 민영화하다

정답 (b)

16 해석 (a) A: 좀 우울해 보이네. 일이 잘 안 돼?
(b) B: 응, 오늘 학교에서 일진이 사나왔어.
(c) A: 음, 술이나 한 잔하면서 얘기하러 가자.
(d) B: 좋은 생각이야. 쌓인 걸 좀 풀어야겠어.

해설 수 일치를 물어보는 문제이다. (d)의 Sound good에서 생략된 주어는 대명사 that이므로 주어와 동사의 수 일치가 되어 있지 않다. 따라서 (d) Sound를 Sounds로 고쳐야 올바른 문장이다.

어휘 down 우울한
have a rotten day 일진이 사납다[나쁘다]
let off steam 화를 풀다, 쌓인 것을 풀다

정답 (d) Sound → Sounds

17 해석 (a) A: 릴라, 나 좀 도와줄래? 이 서류들을 복사해야 하거든.
(b) B: 그래, 복사기를 켜봐, 그러면 녹색등이 들어올 거야.
(c) A: 녹색등은 준비가 됐다는 뜻이니?
(d) B: 아니, 오렌지색으로 바뀔 때까지 기다려야 해.

해설 (a)의 지시형용사 this 뒤에는 단수 명사가 와야 하는데, 복수 명사 documents가 왔으므로, 단수 명사 document로 고치거나, 지시형용사 this를 these로 고쳐야 한다.

어휘 document 문서, 서류
copy 복사하다
switch on 켜다

photocopier 복사기

정답 (a) documents → document 또는 this → these

18 해석 (a) A: 존스 의사 선생님, 그 약을 먹고 나서 훨씬 좋아졌어요.

(b) B: 잘됐네요. 증상들이 모두 사라졌나요?

(c) A: 꽤 많이요. 하지만 아직도 약간 어지럽긴 해요.

(d) B: 시간이 좀 걸리니까 어지럽지 않을 때까지 약을 계속 드세요.

해설 문장 (b)에서 주어 all the symptoms와 동사 Has가 수 일치가 되어 있지 않다. 주어가 복수이므로 Has를 복수 동사 Have로 고쳐야 한다.

어휘 medicine 약

symptom 증상

dizzy 어지러운

정답 (b)

19 해석 (a) 현재 이 나라에서 일고 있는 대부분의 논쟁들은 주로 경제에 관한 것이다. (b) 새로 들어선 정부의 정책들이 성공할지 실패하지 정확히 예측하는 것은 불가능하다. (c) 일부 경제학자들의 주장에 따르면 몇몇 문제들이 초기 단계에 생기는 것은 불가피하기 때문에 그러한 문제들에 직면할 수도 있다고 한다. (d) 또 다른 경제학자들은 국가 경제 상황이 너무나 위태롭기 때문에 더 이상의 실수가 있어서는 안 된다고 말하면서, 반대를 하고 있다.

해설 (a) 문장에서 주어는 복수 명사 controversies이고 동사는 단수 동사 is이므로 주어와 동사가 수 일치가 되지 않았다. 따라서 is를 are로 고쳐야 한다.

어휘 controversy 논쟁, 논란

at the moment 지금, 현재에

be concerned with ~와 관계가 있다

predict 예측하다, 예언하다

teething troubles 초기 단계에 발생하는 문제들

grave 위태로운, 심각한

정답 (a) is → are

20 해석 (a) 폭탄의 정확성이 현대 기술 덕분에 크게 향상되었다. (b) 예를 들어, 2차 세계대전 동안 구식 폭격기가 특히 야간에 목표물을 정확히 가격하는 것은 매우 어려웠다. (c) 그러나, 오늘날의 최첨단 컴퓨팅 시스템, 무인 비행기, 위성들 덕분에 목표물에 대한 필요한 모든 정보를 수집하는 것이 가능하게 되었다. (d) 결과적으로, 매우 정교한 컴퓨터 시스템을 장착한 거의 모든 폭격기들이 아주 정확하게 목표물을 타격할 수 있다.

해설 주어와 동사의 수 일치를 물어보는 문제이다. (a)에서 주어는 bombs가 아니라 accuracy이므로 복수 동사 have를 단수 동사 has로 고쳐야 한다.

어휘 accuracy 정확성

dramatically 극적으로, 크게

old-fashioned 구식의, 낡은

target 목표물

cutting-edge 첨단의

unmanned plane 무인 비행기

satellite 위성

get hold of 붙잡다

sophisticated 첨단의, 정교한

pinpoint 바늘 끝

정답 (a) have → has

Exercise 1

1 해석 강의 후에, 새로운 마케팅 기술에 대한 시연이 있었다.
해설 〈there+완전자동사〉로 시작되는 문장의 주어는 완전자동사 다음에 나오는 단어이다. 주어가 a demonstration이므로, were를 was로 바꾼다.
정답 were → was

2 해석 우리가 논의해야 할 것들이 몇 개 있다.
해설 주어가 a few things이므로 is를 are로 고친다.
정답 is → are

3 해석 그 문제에 대한 4개의 가능한 해결책이 남아 있다.
해설 주어가 four possible solutions으로 복수이므로, remains를 remain으로 고쳐야 옳다.
정답 remains → remain

4 해석 좋은 약은 입에 쓰다.
해설 감각동사 taste 다음에는 주격 보어로 형용사가 와야 한다. bitterly를 bitter로 수정해야 한다.
정답 bitterly → bitter

5 해석 우리는 교육에 있어서 텔레비전의 역할에 대해서 토론했다.
해설 동사 discuss는 뒤에 전치사를 쓰지 않고, 바로 목적어를 취하는 완전타동사이므로, 전치사 about을 쓰지 않도록 해야 한다.
정답 about 삭제

6 해석 아무도 나에게 그것에 대해 아무것도 언급하지 않았다.
해설 동사 mention은 완전타동사이므로, 뒤에 전치사 about을 쓸 수 없다.
정답 about 삭제

7 해석 나는 그랑 재혼했다.
해설 동사 marry는 자동사로 착각해서 전치사 with를 함께 쓰기 쉬운 동사이다. 전치사 없이 바로 목적어를 취하는 완전타동사이므로, 전치사 with를 삭제해야 한다.
정답 with 삭제

8 해석 나는 지갑을 도난당했다.
해설 사역동사가 5형식을 취할 때, 목적어와 목적보어의 주술 관계가 수동일 때는 목적보어 자리에는 과거분사를 쓴다. stole은 동사 steal의 과거형이므로, 과거분사형인 stolen으로 수정되어야 한다.
정답 stole → stolen

9 해석 나는 이 라디오를 수선해야 한다.
해설 준사역동사 get은 목적어와 목적어의 관계가 능동일 경우에는 to부정사를 목적보어로 취하지만, 수동 관계일 때는 과거분사를 목적보어로 취한다. radio는 수리되는 것이므로 to repair를 repaired로 수정해야 한다.
정답 to repair → repaired

10 해석 뭐든 소식이 들어오는 대로 너에게 알려줄게.
해설 사역동사 let은 목적보어로 원형부정사를 취한다. to know를 know로 수정해야 한다.
정답 to 삭제

11 해석 A: 이 마을에서 태어난 사람들은 모두 곱슬머리야.
B: 그래, 그들은 모두 닮았어.
해설 동사 resemble은 세 가지 사항에 주의해야한다. 일단 완전타동사이므로, 전치사를 뒤에 쓸 수 없고, 상태동사이므로, 진행형을 쓸 수 없다는 점과, 타동사임에도 수동태로 쓸 수 없다는 점을 알고 있어야한다. 따라서 정답은 (d) resemble 이다. (a)는 주어와 동사의 수일치가 어긋나서 답이 될 수 없다.
정답 (d)

Exercise 2

1 해석 모든 합격한 지원자들은 이메일로 합격 통보를 받을 것이다.
해설 주어 candidates는 의미상 동사 notify의 대상이므로 수동형인 will be notified가 알맞다.
정답 will be notified

2 해석 연래 회의에 모든 지역의 영업사원들이 참가했다.
해설 주어 meeting과 attend의 관계는 수동이므로 was attended가 알맞다.
정답 was attended

3 해석 그는 그의 모든 돈이 도난당했다는 걸 깨달았다.
해설 that 절의 주어 money와 steal의 관계는 수동이 되어야 하므로 had been stolen이 알맞다.
정답 had been stolen

4 해석 사법체계는 사람들로 구성되어 있으며, 사람들은 실수를 한다.
해설 consist는 자동사이므로 수동형을 쓸 수 없다. be composed of = consist of이므로 composed가 정답.
정답 composed

5 해석 존은 TEPS를 공부하는 사람은 누구에게나 잘 알려져 있다.
해설 be known to~는 '~에게 잘 알려져 있다'는 뜻이고, be know as~ '~로서 알려져 있다, ~로 통하다'라는 의미이므로 문맥상 to가 알맞다.
정답 to

Exercise 3

1 해석 우리는 비가 그칠 때까지 그 건물에 있어야 한다.
해설 시간 부사절에서는 현재시 제가 미래를 대신한다.
정답 stops

2 해석 나는 다음 주 금요일 독일로 떠날 예정이다.
해설 tomorrow라는 미래 부사가 있으므로 시제는 미래가 되어야 한다. 미래의 일정을 나타내는 현재진행형 am leaving이 알맞다.
정답 am leaving

3 해석 20년 후에 일본이 어떻게 될지 누가 알겠는가?
해설 what 이하는 명사절이며, 명사절에서는 현재형이 미래를 대신하지 않으므로, 미래를 표현하기 위해서 will을 써야 한다. 따라서 will become이 알맞다.
정답 will become

4 해석 우리는 어제 저녁에 좋은 시간을 보냈다.
해설 last evening은 명백한 과거를 나타내는 시간 부사이므로 과거시제 had가 정답.
정답 had

5 해석 그는 우리에게 지구가 태양 주위를 돈다고 말했다.
해설 사실이나, 진리, 습관은 주절 동사의 시제에 상관없이 항상 현재형을 쓴다.
정답 goes

6 해석 그녀가 내일 돌아온다면, 우리는 그녀를 데리고 산책하러 갈 거다.
해설 조건 부사절에서는 현재시제가 미래를 대신하므로 comes가 알맞다.
정답 comes

7 해석 내 아들은 지난 주부터 아프다.
해설 과거의 특정 시점 이후로 현재까지 상태의 지속을 강조할 때는 have p.p. 형태의 현재완료 시제를 써야 한다. 〈since + 과거 시점〉 또는 〈since + 주어 + 과거동사〉가 들어간 주절의 시제는 현재완료이므로 has been이 정답.
정답 has been

8 해석 탐은 나를 보자마자 도망갔다.
해설 과거의 두 사건(동작)의 선후를 밝힐 때, 먼저 발생한 동작에 과거완료를 쓴다. 직역을 하면 '탐이 도망간 것이 나를 본 것보다 빠르지 않았다'로 해석되는데, 나를 본 것과 도망간 것이 거의 동시였다는 뜻이다.
정답 had

Actual Test

1 해석 A: 애나가 휴가를 마치고 막 돌아왔는데 즐거운 휴가를 보낸 것처럼 보여.
B: 정말? 어디에 갔다 왔는데?
해설 동사 seem의 용법과 to부정사의 시제를 동시에 물어보는 문제다. 단순하게 생각하면, (a)를 고르기 쉬우므로 주의해야 한다. 일단 동사 seem은 to부정사를 취하는 동사이며, 문맥상 주절의 동사 seems의 시제는 현재이고 여행을 즐긴 것은 현재보다 이전 상황이라는 점을 놓치지 말아야 한다. '~인 것 같다'라는 표현을 사용할 때 〈seem to + 동사원형〉의 형태인 단순 부정사를 쓰며, 만약 이 문제에서처럼 to부정사 부분이 주절의 동사 seem보다 한 시제 앞선 상황, 즉 '~였던 것 같다'라고 표현하고자 할 때는 〈seem to have p.p.〉인 완료 형태로 써야 한다. 위 문장에서는 여행을 즐긴 것은 이미 과거의 일이므로 주절의 동사 seems보다 한 시제 앞선 시제를 표현해야 하므로 정답은 (b) to have had이다.

정답 (b)

2 해석 A: 주지사가 퇴근하던 도중에 자동차 사고로 죽었다는 얘기 들었니?

B: 응, 오늘 아침 라디오에서 들었어.

해설 태를 물어보는 문제이다. 동사 kill은 일단 타동사이므로 능동이라면, 빈칸 뒤에 목적어인 명사가 있어야 한다. 빈칸 뒤에 목적어가 없이 전치사 in이 바로 나왔으므로 문장 구조상 수동이 되어야 한다. 또한 해석을 해보면, 주지사는 동사 kill의 주체가 아니라 대상임을 알 수 있다. 즉 주지사가 누군가를 죽였다기보다는 죽임을 당했다는 의미로 봐야 자연스럽기 때문에 태는 수동임을 알 수 있다. 선택지 중에서 수동태는 (b) was murdered밖에 없다.

정답 (b)

3 해석 A: 일본인들에 대해 좀 알고 있니?

B: 응, 친절함과 음식으로 유명하지 .

해설 수동태 관련 전치사를 문제이다. '~에게 유명하다'는 be well known to를 쓰고, '~로 유명하다'라는 표현은 전치사 for를 써야 한다. 즉, to 뒤에는 주로 know의 행위자인 사람(people)이 와야 하며, for 뒤에는 유명한 원인이 온다. 문맥상 일본인들이 유명한 이유를 나타내고 있으므로 (a) are well known for가 알맞다.

정답 (a)

4 해석 A: 내가 없는 동안 개 밥 좀 준다면 고맙겠어.

B: 걱정 마, 잘 돌봐줄게.

해설 타동사구의 수동태의 어순을 물어보는 문제이다. 타동사구의 수동태에서 주의할 점은 타동사구 전치사를 생략하지 않도록 해야 한다는 점이다. 예를 들어 She looked after me.라는 능동 문장을 수동으로 고칠 때(I was looked after by her.) 전치사 after를 빠뜨리지 않고 써줘야 하며, 수동문에서의 타동사구의 어순은 능동태랑 똑같다고 보면 된다. 주어진 문제에서 she는 dog를 가리키며, 타동사구 look after 행위의 대상이 되므로 수동태가 되어야 한다. 선택지 중 수동태는 (c)밖에 없다.

정답 (c)

5 해석 A: 프랭크가 감옥에 있다는 게 사실이야?

B: 사실이야. 상점에서 물건을 훔치다가 체포됐어.

해설 기본적인 태를 묻는 문제이다. catch는 '체포하다, 붙잡다'라는 뜻을 가진 타동사이고, 주어 he와 동사 catch의 주술 관계는 수동 관계이다. 따라서 정답은 (d) was caught 이다. 구조적으로 접근해 보더라도, 빈칸의 태가 능동이라고 가정하면, 빈칸 뒤에는 타동사 catch의 목적어가 있어야 하는데, 전치사 in이 바로 이어지고 있으므로, 빈칸에 알맞은 동사의 태는 능동이 아니라 수동이 되어야 함을 알 수 있다.

정답 (d)

6 해석 A: 프랑스 남자들은 뭐든 간에 좀처럼 서로 동의하지 않는다고 들었어.

B: 정말 프랑스 사람들답구나.

해설 수 일치, 시제, 태를 동시에 물어보는 복합적인 문제이다. that절의 내용이 일반적인 사실이나 습관(general fact or habit)이면 시제는 단순현재 시제를 사용한다. 주절의 전달 동사가 heard로 과거형이지만, that절의 내용은 일반적인 사실로 볼 수 있기 때문에 주절 동사의 시제에 상관없이 현재 시제를 사용해야 하며, 주어인 프랑스 남자들이 자동사 agree 행위의 주체이므로 능동이 되어야 하고, 주어가 복수이므로 복수 동사를 써야 하므로 정답은 (a) agree이다.

정답 (a)

7 해석 A: 매튜 모건은 내가 여태까지 본 최고의 기타리스트일 거야.

B: 그렇게 생각해? 나는 지난 달 그의 콘서트에 약간 실망했는데.

해설 TEPS 문법 문제에 빈출되는 기본적인 시제 문제로 완료 시제를 써야 하는 경우를 묻고 있다. 〈최상급/서수+명사+관계사절〉 구조에서 관계사절의 시제는 주절 시제가 현재일 경우 반드시 현재완료를 사용해야 한다. 해석은 '여태까지 ~했던 가장 …한 [몇 번째] 명사'로 해석된다. 과거로부터 현재까지의 누적된 결과를 의미하므로 현재완료를 쓴다고 이해하면 된다.

정답 (b)

8 해석 A: 컴퓨터 좀 사용해도 되겠니?

B: 물론, 지금은 사용하지 않으니까.

해설 현재진행형의 쓰임새를 물어보는 문제이다. 어떤 행위나 동작의 배경이나 이유를 설명할 때, 주로 진행형을 많이 쓴다. 화자 B는 컴퓨터를 써도 되냐는 A의 요청을 흔쾌히 수락하고, 수락의 이유를 밝히고 있으므로 현재진행형(I am not using it)으로 대답하는 것이 가장 올바르다. 우리말 해석으로도 '나는 사용하고 있지 않다'라고 대답하는 것이 가장 자연스럽다.

정답 (b)

9 해석 A: 이거 지금 당장 복사 한 부만 해줘.
B: 미안하지만, 지금은 곤란해. 복사기가 수리중이거든.

해설 기본적인 시제와 태를 동시에 물어 보는 문제이다. B가 복사를 해달라는 A의 요청을 거절하고 있고, 그 이유나 배경을 설명하고 있다. 어떤 행위나 동작의 배경이나 이유를 설명할 때, 주로 진행형을 많이 쓴다. 그리고 복사기는 수리되는 것이므로 수동형이 되어야 하므로, 정답은 (d) is being fixed이다.

정답 (d)

10 해석 A: 해변에 있는 저 건물 정말 멋져 보이는군.
B: 그렇지? 언젠가는 저런 건물을 하나 살 수 있었으면 정말 좋겠어.

해설 강조의 조동사 do/does/did를 물어보는 문제이다. 빈칸 뒤에 동사원형 hope가 있으므로 빈칸은 조동사 자리임을 알 수 있고, 문맥상 긍정의 뜻을 가진 조동사가 들어가야 자연스럽다. 따라서 (a) can't와 (d) don't는 문법적으로는 가능하지만 의미상으로 자연스럽지 못하므로 답에서 제외한다. (b) am은 일반 동사 현재형 앞에 쓸 수 없기 때문에 문법적으로 불가능하다. 따라서 빈칸에는 일반 동사 현재형인 hope의 의미를 강조해 주는 강조의 조동사 (c) do가 가장 알맞다.

정답 (c)

11 해석 A: 아직도 헤비메탈 음악에 관심 있니?
B: 응. 하지만 예전보다는 좀 못하지.

해설 대동사를 물어보는 문제이다. B의 대화를 완전한 문장으로 바꾼다면, I am into heavy metal, but I am into it slight less than I was into it. 정도가 될 것이다. 현재와 과거를 비교하고 있고, be into라는 표현의 be동사 이하 전체(was into heavy metal)를 대신 받는 대동사이고, 빈칸의 시제는 문맥상 과거가 되어야 하므로, be동사의 과거형인 was가 가장 알맞다. 반면, 대신 받는 동사가 일반동사 현재형이라면 대동사 do로, 과거형이라면 대동사 did를 사용한다.

정답 (c)

12 해석 A: 파인 튠 닷 컴에 전화 주셔서 감사합니다. 저는 수잔입니다.
B: 안녕하세요. 숀 좀 바꿔 주시겠어요?

해설 한정사의 쓰임새를 묻는 문제이다. Is there Sean과 Is Sean there가 헷갈릴 수 있는 문제이다. 영어에서 there is[are] 뒤에 쓸 수 있는 명사는 불특정한 명사만이 올 수 있다. 예를 들어 There is a girl, There are some girls in the classroom 등의 문장은 성립 하지만, 정관사 the, 소유격 형용사 my, his, their 등이나, 지시형용사 this, that 등의 한정사가 붙은 명사나, 고유명사와 같이 특정하고 정해진 명사는 쓸 수 없다. There is/are 뒤에 쓴 There is my laptop on the desk./There are those books./There are his books. 등의 표현은 틀린 표현으로 간주한다. 따라서 There is a girl이라는 문장은 맞는 문장이지만 There is Sean은 틀린 문장이다. 마찬가지로, Is there Sean? 역시 옳지 않다. 이 경우는 Is Sean there?가 올바른 표현이며, 여기서 there는 유도부사가 아니라, '거기'로 해석되는 지시부사이다. 따라서 정답은 (d) Is Sean there이다.

정답 (d)

13 해석 A: 콧물이 너무 흘러서, 냄새를 거의 못 맡아요.
B: 알겠어요. 언제부터 그런 거죠?

해설 부정부사 hardly의 쓰임새를 묻는 문제이다. hardly는 '좀처럼 ~않게'를 의미하는 부정 부사이며, '어렵게, 힘들게'를 의미하는 hard와 구분해야 한다. hard 자체가 형용사/부사로 모두 사용되므로, '어렵게'라고 말할 때 hardly라고 쓰지 않도록 해야 한다. 부사 hardly는 자체에 이미 부정의 의미가 있으므로 not과 함께 쓸 수 없고, hardly의 위치는 빈도부사처럼 조동사 뒤, 일반 동사 앞에 위치하므로, 정답은 (a)이다.

정답 (a)

14 해석 A: 내 친구 중에 한 명이 암으로 죽었어.
B: 정말 안됐구나!

해설 감탄문의 어순을 묻는 문제이다. what 감탄문의 어순은 〈what+(a/an)+(형용사)+명사(+주어+동사)〉의 어순을 취해야 한다. pity는 추상명사일 때는 유감, 또는 동정심이라는 뜻이지만, 보통명사화되면, 안타까운 일, 유감스런 일을 뜻한다. 감탄문에서 pity, shame 등의 명사는 가산명사로 간주하므로 반드시 관사가 필요하다. 따라서 정답은 (d) a pity이다. What 감탄문을 쓸 때 한 가지 주의할 점은 뒤에 불가산명사가 올 때이다. 습관적으로 〈What+a+명사〉 형태의 감탄문을 쓰기 쉬운데, 불가산명사일 경우는 절대로 관사를 쓰지 말아야 한다.

ex.) What weather!/What news!

정답 (d)

15 해석 구조대가 거기에 도착했을 때, 그는 전복된 차 안에 14시간 이상 갇혀 있었다.

해설 과거완료 시제를 꼭 써야하는 경우를 묻는 문제이다. 일단 기준 시점이 되는 종속절의 동사가 과거(got)이므로, 빈칸은 과거나 과거완료 중의 하나를 답으로 생각할 수 있다. 과거의 특정 시점을 기준으로 그 이전부터 그 과거 시점까지의 상태의 지속 기간을 강조하면, 과거완료를 써야하고, 그 시점에 존재했던 단순한 상태를 표현할 때는, 단순과거 시제를 사용할 수 있다. 시간 표시 부사구 for over 14 hours가 있으므로, 과거완료 시제가 알맞다. 기간 정보를 나타내는 시간 표시 부사어구 for over 14 hours가 없으면, was가 정답이다.

정답 (d)

16 해석 넬슨이 여자친구에게 줄 팝콘을 사서 되돌아 왔을 즘엔, 영화가 이미 시작되었다.

해설 과거완료 시제를 꼭 써야 하는 경우를 묻고 있는 빈출 유형의 문제이다. 과거의 두 사건(동작) 중 먼저 일어난 사건(동작)을 과거완료 시제로 표현하는데, 과거완료를 꼭 써야 하는 대표적인 경우 중의 하나이다. 특히 접속사 by the time이나 when 종속 부사절이 들어간 경우는 주절 동작이 종속절 동작보다 먼저 발생한 동작인 경우는 반드시 과거완료를 써줘야 한다. 팝콘을 사서 되돌아온 것보다 영화가 시작 된 게 먼저이기 때문에 (c)가 가장 알맞다. 참고로 by the time, when 종속 부사절이 있더라도, 주절의 동사가 동작이 아니라 상태일 경우는 과거완료 시제를 쓰지 않는다는 점에 주의해야 한다. 예를 들어 My daughter was asleep by the time (=when) I arrived home. 라는 문장에서, was asleep은 상태를 나타내기 때문에 과거완료를 쓰지 않는다.

정답 (c)

17 해석 나이에 비해 어려 보였기 때문에 나는 신분증을 제시해 달라는 요청을 자주 받았다.

해설 문맥상 주어인 I는 신분증을 제시하라고 요구하는 주체가 아니라, 대상이므로, 즉 요구되어지는 것이므로 빈칸은 수동태가 되어야 함을 쉽게 알 수 있다. 선택지 중 수동태는 (b) was often asked밖에 없다. 따라서 정답은 (c). 참고로 위 문장을 5형식의 능동문으로 고치면 다음과 같아진다는 점도 알고 있어야 한다. They often asked me to provide identification.

정답 (b)

18 해석 참가자들 모두가 강당으로 이동해야 했다.

해설 위 문장의 능동 문장은 They made all the participant move to the auditorium.이란 걸 한눈에 알아차려야 한다. 사역동사가 사용된 5형식 문장을 수동태로 고칠 경우 능동문의 목적격 보어가 수동태 문장에서는 어떻게 바뀌어야 하는지를 묻는 문제이다. 사역동사가 5형식 문장에서 목적격 보어 자리에 사용되는 원형부정사가, 수동태 문장으로 전환될 때에는 to부정사로 바뀌어야 한다. 사역/지각동사의 수동태는 〈주어+be+사역/지각동사의 p.p.+to부정사〉의 형태가 된다. 따라서 정답은 (d) to move가 된다.

정답 (d)

19 해석 광대역 무선 인터넷 서비스인 와이브로는 2006년 6월에 처음으로 개통되었다.

해설 태와 시제를 묻는 문제이다. 문장 구조상 주어는 WIBRO이며, the wireless broadband Internet service는 동격 어구이므로 빈칸은 동사 자리이며, 2006년 6월은 명백한 과거를 나타내는 시간 부사이므로 과거 동사가 알맞다. 따라서 현재완료 형태인 (b)와 (d)는 답에서 제외된다. 그 다음으로는 태를 구분해야 한다. 주어 WIBRO와 타동사 bring의 주술 관계는 수동이므로 정답은 (c) was brought into이다. bring은 타동사로만 쓰이는 동사이므로 능동태라면, 반드시 뒤에 목적어가 필요하다. 하지만, 선택지를 보면 bring 뒤에 전치사 into가 바로 이어지므로, 태는 수동이 되어야 함을 알 수 있다.

정답 (c)

20 해석 "나에 관한한 내가 아는 거라곤, 나는 쥐뿔도 모른다는 것이다"라고 말한 사람은 바로 소크라테스였다.

해설 It ~ that 강조구문을 물어보는 문제이다. It ~ that 강조구문에서 that은 상황에 따라 who, whom, which, where, when 등으로 바꾸어 쓸 수 있다. 제시된 문항에서는 빈칸 뒤 절에 주어가 빠져 있고, 일종의 선행사라고 볼 수 있는 Socrates는 사람이므로 정답은 (a) who 이다.

정답 (a)

21 **해석** 그 새로운 축구장은 도시의 어린 축구선수들을 위해 지어졌는데, 대규모의 개조공사 중이다.

해설 문장 구조와 태를 동시에 묻고 있는 문제이다. 일단 빈칸은 문장 구조상 동사자리가 아니므로 (a)와 (c)는 답에서 제외된다. 동사 build는 타동사이며, 수식을 받는 football pitch와의 주술 관계는 수동 관계이므로, (d) 역시 답이 될 수 없다. 따라서 이 모든 조건을 충족하는 선택지는 (b) built이다. (d)는 which built가 아니라 which was built가 되어야 한다. 〈주격 관계대명사＋be동사〉는 생략이 가능하다.

정답 (b)

22 **해석** (a) A: 소문에 따르면, 새로 온 요식담당 매니저가 환생을 믿는데요.

(b) B: 뭐라고요? 그 분이 불교신자라는 말씀이신가요?

(c) A: 모르겠어요, 하지만 그런 것들을 믿기 위해서 꼭 종교를 가질 필요는 없는 거 같아요.

(d) B: 맞아요. 사실, 제 아내도 그런 종류의 사상에 관심이 많거든요.

해설 TEPS 문법 파트 4에 빈출되는 시제 일치 오류를 찾아내는 유형의 문제이다. 직장 상사의 과거의 신앙이 아니라 현재의 신앙에 대해서 대화를 나누고 있는 것이므로 (b) she was를 she is로 고쳐야 옳다. 대화 전체의 시제는 현재인데, (b)만 과거 시제이다. 따라서 정답은 (b)이다.

정답 (b) she was → she is

23 **해석** (a) A: 로비, 너니? 세미나 참석차 중국에 가지 않았니?

(b) B: 응, 스티브와 함께 그곳에 갈 거야.

(c) A: 그런데 여기서 뭐하고 있는 거야? 지금쯤 공항에 있어야 하잖아.

(d) B: 알아. 스티브가 사무실에 중요한 서류를 두고 와서, 그거 가지러 되돌아 온 거야.

해설 시제 오류를 물어보는 문제이다. 공항에 있어야 할 B가 지금 사무실에 있는 상황이므로, A는 지금 공항에 있어야 하는데 사무실에서 뭐하는 거냐고 물어봐야 하므로, (c)의 과거진행형 were you doing을 are you doing으로 수정해야 한다.

정답 were you doing → are you doing

24 **해석** (a) 흰긴수염고래는 여태껏 존재했던 가장 큰 포유동물로 여겨지는데, 수염고래의 아목 생물에 속한다. 181여톤까지 무게가 나가고, 길이가 33미터까지 자란다. (b) 주로 작은 물고기인 크릴을 잡아먹으며, 때로는 오징어를 잡아먹고 산다. (c) 20세기 초 고래의 무차별적인 포획 열풍이 일고 난 후, 이 거대한 동물들은 좀처럼 모습이 목격되지 않았다. (d) 흰 긴 수염 고래는 멸종 위기에 처한 이후로 주의 깊게 보호되어 왔다.

해설 부정부사가 문두에 위치할 경우의 어순(도치)을 물어보는 문제이다. (d)에서 rarely는 '거의, 좀처럼 ~않게'라는 부정 부사인데, 부정 부사가 문장 처음에 위치하면 주어와 동사가 도치되어야 하는데 항상 〈조동사+주어+동사원형/be동사+주어〉 형태의 조동사 도치가 일어난다. 이처럼 부정 부사가 문두에 올 경우에는 뒤의 어순은 항상 의문문의 어순을 취한다. 따라서 (c)의 Rarely these gigantic animals were spotted.를 의문문의 어순이 Rarely were these gigantic animals spotted로 고쳐야 한다.

정답 (c) Rarely these gigantic animals were spotted → Rarely were these gigantic animals spotted

25 **해석** (a) 지금 Men's World 잡지를 구독하세요. (b) 이달 말까지 구독신청하시면 일년 구독료가 99달러 99센트밖에 들지 않습니다. (c) 정가에서 15% 할인된 금액입니다. 또한 한정된 수량의 다시 쓰기가 가능한 DVD 공 디스크를 구독하시면 함께 드리고 있으므로, 서두르십시오. (d) 구독을 중지하고 싶으시면, 234-3456-4563번으로 전화를 하시거나, 저희 웹사이트 www.mensworld.com을 방문하시면 됩니다.

해설 전체 글의 시제와 어긋난 동사 시제를 고르는 문제이다. 구독신청을 유도하고 있고, 나중에 구독취소를 원할 경우에는 전화만 하면 된다고 하는 대목이므로, (d)의 called를 명령문의 형태인 동사원형 call로 바꿔야 한다.

정답 (d) called → call

Vocabulary

Chapter 01 이디엄

Actual Test

1 해석 A: 네 눈이 마음에 들어. 감탄하지 않을 수가 없어.
B: 집안 내력인 거 같아. 여동생 눈도 한 번 봐 봐.

해설 동생의 눈을 보면 알 수 있다고 했으므로 눈이 유전이라고 말했음을 알 수 있다. family와 어울려 '유전이 되다'라는 의미의 동사 run이 알맞다.

어휘 can't resist -ing ~하지 않고서는 배길 수 없다
admire 감복[찬탄]하다, 사모하다, 감탄하다
run in the family 집안 내력이다, 유전이다

정답 (b)

2 해석 A: 솔직히 얘기해서, 불법 다운로드 하고 있는 거잖아.
B: 알아. 하지만 인터넷에 널려 있잖아.

해설 인정하고 싶지 않지만 사실이 그러하므로 어쩔 수 없이 인정해야 하는 것들이 있다. 그럴 경우에 쓰는 관용표현이 Face it.이다. 우리말로 '인정할 건 인정하자' 정도의 뉘앙스로 파악하면 된다. Face it.은 '솔직히 말하다', '현실을 직시하다'라는 뜻의 표현으로 B에게 불법으로 다운로드하고 있음을 환기시켜 주는 표현이다.

어휘 illegal 불법의, 비합법적인
Face it. 솔직히 말해. 현실을 직시해.

정답 (d)

3 해석 A: 오늘 학교에 시험 보러 안 갔어.
B: 너 정말 정신 나갔구나.

해설 A가 학교에서 시험 보는 날임에도 불구하고 학교에 가지 않았다고 말하고 있으며, 이에 대해서 '정신이 나갔다'라는 답변이 의미상 알맞다.

어휘 take the exam 시험 치르다
absolutely 절대적으로, 완전히, 정말
out of one's mind 제정신이 아닌, 정신이 나간

정답 (b)

4 해석 A: 차 한 잔 하고 갈래?
B: 고맙지만, 가봐야겠어.

해설 차 한 잔 하고 가라는 제의에 거절하면서 할 수 있는 대답으로 '가야겠다'라는 의미로 문장을 완성하는 것이 자연스럽다. 대화를 마무리하고, 작별을 할 때 쓰는 '가다, 나서다, 출발하다'라는 뜻의 관용표현은 get going이다.

어휘 get going 나서다, 출발하다(= be going)

정답 (d)

5 해석 A: 키보드를 덤으로 주신다면 컴퓨터를 살게요.
B: 좋습니다. 그렇게 해드릴게요.

해설 throw in은 '덤을 주다'라는 의미로, A가 키보드를 공짜로 주면 컴퓨터를 사겠다는 제안에 B가 OK로 받아들였으므로 거래가 성립되었다는 의미의 표현인 got a deal이 알맞다.

어휘 throw in 덤, 공짜로 주다
got a deal 거래가 성사되다

정답 (a)

6 해석 A: 마실 것 좀 주문하자. 내가 낼게.
B: 아니야, 지난번에도 네가 냈잖아. 내가 낼게.

해설 B의 응답으로 보아 지난번에 A가 계산했으니 자신이 내겠다는 반응에 알맞은 A의 대화로는 자신이 계산하겠다는 표현이 가장 알맞다. '내가 내겠다, 쏘겠다'는 It's on me.로 표현한다.

어휘 order something to drink 마실 것을 주문하다
It's on me. 내가 한턱 낼게.

정답 (d)

7 해석 A: 난 러셀만큼 닉도 좋아. 두 사람 모두 나한테 청혼했어.
B: 한 사람에게만 전념하는 게 좋을 거야.

해설 B가 두 사람에게 양다리를 걸치고 있는 A에게 충고하고 있는 상황으로, '한 사람에게 전념하라'고 충고를 해주고 있다. 원래는 재테크에서 나온 표현인데, 투자를 한 곳으로 몰아서 하는 경우를 표현하는 put all one's eggs in one basket이라는 표현이 사람에게 적용된 경우이다.

어휘 as much as ~만큼, ~못지않게
propose 청혼하다, 제안하다
put all one's eggs in one basket 한 곳에 모든 것을 걸다

정답 (c)

8 해석 A: 최고의 짠돌이 Nancy가 남자친구가 인색하다고 항상 불평만 하더군.

B: 사돈 남 말 하는 꼴이군!

해설 A가 말한 정황으로 보아 인색한 낸시가 남자친구의 인색함을 불평하는 것을 비판하는 말이 가장 알맞다. 문맥상 '사돈 남 말 하고 있네'라는 뜻으로 문장을 완성하는 것이 자연스럽다. 우리말로 '누가 할 소리, 사돈 남 말 하시네'에 해당되는 관용표현은 Look who's talking, a fine one to talk이다.

어휘 stingy 돈을 너무 아끼는, 인색한, 부족한

a fine one to talk 다른 이와 다를 바 없다, 사돈 남 말하다

ex.) You're a fine one to talk. = Look who's talking.

정답 (d)

9 해석 A: 정원에 식물들 좀 돌보도록 해. 죽어가고 있어.

B: 노력은 하지만, 정원을 가꾸는데 소질이 없어.

해설 문맥상 '원예에 재능이 없다'는 뜻으로 대화문을 완성하는 것이 자연스럽다. 따라서 빈칸에는 '원예에 재능이 있는'의 뜻을 가진 관용표현을 넣어야 하는데, 이런 뜻으로 (b) green-fingered를 쓴다.

어휘 take care of ~를 돌보다

green-fingered 원예에 재능이 있는 (= have green thumbs)

green-eyed 푸른 눈의, 질투가 심한

정답 (b)

10 해석 A: 난 부장님이 싫어. 이제 그만 둘 때가 되었나 봐

B: 좀 더 버텨 봐. 그가 곧 해고될 거라는 얘기를 들었거든.

해설 A가 싫어하는 상사가 해고될 거라는 소식을 전해주면서 격려하고 있으므로, 힘들더라도 좀 참아보라는 의미가 적절하다. 뒤에 전치사 in이 있다는 점이 힌트가 될 수 있다. '버티다, 견디다'라는 관용표현은 hang in there이다.

어휘 hang in there 곤란을 견디다, 버티다

fire 해고하다

정답 (d)

11 해석 A: 나 새 냉장고를 살까 생각중이야.

B: 새 냉장고를? 말도 안 되는 소리 마. 지금 냉장고는 2년밖에 쓰지 않았잖아.

해설 상대방의 말이 너무 터무니없거나 잘 믿겨지지 않을 때, '그만 좀 해, 무슨 소리, 살살 해'의 뜻으로 Give me a break.를 자주 사용한다. 또한 같은 맥락의 표현으로 Come on.을 쓰기도 한다.

어휘 Give me a break. 그게 무슨 소리야. 말도 안 되는 소리. 한 번만 봐 줘.

fridge 냉장고

정답 (c)

12 해석 A: 조용한 장소를 찾아보자. 집중을 못하겠어.

B: 좋은 생각이야. 나도 막 떠나려던 참이었거든.

해설 주위가 너무 시끄럽거나 산만해서 집중이 안 된다거나 제대로 생각을 할 수가 없을 때 can't hear oneself think라는 표현을 쓴다. 우리말로는 '집중이 안 돼, 집중을 못하겠어' 정도로 해석하면 된다.

어휘 be about to 막 ~하려던 참이다

정답 (d)

13 해석 A: 오늘밤에 볼 만한 영화 한편 하더라. 그거 볼래?

B: 못 볼 거 같아. 집안일이 너무 많거든.

해설 drown in house chores는 '집안일 속에 파묻혀 익사할 지경이다'라는 표현으로 다양한 상황에 적용할 수 있는 구어체 표현이다.

어휘 house chore 집안 일, 잡일, 허드렛일

soak 적시다, 담그다

suffocate 질식시키다

drown in house chores 집안일 속에 파묻혀 익사할 지경이 되다

cf. up to one's ears in work 귀까지 파묻힐 정도로 업무량이 많다

정답 (d)

14 해석 A: 내일 역사시험 공부 다 했니?

B: 어느 정도. 오늘 하루 종일 벼락치기 했어.

해설 시험에 임박해서 한꺼번에 벼락공부하다는 의미로 cram을 사용한다.

어휘 more or less 다소, 어느 정도

cram 억지로 채워 넣다, 벼락치기하다

정답 (d)

15 해석 A: 너희 집에선 누가 주도권을 잡고 있어?

B: 우리 엄마. 돈을 버는 사람이니까. 그게 다야.

해설 구어체에서 wear the pants는 '바지를 입다'라는 표면적인 뜻보다는 '주도권을 쥐다'라는 뜻으로 더 많이 사용된다.

어휘 wear the pants 주도권을 쥐다

there you go 바로 그것이다, 그게 다야

정답 (d)

16 해석 A: 다가올 몇 달 동안 더 많은 손님을 끌기 위해 온갖 수단을 다 써 봤어.
B: 그랬지. 결국에는 성과가 있길 바라.

해설 stone이 힌트가 된다. leave no stone unturned는 원래 '가재를 잡기 위해서 돌을 뒤집다라'는 뜻에서 유래된 표현이다. 뒤집지 않은 돌이 없다는 일차적 의미에서 '갖은 수단을 다 쓰다, 백방으로 힘쓰다'라는 뜻이 파생되었다.

어휘 leave no stone unturned 갖은 수단을 다 쓰다, 백방으로 애쓰다
pay off 성과가 있다, 돈이 되다
displace 옮기다, 제거하다

정답 (a)

17 해석 A: 그들과 반드시 거래를 성사시켜야 해. 회사의 사운이 달려있어.
B: 맞아. 실패하면 우린 모든 걸 잃을 거야.

해설 B가 '실패하게 된다면 모든 것을 잃는다'라고 답변한 걸로 보아, '회사의 운명이 거래의 성사에 달려 있다'라는 의미로 대화문을 완성하는 것이 가장 자연스럽다. '(목숨 · 명예 따위가) 걸려 있다, ~위기에 처해 있다'라는 의미의 관용표현은 at stake이다.

어휘 cut a deal ~와 매매 협정을 맺다, 거래를 성사시키다
at bay 궁지에 몰린
at stake (목숨 · 명예 따위가) 걸려 있는, 위기에 처해 있는
at large 붙잡히지 않은, 도망 중인

정답 (b)

18 해석 A: 우리 아빠는 너무 건망증이 심해서 종종 화장실 물 내리는걸 잊어버리시곤 해.
B: 오, 그거 너무 심하시네.

해설 화장실의 물을 내리는 것을 잊을 정도로 멍하고 얼이 빠진 상태를 표현하는 단어가 적당하다. 그러므로 absent-minded가 알맞다.

어휘 absent-minded 건망증이 있는, 얼이 빠져 있는, 멍한, 정신 줄 놓은
pig-headed 고집 센
self-righteous 독선적인
single-handed 단독의, 독립의
gross 더러운, 역겨운, 토 나오는

정답 (c)

19 해석 A: Angelo라는 사람이 너에 대해서 묻더라. 그 사람 누구니?
B: 이름은 들어 본거 같은데, 어디서 들었는지는 기억이 안 나.

해설 문맥상 빈칸에는 정확히 어디에서 들었는지는 기억이 나지 않지만 '이름은 들어본 것 같다, 이름이 귀에 익다, 이름 듣고 생각나는 게 있다'라는 표현이 적절하다. 이럴 때 쓰는 표현이 (d) rings a bell 이다.

어휘 The name rings a bell 이름은 들어본 것 같다, 이름이 귀에 익다
cut to the bone 최대한으로 줄이다[깎다]
hit the jackpot 쌓인 돈[상금]을 타다, 대성공하다, 히트를 치다
come to a halt 멈추다, 정지하다

정답 (d)

20 해석 A: 까만색 도마 있나요?
B: 죄송해요, 까만색은 지금 재고가 없습니다. 대신 빨간색은 어떠세요?

해설 까만 도마를 찾고 있는 사람에게 빨간 도마를 권하고 있으므로 까만 도마는 '다 팔렸다, 재고가 없다'라는 의미가 적절하므로 빈칸은 out of stock이 알맞다.

어휘 out of stock 품절이다, 재고가 없다
out of service 고장 난, 사용[운전] 정지된
out of order 고장이 난, 파손되어
out of doors 집 밖에서, 옥외에서

정답 (c)

21 해석 A: 알렉스는 여기서 일하는 게 힘겨운가 봐.
B: 이제 이틀밖에 안 됐어. 익숙해지면 괜찮아질 거야.

해설 문맥상 알렉스는 직장에서 이틀째이기 때문에 적응을 하면 더 잘할 수 있을 것이라는 내용이 자연스럽다. get into the swing은 '익숙해지다, 적응하다'라는 의미를 지닌다.

어휘 get into the swing 익숙해지다, 능숙해지다, 적응하다

정답 (b)

22 해석 A: 맙소사! 아빠 핸드폰을 잘못 건드린 거 같아. 고장 났어.
B: 이제 큰일 났다. 아빠가 알면 혼날 거야.

해설 A가 아버지의 핸드폰을 고장 냈다는 말에 That's

done it(이제 끝장이다)으로 응답을 한 것으로 보아 '아빠가 알면 너 죽었다' 혹은 '아빠가 알면 혼날 거야'의 의미가 되도록 빈칸을 완성하는 것이 가장 자연스럽다. '곤경에 빠진, 곤란에 빠진'의 의미를 가진 영어 표현은 여러 가지가 있는데, in trouble, in hot water, in a bind 등이 있다. 뜨거운 물 속에 있는 것보다 곤란한 상황은 없을 것이므로, 쉽게 이해할 수 있는 표현이다.

어휘 That's done it. 이제 큰일 났다. 끝장이다.
in hot water 곤란에 빠진, 곤경에 처한

정답 (d)

23 해석 A: 내일 취업 면접이 있는데 벌써부터 긴장돼.
B: 초조해하지 마. 잘 될 거야.

해설 빈칸 뒤에서 다 잘 될 거다.(You'll be alright.)라고 응답한 거로 보아, '초조해하거나 긴장하지 말라'라는 표현이 빈칸에 가장 자연스럽다. 초조해하는 상대방에게 Don't fret about이라는 표현을 사용한다.

어휘 job interview 입사 면접
fret about ~에 대해 초조해하다
nervous 불안한, 긴장된
cope with ~에 적응하다, 대처하다

정답 (a)

24 해석 A: 복도에서 나는 이 소리는 뭐지?
B: 그웬이 욕을 해서 선생님이 꾸짖는 소리야.

해설 욕설을 한 학생을 선생님이 꾸짖고 있다고 문장을 완성하는 것이 가장 자연스럽다. 선택지 중에서 '혼내다, 꾸짖다'라는 표현은 (d) telling off이다.

어휘 tell off 꾸짖다, 질책하다
swear 욕설하다, 맹세하다
rip off 바가지 씌우다
hit on 집적대다, 치근덕대다

정답 (d) telling off

25 해석 A: 우리 어렸을 때 내가 종종 네 책가방에 개구리 넣은 생각나?
B: 물론. 그럴 때 마다 놀라서 죽는 줄 알았어.

해설 책가방에서 개구리가 갑자기 튀어나온다면 대체로 깜짝 놀라거나 기겁을 하는 것이 보통이므로 빈칸에는 '깜짝 놀라게 하다, 기겁하게 하다'라는 뜻을 가진 동사 (a) scared가 가장 알맞다.

어휘 scare somebody to death ~를 깜짝 놀라게 하다, 기겁하게 하다
threaten 위협; 협박하다
warn 경고하다
leap 껑충 뛰다

정답 (a)

26 해석 A: 역대 최다 홈런 타자인 행크 아론은 공을 정확히 때려내는 것은 여전히 쉽지 않다고 말하고 있어.
B: 제가 보기엔 아주 솔직한 사람이군요.

해설 공을 빗맞혀서는 홈런을 칠 수가 없으며, 홈런을 때리기 위해서는 공을 정타로 때려야 한다. 부사 still이 단서이다. 공을 정확히 때려내는 데는 일가견이 있는 최다 홈런 기록 보유자인 행크 아론도 공을 '정확히' 때리는 것은 여전히 쉽지 않다고 말한 것으로 문장을 완성하는 것이 문맥상 가장 자연스럽다. '정확하게'란 의미를 갖고 있는 관용표현은 on the nose이므로 정답은 (d) nose이다.

어휘 all time home-run leader 역대 최다 홈런 기록 보유자, 역대 홈런 1위
on the nose 정확하게

정답 (d)

27 해석 A: 블론달 씨, 잠깐 얘기 좀 나눌 수 있을까요?
B: 물론이죠. 그런데 제 보고서에 무슨 문제라도 있나요?

해설 '~와 잠깐 얘기를 나누다'라는 뜻의 숙어를 묻는 문제이다. 별로 안 좋은 일이나 긴히 따질 일이 있을 때, have a word with somebody라는 표현을 쓴다

어휘 have a word with ~와 잠깐 이야기하다
speech 연설, 말
gossip 잡담, 험담
lecture 강연, 꾸지람

정답 (a)

28 해석 A: 아들이 분명 해. 아내도 그렇게 생각하고.
B: 김칫국부터 마시지 마.

해설 누군가가 앞으로 일어나길 바라는 일에 설레발을 치고, 기대하며 야단법석을 떨 때 쓰는 표현이 있다. 바로 '부화되기 전에 병아리를 세지 마라.'로 직역이 되는 Don't count your chickens before they're hatched.라는 표현이다. 우리말로는 '김칫국부터 마시지 마.' 정도로 해석이 되는 재미있는 표현이다.

어휘 Don't count your chickens before they're hatched. 김칫국부터 마시지 마.
draw 그리다

hatch 부화하다, 부화시키다
cook 요리하다, 익히다
정답 (c)

29 해석 A: 나 좀 내버려두라고 몇 번이나 얘기해야 하겠니?
B: 글쎄, 남자친구한테 차이고 와서 나한테 분풀이하면 안 되지.

해설 A가 B한테 간섭하지 말라고 역성을 내고 있으므로, B가 자신한테 분풀이 하지 말라고 응답하는 걸로 대화문을 완성하는 것이 문맥에 자연스러워 보인다. '~에게 분풀이[화풀이]하다'는 관용표현은 take it out on somebody이다. 따라서 빈칸에는 (d) take가 알맞다.

어휘 dump ~를 차다, 버리다
take it out on ~에게 화풀이하다, 분풀이하다
정답 (d)

30 해석 나는 슈퍼마켓 가는 길에 우연히 조이를 만났다.

해설 문맥상 우연히 만났다는 내용이 적절하다. '누군가를 우연히 만나다'는 come across, run into, bump into 등의 표현이 가장 자주 쓰인다. 따라서 정답은 (b) ran이다.

어휘 run into 우연히 만나다(= bump into, run across, stumble upon)
정답 (b) ran

Chapter 02 연어

Actual Test

1 해석 A: 해리에게 내 결혼식 들러리가 되어 달라고 부탁했는데, 그러겠다고 했어.
B: 잘 됐네. 그럼 이제 모든 게 준비된 거니?

해설 해리는 남자이고, 문맥상 빈칸은 신랑 들러리가 들어간다. 결혼식의 신랑 들러리는 best man이라고 한다.

어휘 best man 신랑 들러리
cf. 신부 들러리는 maid of honor
mate 동료, 친구
fellow 친구, 남자
crew 선원, 승무원
정답 (a)

2 해석 A: 다음 주중에 로버츠 씨를 만나 보셔야 합니다.
B: 음, 출장을 갈지도 모릅니다. 하지만 아무튼 수요일까진 돌아올 겁니다.

해설 숙어를 물어보는 문제이다. 문맥상 '여하튼, 암튼'의 뜻이 되어야하므로 빈칸은 (c) rate가 알맞다.

어휘 interest 이자
concern 관심, 걱정
fee (의사, 변호사 등에 대한) 서비스 수수료, 요금
정답 (c)

3 해석 A: 도중에 약국에도 들려주겠니?
B: 응, 네 처방전대로 약을 지어다 줄까?

해설 연어(collocation)를 물어보는 문제이다. prescription과 어울리는 단어는 선택지에서 (d) filled밖에 없다. 약사가 약을 짓거나, 조제하는 것을 fill a prescription이라고 한다. B는 약사가 아니므로 약사에게 부탁을 해서 약을 조제해야 하니까 get one's prescription filled로 표현해야 한다.

어휘 drop into 들르다
prescription 처방(전)
carry 운반하다, 휴대하다
tune 조정하다, 조율하다, 주파수를 맞추다
정답 (d)

4 해석 A: 새로 지은 컴퓨터실 이용해 봐. 굉장하더라.
B: 멋지지 않니? 하지만, 미리 새로운 학생증을 발급받아야 해.

해설 형태를 혼동하기 쉬운 어휘를 물어보는 문제이다. 학

생증 앞에서 학생증을 수식해 줄 수 있는 형용사를 골라야 한다. '유효한'의 의미를 가진 형용사 valid가 가장 잘 어울린다.

어휘 void 무효의, 텅 빈
valid 법적 효력이 있는, 유효한
varied 다양한

정답 (c)

5 해석 A: 실례합니다. 742편 비행기가 정상적으로 출발하는지 궁금합니다.
B: 죄송합니다. 짙은 안개 때문에. 안개가 걷히려면 시간이 좀 걸릴 겁니다.

해설 문맥상 '안개가 걷히다'라는 의미에서 '걷히다'라는 뜻의 영어 동사를 골라야 한다. '구름, 안개가 걷히다, (비가) 그치다'라고 할 때 쓰는 동사는 lift이다.

어휘 on schedule 시간표대로, 예정대로, 정상적으로
dense 빽빽한, 밀집한, 짙은

정답 (d)

6 해석 A: 소득 신고에 대해 몇 가지 물어보려고 다시 왔습니다.
B: 죄송합니다. 선생님. 지금 모든 상담원들이 다른 고객님들과 상담 중입니다.

해설 환자가 의사의 진찰을 받는 것을 see a doctor라고 하고 의사가 환자를 진료해주는 것을 see a patient라고 하듯이, 상담원이 고객과 상담하는 것을 see a client라고 한다. raise는 '기르다', examine은 '검사하다', introduce는 '소개하다'는 뜻이므로, 문맥상 어울리지 않는다.

어휘 raise (아이를) 기르다, (자금을) 조성하다
examine 조사하다, 검사하다

정답 (d)

7 해석 A: 제이슨은 매일 밤낮으로 운동을 하면서 체육관에 눌러 사는 것 같아.
B: 맞아. 하지만, 그의 여동생 애이미는 그와는 전혀 딴판으로, 마치 내일이 없는 것처럼 담배 피고 술을 마셔대다니 좀 이상해.

해설 smoking and drinking like there's no tomorrow 부분이 단서이다. 여동생 애이미는 전혀 반대되는 사람임을 유추해볼 수 있으므로, 빈칸은 '완전히 다른 또는 딴판인'이라는 뜻의 영어 표현이 들어가야 한다. 선택지 중에서 그런 뜻을 가진 숙어는 (c) a far cry이다. (a)는 애이미가 주어인데, 보어가 direction이 되어 주술 관계가 맞지 않으므로 답이 될 수 없다.

어휘 a far cry from 현저한 간격, 큰 차이
dead end 난국, 곤란, 궁지
close call 구사일생, 위기일발

정답 (b)

8 해석 A: 승객들이 짐을 찾는데 최소 1시간이 걸린데.
B: 너무 불편해. 소요시간을 줄여야 해.

해설 공항에서 짐을 찾는데 걸리는 시간을 뜻하는 영어 표현을 묻고 있다. 짐을 찾는 데 소요되는 시간은 turnaround이다. 참고로 turnaround time은 항공기를 준비시키는 어떤 과정이나 절차의 시작부터 종료 시점까지 걸리는 소요시간을 의미한다.

어휘 cutout 차단, 오려내기
takeoff 이륙
rundown 요약, 설명, (야구) 협살

정답 (d)

9 해석 A: 화학 비료가 궁극적으로 토양의 질을 망칠 수도 있다는 사실은 몰랐어.
B: 그뿐이 아니야. 수질 오염도 가속화시키지.

해설 화학 비료가 토양의 질을 파괴하다는 것은 토양을 오염시킨다는 뜻이고, A와 B의 말을 종합해보면 화학 비료는 토양과 물을 오염시킨다고 볼 수 있으므로, 빈칸은 오염이라는 뜻을 가진 영어 단어가 들어가야 할 것이다. 수질 오염은 water pollution이다.

어휘 demotion 강등, 격하
notion 개념
operation 작동, 운영, 수술

정답 (b)

10 해석 부모님이 돌아가실 때 여러분에게 유산으로 물려주는 현금이나 자산에는 상속세가 부과됩니다.

해설 bequeath라는 단어의 뜻을 정확히 알면, 쉽게 답을 구할 수 있으나, 모르더라도 문맥과, when they die, your parents 등의 표현들로 단어 bequeath의 의미가 '물려주다'임을 유추해 볼 수 있다. 따라서 빈칸은 우리말로 '상속세'라는 뜻의 영어 표현이 들어가야 하며, 상속세는 영어로 Inheritance tax라고 한다.

어휘 impose 의무 · 세금 · 벌 따위를 지우다, 부과하다
bequeath 유증하다, 남기다, 후세에 전하다

corporation tax 법인세
property tax 재산세
value added tax 부가 가치세
정답 (c)

11 해석 외국에 가기 전에 최상의 환율을 찾아봐라.
해설 외국 여행을 가기 전에 확인해야 하는 것은 '환율'이라고 볼 수 있다. 환율은 영어로 exchange rate라고 한다. 게다가 나머지 단어들은 rate와 함께 쓰지 않는다. currency는 '통화, 화폐', bill은 '지폐, 청구서, 법안', fund는 '기금, 자금'이다.
어휘 foreign country 외국
exchange rate 외환 시세, 환율
currency 화폐
bill 지폐, 법안
fund 기금, 자금
정답 (c)

12 해석 신발이 너무 꽉 조인다고 느껴지면, 찍찍이를 느슨하게 해봐.
해설 신발이 지나치게 꽉 맞다면 이를 느슨하게 하는 것이 상식적일 것이다. '느슨하게 하다'라는 의미의 단어는 (a) loosen이다.
어휘 loosen 느슨하게 하다
tighten 꽉 조이다
shorten 줄이다
lengthen 늘이다, 길게하다
Velcro 벨크로(단추 대신에 쓰는 접착물의 상표명, 일명 찍찍이)
정답 (a)

13 해석 그는 잠시 수줍은 미소를 띠고 나에게 언제 같이 저녁을 먹자고 했다
해설 〈동사 + 명사〉 형태의 collocation을 물어보는 문제이다. 명사 smile과 어울리는 동사는 flash이다.
순간적으로 미소 등을 짓는 것을 flash a smile라고 한다. 그밖에 put on a smile/wear a smile 등도 가능한 표현이다.
어휘 flash a shy smile 수줍은 미소를 날리다, 수줍은 미소를 띠다
hang 매달다 (hung은 과거형)
정답 (c)

14 해석 모든 직사각형과 정사각형에는 네 개의 직각이 있다.
해설 rectangle과 square의 뜻을 알아야 풀 수 있는 문제이다. 정사각형과 직사각형이 가지고 있는 4개의 각은 직각이다. 직각은 영어로 right angle이라고 한다.
어휘 angle 각
bent 구부러진
정답 (a)

15 해석 내 동생은 바퀴 벌레 같은 해충을 모으는 것을 좋아하는데 이건 단지 그의 괴상한 취미들 중의 단지 하나일 뿐이다.
해설 해충을 모으는 취미는 이상하고 별난 취미라고 볼 수 있으므로 문맥상 (b) eccentric이 알맞다.
어휘 eccentric 별난, 괴벽스러운
pest 해충, 독충
cockroach 바퀴벌레
aesthetic 심미적인
estranged 쌀쌀한, 심정으로 멀어진, 소원해진
정답 (b)

16 해석 사생활 보호가 중요하다고 여겨지는 장소들에는 불투명한 유리가 종종 사용된다.
해설 사생활이 보호되어져야 하는 장소에 속이 다 비치는 유리를 사용할 수는 없다. 따라서 문맥상 빈칸은 '불투명한'의 뜻을 가진 형용사가 알맞다.
어휘 oval 타원형의, 계란형의
laminated 얇은 판이 입혀진, 겹쳐진
fiber 섬유
opaque 불투명한 *cf.* transparent 투명한
정답 (d)

17 해석 Kay가 하는 일은 매우 고성능 컴퓨터를 요하기 때문에 항상 그의 컴퓨터를 반년마다 가장 최신 기종으로 업그레이드 한다.
해설 고성능의 강력한 컴퓨터가 필요하다는 서두의 내용으로 미루어 볼 때 최신 첨단 모델로 구매를 한다는 것이 논리적으로 옳을 것이다. '최신의'라는 뜻의 형용사는 up-to-date 이다.
어휘 up-to-date 최신(식)의, 최근의, 첨단적인
obsolete 쓸모없는
superfluous 쓸모없는, 잉여의, 불필요한
ambiguous 모호한, 애매한
정답 (b)

18 **해석** 영업 사원들은 고객들이 왜 상품을 구매해야 할 필요가 있는지 그 이유들을 항상 또박또박 말할 수 있어야 한다.

해설 영업사원들이 필요로 하는 기술은 상품에 대한 정보를 고객들에게 정확하게 알리고, 상품을 사야하는 이유를 명확하게 말해줄 수 있어야 할 것이다. '명료하게 또박또박 말을 하다'는 articulate이다.

어휘 deplore 슬퍼하다, 한탄하다
reciprocate 보답하다, 상호작용하다, 서로 주고받다
irradiate 밝게 하다

정답 (d)

19 **해석** 무선 충전 기술이 눈앞에 다가 왔는데, 이는 기존의 배터리 충전기를 완전히 대체할 것이다.

해설 고급 어휘의 뜻을 묻는 문제이다. 신기술인 무선 충전 기술이 개발되면, 기존의 충전기를 대신하다는 의미가 문맥상 알맞을 것이다. '대체하다'라는 의미의 동사는 supplant이다.

어휘 eradicate 근절하다, 박멸하다
generate 생성하다, 만들다
perpetrate (죄, 잘못을) 저지르다

정답 (b)

20 **해석** 나는 다이어트 알약이 가까운 장래에 우리가 먹는 음식을 대체할 수도 있다는 것이 우스꽝스럽다고 생각한다.

해설 고급 어휘의 뜻을 묻는 문제이다. 사람들이 음식 대신에 다이어트 알약을 먹고 사는 장면과 어울리는 형용사는 선택지 (b) ludicrous이다. 선택지의 나머지 형용사들은 어울리지 않는다.

어휘 diet pill 다이어트 알약
ludicrous 우스꽝스런, 익살맞은
mediocre 보통의, 평범한
comprehensive 종합적인, 포괄적인
transient 일시적인, 덧없는

정답 (b)

21 **해석** 아이들이 어떤 경우든 그들의 반 친구들을 서로 이간질하지 않도록 가르쳐질 필요가 있다.

해설 친구들 사이를 '서로 멀게 하거나, 소원해지도록 만들다'라는 의미의 동사는 alienate이다. squander는 '낭비하다'이고, replenish는 '가득 채우다'이므로 전혀 맞지 않다.

어휘 squander 낭비하다
replenish 가득 채우다, 다시 보충하다
vegetate (식물) 자라다, 성장하다

정답 (c)

22 **해석** 사람들은 이 나라의 소수민족들을 무시하는 경향이 있다.

해설 '~에게 눈먼 눈을 돌린다'라는 것은 무시한다는 뜻으로 볼 수 있다. 누군가의 말을 무시할 때 숙어 turn a deaf ear to 또는 turn a blind eye to를 쓴다. 이 표현을 잘 몰랐다고 하더라도, ethnic minorities 가 무슨 뜻인지 알면, 쉽게 답을 유출할 수 있었을 것이다. 참고로 turn a blind eye to는 '못 본 체하다, 눈감아 주다'라는 뜻도 있다.

어휘 bandy (다리가) 바깥쪽으로 휜
keen 날카로운, 민감한, 열중해 있는

정답 (b)

23 **해석** 도시 지역과 농촌 마을 사이의 인구 밀도 차이가 점점 더 커지고 있다.

해설 상식적으로 농촌과 도시와의 인구 밀도 차이임을 쉽게 유추할 수 있으므로 rural의 반의어가 필요하다. 따라서 정답은 (a) urban이다.

어휘 density 밀도
gap 차이, 간격
civil 민간의, 시민의
refined 세련된, 정제된
inane 얼빠진, 어리석은

정답 (a)

24 **해석** 우리의 경쟁자들은 우리의 우호적인 행동 뒤에 뭔가 숨겨진 저의가 있다고 의심했다.

해설 접미어 -or로 끝나서 형태를 혼동하기 쉬운 어휘를 물어보는 문제이다. 다정한 제스처 뒤에 있는 의도는 숨겨진 의도라고 보는 것이 자연스럽다. '숨겨진 의도'는 hidden agenda라고 하는데, ulterior intention도 같은 의미로 자주 쓰인다.

어휘 ulterior 숨은, 이면의
exterior 바깥의
superior 우수한, 최고의
posterior 뒤의, 뒤쪽의

정답 (c)

25 해석 일손이 많으면 일이 수월해지듯이 백지장도 맞들면 낫다.

해설 속담 백지장도 맞들면 낫다는 뜻은 혼자보다는 여럿이 힘을 합치면, 일이 쉬워진다는 뜻이므로, 문맥상 빈칸은 우리말로 '쉬운, 가벼운, 수월한' 정도의 의미를 갖는 형용사가 알맞을 것이다. 따라서 정답은 (c) light이다. 참고로 Many hands make light work.는 Two heads are better than one.과 뜻이 같다.

어휘 hands 일손, 일을 돕는 사람
light (일 따위가) 쉬운, 부담 없는, 가벼운
sloppy 더러워진, 지저분한

정답 (c)

26 해석 진지한 표정을 짓는 것이 너무 어려워서 나는 웃음을 참을 수가 없었다.

해설 keep a straight face는 웃기는 상황에서 웃음을 참고 '진지하거나 태연한 표정을 짓다'라는 관용적인 표현이다. straight에는 얼굴이 '진지해 보이는'이라는 뜻이 있다.

어휘 thick 두꺼운
resist ~에 저항하다, 참다

정답 (c)

27 해석 나는 청소를 하고, 아내는 요리를 하는데, 이것은 멋진 협정인 것으로 판명되었다.

해설 아내와 가사 업무를 분담하기로 한 것은 부부 사이의 협정, 타협 정도로 볼 수 있다. 선택지 중 '협정, 타협'의 의미를 가진 명사는 (b) arrangement이다.

어휘 grouping 분류하기
pairing 짝짓기
supplement 보충(물)

정답 (b)

28 해석 최근의 5연패 이후에 그 축구부의 무능한 코치는 결국 해고되었다.

해설 5연패로 해고되는 코치는 무능하다고 볼 수 있다. 주어진 선택지 중 '무능한'의 뜻을 가진 형용사는 (a)의 incompetent이다.

어휘 improvised 즉흥의
intricate 복잡한, 뒤얽힌
immaculate 티없이 깨끗한, 무결한

정답 (a)

29 해석 많은 사람들이 한미 자유무역 협정이 대미 수출을 증대할 거라는 기대에 대해 매우 회의적이다.

해설 문맥에 알맞은 어휘를 넣는 문제이다. expectation이라는 단어에 주목해 볼 필요가 있다. 한미 FTA에 대해서 기대할 수 있는 것은 수출의 '증대'라고 볼 수 있다. 게다가 선택지 중에 exports와 어울리는 단어는 boost밖에 없다.

어휘 expectation 기대, 예상
FTA 자유 무역 협정(= Free Trade Agreement)
blast 폭발시키다, (경적을) 시끄럽게 울리다, ~을 손상시키다
bomb 포격하다

정답 (d)

30 해석 한 그룹의 정부 요원들이 폭발 현장에 테러리스트가 개입했음을 증명하는 새로운 증거를 발견했다.

해설 evidence와 어울리는 형용사는 선택지 중에 (a) fresh밖에 없다. fresh evidence는 new evidence와 같은 의미이다. 우리말로 해석을 해봐도 '새로운 증거'라는 말이 가장 자연스럽다.

어휘 severe 심한, 혹독한, 엄격한
tangy (맛) 톡쏘는, (냄새) 코를 찌르는

정답 (a)

Actual Test

1 해석 A: 그러니까 제가 영어 시험을 봐서 점수를 제출해야 한다는 말씀이군요.
B: 예. 미국 대학에 들어가려면 능숙한 영어 구사 능력이 필수조건입니다.
해설 접두어 pre-로 시작되어 형태를 혼동하기 쉬운 어휘를 물어보는 문제이다. 영어 시험을 봐서 성적표를 제출해야 하는 이유는 영어 구사 능력이 필수조건이기 때문일 것이다. 따라서 정답은 (d)이다. prejudice는 '편견, 선입견'을, predicament는 '곤경'을 의미한다.
어휘 turn in 제출하다
precaution 예방(책), 경고, 주의
predicament 곤경, 궁지
prerequisite 필수조건
정답 (d)

2 해석 A: 긴긴 가뭄이 거의 유럽 전역에 영향을 미치고 있다고 들었어.
B: 나도 들었어. 그곳에는 수만 명의 사람들이 굶주리고 있어.
해설 선택지의 단어들을 대입해서 소거법을 이용해야 하는 문제이다. 대체로 가뭄으로 인해 많은 사람들이 죽거나, 병들거나, 굶주리는 것이 보통이다. 따라서 빈칸에는 '굶주리다'라는 뜻을 가진 (d) starving이 가장 알맞다. strive는 '분투하다, 노력하다'이고, stamp는 '짓밟다'이고 startle은 '깜짝 놀라게 하다'라는 뜻이다.
어휘 strive 분투하다, 노력하다
stamp 짓밟다
startle 깜짝 놀라게 하다
정답 (d)

3 해석 A: 그 조난 사고에서 16명의 생존자가 섬 근해에서 구조되었대.
B: 좋은 소식이네.
해설 형태를 혼동하기 쉬운 어휘를 구분하는 문제이다. 선택지에 등장한 단어의 뜻만 알면 쉽게 풀 수 있다. 배 조난 사고에서 구조되는 사람은 생존자들이라고 볼 수 있기 때문에 정답은 (c) survivors이다. suspect는 '용의자'를 뜻하고, surveyor는 '측량자, 조사관', surgeon은 '외과 의사'이다.
어휘 surveyor 측량사, 조사관
suspect 용의자
survivor 생존자
surgeon 외과 의사 *cf.* internist 내과 의사
정답 (c)

4 해석 A: 판사가 이해가 안 되는군. 편파적인 것처럼 보여.
B: 그래. 피고 측 변호인의 거의 모든 이의 제기를 기각해버렸어.
해설 접두어 over-로 시작되는, 형태를 혼동하기 쉬운 어휘를 묻는 문제이다. 문맥상 변호인이 제기하는 이의를 억누르거나 기각했다는 의미가 적절하다. overrule은 남의 발언을 힘으로 억누르거나 기각할 때 쓰이는 단어이다. 참고로 '기각하다'의 반의어는 sustain이다.
어휘 defendant 피고(↔ plaintiff 원고)
attorney 변호사, 대리인
overrule (반론 · 이의 따위를) 기각하다
overtake ~을 따라잡다, 만회하다
overcome 극복하다
overreact 과민반응하다
정답 (a)

5 해석 A: 늦었구나. 게임이 시작됐어.
B: 교통이 보통 때보다 훨씬 더 혼잡하더라고. 여기 오는데 2시간이 걸렸어.
해설 형태를 혼동하기 쉬운 어휘를 구분하는 문제이다. 약속 장소에 늦게 도착했을 때, 차가 평상시보다 훨씬 많이 밀려서 늦었다고 말하는 것이 보통이다. 교통 체증이 심하여 예상보다 훨씬 늦었다는 것이므로 '교통'의 뜻을 가진 (d) traffic이 정답이다.
어휘 translation 해석 transmission 전달, 전송
transition 변천, 이동
정답 (d)

6 해석 A: 어젯밤에 TV에서 〈나홀로 집에〉 봤니?
B: 물론이지, 우리 엄마는 그걸 보시면서 자신의 어린 시절 추억에 대해서 끊임없이 얘기하셨어.
해설 접두어 re-로 시작되어 형태를 혼동하기 쉬운 어휘 구분 문제이다. 어머니가 TV에서 나오는 영화를 보면서 어린 시절의 추억에 대해서 많은 말씀을 하셨다는 내용이 자연스러우므로, (c) recounted가 가장 알맞

다. respond는 '반응하다'라는 뜻이며, 전치사 to가 항상 필요하다. repair는 '수리하다'라는 뜻으로 전혀 문맥에 맞지 않고, redeem은 '(돈, 물건, 명예, 권리 따위를) 되찾다, (빚)을 청산하다'라는 뜻이다.

어휘 respond 응답하다
recount 자세히 말하다, 하나하나 열거하다
redeem 도로 찾다

정답 (c)

7 해석 A: 내가 여드름에 발라보라고 했던 연고 어땠니?
B: 실은, 그 연고 때문에 더 악화됐어.

해설 in fact는 no와 마찬가지로 부정의 답변이라고 볼 수 있다. 따라서 빈칸에는 연고가 여드름을 오히려 악화시켰다는 내용이 자연스럽다. 선택지 중 '악화시키다'라는 의미는 (a) aggravated이며, (b) aggregated, (c) assembled는 타동사로 쓰일 경우에 '~을 모으다'라는 뜻이므로, 문맥에 전혀 맞지 않다.

어휘 ointment 연고
aggravate 더욱 악화시키다, 괴롭히다
aggregate 모으다; 집합(체), 합계; 집단의, 합계의
assemble ~을 모으다, 조립하다
assault 공격하다

정답 (a)

8 해석 A: 존스 부인을 부탁드립니다.
B: 잠깐만 기다리세요. 연결해 드릴게요.

해설 전화 영어에서 어떤 사람을 바꿔달라는 요구에 '연결해드리겠습니다'라는 표현은 I will put you through.나 I will put him/her on the line.으로 표현한다. 주로 동사 put이 들어간다는 점을 기억해두면 좋다.

어휘 put (someone) through 바꿔주다, 연결해주다

정답 (d)

9 해석 A: 마감일까지 보고서를 제출하지 못할 것 같아.
B: 너무 늦기 전에 가서 연장을 해달라고 해봐.

해설 B가 연장(extension)을 해달라고 해보라고 말한 걸로 봐서, A는 보고서를 마감일까지 제출하지 못할까봐 걱정하는 걸로 유추해 볼 수 있으므로 정답은 '제출하다'라는 의미의 (a) hand in이다. 나머지 선택지들에 등장한 구동사 표현은 자주 쓰이지 않는 표현들이다.

어휘 hand in 제출하다
extension 연장, 확장
push in 밀고 들어가다, 끼어들다
run in 뛰어들다
keep in (감정 따위)를 억누르다, ~을 가두다

정답 (a)

10 해석 A: 우리 앞으로 몇 달 동안 돈이 좀 더 필요해.
B: 은행 계좌에 아직 좀 남아있어. 얼마간은 그걸로 그럭저럭 지낼 수 있어.

해설 '그럭저럭 지내다'라는 의미를 가진 구동사 표현 get by를 물어보는 문제이다. 은행 돈으로 얼마간은 '버티다, 그럭저럭 지내다'라는 내용이 가장 자연스러우므로 정답은 (a) get by이다. 나머지 선택지들에는 헷갈릴 만한 표현이 전혀 없기 때문에, 뜻만 정확히 알면 쉽게 풀 수 있는 유형이다. '획득하다'라는 의미의 구동사 표현 come by와 '야구에서 공을 잡아 타자를 아웃시키다'라는 뜻의 catch out은 뒤에 목적어가 필요하기 때문에, 의미를 떠나 문법적으로도 불가능하다.

어휘 get by (곤란을 극복하고) 살아남다, 그럭저럭 해내다
break up 분리하다, 해산하다, 부수다
catch out (야구) 공을 잡아서 (타자)를 아웃시키다, 우연히 만나다
come by 획득하다, 얻다

정답 (c)

11 해석 A: 잠깐 쉬는 게 어때?
B: 좋은 생각이야. 이 서류 더미 검토 작업이 질리려고 해.

해설 휴식을 취하자는 제안을 수락했으므로, 빈칸은 수락한 이유가 들어가야 적절하며, 아무래도 작업이 지겨웠다는 내용이 연결되는 것이 자연스럽기 때문에 정답은 (d) fed up with 이다.

어휘 go through (세밀히) ~을 조사[검토, 검사]하다
fired up at ~에 격분한
easy on 너그러운
fed up with ~가 지겨워진, 물린

정답 (d)

12 해석 A: 브래드를 그렇게 외딴 곳으로 갑작스레 전출시키는 것은 불공평해.
B: 어쩔 수 없지. 지난 두 분기 동안 그의 실적이 정말 형편없었잖아.

해설 모두 접두어 trans-로 시작되어 형태를 혼동하기 쉬운 어휘 구분 문제이다. A의 to such a remote area라는 어구로 보아 다른 근무지로 '전근을 시키다'라는 의미가 문맥적으로 가장 알맞다. '전학시키다, 전출시키다'라는 의미를 가진 선택지는 (d) transfer이다. transmit에는 '보내다, 발송하다'라는 의미가 있지만, 주로 사물을 목적어로 취하며, 사람을 목적어로 취하지 않기 때문에 답으로 어색하며, transport 역시 단순하게 '운반하다, 수송하다'라는 의미이지, 업무상 전출을 시킨다는 뜻은 없으므로 답이 될 수 없다.

어휘 at short notice 충분한 예고 없이, 갑작스레
transmit 발송하다, 전달하다
transport 운반하다
translate 해석하다
transfer 전근시키다

정답 (d)

13 **해석** A: 컴퓨터 정말 낡았구나!
B: 알아. 실은 바꿀까 생각중이야.

해설 접두어 re-로 시작되는 혼동 어휘 구분 문제이다. A가 컴퓨터가 낡았다고 말하자 B가 동의를 한 걸로 봐서 자신의 컴퓨터를 교체하는 것을 고려하고 있다고 유추할 수 있다. '~을 교체하다'라는 표현은 replace A (with B)로 쓴다. 따라서 정답은 (b) replacing이다.

어휘 replace ~을 대신하다
rebuke 비난하다
renounce (공식적으로) 포기하다, 단념하다

정답 (a)

14 **해석** A: 진찰을 받고 뭐가 잘못됐는지 검사를 받아 봐.
B: 그럴게. 그런데 병원이 수리 때문에 문을 닫았어.

해설 유의어 구분 문제이다. A가 B에게 병원에 가서 검진을 받아보라고 권하고 있다. 몸에 이상이 있는지 검사를 받으라는 내용이 빈칸에 알맞으므로 (c) screened가 알맞다.

어휘 get screened 검사받다
renovation 개혁, 수리
film 촬영하다, 영화화하다
tape 테이프에 녹음 · 녹화하다

정답 (c)

15 **해석** A: 시내에 있는 식당에서 우연히 러셀 크로우를 만났어.
B: 러셀 크로우? 농담이겠지. 그 사람이 누구하고 있었는데?

해설 문맥상 빈칸에는 '우연히 만나다'라는 뜻을 완성할 수 있는 동사가 필요하므로 정답은 (b) bumped into이다. '우연히 만나다'는 표현은 bump into 외에도 run into, run across, come across 등의 표현이 자주 쓰이므로 알아둬야 한다.

어휘 bump into ~와 우연히 만나다
plunge into ~에 뛰어들다, 추락하다, 잠기다
hook 고리로 걸다/걸리다

정답 (b)

16 **해석** A: 미리엄의 생일에 뭘 사줄지 결정했니?
B: 아니, 아직. 우리 모두 조금씩 돈을 모아서 휴대폰을 바꿔주는 게 어때?

해설 chip in은 '조금씩 돈을 각출하다'라는 의미를 가진 표현이다. 주로 선물 등을 사주거나, 어디에 기부금을 낼 때, 여러 사람이 돈을 조금씩 내는 상황에서 자주 쓰이는 표현이다. cut in은 '끼어들다', let in은 '들어오게 하다'의 뜻으로 문맥에 전혀 맞지 않으므로 답이 될 수 없다.

어휘 chip in 비용 등을 나누어 부담하다
cut in 끼어들다
let in 들어오게 하다
tune in ~에 주파수를 맞추다, (악기 음을) 조율하다, 일치시키다

정답 (a)

17 **해석** A: 아내가 병원에 입원해 있는데, 내가 너무 바빠서 애들 봐줄 사람을 못 구했어.
B: 이틀 휴가를 내서 구해봐.

해설 take a day off는 '하루 휴가를 내다'라는 의미이다. a couple of days는 '이틀'이니까 take a couple of days off는 '이틀 휴가를 내다'라는 뜻이 된다.

어휘 call off ~을 취소하다
keep off ~을 멀리하다
lay off 정리해고하다

정답 (d)

18 **해석** A: 나 직장 또 그만 뒀어. 다른 일을 해보고 싶어.
B: 때로는 네가 잘하는 일에 매진할 필요가 있어.

해설 A의 말로 미루어 볼때, A는 한 직장에 오래 머물러 있는 스타일이 아니고, B는 A에게 자신이 잘하는 일을 고집하라고 충고해주고 있는 상황이므로 '~을 고수하다, 고집하다, 매진하다'라는 뜻을 가진 (d) stick이 정답이다. 참고로 선택지 중 빈칸 뒤의 전치사 to와 어울리는 동사도 stick밖에 없다.

어휘 stick to 고수하다, 끈기 있게 하다
bend 구부리다, 굽히다

정답 (d)

19 해석 A: 오늘 살을 에는 듯이 추워. 따뜻하게 껴입고 가야 해.
B: 우체국에 가야 하지만, 그 후에는 실내에 있게 될 거야.

해설 날씨가 살을 에는 듯이 춥다는 말로 보아 빈칸은 '옷을 겹겹이 따뜻하게 껴입다'라는 뜻의 (b) bundle up이 가장 자연스럽다. (a)의 stack up은 '물건을 쌓아 올리다'라는 뜻이고, whip up은 '매질하다, 자극하다'라는 뜻으로 본 문맥과 전혀 어울리지 않는다.

어휘 stack up 쌓아올리다
bundle up 따뜻하게 몸을 감싸다(in)
whip up 매질로 서둘게 하다, 자극하다
cock up (사람이) 몸을 뒤로 젖히다

정답 (b)

20 해석 의사들은 의료 사고를 피하기 위해, 매우 신중하게 병을 진단해야 합니다.

해설 똑같이 접미어 -sis로 끝나서 형태를 혼동하기 쉬운 어휘를 구분하는 문제이다. 의료 사고를 피하기 위해서 의사들이 주의해야할 것들이 참 많겠지만, 아무래도 가장 위험한 것은 오진일 것이다. 따라서, 의사들이 병을 진찰할 때 매우 신중해야 한다는 내용이 되도록 빈칸을 완성하면 된다. 선택지 중 '진단, 진찰'을 의미하는 단어는 (a) diagnosis이다.

어휘 diagnosis 진단 malpractice 직무상 과실
parenthesis 괄호
synthesis 종합, 통합(체), 합성
paralysis 마비, 중풍

정답 (a)

21 해석 임차인은 임대료가 6주가 넘게 연체되면 쫓겨 날 것이다.

해설 접두어 over-가 들어가서 형태를 혼동하기 쉬운 어휘를 구분하는 문제이다. over-는 '초과, 초월'의 뜻을 가진 접두어이다. 문맥상 '지급 기한이 지난, 연체된'의 의미를 가진 (d) overdue가 가장 알맞다.

어휘 overdue 연체된, 지급 기한이 지난
overwork 과로하다
overdraw 초과 인출하다, 지나치게 발행하다, 과장하다
overhear 엿듣다

정답 (d)

22 해석 그녀의 이야기는 은연중에 그녀가 어떤 어려움들을 겪어야 했었는지 알 수 있게 해 줬다.

해설 그녀가 하는 이야기가 그녀가 어떤 고난들을 겪었는지, 꿰뚫어 볼 수 있는 통찰력을 주었다는 문맥으로 이해할 수 있으므로, 정답은 (c) insight이다. remark는 '논평, 의견'이고, input은 '입력, 투입'이라는 뜻이므로 문맥에 맞지 않다.

어휘 unwittingly 무의식적으로, 은연중에
insight 통찰(력), 식견
reflection 영상, 그림자, 사상, 생각

정답 (b)

23 해석 장수하는 사람들 대부분은 자신들의 장수를 그들이 먹는 음식 덕으로 돌린다.

해설 형태를 혼동하기 쉬운 어휘를 물어보는 문제이다. oldest living people과 관련 있는 어휘는 (a)의 longevity이다. gravity는 '중력', vicinity는 '근처, 부근', vanity는 '허영'이라는 뜻으로 전혀 무관한 단어들이다.

어휘 attribute ~의 덕으로 돌리다(to)
longevity 장수
gravity 중력
vicinity 가까운 곳, 근처
vanity 자부, 허영, 허무

정답 (a)

24 해석 수두는 매우 전염성 높은 질병이라 다른 아이들에게 급속도로 퍼진다.

해설 접두어 con-으로 시작되어 형태를 혼동하기 쉬운 어휘를 구분하는 문제이다. 수두는 다른 아이들에게 급속도로 퍼진다는 내용이 세미콜론 뒤에 이어지고 있으므로, 빈칸에는 '전염성의'라는 의미를 가진 (c) contagious가 가장 알맞다.

어휘 chickenpox 수두, 작은 마마
constricting 죄는, 압축하는
contagious 전염시키는
consistent (의견 따위가) 일치하는, 양립하는
정답 (c)

25 해석 각 부서에서 논란의 소지가 있는 것까지는 아니더라도, 서로 상충되는 제안들을 해주신다면 감사하겠습니다.
해설 문법 지식이 좀 필요한 어휘 문제이다. 중간에 삽입된 if not controversial은 양보의 의미인 '논쟁의 소지가 있는 것까지는 아니더라도'로 해석되므로 빈칸은 controversial과 비슷한 의미의 강도가 낮은 어휘가 들어가는 것이 자연스럽다. 따라서 빈칸에는 (d) contradictory가 가장 자연스럽다.
어휘 controversial 논쟁의, 논쟁의 여지가 있는
convincing 설득력 있는, 납득이 가는
contemporary 동시대의, 동년배의
contradictory 모순된, 상반된, 반박하는
정답 (d)

26 해석 그녀의 사인을 확인하기 위해 부검을 실시할 필요가 있다.
해설 사인을 알아보기 위해서 실시하는 것은 부검이므로 정답은 (a) autopsy이다. 나머지 선택지들은 사인과 전혀 무관한 뜻이다. theology는 '신학'이며, synergy는 '협동 작용, 상승 효과'라는 뜻이다.
어휘 vacancy 공백, 빈 방, 균열
theology 신학
autopsy 부검
synergy 상승 효과, 협동 작용
정답 (c)

27 해석 그가 강제로 문을 열자마자, 문의 경보 장치가 자동으로 울렸다.
해설 구동사 표현을 물어보는 문제이다. 경보기가 주어이기 때문에 문맥상 '울리다'라는 뜻의 (d) went off가 정답이다. put off는 '연기하다'라는 뜻이고, run down은 '(시계나 기계가) 정지하다'라는 뜻이므로, 문법적으로도 의미적으로 충분히 가능하지만, 이 문장의 문맥에서는 went off가 훨씬 더 자연스럽다.
어휘 slam 쾅 닫다, 털썩 내려놓다
put off 연기하다(= postpone)
run down (시계 · 기계가) 서다, 정지하다, (전지(電池)가) 다 되다
go off (경보 따위가) 울리다
정답 (d)

28 해석 당신의 관계가 다툼과 의심으로 가득 차 있다면 상호 이해와 신뢰의 불씨를 되살려야 할 때입니다.
해설 상호 이해와 신뢰의 불씨를 되살려야 하는 관계는 다툼과 불신으로 가득차 있는 관계라는 점을 생각해 볼 수 있으므로 (d) fraught with가 가장 알맞다. (b) complete with는 (필요한 부분 등이) 모두 갖추어져 '완전한'이라는 긍정적 의미의 단어이므로, arguments와 suspicion 등의 단어랑 쓰기에는 어색하다. (a) saturated with 역시 '가득 찬'의 뜻이 있지만, 주로 화학에서 '포화된', 액체에 '흠뻑 젖은, 스며든'이라는 뜻이므로, arguments와 suspicion 등의 명사와 쓰기에는 fraught with보다는 다소 부적절하다.
어휘 numb with (추위, 충격 등으로) 마비된, 감각이 없는, 곱은
fraught with ~로 가득 차 있는
stir 휘젓다, 뒤적이다
ember 타다 남은 장작, 잔불
정답 (d)

29 해석 나는 점심식사를 빨리 끝내고 남은 점심시간을 독서를 위해 할애한다.
해설 접두어 re-로 시작되는 혼동어 구분 문제이다. 점심시간에 점심식사를 빨리 끝내려는 이유는 다른 활동을 위해서 점심시간을 쓰기 위해서일 것이다. 따라서 빈칸에는 나머지 점심시간을 독서를 위해 '따로 떼어두다'라는 뜻의 (b) reserved가 가장 알맞다.
어휘 resolve 결심하다
revolve 회전하다, 자전하다
reserve 남겨두다, 비축하다
relieve (고통, 부담 따위를) 덜어주다, 완화하다
정답 (c)

30 해석 그가 혼자라고 느낄 때마다, 음악과 한 잔의 와인이 좋은 위로가 되었다.
해설 접두어 sol-로 시작되어 형태를 혼동하기 쉬운 어휘를 묻는 문제이다. 문맥상, 음악과 포도주 한 잔이 위안이 되었다고 보는 것이 가장 자연스러우므로

(b) solace가 정답이다. solitude는 '고독'이며, solvent는 '용제, 용매'라는 뜻이다.

어휘 solitude 고독
solace 위안, 위로
solvent 지불 능력이 있는, 녹이는
solidity 단단함, 견실

정답 (b)

Chapter 04 혼동하기 쉬운 어휘

Actual Test

1 해석 A: 어질러서 죄송해요

B: 괜찮아요. 전 청소를 아주 잘해요.

해설 형태를 혼동하기 쉬운 어휘를 묻는 문제이다. 문맥상 '어지럽히다, 엉망으로 만들다'라는 뜻이 알맞으므로, mess가 알맞다. moss는 이끼라는 뜻이다.

어휘 moss 이끼
muse 명상(하다)
miss (미혼 여성의 이름 앞에) 양; 놓치다
mess 어수선함, 혼잡, 뒤죽박죽

정답 (d)

2 해석 A: 앤더슨 씨를 뵈러 왔습니다. 계신가요?

B: 예, 하지만, 약속하셨나요?

해설 유의어 구분 문제이다. '약속하셨습니까?'라는 의미의 표현에는 expect를 쓴다. 선택지 중 (a) foretelling과 (b) expecting이 헷갈릴 수 있지만, expect와 foretell은 완전히 뉘앙스가 다른 단어이다. '예상하다'와 '예언하다'는 전혀 다른 뜻이기 때문이다. '그가 당신이 오는 걸 예상하고 있냐?'는 의미에서 '약속하셨습니까?'로 의미가 파생된 거라고 보면 된다.

어휘 foretell 예언하다
address 가리키다, 말을 걸다
conduct 행하다

정답 (b)

3 해석 A: 너 소말리아 소식을 전하는 프로를 봤니?

B: 응. 아무래도 수십만 명의 난민들이 이웃 나라에서 피난처와 식량을 찾고 있는 것 같아.

해설 기본 어휘의 뜻을 묻는 문제이다. 피난처와 음식을 찾는 사람들은 난민들이므로 정답은 (b) refugees이다.

어휘 apparently 아무래도 ~같은
shelter 피난처, 은신처
celebrity 유명인
refugee 난민, 피난민
nominee 지명된 사람, 후보
trainee 훈련받는 사람[동물]

정답 (b)

4 해석 A: 어젯밤에 예전 여자 친구 문제로 남자친구와 다퉜어.

B: 그럴 줄 알았어. 어쩐지 굉장히 우울해보이거든.

해설 남자 친구랑 다퉜으므로, 우울해 보인다고 보는 것이 가장 자연스럽다. intimidated와 daunted는 '겁먹은, 기죽은'의 뜻이며, humiliated는 '모욕감을 느끼는, 창피한, 굴욕감을 느끼는'의 뜻이므로, 문맥에 맞지 않다.

어휘 fall out with ~와 다투다, 일치하지 않다
intimidate 겁먹게 하다
daunt 위압하다
humiliate 창피를 주다, 자존심을 상하게 하다
depress 낙담시키다, 슬프게 하다

정답 (d)

5 해석 A: 난 인종주의는 절대 반대야.
B: 동감이야. 인종주의는 어떤 상황에서도 허용되어선 안돼.

해설 유의어 구분 문제이다. '어떤 상황에서도 ~않다'는 under no circumstances 또는 not ~ under any circumstances를 쓴다. environments, surroundings, states 모두 우리말로는 가능해 보이지만, under no 뒤에 쓰지 않는 표현들이다. under ~ circumstances와 같이 굳어진 표현들은 덩어리째 많이 암기해야한다.

어휘 disapprove of 찬성하지 않다, 반대의견을 갖고 있다
circumstance (주변의) 상황, 사정, 환경
environment (인간의 사고, 감정에 영향을 주는) 환경
surrounding 주위(의 상황), 환경, 주위의 모든 사물
state 상태

정답 (a)

6 해석 A: 이 여행자 수표 현금으로 좀 바꿔주시겠어요?
B: 네. 먼저 뒷면에 이서해주세요.

해설 수표를 현금으로 바꿀 때는 수표 뒤에다 이서를 한다. '이서를 하다'는 뜻의 동사는 (d) endorse이다. reimburse는 '경비나 비용을 상환하다, 변상해주다', withdraw는 '돈을 인출하다', balance는 금융 용어로 '빚을 청산하다, ~을 같게 하다, 결산하다'라는 뜻이므로, 수표를 현금으로 바꾸는 상황에서는 모두 어울리지 않는다.

어휘 reimburse 변상하다, 상환하다
balance 균형을 잡다, 비교 평가하다, 빚을 청산하다
withdraw 뒤로 빼다, 물러나게 하다, (돈을) 인출하다
endorse 시인[승인]하다, 이면에 서명하다

정답 (d)

7 해석 A: 우리 집주인하고 재계약했어?
B: 아니. 이달 말까지 방을 비워달라고 그가 통지했어.

해설 형태를 혼동하기 쉬운 어휘를 구분하는 문제이다. '집이나 방을 비워주다'라는 뜻으로는 (d) vacate를 써야 한다. (a) evacuate 역시 '비우다'라는 뜻이 있지만, 전쟁이나 재난 등이 발생해서 안전상의 이유로 철수하거나 건물을 비우는 경우에 쓰는 동사이다.

어휘 evacuate (집 따위)를 비우다, 피난하다, 철수하다
- to leave (a place), especially because of danger
delicate (감촉, 자태가) 섬세한, 우아한
vacate (집, 방, 자리)를 비우다, ~에서 물러나다
- to make something empty, to empty something out

정답 (d)

8 해석 A: 아름다운 장미를 꽃병에 꽂아놨네.
B: 오늘 오후에 상가에 들렀거든. 아주 싸게 샀어.

해설 기본 어휘의 의미를 묻는 문제이다. 장미를 돈을 주고 살 수 있는 곳은 상가(mall)의 꽃집(flower house)나 식물원(nursery, botanical garden)일 것이다. 숲에서도 장미를 구할 수는 있으나, '샀다'라는 뜻의 bought와 어울리지 않는다.

어휘 butcher 정육점 주인 dormitory 기숙사

정답 (a)

9 해석 A: 어젯밤 공장 화재의 원인을 알아냈대?
B: 전문가들 말로는 가스 누출이 원인이래.

해설 밑줄 다음에 오는 it은 화재의 원인 즉 what caused last night's fire를 가리킨다. 따라서 put it down to a gas leak는 '화재의 원인을 가스 누출로 간주하다'라는 뜻이 된다.

어휘 put ~ down ~을 …앞으로 달아놓다(to)
leak 새는 곳, 누출, 누전

정답 (c)

10 해석 A: 네가 와인 마시는 클럽에 가입했다던데.
B: 응. 우리 클럽에는 건축가, 교사, 음악가 등 온갖 계층의 사람들이 있어.

해설 의미를 혼동하기 쉬운 어휘를 묻는 문제이다. '직업,

생업, 사회적 계급'을 a walk of life로 표현한다. 따라서 모든 직업, 계층은 all walks of life나 every walk of life를 표현하다. lines는 상품에 쓰는 단어이다. all lines of products라고 하면 '모든 종류의 상품들'이라는 뜻이다. ways of life는 '삶의 방식'의 뜻으로, 문맥에 맞지 않다.

어휘 all walks of life 온갖 계층의 사람들

정답 (a)

11 해석 A: 떠나기 전에 뭘 해야 하죠?

B: 반드시 전원을 모두 내리고 문을 잠그도록 해.

해설 문맥상 '잊지 않고 ~하다, 반드시 ~하다'라는 의미가 적절하므로, (b) make sure가 빈칸에 알맞다. make believe는 '~인 체하다, 가장하다'라는 의미이고 make clear는 주로 make oneself clear 형태로 써서 '자기 말을 이해시키다'라는 뜻이므로 문맥에 어울리지 않는다.

어휘 make sure 확인[다짐]하다, 반드시 ~하다
(make sure 주어 + 동사 / make sure to do)
make good (약속)을 지키다, 이행하다, 수행하다

정답 (b)

12 해석 A: 아빠, 세탁물 분류해놨어요.

B: 잘했다. 넌 정말 많은 도움이 되고 있어.

해설 세탁물을 분류하는 작업을 해준 아들에게 칭찬을 하고 있으므로, (c) helpful이 가장 알맞다. 나머지 선택지는 문법적으로는 모두 가능하나, 문맥에 어울리지 않으므로 답이 될 수 없다. (a)는 considerable 대신에 '사려 깊은'의 뜻을 가진 considerate가 되면 답이 될 수 있다.

어휘 sort out 분류[구분]하다
considerable (수량, 크기, 정도) 상당한
soft-hearted 마음씨 고운, 인정 많은
headstrong 완고한, 고집불통의

정답 (c)

13 해석 A: 왜 에릭은 비싸지만 불필요한 물건들을 계속 사는 걸까?

B: 아무도 모르지. 난 일종의 과시적 소비라고 봐.

해설 문맥상 '남에게 보여주기 위한, 과시적'이라는 뜻의 형용사가 알맞으므로, (b) conspicuous가 정답이다. 과시적 소비는 conspicuous consumption으로 굳어진 표현이므로, 덩어리째 암기할 필요가 있다.

어휘 presumptuous 주제넘은, 건방진
conspicuous 눈에 잘 띄는, 잘 보이는
ex.) conspicuous consumption
(재산, 신분 따위를 자랑하기 위한) 과시적 소비
inevitable 피할 수 없는, 필연적인
irreverent 불손한, 무례한

정답 (b)

14 해석 A: 이번 대선에 어느 당이 이기면 좋겠어?

B: 신경 안 써. 하지만 솔직히 야당 편이야.

해설 '~의 편을 들다'라는 표현은 be on someone's side로 표현한다. side에는 경기, 시합 등에서 '편, 팀, 당파' 등의 의미가 있다.

어휘 general election 대선
opposition 반대, 대립; 반대의, 반대파의
ex.) opposition party 야당

정답 (b)

15 해석 A: 실례합니다. 죄송하지만 나가주셔야겠습니다. 여기서 구걸하시면 안 됩니다.

B: 돈이나 뭐 그런 것을 요구한 게 아닙니다. 그냥 저 사람한테 전화를 걸 수 있는 잔돈을 달라고 했던 겁니다. 저도 고객이라고요.

해설 문맥에 적절한 어휘를 고르는 문제이다. B의 asking for money가 단서이다. A는 B가 돈을 구걸하러 왔다고 생각하고 있는 것으로 유추할 수 있으므로 정답은 (d) Soliciting이다. '주제넘게 끼어들다'라는 뜻의 (c) Intruding과 '모금'의 의미를 가진 (d) Fundraising은 문맥에 알맞지 않으므로 답이 될 수 없다.

어휘 small change 잔돈, 하찮은 사람[사물, 대화]
intrude 들이밀다, (의견) 억지로 밀어붙이다
solicit 간청하다, 구걸하다
fundraising 모금

정답 (b)

16 해석 A: 이번 여름에 배낭여행을 가기로 했는데, 노트북 컴퓨터를 하나 사려고 해.

B: 좋은 생각이야. 매우 유용할거야. 여전히 간소하게 여행할 수도 있고 말이야.

해설 A는 배낭여행을 하면서 휴대할 수 있는 컴퓨터가 필요하다고 볼 수 있다. 노트북 컴퓨터는 laptop computer 또는 mobile computer이다.

어휘 laptop computer 랩탑[휴대용] 컴퓨터, 노트북
desktop computer 데스크탑[탁상용] 컴퓨터
worktop (부엌) 조리대
flat-top (미국 해군) 항공모함

정답 (a)

17 해석 A: 네가 부재중인 동안 집을 어떻게 할지 결정했니?
B: 6개월 동안 대학생 몇 명에게 세를 주려고. 믿을만해 보였어.

해설 문맥상 B가 6개월 동안 집을 세를 놓을 계획인 것으로 유추할 수 있으므로 정답은 (b) rent이다. lend 역시 '빌려주다'라는 뜻이 있지만, 주로 단기간 대가없이 물건이나 돈을 빌려주는 걸 의미하므로, 문맥에 알맞지 않다. 6개월 동안 비는 빈집을 대학생들에게 어떤 대가도 없이 위탁한다는 것은 상식적으로 있을 수 없는 일이다. '위탁하다, 맡기다'라는 뜻의 (d) commit 역시 부자연스럽다.

어휘 rent 임대하다, 빌려주다, 임차하다, 빌리다(from)
donate 기증[기부]하다
commit (죄, 과실을) 범하다, 위임[위탁]하다

정답 (b)

18 해석 A: 로저, 다음 학기 등록금 준비했니?
B: 아니. 학적계에서 휴학을 권하더라.

해설 형태를 혼동하기 쉬운 어휘를 구분하는 문제이다. A의 말에 get your tuition fee ready라는 어구가 있는 것으로 봐서 빈칸에는 '대학의 학적계, 등록계'를 의미하는 (c) registrar가 가장 알맞다. registrar는 학교나 대학에서 학생들의 개인적인 기록이나, 학업 성적 등을 기록하고 관리하며, 성적표를 발급하는 사람을 뜻한다. (b) registry에도 등록소라는 의미가 있지만, 대학의 등록계라는 의미로는 사용되지 않는다. (a) register는 명사로 쓰였을 때는 '등록부, 기록부, 증명서류, 금전등록기'를 뜻하므로, 문맥에 적절한 어휘가 될 수 없다.

어휘 tuition fee 수업료
leave of absence 휴학, 휴직, 휴가
register 등록, 등기, 기록, 등기부, 기록부
registry 등록(소), 등기(소)
registrar 기록[등록]계원, 등기[호적] 담당관, (대학) 등록 사무[학적]계, (병원) 입원 접수계
resident 거주자

정답 (c)

19 해석 A: 이 습기와 열은 정말 사람을 무기력하게 만드는 것 같아.
B: 조심해라. 이런 날씨에는 쓰러지기 십상이거든.

해설 무더운 날씨는 사람의 진을 빼고 무기력하게 만든다고 보는 것이 가장 자연스러우므로 이런 의미를 갖는 선택지는(c) enervating이다. '생색내는'의 뜻인 (a) condescending과 '친절한'의 의미를 가진 (b) accommodating은 사람에 관한 형용사이므로, 답이 될 수 없다.

어휘 enervate 기력을 빼앗다, 무기력하게 하다
condescending 일부러 겸손한, 생색내는 듯한
accommodate 친절한, 마음이 넓고 사려 깊은
promising 장래가 총망되는, 기대되는

정답 (c)

20 해석 저희 학교는 만약에 대비하여 자연재해뿐만 화재에 대해서도 보험에 가입되어 있습니다.

해설 의미를 혼동하기 쉬운 유의어 구분 문제이다. 화재나 자연재해가 언급된 걸로 보아 빈칸에는 '보험에 가입된'의 뜻을 가진 (b) insured가 가장 알맞다. (a) assured와 (c) warranted 역시 '보증된, 보장된'의 의미가 있지만, '보험에 가입된'의 뜻을 가진 insured와는 의미를 구분해야 한다.

어휘 assured 보장[보증]된, 안심한
insured 보험에 든, 가입된
ex.) be insured against fire 화재보험에 가입되어 있다
warranted (품질이) 보증된

정답 (b)

21 해석 간밤에 비가 억수같이 쏟아졌는데도 불구하고, 아직까지 그 도시에 재난이 곧 들이닥칠 거라는 어떤 소식도 보고된 바 없다.

해설 형태를 혼동하기 쉬운 어휘를 구분하는 문제이다. (위험, 재난 따위가) '당장이라도 닥칠 듯한, 임박한, 절박한'의 뜻의 형용사는 (b) imminent이다. (a) immortal은 '불멸의, 불사신의'의 뜻이며, (c) immoral은 '부도덕한', (d) immersed는 '몰입한'의 뜻을 각각 지니고 있으므로, disaster와 수식 관계나 주술 관계가 성립될 수 없으므로, 답이 될 수 없다.

어휘 immortal 죽지 않는, 불멸의
imminent 임박한, 절박한

immoral 부도덕한

immersed (액체에) 담그어진, 집어 넣은

정답 (b)

22 해석 수수료는 어떤 서비스나 일에 대해 지불해야 하는 돈이다.

해설 의미를 혼동하기 쉬운 어휘를 구분하는 문제이다. 문맥상 빈칸에는 서비스에 대한 수수료를 뜻하는 (b) Fees가 가장 알맞다. fee는 어떤 서비스에 대한 '수수료, 보수, 사례금'을 뜻한다. 변호사 수임료라든지, 병원 진찰료, 수업료 등을 fee라고 한다. 반면 rates는 주로 단위당 매겨지는 요금을 칭하며 우편, 화물, 전화, 수도요금 등과 같은 공공요금과 호텔 숙박료처럼 표준 요율에 따라 고정되어 부과되는 요금 등을 의미한다.

어휘 fair 박람회, 바자회, (정기적으로 서는) 장

fees (의사, 변호사 등에 대한) 보수, 사례

profit 이익, 이윤

rate 비율, 요금

정답 (b)

23 해석 일단 하드디스크 드라이브가 바이러스에 의해 감염되어버리면, 데이터 손상을 복구하는 것이 매우 힘들다.

해설 의미를 혼동하기 쉬운 어휘를 물어보는 문제이다. 컴퓨터 사용에 대한 기본적인 이해가 있다면 쉽게 해결할 수 있다. 컴퓨터에서 undo는 실행한 명령을 취소하고 원상태로 되돌리는 기능을 한다. cancel은 원상태로 돌리다는 의미가 아니라, 진행 중이거나 앞으로 발생할 일을 생기지 않도록 취소하다는 의미이므로, 빈칸에는 적절하지 않다.

어휘 contaminate (접촉하여) 더럽히다, 오염시키다

undo 원상태로 되돌리다

cancel 무효로 하다, 취소하다, 철회하다

retreat 후퇴[퇴각]하다

discard (불필요한 것, 습관, 신념 따위)를 버리다, 남을 저버리다

정답 (a)

24 해석 만성적인 수면부족이 일시적인 방향감각 상실을 가져올 수 있지만 이런 특별한 상태가 영구적이진 않습니다.

해설 접속사 but이 사용되었으므로 뒷 문장의 내용은 앞 문장의 내용과 상반되는 내용이어야 한다. 그러므로 temporary(일시적인)와 상대적인 의미의 permanent(영구적인)가 정답이다.

어휘 disorientation (의학) 소재의식[방향감각] 상실, 어리둥절함

permanent 영구적인

nocturnal 밤의, 야간의

radical 근본적인, 기초의, 극단적인, 급진적인, 혁명적인

정답 (b)

25 해석 쌍둥이조차도 완전히 똑같지는 않은 것을 고려해볼 때, 모든 점에서 서로 일치하는 두 사람을 발견하는 것은 불가능하다.

해설 의미를 혼동하기 쉬운 어휘를 구분하는 고난도 문제이다. 쌍둥이조차 다른 부분이 있을 수 있기 때문에, 모든 면에서 완전히 일치하는 두 사람을 찾는다는 것은 불가능하다는 의미로 파악하는 것이 가장 자연스러우므로, (b) identical이 빈칸에 가장 알맞다. '조화하는, 양립할 수 있는, 모순 없는'의 뜻을 가진 (a) compatible 역시 문맥적으로나 문법적으로 가능해 보이지만, twins are not exactly alike라는 어구를 감안해 볼 때, identical이 빈칸에 보다 적절하다. (b) equitable은 '공평무사한, 치우치지 않은, 불편부당한'의 뜻이므로 이 문맥에는 알맞지 않다.

어휘 identical 똑같은, 완전히 일치하는, 동일한

in every respect 모든 점에서

compatible 양립할 수 있는, 모순 없는

equitable 공평한, 정당한

plausible 그럴싸한, 진실 같은

정답 (b)

26 해석 그녀의 그림 대부분은 모순되는 두 요소, 이를테면 자유로운 정신과 관습적인 제약들 사이의 충돌을 묘사하고 있다.

해설 접두어 co-로 시작되는, 형태를 혼동하기 쉬운 어휘를 구분하는 문제이다. 모순되는 두 요소라는 말로 보아 빈칸은 '충돌'의 의미를 가진 명사 (b) collision이 알맞다.

어휘 depict 그리다, 묘사하다

incompatible 양립할 수 없는, 모순되는

conventional 전통적인, 인습적인

constraint (감정의) 억제, 구속

commotion 소동, (정신적) 동요

collision 충돌

commission 위임, 임무, 직권
connotation 함축, 언외의 의미

정답 (b)

27 해석 스코틀랜드 사람들은 억양이 강한 영어를 사용하는데, 이것은 또한 '스코틀랜드 방언'으로 알려져 있다.

해설 어떤 특정 언어의 억양이나 사투리를 나타낼 때에는 accent라는 표현을 쓴다. tone과 혼동할 여지가 있으나 이는 개인적인 말투나 어조를 나타내는 말이다. 참고로 억양 또는 사투리가 심하다는 것을 나타낼 때에는 broad, heavy, strong, thick 등의 표현을 사용한다.

어휘 broad (말씨가) 상스러운, 사투리가 심한
tone 음조, 음색, 어조, 말투
accent 말씨, 사투리, 억양, 강세

정답 (c)

28 해석 확실한 독신자로서 그는 평생 혼자서 살아왔다.

해설 문법적으로나 의미적으로 (a) (c), (d) 모두 가능해 보이지만, 평생 동안 미혼으로 쭉 지내왔다는 말이 연결된 걸로 보아, 사람의 성격을 나타내는 형용사보다는 그의 독신 상태가 굳어졌고, 확고한 상태라는 의미를 표현하는 형용사가 빈칸에 필요하다고 볼 수 있다. 그러므로 어떤 상태나 습관 등이 변화의 기미가 없이 정착된 상태를 나타내는 (a) confirmed가 적절하다. (c) determined는 무언가를 하기로 '단호하게 결심했다' 또는 '의지가 결연하다'는 의미일 뿐이기 때문에, has been single for all his life라는 어구를 논리적으로 설명해주지 못한다. (d)의 stubborn 역시 단순히 고집이 세다는 의미로 사람의 심리 상태나 성격을 나타내는 형용사일 뿐이므로, confirmed보다는 문맥에 잘 맞지가 않는다.

어휘 bachelor 미혼(독신)남
confirmed 확인된, 굳어진, 상습적인, 만성인
determined 굳게 결심한, 단호한
stubborn 완고한, 고집이 센

정답 (a)

29 해석 거시경제학은 GDP, 실업률, 물가 지수 등에 관한 연구를 포괄한다.

해설 문맥상 빈칸에는 '아우르다, 포괄하다, 포함하다'라는 의미의 동사가 필요하므로 (b) includes가 알맞다. macroeconomics는 macro(대규모의, 거시적인)와 economics(경제학)가 결합된 합성어이다. GDP, 실업률, 물가지수 등은 모두 거시경제학 분야에 속하는 것들이다.

어휘 macroeconomics 거시경제학
price index 물가 지수
replicate 반복하다
include 포함하다, 포괄하다
recapitulate (강연, 변론 끝에) 개괄하다
confiscate 압수하다, 몰수하다

정답 (b)

30 해석 바깥 날씨가 얼어붙을 듯이 추울 때, 집의 처마 끝에 고드름이 형성된다.

해설 추운 겨울철 지붕의 처마에 붙어 있는 것은 고드름이다. 따라서 정답은 (c) icicles이다. (a) ice bergs는 '빙산', (b) ice cubes는 '냉장고에 얼린 얼음', (d) ice pick은 '얼음 깨는 송곳'을 뜻한다.

어휘 eaves (집의) 처마
iceberg 빙산
ice cube 얼음 조각, (소형) 각빙
icicle 고드름 ice pick 얼음 깨는 송곳

정답 (c)

Chapter 05 고난이도 어휘

Actual Test

1 해석 A: 조시는 다른 사람들이 이기적인 것에 대해 끊임없이 비판하면서, 정작 본인은 자선단체에 한 푼도 내질 않아.

B: 정말 위선적이군!

해설 자신이 이기적인 면을 지니고 있으면서 다른 사람을 이기적이라고 헐뜯는 것은 위선적인 행동이라고 볼 수 있으므로 정답은 (d) hypocritical이다.

어휘 charity 자선기금[단체, 시설]

philanthropic 박애의, 자선의, 인정 많은

discriminating 차별하는

benevolent 인정 많은, 호의적인

hypocritical 위선적인

정답 (d)

2 해석 마크는 내가 그의 제안을 거절한 이후로 쭉 나에게 앙심을 품어왔다.

해설 since 대신 양보절을 이끄는 접속사가 왔다면 내용이 달라지겠지만, 제안을 거절당한 사람으로부터의 태도는 복수심에 불타거나, 보복적인 것이 가장 상식적이다. 나머지 세 어휘는 vindictive와 상반되는 내용이므로 답이 될 수 없다.

어휘 merciful 인정 많은

obedient 순종적인

vindictive 보복적인, 복수심이 있는

lenient 인자한

정답 (c)

3 해석 안전 검사원들은 사소한 부주의라도 심각한 사고를 초래 할 수 있으므로 매우 꼼꼼해야 한다.

해설 아주 사소한 부주의라도 심각한 사고를 초래할 수 있다는 내용이 이어지고 있으므로, 안전 검사요원들은 매우 꼼꼼하고 세심해야 할 것이라는 내용이 앞에 오는 것이 자연스러울 것이다. 따라서 정답은 '꼼꼼한, 세심한'의 뜻을 가진 (a) meticulous이다.

어휘 oversight 실수, 착오, 간과, 못보고 넘김

meticulous 꼼꼼한, 세심한

negligent 태만한, 게으른

conscious 의식적인

passionate 열정적인

정답 (a)

4 해석 피오나는 매일 직장에 자신의 값비싼 새 보석을 착용하고 출근함으로써 그걸 과시한다.

해설 문맥에 알맞은 고급 어휘를 묻는 문제이다. 매일 값비싼 보석을 착용하고 출근을 하는 피오나의 행동을 가장 잘 묘사하는 동사는 '자랑하다, 과시하다'는 의미의 (d) flaunts이다.

어휘 filch 좀도둑질하다

flee 달아나다, 벗어나다

flatter 아첨하다, 알랑거리다

flaunt 과시하다, 허세를 부리다

정답 (d)

5 해석 발명은 상당한 창의성을 필요로 한다.

해설 고난도 어휘의 뜻을 묻는 문제이다. 발명에 필요한 것은 독창성이나 창의력일 것이다. ingenuity가 '발명의 재간, 창의'라는 의미인 것을 알고 있다면 쉽게 해결할 수 있는 문제다. 선택지의 다른 어휘들은 invention과 연관시키기에는 다소 무리가 있는 어휘들이다.

어휘 ineptitude 부적당, 부적절, 어리석음

agility 민첩함, 경쾌함

ingenuity 발명의 재간, 창의

simplicity 단순, 간단

정답 (c)

6 해석 호텔 에어컨이 고장 나자 손님들은 다소 무기력한 상태에 빠졌다.

해설 무더운 날 에어컨이 고장 나면 사람들이 무기력한 상태에 빠진다고 보는 것이 자연스럽다. 따라서 '무기력한, 둔감한'의 뜻을 지닌 (d) torpid가 가장 알맞다.

어휘 somewhat 다소, 좀

torpid 무기력한, 둔감한

rigid 경직된, 엄격한

malleable 유순한, 유연한

flimsy 부서지기 쉬운, 연약한

정답 (d)

7 해석 그녀는 더 이상 축구팀에서 뛰고 싶지 않았기 때문에 무릎 부상을 당한 척했다.

해설 축구팀에서 뛰고 싶지 않았기 때문에 무릎 부상을 가장했다는 의미가 가장 자연스러우므로, (d) shammed가 정답이다. '~인 척하다, ~을 가장하다'라는 의미로는 sham 이나 fake를 사용한다. (b) forge는 '문서 따위를 위조하다'라는 뜻이므로 a knee injury 랑은 함께 쓸 수 없는 어휘이다.

어휘 sham ~인 체하다, ~을 가장하다
delude 속이다, 현혹시키다
forge 문서를 위조하다
mislead 속이다, 호도하다

정답 (d)

8 해석 내가 투숙했던 그 낡은 호텔방은 너무 오싹해서 잠을 잘 수가 없었다.

해설 호텔방의 분위기를 설명하는 형용사가 필요하므로, 빈칸은 '아늑하다'의 뜻을 지닌 (b) cozy나 '오싹한, 소름끼치는'의 뜻인 (c) creepy 정도를 답으로 생각해 볼 수 있다. 하지만, 뒤에 잠을 잘 수가 없었다고 했으므로 (c) creepy가 문맥에 자연스럽다. anxious는 방을 설명할 수 없는, 즉, room과는 주술 관계가 성립될 수 없는 형용사이다.

어휘 creepy 오싹한
crisp 바삭바삭한
cozy 아늑한

정답 (c)

9 해석 모든 구성원이 동의한 것은 아니었기 때문에, 그 협정은 잠정적인 것이었다.

해설 문맥상, 빈칸에는 '최종적인'의 반의어인 '임시적인, 잠정적인'의 뜻을 지닌 (b) tentative가 가장 알맞다. 모든 참석자가 동의를 하진 않았다는 이유 부사절의 내용으로 보아 협정이 최종적이 아니라 임시적이라고 봄이 타당하다. (d) definite은 '명확한, 확실한'의 의미로 (a) final처럼, 문맥에 어울리지 않으므로 답이 될 수 없다.

어휘 tentative 불확실한, 임시적인, 잠정적인
fatuous 얼빠진, 우둔한
definite 확정된, 확실한, 명확한

정답 (b)

10 해석 광인의 마음을 이해하려고 시도하는 것은 무의미한 행위이다. 불가능하기 때문이다.

해설 세미콜론 뒤의 it cannot be done이 문제 해결의 단서이다. 아무리 노력과 시도를 해도 불가능하다는 뜻이므로, 빈칸에는 '무의미함, 무익, 헛됨'의 뜻을 지닌 (d) futility가 가장 자연스럽다. (a) fertility는 형태는 비슷하지만, '비옥, 풍요'의 뜻이므로 futility와는 반의어에 가까우므로 답이 될 수 없으며, (b) insanity 역시 가능해 보이지만, 세미콜론 뒤의 문장(it cannot be done)과 논리적 연결이 부족하므로, 답이 될 수 없다.

어휘 lunatic 광인, 광신자
exercise 행위, 일
fertility 비옥, 다산, 풍요
insanity 정신 이상
parity 동등, 동격
futility 무익, 무의미함

정답 (d)

11 해석 277권의 책을 포함한 많은 작품을 쓴 알렉산드르듀마는 역대 최고의 다작 작가들 중의 한 명이다.

해설 a body of works that included 277 books 부분이 결정적인 힌트이다. a body of는 many의 뜻이기 때문에 책을 많이 쓴 작가, 즉 다작 작가로 보는 것이 타당 한다. (b) meager와 (d) barren은 prolific과는 반의어에 가깝기 때문에 답이 될 수 없으며 (c) countless는 작가의 수가 셀 수 없이 많다는 의미가 되므로, 전혀 문맥에 맞지 않는다. 따라서 정답은 (c) prolific 이다.

어휘 prolific 다산의, 풍부한
of all time 고금을 통틀어, 역대의
meager 메마른, 빈약한
barren 불모의, 메마른

정답 (a)

12 해석 그녀의 사업이 아주 벌이가 좋았기 때문에 그녀는 마흔 다섯의 나이에 은퇴를 할 수 있었다.

해설 마흔 다섯 이후로 돈벌이를 하지 않아도 될 정도라면 그녀의 사업은 매우 번창했으며 돈이 되었음을 알 수 있으므로, '수지가 맞는, 돈이 되는'의 뜻을 지닌 (b) lucrative가 문맥에 가장 자연스럽다. compelling과 competitive는 전혀 문맥과 어울리지 않으며 marginal은 내용과 상반되는 의미이다.

어휘 lucrative 이익이 있는, 벌이가 되는
compelling 위압적인
competitive 경쟁적인
marginal 빠듯한

정답 (b)

13 해석 여느 때와 마찬가지로, 쉬지 않고 말한 수다스러운 헨

드릭슨 씨에 의해 토론이 주도되었다.

해설 who spoke without stopping으로 미루어보아 헨드릭슨 씨는 말이 많은 사람인 것을 알 수 있으므로 (d) loquacious가 정답이다. (a) laconic과 (b) reticent는 loquacious의 반의어에 해당되므로, 문맥에 어울리지 않는다.

어휘 dominate 지배하다, 좌우하다
loquacious 수다스러운, 말하기 좋아하는
laconic (말이나 문체가) 짧으면서도 의미심장한, 말수가 적은
reticent 말이 없는, 입이 무거운
subdued 억제된

정답 (d)

14 해석 기독교인들은 하나님은 만능, 즉 전능하다고 믿는다.

해설 all-powerful의 동의어가 빈칸에 알맞으므로 '전능한'의 뜻인 (b) omnipotent가 정답이다.

어휘 all-powerful 전능한, 만능의
omnipotent 전능한 unavailing 무효한, 무익의
anathema 저주, 파문
universal 전 세계의, 보편적인

정답 (b)

15 해석 난 그녀가 하는 말을 알아듣는데 어려움을 겪는다. 왜냐하면 그녀는 굉장히 수줍고 조용한 아이라서 낮은 목소리로 중얼거리며 말을 하는 경향이 있기 때문이다.

해설 말을 알아듣기가 어려운 이유를 설명하는 표현하며, 형용사 low, shy, quiet랑 어울리는 어휘가 빈칸에 알맞다. 주로 상대방이 하는 말을 알아듣기가 힘든 경우는 중얼거릴 때라고 볼 수 있으므로 '중얼거림, 속삭임'의 뜻을 지닌 (d) murmur가 정답이다. (b) babble은 '옹알거림, 재잘거림'의 뜻을 지니고 있어서 얼핏 답으로 생각할 수도 있지만, 형용사 low, shy, quiet랑 상응하지 않는 어휘이다.

어휘 murmur 중얼거림, 속삭임
stutter 말더듬거리기
babble 재잘거림, 수다, 허튼소리
bellow 고함소리, 울부짖음

정답 (d)

16 해석 경찰은 여학생 살인사건을 절대로 용서받을 수 없는 끔직한 범죄로 묘사했다.

해설 고급 어휘를 묻는 문제이다. 선택지 중 여학생의 살인사건과 어울리는 형용사는 '끔직한'의 뜻인 (b) horrendous밖에 없다. 나머지 단어들은 모두 긍정적인 의미의 단어들로 살인사건과는 어울리지 않는 어휘들이다.

어휘 horrendous 끔직한
go unpunished 용서받다, 처벌받지 않고 넘어가다
captivating 매혹적인, 마음을 사로잡는
delectable 즐거운, 기쁜, 맛있는
auspicious 길조의, 상서로운

정답 (b)

17 해석 살인죄로 유죄판결을 받고 감옥에 투옥된 이후 십년간, 그는 부단히 자신의 무죄를 입증하고 자유를 되찾기 위해 끊임없이 노력했다.

해설 regain his freedom이 단서이다. 자유를 되찾기 위해서는 무죄를 증명해야 할 것이다. 따라서 빈칸에는 '무죄, 결백'의 뜻을 가진 (c) innocence가 가장 알맞다.

어휘 convict 유죄를 선고하다
tirelessly 지칠 줄 모르고, 끊임없이
culpability 유죄
masculinity 남자다움
intention 의도, 목적

정답 (c)

18 해석 종종 유리 천장으로 불리는 여성에 대한 고용 기회의 불평등 때문에, 여성들은 고위급 경영 간부 직위까지 좀처럼 승진하지 못한다.

해설 고난도 어휘를 묻는 문제이다. 여성 관리자의 승진을 가로막는 눈에 보이지 않는 장벽, 또는 승진 최상한선을 일명 '유리 천장'이라고 한다.

어휘 the golden goose 황금알을 낳는 거위, 부를 가져다주는 것을 일컫는 것
the ripple effect 물결, 파급 효과
the top dog 승자, 우세한 편

정답 (d)

19 해석 남성들은 자신들의 감정에 대해서 말하는 걸 좋아하지 않는다. 따라서 우울증 치료를 위한 도움을 청하길 주저한다.

해설 남성들은 감정을 드러내고 싶어 하지 않는다고 했으므로 '꺼리는, 주저하는'의 의미를 가진 (c) reluctant가 가장 알맞다. (a) inclined는 앞 문장과 논리적으로

연결이 되지 않는다. (b) agreeable은 '기분 좋은, 적합한, 일치하는'의 뜻이고, (d) compliant는 '상냥한, 유순한'의 뜻으로 문맥에 맞지 않아 답이 될 수 없다.

어휘 reluctant 마음이 내키지 않는, 마지못해 하는
depression 우울증
inclined to ~의 경향이 있는

정답 (c)

20 해석 나는 매주 상사가 주는 길고 지루한 업무보다는 다양한 종류의 짧고 흥미로운 업무들을 선호한다.

해설 prefer A to B 구조로 A와 B는 대조가 되어야 하므로, exciting의 반의어에 해당되는 형용사 (b) tedious가 알맞다.

어휘 tedious 지겨운, 지루한
rousing 흥분시키는, 활기찬
mournful 슬픔에 잠긴, 애처로운
spirited 힘찬, 활발한

정답 (b)

21 해석 전자시계로부터 나오는 불빛이 밝게 빛나서, 방안을 푸르스름한 빛으로 물들였다.

해설 콤마 뒤의 분사 구문 painting the room with its greenish glow가 단서이다. 전자시계에서 나오는 빛이 방안을 푸른색으로 물들이려면, 밝고 환하게 빛나야 하므로 (a) luminously가 적절하다.

어휘 luminously 밝게
heavenly 천국과 같은
opaquely 불투명하게, 흐릿하게
ludicrously 우스꽝스럽게, 익살맞게

정답 (a)

22 해석 그의 행동이 어떤 결과를 가져오는지 생각하지 않고, 그는 종종 충동적으로 행동하곤 했다.

해설 충동적으로 행동하곤 했다고 했으므로, 자신의 행동이 초래하게 될 결과에 대해서 생각하지 않았다고 유추해 볼 수 있으므로, 빈칸에는 '결과'의 의미를 가진 (a)의 consequences가 가장 알맞다. 참고로 consequence가 불가산 명사일 경우는 '중요성, 중대함'의 뜻이다.

어휘 impulsively 충동적으로
sequel 속편
obscurity 어둠, 애매함
catastrophe 대재앙

정답 (a)

23 해석 치과의사는 내가 규칙적으로 양치질과 치실 사용을 안 한다며 종종 나무라신다.

해설 규칙적으로 양치질과 치실 사용을 하지 않은 것에 대해 치과의사가 취하는 행동은 훈계하거나 나무라는 것일 것이다. 따라서 빈칸에는 '잘못한 일을 지적하고 나무라다'라는 의미의 (d) admonishes가 가장 알맞다. (b) applauds와 (c) commends는 '칭찬하다'라는 의미이다.

어휘 admonish 권고[충고]하다, 훈계하다
floss (이 사이를) 치실로 깨끗이 하다
implicate 연루시키다(in, with)
applaud 박수갈채를 보내다
commend 칭찬하다

정답 (d)

24 해석 선거 결과의 적법성을 입증하기 위해 중립적인 입회인들에 의한 신중한 감시가 요구된다.

해설 문맥에 맞는 고급 어휘를 고르는 문제이다. 중립 입회인들에 의한 신중한 감시가 요구되어지는 이유는 선거 결과가 합법적이고, 적법적임을 보증하기 위함이라고 봄이 타당하다. 따라서 정답은 '합법성, 적법성'의 뜻을 가진 (b) legitimacy이다.

어휘 verify 검증하다, 입증하다
legitimacy 적법성, 정당성
lucidity 밝음, 투명
legislation 입법
latency 잠복, 잠재

정답 (c)

25 해석 가게주인은 중고 만화책 더미를 조심성 없이 마구 뒤지고 다니는 것에 대해 어린 고객들을 꾸중했다.

해설 빈칸 부분을 they were ____________ in the careless way로 정리해볼 수 있다. 즉, 어린 아이들이 조심성 없이 하는 행위가 무언인가를 생각해 보면, 쉽게 답을 고를 수 있는 문제이다. steal(훔치다) 또한 가게주인의 꾸중을 들을 만한 행위이기는 하나 in the careless way와의 연결이 자연스럽지 못하다.

어휘 rummage 뒤지다, 샅샅이 찾다
observe 관찰하다, 지켜보다, 감시하다
examine 조사하다, 검사하다

정답 (c)

26 **해석** 일기예보자는 기상 전문가로도 알려져 있다.

해설 고급 단어의 뜻을 물어보는 문제이다. 선택지 중 weather forecasters와 동의어를 찾는다면 (a) meteorologists이다.

어휘 meteorologist 기상학자, 기상 전문가
astrophysicist 천체 물리학자
prophet 예언가
seismologist 지진학자

정답 (a)

27 **해석** 관중은 현란한 불꽃놀이에 매료되었다.

해설 appeal의 의미에 '마음에 들다, 매력이 있다'는 뜻이 있긴 하지만 주어진 문장은 수동태 문장이므로 어법상 어울리지 않다. 현란한 불꽃놀이가 괴롭다거나 (afflicted) 짜증난다(irked)는 것은 상식적으로 어색하다고 볼 수 있다. 따라서 정답은 '매료된, 최면에 걸린'의 뜻을 가진 (c) mesmerized이다.

어휘 mesmerize ~에게 최면술을 걸다
dazzling 눈부신, 현란한
afflict 괴롭히다, 들볶다
irk 지치게 하다, 짜증나게 하다

정답 (c)

28 **해석** 테리는 자신이 다른 모든 동료들보다 우월하다고 믿으며 그들에게 계속 겸손한 척하는 태도로 말을 한다.

해설 남들보다 자신이 우월하다고 생각하고 있는 사람들이 남들에게 보이는 태도를 나타내는 형용사를 고르면 된다. 남들보다 우월하다고 생각하면서 '겸손한 척하는, 생색을 내는 듯한'의 부정적인 뜻을 가진 형용사는 (a) condescending이다.

(b) modest와 (d) unassuming은 실제로 겸손하다는 뜻으로, 긍정적인 의미의 단어들이므로, 문맥에 맞지 않는다.

어휘 condescending 겸손한 척하는, 은혜라도 베푸는 듯한
modest 겸손한
astonishing 깜짝 놀랄 만한
unassuming 주제넘지 않은, 겸손한

정답 (a)

29 **해석** 우리는 고객의 요구에 부합하도록 고안된 다양한 시스템들을 이용합니다.

해설 각양각색의 고객들이 요구하는 바는 당연히 다양할 수밖에 없을 것이다. 따라서 서로 다른 시스템들의 동질성이나 조화가 요구되는 것이 아니라 다양성이 요구된다고 볼 수 있다. 정답은 (b) variety이다.

어휘 variety 다양(성), 가지각색의 것
consistency (물질의) 경도, (액체의) 농도, (인격 등의) 견고함
homogeneity 동종, 동질
congruence 일치, 조화

정답 (b)

30 **해석** 데릭은 자신의 아버지가 서먹서먹하고 엄격했지만, 그를 우상시하고 모든 면에서 그를 본받으려고 노력했다.

해설 빈칸은 접속사 and의 특성상 idolized와 의미상 병치를 이루는 어휘가 알맞다. 누군가를 우상화한다는 것은 그 사람을 본받고, 모방하려고 애쓴다고 봄이 가장 자연스러우므로, 빈칸은 '~를 본받다, 모방하다'라는 뜻의 (d) emulate가 가장 알맞다. (c) simulate는 emulate와 형태를 혼동하기 쉬운 어휘인데, '~인 척하다, ~을 가장하다'는 부정적인 의미가 함축된 어휘로 fake 또는 sham과 동의어이다.

어휘 distant 경원하는(reserved), 소원한, (관계가) 먼
austere 엄격한, 위엄 있는
enunciate 명확하게 발음하다
objectify 객관화하다
simulate 가장하다, ~인 체하다
emulate 본뜨다, 모방하다, 경쟁하다, 필적하다

정답 (d)

Reading Comprehension

Chapter 01 15초 안에 푸는 유형

1 **해석** 아나콘다는 보아뱀의 일종으로 강력한 몸뚱이로 사냥감을 둘러싼 후 먹이가 부서져서 내출혈로 죽거나 질식할 때까지 조름으로써 먹이를 죽이는 거대한 뱀이다. 그리고 나서 아나콘다는 턱 관절을 분리시킬 수 있는데 이것은 아나콘다가 먹이를 통째로 삼킬 수 있도록 해준다. 아나콘다는 사람을 삼킬 수 있을 정도로 크지만 실제로 사람을 잡아먹는 일은 드물다. 그들은 보통 물고기나 다른 수상 생물들을 먹고 산다.

(a) 공격을 피하다
(b) 자신을 변환시키다
(c) 먹이를 죽이다
(d) 자신의 지능을 나타내다

해설 빈칸이 지문 상단에 위치한 글로 뒷부분의 내용을 읽고 주제문의 일부를 완성하도록 요구하는 문제로, 빈칸은 boa constrictor가 무엇인가를 설명하고 있다. 빈칸 이하는 아나콘다가 먹이를 잡아먹는 과정을 설명하고 있다. 따라서 정답은 (c)이다.

어휘 boa constrictor 먹이를 졸라 죽이는 큰 보아뱀
coil 돌돌 감다
prey 먹이
crush 부서뜨리다
internal bleeding 내장 출혈
suffocate 질식시키다
dislocate (관절 등이) 빠지다
enable ... to~ …가 ~할 수 있게 하다
swallow 삼키다 whole 통째로
rare 드문 consume 먹다, 소비하다
aquatic 물속에 사는

정답 (c)

2 **해석** 광고에서 말하던 것처럼 만일 당신의 배 주변을 꼬집어 봤을 때 '1인치가 잡힌다면' 당신의 몸에는 지방이 너무 많은 것이다. 그러나 많은 사람들에게 몸무게를 줄이는 것이 힘든 이유는 과식이 배고픔과는 무관한 고정된 반응이기 때문이다. 사람들은 심심하거나 스트레스를 받거나 혹은 화가 날 수도 있다. 이러한 악순환에서 벗어나기 위해서는 당신이 음식을 먹는 것으로 반응하게 되는 상황들을 분간해야만 한다. 예를 들어, 당신이 심심할 때 일반적으로 먹을 것을 찾음으로써 반응한다는 사실을 안다면 당신은 이미 이러한 고정된 반응을 변화시키기 위한 중요한 첫 걸음을 뗀 것이다. 다음에 심심하다고 느껴질 때는 냉장고를 여는 대신에 할 일들을 적은 목록을 작성하는 것도 좋은 생각이다.

(a) 무시하는 것으로 부정하다
(b) 먹는 것으로 반응하다
(c) 스트레스를 받는 것으로 반응하다
(d) 운동하는 것으로 대답하다

해설 TEPS 독해에서 빈출되는 diet 관련 지문으로 빈칸이 중반에 위치한 유형이다. 이 부분은 주제문에 해당된다. 앞부분의 But 이하에서 다이어트 실패의 주요 원인인 과식은 배고픔과는 무관한 스트레스, 따분함, 분노 때문이라고 언급했으므로, 빈칸 부분은 다이어트 실패의 악순환을 벗어나기 위해서는 배고픔과는 상관없이 뭔가를 먹을 수 밖에 없는 상황을 인식해야한다는 내용이 가장 자연스러우므로 (b)가 정답이다.

어휘 pinch 꼬집다
commercial 광고
fat 지방
overeat 과식하다
fixed 고정된
unrelated 무관한
recognize 인식하다
boredom 지루함, 심심함

정답 (b)

3 **해석** 싱긋 웃기. 껴 안기. 손을 꼭 쥐기. 우리는 종종 이러한 작은 몸짓들을 간과하고 과소 평가하지만 이런 것들은 우리의 삶의 질을 풍요롭게 해준다. 우리가 하루하루를 기계적인 방식으로 인생의 좋은 것들에 주의를 기울이지 않고 살아갈 때 이러한 것들은 놓칠 수 있고 제대로 평가받지 못할 수 있다. 단순한 애정의 표현은 완전히 공짜이지만 그 가치는 헤아릴 수 없을 정도로 엄청나게 크다. 만일 당신의 미소가 다른 사람의 하루를 밝게 해준다면 그 사람은 그것을 다른 사람에게 전달하게 될 것이다. 친절하게 한 말 한마디 혹은 사려 깊은 대화는 최악의 날조차 밝게 해 줄 수 있다.

Q. 위 글의 요점으로 알맞은 것은?
(a) 친절함은 귀중한 선물이다.
(b) 몸짓은 나라마다 다른 의미를 갖는다.
(c) 항상 다른 사람들에 대해 애정을 갖고 말해야 한다.

(d) 기분이 나쁜 날은 인생의 좋은 것들을 잊게 만든다.

해설 작은 친절과 사소한 배려심의 중요성에 관한 글이다. 글쓴이는 전반부에서는 작은 친절과 사소한 애정표시를 사람들이 대수롭지 않게 여기고 넘어가고 있는 요즘의 세태를 단순하게 언급하고 나서, 지문 중반 부분의 Simple displays of affection are completely free, yet their value is inestimable.라는 문장부터 자신의 주장을 드러내고 있다. 따라서 yet their value is inestimable이 주제 문장이고, 그 뒤에 이어지는 문장들은 이 주제문을 뒷받침하는 supporting details에 해당된다고 볼 수 있으므로 이 주제문을 paraphrase한 선택지 (a) A simple act of kindness is a valuable gift 가 정답이다.

어휘 grin 싱긋 웃음　hug 껴안음
squeeze 꽉 쥐기　overlook 간과하다
underrate 낮게 평가하다
enrich 부유하게 하다
rote 틀에 박힌　fashion 방식
display 표현
inestimable 헤아릴 수 없는
brighten 밝게 하다　thoughtful 사려 깊은

정답 (a)

4 해석 시카고의 스파르타쿠스 사의 영업 및 마케팅 담당 수석 부사장인 캐시 칼슨은 고객들이 가게에 들어섰을 때의 첫 열 발자국이 가장 중요한 순간이라는 것을 발견한다. 고객들이 상점에 대한 의식을 형성하고 그곳에서 물건을 살 것인가의 여부를 결정하게 되는 것이 바로 이 순간이다. "고객들이 가게 문에 들어서자마자 보게 되는 것, 첫 인상이 가장 중요합니다."라고 칼슨을 말한다. 소비자들이 상점에 들어서자마자 그들을 편안하게 해 주는 것이 그들이 좀 더 머물러 있으면서 구매를 하게끔 도와준다. 청결함, 겉보기와 냄새, 기온, 색상, 상점의 구조 등과 같은 특징들이 모두 혼합되어 지속적인 인상을 남기게 된다.

Q. 위 글의 내용과 일치하는 것은?

(a) 소비자들은 일반적으로 큰 상점에서 쇼핑하는 것을 편안하게 여긴다.

(b) 매력적인 상품 진열이 소비자들을 상점으로 끌어들일 수 있다.

(c) 판매 사원의 외모가 지속적인 인상을 남긴다.

(d) 매력있는 상점 환경이 판매를 증가시킬 수 있다.

해설 고객들에게 좋은 첫 인상을 남기는 것이 판매에 직접적인 영향을 끼친다고 말한다. 고객들이 상점에 들어서서 처음 열 걸음을 걷는 동안 구매를 할지의 여부까지 결정할 만큼 상점의 첫 인상은 중요하다. 청결함이나 상점의 구조와 같은, 한 눈에 파악되는 요인들은 고객들의 구매 욕구와 밀접하게 관련되어 있다.

어휘 senior vice president 수석 부사장
note 알아채다　pace 걸음
perception 인식, 자각
first impression 첫 인상
consumer 소비자　at ease 편안한
ensure 보증하다　characteristic 특징
cleanliness 청결함　combine 혼합하다
window display 창가의 상품 진열
boost 장려하다

정답 (d)

5 해석 많은 운전자들이 운전하기 전 자동차의 라이트를 확인하는 것의 중요성을 깨닫지 못하고 있다. (a) 자동차 밧데리의 품질은 라이트가 얼마나 오래 가는가에 차이를 준다. (b) 헤드라이트는 운전자가 길 위에서 어디에 위치하고 있는지를 알려 줄 뿐만 아니라 다른 차량과의 거리가 얼마나 되는지를 결정하도록 도와준다. (c) 브레이크 라이트와 깜박이는 다른 운전자들과 의사 소통을 하도록 해준다. (d) 이러한 라이트들이 제대로 작동하지 않으면 다른 차량의 운전자들은 당신이 멈출 것인지 회전을 할 것인지를 너무 늦을 때까지 알아차리지 못하게 된다.

해설 전체 흐름을 벗어나는 문장을 고르는 문제이다. (a)에도 물론 라이트에 대한 언급이 되었지만 밧데리의 품질이 라이트의 수명과 관계가 있다는 내용은 각 라이트의 역할과 그것의 중요성을 설명하는 전체 글과는 어울리지 않는다. 문장의 옳고 그름을 구별하는 것이 아니라 전체 내용과 어울리는지의 여부를 묻는 것이므로 혼동하면 안 된다.

어휘 motorist 운전자
make a difference 중요하다, 영향을 주다
determine 결정하다
blinker 깜박이
notice 알아채다

정답 (a)

Chapter 02 Part 1 빈칸 위치 상단

1 **해석** 요즘 많은 과학자들은 나이와 관련된 시력 상실을 노화 단계 과정 이외의 요인으로 돌린다. 실제로 중년이 넘어서도 완벽한 시력을 유지하는 사람은 드물다. 시력의 상실은 피할 수 없는 것은 아니며, 인간의 눈이 여든 살이 넘어서까지 좋은 시력을 유지하지 못할 이유는 전혀 없다. 그러나 자외선, 오염과 영양 부족 등이 눈을 해친다.

(a) 장수의 비밀
(b) 행복감의 정도
(c) 나이와 관련된 시력 상실
(d) 태어날 때부터의 시력 상실

해설 빈칸이 지문 상단에 위치한 유형으로 주제문의 완성을 요구하는 문제이다. 사람이 나이가 들면 시력이 저하되는데 이는 자연스런 노화 과정으로 인해 시력이 나빠지는 것이 아니라, 노화 과정 이외의 자외선 등의 외부요인이 시력 저하의 원인이기 때문에 시력 저하는 충분히 피할 수 있다는 요지의 글이기 때문에 빈칸은 시력상실이라는 내용이 들어가야 한다. 이런 유형의 문제를 풀기 위해서는 주제문을 뒷받침하는 문장들을 통해 글쓴이가 도대체 무엇을 얘기하려는지 의중을 파악하려는 시도가 선행되어야 한다.

어휘 attribute … to ~ …을 ~에 돌리다
factor 요인 other than ~을 제외하고
maintain 유지하다 eyesight 시력
middle age 중년 loss 손실
inevitable 피할 수 없는
UV rays 자외선
nutritional deficiency 영양 부족
damage 해를 끼치다

정답 (c)

2 **해석** 다음에 해외 여행을 가려고 비행기를 타기 위해 짐을 챙기고 나서 여행 관련 서류들이 확실히 준비되도록 몇 가지 추가 조치를 취해라. 먼저 여권과 비자와 건강보험이 준비되었는지를 확인한다. 또한 많은 정부들이 비상 시에 대비하여 여행 계획을 등록할 것과 여행 일정을 가족이나 친구들에게 남길 것을 제안한다. 마지막으로 항상 현금과 여행 관련 서류들을 몸에 지님으로써 범죄로부터 스스로를 보호한다.

(a) 당신이 없는 동안 집이 적절하게 보험에 들어 있도록
(b) 앞으로 발생할 일에 대해 여행사 직원과 이야기를 하도록
(c) 여행 관련 서류들이 확실히 준비되도록
(d) 여행 가방이 크기와 무게 제한에 알맞도록

해설 비행기를 타기 전에 어떤 준비를 해야 하는지 조언하는 글을 읽고 주제문을 완성하는 문제이다. 빈칸의 위치가 상단에 있고, 빈칸 뒤에 First, Second 등의 transition이 등장하는 전형적인 공지문 형식을 띄고 있다. 이런 형식의 글은 사람들에게 주의 사항이나 전달 사항을 알리는 것이 주목적이므로 문체가 간결하고 명료해야하므로 명령문 형태의 문장이 주로 사용된다. 이런 유형의 지문은 빈칸 뒤의 주의 사항이나 전달 사항이 무엇에 관한 것인지 재빨리 파악하는 것이 중요하다. Passport, visa, insurance, copy of itinerary, travel documents 등이 언급된 것으로 보아 여행 시 필요할 수 있는 관련 서류들은 잘 준비하라는 내용이라는 것을 알 수 있으므로 정답은 (c)이다.

어휘 pack (짐을) 싸다
in order 정리된, 질서 있게
recommend 추천하다
register 등록하다
in case of ~의 경우
emergency 비상
itinerary 여정
on one's person 몸에 지닌

정답 (c)

3 **해석** 일요일 정오가 조금 지난 시각에 단발 엔진 자가용 비행기 두 대가 공중에서 충돌했다. 사고에 관련된 당사자들에 대해 처음에는 혼란이 있었지만 관계 당국은 소형 세쓰나 비행기가 사이러스 SR22의 비행 경로에 들어섰다고 결론을 내렸다. 이러한 충돌은 매우 드물기 때문에 즉각적인 조사가 시작되었다. 예비 보고서에 의하면 세쓰나 비행기의 조종사가 항공 관제탑과 교신을 하지 않고 있었다는 것을 보여준다. 이것은 위험한 일이기는 하지만 기상 상태가 좋을 때 경비행기 조종사들 사이에서는 자주 행해지는 관습이기도 하다.

(a) 항공 관제 요원이 세쓰나 조종사와 이야기를 나눴다
(b) 조종사와 한 명의 승객이 탄 경비행기가 안전하게 착륙했다
(c) 두 대의 단발 엔진 자가용 비행기가 공중에서 충돌했다
(d) 악천후로 인해 모든 비행기들이 지상에 머물렀다

해설 사건, 사고 소식을 전하는 뉴스 보도문 형식의 지문이다. 기사문의 특성상 문체가 명료하고 간결하기 때문에 주제를 파악하기 쉬운 유형의 지문이다. 빈칸이 위치한 문장은 기사문의 주제 문장이므로 빈칸 뒤에 이어지는 내용을 재빨리 훑어보고 어떤 종류의 사고가 일어났는지를 정확히 간파한다면 정답을 쉽사리 찾을 수 있다. 대부분 뉴스 형태의 글은 주제가 앞부분에 제시된다는 사실을 알고 있다면 더욱 쉽게 문제를 해결할 수 있다. 이 문제의 경우 빈칸 바로 뒤의 문장을 통해 두 대의 비행기가 공중에서 충돌한 사건임을 쉽게 추론할 수 있으므로 정답은 (c)이다.

어휘 collide 충돌하다 in mid-air 공중에서
confusion 혼란 authorities 관계 당국
crash 충돌 prompt 재촉하다
investigation 조사 preliminary 예비의

정답 (c)

4 해석 조지아 주에서 바지를 너무 낮게 내려입는 십대들은 높은 벌금을 내거나 체포될 수도 있다. Sagging이라고 불리는 이렇게 옷을 내려 입는 것은 젊은이들 사이에서, 특히 힙합 문화에 관심이 많은 젊은이들 사이에서 매우 인기 있는 패션 유행이 되어 왔다. 하지만 많은 지역 지도자들은 이러한 유행이 잘못된 메시지를 전하고 있다고 믿는다. 그들은 이러한 유행이 꼴사납고 부적절하다고 생각한다. 이 논쟁의 여지가 있는 패션 유행은 이미 조지아의 대부분의 학군에서 금지되었다. 그러나 만일 이 지도자들이 그들의 뜻을 이룬다면 Sagging은 학교를 떠나 법적인 문제로 비화될 것이다.

(a) 높은 벌금을 내거나 체포될 수도 있을 것이다
(b) 힙합 음악을 인기있게 만든 것으로 여겨졌다
(c) 원하는 옷을 학교에 입고 갈 권리가 있다고 주장했다
(d) 십대들과 젊은이들을 위한 새로운 패션 경향을 창조했다

해설 글의 전체 흐름을 파악해서 주제문을 완성하는 문제이다. 글의 주 내용은 조지아 주에서 바지를 내려 입는 것이 불법이 될 수도 있다는 내용이다. 일부 지도자들이 이러한 패션 경향을 부적절하다고 생각하고 있으며 불법화하려는 움직임을 보이고 있다는 내용이다. 따라서 주제문으로는 바지를 너무 낮게 내려입는 학생들이 벌금을 물게 되거나 체포될 수도 있다는 것이 적절하므로 정답은 (a)이다.

어휘 indecent 무례한, 꼴사나운
inappropriate 부적절한
outlaw 금지하다, 불법화하다

정답 (a)

5 해석 소매 상점들은 항상 이윤을 잃지 않기 위한 방법들을 찾고 있다. 이것을 하는 한 가지 방법은 도둑들이 귀중한 상품이나 현금을 갖고 상점에서 걸어 나가지 않도록 하는 것이다. 소매 상점의 도난은 매우 심각한 문제여서 매니저들은 종종 어떻게 도난이 발생하는지와 그것을 막기 위해 행해져야 할 일에 대해 잘 알고 있는 사람들을 고용한다. 이러한 전문화를 손해 방지라고 한다. 이렇게 고용된 사람들은 상점의 좀도둑과 신용카드 사기에서부터 횡령에 이르기까지 모든 것을 조사한다. 상점에 들어 설 때 카메라에 포착된 적이 있거나 스웨터에 달린 전자 안전장치를 본 적이 있는 고객이라면 소매상점의 도난을 감소시키기 위해 조사원들이 사용하는 최소한 하나의 전술을 알고 있는 셈이다.

(a) 법정에서 도둑들과 싸울
(b) 이윤을 잃는 것을 막기 위한
(c) 스스로를 강도들로부터 지키기 위한
(d) 부정직한 직원들을 정직하게 만들

해설 빈칸의 위치가 상단에 위치한 유형으로 글의 주제를 파악하는 문제이다. 상점들이 무엇을 하기 위해 항상 노력하고 있는가를 파악하는 것이 관건이다. 두 번째 문장에서 One way to do this is to make sure that thieves aren't able to walk out with valuable merchandise or cash.라고 한 것으로 보아 상점 내의 절도를 막기 위한 것과 관계가 있다는 것을 알 수 있다. 따라서 정답은 (b)이다.

어휘 fraud 사기
embezzlement 횡령
tactic 전술

정답 (b)

Chapter 03 Part 1 빈칸 위치 중간

1 해석 학교에서 남학생들이 선호된다는 오랜 믿음은 사실이 아니다. 실제로 그 반대가 사실일지도 모른다. 학교에서 행해지는 대부분의 시험에서 여학생들은 남학생들보다 좋은 성적을 보인다. 평균적으로 남학생들은 읽기 성적에서 여학생들보다 일 년 반 정도가 뒤떨어져 있다. 여학생들은 좀 더 난이도가 높은 수업을 선택하고 학생회나 우등생 클럽에 더 자주 참가한다. 또한 남학생들은 퇴학을 당하는 경우가 더욱 많고 그래서 대학에 갈 확률이 떨어진다.

(a) 읽기 성적에서 여학생들보다 일년 반 정도가 뒤떨어져 있다
(b) 일반적으로 과학과 수학에서 여학생들보다 더 뛰어나다
(c) 보통 여학생들만큼 교사들의 주의를 끌지 못한다
(d) 여학생들보다 학교에서 문제를 일으킬 확률이 더 높다

해설 학교에서 여학생보다는 남학생을 선호한다는 일반적인 통념과는 달리 여학생들을 더 선호할지도 모른다는 요지의 글을 읽고, 글의 흐름에 맞게 빈칸에 세부 사항을 골라 넣는 문제이다. 바로 앞 문장에 의하면 학교 시험에서 여학생들이 남학생들보다 좋은 성적을 얻는다고 했으므로 그에 대한 구체적인 예를 든 (a)가 가장 적절하다. (b)와 (c)의 내용은 전혀 언급되지 않았으며 (d)는 사실이긴 하지만 글의 뒷부분에서야 언급되고 있으므로 빈칸에는 알맞지 않다.

어휘 long-held 오랜 동안 견지된
favor 선호하다 participate 참가하다
student government 학생회
get kicked out 쫓겨나다

정답 (a)

2 해석 역사가 위대하다고 여기는 많은 문명들이 수 천년 전에 사라지긴 했지만 인류학자들은 아직도 그 몰락의 정확한 원인들을 파악하려고 노력하고 있다. 그러나 무엇이 한 사회가 기울도록 만드는가를 이해하기 위해서 사회 과학자들은 먼저 그 사회를 성공적으로 만든 것이 무엇인가를 이해하려고 한다. 물론 주요 필수 사항은 지도자들이 국민들의 기본적인 욕구들을 충족시켜 주는 것이다. 그들은 또한 불만 사항들이 처리될 수 있고 모든 사람들이 사회에서의 자신의 역할을 이해하도록 보장하기 위해 규칙들을 만들어야 한다. 하지만 더욱 중요한 것은 모든 사람들이 자신의 삶이 의미가 있다고 느껴야만 한다.

(a) 초기 문명들이 어디에서 왔는가
(b) 역사상의 위대한 지도자들이 어떻게 통치했는가
(c) 무엇이 성공적인 사회를 만드는가
(d) 왜 사회는 규율과 규칙을 필요로 하는가

해설 빈칸이 지문 중간에 위치한 경우로, 글의 전체적인 흐름을 파악해서, 논리적인 흐름을 완성하는 유형의 문제이다. 접속부사 However를 눈여겨 볼 필요가 있다. 바로 앞 문장 anthropologists are still trying to figure out the exact causes of failure 부분과 대조를 이루는 내용이 들어가야 하므로, (c)가 가장 적절하다.

어휘 anthropologist 인류학자
decline 쇠퇴
grievance 불만, 고충

정답 (c)

3 해석 수 년 동안 블라디미르 나보코브의 숭배자들을 이 저명한 작가의 마지막 소설이 불길에 휩싸이게 될지의 여부를 알고 싶어해왔다. 그의 유언장에서 이 러시아 작가는 그가 죽은 후 색인 카드 50장에 쓰여진 책의 일부를 불태우라고 요구했다. 아버지의 바램을 실천하겠다는 수 차례의 협박 끝에 나보코브의 아들 드미트리는 마침내 작품을 출판하기로 최근에 결정했다. 이러한 심정 변화의 이유는 꿈이었다. 드미트리는 그의 아버지가 꿈에 나타나서 그것이 고통스러운 도덕적 딜레마를 끝낼 수 있는 유일한 방법이므로 그에게 작품을 보존하라고 말했다고 주장한다.

(a) 숭배자들의 의견을 묻기로
(b) 아버지가 원한 대로 노트를 태우도록
(c) 소설을 쓰고자 하는 그의 계획을 계속하기로
(d) 마침내 작품을 출판하기로

해설 빈칸의 위치가 지문 중간에 위치한 유형으로 글 전체의 흐름을 파악해서 논리적인 흐름을 완성하는 문제이다. 이런 유형은 주변의 접속어구에 유의해서 빈칸 앞뒤의 문장을 꼼꼼하게 정독을 해야 한다. 러시아 태생의 유명 작가 나보코브는 죽기 전에 자신의 마지막 작품의 일부를 불태우라고 유언했지만 그의 아들은 아버지의 유언을 따라야 할지 세기의 저명한 작가의 마지막 작품을 태워버려할지 딜레마에 빠졌다고 설명하고 있다. 그러나 최근에 그가 마침내 결정을 내렸다는 내용이다. 문제는 그가 어떤 결정을 내렸는가를 묻고 있

다. 빈칸 이전에 After several threats that he would, in fact, carry out his father's wishes라는 부분과 The reason behind this change of heart가 언급된 것으로 보아, 드미트리가 아버지의 유언을 따르겠다고 말했지만 어떤 이유로 심경의 변화를 일으켰다는 것을 알 수 있으므로 그가 작품을 태우지 않기로 한 것, 즉 출판을 하기로 한 것이 정답으로 가장 적절하다. 특히 마지막 문장에서 his father … told him to save the work라고 주장했다는 부분이 결정적인 힌트이다.

어휘 celebrated 저명한
will 유언
torturous 고통스러운
moral 도덕의

정답 (d)

4 해석 최근 한 연구는 어린이들의 과잉 행동이 식품 첨가제로 인한 것일 수도 있다고 주장한다. 과학자들은 일부 아이들이 가공 식품에 들어 있는 식품용 색소와 방부제에 알레르기 반응을 보인다는 것을 발견했다. 연구자들에 의하면 이러한 알레르기 반응은 주의력 결핍 및 과잉행동 장애와 연관이 있을 수도 있다고 한다. 아이의 이러한 첨가제 섭취를 제한하면 상당한 행동의 개선을 가져올 수 있다. 그러나 식품 색소와 방부제는 시리얼, 감자칩에서부터 아이들이 학교에서 먹는 점심에 이르기까지 모든 것에 들어있기 때문에 이것은 매우 힘든 일이 될 수도 있다. 과일 주스와 같이 겉보기에는 건강한 것으로 보이는 간식들조차도 인공 색소가 잔뜩 들어 있을 수 있다.

(a) 기억력의 개선
(b) 영양소의 더 나은 흡수
(c) 일부 어린이들에게 있어 심각한 알레르기 반응
(d) 상당한 행동의 개선

해설 가공 식품에 들어 있는 식품 색소와 방부제가 어린이들의 ADHD와 관계가 있을 수도 있다는 연구 내용에 대한 글이다. 일부 어린이들은 이러한 식품 첨가제들에 알레르기 반응을 보이는데 이러한 알레르기 반응 중 하나로 아이들이 지나치게 활발해지고 주의력이 결핍된다고 한다. 따라서 이러한 식품의 섭취를 줄이는 것은 행동의 개선을 가지고 올 수 있다고 하는 것이 가장 논리적이라고 할 수 있다. 따라서 (d)가 정답이다.

어휘 additive 첨가제 allergic 알레르기의
dye 염료, 물감 preservative 방부제
intake 섭취 challenging 어려운
seemingly 겉보기에 chockfull 가득한

정답 (d)

5 해석 CD의 판매가 지속적으로 감소하고 있는 반면에 한 세대 이전의 음악 기술이 다시 놀라운 인기를 얻고 있는 것처럼 보인다. 젊은이들은 레코드 판 형태의 옛 음악을 구입하고 있을 뿐만 아니라 새로운 음악 또한 이러한 형태로 구매하고 있다. 지난 시대의 유적으로 오랫동안 여겨져 온 레코드 플레이어 또한 많이 팔리고 있다. 많은 사람들이 수 천곡의 노래가 신용카드보다 작은 기기에 저장될 수 있는 시대에 왜 일부 소비자들이 훨씬 부피가 큰 레코드 판을 선택하는지에 대해 자문할지도 모른다. 그러나 레코드 판 애호자들의 답은 간단하다. 레코드 판의 소리가 더 좋다는 것이다.

(a) CD의 경쟁 상대
(b) 지나간 시대의 유적
(c) 최고 품질 음악 플레이어
(d) 값비싼 충동 구매

해설 글의 논리적 흐름을 완성하는 문제이다. CD의 판매는 감소되고 있는데 반해서 이전 세대의 음악 형태로 여겨졌던 레코드 판의 판매가 다시 증가하고 있는 경향을 설명하고 있으며, 그에 따라 과거의 유물로 여겨졌던 레코드 플레이어의 판매도 함께 증가하고 있다는 내용으로 빈칸을 완성하는 것이 논리적으로 가장 적절하므로 정답은 (b)이다.

어휘 decline 감소하다 generation 세대
make a comeback 다시 인기를 얻다, 복귀하다
format 형태 device 기기
opt for 선택하다 bulky 부피가 큰
enthusiast 애호가, 광 relic 유적, 유물
bygone 과거의

정답 (b)

Chapter 04 Part 1 연결사

1 해석 오늘날 전 세계의 종교의 수를 센다는 것을 어렵지만 가장 보편적으로 행해지고 있는 네 가지 종교는 기독교, 이슬람교, 힌두교, 불교로 전 세계 종교인의 83%가 이 네 종교에 속한다. 이 종교를 믿는 사람들은 모두 자신의 종교가 올바른 것이라고 믿고 있다. 이 때문에 많은 갈등이 발생하기도 하지만 사실 이 종교들 사이에는 많은 유사점이 있다. 예를 들어 기독교와 이슬람교는 모두 유일신 사상을 갖고 있으며 유사한 예언자들과 동일한 규율들을 많이 갖고 있다. 불교는 힌두교의 가르침에서 유래했다. 두 종교는 세상의 부질없음과 죽음과 환생의 순환을 강조한다. 또한 이 네 종교들은 모두 사후 세계에 대해 가르치는데 이것은 속세의 삶의 주요 목적들 중의 하나이다.

(a) 대조적으로
(b) 예를 들어
(c) 반면에
(d) 결론적으로

해설 4대 종교에 유사점이 있다는 요지의 글을 읽고 글의 구조를 파악하여 연결사를 고르는 문제이다.
빈칸 뒤에는 기독교, 이슬람교, 힌두교, 불교간에 어떤 유사한 점들이 있는지 구체적인 예를 들고 있으므로 for example이 정답이다.

어휘 widely 보편적으로, 널리
account for (비율 등을) 나타낸다
adherent 추종자
faith 신념 conflict 갈등
similarity 유사성 prophet 예언자
emphasize 강조하다
illusory 착각을 일으키는
cycle 순환 rebirth 환생
afterlife 내세 earthly 속세의

정답 (b)

2 해석 국제 경제에서 자국 아이들에게 우위를 제공하기 위한 바램으로 많은 국가들이 조기 교육 프로그램을 보조하기 시작했다. 조기 교육을 받은 아이들은 결국에는 좀 더 짧은 시간에 더 많은 것을 배우게 될 것이라고 기대된다. 하지만 비평가들은 그에 반대되는 증거들을 언급한다. 스웨덴은 어리게는 한 살까지의 영아들을 위한 국가 보조 취학 전 프로그램을 실시하고 있는 나라들 중의 하나이다. 스웨덴 어린이들이 인구학적으로 유사한 이웃 나라 핀란드와 비교해 볼 때 스웨덴 아이들이 국제 기준으로 볼 때 높은 성적을 얻을 것이라고 기대된다. (핀란드 아이들은 일곱 살에 학교를 시작한다.) 그러나 핀란드 아이들은 지속적으로 스웨덴의 라이벌보다 높은 성적을 보이고 있다.

(a) 그러나
(b) 예를 들면
(c) 따라서
(d) 일반적으로

해설 조기교육의 효과가 예상과는 달리 역효과를 불러올 수 있다는 요지의 글을 읽고 빈칸에 연결사를 넣는 문제이다. 연결사를 넣는 문제는 빈칸 전후의 문장만 정독해도 정답을 고를 수 있는 경우가 대부분이다. 이 문제 역시 빈칸이 위치한 문장, critics cite evidence to the contrary 부분의 contrary라는 단어만 눈여겨봐도 아주 쉽게 찾을 수 있다. 하지만 이 부분을 놓쳤다고 해도, 빈칸을 기점으로 빈칸 앞부분의 내용은 조기교육이 아이들의 학습에 긍정적인 효과를 미칠 것이라는 일반적인 통념을 소개하고, 빈칸 뒷부분은 스웨덴과 핀란드 아이들의 실례를 들어 이러한 통념을 완전히 뒤집는 근거를 제시하고 있으므로 글의 구조상 역접의 의미를 가진 연결사가 들어가야 한다는 점은 쉽게 알 수 있다. 따라서 정답은 (a)이다.

어휘 edge 우위
subsidize 보조금을 지급하다
head start 유리한 출발
critic 비평가
cite 언급하다
evidence 증거
to the contrary 그와 반대로
state-sponsored 국가가 지원하는
infant 영아
demographically 인구통계학적으로
identical 동일한
consistently 끊임없이
outperform 보다 뛰어나다

정답 (a)

3 해석 많은 민주국가들의 가장 놀라운 양상들 중의 하나는 국민들이 투표를 하지 않는다는 점이다. 다수의 사람들이 개인이 투표를 함으로써 국가에 영향을 끼칠 수 있다는 생각은 반향을 일으키지 못하고 있는 듯하다. 왜 투표를 하지 않는지 물었을 때 많은 사람들이 누가

당선되든지 상관이 없다고 하거나 한 표가 큰 선거에서 차이를 일으킬 리가 없다고 생각한다고 대답한다. 또한 투표에 대한 가장 냉소적인 여론의 일부는 말뿐인 공약에 환멸을 느낀 젊은이들로부터 나온다.

(a) 그러나
(b) 또한
(c) 결과적으로
(d) 그와 반대로

해설 빈칸 이전 부분에서는 사람들이 투표에 참여하지 않는 이유들을 나열하고 있으며, 빈 칸의 뒷부분에서도 이러한 부정적인 반응을 가진 사람들의 대다수가 남발되는 정치적 공약에 대해 환멸을 느껴 정치에 관심을 잃었기 때문에 투표에 참여하지 않는다라는 또 다른 이유를 덧붙이고 있다. 따라서 칸 앞뒤의 내용이 서로 대조 (still, on the contrary)되거나 인과 관계 (as a result)가 아니고 추가의 내용이므로 In addition이 가장 적절하다.

어휘 vote 투표하다　impact 영향
cynical 냉소적인　disillusioned 환멸을 느낀

정답 (b)

4 해석 흡연, 나쁜 음식을 먹는 것과 충분한 운동을 하지 않는 것이 모두 건강을 해치는데 기여하는 요인들이라는 것은 상식이다. 그러나 건강을 해치는 가장 심각한 위협 중의 하나는 스트레스라는 것을 진정으로 이해하는 사람들은 많지 않다. 의학 전문가들은 오래 전부터 스트레스가 심각한 신체적, 정신적 장애를 일으킬 수 있다는 것을 알고 있었다. 연구에 의하면 높은 스트레스를 경험하는 사람들은 혈압이 높은 것으로 나타났는데 높은 혈압은 심장혈관 질환에 영향을 끼친다. 게다가 스트레스는 당뇨병과 같은 기존의 질병을 악화시킬 뿐만 아니라 질병을 물리치는 신체의 능력을 억제시킬 수도 있다. 그러므로 스트레스와 연관된 위험들을 이해하는 것이 중요하다.

(a) 이와 같이
(b) 대조적으로
(c) 그러므로
(d) 하지만

해설 흡연이나 잘못된 식습관, 운동 부족이 건강을 해치는 원인이라는 것은 모든 사람들이 알고 있지만 스트레스가 신체적, 정신적 장애를 일으킬 수도 있다는 사실을 아는 사람들은 별로 없다고 설명하는 글이다. 빈칸 앞 문장 에서 스트레스는 이미 존재하는 증상들을 악화시킬 수도 있고 질병과 싸우는 능력을 감소시킨다는 내용이 나와 있고, 빈칸 뒷부분은 일상생활에서 자신에게 스트레스를 줄 수 있는 상황들과 그 위험성을 이해하는 것이 중요하다는 내용이 이어지고 있으므로, 빈칸 뒤의 문장이 빈칸 앞 문장의 결과에 해당되므로, 빈칸에 가장 적절한 연결어는 (c) Therefore이다.

어휘 contributor 기여하는 것　threat 위협
well-being 건강, 복지　disorder 장애
worsen 악화시키다　preexisting 기존의
suppress 억압하다　fight off 물리치다

정답 (c)

5 해석 대부분의 서구 신문들은 1면에 논평을 싣는 것을 삼가한다. 프리랜서와 사내 필진들에 의해 작성되는 의견과 논평은 환영되지만 일반적으로는 안쪽 페이지에 실린다. 하지만 영국에서 타블로이드판 신문은 이러한 제한을 두지 않고 1면 기사에 논평을 붙인다. 《타임즈 오브 인디아》는 이 점에서 영국 선배를 따르고 있는데 1면 뉴스 기사 끝에 세 줄의 논평을 싣는다.

(a) 또한
(b) 덧붙여서
(c) 그러나
(d) 따라서

해설 글의 앞 부분에서 대부분의 서구 신문들이 논평을 1면에 싣지 않는다고 말하고 있다. 영국의 타블로이드 신문을 그 예외로 소개하고 있으므로 앞의 내용과 반대되는 however가 가장 적절하다.

어휘 occidental 서구의　refrain 삼가하다
commentary 논평　front-page 제 1면의
comment 논평　generate 만들다
tabloid 타블로이드판(보통 신문 절반 크기의 신문)
restraint 억제, 제지　append 덧붙이다
editorial 사설　root 근원

정답 (c)

Chapter 05 Part 1 빈칸 위치 하단

1 해석 유명한 프랑스 화가 클로드 모네는 회화의 인상파 스타일의 창시자들 중 한 사람이다. 모양보다는 색상을 강조하는 추상적인 이미지들로 알려진 모네의 '건초더미' 시리즈는 인상주의의 완벽한 예이다. 모네는 날마다 정확하게 같은 자리에서 서서 같은 대상을 그리곤 했는데 이것은 대상을 다른 빛 아래에서 포착하기 위해서였다. 많은 당시 화가들은 모네의 '건초더미' 시리즈를 베끼면서 다른 시간대에 미묘한 빛의 변화들을 알아본 그의 완벽한 능력의 비결을 배우고자 했다.

(a) 건초더미를 놀라운 현실성으로 묘사하는
(b) 추상적인 개념을 화폭에다 구체적인 이미지로 바꾸는
(c) 새롭고도 유일한 재료를 이용하여 새로운 예술 형태를 만드는
(d) 다른 시간대에 미묘한 빛의 변화들을 알아본

해설 빈 칸의 바로 앞에 모네가 다른 빛 아래서 대상을 포착하기 위해 매일 같은 자리에 서서 그림을 그리곤 했다고 했으므로 (d)가 가장 적절하다. 빈칸 넣기 문제는 문장과 문장 간의 논리적 연결이나 일관성을 물어보는 것이기 때문에 바로 앞문장의 in order to capture it in different light라는 어구와 가장 관련 있는 선택지가 정답일 확률이 가장 높다. 인상주의는 대상의 구체적인 형상보다는 색상과 추상적 이미지를 더 중시한다고 했으므로 (a)와 (b)는 정답이 될 수 없다. (c)의 내용은 전혀 언급되지 않았다.

어휘 abstract 추상적인
emphasize 강조하다
impressionism 인상주의
precisely 정확하게
capture 포착하다
contemporary 당시의

정답 (d)

2 해석 밤새 잠을 잘 자는 것이 효율적인 학습에 있어 중요하다는 것은 잘 알려진 사실이다. 하지만 과학자들은 일부 학생들에게 있어 충분한 휴식을 취하지 않는 것이 꼭 그들의 성적이 떨어질 것이라는 것을 의미하지는 않는다는 것을 발견했다. 최근 한 연구에서 지원자들이 일정한 정보를 암기하는 능력이 두 번 측정되었다. 한 번은 8시간의 잠을 자고 난 후 그리고 그들이 밤을 새우고 난 후에 다시 측정되었다. 과학자들은 두뇌가 도파민이라고 불리는 화학물질을 더 많이 생산해 낸 지원자들이 좀 더 민첩하고 피곤할 때도 정보를 잘 보유한다는 것을 발견했다. 도파민은 졸음을 무시하도록 두뇌를 속이는 것으로 보인다.

(a) 졸린 느낌
(b) 기억된 정보
(c) 중요한 화학물질
(d) 여분의 에너지 수준

해설 빈칸의 위치가 지문 하단에 위치한 유형으로, 글의 결론을 완성하는 문제이다. 충분한 수면과 학습 효과 증진의 관계 실험을 소개하는 글이다. 똑같은 실험 대상들을 한 번을 충분한 수면을 취한 후, 도 다른 한 번은 수면을 전혀 취하지 않은 후의 학습 능력을 측정하였는데 연구 결과에 의하면 무조건 잠을 몇 시간 동안 잤는가의 여부보다는 두뇌가 도파민이라는 물질을 얼마만큼 생산해 내느냐에 따라 기억력과 학습 능력이 좌우된다고 설명하고 있다. 그러므로 빈칸에는 도파민이라는 물질이 신체에 구체적으로 어떤 영향을 주는지에 대한 내용이 들어가야 한다. 수면을 충분히 하지 않은 사람도 두뇌가 충분한 도파민을 만들어 낸다면 피곤할 때도 정보를 잘 보유할 수 있도록 해준다고 했으므로 졸음을 무시하도록 두뇌를 속이기 때문이라는 내용이 가장 적절하다.

어휘 effective 효율적인
alert 빈틈없는, 방심하지 않는
retain 보유하다 trick 속이다

정답 (a)

3 해석 환생은 인간과 동물의 영혼이 다른 형태로 반복해서 지구상에 다시 태어난다는 믿음으로 힌두교의 기본 신조이다. 현재 삶에서의 그들의 행동에 따라 다음 세상에서 영혼들의 사회 계급이 오를 수도 있고 내려가기도 한다. 이러한 믿음은 카스트 제도와 같은 사회적 관습에서 명백히 드러난다. 힌두교도들은 각 개인이 태어날 때 정해진 운명을 타고난다고 믿기 때문에 자선을 베푸는 것을 거의 받지 않는다. 부유한 사람들은 전생에 좋은 일을 했기 때문에 고위 계층에 태어난 것이고 가난한 사람은 전생에서의 나쁜 행실 때문에 당연히 가난하게 태어난 것이다.

(a) 부모들이 지은 죄
(b) 유사한 운명을 극복한 것
(c) 전생에서의 나쁜 행실
(d) 겸허한 삶에 대한 욕구

해설 힌두교의 윤회에 관한 지문을 읽고 예가 되는 문장의 빈칸을 완성하는 문제로, 빈칸이 위치한 한 문장만 대강 읽어도 답을 찾을 수 있는 유형이다. 지문의 전반부에서 윤회의 기본 개념을 언급하고, 빈칸이 있는 후반부는 앞에서 설명한 윤회의 기본 개념을 예를 들어 설명하는 구조를 취하고 있다. 빈칸 바로 앞부분의 내용(behaved well in their previous life)과 빈칸에 들어가야 할 내용(poverty)이 대조를 이뤄야 한다는 점을 감안해 볼 때 정답은 (c)이다.

어휘 reincarnation 환생 spirit 영혼
repeatedly 반복해서 tenet 주의, 신조
Hinduism 힌두교 hierarchy 계급
evident 분명한 societal 사회의
charity 자선 lot 운명
deserve ~하는 것이 마땅하다

정답 (c)

4 해석 존 듀이는 상호 작용이 학습에 있어서 필수라고 믿었던 미국의 이론가였다. 듀이는 새로운 정보를 이해하기 위해서는 새로운 경험을 옛 경험에 연결시켜야 한다는 철학의 초기 옹호자였다. 그는 공립 학교의 급진적인 개혁과 경험의 연속성을 주창했다. 학습은 개인의 경험에서 나오는 것이며 새로운 지식이 의미를 갖기 위해서는 이 개인의 경험이 과거의 경험 위에 축적되어야 한다.

(a) 과거의 경험 위에 축적되다
(b) 미래의 목표와 관련되다
(c) 영적인 중요성을 포함하다
(d) 동료들이 공개적으로 논박하다

해설 존 듀이의 교육 철학을 짧게 설명하는 글로서 주제를 파악하면 쉽게 빈칸을 넣을 수 있는 문제이다. 지문의 첫 번째 문장이 주제문이고, 두 번째 문장이 주제문을 부연 설명하는 구조의 글이다. 두 번째 문장을 빈칸이 위치한 마지막 문장(closing sentence)이 다시 한 번 재진술 하고 있으므로 빈칸은 결국 주제를 고르라는 문제와 같다고 볼 수 있다. 존 듀이의 철학은 새로운 정보를 이해하기 위해서는 새로운 경험을 옛 경험에 연결시켜야한다는 것이었다. 따라서 정답은 (a)이다

어휘 theorist 이론가 interaction 상호작용
essential 필수의 proponent 지지자, 옹호자
philosophy 철학 link 연결하다
make sense of ~을 이해하다
advocate 주창하다 radical 급진적인
reformation 개혁 continuity 연속성

정답 (a)

5 해석 더 이상 활발한 화산 활동이 벌어지지 않는 뉴멕시코의 말페이 ('나쁜 땅'이라는 의미) 국립공원은 2천 평방 마일에 걸쳐 펼쳐진 화산암 벌판이다. 이 험한 곳을 가로지르는 몇몇 고대 통로가 존재한다. 하지만 그 중 가장 힘든 통로는 7마일에 걸친 주니-아코마 통로이다. 드문드문 화산암 돌무더기 이정표들로만 표시되어 있기 때문에 이 길은 분명하지가 않다. 또한 바위는 부서지기 쉽고 불안정해서 발을 헛디뎌 뾰족한 화산암 위로 넘어지기가 십상이다. 이 고대 인디안 통로를 따라 여행하는 것은 오늘날에도 그 옛날만큼이나 힘들다.

(a) 현재 이것들을 비롯한 여타의 주 법률에 의해 규제되고 있다
(b) 시간과 비용이 많이 들 수 있다
(c) 주니 문화를 경험할 수 있는 좋은 방법이다
(d) 오늘날에도 그 옛날만큼이나 힘들다

해설 주니-아코마라는 통로에 대한 글을 읽고 주제문을 완성하는 문제이다. 뉴멕시코의 말페이 국립공원을 가로지는 고대 여행 통로 중 주니-아코마 통로가 여행하기 가장 힘들다는 요지의 글로, 주제문 파악이 문제 해결의 관건이다. 주제문은 세 번째 문장 Yet none are as harsh as the seven-mile Zuni-Acoma Trail이며, 그 다음 문장들은 주제문의 이유를 구체적으로 설명하고 있다. 빈칸이 위치한 마지막 문장은 글의 구조상 주제문을 재진술하는 문장이 되어야 하므로, 주제문과 비슷한 의미를 가진 선택지를 고르면 답이 된다. 환경이 험하고, 이정표가 화산암 돌무더기로만 표시되어 있고 발을 헛디뎌 떨어지기 쉽다는 등의 내용은 모두 이 길을 따라 여행하는 것이 얼마나 힘든가를 보여주기 위한 것이다. 그러므로 (d)가 가장 적절하다.

어휘 volcanic 화산의 lava 용암, 화산암
footpath 오솔길 hostile 적대적인
landscape 경관, 경치 harsh 가혹한
obvious 명백한 mark 표시하다
periodic 주기적인 cairn 돌무더기
fragment 조각, 파편 brittle 부서지기 쉬운
unstable 불안정한
lose one's footing 발을 헛딛다
jagged 들쭉날쭉한, 톱날같은

정답 (d)

Chapter 06 Part 2 대의 파악

1 해석 데이비스 씨 부부에게,

학기가 막 시작한 것 같지만 벌써 매우 보람있는 학년말에 다달았습니다. 학생들의 힘든 노력 덕분에 우리는 올해가 압도적인 성공이었다고 확신할 수 있습니다. 실제로 지금은 일 년 동안 모든 학생들이 한 수고를 축하할 때가 되었습니다.

두 분도 아시다시피 학군의 학년말 시상식이 5월 12일 후버 고등학교 강당에서 열릴 예정입니다. 귀댁의 따님 사라가 영예로운 '올해의 학군 학생상' 수상자로 지명되었다는 것을 알려 드리게 된 것을 기쁘게 생각하며 5월 11일 수업 시간 중에 후버 고등학교에서 있을 시상식 연습에 참가해야 한다는 것을 알려 드립니다. 이 이메일에 첨부된 승락서에 서명을 하여 팩스나 이메일로 보내 주십시오. 이 승락서는 사라가 수업 시간 중에 학교 밖으로 나갈 수 있도록 허락해 줄 것입니다.

감사합니다. 매우 자랑스러우시겠습니다.

메리 오브라이언

브라이언 존스 고등학교 교장

Q. 이 편지의 목적으로 알맞은 것은?

(a) 데이비스 부부를 시상식에 초대하기 위해서

(b) 데이비스 부부의 노고에 감사하기 위해서

(c) 사라를 학교 상의 수상자로 지명하기 위해서

(d) 사라 부모의 승낙서를 요청하기 위해서

해설 사라라는 학생이 다니는 학교의 교장이 사라 부모님에게 보낸 편지글을 읽고 목적을 찾는 문제이다. 편지에서 사라가 올해의 학생상을 받게 되었다는 것을 알리고 있다. 하지만 편지를 쓴 목적은 사라가 시상식 전날 시상식 연습에 참가해야 하는데 그것이 수업 시간 중에 진행되므로 사라가 수업에 빠져도 좋다는 승낙서에 서명을 해달라고 부탁하기 위한 것이다. 그러므로 (d) To request a permission form from Sarah's parents가 정답이다. 사라가 이미 수상자로 지명되었다는 것을 알리고 있으므로 (c)는 정답이 될 수 없다.

어휘 fruitful 보람 있는 auditorium 강당
nominate 지명하다 prestigious 저명한
consent 승낙

정답 (d)

2 해석 우리가 교육받고 훈련 받는 방향은 우리의 성격을 형성하는데 있어 중요한 역할을 한다. 태어날 때부터 갖고 있는 특징들이 존재하지만 그들이 변하지 않는 것은 아니다. 예를 들어 일란성 쌍둥이들은 그들이 성년이 됨에 따라 각자의 독자적인 성격을 발전시키고 자신들의 삶을 각자 다른 방식에 의해 영위하는 경향이 있다. 다른 한 쌍둥이는 모험적이고, 자부심이 강하며 사교적일 수 있는 반면 다른 쌍둥이는 비겁하고, 소극적이거나 심지어 외톨이일 수 있다.

Q. 다음 중 어떤 지문이 위 내용을 가장 잘 요약한 것인가?

(a) 타고난 성향이 사람의 성격의 가장 중요한 부분이다.

(b) 성격은 삶의 경험에 의해 영향을 받지 않는다.

(c) 성격은 변경될 수 있다.

(d) 쌍둥이들은 전형적으로 상대방의 행동을 따라한다.

해설 본문 두 번째 줄에서 태생적인 특징들이 있지만 이들은 변할 수 있으며, 그 예로 일란성 쌍둥이의 경우 둘 간의 성격 차이가 크게 날 수 있음을 서술하고 있으므로 정답은 (c).

어휘 disciplined 훈련된
innate 타고난
trait 특징, 특성
Identical twins 일란성 쌍둥이
mature 성숙한 cowardly 겁많은, 소심한
reserved 내성적인 solitary 고독한, 쓸쓸한

정답 (c)

3 해석 면접 중에 가장 대답하기 어려운 질문들 중의 하나는 "당신의 가장 큰 약점이 무엇입니까?"하는 질문이다. 이 질문을 받게 되면 당신은 당황하게 될 수도 있는데 당신이 직장에서 겪을 수 있는 어려움을 밝히는 것이 고용 담당자에게 나쁜 인상을 줄 것처럼 보이기 때문이다. 면접을 받는 많은 사람들이 저지르는 실수는 장점을 약점인양 소개하는 것이다. 이것의 한 예는 "전 신경을 많이 쓰지요."라고 대답하는 것이다. 대신 당신이 개선하기 위해 노력하고 있는 단점으로 대답을 해라. 예를 들어, 만일 당신이 꼼꼼하지 못하다면 그렇다고 말하되 당신이 약속이나 업무들을 제대로 정리하고 정돈하기 위해 사용하고 있는 체계에 대해 이야기를 해라.

Q. 위 글의 주제로 알맞은 것은?

(a) 어려운 면접 질문에 답하기

(b) 면접관이 피해야 할 실수들

(c) 고용 과정에서 면접이 중요한 이유

(d) 직장에서 체계적으로 근무하는 법

해설 면접을 해 본 사람이라면 누구든 공감할 만한 내용이다. 흔히 약점이 뭐냐는 질문을 받았을 때 너무 솔직하게 말하면 자신의 단점이 너무 드러나서 채용이 되지 않을지도 모른다고 생각하여 장점을 단점인양 말하는 실수는 범하게 되는 경우에 대해 이야기하고 있다. 이 글에서는 약점을 그대로 이야기하되 그것을 개선하기 위해 어떤 노력을 하고 있는가를 함께 이야기하는 것이 가장 현명한 답변이라고 설명하고 있으므로 정답은 '어려운 면접 질문에 답하기'인 (a)이다. (b)는 면접관이 피해야 하는 실수를 의미하므로 (b)를 정답으로 고르는 실수를 범하지 않도록 해야 한다.

어휘 challenging 어려운

weakness 약점

take measures 조치를 취하다

정답 (a)

4 해석 인터넷은 누구나 스타가 되는 것을 가능하게 만들었다. 창의력 있는 비디오가 사람들의 주의를 끌고 많은 사람들에게 잠시나마 유명세를 타도록 해 준 경우들이 많이 있다. 이 비디오들의 대부분은 특히 잘 만들어진 것도 아니고 그 주인공들도 할리우드에서 성공할 만한 인재라고 할 수는 없다. 하지만 사용하기 편리한 비디오 공유 웹사이트들은 참신한 아이디어와 최소한의 장비만 가진 사람도 참가할 수 있도록 연예계를 민주화시켰다.

Q. 위 글의 제목으로 가장 적절한 것은?

(a) 변화하는 인터넷

(b) 할리우드의 큰 실수

(c) 인터넷 상에서의 유명세

(d) 좋은 영화가 될 만한 아이디어들

해설 인터넷 비디오 공유 사이트로 인해 할리우드 배우감이 아니더라도 참신한 아이디어와 최소한의 장비만 갖추면 누구나 유명세를 탈 수 있게 된 현상에 대한 글이다. 맨 첫 문장 The Internet has made it possible for anyone to become a star가 글의 주제문이다. 비디오 공유 사이트가 인터넷의 새로운 기능으로 인한 현상이긴 하지만 (a)가 글의 전체 내용을 포괄하는 제목이라고 하기에는 범위가 너무 넓다. 할리우드와 아이디어만 있으면 유명세를 탈 수 있다는 사실이 언급되긴 했지만 (b)와 (d)는 정답이 될 수 없다.

어휘 capture 포착하다

fame 유명세 user-friendly 사용하기 쉬운

democratize 대중화시키다, 민주화시키다

minimal 최소의

정답 (c)

5 해석 학업을 추구하는 것을 최우선으로 하는 것은 중요하다. 하지만 자신이 좋아하고 마음을 편안하게 해주는 활동을 하기 위해 시간을 보내는 것 또한 중요하다. 학업에 열중하는 학생들은 종종 자신들이 숙제나 학교에 관련된 활동들 이외에는 어떤 것도 할 시간이 없다고 주장한다. 그들은 취미가 공부 시간을 빼앗아 갈 수 있다고 생각한다. 하지만 그들이 깨닫지 못하고 있는 것은 중요한 책임들로부터 잠시나마 휴식을 취하도록 해주는 활동이 학교 성적을 높여줄 수도 있다는 사실이다. 시간을 내어 휴식을 취하고 취미를 즐기는 것은 스트레스를 감소시켜 주고 공부를 해야 할 시간에 집중하는 것을 더 쉽게 해 준다.

Q. 위 글의 내용을 가장 잘 요약하고 있는 것은?

(a) 학교 공부 이외의 활동들을 하는 것이 학업 성적에 도움이 된다.

(b) 오늘날 많은 학생들은 너무 할 일이 많다.

(c) 취미를 즐기기 위한 시간을 찾는 것은 종종 힘든 일이다.

(d) 자유 시간에 무얼 하는가가 성적에 영향을 끼칠 수 있다.

해설 흔히 학생들은 공부 이외에 다른 것을 할 시간이 없다고 생각하지만 잠시 해야 하는 일들을 잊고 자신이 하고 싶은 일을 하는 것이 오히려 나중에 공부를 해야 할 때 집중력을 높여줘서 성적에 도움이 된다는 내용이므로 (a)가 정답이다.

어휘 academic 학업의 pursuit 추구

priority 우선 순위 major 주요한, 중요한

responsibility 책임, 의무

performance 성적

정답 (a)

Chapter 07 Part 2 진위 파악 (1)

1 해석 연방 직업 학습 프로그램은 학생들이 대학 등록금을 벌면서 현장에서의 실습할 수 있도록 해준다. 직업 학습 프로그램은 지역 사회 서비스와 기술 분야에서의 고용 기회들을 제공하는데 학기 중에는 주당 10시간에서 15시간, 여름 동안에는 주당 최대 40시간 동안 근무할 수 있다. 직업 학습 프로그램을 통해 학기 중에는 3,600달러, 여름 동안에는 3,600달러를 추가로 벌 수 있다. 허가된 고등 교육 기관에 정규 학생으로 등록된 학생들은 지원 자격이 있다.

Q. 위 글의 내용과 일치하는 것은?

(a) 직업 학습 프로그램은 전액 장학금을 제공한다.
(b) 학생들은 학비로 일년에 7,000달러가 넘는 돈을 벌 수 있다.
(c) 직업 학습 프로그램은 졸업 후 학생들의 정규직을 찾아준다.
(d) 지역 사회 서비스 분야에서 일하는 학생들은 여름 동안에만 일할 수 있다.

해설 재학생들을 위한 직업 프로그램을 설명하는 글을 읽고 진위를 파악하는 문제이다. 이러한 유형의 글은 단순한 사실이나 수치를 나열하는 형식의 글이므로, 지문을 다 읽을 필요 없이 선택지와 지문을 스캔해서 대조하는 게 시간을 절약하는 방법이다. 선택지 (a)는 지문에 장학금 관련 언급이 전혀 없으므로 무조건 오답이며, (c)는 지문의 마지막 문장의 full-time students와 full-time employment의 혼동을 노린 오답함정이다. (d) 역시 여름방학은 물론 학기 중에도 일을 할 수 있다고 나와 있으므로 오답이다.

어휘 enable … to ~ …가 ~할 수 있게 하다
on-the-job 실습의
finance 자금을 조달하다
institution 기관, 시설
eligible ~할 자격이 있는
apply 신청하다, 지원하다

정답 (b)

2 해석 선인장은 크기, 색상, 모양, 꽃이 다양하긴 하지만 식물계의 다른 일원들과는 쉽게 구분된다. 하나의 다른 점은 물과 공기를 저장하는 커다란 줄기인데, 이것은 광합성을 통해 식물을 위한 탄수화물을 만든다. 선인장은 잎 대신에 가시나 바늘이 있다. 실내의 건조한 조건에 잘 적응하는 선인장은 잘 보살피지 않아도 살아남는다. 하지만 조금 주의를 기울인다면 선인장은 번성하게 될 것이다. 선인장의 전형적인 성장기인 3월부터 9월까지는 빠른 성장을 기대할 수 있다.

Q. 선인장에 대한 내용으로 알맞은 것은?

(a) 물이 필요 없다.
(b) 대부분의 선인장은 실외를 선호한다.
(c) 일부 선인장은 가시 대신 잎이 있다.
(d) 선인장은 관리가 별로 필요 없다.

해설 선인장의 다른 식물과의 해부학적 차이점과 그로 인한 화초로 재배 시 용이성을 설명한 글로 선인장은 건조한 기후에도 잘 견디고 다른 식물들과는 달리 특별히 관리를 하지 않아도 잘 자라지만 조금만 주의를 기울이면 더 잘 자란다는 요지의 글이다. 따라서 정답은 (d)이다.

어휘 cacti 선인장(단수형 cactus)
distinguish 구별하다
plant kingdom 식물계
marker 표시
enlarge 확대하다
stem 줄기
carbohydrate 탄수화물
photosynthesis 광합성
spine 가시 모양의 돌기
adapted 적응된
tolerate 참다
neglect 무시, 등한시
thrive 번성하다

정답 (d)

3 해석 이질적 사회는 동질 사회보다 더 많은 사회적 변화 경험을 갖는다. 보다 많은 아이디어, 다른 목적을 가진 보다 많은 집단, 개인들과 조직들간의 보다 많은 불화가 이질적 사회에서 발견된다. 게다가, 이질적 사회의 사람들은 세속적 가치와 관심사를 더 잘 나눈다. 이 모든 이질적 사회의 특징 때문에 이들은 권력자들부터 선택권을 부여받는 것이 아니라 스스로 선택권을 취득하여 조화롭게 사회적 변화를 촉진시킨다.

Q. 선택지 중 본문의 내용과 일치하는 것은?

(a) 사람들은 이질적 사회에서 변화에 더 개방적이다.
(b) 동질적 사회는 보다 커다란 사회적 변화를 겪는

경향이 있다.

(c) 사람들은 이질적 사회에서 변화에 덜 익숙해 한다.

(d) 동질적 사회는 조화를 위한 동의에 쉽게 이른다.

해설 이질적 사회는 동질적 사회보다 더 많은 사회적 변화의 경험을 가지며 세속적 가치와 관심사를 더 잘 나눈다고 말하고 있다. 또한 이질적 사회의 사람들이 사회적 변화를 촉진시킨다고 했으므로 정답은 (a)이다.

어휘 Heterogeneous society 이질적 사회
homogeneous one 동질적 사회
discord 불일치
the former 전자
trigger 유발하다
coordinated 통합된, 조정된
authority 권위

정답 (a)

4 해석 새로운 과학적 정의에 의하면 태양계에서 가장 작은 행성은 행성이 아닐 수도 있다. 태양에서 가장 멀리 떨어져 있는 명왕성은 우주의 어떤 물체가 행성이고 어떤 물체는 행성이 아닌가에 대한 천문학계에서의 뜨거운 토론의 주제가 되어왔다. 이 토론의 대부분은 과학자들이 우리 태양계에서 전에 없이 더 많은 물체들을 볼 수 있도록 해 준 망원경의 최근의 진보로 인한 것이다. 만일 행성의 정의가 크기와 관련이 있는 것이라면 이러한 망원경들은 명왕성보다 클 뿐만 아니라 또 하나의 중요한 기준인 더 강력한 중력을 가지고 있는 물체들을 발견했다.

Q. 명왕성에 관한 내용으로 올바른 것은?

(a) 태양계에 있는 많은 물체들보다 작다.

(b) 현재는 행성이라기 보다는 별로 여겨지고 있다.

(c) 가장 처음 발견된 행성들 중 하나다.

(d) 중력이 없다.

해설 명왕성에 관한 글을 읽고 진위를 파악하는 문제이다. 망원경의 발달로 인해 명왕성보다 더 크고 강력한 중력을 가진 물체들이 관찰됨에 따라 명왕성을 행성으로 여겨야 하는가에 대한 논쟁이 벌어지고 있다고 언급되었으므로 정답은 (a) 이다.

어휘 definition 정의, 의미
stem from ~에서 나오다
telescope 망원경
gravitational 중력의
crucial 결정적인
criterion 기준

정답 (a)

5 해석 특수 아동들이란 성인으로서의 삶을 준비하고 필요한 교육을 받을 수 있도록 도와주는 추가적인 지원과 또는 특수 교육을 필요로 하는 아동들이다. 미국에서 10 내지 12%의 십대들이 이 범주에 속한다. 대부분의 경우 육체적 또는 심리적 장애, 사회적 부적응 또는 의사소통 문제로 인해 야기된 학습 장애가 추가적인 지원이 필요한 이유이다. 그러나 비범한 재능을 갖고 있는 아이들의 경우에도 특수 아동이라는 꼬리표가 붙여진다. 또한 특별히 총명한 아이들에게도 그들이 갖고 있는 능력을 충분히(최대한) 넓히고 발휘하기 위해서 추가적인 교육 또는 지원이 필요한 경우가 있다. 그러나 그와 같은 지원의 필요성은 명백히 다른 특수 아동들에 대한 필요성과는 정반대의 이유로부터 유래한다.

Q. 위 글에 따를 때 다음 중 올바른 내용은?

(a) 약 5분의 1 가량의 미국 학생들은 특수 교육을 필요로 한다.

(b) 학습 장애 아동들과 비범한 아이들 모두 특수 교육을 필요로 한다.

(c) 정서 장애는 특수 아동들에게 있어서 가장 심각한 문제점이다.

(d) 특수 아동들은 교육 제도에 의해 충분한 도움을 받고 있지 못하다.

해설 본문 내용에 비추어 볼 때 예외적인 학생이건 재능 있는 학생이건 모두 특별한 교육의 필요성은 인정되므로 정답은 (b). 본 문제의 유형은 correct 형이지만 결론적으로는 대의를 파악해야하는 문제이다. 따라서 지문 전체의 대부분을 차지하는 중심 논지를 찾게 되면 옳은 문장과 옳지 않은 문장이 구분되기 때문에 항상 주제를 파악하는 과정이 선행되야 한다는 것을 잊지 말아야 한다.

정답 (b)

1 해석 26번째 Sundowners Music Festival의 정열을 담고 있는 1시간 30분 분량의 DVD가 세금 포함하여 단돈 15달러면 가까운 상점에서 구입할 수 있습니다. 웹사이트 www.sundowners.com에서 주문하시거나 혹은 235-5394-4927로 전화하셔서 주문하십시오. DVD에는 다수의 유명 밴드 및 음악가들의 연주로부터 최종 피날레를 위한 낭만적인 불꽃놀이까지 포함하여 그곳에서의 하이라이트를 모두 포함하고 있습니다. 무엇을 기다리고 있습니까? 지금 전화주세요!

Q. DVD 관련해서 다음 중 올바른 것은?
(a) 그 가격은 세전 금액이다.
(b) 그 DVD는 축제에서 구매할 수 있다.
(c) 그 DVD는 행사를 기념하기 위해 제작되었다.
(d) 그 DVD는 행사의 모든 내용을 담고 있다.

해설 DVD는 26번째 Sundowners Music Festival을 기념하기 위해서 그 주요 하이라이트들을 담고 있으므로 정답은 (c).

어휘 feature 다루다
up for grabs (경매품 · 상 · 지위 따위를) 쉽게 손에 넣을 수 있는
local store 가까운 지역 상점
highlight (이야기 · 사건 · 프로에서) 가장 중요한[흥미 있는] 부분
venue (경기 · 회의 따위의) 개최[지정]지

정답 (c)

2 해석 구함: 공군에서는 우리의 리더쉽 팀에 참가할 재능 있는 민간인들을 고용합니다. 우리는 현재 항공 우주 관리직에 공석이 있으며 이 직책은 항공 비행과 우주 비행에 대한 지식을 요구합니다. 우리의 수석 엔지니어로서 여러 프로젝트의 구상, 개발, 생산, 테스팅과 실행 과정을 감독하게 될 것입니다. 다른 임무들로는 군과 민간인 제품 엔지니어들로 구성된 팀을 이끌고 민간 업자들과 함께 일하고 부서의 예산을 유지해야 합니다. 이 직위는 군인인 감독관 직속하에 있습니다. 신원 조회 통과가 요구됩니다

Q. 지문에 따르면 이 직책의 임무가 아닌 것은?
(a) 항공 우주 엔지니어 팀 감독하기
(b) 많은 다른 프로젝트 관리하기
(c) 공군의 새로운 엔지니어 선발하기
(d) 부서의 돈 관리하기

해설 공군의 민간인 대상으로 한 구인 광고글을 읽고, 지문의 내용과 일치하지 않는 선택지를 골라야 하는 진위 파악 문제이다. 이런 유형 역시, 선택지 하나하나를 지문과 대조해서 확인해야 하기 때문에 시간이 많이 소요되는 유형의 문제이므로, 선택지를 먼저 읽고 지문을 읽는 것이 바람직하다. (c) '공군의 새로운 엔지니어 선발하기'는 직책의 임무로 언급되지 않았다.

어휘 civilian 민간인
opening 공직
aeronautics 항공술
astronautics 우주 비행술
oversee 감독하다
implementation 이행, 수행

정답 (c)

3 해석 사용자를 환각에 빠뜨리기 때문에 이름 붙여진 환각제는 우리의 오감과 생각하는 방식을 왜곡한다. 많은 다른 마약들이 우리의 중앙 신경계를 억누르거나 촉진시키지만 이러한 환각을 유발하는 마약들은 그 사용자로 하여금 존재하지 않는 감각을 경험하게 한다. 이 중에서 일부는 인공적으로 제조되고 다른 일부는 자연적인 원료로부터 추출된다. 자연 환각제의 예로는 메스칼린, 실로시빈, DMT와 마리화나가 있다. 이들 환각제의 효과는 투약량, 사용자의 개인적인 기분, 기대감, 환경 및 물론 성격에 의존하기 때문에 인체에 미치는 영향을 예상하기는 어렵다. 환각제가 신체적인 중독을 낳는 것은 아니지만 사용자는 환각제에 대한 내성이 생겨 같은 효과를 내기 위해서는 증가된 양을 복용하여야만 한다. 환각제에 대한 심리적 의존성에 관하여는 많은 자료들이 존재한다.

Q. 위 내용에 따르면 다음 중 환각제에 관한 내용으로서 올바른 것은?
(a) 그것들은 신체적으로 중독성이 있지는 않다.
(b) 그것들은 주로 자연적 원료로부터 추출된다.
(c) 그것들은 예측가능한 방법으로 사용자에게 영향을 미친다.
(d) 그것들은 중앙 신경계에 영향을 미칠 수 있다.

해설 본문에서 환각제들이 신체적으로는 중독성이 없다는 내용에 비추어 정답은 (a).

어휘 hallucinogen 환각제

distort 일그러뜨리다
psychedelic 황홀한 도취감, 환각을 일으키는
mescaline/psilocybin/DMT/marijuana 메스칼린(흥분제)/실로시빈(환각제)/dimethyltryptamine의 약자(환각제)/대마, 마리화나
tolerance 내성, 내약력

정답 (a)

4 해석 최근 연구에 의하면 중년의 나이가 될 때쯤 남자들이 여자들보다 스스로가 행복하다고 여기는 것으로 드러났다. 여성들은 젊은 시절에는 더 만족스러워하지만 시간이 지남에 따라 그들은 평균적으로 남성들보다 덜 만족하게 된다. 이 연구는 행복을 금전적인 성공 및 가족 생활과 관련된 목표를 달성하는 것으로 여겼다. 여성들이 일반적으로 남성들보다 더 일찍 가정을 꾸리고 안정적인 직장 생활을 시작하는 반면에 30대와 40대가 될 대쯤 많은 여성들이 이혼을 하거나 금전적으로 안정적이지 못한 자신을 발견하게 된다. 연구자들은 이것이 중년 여성들 사이에서 행복감이 감소하는 이유를 설명한다고 말한다. 반면에 남성들은 나이가 듦에 따라 자신들의 삶이 더욱 안정되는 것을 발견한다. 많은 사람들이 이 연구가 중요한 가치가 있다는데 동의하긴 하지만 이에 포함되지 않은 다른 요인들, 예를 들어 신앙심과 같은 요인들도 고려되어야 한다.

Q. 위 글의 내용과 일치하는 것은?

(a) 종교는 여성의 행복감에 중요한 역할을 한다.
(b) 젊은 남성과 여성들은 유사한 수준의 행복감을 보인다.
(c) 이혼은 중년 여성에게 있어 주요 불행의 원인이다.
(d) 여성들은 나이가 들면서 덜 만족감을 느낀다.

해설 여성들은 나이가 듦에 따라 행복감이 훨씬 줄어든다는 한 연구 결과에 대한 내용이므로 (d)가 지문의 내용과 일치한다. 젊었을 때 여성들은 젊은 남성들보다 더욱 행복하다고 느끼지만 나이가 듦에 따라 행복감이 줄어든다고 설명하고 있다. 종교가 언급되기는 했지만 여성들의 행복감에 구체적으로 어떤 영향을 끼치는지는 언급되지 않았으므로 (a)는 답이 될 수 없다. 이혼이 중년 여성이 인생에 불만족하는 원인일지도 모른다고 연구는 주장하고 있지만 이혼이 중년 여성들의 불행함의 주요 원인이라고 하는 것은 지나친 비약이므로 (c) 역시 일치하지 않는다.

어휘 content 만족한
secure 안정된
decline 감소
factor 요인

정답 (d)

5 해석 많은 연구자들이 사회 계층 간의 차이는 부모가 어떤 종류의 일을 하는가와 어디에 사는가 이외에도 그들이 아이들과 어떻게 서로 대화하는가에도 나타난다고 믿는다. 연구에 의하면 중산층 부모들은 노동자 계층의 부모들이나 생활보호 대상자인 부모들 보다 훨씬 더 많은 시간을 자녀들과 대화를 하는데 보낸다고 한다. 실제로 중산층 부모들은 노동 계층의 부모들보다 두 배나 더 많이, 생활보호 대상자인 부모들 보다는 네 배나 많이 아이들과 대화를 한다. 중산층 부모들은 또한 덜 부유한 부모들보다 좀 더 다양하고 격려가 되는 언어를 사용하는 경향이 있다. 이러한 차이들은 주로 부모가 아이들과 보낼 수 있는 시간이 얼마나 되는가에 달려 있다. 또한 이러한 차이점들은 아이들이 학교에 입학할 당시 발생하는 계층간의 학업 성적 차이도 설명해 줄 수 있다.

Q. 위 글의 내용과 일치하는 것은?

(a) 가난한 부모들은 중산층 부모들과는 다른 방식으로 아이들과 대화한다.
(b) 중산층 가정의 아이들은 학교에 일찍 들어간다.
(c) 복지 혜택이 학업 성적 차이를 좁히는 데 도움을 주었다.
(d) 중산층 부모들은 아이들을 덜 격려하는 경향이 있다.

해설 부모와 자녀간의 관계가 계층 간에 따라 다르다고 소개하고 그 구체적인 예들을 들고 있다. 중산층 부모들은 노동자 계층의 부모들이나 생활보호 대상자 부모들보다 아이들과 대화를 하는 데 더 많은 시간을 보내고 (Studies have shown that middle-class parents tend to spend significantly more time talking to their children than working-class parents or parents on welfare) 가난한 부모들에 비해서 더욱 다양하고 격려를 하는 내용의 대화를 한다고(Middle-class parents also tend to use more diverse and encouraging language than less well-off parents) 설명하고 있다. 그러므로 (a) Poor parents talk to Middle-class children differently than middle-class parents가 정답이다.

어휘 interact 대화하다　welfare 복지
diverse 다양한　well-off 부유한
account for 설명하다

정답 (a)

Chapter 09 Part 2 세부 정보 찾기

1 해석 고양이가 하는 모든 활동에서 발톱은 중요한 역할을 한다. 긁힌 표면들은 다른 고양이들에 대한 메세지이다. 새겨진 발톱 자국은 한 고양이의 영역을 시각적으로 표시하고 발에 있는 냄새 분비선을 이용하여 후각적 표시를 남긴다. 사냥 놀이를 하는 동안 고양이는 발톱으로 장난감을 잡고 뒷발로 그것을 찬다. 발톱은 고양이가 높은 곳에 오를 때 도움을 주고, 땅에 있을 때는 몸무게를 이동시켜 균형과 안정된 걸음걸이를 유지하게 해 준다.

Q. 고양이들은 어떤 방식으로 서로 의사소통을 하는가?
(a) 표면을 긁는다.
(b) 몸무게를 이동시킨다.
(c) 서로 몸을 부빈다.
(d) 뒷발로 서로 찬다.

해설 고양이에 관한 설명글을 읽고 세부정보를 찾아야 하는 문제이다. 세부정보를 찾는 문제는 지문을 다 읽지 않아도 답이 쉽게 나오는 유형이 대부분으로 이 지문도 그런 유형에 해당된다고 볼 수 있다. 고양이의 발톱이 하는 기능을 나열하고 있다. 고양이들은 표면을 긁거나 냄새를 남김으로써 다른 고양이들에게 자신의 영역을 표시하는데 이것이 고양이들의 의사소통 수단이라고 언급되어 있으므로 정답은 (a) 이다.

어휘 engage 참여하다　claw 발톱
essential 중요한　scratch 할퀴다
engrave 새기다　denote 상징하다, 의미하다
territory 영역　olfactory 후각의
leave behind 남기다
scent gland 냄새 분비선
predatory 약탈하는　grip 쥐다
hind 뒤쪽의　shift 이동시키다
maintain 유지하다　secure 안정된

정답 (a)

2 해석 교직원 여러분께,
올해의 컴퓨터와 글쓰기 국제회의의 주제는 "세계화의 시사 쟁점"으로 오늘날의 세계 경제의 특징을 고려해 볼 때 중요한 주제입니다. 수백 명의 영향력 있고 중요한 전문가들이 모이는 이 연중행사는 특히 우리 대학원 학생들과 관련 교직원 발표자들에게 있어 중요합니다. 안타깝게도 이에 참가함으로써 가장 혜택을 많

이 받을 수 있는 사람들이 여행 자금을 마련하는 데 가장 어려움을 겪고 있습니다. 이 때문에 저희는 전도 유망한 참가자들에게 도움을 주고자 온라인 경매를 실시하고 있으며, 여러분의 도움을 필요로 하고 있습니다. 경매를 위한 물품을 기부해주실 의향이 있으신지요? 모든 경매 수입금은 올해 컴퓨터와 글쓰기 국제회의에 참가하고자 하는 대학원생과 관련 교직원들의 여행 경비로 사용되도록 직접 기부될 것입니다.

진심 어린 마음으로

제임스 핼버슨

Q. 편지는 교직원들에게 무엇을 요구하고 있는가?

(a) 다가오는 회의에 참석할 것

(b) 자금 모금을 위한 물품을 기부할 것

(c) 현금 기부를 할 것

(d) 대학원생의 보호자로 동반할 것

해설 편지글을 읽고 세부정보를 파악하는 문제이다. 편지글은 글의 목적을 물어보는 문제가 가장 많은 편이다. 편지글은 특성상 문단 첫머리에 글의 목적이 나오는 경우가 대부분이지만, 이 지문처럼 후반부에 나오는 경우도 꽤 있다. 또한 편지글에서는 편지를 쓰는 사람과 받는 사람의 관계를 빨리 파악하는 것이 중요하다. 이 글에서는 국제회의에 참가하는 대학원생들과 관련 교직원들의 여행 경비를 조달하기 위한 온라인 경매 행사에 대해 교직원들에게 알리고 경매를 위한 물품 기부를 요청하는 공문 형식의 편지이므로 정답은 (b)이다.

어휘 faculty 교직원
globalization 세계화
influential 영향력 있는
graduate student 대학원생
adjunct 관련된　benefit 혜택을 얻다
host 주최하다　auction 경매
participant 참가자　donate 기부하다
merchandise 상품, 물품
proceeds 수입금
chaperone 보호자로서 동반하다

정답 (b)

3 해석 중소기업 소유주께,

1965년 이래로 오피스 메이트는 모든 회사에 높은 품질과 혁신적인 서비스를 제공하는 것으로 명성을 얻어왔으며, 오늘 저희는 귀사와 같은 유망한 기업들을 위해 특별히 디자인된 새로운 프로그램을 발표하게 된 것을 기쁘게 생각합니다. 저희의 새로운 중소기업 부서는 이전보다 훨씬 개선된 사무직, 비서직, 회계직 임시 직원들을 제공해 드립니다. 어떻게 저희가 여러분의 요구를 충족시킬 수 있는지 좀 더 자세하게 알아보시려거든 오피스 메이트에 연락을 해 주세요. 더 좋은 것은 귀사가 다음 번 임시 직원을 필요로 하실 때 저희 회사를 이용해 보시는 겁니다. 오피스 메이트는 중소기업들과 함께 일할 수 있는 모든 기회를 소중히 여기며 귀사와 함께 일할 수 있는 기회가 생기기를 고대합니다.

Q. 이 편지를 쓴 사람은 편지를 받는 사람에게 무엇을 요구하고 있는가?

(a) 단기직 직원을 보낼 것

(b) 임시 직원을 만나기 위해 사무실에 들를 것

(c) 임시 직원을 고용할 때 그의 회사를 이용할 것

(d) 그를 시간제 직원으로 고용할 것

해설 세부적인 내용을 묻고 있지만, 결국 편지글의 목적을 묻는 문제이다. 위 지문은 Office Mates라는 회사의 인력 소개 프로그램을 홍보하는 편지글로서 끝에서 두 번째 문장인 give us a try the next time your business needs a temp에서 글의 목적을 밝히고 있다. 그러므로 정답은 (c)이다.

어휘 innovative 혁신적인　venture 사업
exclusively 독점적으로, 오로지
up and coming 유망한　temporary 임시의
clerical 사무직의　secretarial 비서직의
temp 임시 직원　short-term 단기의

정답 (c)

4 해석 100여년 전에 리바이 스트라우스는 샌프란시스코에 섬유 제품 상점을 열었고 몇 년 안에 두꺼운 데님으로 만든 튼튼한 바지인 그 유명한 청바지를 만들었다. 그 이래로 청바지는 크게 발전을 해왔다. 그러나 형태와 외형의 변화가 청바지의 인기를 감소시키지 않았다. 기능과 패션의 완벽하고 단순한 혼합은 청바지의 특징으로 남아있다. 그러므로 다음 번 새로운 청바지에 돈을 쓸 때는 편안함과 외형 모두를 고려해라.

Q. 다음에 이어질 내용으로 알맞은 것은?

(a) 언제 청바지를 입는 것이 적절한가

(b) 좋은 청바지를 고르는 법

(c) 청바지를 살 때 돈을 절약하는 법

(d) 좋은 청바지를 어디서 살 것인가

해설 지문 뒤에 이어질 내용을 고르는 문제에서는 글의 주제와 더불어 마지막 내용이 무엇이었는지를 파악하는 것이 중요하다. 지문의 마지막 문장에서 청바지를 살 때는 편안함과 외형을 모두 고려하라는 내용이 나왔으므로 그 뒤에는 기능성과 패션을 모두 고려한 적절한 청바지를 고르는 방법이 이어질 것으로 예상할 수 있다. 따라서 정답은 (b)이다.

어휘 dry goods 섬유 제품, 직물류
come a long way 발전하다
diminish 감소시키다
popularity 인기도
blend 혼합
function 기능
hallmark 특징
splurge 돈을 쓰다

정답 (b)

5 **해석** 연구 결과에 따르면 미국 십대들은 그들의 부모가 생각하는 것 이상으로 폭넓은 문제점들을 갖고 있는 것으로 나타났다. 인터뷰에 응한 모든 부모들 중 거의 절반 정도가 마약이 자신들의 아이들에게 가장 심각한 위협이 될 것으로 추측하고 있었다. 그러나 30%의 10대 청소년들은 자신들의 부모, 가족 또는 이성 친구들 간의 관계를 가장 큰 고민거리로 답하였다. 오직 20%만이 마약을 그들의 주요 문제로 꼽았다. 12%의 10대들에게는 학생들 간의 괴롭힘을 가장 심각한 문제로 지적하였지만 부모는 6%에 불과했다. 11%의 십대들 사이에서는 섹스와 원하지 않는 임신 또한 가장 심각한 것으로 나타났다. 이 연구 결과는 부모들이 자신들의 아이들이 실제로 걱정하는 것이 무엇인지에 관하여 거의 정보를 갖고 있지 못함을 명백히 나타내주고 있다.

Q. **다음 중 어떤 것이 미국 십대의 가장 큰 걱정거리로 확인되었나?**

(a) 폭력

(b) 마약

(c) 직업

(d) 관계

해설 본문에서 십대의 30%가 자신들의 부모, 가족 또는 이성 친구와의 관계를 가장 큰 고민거리로 거론하고 있으므로 정답은 (d).

어휘 youngster 십대
range 범위
drug 마약
gender 성
Bullying 약한 자를 못살게 구는 것
pregnancy 임신

정답 (d)

1 해석 당신이 화장실 변기의 물을 내릴 때마다 대부분의 아프리카인들이 하루 종일 씻고, 청소하고, 요리하고, 마시는 데 사용하는 것보다 많은 양을 사용한다. 안전한 물을 구할 수 없는 것은 전 세계적 질병의 주요 원인이다. 그 결과로 매 8초당 한 명의 어린이가 사망한다. 현재 대략 다섯 명 중의 한 사람이 마시기에 적합한 물이 부족한 실정이지만 예상되는 인구증가 비율로 볼 때 상황이 변화하지 않는다면 이 숫자는 2025년까지 두 배로 증가할 것이다.

Q. 위 글에서 추론할 수 있는 내용은?

(a) 새로운 기술은 물을 좀 더 빨리 정화할 수 있다.
(b) 깨끗한 물을 공급하는 것이 전 세계적 최우선 사항이다.
(c) 물을 적게 사용하는 변기들이 설치되어야 한다.
(d) 인구는 2025년까지 두 배로 증가할 것으로 예상된다.

해설 아프리카의 식수 부족 문제의 심각성을 설명하는 글을 읽고 추론을 하는 문제이다. 추론 문제는 지문에서 언급된 정보를 종합해서 분석하는 능력을 측정하기 때문에 보통 난이도가 높은 편이지만, 이 문제는 주제랑 관련 있는 내용이 정답 선택지로 등장한데다, 헷갈리는 선택지도 없기 때문에 추론 문제답지 않게 비교적 쉬운 문제라고 볼 수 있다. 정답은 (b) 이다. 참고로 주제와 관련 있는 추론 내용이 선택지에 등장하기도 하지만, 세부사항과 관련된 추론을 해야 하는 경우도 종종 있으므로, 항상 선택지를 읽을 때 신중해야 한다.

어휘 restricted 제한된
leading 주요한
lack 부족하다
potable 마시기에 적합한

정답 (b)

2 해석 존스 씨께,

저는 어제 있었던 귀하의 사무실 비서인 시몬스 씨의 본보기가 될 만한 업무를 칭찬하기 위해 이 편지를 씁니다. 시몬스 씨는 친절하고 예의바른 태도를 유지하면서 최소 6번의 전화 통화를 한 후 사라진 선적 물품을 끈질기게 추적해냈습니다. 이러한 전문성은 오늘날 찾아보기 힘듭니다. 시몬스 씨는 귀사의 중요한 자산이며 제가 앞으로 귀사와 계속 거래를 하게 될 많은 이유 중의 하나입니다.

진심 어린 마음으로
줄리 스티븐스

Q. 위 글에서 유추할 수 있는 것은?

(a) 스티븐스 씨는 사라진 선적 물품에 대해 화가 났다.
(b) 시몬스 씨는 전화 회사에서 일을 한다.
(c) 존스 씨는 새로운 사무실 비서를 찾고 있다.
(d) 시몬스 씨는 사라진 상품을 찾아냈다.

해설 편지글을 읽고 추론하는 문제로, 이 글은 비즈니스 서신이긴 하나 업무적 내용이라기보다 사적인 내용에 가깝다. 글쓴이는 거래사의 비서가 사라진 선적품을 찾아주는 과정에서 보여준 프로 근성을 극찬하고 있으므로 시몬스는 사라진 상품을 찾아냈다고 추론할 수 있다. 따라서 정답은 (d)이다. 사실 주제문이 되는 첫 문장의 praise A for B(B에 대하여 A를 칭찬하다) 구문에서 praise의 의미만 알고 있어도 쉽게 정답을 찾을 수 있는 문제이다.

어휘 exemplary 모범이 되는
doggedly 끈질기게
trace 추적하다
remain 남아 있다
friendly 친절한
courteous 예의바른
professionalism 전문가 기질
uncommon 보기 드문 asset 자산

정답 (d)

3 해석 새로운 연구 결과에 의하면 대부분의 맞벌이 가족들의 부모 중 한 명 혹은 둘 다 장시간 혹은 비정상적인 시간에 근무를 하는 것으로 나타났다. 이것은 일반적인 9시부터 5시까지의 근무 시간 이외에 일을 하는 것과 일주일에 40시간이 넘게 일하는 것을 포함한다. 가장 장시간 동안 일을 하는 사람은 예상할 수 있는대로 전문직 혹은 경영직에 종사하는 아버지들이었고 조사에 의하면 그들은 아이들을 돌보는 일에 제일 관여하지 않는다. 그러나 이 연구에 참여한 가족들은 장시간 일을 하는 데는 각기 다른 이유들이 있을 뿐만 아니라 근무 시간 결정권의 정도도 다양하다는 것을 보여 준다. 이러한 근무 시간의 두가지 주요한 피해는 부부가 함께 보내는 시간이 없다는 것과 아이들의 활동에 참여가 줄어든다는 것이다.

Q. 위 글에서 추론 가능한 것은?

(a) 비정상적인 근무 시간이 가정 생활을 방해한다.

(b) 일부 아버지들은 아이들을 돌보는 것을 돕지 않으려고 한다.

(c) 오랜 시간 일을 하는 부모가 더 많은 사치를 누릴 수 있다.

(d) 아이들은 부모의 긴 근무 시간에 쉽게 적응한다.

해설 글의 맨 마지막 부분에서 이러한 비정상적인 근무 시간으로 인해 부부가 시간을 함께 보내지 못하고 아이들의 활동에 관여하지 못하게 된다고 하고 있다. 그러므로 이러한 근무 시간이 가정 생활을 파괴한다는 내용의 (a)가 올바른 추론이다. 선택지의 (c)와 (d)는 내용 자체는 옳을지 모르나 지문으로부터 추론할 수 있는 것은 아니고, (b)가 어느 정도 혼란의 여지가 있을 수 있으나 글의 내용을 살펴보면 일부 아버지들이 의도적으로 육아를 회피하는 것이 아니라 시간상 관여할 가능성이 거의 없는(are the least likely to be involved in ~) 상황이므로 혼동해서는 안 된다.

어휘 indicate 가리키다
dual-income 맞벌이 수입의
atypical 비정상적인 exceed 초과하다
predictably 당연히 professional 전문직의
managerial 경영의 reveal 밝히다
extended 연장된 varied 다양한
reduce 감소시키다 involvement 참여

정답 (a)

4 해석 많은 사람들에게 애완동물은 사랑하는 가족의 일부이다. 개나 고양이를 입양하는 것은 개인의 삶의 질을 개선시켜주는 것으로 알려져 왔으며 통계적으로 많은 사람들이 그것을 믿고 있는 것처럼 보인다. 실제로 동물 보호협회에 의하면 거의 40%의 사람들이 적어도 한 마리의 개를 기르고 있는 것으로 보인다. 고양이는 동물 애호가들이 좋아하는 애완동물의 두 번째를 차지하고 있다. 거의 35%의 사람들이 적어도 한 마리의 고양이를 기르고 있다. 애완동물을 기르는 사람들의 높은 비율은 애완동물이 제공하는 혜택들을 보여주는 지표이다. 확실한 감정적 혜택들 이외에도 신체적인 혜택들이 있다. 연구에 의하면 애완동물을 쓰다듬는 것은 혈압과 콜레스테롤을 낮춰주고 환자들이 질병으로부터 더욱 빨리 회복하게 해 준다.

Q. 윗글에서 추론 가능한 것은 ?

(a) 일부 애완동물의 종류가 다른 종류들보다 더 많은 감정적 혜택을 제공한다.

(b) 개보다 더 인기 있는 애완동물은 없다.

(c) 점점 더 많은 사람들이 동물 보호소에서 동물들을 입양한다.

(d) 많은 사람들이 아이를 기르기 보다는 동물을 입양하기로 한다.

해설 40%의 사람들이 적어도 한 마리의 개를 기르고 있으며 그에 이어 고양이가 두 번째로 인기 있는 애완동물이라고 했으므로 개가 가장 인기 있는 애완동물이라는 것을 추론할 수 있다. 따라서 정답은 (b)이다. 애완동물을 만지는 것이 혈압과 콜레스테롤은 낮춰준다는 연구 결과를 제시하고 있지만 어떤 종류의 동물이 더 많은 감정적 혜택을 준다는 내용은 언급되지 않았으므로 (a)는 올바른 추론이 아니다.

어휘 convinced 확신하는
indicative (of) 가리키는, 지시하는
pet 쓰다듬다

정답 (b)

5 해석 영국 국왕 John은 1215년 6월 15일 영국 남작들에게 마그나 카르타, 또는 마그나 차타 – 대헌장을 승인해 줬는데 이 헌장은 영국의 헌법상의 자유권의 기초로 간주된다. 대헌장에는 왕과 남작 사이의 관계의 상세한 정의를 최초로 담고 있었다. 또한 봉건제도상의 권리를 보장했고, 사법 제도를 성문화했다. 대헌장은 다른 봉건적 토지 소유권의 남용뿐만 아니라 왕국의 보통의회의 동의 없이 왕이 부과하는 과세 또한 폐지하였다.

Q. **대헌장이 승인되기 이전의 시대에 관해서는 어떠한 내용을 추론할 수 있을까?**

(a) 왕은 정치 단체의 허가 없이도 세금을 징수할 수 있었다.

(b) 남작은 국왕의 영토 내에서 거주할 수 없었다.

(c) 왕과 남작은 긴밀한 관계를 갖고 있었다.

(d) 영국에는 사법 제도가 존재하지 않았다.

해설 본문 내용에 비추어 볼 때 대헌장 이전에 국왕은 의회의 동의 없이도 조세를 거둬드릴 수 있었으므로 정답은 (a). 기타 (b)와 (c) 지문들은 본문 내용만으로는 추론이 불가능한 내용들이고 (d)는 대헌장이 기존의 사법 제도를 성문화시켰다고 했으므로 대헌장이 승인되기 이전에도 사법 제도는 존재하였을 것이므로 틀린

지문이다.

어휘 Magna Carta 마그나 카르타, 대헌장(1215년 John 왕이 국민의 권리와 자유를 인정한 것)
baron 남작
constitutional 헌법의, 입헌적인
feudal 봉건제도의
codify 법전으로 편찬하다, 성문화하다, (조목별로) 요약하다
tenure 부동산 · 지위 · 직분 등의 보유, 보유권, 보유 조건

정답 (a)

Chapter 11 Part 3 흐름 파악

1 해석 구약성서는 성경을 구성하는 2권의 책 중에서 첫 번째 책이다. (a) 구약성서는 주로 유대인에 관한 내용이며 신과 유대 민족 사이의 관계에 대한 글이다. (b) 구약성서에는 그들의 기원과 유랑 경험들, 그리고 약속의 땅 가나안으로의 귀환과 같은 중요한 역사적 사건들이 포함되어 있다. (c) 동방 정교회는 구약성서를 다른 언어로 해석할 때, 여전히 그리스어판인 70인역 성서를 이용한다. (d) 이런 이유들 때문에 구약성서는 유대인들에게 정체감을 제공해주는 일종의 교과서와 같은 역할을 한다.

해설 구약성서가 무엇인지를 설명하고 있는 글이다. 중심 토픽을 벗어난 문장을 고르는 것은 파트 3에서 가장 흔한 유형에 해당된다. 첫 문장을 통해 이 글의 중심 토픽은 구약성서이고, 구약성서가 무엇에 대한 내용인지를 설명하는 글이라는 것을 알 수 있다. 반면, 선택지 (c)는 토픽인 the Old Testament가 들어가서 흐름상 관련이 있는 문장처럼 보일지 모르지만, 구약성서의 해석에 대한 내용이므로, 구약성서가 무엇인지를 설명하는 글의 전체적인 흐름을 방해하고 있다.

어휘 The Old Testament 구약성서
refer to 언급하다
Hebrews 히브리인들 (지금의 유대인들)
Eastern Orthodox Church 동방 정교회
Septuagint 70인역 성서

정답 (c)

2 해석 자녀들이 제대로 된 칫솔을 사용하고 있습니까? (a) 슈퍼마켓에 많은 종류의 칫솔들이 나와 있지만, 부드러운 잇몸 조직을 손상시키는 것이 많습니다. (b) 칫솔과 더불어 올바른 치약을 제공하는 것은 부모님들이 아이들에게 해줘야 하는 가장 중요한 의무 중 하나입니다. (c) 일부 강모를 가진 칫솔은 부드럽고 민감한 어린 치아의 막을 벗겨내기 때문에 가장 먼저 피해야 합니다. (d) 자녀의 잇몸과 치아를 보호하기 위해 부드러운 모의 칫솔을 구입하도록 하세요.

해설 역시 중심 토픽에서 벗어나는 문장을 고르는 문제이다. 첫 문장에서 주제가 아이들을 위한 바람직한 칫솔임을 알 수 있고, 글 전체의 내용은 아이들을 위해 올바른 칫솔을 고르는 요령에 대한 것이다. 반면 (b)는 아이들에게 올바른 치약을 제공하는 것이 부모들의 중요한 의무 중에 하나라는 내용으로, 토픽이 칫솔이 아

니라, 갑자기 치약으로 바뀌었기 때문에 글의 일관성을 해치고, 흐름을 방해하고 있다. 따라서 정답은 (b)이다.

어휘 tissue (세포) 조직
gum 잇몸
outer layer 외부층, 막
abrasive 닳게 하는, 연마용의

정답 (b)

3 해석 빅토리아 시대는 1837년부터 1901년 사이의 빅토리아 여왕의 통치 기간을 가리킨다. (a) 이 기간 동안, 대영제국은 정치적으로 안정되었고, 장기간의 번영을 누렸다. (b) 전쟁에서의 승리로 대영제국은 해상 강대국이 되고 국내 산업 발전뿐만 아니라, 전 세계 곳곳으로부터 돈을 벌어들였다. (c) 게다가 영국은 대부분의 재래식 산업 분야에서 선두 자리를 잃어버리고 나서 생명기술과 같은 과학 분야에 관심을 갖기 시작했다. (d) 빅토리아 여왕의 통치 아래에서는 대영제국의 태양은 절대로 지지 않을 거란 말이 맞는 것처럼 보였다.

해설 전체적인 글은 영국이 빅토리아 시대에 해상 강국으로 부상하여 세계적으로 뻗어나가고 번성했다는 내용이다. 반면 (c)같은 경우는 기존의 대부분의 산업 분야에서 다른 국가들에게 선두 자리를 내줬다는 내용으로, 빅토리아 시대의 번영과는 모순되는 내용이므로 글의 일관성을 해치고 있고, 흐름을 방해하는 문장이다.

어휘 establish 확립하다
battlefield 전쟁터
biotechnology 생명공학

정답 (c)

4 해석 콜레라는 일단 발병하면, 아직 가장 치명적이고 전염성이 강한 질병 중에 하나이다. (a) 콜레라와는 반대로, 모기에 의해 전염되는 이 기생충에 대해서는 어떠한 백신도 생산되지 않았다. (b) 비정상적으로 낮은 혈압이 콜레라의 전형적인 증상이며, 감염된 환자는 제때 치료하지 않으면, 3시간 이내에 사망할 수도 있다. (c) 콜레라의 또 다른 증상은 급성의 심한 설사 증세로, 그 결과 심한 탈수증을 겪게 되며 최악의 경우에는 사망할 수도 있다. (d) 탈수 증상이 발생했을 경우에는, ORT(경구 수분 보충 요법)로도 알려진, 신속한 수분 공급이 가장 간단하고, 효과적인 조치이다.

해설 첫 문장에서 알 수 있듯이 글의 주제는 콜레라라는 전염병이다. (b), (c)는 각각 콜레라의 증상들을 설명한 글이고, (d)는 콜레라에 걸려서 탈수 증상이 발생할 경우의 응급 조치 요령에 대한 글로서 첫 번째 주제문과 토픽이 일치하며, 흐름도 자연스럽다. 하지만 (a)는 As opposed에서 알 수 있듯이 콜레라에 대한 내용이 아니라, 모기에 물려서 기생충에 감염되어 생기는 전염병에 관한 내용이므로, 흐름상 어색하다

어휘 deadliest 가장 치명적인
infectious 전염성이 강한
parasite 기생충
dehydration 탈수증
oral rehydration therapy 경구 수분 보충 요법

정답 (a)

5 해석 농업보다 지표면을 훼손시키는 활동은 없다. (a) 이 행성의 전체 땅 덩어리의 3분의 1이 농사를 짓는 데 사용되고 있고, 그 비율이 점점 늘어나고 있다는 점을 감안하면, 훼손의 정도도 거기에 비례하여 커질 것이다. (b) 발전된 관개시설, 작물육종과 화학비료, 살충제 사용의 증가로 더 높은 수확량이 가능해졌지만, 그로 인해 지표면은 더욱 악화되었다. (c) 최근의 보고서에 따르면, 미국 농지의 5분의 1이 급격하게 토양의 생산성이 감소되고 있다고 밝혀졌다. (d) 화학비료와 살충제는 물을 오염시킬 수 있는데, 지금으로선 그런 물질을 다른 물질들로 대체하기 위해서는 많은 비용이 든다.

해설 전체 글이 지구의 땅이 농업 활동에 의해서 점점 오염되고 있다는 내용이다. (a), (b), (c)는 농업이 어떻게 지구의 토양을 오염시키게 되는지 설명하고 있어서 자연스러운 흐름이라고 볼 수 있으나, (d)는 수질 오염에 대한 글이고, 그런 비료와 농약을 쓰지 않는 것은 비용이 많이 든다는 내용으로, 토양 오염이라는 이 글의 중심 소재와는 토픽이 불일치하여, 흐름상 자연스럽지 않다.

어휘 proportion 비율
improved 발전된
irrigation 관개시설
fertilizer 비료
pesticide 살충제

정답 (d)